KB123475

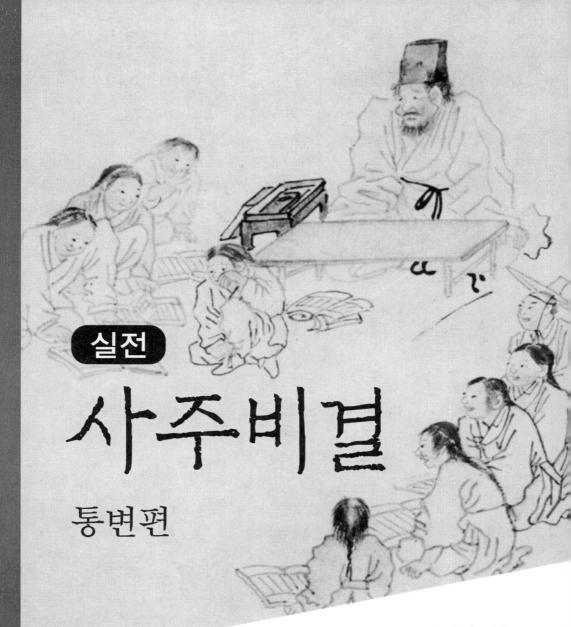

실전

사주비결

통변편

사주학 전문가 **김갑진** 지음

보고사
BOGOSA

서문

  천장지비(天藏地秘)한 사람의 운명을 알아보려고 사주명리학이란 학문을 접하며
궁구하고 탐구한지도 오랜 세월이 흘렀다. 나 자신 또한 지나온 인생의 길이 혼탁
하고 매사 저체되고 어느 것 하나 명쾌하게 풀려나가질 못했으니, 나라는 존재를
이모저모 알아보고 답을 찾기 위한 하나의 방편이기도 했던 것이다. 비교적 짧지
않은 세월을 이 학문에 매달렸지만 얻은 것이 없으니 내 놓을 것도 없는 것이고,
그저 이 공부를 하면서 지난 세월을 반성과 수양으로 삼았다는 위안을 하나 얻었을
뿐이다.

오 이 왕 지 불 간
悟已往之不諫
깨달아 보니 이미 지나간 일은 더 이상 논하지 말고

지 래 자 지 가 추
知來者之可追
앞으로 다가올 일이나 잘해보자.

실 미 도 기 미 원
實迷塗其未遠
실로 인생의 길을 잘못 들었지만 그 길이 먼 길은 아니었고

각 금 시 이 작 비
覺今是而昨非
분명 오늘이 옳고 어제가 틀렸다는 것을 깨닫는다.

  상기는 도연명(陶淵明, 365~427)의 "귀거래사(歸去來辭)"의 한 구절인데, 사주명리
학을 접하는 마음의 일면을 잘 대변하고 있는 것 같아 인용해 본 것이다. 인생사
뜻한바 대로 이루어지는 일이 몇 가지나 있겠는가? 지천명(知天命)과 이순(耳順)의
나이를 지나 살아오는 동안 남에게 드러내 놓고 내세울 것이 아무것도 없으니, 지
나간 인생을 돌이켜보면 뜬구름과 같다는 옛 성현들의 말씀이 새삼 떠올려진다.

인생사 이것저것 이룬 것 하나도 없이 헛된 부침의 세월을 보내는 동안, 역술학이라는 한 가닥의 끈을 잡고, 무엇인가를 깨우치고 얻어 보려고 심신을 다스리며 궁구하면 할수록, 점점 더 심오하면서도 난해한 역술학의 미궁속으로 더욱 더 빠져드는 것 같기만 하고, 깨우침의 길은 더욱 더 요원하게만 느껴지는 것 같다. 이렇게 어느덧 30여 년의 세월이 흘러간 것이다. 그러면서도 생각을 가다듬어 보면 아직 해가 서산에 남아있는 동안 내 인생에 무엇인가를 남겨놓아야 하지 않을까 하는 강박관념도 작용하여, 실전사주비결1·2권에 이어 3권인 "통변(通辯)"을 내놓게 된 것이다. 역술학은 참으로 방대하고 깊이 있는 학문이라 단기일에 터득하고 깨우치기가 매우 난해한 학문이다. 독학으로 공부하여 수양의 교본으로 삼고 또한 실생활에 널리 유용하게 활용할 수 있도록, 1·2권의 취지를 살려 3권 "통변(通辯)"을 선보이지만 아직도 부족한 면이 많다 생각하며, 선배 동문들의 고언(苦言)을 달게 받을 생각과 함께, 비록 일천한 지식이지만 우리나라 역술학 발전에 일익이라도 기여했으면 하는 소박한 마음으로 이 책을 저술한 것이다.

사주명리학은 사람의 타고난 天命을 궁구해보는 학문이다. 재차 언급하지만 천장지비(天藏地秘)한 사람의 운명을 안다는 것이 얼마나 어려운 일인가? 한 때는 사주를 잘 본다는 명성을 얻기 위해서, 한 때는 훌륭한 제자들을 양성해보겠다는 의욕이 앞서서, 또 한 때는 이 학문을 활용하여 돈을 벌어보겠다는 욕망이 앞서서, 시간을 아껴 공부도 해보았지만, 이제 이순(耳順)을 지나는 나이에 얻은 것은 사주명리학은 내 자신을 갈고닦는 수양(修養)의 학문이라는 것을 깨닫게 된 것이다. 타고난 天命에 순응하며 하루하루를 반성과 자기성찰로 참되게 보낸다면, 먼 훗날과 來世의 일은 자연 복되지 않겠는가? 하고 자문해 본다. 부모님께서 물려주신 조업도 잇지 못하고, 명성을 얻어 현덕부모(顯德父母)의 효도 다하지 못하고, 가문을 빛내지도 못하고, 지나간 세월이 모두 헝클어지고 아둔하고 침체되고 뜬 구름과 같았지만, 역술학이라는 한 가닥의 끈을 놓지 않게 해주시고 공부할 수 있게 해주신 것만도 조상님들의 음덕이 아닌가 생각해 본다.

사주명리학은 인내의 학문이다. 그동안 평생교육원에서 여러 해 동안 사주학을 강의해 왔지만, 인내심을 갖고 이 학문을 공부하는 분들이 많지 않음이 항상 아쉬운 점이었다. 모든 학문이 그렇듯이 쉽게 얻어지는 것이 무엇 하나 있을 것인가? 아무쪼록 현재 이 학문을 공부하고 있는 분들이나 앞으로 공부해보려고 하는 분들이나, 모두 '인내(忍耐)'라는 화두(話頭)를 평생 머릿속에 넣고 다닌다는 생각으로 임한다면, 天命을 다루는 이 학문에서 무언가 작은 것이라도 반드시 얻을 수 있을 것이라 확신하는 바이다.

이 책은 이론 보다는 실전에 활용토록 통변 위주로 저술한 책이다. 고서와 근자에 발행된 많은 사주학의 이론서들이 있지만 실전 간명에 적용시 부합되지 않고 적중하지 않는 면들이 다소 있는 것이 또한 사실이다. 실전에서 사람의 미래 운명을 정확히 맞추지 못한다면 명리를 다루는 학문으로서의 가치는 이미 상실된 것이라 사료되는 것이다. 따라서 이론과 실전을 겸하여 분석한 것을 현장에서 간명시 적용해보고, 추후에 검증을 통해 비교적 정확하게 드러난 사안들을 통변으로 정리한 것이므로, 이 학문을 다방면에서 활용해보고자 하시는 분들에게는 다소라도 도움이 될 것이라 믿어 의심치 않는다.

아울러 지난 『실전사주비결』 1·2권 간행에 이어 3권 통변(通辯)의 출간을 흔쾌히 허락해주신 보고사 출판사 김흥국 사장님과 출판까지의 여러 세세한 일들을 정성들여 챙겨주신 직원분들께 다시 한번 깊은 감사의 말씀을 드리며, 어려운 고비마다 힘을 모아주신 어머님과 가족들에게도 감사의 마음을 전하며 글을 마친다.

丙申年 丑月
帝釋 拜上

목차

서문 … 3

제1장 五行 통변 ··· **23**

木 春木 ·· 25
   夏木 ·· 26
   秋木 ·· 27
   冬木 ·· 28

火 春火 ·· 30
   夏火 ·· 30
   秋火 ·· 31
   冬火 ·· 31

土 春土 ·· 34
   夏土 ·· 34
   秋土 ·· 35
   冬土 ·· 35
   辰未戌丑의 性狀 ··· 36

金 春金 ·· 38
   夏金 ·· 38
   秋金 ·· 39
   冬金 ·· 39

水

春水 ……………………………………………………………………………… 41

夏水 ……………………………………………………………………………… 42

秋水 ……………………………………………………………………………… 42

冬水 ……………………………………………………………………………… 43

제2장 사자성어四字成語 통변通辯 ……………………………………………… **44**

1. 가살위권假殺爲權 ……………………………………………………………… 75

    1) 신강살천(身强殺淺)한 경우 …………………………………………… 75

    2) 신왕관다(身旺官多)한 경우 …………………………………………… 76

2. 가살중중(假殺重重) ……………………………………………………………… 77

3. 가신난진(假神亂眞) ……………………………………………………………… 78

4. 가신득국(假神得局) ……………………………………………………………… 80

5. 간두반복(干頭反覆) ……………………………………………………………… 82

6. 간지동체(干支同體) ……………………………………………………………… 82

7. 감이상지(坎離相持) ……………………………………………………………… 84

8. 갑목맹아(甲木萌芽) ……………………………………………………………… 88

9. 강과적중(强寡敵衆) ……………………………………………………………… 89

10. 강금득화(强金得火) …………………………………………………………… 90

11. 강유상제(剛柔相濟) …………………………………………………………… 91

12. 강중적과(强衆敵寡) …………………………………………………………… 93

13. 객신유경(客神遊經) …………………………………………………………… 94

14. 거관유살(去官留殺) …………………………………………………………… 96

15. 거류서배(去留舒配) …………………………………………………………… 97

16. 거살유관(去殺留官) …………………………………………………………… 98

17. 거탁유청(去濁留淸) …………………………………………………………… 99

18. 겁인화진(劫印化晉) …………………………………………………………… 100

19. 고관무보(孤官無輔) …………………………………………………………… 102

20. 고초인등(枯草引燈) …………………………………………………………… 102

21. 곤료정화(困了丁火) …………………………………………………………… 103

22. 공작조화(功作造化) ·· 104

23. 과어유정(過於有情) ·· 105

24. 관록분야(官祿分野) ·· 107

25. 관살병용(官殺竝用) ·· 108

26. 관살혼잡(官殺混雜) ·· 108

27. 관살회당(官殺會黨) ·· 109

28. 관살회묘(官殺會墓) ·· 110

29. 관성불견(官星不見) ·· 111

30. 관성불기(官星不起) ·· 114

31. 관성이회(官星理會) ·· 115

32. 구진득위(句陳得位) ·· 118

33. 구통수화(溝通水火) ·· 119

34. 군겁쟁재(群劫爭財) ·· 119

35. 군뢰신생(君賴臣生) ·· 121

36. 군불가항(君不可抗) ·· 122

37. 군신경회(君臣慶會) ·· 124

38. 군신실세(君臣失勢) ·· 125

39. 군신양성(君臣兩盛) ·· 125

40. 군자지풍(君子之風) ·· 126

41. 권재일인(權在一人) ·· 128

42. 귀기불통(貴氣不通) ·· 130

43. 극부지명(剋夫之命) ·· 131

44. 극설교집(剋洩交集) ·· 132

45. 금견수자(金見水者) ·· 134

46. 금다수탁(金多水濁) ·· 135

47. 금목간격(金木間隔) ·· 136

48. 금백수청(金白水淸) ·· 137

49. 금수동심(金水同心) ·· 139

50. 금수한냉(金水寒冷) ·· 140

51. 금실무성(金實無聲) ·· 141

52. 금약침한(金弱沈寒) ·· 141

53. 급류용퇴(急流勇退) ·· 142

54. 급신이지(及身而止) ···································· 143

55. 기관팔방(氣貫八方) ···································· 143

56. 기명종재(棄命從財) ···································· 146

57. 기산지문(氣散之文) ···································· 147

58. 기상모설(欺霜侮雪) ···································· 147

59. 기세유장(氣勢攸長) ···································· 149

60. 기식상통(氣息相通) ···································· 150

61. 기신입장(忌神入臟) ···································· 150

62. 기신전전(忌神輾轉) ···································· 152

63. 기취감궁(氣聚坎宮) ···································· 154

64. 기탁신고(氣濁神枯) ···································· 156

65. 기토탁임(己土濁壬) ···································· 159

66. 길신태로(吉神太露) ···································· 160

67. 녹록종신(碌碌終身) ···································· 162

68. 녹마교치(祿馬交馳) ···································· 163

69. 녹마동향(祿馬同鄉) ···································· 164

70. 녹원호환(祿元互換) ···································· 165

71. 다능지상(多能之象) ···································· 168

72. 대수지토(帶水之土) ···································· 169

73. 독살위권(獨殺爲權) ···································· 170

74. 동금희화(冬金喜火) ···································· 170

75. 동수왕양(冬水汪洋) ···································· 171

76. 동화전북(東火轉北) ···································· 172

77. 득비이재(得比理財) ···································· 172

78. 득비적살(得比敵殺) ···································· 174

79. 등라계갑(藤蘿繫甲) ···································· 174

80. 등화불검(燈花拂劍) ···································· 175

81. 명관과마(明官跨馬) ···································· 177

82. 명암부집(明暗夫集) ···································· 178

83. 명합명충(明合明沖) ···································· 180

84. 모왕자고(母旺子孤) ···································· 182

85. 모왕자상(母旺子相) ···································· 184

86. 모자멸자(母慈滅子) ················· 184

87. 모정유변(母情有變) ················· 186

88. 목다금결(木多金缺) ················· 188

89. 목다화식(木多火熄) ················· 188

90. 목분남자(木奔南者) ················· 189

91. 목분비회(木焚飛灰) ················· 190

92. 목성화염(木盛火炎) ················· 191

93. 목수화명(木秀火明) ················· 191

94. 목화성회(木化成灰) ················· 192

95. 목화수수(木火受水) ················· 193

96. 목화통명(木火通明) ················· 195

97. 묘고봉충(墓庫逢沖) ················· 195

98. 무자지명(無子之命) ················· 196

99. 방국일제(方局一齊) ················· 198

100. 방조설상(幇助洩傷) ················· 199

101. 배록축마(背祿逐馬) ················· 202

102. 벽갑인정(劈甲引丁) ················· 203

103. 변화상관(變化傷官) ················· 204

104. 병약상제(病藥相濟) ················· 205

105. 봉생좌실(逢生坐實) ················· 205

106. 봉충득용(逢沖得用) ················· 206

107. 부건파처(夫健怕妻) ················· 208

108. 부근착삭(斧斤斲削) ················· 211

109. 부명자수(夫明子秀) ················· 211

110. 부성입묘(夫星入墓) ················· 212

111. 분발지기(奮發之機) ················· 214

112. 사정견합(私情牽合) ················· 216

113. 살인상생(殺印相生) ················· 217

114. 살인신청(殺刃神淸) ················· 219

115. 살인양정(殺刃兩停) ················· 220

116. 살장관로(殺藏官露) ················· 221

117. 살중신경(殺重身輕) ················· 222

118. 살중용인(殺重用印) ······································· 223

119. 삼기성상(三氣成象) ······································· 225

120. 삼반귀물(三般貴物) ······································· 226

121. 상관가살(傷官駕殺) ······································· 227

122. 상관견관(傷官見官) ······································· 228

123. 상관상진(傷官傷盡) ······································· 229

124. 상관우살(傷官遇殺) ······································· 230

125. 상관패인(傷官佩印) ······································· 231

126. 상하정협(上下情協) ······································· 232

127. 생방파동(生方怕動) ······································· 234

128. 생생불식(生生不息) ······································· 235

129. 생화유정(生化有情) ······································· 237

130. 서수환남(西水還南) ······································· 237

131. 설기정영(洩其精英) ······································· 238

132. 설야등광(雪夜燈光) ······································· 239

133. 설이불설(洩而不洩) ······································· 241

134. 성정신후(性定神厚) ······································· 241

135. 성중유패(成中有敗) ······································· 244

136. 세덕부살(歲德扶殺) ······································· 245

137. 세덕부재(歲德扶財) ······································· 246

138. 세운병림(歲運併臨) ······································· 247

139. 세운복음(歲運伏吟) ······································· 248

140. 세운충극(歲運沖剋) ······································· 249

141. 수난금온(水暖金溫) ······································· 249

142. 수대근심(樹大根深) ······································· 250

143. 수범목부(水泛木浮) ······································· 251

144. 수보양광(水補陽光) ······································· 252

145. 수분성유(水奔性柔) ······································· 254

146. 수저금침(水底金沈) ······································· 255

147. 수화기제(水火旣濟) ······································· 256

148. 순모지리(順母之理) ······································· 258

149. 순생지기(順生之機) ······································· 258

150. 순역지기(順逆之機) ·· 260

151. 시종득소(始終得所) ·· 262

152. 식상용겁(食傷用劫) ·· 263

153. 식상용관(食傷用官) ·· 264

154. 식상용인(食傷用印) ·· 264

155. 식상용재(食傷用財) ·· 265

156. 식신봉효(食神逢梟) ·· 266

157. 식신제살(食神制殺) ·· 266

158. 신불가과(臣不可過) ·· 267

159. 신성군쇠(臣盛君衰) ·· 269

160. 신왕대살(身旺對殺) ·· 270

161. 신장살몰(神藏殺沒) ·· 271

162. 신재양정(身財兩停) ·· 272

163. 신청기수(神淸氣秀) ·· 272

164. 아능생모(兒能生母) ·· 274

165. 암요제궐(暗邀帝闕) ·· 275

166. 암합암충(暗合暗沖) ·· 276

167. 애가증진(愛假憎眞) ·· 278

168. 양간부잡(兩干不雜) ·· 279

169. 양기성상(兩氣成象) ·· 280

170. 양명우금(陽明遇金) ·· 281

171. 양승양위(陽乘陽位) ·· 282

172. 양인가살(羊刃駕殺) ·· 284

173. 양인도과(陽刃倒戈) ·· 285

174. 양인로살(羊刃露殺) ·· 286

175. 양인성국(羊刃成局) ·· 287

176. 양인합살(陽刃合殺) ·· 289

177. 역모지리(逆母之理) ·· 290

178. 역생지서(逆生之序) ·· 291

179. 연주협귀(聯珠挾貴) ·· 293

180. 영향요계(影響遙繫) ·· 294

181. 오기불려(五氣不戾) ·· 296

182. 오기성형(五氣成形) ··································· 298

183. 오행구족(五行俱足) ··································· 300

184. 오행부잡(五行不雜) ··································· 301

185. 오행화자(五行和者) ··································· 301

186. 왕쇠진기(旺衰眞機) ··································· 305

187. 왕자상부(旺子傷夫) ··································· 309

188. 왕희순세(旺喜順勢) ··································· 309

189. 외토지첩(畏土之疊) ··································· 310

190. 요긴지장(要緊之場) ··································· 311

191. 원기암장(元機暗藏) ··································· 313

192. 원두지리(源頭之理) ··································· 315

193. 원신투출(元神透出) ··································· 320

194. 유병득약(有病得藥) ··································· 322

195. 유정무정(有情無情) ··································· 323

196. 육갑추건(六甲趨乾) ··································· 327

197. 육을서귀(六乙鼠貴) ··································· 328

198. 육임추간(六壬趨艮) ··································· 328

199. 음승음위(陰乘陰位) ··································· 329

200. 음양화합(陰陽和合) ··································· 331

201. 음탁장화(陰濁藏火) ··································· 332

202. 의모당령(倚母當令) ··································· 333

203. 이로공명(異路功名) ··································· 333

204. 이인동심(二人同心) ··································· 336

205. 인두재자(刃頭財者) ··································· 338

206. 인원용사(人元用事) ··································· 340

207. 일락서산(日落西山) ··································· 342

208. 일범세군(日犯歲君) ··································· 343

209. 일장당관(一將當關) ··································· 344

210. 임기용배(壬騎龍背) ··································· 345

211. 자매강강(姉妹剛强) ··································· 347

212. 자오쌍포(子午雙包) ··································· 348

213. 자중모쇠(子衆母衰) ··································· 349

214. 재관불협(財官不協) ························ 351

215. 재기통문(財氣通門) ························ 352

216. 재다신약(財多身弱) ························ 353

217. 재명유기(財命有氣) ························ 354

218. 재신부진(財神不眞) ························ 354

219. 재인불애(財印不碍) ························ 356

220. 재자약살(財滋弱殺) ························ 357

221. 재중용겁(財重用劫) ························ 359

222. 재중용인(財重用印) ························ 360

223. 적수오건(適水熬乾) ························ 360

224. 적수해염(滴水解炎) ························ 362

225. 전순득서(全順得序) ························ 363

226. 전이불항(戰而不降) ························ 364

227. 전인후종(前引後從) ························ 365

228. 전충화호(戰沖和好) ························ 367

229. 절처봉생(絶處逢生) ························ 369

230. 정기신족(精氣神足) ························ 370

231. 정신포만(精神飽滿) ························ 372

232. 제살태과(制殺太過) ························ 373

233. 종지진가(從之眞假) ························ 375

234. 좌우동지(左右同志) ························ 381

235. 주류무체(周流無滯) ························ 382

236. 중병무구(重病無救) ························ 383

237. 중살창광(衆殺猖狂) ························ 384

238. 중화지리(中和之理) ························ 385

239. 지생천자(地生天者) ························ 386

240. 지전삼물(地全三物) ························ 388

241. 지지연여(地支連茹) ························ 390

242. 지진일기(支辰一氣) ························ 391

243. 진가상관(眞假傷官) ························ 392

244. 진기왕래(眞氣往來) ························ 395

245. 진법무민(盡法無民) ························ 396

246. 진신득용(眞神得用) …………………………………… 397

247. 진태상성(震兌相成) …………………………………… 399

248. 진퇴지기(進退之機) …………………………………… 403

249. 징탁구청(澄濁求淸) …………………………………… 406

250. 천관지축(天關地軸) …………………………………… 408

251. 천복지재(天覆地載) …………………………………… 409

252. 천전일기(天全一氣) …………………………………… 410

253. 천지교전(天地交戰) …………………………………… 412

254. 천지교태(天地交泰) …………………………………… 414

255. 천청지탁(天淸地濁) …………………………………… 416

256. 천한지동(天寒地凍) …………………………………… 417

257. 천합지자(天合地者) …………………………………… 419

258. 청득진자(淸得盡者) …………………………………… 421

259. 체전지상(體全之象) …………………………………… 424

260. 추수통원(秋水通源) …………………………………… 425

261. 축수양목(蓄水養木) …………………………………… 426

262. 충기불기(沖起不起) …………………………………… 427

263. 취정회신(聚精會神) …………………………………… 428

264. 침매지기(沈埋之氣) …………………………………… 430

265. 탈태요화(脫胎要火) …………………………………… 431

266. 탐관망겁(貪官忘劫) …………………………………… 432

267. 탐련기반(貪戀羈絆) …………………………………… 433

268. 탐생망극(貪生忘剋) …………………………………… 435

269. 탐생망충(貪生忘沖) …………………………………… 435

270. 탐재괴인(貪財壞印) …………………………………… 437

271. 탐재망겁(貪財忘劫) …………………………………… 437

272. 탐재망관(貪財忘官) …………………………………… 438

273. 탐재망식(貪財忘食) …………………………………… 439

274. 탐합망극(貪合忘剋) …………………………………… 439

275. 탐합망살(貪合忘殺) …………………………………… 440

276. 탐합망상(貪合忘傷) …………………………………… 440

277. 탐합망생(貪合忘生) …………………………………… 441

278. 탐합망인(貪合忘印) ······ 442

279. 탐합망재(貪合忘財) ······ 443

280. 탐합망천(貪合忘賤) ······ 443

281. 탐합망충(貪合忘沖) ······ 444

282. 태세의화(太歲宜和) ······ 444

283. 토다금매(土多金埋) ······ 446

284. 토목교봉(土木交鋒) ······ 447

285. 토목자전(土木自戰) ······ 448

286. 토불수화(土不受火) ······ 449

287. 파료상관(破了傷官) ······ 451

288. 패지봉충(敗地逢沖) ······ 451

289. 편야도화(遍夜桃花) ······ 452

290. 한목향양(寒木向陽) ······ 456

291. 합관유살(合官留殺) ······ 457

292. 합살유관(合殺留官) ······ 457

293. 합이불화(合而不化) ······ 458

294. 해후상봉(邂逅相逢) ······ 459

295. 허자입국(虛字入局) ······ 460

296. 허진보진(虛眞補眞) ······ 461

297. 허화봉토(虛火逢土) ······ 461

298. 현무당권(玄武當權) ······ 462

299. 혈기란자(血氣亂者) ······ 463

300. 형전형결(形全形缺) ······ 465

301. 호환재록(互換財祿) ······ 468

302. 화득진자(化得眞者) ······ 468

303. 화열성조(火烈性燥) ······ 470

304. 화염토조(火炎土燥) ······ 472

305. 화위설상(化爲洩傷) ······ 472

306. 화위설수(化爲洩秀) ······ 473

307. 화지진가(化之眞假) ······ 473

308. 화합봉시(化合逢時) ······ 476

309. 회동제궐(會同帝闕) ······ 477

310. 회화재염(晦火再炎) ··· 477

311. 효자봉친(孝子奉親) ··· 478

312. 희신보필(喜神輔弼) ··· 480

제3장 실전 통변 ·· **482**

男命 (傷官見官된 사주) ·· 482

男命 (財星入墓의 사주) ·· 487

女命 (水氣가 중첩되어 흉한 사주) ························· 492

男命 (子卯 刑殺이 있는 사주) ······························· 496

男命 (부모덕이 없는 사주) ····································· 501

男命 (午午 自刑이 있는 사주) ······························· 508

男命 (官印 투출의 小貴한 사주) ···························· 514

男命 (印星이 많아 凶格의 사주) ···························· 520

男命 (極貴의 사주) ·· 526

男命 (財多身弱의 사주) ·· 529

男命 (食傷生財의 사주) ·· 533

男命 (盜食된 사주) ·· 541

男命 (官殺混雜된 사주) ·· 546

女命 (群劫爭財된 사주) ·· 551

女命 (凶殺이 太重한 사주) ····································· 556

男命 (食神이 중첩된 사주) ····································· 561

男命 (食傷生財의 신약사주) ··································· 565

男命 (合而不化의 사주) ·· 569

男命 (食傷生財의 사주) ·· 575

男命 (群劫爭財의 사주) ·· 580

男命 (용신이 암장된 사주) ····································· 584

女命 (官殺混雜된 사주) ·· 589

男命 (盜食된 사주) ·· 592

男命 (食神이 有氣한 사주) ·· 597

男命 (身旺財弱의 사주) ·· 601

男命 (傷官佩印의 사주) ·· 606

女命 (凶殺이 重하여 神氣가 있는 사주) ···································· 611

男命 (從格의 사주) ·· 615

男命 (食神生財의 사주) ·· 620

男命 (傷官見官된 사주) ·· 624

女命 (從財格의 사주) ·· 629

女命 (부부연이 박한 사주) ·· 633

男命 (偏枯된 사주) ·· 639

男命 (財多身弱의 사주) ·· 644

女命 (冲이 있는 사주) ·· 650

男命 (印星이 空亡된 사주) ·· 655

男命 (印星이 중첩된 사주) ·· 660

男命 (天干이 전부 印星인 사주) ·· 665

女命 (財多身弱의 사주) ·· 670

男命 (官印相生의 사주) ·· 676

女命 (土가 중첩된 사주) ·· 681

男命 (神氣가 많은 사주) ·· 686

男命 (傷官生財의 사주) ·· 691

男命 (食傷이 중첩된 사주) ·· 695

男命 (盜食된 사주) ·· 700

男命 (食傷이 중첩된 사주) ·· 703

男命 (得比理財의 사주) ·· 705

男命 (滾浪桃花가 있는 사주) ·· 709

男命 (偏印이 중첩된 사주) ·· 712

男命 (比肩이 중중한 사주) ·· 714

男命 (群劫爭財의 사주) ·· 718

男命 (干合과 支合이 있는 사주) ·· 720

19

女命 (群劫爭財의 사주) ·· 722

男命 (食傷이 중첩된 사주) ·· 725

男命 (偏財가 중첩된 사주) ·· 728

男命 (辰未戌丑이 전부 있는 사주) ······························· 731

男命 (財星이 중중한 사주) ·· 733

男命 (食傷이 중첩된 사주) ·· 736

女命 (正官의 合이 있는 사주) ····································· 739

男命 (印星이 중중한 사주) ·· 741

男命 (財星混雜된 사주) ··· 744

女命 (丁壬 合이 있는 사주) ······································· 747

男命 (寅巳申 三刑殺이 있는 사주) ································ 750

男命 (자폐증의 사주) ··· 751

女命 (印星이 중중한 사주) ·· 753

男命 (官印이 태왕한 사주) ·· 755

男命 (從格의 사주) ··· 758

男命 (比劫이 중첩된 사주) ·· 759

女命 (寅巳 刑殺이 있는 사주) ····································· 761

男命 (得比理財의 사주) ··· 764

女命 (牆外桃花가 있는 사주) ······································ 766

女命 (滾浪桃花가 있는 사주) ······································ 767

女命 (巳申의 刑合이 있는 사주) ··································· 769

女命 (刃頭財에 해당하는 사주) ····································· 771

女命 (子卯 刑殺이 있는 사주) ····································· 773

男命 (官星이 중첩된 경우) ·· 775

女命 (夫星入墓의 사주) ··· 778

男命 (財官印이 투출한 사주) ······································ 780

女命 (食傷이 중첩된 사주) ·· 782

男命 (傷官生財의 사주) ··· 785

男命 (群劫爭財의 사주) ··· 787

男命 (丑午 怨嗔이 있는 사주) ··· 788

男命 (財多身弱의 調候가 급한 사주) ·· 791

男命 (官印相生의 사주) ··· 793

男命 (財多身弱의 사주) ··· 795

男命 (大富格의 사주) ·· 797

男命 (예술가의 사주) ·· 798

男命 (官印相生의 사주) ··· 799

男命 (比劫이 태왕한 사주) ·· 802

男命 (財官이 旺한 사주) ··· 804

男命 (印星混雜된 경우) ··· 808

男命 (官殺混雜된 사주) ··· 811

男命 (食神生財의 사주) ··· 813

女命 (食傷이 투출한 사주) ·· 815

女命 (印星이 太重한 사주) ·· 818

男命 (연예인 지망 사주) ··· 820

참고문헌 ··· 822

四柱秘訣

제1장
五行 통변

　　사주명리학(四柱命理學)은 사람의 생년, 월, 일, 시에 따른 오행의 중화(中和) 여부를 가리어 미래사(未來事)에 숙명적으로 전개될 길흉화복을 논하는 학문이다. 하늘의 오기(五氣)가 땅과 연결되어 오행(五行)이 되고, 오행(五行)의 영향을 받아 땅에서는 오곡(五穀)이 자라고, 오곡(五穀)을 섭취하여 이를 바탕으로 생육되는 사람에게는 오장육부(五臟六腑)의 장기(臟器)가 있는 것이다. 따라서 하늘과 땅과 사람인 天地人 삼원(三元)은 불가분의 관계에 있으며 둘이 아니고 하나인 것이다. 지구가 태양을 중심으로 공전(公轉)의 궤도를 그리며 순환운행(循環運行)하여 음양오행(陰陽五行)에 따른 사계절(四季節) 이십사절기(二十四節氣)가 생하는 것이고, 지구가 자전(自轉)하며 밤, 낮을 생하여, 이로써 만물을 잉태하고 생육하니, 사람은 우주만물의 끝없는 순환(循環)의 법칙에서 벗어날 수 없는 것이며, 生과 死 역시 무한 반복되는 자연의 한 순환과정인 것이다. 즉, 이것이 명리학의 시각에서 보는 음양오행(陰陽五行) 변화의 원리인 것이다. 결국 사람이란 존재는 음양오행(陰陽五行)의 굴레에서 벗어날 수 없는 것이고, 미래의 길흉사라는 것도 역시 이 틀 안에서 어떠한 법칙에 의해 작동되는 순환(循環)의 원리인 것이다.

　　사계절(四季節) 이십사절기(二十四節氣)의 변화의 과정을 관찰(觀察)하고, 이것을 사람의 생년, 월, 일시에 접목하여 음양오행(陰陽五行)에 따른 생화극제(生化剋制)의 논리를 터득하는 것이야 말로 사주명리학 공부의 지름길인 것이며, 또한 사람들이 서로 가족과 사회라는 공동체를 형성하며 살아가는 과정에서 도출되는 여러 길흉간의 사안(事案)들을 잘 이해하고 분석하며 통찰(通察)하는 것이야 말로 사주명리학을 한층 더 높은 경지로 끌어올릴 수 있는 밑거름인 것이다.

단언하면, 이십사절기(二十四節氣)가 순환상생(循環相生)의 변화과정을 통해 발생하는 자연과 음양오행(陰陽五行)의 이치, 그리고 얽히고설키며 살아가는 인간사(人間事)에 대한 깊은 이해와 통찰력을 키우는 것이야말로, 사람들의 미래운명을 정확하게 점단하는데 있어서 가장 중요한 요소이며 또한 지름길인 것이다. 따라서 아래에 요약하여 열거하는 절기(節氣)에 따라 변화되는 오행(五行)의 변화를 잘 이해하고 통찰(通察)하면, 한층 더 깊이 있는 명리학의 오묘한 이치를 터득할 수 있으리라 사료된다.

木

- 木은 굽어지고, 곧게 자라는 곡직(曲直)의 성질을 지니고 있다. 木氣가 重하면 金의 제극(制剋)이 필요하고, 金을 얻으면 金이 숙살(肅殺)의 기운을 띠어 거두어들이는 덕(德)을 갖춘다.

- 뿌리가 깊고 단단히 내리기 위해서는 土의 후중(厚重)함이 필요하다. 土가 적으면 가지와 잎이 무성해도 위태롭기 때문이다. 木은 水가 생해줌을 좋아하나, 水가 重重하면 표부(漂浮)할까 염려된다.

- 木은 生木과 死木으로 나뉘며 十二宮의 방위로 논하는데, 십이포태운성(十二胞胎運星)의 양(養)~제왕(帝旺)까지는 진기(進氣)라 하고, 쇠(衰)~태(胎)까지는 퇴기(退氣)라 한다.
  生木 : 亥子丑寅卯辰(乙亥·甲子·乙丑·甲寅·乙卯·甲辰)
  死木 : 巳午未申酉戌(乙巳·甲午·乙未·甲申·乙酉·甲戌)

- 生木이 火를 만나면 스스로 불타버리나 목화통명(木火通明)을 이루고, 金을 만나면 손상되나 동량지재(棟樑之材)를 이루고, 水를 만나면 물에 뜨니 수범목부(水泛木浮)가 된다. 즉, 추목(秋木)은 金을 따르고, 하목(夏木)은 水를 따른다.

◉ 生木이 丙丁火를 만나면 빼어나고, 金을 만나면 스스로 傷한다.
死木이 庚辛金을 만나면 기물(器物)을 이루고, 火를 만나면 스스로 불타고, 水를 만나면 死木은 발생의 상(象)이 없으니 세력이 다했기 때문에 변한다.
金木이 상등(相等=사주에 四金, 四木이 있는 것. 양신성상격(兩神成象格)이 이에 해당된다.)하면 기물(器物)을 만드나, 추월생(秋月生)은 도끼인 金이 더욱 성(盛)하니 손상된다.

◉ 木은 陽이 흩어지며 설기(洩氣)되어 서서히 영화로움을 향하는데 이를 등상(騰上)이라 한다. 氣가 흩어지며 설기(洩氣)되기 때문에 묶어서 거두기 어렵다. 金은 숙살(肅殺)의 기운을 띠는데, 흩어지고 설기(洩氣)되면 病이 된다.

◉ 木이 重하면 金土가 반드시 있어야 한다. 木이 土를 극하여 財를 삼으나, 이는 火가 剋金하고, 金이 剋木하는 것과는 다르다. 이것은 土가 反生의 功이있기 때문이다. 水가 적으면 木이 자라나, 重하면 뿌리를 썩게 한다.

◉ 金木이 相制하면 착륜(斲輪)이라 하여 上格을 이룬다. 그러나 秋月生은 木이 다하고 金神이 사령(司令)했으니, 相等했다 해도 木이 손상되니 반드시 火의 제극이 있어야 한다.

春木

◉ 춘목(春木)은 아직 한기(寒氣)가 남아 있으니, 火를 기뻐하고, 水가 부조(扶助)하면 메마를 염려가 없다. 그러나 초춘(初春)에는 한습(寒濕)하니 水가 왕(旺)하면 흉하다.

◉ 춘목(春木)은 陽의 기운이 태동하므로 뿌리가 건조해지고 잎이 메마르니 水가 없으면 흉하다.

◉ 초춘(初春) : 입춘(立春) ~ 우수(雨水)
중춘(仲春) : 우수(雨水) ~ 곡우(穀雨)
모춘(暮春) : 곡우(穀雨) ~ 입하(立夏)

◉ 초춘(初春)에는 한냉(寒冷)하니 丙火가 있어야 발전이 있고, 水를 만나면 음습(陰濕)해지니 뿌리가 손상되고, 丙火가 투출하고 地支에 水가 한두 개 있으면 기제(既濟)의 공(功)이 있다. 그러나 水가 과다하면 剋으로 변하니 정신(精神)을

손상시키고, 뿌리가 손상되어 가지가 메마르니 정신질환이 따른다.

◉ 중춘(仲春)에는 陽氣가 더욱 승하니, 水·火를 함께 취한다. 초춘(初春)에는 水가 반드시 필요한 것은 아니나, 중춘(仲春)에는 水가 없으면 火가 무용지물이 된다.

초춘(初春)에는 丙火가 귀중하나, 중춘(仲春)의 火는 목화통명(木火通明)을 이루니 丙丁火를 같이 용한다. 따라서 중춘(仲春)의 生木이 火를 얻으면 수기유행(秀氣流行)되어 귀격(貴格)이 된다.

◉ 모춘(暮春)에는 양기(陽氣)가 더욱 기승을 부리니 木이 메마르다. 水가 없으면 뿌리와 가지가 마르니 흉하다. 따라서 地支에 곡직인수격(曲直仁壽格)을 형성해도 癸水의 자부(滋扶)가 없으면 귀격(貴格)을 이루지 못한다.

◉ 土는 木의 財인데, 많으면 木이 수(囚)되니 기운이 손상되고, 土가 적으면 재물이 풍족하다.

◉ 春月은 목왕토허(木旺土虛)한데, 초춘(初春)에는 木이 여리니 剋土하기 어렵고, 모춘(暮春)은 土가 겸왕(兼旺)하니 土旺하면 木이 손상된다.

◉ 土는 春木을 배양(培養)하는 것으로 많으면 흉하다. 즉 주객전도된 상황이다.

◉ 春木은 金이 旺하면 剋을 받아 신고(身苦)가 있으나, 旺木인 경우에는 金을 얻으면 복록이 많다.

◉ 초춘(初春)은 陽木이라 따뜻한데 秋月의 숙살지기(肅殺之氣)를 만나면 木氣가 꺾인다. 배합(配合)이 좋으면 요절(夭折)은 면하나 일생 평안을 기대하기 어렵다.

◉ 중춘(仲春)은 木旺하여 金을 무서워하지 않으나, 春月은 金이 약하니 旺木을 만나면 金이 이지러진다. 이때 庚金이 있는데 土로 생하면 귀격(貴格)을 이룬다. 金이 많으면 丁火로 制해야 귀격(貴格)을 이룬다. 즉, 春月은 庚金이 있어야 하고 水가 또한 적절히 배합되어야 한다.

夏木

◉ 하월(夏月)은 음력 四, 五, 六月로 화왕지절(火旺之節)이라 木性이 메마르다. 水가 있으면 자윤(滋潤)하나 적으면 고초(枯焦)하다. 巳午未月은 甲木이 십이포태운성(十二胞胎運星)의 병·사·묘(病·死·墓)地에 해당된다. 火를 만나면 스스로 불사르

고, 乙木이 중첩된 火를 만나면 기산지문(氣散之文)이라 하여 흉함이 심하다.

◉ 하월(夏月)의 木은 土가 중첩(重疊)되면 흉하다. 木性이 설기(洩氣)되어 허초(虛焦)하니 土를 극제하지 못하기 때문에 재다신약(財多身弱)의 사주가 된다.

◉ 목왕화다(木旺火多)한데 水가 없어 火氣를 제압하지 못하는 경우, 土가 한두개 있어, 火氣를 설(洩)하면 식신생재격(食神生財格)이 되어 부격(富格)을 이룬다. 이런 경우에도 火土가 旺하니 북방 水運은 길하나, 동남 木火運은 흉하고, 金이 약(弱)하면 수원(水源)이 메마르니 불리하다.

◉ 하목(夏木)은 木이 중첩되면 삼림(森林)을 이루어 겉은 화려하나 실속이 없다. 하목(夏木)은 왕상휴수사(旺相休囚死)의 "休"에 해당되어 실기(失氣)했기 때문이다. 또한 旺火가 木氣를 설(洩)하여 신약하니 財를 감당하기 어렵고, 목화식상격(木火食傷格)이나 재다용비겁격(財多用比劫格)이 되므로 水의 배합이 없으면 아름답지 못한 것이다.

秋木

◉ 추목(秋木)은 하월(夏月)의 양화(陽和)한 木性이 점점 쇠해져서 약해진다.

◉ 초추(初秋) : 입추(立秋) ~ 처서(處暑)
   중추(仲秋) : 처서(處暑) ~ 상강(霜降)
   모추(暮秋) : 상강(霜降) ~ 입동(立冬)

◉ 초추(初秋)는 아직 火氣가 남아 있으니 水·土로 돕는다. 木이 申月에 이르면 申中 庚金의 剋을 받아 木이 절(絶)되나, 역시 申宮에 壬水가 있어 살인상생(殺印相生)하니 서로 도와 이를 절처봉생(絶處逢生)이라 한다. 그러나 秋水는 차니 木을 도와도 빼어남이 적어, 이때는 土로 재배하여 뿌리를 튼튼하게 해야 한다. 초추(初秋)의 木은 水·土로 도와야 하나, 水가 있고 土가 없으면 무용지물이 된다.

◉ 중추(仲秋)는 과실이 무르익은 때이니 강금(剛金)으로 다듬어주어야 한다. 秋月에는 木이 겉으로는 시들고 안으로는 生氣가 막히니 가지치기를 해주어야 한다. 또한 死木이니 水로 부조해도 生하지 못하고, 화염(火炎)하면 스스로 타버린다. 따라서 金을 얻어야 크게 쓰이는데 이를 부근착삭(斧斤斲削)이라 하며 동

량지재(棟樑之材)가 된다. 한로(寒露)에는 화염(火炎)하면 木이 실(實)해진다.

◉ 모추(暮秋)에는 수성(水盛)하면 木이 표류(漂流)하게 되니, 土로 배양(培養)하고 火의 따뜻함을 얻어야 유용하다. 모추(暮秋)는 金이 旺하여 木이 꺾이니 金이 있으면 火의 제극이 필요하다. 木이 많으면 다재다능하나, 土가 많으면 자립심이 없다.

◉ 秋月은 金神이 사령(司令)하니, 比劫이 많고, 食傷이 있으면 신왕살고유제(身旺殺高有制)라 하여 相格의 命이다. 그러나 秋木은 死木이니 比劫의 부조(扶助)가 있으면 기뻐하기는 하나 유용하지는 않다.

◉ 秋木은 土가 財로써 뿌리를 배양하기는 하나, 많으면 木이 쇠퇴하여, 재다신약(財多身弱)사주가 되어, 부옥빈인(富屋貧人)의 命이 된다.

冬木

◉ 동월(冬月)은 亥子丑月을 말하는데, 亥에 小陽이고, 子에 一陽, 丑에 二陽이뜨고, 寅에 三陽이 뜨니 비로소 봄이라 한다.
동월(冬月)의 木은 반굴지(盤屈地)에 있으나 亥에서 生하면 싹이 튼다. 그러나 한기(寒氣)가 태다(太多)하니 火가 없으면 발전의 기미가 없는 것이다.

◉ 동목(冬木)은 발전하기 어려우나, 土가 많아 배양(培養)을 욕심내며, 수성(水盛)함을 싫어하니 형체를 잃는다. 이 경우는 金이 많아도, 동목(冬木)은 내적으로 水를 담뿍 담고 있으므로 두려워하지 않는다. 따라서 火가 없으면 발전하지 못하니 火가 많음을 싫어하지 않는다.

◉ 동목(冬木)은 火土가 필요한데, 수성(水盛)한데 土가 없으면 가지와 뿌리가 손상된다. 이때는 辰丑의 습토(濕土)는 기피하고, 戌未의 조토(燥土)가 있어야 한다. 동월(冬月)의 水는 木을 얼게 하기 때문이다.
水가 旺하면 형체가 손상되고, 金을 설기(洩氣)하니 剋하기 어렵고, 木氣가 땅속의 水氣를 빨아 당겨 땅에 연결되니, 역시 剋을 받지 않으므로 金이 많아도 소용없는 것이다.

◉ 동월(冬月)은 귀근복명(歸根復命)하는 때이니, 木의 病을 치료하려면 반드시 生旺의 기운이 있어야 한다. 동월(冬月)은 木氣가 뿌리로 돌아가니 金이 극하기

어렵고, 또한 水가 있으면 木을 얼게 하니 흉하다. 반드시 年·日支에서 동남 木火의 생왕지(生旺地)에 임해야 길하고, 西北 사절(死絕)地는 흉하다. 대운의 이치도 이와 같다.

火

- 火는 염염(炎炎)하며 위로 솟으려는 기상이 있고, 복장(伏藏)되면 휘광(輝光)이 오래간다. 木을 체(體)로 삼으니 木이 없으면 불꽃이 길지 못하고, 水를 用으로 삼으니 水가 없으면 열(熱)이 심하여 만물이 傷한다. 생함이 이궁(離宮)에 있으면 과단성이 있고, 감궁(坎宮)에 있으면 두려움을 알아 예의를 지킨다.

- 火는 金을 만나면 기물(器物)을 이루고,
  水를 만나면 기제(旣濟)의 功이 있고,
  土를 만나면 막힘이 많고,
  木旺地를 만나면 영화롭다.
  木이 死하면 火가 허(虛)하여 영구함과 공명이 오래가지 못한다.

- 火가 春月의 木을 만나면 불사르게 되고,
  夏月의 土를 만나면 회화(晦火)되고,
  秋月의 金을 만나면 제극하기 어렵고,
  冬月의 水를 만나면 멸(滅)당한다.

- 春月의 火는 밝은 것은 좋아하나 뜨거운 것을 싫어하고,
  秋月의 火는 밝으면 만물이 메마르니 장(藏)됨을 좋아하고,
  冬月의 火는 水를 만나면 殺이 되니, 꺼지게 되어 生을 받음을 좋아한다.

- 火가 金을 만나면 화련진금(火煉眞金) 되고,
  水를 만나면 기제(旣濟)의 功을 이루고,
  土를 만나면 회광(晦光) 되고,
  木은 만나면 통명(通明)을 이룬다.

春火

⦿ 火는 밝고 염염(炎炎)의 성질이 있다. 春月의 寅宮은 甲木이 당왕(當旺)하고, 丙火의 長生地이니 모왕자상(母旺子相)이라 한다.

⦿ 春月의 火는 陽이 大地로 돌아와 설상(雪霜)을 기만하며 업신여긴다. 이를 기상모설(欺霜侮雪)이라 한다.

⦿ 초춘(初春)에는 한기(寒氣)가 남아있으니, 火가 있어야 좋고 木의 부조가 필요하나 태왕(太旺)하면 흉하다.
   卯月과 辰月은 양기(陽氣)가 더욱 성(盛)하니, 木이 적으면 火가 밝고, 木이 많으면 火가 막히어 金의 전벌이 필요하다.

⦿ 春月은 木旺한 때이니, 스스로 水의 기운을 설기(洩氣)시키게 되며, 火를 생하게 된다. 이것을 천화지윤(天和地潤)이라 하는데, 기제(旣濟)의 공을 이루는 것이다. 그러나 水가 많으면 습목(濕木)되어 불꽃이 없으니, 土의 제극이 없으면 조화(造化)가 되지 않아 흉하다. 이때 土는 食傷인데, 水인 殺을 制殺하게 되면, 陽火의 은공을 저버리게 되니 上格의 命은 못된다.

⦿ 화토상관(火土傷官)은 火가 土를 조열(燥熱)하게 하니, 가물고 땅이 갈라지니, 이런 명조자는 수기(秀氣)가 없게 되어 귀격(貴格)이 되지 못한다.

⦿ 土가 성(盛)하고 水가 적으면 회화(晦火)되고, 火가 성(盛)한데 土가 중중하면 화염토조(火炎土燥)하게 되어 生氣의 情이 없게 된다. 따라서 丙火는 壬水는 두려워하지 않으나 戊土는 두려워한다.

⦿ 三春의 金은 절·태·양(絶·胎·養)地에 있어 기세가 대단히 약하다. 그러나 火旺地로 진기(進氣)하니 剋金할 힘이 있어, 金이 아무리 많아도 火를 곤(困)하게 하지 못한다. 그러므로 財를 거듭 만나도, 파격(破格)이 되지 않고, 財의 쓰임이 크니 반드시 부격(富格)을 이룬다.

夏火

⦿ 하화(夏火)는 염왕(炎旺)하니 반드시 水가 필요하다. 만약 木의 생조가 태과(太過)하면 요절(夭折)하게 된다.

◉ 하화(夏火)는 金을 만나면 良工을 얻은 것이고, 土를 만나면 가색(稼穡)을 이룬다. 비록 金土가 아름답다 하더라도 水가 없으면 金土가 말라붙는다. 이때 만약 木으로 도우면 크게 위태하다.

◉ 하월(夏月)의 金은 매우 미약하니, 당왕(當旺)한 火를 만나면 불타는 화로에 들어가는 것 같아, 쇠를 녹여 기물(器物)을 만든다. 이를 화장하천금첩첩(火長夏天金疊疊)이라 하는데 이리되면 거부격(巨富格)을 이루게 된다.

◉ 하월(夏月)의 火가 月支에 辰未戌丑이 있으면 화토식상격(火土食傷格)이라 하고, 다시 地支에 辰未戌丑 사고(四庫)가 있으면 가색격(稼穡格)이라 한다. 화토식상(火土食傷)이건 가색격(稼穡格)이건 水의 배합(配合)이 없으면 위태로운 것이다. 만약 水가 없으면 화왕토초(火旺土焦)하여 가색(稼穡)의 뜻을 잃는다.

秋火

◉ 추화(秋火)는 일락서산(日落西山)하니 기세가 꺾이고, 성질(性質)과 체상(體象)이 휴수(休囚)되니 염염(炎炎)한 위력이 돌아오지 않는다. 따라서 木으로 生하면 다시 밝아지나, 水로 剋하면 흉액이 도달한다. 따라서 秋月의 火는 印星을 기뻐하나 官殺은 기피하는 것이다.

◉ 추월(秋月)의 丙火가 申에서 陽水(壬水)를 만나면 장수(長壽)하기 어렵다고 계선편(繼善篇)에서 논했다. 이때 木이 있으면 剋이 生으로 바뀌니, 秋火가 官殺이 있을 때에는 반드시 印星이 필요한 것이다.

◉ 土重하면 회화(晦火)되고, 金多하면 火가 수(囚)되니 세력이 꺾이고, 火를 만나면 조광(照光)하니 많아도 좋다. 이것은 추화(秋火)는 比劫이 있어야 귀격(貴格)이 된다는 말이다.

冬火

◉ 동절(冬節)은 亥·子·丑月인데, 亥宮은 火의 절지(絕地)이고, 子丑宮은 死地이니, 동화(冬火)는 기세가 꺾이어 형체가 없어진다. 木을 만나면 절처봉생(絕處逢生)되어 구제되나, 水가 당왕(當旺)하면 심히 剋을 받는다. 따라서 冬火는 木을

떠나 생각할 수 없다.

⊙ 동화(冬火)는 土로 制하면 영화로움이 있고, 火의 比劫이 있으면 기뻐하고, 庚辛金을 만나면 財를 감당하기 어려우니 해롭다.

⊙ 동지(冬至) 後는 一陽이 뜨니 食傷과 比劫의 배합이 필요하다.

⊙ 동월(冬月)은 水旺하니 火를 극한다. 이때 木의 생조가 있어야 하고, 土로 水를 극제해야 한다. 그러나 동절(冬節)의 土는 한토(寒土)라 힘이 부족하니, 반드시 丙丁火로 보조하여, 火土가 상조(相助)하면 자연 木이 火를 돕게 된다. 이것은 동화(冬火)가 비록 쇠(衰)하나, 완전히 쇠절(衰絶)한 것이 아니라서 財인 金을 剋할 수 있기 때문이다.

⊙ 동화(冬火)는 수왕지절(水旺之節)이라 쇠약한데, 다시 水인 官殺이 旺하니 火를 핍박한다. 그러나 子에 一陽이 떠서 양기(陽氣)가 태동하고, 丑인 二陽으로 진기(進氣)하니, 양기(陽氣)가 더욱 상승하여 설상(雪霜)을 우습게 여기니, 丑月의 丙火는 比劫이 있으면 약변강(弱變强)이 되어 旺해지는 것이다.

土

⊙ 土는 간손곤건(艮巽坤乾)의 사유(四維)에 있어 木火金水가 이를 의지한다. 土는 四時가 교차하는 시점이다.

⊙ 춘월(春月)은 火氣가 다가오나 木氣가 남아있고,
하월(夏月)은 金氣가 다가오나 火氣가 남아있고,
추월(秋月)은 水氣가 다가오나 金氣가 남아있고,
동월(冬月)은 木氣가 다가오나 水氣가 남아있다.

⊙ 土는 辰未戌丑을 旺地로 삼고,
　　　　寅申에 기생(寄生)하고,
　　　　巳亥에 기왕(寄旺)하고,
　　　　四維에 산재(散在)해 있는 것이다.

따라서 土는 만물의 시작과 끝이고, 木火金水가 이에 의지하여 상(象)을 이룬다. 그러므로 춘하추동의 기후에 따라 길흉이 다른 것이다.

◉ 土는 火運에 의지하는 고로, 火가 死하면 土는 휴수(休囚)되는 것이다. 즉, 火는 酉金에서 死하니, 土가 酉金에 이르면 휴수(休囚)되어 기(機)가 없는 것이다.

◉ 土가 金火를 만나면 귀격(貴格)이 된다는 것은, 土가 秋月에 生하면, 당왕(當旺)한 金이 土氣를 설기(洩氣)하니, 火로 土의 원신(元神)을 보충하면 으뜸가는 귀명(貴命)이 된다는 것이다.

◉ 旺火가 土를 生하고, 다시 金局을 이루면 수기유행(秀氣流行)되어 오복(五福)이 구비되는 명조가 되는 것이다.

◉ 土가 후실(厚實)하면 甲木의 소벽(疏闢)이 필요하다. 이는 전답(田畓)이 쟁기나 호미로 소토(疏土)가 필요한 까닭이다.

◉ 土가 辰未戌丑月에 生하면 土旺한 때라 戊己土가 불투(不透)해도, 암암리에 土가 후중(厚重)하니 甲木의 剋制가 있어야 한다. 그렇지 않으면 火를 어둡게 하고, 壬水를 막히게 하여 근심이 따른다.

◉ 土가 적은데 甲木이 剋하면, 괴멸하여 진토(塵土)가 된다. 이때 寅宮에 長生된 戊土가 불투(不透)하면 土가 허(虛)해지는 것이다.

◉ 辰은 申子辰의 수고(水庫)라 水를 장(藏)하고,
  未는 해묘미의 목고(木庫)라 木을 장(藏)하고,
  戌은 寅午戌의 화고(火庫)라 火를 장(藏)하고,
  丑은 巳酉丑의 금고(金庫)라 金을 장(藏)하고 있다.
  따라서 土는 辰未를 좋아하고, 丑戌을 꺼린다. 土가 辰未에 모이면 귀(貴)하고, 丑戌에 모이면 귀(貴)가 없다.

◉ 戌土는 곤약(困弱)하니 戌多하면 남과 쟁투를 좋아하고 잠이 많다. 辰未는 음식을 좋아하고, 丑은 청성(淸省)한데, 丑은 간토(艮土)이니 癸水로 윤택하게 하면 지위가 높다.

◉ 土가 辰未에 모이면 自生하는 힘이 없으나, 오행이 有氣하면 반드시 부귀격을 이룬다.
  土가 丑戌에 모이면 水로 윤택하게 하고, 火로 따뜻하게 해야 한다. 만일 土가 후중(厚重)한데 水가 없으면 불령(不靈)하고, 水가 많으면 괴멸되어 무용지물이 되고, 火가 없으면 귀(貴)가 없고, 火가 태다(太多)하면 가물어 말라버린다.

◉ 女命은 화다토초(火多土焦)하면 生長하기 어려운데, 이는 여자에게 남편은 木

으로 보아, 木이 火를 많이 만나면 소토(疎土)하지 못하고, 오히려 火를 旺하게 하기 때문이다. 따라서 戊土가 午火節에 생했는데 甲木을 만나면 양인도과(陽刃倒戈)라 한다.

⊙ 辰未戌丑 중 가장 生氣가 없는 것은 戊土이다. 辰土는 생장력이 가장 강하고, 未土는 쇠하지 않고, 丑土는 생장력이 계속 발전한다.
丑土는 艮土이며 二陽이 뜨고 진기(進氣)하니, 丑宮은 癸水가 土를 윤택하게 만드니, 丙火로 도우면 만물이 생장할 수 있다.
戌宮은 丁火가 암장(暗藏)되어 土가 말라 건조하니 生할 수 없다. 따라서 戌多하면 쟁투를 좋아하고 어리석다 하는 것이다.

春土

⊙ 춘월(春月)은 木旺節이니 土가 심약(深弱)하다. 火에 의지하여 寅에서 長生이나, 기세는 허약하다. 火의 생조를 기뻐하나, 木火가 태다하면 土가 무력하다. 이때는 比劫인 火로 돕고, 金으로 木을 制하면 길하나, 金이 태다(太多)하면 土를 설기(洩氣)하니 흉하다.

⊙ 춘토(春土)는 木인 官殺이 사령(司令)했다. 따라서 印星인 火가 있어 살인상생(殺印相生)하면 귀격(貴格)이 된다. 만약 火의 생조가 없으면 旺木이 剋土하여 기울고 허물어진다.

⊙ 대체로 土旺하면 金의 설기(洩氣)가 필요하나, 춘토(春土)의 경우는 심히 허약하니 설기(洩氣)를 취할 수 없다.

夏土

⊙ 하월(夏月)의 土는 조열(燥熱)하다. 土는 火의 세력과 병행하기 때문에, 火旺하면 土旺해지는 것이다.

⊙ 木이 生火의 경우에는 水가 있어 火를 剋함을 꺼리지 않고, 다시 金이 있어 生水하면 처재(妻財)가 유익한데, 比肩이 土를 보조하면 막히게 된다. 比肩이

많은 경우는 반드시 木의 소토(疎土)가 필요하다.

◉ 하토(夏土)는 水火가 조율(調律)하여 상조(相助)하면 사주가 귀격이 된다.

◉ 하토(夏土)는 生金하지 못하고, 설기(洩氣)도 받아들이지 못하나, 金이 절(絶) 地
  에 있는 水를 生하면 절(絶)되지 않는다.

◉ 하월(夏月)은 토왕지절(土旺之節)이라, 比劫이 없어도 무방하고, 木의 剋이 있을
  경우에는 반드시 水로 배합해야 한다. 왜냐하면 木剋土라 하나 木이 土를 剋
  하기 전에 火를 生하려 하기 때문이다.

秋土

◉ 추월(秋月)의 土는 자왕모쇠(子旺母衰)하다. 土는 金의 어머니인데, 金이 사령(司
  令)하여 자식이 旺하니 어머니는 쇠(衰)해지는 것이다. 따라서 金旺하면 설기
  (洩氣)가 심하여 氣가 소모되고, 火는 아무리 많아도 꺼리지 않고, 木이 많으면
  제복(制伏)되어 순하고 어질며, 水가 범람하면 해롭다. 이때 比肩이 많으면 다
  소 힘을 받으나, 상강(霜降) 이후는 戌宮의 丁火가 암암리에 生하니 크게 필요
  치 않다.

◉ 추월(秋月)은 金旺하니 土가 설기(洩氣)되어 無力하고, 木은 휴수(休囚)된 때이
  니 旺金을 만나면 무력해져 土를 해치지 못하고, 火는 생조하니 유익하다.

◉ 추토(秋土)는 土가 허약해져 있는 상태라, 水가 후중(厚重)하면 괴멸되고 흩어지
  니 흉하다.

◉ 추토(秋土)가 比肩을 만나면 힘이 증가하는데, 이것은 입추(立秋)부터 상강(霜降)
  전까지만 해당된다. 상강(霜降) 후는 戌月에 해당되는데, 戌 중 묘고(墓庫)에 해
  당하는 丁火가 생해주므로 比肩의 도움이 없어도 生旺할 수 있다. 이때는 比肩
  을 만나면 오히려 지나칠까 염려스럽다.

冬土

◉ 동월(冬月)은 천지가 얼어붙은 상(象)이라, 火의 따뜻함을 가장 중히 여긴다.

수왕(水旺)하면 재물이 풍족하고,

금다(金多)하면 자식이 뛰어나고,

화성(火盛)하면 영화로움과 이득이 있고,

목다(木多)하면 比肩의 도움이 있어도 冬土가 重하여 흉하다.

辰未戌丑의 性狀

◉ 辰未戌丑月은 土가 전왕(專旺)한 때이나 그 성질에 다소 차이가 있다.

  • 辰土는 춘월(春月)이라 木氣를 띠어 剋 받음이 있어 약(弱)하고,

  • 未土는 하월(夏月)이라 火氣의 生을 받아 旺하고,

  • 戌土는 추월(秋月)이라 金氣로 설기(洩氣)됨이 있어 약(弱)하고,

  • 丑土는 동월(冬月)이라 水氣가 旺하여 土가 휴수(休囚)되니 약(弱)하다.

  따라서 辰未戌丑月 中 未土가 가장 극왕(極旺)한 것이다.

◉ 土가 辰戌丑에 이르면 가색격(稼穡格)을 형성하여 중화(中和)를 이루니 旺으로 판단하지 않는다.

◉ 己土가 未月生이면 비록 음간(陰干)이지만 양인(羊刃)이라 논한다.

◉ 辰·戌·丑 중에는 戌土엔 묘고(墓庫)인 丁火의 생조가 있어 旺하다.

  • 土가 辰月에 生하면 辰宮엔 乙·己가 있으니 재자살(財滋殺)이 되고,

  • 土가 戌月에 生하면 戌宮엔 辛·丁이 있으니 토금상관패인(土金傷官佩印)이 되고,

  • 土가 未月에 生하면 未宮엔 丁·乙이 있으니 살인상생(殺印相生)이 되고,

  • 土가 丑月에 生하면 丑宮엔 癸·辛이 있으니 식상생재(食傷生財)하여 모두 귀격(貴格)이 되나, 丑月은 반드시 火의 배합이 필요하다.

◉ 가색격(稼穡格)이 金을 만나면 대부대귀(大富大貴)하나, 未土月은 화염토조(火旺土燥)하여 生金할 수 없다. 그러나 대서(大暑) 後는 金水로 진기(進氣)하여, 己土가 비습(卑濕)하다. 따라서 火旺해도 生金한다 판단한다.

金

● 金은 陰의 성질이지만 陽의 정(精)을 내포하고 있어 견강(堅剛)하다. 陰으로만 되어 있고 견강(堅剛)하지 못하면 火를 만나면 괴멸되는 것이다. 여기서 陰의 성질은 辛金을 말하고, 견강(堅剛)하다 함은 庚金을 말한다.

● 金은 火의 제련(製鍊)이 없으면 기물(器物)을 이루지 못하고,
金이 重한데 火가 가벼우면 큰일을 도모하지 못하고,
金이 가벼운데 火가 重하면, 단련함이 지나쳐 손상되고,
金多하고 화성(火盛)하면 최상격이다.

● 火金이 모두 있으면 주인(鑄印)이라 한다. 이때 丑을 만나면 입묘(入墓)되니 손상된다. (庚金의 십이포태운성에서 丑土는 墓宮이다)
또한 火金이 많으면 승헌(乘軒)이라 하여 귀격(貴格)인데, 사쇠(死衰)地를 만나면 흉하다. 木火가 연금(鍊金)하면 진퇴(進退)가 빠르고, 순금(純金=辛金)이 壬水를 만나면 대부격(大富格)을 이룬다.

● 金은 水旺하면 침몰하고,
水가 없으면 건고(乾枯)하고,
金多하면 천(賤)하게 되고,
土重하면 매몰(埋沒)되고,
土가 없으면 사절(死絶)된다.

● 金 하나가 水 세 개를 生하면 약해져 이기기 어렵고,
木金이 두 개씩 있으면 財가 부족하고,
金 하나에 木 세 개를 만나면 완둔하여 손상된다.

● 庚金은 丁火를 기뻐하고, 辛金은 壬水를 기뻐한다.

● 金이 旺하면 木火의 財官으로 연금하면 예리함이 나타나는데, 운이 지나가면 막히니 진퇴(進退)가 빠른 것이다.

● 火金이 각각 두 개면 최상격을 이룬다.

● 만약 종혁격(從革格)을 이루면 金水운은 길하고 木火운은 흉하다.

● 金이 水旺한 동절(冬節)에 생했는데, 다시 水多하면 금수상관(金水傷官)이 되어도 귀격(貴格)을 이루지 못한다. 이는 수저금침(水底金沈)이라 논하기 때문이다.

春金

- 춘월(春月)의 金은 한기(寒氣)가 남아있으니, 火로 따듯하게 하여 윤택하게 해주면 유용하다. 그러나 이때는 반드시 土의 보좌가 필요하다. 火가 없으면 土가 차가우니 귀금(貴金)이 되지 못하고, 土가 없으면 火가 뜨거워 金을 훼한다.

- 金은 추월(秋月)의 숙살지기(肅殺之氣)가 있어, 寅月은 절(絕)地이고, 卯月과 辰月은 태·양(胎·養)地에 들어가니 식멸(熄滅)된다. 卯辰月은 양기(陽氣)가 성(盛)해지니 반드시 습토(濕土)로 生金하고, 火로 따듯하게 해야 한다.

- 춘월(春月)은 木旺하니 土가 허약하여, 土가 후중(厚重)하지 못하면 金을 돕기 어렵다.
  수성(水盛)하면 한기(寒氣)가 刀와 칼날처럼 예리해져 자선심이 없고,
  木旺하면 힘이 손상되어 이지러질 염려가 있고,
  火가 없으면 旺木의 설기(洩氣)가 없고, 比劫이 장점을 잃어 어질지 못하다.
  이때는 比肩으로 도와야 한다.

- 춘금(春金)이 수성목왕(水盛木旺)하면 반드시 比劫으로 도와야 위태로움을 면할 수 있다.

夏金

- 하월(夏月)은 金이 더욱더 유약하고, 巳午未月은 巳宮이 長生地이므로 午未는 목욕(沐浴)과 관대(冠帶)地이다.
  火金 사이에는 土가 가로막고 火에 기생(寄生)하니, 조토(燥土)는 生金이 어렵다. 만약 年·日·時支가 다시 사절지(死絕地)가 되면 구제하기 어렵다.

- 하금(夏金)은 火多해도 巳午未月 모두 土가 암장(暗藏)되어 있으니 두려워하지 않는다. 암장된 土는 生金하지 못하나 火 역시 土가 가로막아 金을 녹이기 어렵다. 이때는 水를 만나야 한다. 水는 火를 制하고, 土를 윤택하게 하여 金을 생하기 때문이다. 만약 木을 만나면 土를 破하고 火를 도와 훼金한다. 火는 金의 官星에 해당되는데, 日干을 훼하는 경우는 귀(鬼)가 되어 殺이 되는 것이다.

- 유약한 金은 土의 생조를 바라나, 만약 死金이라면 정수리에 진흙을 덮는 것을

꺼리기 때문에 土多하면 금매(金埋)되는 것이다.

◉ 夏土는 水가 쉽게 건조해지니, 金의 보조가 없으면 土를 윤택하게 할 수 없다.

秋金

◉ 추월(秋月)의 金은 숙살지기(肅殺之氣)를 띠고, 득령(得令)하고 당권(當權)하는 때이니 외음내양(外陰內陽)하다.

◉ 추금(秋金)의 경우는
  ◆ 火로 단련하면 종정(鐘鼎)의 기물(器物)을 이루고,
  ◆ 土로 배양하면 완고하고 탁하며,
  ◆ 水를 만나면 총명하고,
  ◆ 木을 만나면 위력을 떨치고,
  ◆ 金을 만나면 극왕(極旺)하여 오히려 꺾인다.

◉ 강한 辛金은 水를 만나면 기세가 꺾이니, 신왕(身旺)한데 설기(洩氣)가 있으면 금청수수(金淸水秀)라 하여 더욱더 총명하다. 이것을 금수상관격(金水傷官格)이라 한다.

◉ 추월(秋月)의 木은 死木인데, 金의 財에 해당된다. 水로 木을 배양하나 金이 감당할 수 있다. 따라서 이를 식신생재격(食神生財格)이라 하여 上格을 이룬다.

◉ 추금(秋金)은 金氣가 旺한데, 다시 比劫이 있으면 극왕(極旺)해지니, 火의 극제가 있거나 水의 설기(洩氣)가 없으면 손상된다.

冬金

◉ 동월(冬月)은 水旺之月이니 金이 旺氣를 지나 쇠(衰)해지고, 한냉(寒冷)하며 약해진다.
  ◆ 木多하면 다듬기 어렵고,
  ◆ 水盛하면 금침(金沈)되고,
  ◆ 土가 있으면 水를 제압하나 한냉(寒冷)하니 火의 따뜻함이 필요하고,
  ◆ 金을 만나면 서로 돕고,

• 官印을 만나면 온양(溫陽)의 이로움이 있다.

◉ 동월(冬月)은 旺水가 金氣를 암설(暗洩)하니, 쇠금(衰金)이 되어 木을 극하기 어렵다. 따라서 木多하면 공을 베풀기 어려운 것이다. 즉, 財로 삼기 어렵다는 것이다.

◉ 동금(冬金)은 水가 득령(得令)하고, 旺氣를 띠니 진상관(眞傷官)이 된다. 그러나 水旺하면 金生水 되어 금은 침몰하는 것이다. 이를 수저금침(水底金沈)이라 하며, 傷官이 무용지물이 되는 것이다.

水

◉ 하늘은 건방(乾方)인 西北으로 기울어 亥에서 出水하고, 땅은 손방(巽方)인 東南으로 기울어 辰에서 납수(納水)한다. 물은 역류(逆流)하여 甲에 이르면 소리를 만드니, 서쪽으로 흐르지 않는다.

◉ 四時의 氣는 水火로 生을 삼는다. 火는 염상(炎上)이라 하고, 水는 윤하(潤下)라 하니, 水가 申에서 長生이며, 亥子에서 녹왕(祿旺)을 얻고, 辰에서 그쳐 귀납(歸納)이 되고, 묘궁(墓宮)에 해당된다. 순행(順行)하면 너그러우나, 역류(逆流)하면 분탕(賁蕩)하고 소리가 나는 것이다.

◉ 水火가 균등(均等)하면 기제(旣濟)되고,
水土가 혼잡(混雜)되면 수원(水源)이 탁(濁)하여 흉하고,
火多하면 水가 고갈되어 흉하고,
土重하면 水가 막혀 흉하고,
金이 死되면 水가 부족하여 흉하고,
木旺하면 水가 死하니 흉하다.

◉ 女命에 壬水가 신약하면 가난하고, 癸水가 신약하면 오히려 귀격(貴格)을 이룬다.

◉ 水火가 균등하다 함은 丙火를 말하며, 이때 수보양광(水輔陽光)하고 食傷이 있어 수기유행(秀氣流行)하면 기제(旣濟)의 功이 있는 것이다.

◉ 기토탁임(己土濁壬=己土가 水를 혼잡하게 함)하면 甲木으로 制하지 않으면 수원(水源)이 탁(濁)하여 흉하다.

◉ 金은 수원(水源)이니 金水가 상생하면 물의 흐름이 끊어지지 않는다. 金이 子에 이르면 死地이니, 자식이 어머니를 잃어 고독한 형상이다. 따라서 癸水가 子·丑月에 태어나면 丙火로 따뜻하게 하고, 다시 辛金으로 부조(扶助)해야 한다.

◉ 寅卯는 水의 死地이니 金으로 생해야 한다. 壬水는 陽水이니 신약함을 꺼리나, 癸水는 陰水이니 신약함을 꺼리지 않는다.

春水

◉ 춘월(春月)의 水는 병·사·묘(病·死·墓)地가 되어 旺氣가 물러난다.

◉ 水는 많으면 범람하고, 적으면 고갈되며 산만하여 근원이 없다. 따라서 春水가 또 水를 만나면 제방을 무너뜨리나, 토성(土盛)하면 범람의 근심이 적다.
金으로 생하며 좋으나 금성(金盛)하면 흉하고,
火의 기제(既濟)의 공이 있으면 좋으나 火多하면 흉하다.
木을 만나면 자선심이 있고,
土가 없으면 산만해져 근심이 따른다.

◉ 춘월(春月)의 壬水는 地支에 劫·刃이 있는데, 比劫이 투출(透出)하면 반드시 戊土의 제방이 있어야 한다. 劫·刃이 없으면 春水가 겉으로는 사나운 것 같아도 속으로는 유약하기 때문에 戊土는 무용지물이다. 다시 戊土가 많으면 甲木으로 制해야 水의 흐름이 막히지 않는다.

◉ 춘월(春月)은 목왕화상(木旺火相)하니 水氣가 고갈되어 金의 생조가 있어야 근원이 길고 木을 제압할 수 있다.

◉ 壬水가 丙火의 조명(照明)을 얻으면 춘강수난(春江水暖)이라 하여 기세가 융화된다.

◉ 춘월(春月)은 木이 당왕(當旺)하니 木을 만나면 수목진상관(水木眞傷官)을 이룬다. 그러나 水가 적으면 설기(洩氣)되니 劫·刃으로 보조하고, 수성(水盛)하면 목부(木浮)하니 土로 뿌리를 배양해야 한다. 이때 火로 따뜻하게 하면 水木이 청화(清華)한 상(象)을 이룬다.

夏水

◉ 하월(夏月)의 水는 기세가 쇠절(衰絶)하기 때문에 분수를 알고 근원으로 돌아가니 물이 맑다. 比肩이 있으면 길하고, 金이 생해도 길하다. 그러나 火旺하면 메말라서 흉하고, 목성(木盛)하면 설기(洩氣)되니 역시 흉하다. 土旺하면 흐름을 막으니 역시 흉하다.

◉ 쇠절(衰絶)한 水는 火土로 조열하면 메마른다. 이때 金으로 생하면 오히려 부족함을 원망하니 比劫으로 도와야 한다. 이는 金이 비록 生水하나 하월(夏月)은 金氣가 미약한 때이니, 水가 돕지 않으면 金이 녹아버리기 때문이다. 이때는 水로 金을 호위한 뒤, 金으로 生水하면 구제가 된다.

秋水

◉ 추월(秋月)의 水는 모왕자상(母旺子相)하고 물이 맑다. 金生水하여 金이 어머니이고 水는 자식인데 秋月은 金이 당권하니, 壬水가 長生되어 모왕자상(母旺子相)이라 한 것이고, 金水가 淸하니 물이 맑은 것이다.

◉ 추수(秋水)의 경우는
  * 金의 생조가 있으면 淸하고,
  * 土를 만나면 분수를 알아 청평(淸平)해지고,
  * 土旺하면 혼탁하고,
  * 火多하면 財가 성(盛)하고,
  * 木盛하면 자식에게 영화가 있고,
  * 水가 重하면 분탕(賁蕩)하고 범람의 위험이 있다.
  * 土重하여 혼탁하다는 것은 己土를 말하고, 청평(淸平)해져 분수를 안다는 것은 戊土를 말한다.

◉ 추수(秋水)는 물이 맑아야 귀격(貴格)을 이룬다. 金으로 생하면 금백수청(金白水淸)이라 하여 수기(秀氣)를 발(發)한다.

◉ 癸水 日主가 壬水 比劫이 있으면 약변강(弱變强)이 되어 壬水와 같아지니 충분(衝賁)해져 반드시 戊土의 제방이 있어야 한다.

◉ 水는 火가 財星이고, 木이 食傷인데, 秋水는 水가 왕·상(旺·相)해지니 火多해도

감당할 수 있으니, 火多하면 재성(財盛)하게 되고, 水旺하면 수기(秀氣)를 설(洩)해야 하는데, 목성(木盛)하면 水를 설(洩)하여 자식에게 영화가 따르는 것이다.

冬水

◉ 동월(冬月)은 水가 사령(司令)하여 권세(權勢)를 잡으니 旺하고 한기(寒氣)가 심하다.
  - ◆ 火를 만나면 한기(寒氣)가 제거되고,
  - ◆ 土를 만나면 형장(形藏)되어 귀화(歸化)하고,
  - ◆ 金多하면 받기만 하여 의리가 없고,
  - ◆ 목성(木盛)하면 설기(洩氣)되어 有情하고,
  - ◆ 土多하면 水를 마르게 한다.
  - ◆ 壬水의 범람이 있으면 土로 제방해야 한다.

◉ 土를 만나 형장(形藏)되어 귀화(歸化)한다는 것은 형체가 보이지 않는다는 뜻이다. 이것은 水가 높은 언덕에서 급하게 흘러내려 땅속으로 들어가는 것과 같으니 무용지물이 되는 것이다. 따라서 冬水는 아무리 旺해도 官殺을 취하지 않는다.

◉ 동수(冬水)는 극왕(極旺)하여 金의 생조가 필요치 않다. 金水가 한냉(寒冷)하여 발전의 상(象)이 없고 의리가 없기 때문이다.

◉ 旺水가 木을 만나면 설기(洩氣)되어 有情하나, 水가 한냉(寒冷)하여 木이 얼게 되므로, 생의(生意)가 없어 火를 만나야 발전을 이룬다.
水가 陽火의 氣를 얻어 활동하면, 자연 木이 온기(溫氣)를 얻어 얼어붙은 것이 풀리니 木이 수기(秀氣)를 설(洩)하게 된다. 이때 土를 자윤(滋潤)하고, 金을 온윤(溫潤)케 하면 큰 이득이 있다.

◉ 동수(冬水)는 水는 적은데 土가 많으면 연못이 얼어붙어 무용지물이 된다. 이때는 반드시 丙火의 온기가 있어야 한다. 水多해도 火가 없이는 土가 얼어 있어 제방을 쌓을 수 없다. 따라서 동수(冬水)는 반드시 조후(調候)가 급한 것이다.

四
柱
秘
訣

제2장 / 사자성어四字成語 통변通辯

　사주명리학(四柱命理學)은 중국에서 창안된 학문으로 당대(唐代) 이후 학문적 연구와 발전을 거듭하여 현대에 이르렀고, 사람의 천명(天命)을 추리(推理)하는데 있어서 他 學의 추종을 불허하는 독보적인 위치를 확립한 학문이다. 한자문화권에서 창안된 학문이므로 대다수의 고서(古書)들이 한자로 쓰여 있고, 또한 글의 함축된 의미를 전달하고자 사자어(四字語)로 구성된 숙어(熟語)들이 많이 기재되어있는 바, 그 내용이 다양하고 방대한 반면 다소 현학적(玄學的)인 면이 많고, 또한 체계화되지 못한 면도 많아 초학자들에게는 공부하기에 난해함이 많았던 것이다.

　이에 사주를 간명(看命)함에 있어 사자성어(四字成語)들을 현대에 맞게 풀이 하고, 또한 통변(通辯)이치에 맞게 정리 정돈하여, 보다 쉽게 함축된 의미를 깨우칠 수 있고, 또한 이를 실전에서 보다 정확하게 사주간명(四柱看命)에 활용하고자 함에 도움이 되고자 정리를 한 것이다.

　연해자평(淵海子平)이래 적천수(滴天髓)까지의 고서(古書)에서 사용된 용어들을 정리하고, 고서(古書)와 현대의 사주풀이 예제들을 인용하여 뜻이 보다 정확하게 전달되고, 간명시(看命時)에 실질적인 도움이 될 수 있도록 기재하였는바, 의미가 중복되는 용어들은 배제하고, 현대적 사주간명(四柱看命) 관점에서 부합되지 않는 용어들 또한 삭제함으로써 번잡함을 피하고 단순화한 것이다.

아무쪼록 실전 간명(看命)에 다소라고 도움이 되고자 기술한 것이므로, 아래에 열거한 사주명리학에서 활용하는 사자성어(四字成語)들을 면밀히 궁구(窮究)하고 통찰(通察)한다면 분명 실전활용에 많은 도움이 될 것이라 사료된다.

목록요약

001. 가살위권(假殺爲權)

七殺의 세(勢)가 약한 경우를 가살(假殺)이라 하는데, 이 가살(假殺)이 변하여 세력을 얻어 旺해지는 것을 가살위권(假殺爲權)이라 한다.

002. 가살중중(假殺重重)

七殺의 세(勢)가 약한 경우를 가살(假殺)이라 하는데, 이 가살(假殺)이 중첩(重疊)되어 局에 있는 것을 가살중중(假殺重重)이라 한다.

003. 가신난진(假神亂眞)

가신(假神)이 힘을 얻어 진신(眞神)을 충극(沖剋)하거나 어지럽게 만들며 진신(眞神)의 역할을 방해하는 것을 말한다.

004. 가신득국(假神得局)

기(氣)에는 진·가(眞·假)가 있는데, 가신(假神)이란 실시(失時)하고 퇴기(退氣)한 神을 말하며, 이에 반하여 진신(眞神)은 득시(得時)하고 득령(得令) 한 神을 말하는데, 가신(假神)이 세력을 얻었거나 合局이 있어 旺해 지는 것을 가신득국(假神得局)이라 한다.

005. 간두반복(干頭反覆)

순기세(順氣勢)에 따른 용신이 투출하여 길격(吉格)을 이루었는데 다시 이를 손상시키는 오행 역시 투출한 경우를 간두반복(干頭反覆)이라 한다.

006. 간지동체(干支同體)

사주의 干支가 각각 동일한 오행으로 구성된 것을 말한다.

007. 감이상지(坎離相持)

사주의 구성형태에서 감(坎-水)과 이(離-火)의 작용처럼, 본시 상극(相剋)의 관계이나 상호 보완작용을 하고, 또한 사주상 중화(中和)를 이루기 위해 지속적으로 협력관계를 유지해 감을 감이상지(坎離相持)라 한다.

008. 갑목맹아(甲木萌芽)

亥月은 절기상 입동절(立冬節)이라 동월(冬月)에 속하여 天地가 차지만, 땅속에서는 이

미 양기(陽氣)가 태동하여 씨앗을 발아(發芽)할 준비를 하고 있음을 의미한다.

009. 강과적중(强寡敵衆)

강(强)하나 수(數)가 적은 것이, 많은 수(數)의 적(敵)을 대적하려는 것은, 세(勢)를 불려 큰 무리를 이루려는 것이다.

010. 강금득화(强金得火)

사주상 旺한 金이 火를 만나 제련(製鍊)되어 귀기(貴器)로 만들어짐을 의미한다.

011. 강유상제(剛柔相濟)

사주상 강(剛)함과 유(柔)함의 두 五行이 상호 다툼이 없이, 기세(氣勢)에 순응하여 조화(造化)를 통해 기제(旣濟)의 功을 이루고 있음을 의미한다.

012. 강중적과(强衆敵寡)

강(强)하고 수(數)가 많은 것이 적은 수(數)의 적을 대적하려는 것은, 수(數)가 적은 적(敵)을 완전히 제거하는데 그 목적이 있는 것이다.

013. 객신유경(客神遊經)

객신(客神)은 용신(用神), 희신(喜神), 기신(忌神) 외의 한신(閑神)과 구신(仇神)을 의미하며, 유경(遊經)은 유육경(遊六經) 이란 말로 육경(六經)에서 논다는 의미로, 오운육기(五運六氣)에서 삼음삼양(三陰三陽)의 육경(六經)을 말하는 것이다. 객신(客神)은 기신(忌神)에 비해 가볍고 질병에서 외감발산(外感發散)이 쉬우니 큰 질병으로 이어지지 않음을 의미한다.

014. 거관유살(去官留殺)

正官과 七殺이 있어 관살혼잡(官殺混雜)된 사주에 正官이 沖去되어 七殺만 남는 것을 의미한다.

015. 거류서배(去留舒配)

천간과 지지의 오행에서 보낼 것은 보내고 머무를 것은 머무르게 하는 등의 이치를 자세히 펼쳐 보아서 그 배합(配合)됨을 찾는 것을 말한다.

016. 거살유관(去殺留官)

正官과 七殺이 있어 관살혼잡(官殺混雜)된 사주에 七殺이 沖去되어 正官만 남는 것을 의미한다.

017. 거탁유청(去濁留淸)

사주상 탁(濁)한 오행을 제거하여 청(淸)한 것이 남게 되는 것을 말한다.

018. **겁인화진(劫印化晉)**

겁인(劫印)은 劫財와 印星을 말하고, 화진(化晉)은 진괘(晉卦)로의 化됨이니, 주역 64卦
중 화지진괘(火地晉卦)를 말하는 것으로 상화하곤(上火下坤)이니 局에서 火土를 用함을
의미하는 것이다.

019. **고관무보(孤官無輔)**

官星이 용신이거나 사주에 官星의 역할이 중요한 경우에, 財星이 없어 生을 받지 못해
官星이 심히 무력해진 경우를 말한다.

020. **고초인등(枯草引燈)**

추동절(秋冬節)의 丁火는 천지가 한동(寒冬)하여 쇠약하니 印星을 용해야하는데 땔나
무인 甲木이 없을 경우, 부득이 乙木을 취하나 습목(濕木)이라 丙火의 건조시킴이 필요
하며 성질은 유약(柔弱)하고 고초(枯草)하다. 乙木을 취하면 丁火의 불씨는 살리나 丁
火를 生함이 약하니 복록(福祿)이 장구하지 못하다. 이를 고초인등(枯草引燈)이라 한다.

021. **곤료정화(困了丁火)**

丁火를 用하는 사주에 丁火가 지지에 암장(暗藏)되어 인통(引通)되지 못하거나, 또는
수세(水勢)가 旺하여 丁火를 핍박(逼迫)함이 심하여 丁火 용신이 무력해진 경우를 말한다.

022. **공작조화(功作造化)**

日·時柱의 오행과 납음오행(納音五行)을 비교하면 본시 상극이 되나, 서로 자리를 바
꾸어 적용할 경우, 각각 녹성(祿星)에 해당되어 상호 다투지 않고 상생과 比化로서 화
친하게 됨을 의미한다.

023. **과어유정(過於有情)**

유정(有情)이란 合이나 상생됨이 있어 부조(扶助) 받음이 있음을 의미하는데, 이것이
너무 지나치면 오히려 사주가 흉해짐을 뜻하는 것이다.

024. **관록분야(官祿分野)**

지지의 녹성(祿星)이 局을 이루고 있음을 말하는 것이다.

025. **관살병용(官殺竝用)**

사주상 正官과 偏官을 같이 병용(竝用)함을 말하는 것이다. 예로 冬月의 金은 한동(寒
冬)하니 丙火의 따듯함이 있어야 하며, 또한 丁火의 하련(煆煉)이 있어야 귀기(貴器)를
만들 수 있는 것이니, 丙火는 七殺이고 丁火는 官星에 해당된다. 이를 관살병용(官殺竝
用)이라 하는 것이다.

026. **관살혼잡(官殺混雜)**

사주에 正官과 偏官이 혼재되어 있고 그 힘의 비중이 비등하며, 印星과 比劫이 적은

경우이다.

027. 관살회당(官殺會黨)

正官과 七殺이 회국(會局)하여 官星局을 형성함을 말한다.

028. 관살회묘(官殺會墓)

官殺을 용해야 하는 경우에, 천간의 官殺이 坐下 묘궁(墓宮)에 있어 손상되지 않아 사주가 길해짐을 의미한다.

029. 관성불견(官星不見)

官星이 사주의 구성형태에서 도리어 보이지 않음을 의미한다.

030. 관성불기(官星不起)

官星이 일어나지 않음을 의미한다. 관직과의 연이 없는 것을 의미하는 것이다.

031. 관성이회(官星理會)

사주상 官星의 운용의 이치를 깨달아 안다는 것이다.

032. 구통수화(溝通水火)

사주상 水火가 각각 旺하고 대립하여 불통되고 있는 경우에, 木이 있어 상호 상생되게 하여 水火의 기운이 유통하게 함을 의미한다.

033. 구진득위(句陳得位)

戊·己 日主가 지지에 亥卯未 삼합목국이 있어 官星局이 되거나, 申子辰 삼합수국이 있어 財星局이 됨을 구진득위격(句陳得位格)이라 한다.

034. 군겁쟁재(群劫爭財)

사주상 財는 약한데, 比劫이 많아 財를 탈취하려 다투는 형국을 말한다.

035. 군뢰신생(君賴臣生)

日干을 君으로 보면 財星은 臣으로 본다. 印星이 태다(太多)한 사주에서, 財星의 힘을 빌어 印星을 극제하여 日干인 君을 돕는다는 의미이다.

036. 군불가항(君不可抗)

君에게 대항하는 것은 不可하다는 뜻이다. 日主를 君이라 하면 財는 臣이 되는데, 日主가 旺하고 財가 쇠(衰)한 경우를 말하는 것이다. 쇠(衰)한 財가 旺한 日主에 항거하기보다는 旺한 日主의 氣를 설(洩)하여 財를 도와주게 되면, 위로는 君王의 성정(性情)에 순응하면서 아래로는 臣下가 편안함을 얻는 것이다.

037. 군신경회(君臣慶會)

日干을 君으로 보면 財星은 臣이고, 日干을 臣으로 보면 官星은 君에 해당된다. 따라서 官星과 財星이 같은 천간이나 지지에 日干을 중심하여 나란히 모이면, 임금과 신하가 같이 모여 잔치를 벌이는 형국이라는 것이다.

038. 군신실세(君臣失勢)

日主를 君이라 하고, 日主가 중화(中和)를 이루기 위해 보좌(輔佐)하는 역할을 하는 오행은 臣이라 하는데, 君이 실령(失令)했고 臣 또한 君을 충실히 보좌하지 못하여 중화(中和)의 功을 이루지 못한 경우를 말한다.

039. 군신양성(君臣兩盛)

日干을 극하는 官星을 君으로 보고, 日干이 극하는 財星을 臣으로 보아, 財官이 모두 旺함을 의미한다.

040. 군자지풍(君子之風)

사주가 화평순수하고, 格이 바르고 局은 淸하고, 다툼과 투기가 없고, 편기한 것은 다 合去되고, 정신이 化出되어 그 아름다운 본바탕을 드러냄을 의미한다.

041. 권재일인(權在一人)

사주상의 氣가 일로 日主를 향해 집중되고 귀결되어 있음을 말한다.

042. 귀기불통(貴氣不通)

사주상 꼭 필요한 오행이 중간의 타 오행에 가로막혀 불통되고 있음을 의미한다.

043. 극부지명(剋夫之命)

사주상 남편을 剋하는 命을 말함이다.

044. 극설교집(剋洩交集)

日主를 剋하는 官星과 설기(洩氣)시키는 食傷이, 日干 좌우에 있어 세력을 잡고 있는 형국이다.

045. 금견수자(金見水者)

金 日主가 사주에 水가 있음을 뜻하는 것으로, 金水가 상생의 관계로써 저체(沮滯)되지 않고 유통됨을 의미한다.

046. 금다수탁(金多水濁)

水 日主가 사주에 印星인 金이 重重하고 旺하여 사주가 혼탁해짐을 의미한다.

047. 금목간격(金木間隔)

金과 木은 상호 相剋의 관계이나 간격되어 있는 경우, 金·木의 힘의 균형을 이루게 하는 오행이 있어 상호 견제와 협력을 통해 사주가 중화(中和)를 이루게 함을 말한다.

048. **금백수청(金白水淸)**

日主와 월령(月令)이 金水상생의 관계를 이루며 旺하고 수기(秀氣)를 얻어 淸한 경우를 의미한다. 추월(秋月)의 水가 이에 해당된다.

049. **금수동심(金水同心)**

사주가 淸해지기 위해 金水가 상호 협력과 조화를 이룸을 의미한다.

050. **금수한냉(金水寒冷)**

金水 日主가 추동절(秋冬月)에 생하여 金水가 한냉(寒冷)한 경우를 금수한냉(金水寒冷)이라 한다. 일명 금한수냉(金寒水冷)이라고도 한다.

051. **금실무성(金實無聲)**

金은 비어야 소리가 나는데, 너무 꽉 차 있으면 소리를 낼 수 없다는 의미다.

052. **금약침한(金弱沈寒)**

金 日主가 지지에 水局을 이루고 丙火가 없는 경우를 말하는 것으로, 金 日主가 설기(洩氣)가 태다하여 신약하고, 金水는 본시 한(寒)한 성질이라 旺한 한수(寒水)로 인해 金이 침몰하는 형국을 말한다.

053. **급류용퇴(急流勇退)**

사주상 合을 통해 묶인 오행이 희신의 역할을 하는 경우에, 구성형태에서 용신을 생해 주는 방향으로 진력하게 되어 물러날 줄을 모르는 상황이 된 경우를 비유한 것이다.

054. **급신이지(及身而止)**

생생불식(生生不息)하던 오행의 흐름이 日主인 내 몸에서 그쳐 생생의 흐름이 막힌 것을 말한다.

055. **기관팔방(氣貫八方)**

사주의 기운이 八方으로 통한다는 의미이다. 여기서 八方은 寅申巳亥, 子午卯酉, 辰戌丑未를 말한다.

056. **기명종재(棄命從財)**

日干이 쇠약하여 본래의 역할을 못하고 부득이 旺한 財星을 좇아가는 것을 말한다.

057. **기산지문(氣散之文)**

기산(氣散)이란 일주의 氣가 설기(洩氣)가 태다(太多)하여 쇠잔해짐을 뜻하는데, 이는 곧 일주의 정신(精神)이 흩어짐을 의미하는 것이며 이로써 질병과 연관지어 어지러운 증세가 나타나는 현상에 비유한 말이다.

058. **기상모설(欺霜侮雪)**

丑月은 천한지동(天寒地凍)하여 丙火의 기세는 쇠(衰)하나 땅속에서는 二陽이 생하니 丙火가 약변강(弱變强)이 되어 서리를 기만하고 눈을 업신여긴다는 뜻이다.

059. **기세유장(氣勢攸長)**

사주상 용신이 왕강하고, 운로(運路)가 용신과 희신운으로 흘러, 용신의 기세가 자못 유구(悠久)하고 강건함을 이른다.

060. **기식상통(氣息相通)**

사주상 간지가 상호 떨어져 있어도, 日主를 위한 마음은 다르지 않다는 뜻이다.

061. **기신입장(忌神入臟)**

기신이 장(臟)에 들었다 함이다. 여기서 장(臟)은 오장육부 중 오장(五臟)을 의미한다.

062. **기신전전(忌神輾轉)**

기신에 해당하는 오행의 기세가 旺해지면, 자연 충분(衝奔)하여져 타 神과 상공(相攻)하게 되므로 결국 용신을 공격하게 됨을 뜻하는 것이다.

063. **기취감궁(氣聚坎宮)**

사주상 氣가 감궁(坎宮) 즉, 水에 모였다는 뜻이다.

064. **기탁신고(氣濁神枯)**

氣는 탁하고 神은 고갈되었다는 뜻이다.

065. **기토탁임(己土濁壬)**

日主나 용신이 壬水인데 천간에 己土가 투출한 경우, 己土는 구름이며 불순물이요 먼지에 비유되니 壬水를 탁(濁)하게 만든다는 의미다.

066. **길신태로(吉神太露)**

용신과 희신 같은 길신이 천간에 노출되면 쟁탈(爭奪)당하기 쉽고, 반대로 흉신이 지지에 암장(暗藏)되면 우환(憂患)을 불러일으킨다는 것이다.

067. **녹록종신(碌碌終身)**

日主와 같은 오행이 지지에 成局을 이루어 태왕(太旺)한데, 반면 천간에 투출한 官星은 부조됨이 없어 심히 무력하거나, 혹은 심히 극제되어 官星이 허탈 무기력해져 사주가 일천하게 된 경우를 말한다.

068. **녹마교치(祿馬交馳)**

지지에 역마살(驛馬殺)이 있고, 역마살(驛馬殺)에 해당하는 오행이 천간과 비교시 건록(建祿)에 해당되는 것을 말한다.

069. **녹마동향(祿馬同鄕)**

官星과 財星이 사주 내에 同柱하고 있어 상생의 작용으로 길한 사주가 됨을 의미하는 것이다.

070. **녹원호환(祿元互換)**

日柱와 時柱에 正官이 상호 자리를 바꾸어 있는 것을 말한다.

071. **다능지상(多能之象)**

사주의 氣가 偏氣하며 잡란(雜亂)하고, 약한 것을 버리고 강한 것을 用하며, 쟁(爭)과 合이 많은데 正氣는 合去하고, 변화되어 나오는 것이 흉신인 경우를 말한다.

072. **대수지토(帶水之土)**

水를 함유한 土를 말하는데, 辰未戌丑 중 辰土와 丑土를 말한다.

073. **독살위권(獨殺爲權)**

天干에 투출한 一位 官殺이 생조를 받아 권세를 얻음이다.

074. **동금희화(冬金喜火)**

동절(冬節)의 金은 한냉(寒冷)하니 조후(調候)가 급하여 따듯하게 하는 火氣를 좋아한다는 것이다.

075. **동수왕양(冬水汪洋)**

동월(冬月)의 水가 重重한 比劫의 부조를 받아 왕해져 흘러가는 기세가 충분(衝奔)함을 의미한다._

076. **동화전북(東火轉北)**

춘월(春月)의 火가 北方 水旺地로 행함을 의미하며, 수화상쟁(水火相爭)하게 되어 충격(衝擊)되고 강폭한 성질을 띠게 된다.

077. **득비이재(得比理財)**

사주상 日主가 약하고 財가 왕할 경우, 比劫의 힘을 빌어 財를 다스린다는 의미이다.

078. **득비적살(得比敵殺)**

사주상 日主가 弱하고 官殺이 旺할 경우, 比劫의 힘을 빌어 官殺을 대적한다는 의미이다.

079. **등라계갑(藤蘿繫甲)**

등나무와 담쟁이 넝쿨은 乙木에 속하여 유약하지만, 甲木이 있으면 甲木에 의지하여 자라게 되니 약변강(弱變強)이 된다는 것이다.

080. **등화불검(燈花拂劍)**

六十甲子 납음오행(納音五行)을 적용한 것으로, 甲辰, 乙巳는 복등화(覆燈火)가 되고,

壬申, 癸酉는 검봉금(劍鋒金)이 된다. 따라서 年柱가 甲辰, 乙巳이거나 또는 日柱가 甲辰, 乙巳인 경우에 時柱가 壬申, 癸酉時가 되면 등화불검(燈花拂劍)이라 하는 것이다.

081. **명관과마(明官跨馬)**
天干의 官星이 同柱한 지지에 財星을 깔고 있는 것을 말한다. 上下 相生되니 길한 것이다.

082. **명암부집(明暗夫集)**
女命의 부성(夫星)은 官星인데, 천간에 투출된 官星은 明官이라 하고 지지에 암장된 官星은 暗官이라 하는데 이들 官星이 사주에 많은 것을 말한다.

083. **명합명충(明合明沖)**
사주원국에서의 합을 명합(明合)이라 하고 사주원국에서의 沖은 명충(明沖)이라 한다.

084. **모왕자고(母旺子孤)**
日主를 母라 하면 日主가 생하는 食傷은 子에 해당된다. 比劫이 중중하여 母는 旺한데 食傷은 쇠(衰)하여 子는 고독하다는 뜻이다.

085. **모왕자상(母旺子相)**
印星을 母라 하면 日主는 자식이다. 印星이 월령(月令)에 있고 사령(司令)하여 旺한데 자식인 日主도 印星과 比劫의 생을 받아 旺한 것을 말한다.

086. **모자멸자(母慈滅子)**
日主를 子로 보면 이를 생하는 印星은 母에 해당된다. 사주에 印星은 중첩되어 旺하고 比劫이 쇠(衰)한 경우를 말한다. 印星의 생조가 지나치면 자식은 오히려 파묻히게 되니 결국 자식을 멸(滅)하게 되는 이치이다.

087. **모정유변(母情有變)**
어머니의 情에 변화가 있다는 뜻이다. 日主가 母라면 日主가 생하는 食傷은 子라 보는데, 日主와 五行이 같은 比劫이 중중하고 食傷이 한두 개 뿐이면 母는 왕하고 子는 고독하니 모왕자고(母旺子孤)의 상황이다. 이런 경우엔 子는 모세(母勢)에 의지하려 하지 않는다 해도 모정(母情)은 반드시 子를 향하게 되는데 이는 순기세(順氣勢)의 이치이다. 그런데 행운(行運)에서 母子 두 氣, 혹은 어느 한쪽을 손상시키거나 억제하게 되면 모정(母情)에 변화가 오는 것이니 母子 모두 不和하게 되는 것이다.

088. **목다금결(木多金缺)**
木이 많거나 旺하면 오히려 金이 손상된다는 의미다.

089. **목다화식(木多火熄)**
木이 많으면 火가 오히려 꺼진다는 것이다.

090. 목분남자(木奔南者)

木이 南方인 화왕지지(火旺之地)로 행함을 의미한다. 이러한 명조는 설기(洩氣)가 태다한 것이니 연약하고 겁이 많게 된다.

091. 목분비회(木焚飛灰)

日干 木이 신약한데, 食傷인 火가 旺하면 木이 불타 재만 남는다는 것이다.

092. 목성화염(木盛火炎)

목왕지절(木旺之節)에 木이 투출하고 火가 중중한 경우를 말한다._

093. 목수화명(木秀火明)

乙木이 삼하절(三夏節=巳·午·未月)에 생하여 통근되고 丙火가 투출했는데, 다시 지지에 丙火가 하나 더 있는 것을 말한다. 이때 癸水가 투출하면 귀명(貴命)이다.

094. 목화성회(木化成灰)

화왕지절(火旺之節)의 木은 설기(洩氣)가 태다(太多)하여 신약한데 부득이 丁火를 용하는 경우에 운로가 다시 火地로 행하여 木이 불타 재가 되는 경우를 말하는 것이다.

095. 목화수수(木火受水)

木火가 水를 받아들이는 경우를 의미하는데, 조화(調和)를 이루지 못한 경우엔 혈병(血病)이 발생하게 되는 것이다.

096. 목화통명(木火通明)

甲木 日主가 통근하여 신왕(身旺)한데, 天干에 火氣가 투출되어 있고 지지에 통근한 경우, 木火가 상호 상생되고 통휘(通輝)를 이룸을 뜻한다.

097. 묘고봉충(墓庫逢沖)

十二運星의 묘(墓)와 지지에서 四庫인 辰未戌丑은 행운에서 沖을 맞아야 재물창고가 열려서 발복된다는 의미이다.

098. 무자지명(無子之命)

사주상 자식이 없는 명조를 말함이다.

099. 방국일제(方局一齊)

지지에 方合과 三合局이 혼재(混在)되어 있음을 의미한다.

100. 방조설상(幇助洩傷)

幇은 사주상 比劫을 의미하고, 助는 사주상 印星을 의미하고, 洩은 사주상 食傷을 의미하고, 傷은 사주상 官殺과 財星을 의미한다.

101. 배록축마(背祿逐馬)

財官이 있는 사주에 다시 比劫이 왕하여 재성을 극하면 財星이 官星을 生하지 못하게 됨을 말한다.

102. 벽갑인정(劈甲引丁)

甲木을 부수어 丁火 아궁이 불을 살리는 것이다. 日主가 丁火인데 사주가 신약하여 甲木이 용신인 경우, 甲木과 庚金이 있으면 庚金으로 劈木(벽목)하여, 丁火를 생하는 것을 의미한다.

103. 변화상관(變化傷官)

사주상 傷官에 진·가(眞·假)가 있는데, 오행 기세의 작용으로 인해 진·가(眞·假)가 바뀌는 상관을 말하는 것이다.

104. 병약상제(病藥相濟)

병(病)이 있는 사주에 약(藥)이 있어, 사주상 발병(發病)이 태동함을 제어(制御)함을 말한다.

105. 봉생좌실(逢生坐實)

同柱한 地支宮에 長生과 건록(建祿)이 있음을 말하는 것이다.

106. 봉충득용(逢沖得用)

용신이나 희신이 슴된 경우에, 沖을 만난 것으로 용신이 그 본연의 역할을 수행하게 한다는 의미이다.

107. 부건파처(夫健怕妻)

日主를 夫라 하면 財星은 妻가 된다. 사주상 日主인 夫가 건장하더라도 財星인 妻를 두려워하는 경우를 말한다.

108. 부근착삭(斧斤斲削)

도끼나 칼 등으로 아름드리나무를 깎아 재목을 만듦을 말하는 것이다.

109. 부명자수(夫明子秀)

女命 天干에 正官과 食神이 투출되고 지지에 통근한 사주를 말한다. 女命에서 正官은 夫로 논하고 食神은 子로 논하기 때문이다.

110. 부성입묘(夫星入墓)

女命에서 남편에 해당하는 官星이 十二運星의 묘궁(墓宮)에 있어 無力함을 의미한다.

111. 분발지기(奮發之機)

분발(奮發)의 기틀을 말함이다. 用事하는 氣가 분발(奮發)함이 있으면 정신(精神)과 의기(意氣)가 창달해져 자연 사주가 귀격이 됨을 말한다.

112. **사정견합(私情牽合)**

용신과 합이 되는 神이 원격(遠隔)되어 있더라도, 합化되어 다시 용신으로 바뀌어 日主와 가깝고 인접하게 되어 有情함을 얻는 것을 말한다.

113. **살인상생(殺印相生)**

사주에 偏官과 印星이 있어, 印星이 偏官의 기운을 설기시키고 日主를 생조하여, 사주가 중화(中和)를 이룸을 말한다.

114. **살인신청(殺刃神淸)**

七殺과 양인(羊刃)에 해당하는 神이 탁(濁)하지 않고 淸함을 의미한다.

115. **살인양정(殺刃兩停)**

官殺과 양인(羊刃)이 힘의 균형을 이루고 있음을 의미한다.

116. **살장관로(殺藏官露)**

사주상 七殺은 지지에 암장(暗藏)되고 正官은 천간에 투출(透出)된 것을 말한다.

117. **살중신경(殺重身輕)**

사주에 七殺이 旺한데 日主가 쇠약(衰弱)함을 의미한다.

118. **살중용인(殺重用印)**

사주에 官殺이 중하면 印星을 용하여 살인상생(殺印相生)시켜 중화(中和)를 시킨다는 의미이다.

119. **삼기성상(三氣成象)**

日主가 중심이 된 三個의 오행이 사주의 구성형태상 하나의 상(象)을 이루며 순환상생(循環相生)의 관계를 형성한 것을 삼기성상(三氣成象)이라 하는 것이다.

120. **삼반귀물(三般貴物)**

천간에 正財, 正官, 正印이 투출돼 있고 또한 이 三者가 지지에 통근되어 있는 것을 말한다.

121. **상관가살(傷官駕殺)**

사주상 傷官이 七殺의 흉한 氣를 제어(制御)함을 의미한다.

122. **상관견관(傷官見官)**

사주에 正官이 있으면 좋은데, 가까이 傷官이 있어 正官을 극하는 경우, 正官의 길성이 손상된다는 의미이다.

123. **상관상진(傷官傷盡)**

傷官이 重重한데 사주에 印星과 官星이 전혀 없는 경우를 말한다.

124. 상관우살(傷官遇殺)

月令에 傷官이 있어 신약한데 다시 日主를 剋하는 七殺이 있어 사주가 더욱 태약해진 경우를 말한다.

125. 상관패인(傷官佩印)

사주에 傷官이 있어 日主의 氣를 설(洩)하지만 다시 干支에 印星이 있어 결국 日主를 부조(扶助)하여 中和를 이룸을 말한다.

126. 상하정협(上下情協)

천간과 지지가 有情하고 협력하고 있음을 뜻하는데, 이는 간지가 상호호위(護衛)하고 상배(相排)되지 않음을 의미한다.

127. 생방파동(生方怕動)

生方은 寅申巳亥를 말하며, 사맹방(四孟方)이라고도 하고, 파동(怕動)이란 動함 즉, 형충(刑沖)을 두려워한다는 뜻이다.

128. 생생불식(生生不息)

천간과 지지가 上下 有情하고, 年柱부터 時柱까지 혹은 時柱부터 年柱까지 순차적으로 오행이 격절(隔絕)됨이 없이 生의 관계가 이어짐을 말한다.

129. 생화유정(生化有情)

사주상 왕성한 두 세력이 대립하고 있을 때, 相生이나 合의 관계로 인해 이를 유통(流通)시켜주는 오행이 있어 상호 교류하게 됨을 의미한다.

130. 서수환남(西水還南)

秋月의 水가 南方火地로 행하는 것을 말한다. 따라서 旺하고 충분(衝奔)한 秋月의 水가 火를 만난다는 것으로 그 기세에 역행(逆行)하게 되니, 성정(性情)이 매사 추근추근 대며 집요하고 억지 주장을 펴는 경우가 많으므로 화액(禍厄)이 크다는 것을 의미한다.

131. 설기정영(洩其精英)

사주상 정영(精英)한 오행의 세(勢)를 설(洩)시킴을 의미한다. 이는 결국 수기(秀氣)가 유행(流行)되어 사주가 중화(中和)를 이루게 되는 것을 말한다.

132. 설야등광(雪夜燈光)

丑月의 壬水는 대설(大雪)로 비유되며 天地와 강해(江海)가 모두 얼어붙었는데, 등화(燈火)인 丁火가 투출하여 설야(雪夜)에 은은한 빛을 밝힘을 의미한다.

133. 설이불설(洩而不洩)

日主의 氣가 설기(洩氣)되는 것 같지만 타 간지에서의 생조가 있어 실상은 그렇지 않다는 의미다.

134. 성정신후(性定神厚)

성정(性定)은 성품이 반듯하다는 것이고, 신후(神厚)는 원신후(元神厚)란 의미로 원신(元神)이 후덕(厚德)하다는 뜻이다.

135. 성중유패(成中有敗)

사주가 成格을 이루었는데 결함이 있어 格이 깨짐을 말한다. 이는 운로(運路)에서의 작용여부도 같은 이치로 논한다.

136. 세덕부살(歲德扶殺)

年支에 덕(德)이 있음을 세덕(歲德)이라 하는데, 年干에 일점 偏官이 있고, 年支 세덕(歲德)이 財星에 해당하며 偏官을 생하고, 日主가 旺한 경우를 말한다.

137. 세덕부재(歲德扶財)

年支에 덕(德)이 있음을 세덕(歲德)이라 하는데, 年干에 일점 財星이 있고, 年支 세덕(歲德)이 食傷에 해당하며 財星을 생하고, 日主가 旺한 경우를 말한다.

138. 세운병림(歲運倂臨)

日柱, 年柱, 세운(歲運)의 干支가 같은 것을 말한다.

139. 세운복음(歲運伏吟)

세운(歲運)의 干支와 사주원국(四柱原局) 중 어느 한 柱의 干支, 혹은 대운의 干支와 동일한 것을 말하며, 오행의 세(勢)가 중첩(重疊)된 것이니 운세의 작용도 길흉간에 극명하게 나타나는 것이다.

140. 세운충극(歲運沖剋)

세운(歲運)의 干支가 大運의 干支나 사주원국(四柱原局)의 干支와 沖剋됨을 말한다. 여기서 局에서의 沖剋은 月柱와 日柱를 위주로 비교한다.

141. 수난금온(水暖金溫)

水와 金이 따뜻함을 이루어 조후(調候)를 득(得)했음을 의미한다.

142. 수대근심(樹大根深)

日干 木이 지지에 통근하고 生을 받아 木의 기운이 왕성한 것을 말한다.

143. 수범목부(水泛木浮)

木 日主가 사주에 水가 태다한 경우, 木이 지지에 뿌리를 내리지 못하게 되어 물에 뜨게 되어 흉하다는 의미이다.

144. 수보양광(水補陽光)

丙火 日主가 金旺節(申酉戌月)에 생하면 일락서산(日落西山)에 비유되며, 丙火가 빛을 잃고 신약하다. 따라서 스러져 가는 빛을 水로 반사시켜 밝음을 더하면, 저물어 가는

해가 다시 광휘(光輝)를 발함이니 사주가 귀격(貴格)을 이룬다.

145. 수분성유(水奔性柔)

水가 태왕(太旺)하여 충분(衝奔)하는 기세인데도 성품이 부드러운 것을 의미한다. 이 경우는 金을 만나 旺한 세(勢)를 따라 순기세(順氣勢)하거나, 木을 만나 납수(納水)하여 소통시키면 유순해져서 강중덕(剛中德)을 잃지 않고 지혜와 인의를 얻은 연유이다.

146. 수저금침(水底金沈)

水가 태다(太多)하여 金이 물속에 침몰함을 의미한다.

147. 수화기제(水火旣濟)

水火는 본시 相剋의 관계이나, 사주상 이 두 오행이 상호 협력과 조화를 통해 결국 중화(中和)의 功을 이룸을 의미한다.

148. 순모지리(順母之理)

印星을 母라 하고 日主와 比劫을 子라 하면, 母인 印星이 태왕한 사주에 子인 比劫이 여럿 있어, 印星의 生함을 나누어 받는 경우를 말한다.

149. 순생지기(順生之機)

기세(氣勢)에 순종하는 기틀로 된 사주를 말한다.

150. 순역지기(順逆之機)

기세(氣勢)에 순종함과 거역함의 기틀로 짜여진 사주를 말한다.

151. 시종득소(始終得所)

사주상 천간과 지지가 유통되고, 오행이 생생불식(生生不息)되어 시작과 끝이 연주상생(聯珠相生)되어 막힘없이 순환되고, 오행이 결핍됨이 없이 상호 상생과 和合의 情을 이루었음을 말하는 것이다.

152. 식상용겁(食傷用劫)

食傷이 旺한데 日主가 약한 경우에는, 比劫의 부조(扶助)가 있으면 사주가 中和를 이룬다는 의미이다.

153. 식상용관(食傷用官)

食傷이 旺하고 日主도 旺한 경우에는 官星을 용하여 日主를 극제하면 中和를 이룰 수 있다.

154. 식상용인(食傷用印)

食傷이 많아 신약사주가 된 경우에 印星을 용하여 日主를 부조(扶助)하여 중화(中和)를 이룬다는 의미이다.

155. 식상용재(食傷用財)

日主가 旺하고 食傷 역시 旺하면 財星을 용하여 食傷의 氣를 설(洩)하면 중화(中和)를 이룰 수 있다는 의미이다.

156. 식신봉효(食神逢梟)

사주상 食神이 용신인데 偏印을 만나 도식(盜食)됨을 말한다.

157. 식신제살(食神制殺)

日主가 약하지 않으나 官殺이 旺한 경우, 食神을 용하여 官殺을 극제하여 중화(中和)를 이룸을 말한다.

158. 신불가과(臣不可過)

臣의 세(勢)가 과(過)한 것이 不可하다는 뜻이다. 사주상 日主를 臣이라 하면 官星은 君이 된다. 臣의 세(勢)가 왕강하면 신성군쇠(臣盛君衰)라 할 수 있는데, 이리되면 君의 위엄과 명령이 서지 않고 오히려 臣이 君을 능멸하게 되니 臣의 세력이 커짐은 불가한 것이다.

159. 신성군쇠(臣盛君衰)

日主를 臣이라 하면 官星이 君이 된다. 日主가 旺한데 官星이 약한 경우를 의미한다.

160. 신왕대살(身旺對殺)

日主가 旺하면 능히 官殺을 대적할 수 있다는 의미이다.

161. 신장살몰(神藏殺沒)

神은 감추어지고 殺은 침몰하는 형국을 말하는데, 여기서 神殺은 흉신과 흉살을 의미하는 것이다. 사주상 모든 흉신과 흉살들이 제복되고 도망가고 숨는 형국을 말하는 것이다.

162. 신재양정(身財兩停)

日主와 財가 모두 旺한 것을 말한다. 大財를 감당할 수 있는 구성형태이다. 신왕재왕(身旺財旺)과 같은 의미이다.

163. 신청기수(神淸氣秀)

정·신·기(精·神·氣) 중 神은 청하고 氣는 빼어남을 말한다.

164. 아능생모(兒能生母)

食傷을 子라 하면 日主는 母가 된다. 官殺이 왕하면 日主인 母를 극하게 되는데, 이때 子인 食傷이 있어 官殺을 制하여 母인 日主를 돕는 것을 말한다.

165. 암요제궐(暗邀帝闕)

年柱를 제좌(帝座)라 하는데, 이 제좌(帝座)와 沖되는 것을 제궐(帝闕) 또는 단문(端門)

이라고 한다. 이 제궐(帝闕)을 끌어들여 局을 형성한다는 이론이다.

166. **암합암충(暗合暗沖)**

사주원국과 行運과의 合은 暗合(암합)이라 하고, 사주원국과 行運과의 沖은 暗沖(암충)이라 한다.

167. **애가증진(愛假憎眞)**

득령(得令)한 오행은 진신(眞神)이라 하고, 실령(失令)한 오행은 가신(假神)이라 하는데, 사주상 실령(失令)한 가신(假神)을 더 좋아하고 득령(得令)한 진신(眞神)을 미워한다는 뜻이다.

168. **양간부잡(兩干不雜)**

年干과 日干, 月干과 時干처럼 간격(間隔)되어 있으나 투출한 오행은 같은 경우를 말하며, 타 오행이 섞이지 않아 局이 잡되지 않고 순수함을 의미한다.

169. **양기성상(兩氣成象)**

사주상 四個의 기둥 중 동일한 干支로 구성된 것이 각각 두 개씩의 기둥을 차지하고 있는 경우를 말한다.

170. **양명우금(陽明遇金)**

지지에서 火를 내포한 神을 陽神이라 하며 寅·午·戌이 이에 해당되는데, 陽의 神은 본시 밝고 따듯한 기를 밖으로 표출하려는 성질이 있으니 陽明이라 하는 것이며, 우금(遇金)은 局에서 金을 만난다는 것을 뜻한다.

171. **양승양위(陽乘陽位)**

지지 陽位에 다시 陽氣가 승해서 그 기세가 旺함을 의미한다.

172. **양인가살(陽刃駕殺)**

七殺이 지지에 통근하고 투출하여 重한 경우, 양인(陽刃)이 있어 七殺의 흉한 氣를 제어(制御)함을 양인가살(陽刃駕殺)이라 한다.

173. **양인도과(陽刃倒戈)**

양인살(陽刃殺=羊刃殺)은 日主를 도와 녹(祿)을 보조하는 것인데, 化殺하여 다시 양인(陽刃)을 돕게 되면 지나치게 되어 오히려 나를 剋하게 됨을 말하는 것이다.

174. **양인로살(羊刃露殺)**

양인격(羊刃格)에 日主가 태왕한 경우, 천간에 偏官이 투출되어 있으면 노살(露殺)이라 하는데 이를 용하여 양인(羊刃)을 억제한다는 의미이다.

175. **양인성국(羊刃成局)**

양인(羊刃)이 局을 이룸을 말한다. 양인(羊刃)은 녹전일위(祿前一位)에 해당되는 殺로써, 사주에 官星이 왕하면 日主를 도와 旺한 官星을 극제하는 역할을 한다. 成局이란 월령(月令)에 양인(羊刃)을 得하고 다시 합이나 生助를 통해 더욱 왕해짐을 말한다.

176. 양인합살(羊刃合殺)

양인(羊刃)이 七殺과 합하여 타 오행으로 바뀜을 말한다.

177. 역모지리(逆母之理)

印星이 旺하면 자연 日主를 생하는 것이 정한 이치인데, 財星運이 들어와 印星을 극하여 괴인(壞印)하는 경우에는 母의 성정(性情)에 어긋나니 역모지리(逆母之理)라 한다.

178. 역생지서(逆生之序)

역생(逆生)의 차례를 의미한다. 역(逆)이란 日主가 旺한데 다시 日主를 생하는 것을 의미하는 것으로, 이 역(逆)된 오행을 生하여 사주가 成하게되는 것을 역생(逆生)이라 한다.

179. 연주협귀(聯珠挾貴)

구슬이 꿰어진 것처럼 日柱와 時柱 사이의 연(連)된 오행이 천을귀인(天乙貴人)에 해당함을 말한다.

180. 영향요계(影響遙繫)

영향(影響)이란 어떤 사물의 작용이 다른 사물에도 미치는 것을 말하고, 요계(遙繫)란 멀리 있는 것을 얽어매어 결국은 가까이 둠을 의미하는 말이다. 사주와 연관 지으면 행운과 사주원국과의 沖과 합을 暗沖과 暗合이라 하는데, 暗沖은 영향(影響)으로 논하고, 暗合은 요계(遙繫)로 논할 수 있다.

181. 오기불려(五氣不戾)

사주를 구성하는 다섯가지의 기운이 상호 어그러지지 않았다는 것이다.

182. 오기성형(五氣成形)

사주상 다섯 개의 氣가 각각 쓰일 곳을 만나 구성형태를 완성시켜 사주가 중화(中和)를 이루게 함을 성형(成形)이라 한다.

183. 오행구족(五行俱足)

사주와 태월(胎月)에 납음오행(納音五行)을 적용시 木火土金水 오행이 모두 구족(俱足)된 것을 말한다.

184. 오행부잡(五行不雜)

오행이 잡되지 않음을 의미한다.

185. 오행화자(五行和者)

오행이 중화(中和)된 것을 말한다. 이는 오행이 빠진 것 없이 모두 구족(俱足)되었음을 말하는 것이 아니고, 상호 극하지 않고 상생됨을 말하는 것이다.

186. 왕쇠진기(旺衰眞機)

왕(旺)하고 쇠(衰)함의 참 기틀을 말함이다. 이는 단지 사주상 오행의 왕쇠(旺衰)에 대한 것만을 논하는 것이 아니고, 왕쇠(旺衰)가 궁극에 달했을 경우의 변화의 이치를 뜻하는 것이다.

187. 왕자상부(旺子傷夫)

자식인 食傷이 旺하여 남편인 官星이 손상당한다는 의미이다.

188. 왕희순세(旺喜順勢)

사주상 旺한 神은 사주원국이나 운로(運路)에서 順한 세(勢)를 기뻐한다는 뜻이다.

189. 외토지첩(畏土之疊)

日主를 중심으로 戊己土와 辰未戌丑 등의 土가 중첩되어 日主가 심히 무력해져 土를 두려워하는 사주를 말한다.

190. 요긴지장(要緊之場)

사주의 구성형태와 행운과의 관계에서 매우 긴급하고 중요하게 대두되는 요소 및 역할을 말하는 것이다.

191. 원기암장(元機暗藏)

사주상 용신으로 쓸 중요한 오행이 지장간(支藏干)이나 태원(胎元)에 암장(暗藏)된 경우를 원기암장(元機暗藏)이라 한다.

192. 원두지리(源頭之理)

원두(源頭)의 이치를 말함인데, 원두(源頭)는 원류(源流)라고도 한다. 원두지리란 물이 발원하여 흘러가고 머물고 막히고 등을 사주와 연관지어 궁구하여 그 길흉을 살펴보는 이치를 말함이다.

193. 원신투출(元神透出)

日主의 五行이 월령(月令)을 得한 경우를 원신투출(元神透出)이라 하는데, 日主의 五行이 지지 三合局이나 方合局의 五行과 같은 경우는 合局의 원신투출(元神透出)이라 한다.

194. 유병득약(有病得藥)

병(病)이 있는 사주에 약(藥)을 얻어 사주가 길하게 바뀌게 됨을 의미한다.

195. 유정무정(有情無情)

情이 있고 없음을 말함이다. 사주는 중화(中和)의 논리로써 日主가 중화(中和)를 이룸을 길하다 판단하는데, 日主와 他 神들이 중화(中和)를 이루기 위해 작동하는 여러 역학관계를 의미한다.

196. 육갑추건(六甲趨乾)

甲木 日主가 지지에 亥水가 많은 경우를 말한다. 亥水는 주역 팔괘에서 건괘(乾卦)에
속하는데, 특히 亥月의 甲木은 갑목맹아(甲木萌芽)라 하여 약변강이 되며, 또한 甲木
日干의 長生地라 旺하고 有情하여, 甲木이 亥를 좇아 상(象)을 이루는 것이니 "추건(趨
乾)"이라 칭하는 것이다.

197. 육을서귀(六乙鼠貴)

주로 格局에 논하는 용어로, 乙亥日과 乙未日에 한하며, 이 兩日이 丙子時를 보면 子水
가 巳火를 動시키고, 巳火가 申金을 暗合하여 끌어와 申宮의 庚金을 官星으로 삼는다
는 뜻이다.

198. 육임추간(六壬趨艮)

壬水 日主가 지지에 寅木을 많이 만나는 것을 말한다. 寅木은 주역팔괘에서 간괘(艮卦)
에 속하는데, 木多하여 旺하면 日主는 木의 旺한 세(勢)를 좇아가게 되므로 "추간(趨
艮)"이라 칭하는 것이다.

199. 음승음위(陰乘陰位)

지지 陰位에 다시 陰氣가 승(乘)해서 陰이 매우 왕성함을 말한다.

200. 음양화합(陰陽和合)

사주상 陰의 기운과 陽의 기운이 상호 조후(調候)를 득하고 힘의 균형을 이루어 화합됨
을 얻게 되는 것을 말한다.

201. 음탁장화(陰濁藏火)

음탁(陰濁)은 酉亥丑을 말하고 장화(藏火)는 火가 암장(暗藏)된 것을 말한다. 따라서 陰
의 기운이 성(盛)고 탁(濁)한데, 火氣가 투출되지 못하고 암장(暗藏)되어 불꽃을 내기
어려우므로 발생의 상(象)이 없는 것을 의미하는 것이다.

202. 의모당령(倚母當令)

日主를 子라 하면 印星은 母에 해당되는데, 월령(月令)에 印星이 있는 경우, 子는 월령
(月令)인 母에 의지하여 세력을 얻는다는 의미이다.

203. 이로공명(異路功名)

과거시험을 치러 문관으로 등관하지 못하고, 칼과 붓을 사용하는 낮은 관리직이거나
기능직, 혹은 재물을 상납하여 관직을 얻은 것을 말한다.

204. 이인동심(二人同心)

사주상 기세가 강한 두 개의 오행이 상호 상생의 관계에서 협력하여 중화(中和)를 이루
고져 함을 二人同心이라 한다.

205. 인두재자(刃頭財者)

同柱한 지지에 양인살(羊刃殺)이 있고 천간에 財星이 있는 경우를 말한다.

206. 인원용사(人元用事)

사주상 지장간(支藏干)을 人元이라 하는데, 그 중 기세와, 격국과, 용신은 모두 월령(月令)을 중요시 하는 관계로 생일날이 월령(月令)의 여기(餘氣), 중기(中氣), 정기(正氣) 중 어디에 해당하는 가를 보아 이를 끌어다 적용하여 씀을 인원용사(人元用事)라 한다.

207. 일락서산(日落西山)

해가 서산에 지고 있음을 의미하는데, 丙火 日主가 추월(秋月=申·酉·戌月)에 생하여 丙火의 광휘(光輝)가 서서히 스러져 가고 있음을 뜻하는 것이다.

208. 일범세군(日犯歲君)

日干이 태세(太歲)의 天干을 剋하는 것이다. 태세(太歲)는 年中天子로 논하는데, 태세(太歲)가 日干을 극하는 것은 可하나 日干이 태세(太歲)를 剋하는 것은 불가하다.

209. 일장당관(一將當關)

사주에 旺한 오행이 하나 있어, 日主를 극해하는 오행이 무리를 이루어 日主를 핍박하는 것을 제압하여 결국 중화를 이루게 하는 것을 말한다.

210. 임기용배(壬騎龍背)

壬水가 좌하(坐下)에 辰土가 있는 것으로, 辰 즉 용을 타고 있음에 비유하며, 壬辰日柱에 해당되는바 주로 격국에서 논하는 용어이다.

211. 자매강강(姉妹剛强)

사주상 比肩과, 劫財가 太旺한 것이다.

212. 자오쌍포(子午雙包)

子午는 상호 相沖의 관계이며 水火 相剋의 관계이나, 사주상 상호 보완하고 아울러 공존을 이루기 위해 서로 감싸며 긴밀한 관계를 유지하려는 것을 의미한다.

213. 자중모쇠(子衆母衰)

日主를 子로 하고 日主를 生하는 印星을 母로 한다. 日主와 오행이 같은 比劫은 태중(太重)하나, 印星은 한 두 개 밖에 없는 경우를 자중모쇠(子衆母衰)라 한다.

214. 재관불협(財官不協)

財星과 官星이 상호 相生되어 有情하면 재관정협(財官正協)이라 하는데, 그렇지 못하고 財·官이 상호 불통(不通)한 경우를 재관불협(財官不協)이라 한다.

215. 재기통문(財氣通門)

財氣라 함은 육신상 財星을 의미하고, 통문(通門)은 통문호(通門戶)라고도 하는데, 門

戸는 사람이 출입하는 門이니 사주상 월령(月令)을 의미한다. 신왕(身旺)한 사주에 천간에 투출된 財星이 월령(月令)에 뿌리를 두고 있는 경우를 말한다.

216. **재다신약(財多身弱)**

재성이 중첩되어 있으면 사주가 신약하게 된다는 의미이다.

217. **재명유기(財命有氣)**

財星과 命에 해당하는 日主의 氣가 旺함을 의미하는 것이다.

218. **재신부진(財神不眞)**

財神이 참되지 못하다는 뜻이다. 가난한 사주가 이에 해당된다.

219. **재인불애(財印不碍)**

사주에 財星과 印星이 있으면 본래 재파인수(財破印綬)하여 相剋의 관계이나, 사주구성상 財星과 印星이 있는데도 아무 장애가 없는 것을 말한다.

220. **재자약살(財滋弱殺)**

사주상 日主가 旺하고 官殺이 태약(太弱)하여 무력한 경우, 財星이 있어 官殺을 부조함을 말한다.

221. **재중용겁(財重用劫)**

사주가 신약한 경우에 財星이 중중하면 日主는 財를 감당하기 힘들다. 이때 比劫이 있어 日主의 氣를 부조(扶助)하면 財를 감당하게 되어 자연 中和를 이룰 수 있다는 의미이다.

222. **재중용인(財重用印)**

財가 重하면 자연 신약하니 印星을 용신으로 쓰는 것을 말한다.

223. **적수오건(滴水熬乾)**

적수(滴水)는 적은 부피의 물에 비유되고 오건(熬乾)은 들볶이고 메마르는 것을 의미한다. 즉, 水는 적은데 火가 旺하여, 水를 들볶고 메마르게 만드는 형국을 말한다.

224. **적수해염(滴水解炎)**

적은 양의 물로써, 사주상 염염(炎炎)한 火氣를 해소시킨다는 의미이다.

225. **전순득서(全順得序)**

日主의 기세(氣勢)가 태왕(太旺)한 경우, 태왕(太旺)한 氣를 설(洩)하는 오행으로 순기세(順氣勢)하면 질서에 어긋나지 않고 자연 중화(中和)를 얻음을 전순득서(全順得序)라 한다.

226. **전이불항(戰而不降)**

사주가 신강(身强)한데, 양인(羊刃)이 있고 다시 官星이 왕하면, 양인(羊刃)은 日主를 보호하기 위해 旺한 官星에 항복하지 않고 끝까지 전쟁을 치른다는 의미이다.

227. **전인후종(前引後從)**

앞에서는 끌어당기고 뒤는 따른다는 뜻이다. 사주상 생년태세(生年太歲)를 기준하여 前三辰 안에 있는 오행이 있으면 이는 전인(前引)에 해당되고, 後 三辰 안에 있는 오행이 있으면 이를 후종(後從)이라 하는 것이다.

228. **전충화호(戰沖和好)**

운의 흐름인 대운과 세운의 관계를 상호 비유하여 그 역학관계에 이름을 명칭한 것이다.

229. **절처봉생(絕處逢生)**

日主가 地支宮에서 절(絕)됨이 있고, 다시 同宮의 지장간(支藏干)에서 생조 받음이 있음을 말한다. 月令을 위주로 논하나 日支宮도 같은 맥락으로 본다.

230. **정기신족(精氣神足)**

정·신·기(精·氣·神) 三者가 사주상 힘의 균형을 이루고 충족되어 있음을 의미한다.

231. **정신포만(精神飽滿)**

사주상 日主는 君王의 자리다. 생생된 오행이 日主를 향해 집중되어 일주의 기운이 충만하고 강건함을 의미하는 것이다.

232. **제살태과(制殺太過)**

사주상 官殺이 미약한데, 이를 剋하는 食傷이 많아 官殺을 剋制함이 지나치어 官殺이 무력해진 것을 말한다.

233. **종지진가(從之眞假)**

종격(從格)에는 진종격(眞從格)과 가종격(假從格)이 있음을 말하는 것이다.

234. **좌우동지(右同志)**

사주가 중화를 이루기 위해 日干의 좌우에서 日干을 부조(扶助)하는 기운을 말한다.

235. **주류무체(流無滯)**

사주의 오행이 年柱부터 時柱까지 혹은 時柱부터 年柱까지 생생불식(生生不息)되어 막힘이 없음을 말한다.

236. **중병무구(病無救)**

사주상 병(病)이 중한데 구제하여 줌이 없다는 뜻이다.

237. **중살창광(重殺猖狂)**

七殺이 무리를 이루어 광분(狂奔)함을 의미한다.

238. **중화지리(中和之理)**

중화(中和)의 이치를 말함이다.

239. 지생천자(地生天者)
同柱의 지지에서 천간을 생하는 것을 말한다. 이에는 甲子, 乙亥, 丙寅, 丁卯, 己巳, 戊午, 壬申, 癸酉, 庚辰, 辛丑이 있다.

240. 지전삼물(地全三物)
지지에 方合局이 있음을 말한다.

241. 지지연여(地支連茹)
사주상 지지가 나무뿌리나 징검다리처럼 연결되어 연이어 뻗어 나간 형국을 말한다.

242. 지진일기(支辰一氣)
지지 전체가 十二地支 중 어느 하나의 오행으로 이루어진 형국을 말한다.

243. 진가상관(眞假傷官)
진상관(眞傷官)과 가상관(假傷官)을 말한다.

244. 진기왕래(眞氣往來)
사주구성상 吉神에 해당하는 財星이나 官星 및 印星이 서로 바뀌어 日柱와 時柱를 차지하고 있어, 상하좌우가 서로 교차하며 상호 필요한 육신을 서로 교류하고 왕래의 편의를 제공하여, 자연 사주가 길해지는 것을 진기왕래(眞氣往來)라 한다.

245. 진법무민(盡法無民)
법이 無力하여 백성이 따르지 않는다는 의미이다. 여기서 법은 官星을 말한다. 日干이 旺하면 대체로 官星을 용하는데, 사주원국의 食傷과 운로에서의 食傷이 중첩되어 官星을 심하게 극하여 官星이 무력해짐을 말한다.

246. 진신득용(眞神得用)
진신(眞神)이란 득시(得時)하고 득령(得令)한 神을 말하고, 이에 반하여 가신(假神)이란 실시(失時)하고 퇴기(退氣)한 神을 말하는데, 사주상 용신이 제강사령(提綱司令)하고 다시 天干에 투출한 것을 진신득용(眞神得用)이라 하는 것이다.

247. 진태상성(震兌相成)
진(震)과 태(兌)는 주역팔괘에 속하며 인의(仁義)의 참된 기틀의 主된 것이라, 세력이 서로 양립할 수 없으니, 상호간 공방(攻防)과 쟁투(爭鬪)를 통해 이룩됨이 있어야 존재한다는 것이다.

248. 진퇴지기(進退之機)
사계절에 따른 오행 기운의 나아감과 물러남의 기틀을 말함이다. 이는 사주상 오행의 왕상휴수사(旺相休囚死)를 논한 것이다.

249. 징탁구청(澄濁求淸)

사주의 탁기(濁氣)를 맑게하여 淸함을 얻음이다.

250. 천관지축(天關地軸)

주역팔괘의 건·곤(乾·坤)에 해당되는 十二地支 오행이 사주에 있음을 말하는데, 건(乾)은 戌·亥이고 곤(坤)은 未·申인데, 戌이나 亥, 未나 申중 하나만 있어도 천관지축(天關地軸)이라 한다.

251. 천복지재(天覆地載)

天氣는 地氣를 덮어주고, 地氣는 天氣를 실어줌을 의미한다.

252. 천전일기(天全一氣)

천간의 四字가 모두 甲·乙·丙·丁·戊·己·庚·辛·壬·癸 중 하나로 이루어진 것을 말한다.

253. 천지교전(天地交戰)

천간과 지지에 공히 沖이 있어 상하가 和合의 情이 없음을 말한다.

254. 천지교태(天地交泰)

天干의 오행과 地支의 오행이 상호 교류함이 크다는 것을 의미하는 것이다.

255. 천청지탁(天淸地濁)

천간의 氣는 본시 淸하고 지지의 氣는 본시 탁(濁)하다는 뜻이다.

256. 천한지동(天寒地凍)

하늘은 차고 땅은 꽁꽁 얼어붙은 상황을 말하는 것으로, 壬癸日柱나 庚辛日柱가 冬月인 亥子丑月에 생함을 의미한다.

257. 천합지자(天合地者)

천간의 오행이 좌하 지지궁의 지장간과 干合을 이루는 것을 말한다.

258. 청득진자(淸得盡者)

淸은 청기(淸氣)를 말함이고 득진(得盡)은 득함을 다했다는 뜻이다. 이는 사주의 구성형태에서 한 가지 오행만으로 상(象)을 이룬 것을 말하는 것이 아니고, 日主 외의 두 개의 氣가 剋함과 설기(洩氣)를 통해 쌍청(雙淸)해진 것을 말하는 것이다.

259. 체전지상(體全之象)

사주상 대다수의 오행이 日主를 생하는 印星으로 구성된 형태를 말한다.

260. 추수통원(秋水通源)

秋月의 水는 근원(根源)과 서로 통한다는 뜻이다. 秋月은 金旺之節로 申酉戌月인데 金生水 하여 相生되고, 水의 근원(根源)이 된다는 의미다.

261. **축수양목(蓄水養木)**

축수(蓄水)는 지장간(支藏干)에 水를 저장하고 있음을 의미하고, 양목(養木)은 木을 배양(培養)한다는 뜻이다.

262. **충기불기(沖起不起)**

局에서 吉神(用神·喜神)을 나로 하고, 凶神(忌神·仇神)을 상대방으로 논할 때, 내가 상대방을 沖할 때에는 "충기(沖起)"라 하고, 상대방에서 나를 충할 때에는 "불기(不起)"라 한다. 이는 행운에서도 같이 적용된다.

263. **취정회신(聚精會神)**

오행 중 水火에 해당되는 精과 神이 취회(聚會)했다는 뜻이다.

264. **침매지기(沈埋之氣)**

사주의 氣가 잠기고 매몰된 것을 말한다.

265. **탈태요화(脫胎要火)**

탈태(脫胎)라 함은 기존의 틀이나 형식에서 벗어나 새롭게 탈바꿈함을 의미하는데, 亥子丑 동월(冬月)의 땅속에 있던 가화(稼花)의 씨앗이 火氣가 점승(漸昇)해지는 三陽이 뜨는 寅月이 도래하면 발아(發芽)하여 껍질을 깨고 땅위를 뚫고 나옴을 의미한다.

266. **탐관망겁(貪官忘劫)**

劫財가 官을 탐(貪)하여 자신의 역할을 망각한다는 의미이다. 예로, 甲木日主가 身旺하여 官殺이 용신인 경우, 다시 劫財 乙木이 있으면 사주가 태왕해져 흉한데, 庚金이 투출한 경우 乙庚 간합되니, 乙木 겁재를 합거하여 용신인 官殺로 化하니, 劫財의 역할을 망각한다는 뜻이다.

267. **탐련기반(貪戀羈絆)**

日主가 사사로운 情을 탐(貪)하여 슴되어 본연의 역할을 하지 못함을 의미한다.

268. **탐생망극(貪生忘剋)**

사주에서 生과 剋이 같이 있을 경우, 剋을 해야 사주가 길해지는 경우에 生을 탐(貪)하여 剋함을 잊는다는 의미이다.

269. **탐생망충(貪生忘沖)**

사주에 生과 沖이 같이 있을 경우 生을 하느라 沖을 잊는다는 의미이다.

270. **탐재괴인(貪財壞印)**

財星과 印星이 있는 사주에, 日主가 財를 탐(貪)하여 간합하여 타 오행으로 바뀌려 하니, 日主를 生하려는 印星의 역할이 결국 손상됨을 말한다.

271. 탐재망겁(貪財忘劫)

財星이 중중한 사주에 印星을 용할 수 없는 경우에는 比劫이 요긴한데, 劫財가 局의 財星을 탐(貪)하여 劫財의 역할을 하지 못하는 경우이다.

272. 탐재망관(貪財忘官)

사주상 官을 貴하게 여기는데, 官星이 약한 경우 財가 合을 탐(貪)하여 약한 官星을 돌보지 않는 형국이다.

273. 탐재망식(貪財忘食)

사주상 食神이 용신인 경우, 日主가 財를 탐(貪)하여 용신인 食神을 생함을 잊는 경우이다.

274. 탐합망극(貪合忘剋)

日主가 태왕하여 七殺을 용해야 하는 경우, 천간에 合殺하는 오행이 있어 七殺이 日主를 剋하는 본연의 임무를 망각하는 것을 말한다.

275. 탐합망살(貪合忘殺)

日主가 신약하여 七殺이 忌神이고 흉폭한데, 天干에 七殺과의 合이 있어 七殺의 흉폭함이 무력해지는 것을 말한다.

276. 탐합망상(貪合忘傷)

傷官이 있어 日主가 더욱 신약해 지는 경우, 他 柱에 傷官과의 合이 있어 타 오행으로 바뀌게 되어 日主가 태약함을 벗어나는 경우를 뜻한다.

277. 탐합망생(貪合忘生)

合을 탐(貪)하여 타 오행을 生함을 잊는 것이다.

278. 탐합망인(貪合忘印)

日主가 신약하여 印星을 용해야 하는데, 合을 탐(貪)하여 印星의 역할을 망각한다는 것이다.

279. 탐합망재(貪合忘財)

印星이 重重하여 財星이 用神인 경우에 財星이 合되어 타 오행으로 바뀌어 財星의 역할을 망각한다는 의미이다.

280. 탐합망천(貪合忘賤)

사주가 흉하게 작용할 경우, 他 干支의 오행이 合沖으로 인해 흉신을 해소하여, 사주가 흉변길이 된다는 의미이다.

281. 탐합망충(貪合忘沖)

사주상 合과 沖이 있는 경우에 合을 탐(貪)하여 沖을 망각한다는 의미다.

282. 태세의화(太歲宜和)

日主와 태세(太歲=歲君)는 比化, 相生함이 길하다.

283. 토다금매(土多金埋)

土가 중첩되면 金이 매몰된다는 의미이다.

284. 토목교봉(土木交鋒)

土와 木이 서로 칼끝을 겨누고 상극되는 형국을 의미한다.

285. 토목자전(土木自戰)

戊土 日主가 三春에 生하여 木이 당령(當令)한데 火金水의 배합(配合)이 없어 결국 土
와 木이 상전(相戰)하게 되는 경우를 말한다.

286. 토불수화(土不受火)

사주상 土가 水를 받아들이지 못한다는 의미로, 이는 土가 沖을 만나 허탈해지면 火를
받아들이지 못하게 됨을 의미한다.

287. 파료상관(破了傷官)

傷官을 用해야 하는 경우에, 印星에 의해 傷官이 손상되어 제 구실을 하지 못하는 것을
말한다.

288. 패지봉충(敗地逢沖)

패지(敗地)란 子午卯酉를 말함이고 봉충(逢沖)은 沖을 만남을 의미한다.

289. 편야도화(遍夜桃花)

지지에 子午卯酉가 모두 있는 것을 말하며, 四桃花라고도 한다. 남녀 공히 대체로 음욕
과 색정이 많으나 길격이면 부귀격을 이룬다.

290. 한목향양(寒木向陽)

亥子丑의 동월(冬月)에 생했거나, 아직 한기(寒氣)가 남아있는 寅月의 木은 한목(寒木)
이니 丙火와 같은 따뜻함을 기쁘게 생각한다는 뜻이다.

291. 합관유살(合官留殺)

관살혼잡(官殺混雜)된 사주에서 正官을 합하여 七殺(偏官)을 남긴다는 뜻이다.

292. 합살유관(合殺留官)

사주상 관살혼잡(官殺混雜)된 경우에 七殺이 合去되고 正官만 남는 것을 의미한다.

293. 합이불화(合而不化)

합이 되지만 他 五行으로 변화하지 않는다는 의미이다.

294. 해후상봉(邂逅相逢)

사주상 용신(用神)이 쇠약한데 희신(喜神)도 없고 한신(閑神)과 기신(忌神)만 있는 경우

에, 한신(閑神)과 기신(忌神)이 合을 이루어 희신(喜神)으로 化되어 용신(用神)을 생하는 경우를 해후상봉(邂逅相逢)이라 한다.

295. 허자입국(虛字入局)

허자(虛字)는 사주원국에 없는 오행을 말하는데, 대운이나 세운의 간지에서 허자(虛字)에 해당하는 오행이 사주원국에 入되어 발생하는 상(象)의 변화를 말한다.

296. 허진보진(虛眞補眞)

四柱原局에서 약하거나 없었던 神殺이나 六神 등이 대운이나 세운에서 들어오면, 그 神殺이나 六神의 역량이 보다 더 강화된다는 이론이다.

297. 허하봉토(虛火逢土)

사주상 쇠약한 火의 기운이 다시 설기(洩氣)시키는 土의 기운을 만나 더욱 설기(洩氣)되어 쇠약해짐을 말한다.

298. 현무당권(玄武當權)

壬癸日主가 지지에 寅午戌 三合火局의 財星局이나, 四庫인 辰未戌丑이 있어 官星局을 형성하는 경우를 말한다.

299. 혈기란자(血氣亂者)

사주구성상 五行의 혈기(血氣)가 산란(散亂)한 것을 의미하는 말이다.

300. 형전형결(形全形缺)

형전(形全)이라 함은 形이 완전하다는 것인데, 예로 甲乙木 日主가 寅卯辰月에 生하여 득기(得氣)했거나 旺한 것을 말하고, 형결(形缺)이라 함은 形이 완전치 못하다 하는 것인데, 예로 甲乙木 日主가 申酉戌月에 생하여 실기(失氣)했거나 쇠약해진 것을 말한다.

301. 호환재록(互換財祿)

他柱에 있는 財星과 건록(建祿)을 찾아서 편의상 자리를 바꾸어 적용하여 사주의 구성 형태상 상호 이익되고 유용하게 활용함을 의미한다.

302. 화득진자(化得眞者)

참되게 化됨을 得했다는 것으로 이는 진화격(眞化格)을 뜻하는 것이다.

303. 화열성조(火烈性燥)

사주에 火가 조열(燥熱)하여 성품이 조급한 것을 의미한다.

304. 화염토조(火炎土燥)

火氣가 太旺하여 땅이 건조하고 메마르다는 의미다.

305. 화위설상(化爲洩傷)

日主와 干合되어 化된 오행의 기세가, 사주상 旺한 타 오행을 생하여 오히려 쇠약해진 것을 의미한다.

306. 화위설수(化爲洩秀)
日主와 干合되어 化된 오행의 기세가 旺해진 것을 의미한다.

307. 화지진가(化之眞假)
화격(化格)에도 진화격(眞化格)과 가화격(假化格)이 있음을 말한다.

308. 화합봉시(化合逢時)
化合된 오행이 時를 만나 성국(成局)되었음을 의미한다. 이는 天干의 干合되어 化된 五行이 時에 통근하여 진화격(眞化格)이 되었음을 말하는 것이다.

309. 회동제궐(會同帝闕)
제궐(帝闕)은 임금이 사는 궁궐이다. 주역 八卦 중 건괘(乾卦)에 해당하는데, 十二地支로는 戌·亥에 해당된다. 사주상 지지에 戌·亥가 있는 사주를 말한다.

310. 회화재염(晦火再炎)
회화(晦火)라 함은 丙丁火 日主가 重土에 갇히거나 月令에서 실기(失氣)하여 日主의 火氣가 무력해진 경우를 말하는데, 木을 用하여 日主를 부조(扶助)하면 꺼져가는 火氣에 생명을 불어 넣어 다시 불꽃이 타오르는 것과 같은 경우를 의미한다. 이를 목화통병(木火通明)과 같은 맥락이다.

311. 효자봉친(孝子奉親)
日主를 子라 하면 日主를 생하는 印星은 母에 해당된다. 사주에 比劫이 중중하면 母의 성정(性情)은 子에 의존하게 되며, 子는 母의 뜻을 따르고 순종함으로써 母子가 화친하게 되는 것이며 이로써 자연 어머니를 봉양하는 것이니 효자봉친(孝子奉親)인 것이다.

312. 희신보필(喜神輔弼)
사주상 용신(用神)을 돕고 日主를 부조(扶助)하는 神을 희신(喜神)이라하는데, 이 희신(喜神)이 旺하며 日主 가까이에 있어 용신(用神)을 도와 사주가 길해지게 함을 말한다.

통변通辯

1. 가살위권假殺爲權

七殺의 세(勢)가 약한 경우를 가살(假殺)이라 하는데, 이 가살(假殺)이 변하여 세력을 얻고 旺해짐을 가살위권(假殺爲權)이라 한다. 이에는 두 가지 경우가 있는데, 신강살천(身强殺淺)한 경우와, 신왕관다(身旺官多)한 경우이다.

1) 신강살천(身强殺淺)한 경우

日主가 강하고 偏官이 약한 경우로써, 日主가 능히 七殺을 대적할 수 있게 되므로 자연 七殺의 기세가 쇠약해진 경우를 가살(假殺)이라 하는데, 이런 경우 七殺은 흉함이 제압되어 殺의 작용을 하지 못하고 오히려 正官의 역할을 하게 된다. 그런데 지지에 암암리에 부조(扶助)의 氣가 있으면, 흉살이 제압되어 正官의 역할을 하는 七殺이 약변강(弱變强)으로 변화되어 세력을 얻게 됨을 가살위권(假殺爲權)이라 한다.

庚金이 입하(立夏) 後 五日에 生하였으니 戊土가 당령(當令)하여 이의 생을 받으니 日主는 旺하나, 巳宮의 丙火는 당령(當令)하지 못했으니 官星은 쇠약한 것이라 신강살천(身强殺淺)한 경우이다. 財星의 生助가 있어야 하나, 天干의 甲·乙木은 미근(微根)이고 申辛인 比劫의 제극(制剋)을 받으니 無力하여 官殺을 生하지 못하여 가살(假殺)의 경우인 것이다. 따라서 출신은 빈한했던 것이다. 그러나 己卯, 戊寅세운에 寅卯 財星이 官殺을 生하니 가살(假殺)이 약변강(弱變强)이 되어 위권(爲權)이 된 것이고, 다시 丁火대운에 丁火가 官殺인 巳宮의 丙火를 인통(引通)하여 과갑연등(科甲連騰)하였고 관록이 높았던 것이다.

丁火가 酉金月에 長生을 득하고, 지지 巳未 사이에 午火가 탄함(吞陷)되었으니 암암리에 巳午未 남방화국을 형성하여 신강(身强)하다. 癸水 七殺은 己未土의 剋을 받아 심히 무력해져 살천(殺淺)한 경우이며 가살(假殺)로 변했는데, 지지 巳酉가 반합금국의 財星局을 이루고, 다시 未酉 사이에 申이 공(拱)되어 있어 財를 더 부조하니 財가 더욱 왕해져 癸水를 生하니 癸水 七殺이 약변강(弱變强)이 된 것이다. 이를 가살위권(假殺爲權)이라 한다. 용신은 財가 旺하니 比劫을 용하여 時干 丁火가 용신이다. 未午巳 남방화운에 총독이 됐고, 丁卯운에 총통이 된 청나라 말기의 효웅(梟雄) 원세개(袁世凱)의 명조이다.

地支 亥卯未 木局이고 甲乙이 투출했으니 日主가 신강(身强)하다. 癸水 偏官은 통근된 地支 亥水가 亥卯未 三合되어 印星으로 바뀌어 힘을 잃었으니 가살(假殺)이라 논하는데, 亥辰에 암암리에 水氣가 있고 辰中 癸水가 부조하니 약변강(弱變强)이 되어 가살(假殺)이 위권(爲權)이 된 것이다. 그러나 癸水의 수원(水源)인 金이 없어 殺이 약하고, 木이 메마르니 귀(貴)함이 높지 않았다.

2) 신왕관다(身旺官多)한 경우

官多하면 화살(化殺)하게 되니 진살(眞殺)로 논하지 못하고 가살(假殺)이라 하는데,

印星이 있어 살인상생(殺印相生)되면 가살(假殺)이 귀살(貴殺)로 바뀌니 이것도 역시 가살위권(假殺爲權)이라 한다.

癸水가 辰月에 실기(失氣)했지만 壬水가 투출(透出)하고 子辰 반합수국이 있어 부조(扶助)하니 신강(身强)하다. 己土 七殺은 좌하(坐下) 未土에 건록(建祿)을 득했으나 월령(月令)이 쇠(衰)地이니 旺하지 못하나, 지지에 官星이 중중하니 신왕관다(身旺官多)한 경우이다. 다행인 것은 年干 丙火가 투출하여 월령(月令)에 관대(冠帶)를 득하고 己土 七殺을 생하고, 다시 己土는 지지 辰未에 통근하니 七殺은 약변강(弱變强)이 되어 가살위권(假殺爲權)이 된 것이다. 比劫인 水가 重重하니 財星을 用하여 재산을 분배하면 다툼이 적다. 年干 丙火 正財가 용신이다. 운로가 희신과 용신운으로 흐르니 일찍 관직에 들어 발복이 있었던 명조이다.

2. 가살중중(假殺重重)

七殺의 세(勢)가 약한 경우를 가살(假殺)이라 하는데, 이 가살(假殺)이 중첩(重疊)되어 局에 있는 것을 가살중중(假殺重重)이라 한다. 부연 설명하면 七殺이 득기(得氣)하지 못했거나 혹, 득지(得地)했더라도 他 支의 沖을 받으면 자연 그 기세가 쇠약해지므로 가살(假殺)이라 하는데, 이런 경우에 가살(假殺)이 간지에 여럿 있고 지지에 미근(微根)이라도 있으면 이를 가살중중(假殺重重)이라 한다. 예로 申月의 庚金이 丁火 正官은 암장(暗藏)되고 丙火 七殺이 중첩되어 나타난 경우를 말한다. 궁통보감(窮通寶鑑)에서 거론된 용어이다.

　天干의 丙火 七殺이 重重한데 득령(得令)하지 못했으니 가살중중(假殺重重)이다. 그러나 지지 寅午에 통근하고 午宮의 丁火가 암장되었으니 七殺이 태약하지는 않으나, 日主 庚金은 申月에 건록(建祿)을 득했으니 종살격(從殺格)으로 논하지 않는다. 억부법(抑扶法)을 적용하여 旺한 화세(火勢)를 극제해야 중화(中和)가 되니 월령(月令) 申宮의 壬水를 용한다. 亥子丑 용신운에 무관직으로 벼슬길에 올라 발복(發福)이 있었다.

3. 가신난진(假神亂眞)

　가신(假神)이란 실시(失時)하고 퇴기(退氣)하여 無力해진 神을 말하며, 진신(眞神)이란 득기(得氣)하고 득령(得令)하여 有力해진 神을 말한다. 가신(假神)이 힘을 얻어 진신(眞神)을 충극(沖剋)하거나 진신(眞神)을 어지럽게 만들며 진신(眞神)의 역할을 방해하는 것을 가신난진(假神亂眞)이라 한다.

　壬水가 寅月에 生하여 실기(失氣)했다. 寅月은 甲木이 사령(司令)하는데 또한 투출(透出)했으니 甲木이 진신(眞神)이고, 月干 戊土는 甲寅木의 剋을 받고, 庚金은 월령(月令) 寅木에 절(絶)地이니 戊庚은 가신(假神)이다. 그런데 寅申 沖되고 월령(月令)이 寅木이라 지지 申子辰의 삼합수국은 비록 실기(失氣)했으나 日主 壬水를 부조(扶

助)하는 세(勢)는 있는 것이다. 다행인 것은 甲木이 투출하여 旺한 水氣를 납수(納水)하고 戊土가 제수(制水)하니 水의 범람은 막은 것이다. 年柱 庚申金은 가신(假神)인데 戊辰土의 생을 받아 旺해져서 진신(眞神)인 월령(月令) 寅木을 충극(沖剋)하니 가신(假神)이 난진(亂眞)하고 있는 것이며 가신(假神)이 病이 된 것이다. 寅月은 아직 한기(寒氣)가 남아 있으니 寅宮의 丙火를 용하여 日主 壬水를 온난케 하고, 병(病)이 된 庚申金을 제거하면 사주가 중화(中和)를 이룰 수 있는 것이다. 용신은 丙火이다. 운로가 卯辰巳午未의 희신과 용신운으로 흐르니 제거기병(除去其病)하여 발복(發福)이 있었던 것이다.

己土가 寅月 목왕지절에 생하니 그 氣가 허령(虛靈)한 것이다. 두 개의 甲木이 월령(月令)에 통근하고 투출했으니 진신(眞神)에 해당되며, 正官의 기세가 왕(旺)한데 丙火가 있어 官星의 旺한 세(勢)를 설(洩)하니 관인상생(官印相生)이 된 것이다. 지지 丑土는 진흙 土라 水로 논하니 지지에 水인 財星이 旺한 것이다. 다행인 것은 목왕지절(木旺之節)이니 木이 진신(眞神)이고 金이 있다면 金은 실령(失令)한 것이라 가신(假神)에 해당되는데, 旺한 財星 水를 생하는 가신(假神)인 金이 전무하여 水가 태왕(太旺)해지지 않아 능히 투출한 두 개의 甲木이 납수(納水)할 수 있게 된 것이다.

상기는 가신(假神)인 金이 없어 난진(亂眞)하지 않고, 甲丙 官印이 월령(月令)에 통근하고 투출하여 왕(旺)하며 관인상생(官印相生)을 이루고, 다시 신약(身弱)한 己土 日主를 생하니 사주가 귀격(貴格)이 된 것이다. 운로가 卯辰巳午未의 희신과 용신운이니 현재의 장관벼슬까지 올랐던 것이다.

4. 가신득국(假神得局)

氣에는 진·가(眞·假)가 있는데, 가신(假神)이란 실시(失時)하고 퇴기(退氣)한 神을 말하며, 이에 반하여 진신(眞神)은 득시(得時)하고 득령(得令)한 神을 말한다. 진신(眞神)이 실세(失勢)하고 가신(假神)이 득국(得局)함을 가신득국(假神得局)이라 하는데, 사주의 통변법으로는 진(眞)이라도 가(假)를 삼을 수 있고, 가(假)로도 진(眞)을 삼을 수 있는 것이다. 氣의 경우에도 先後가 있는데, 진기(眞氣)는 아직 당도하지 아니하고 가기(假氣)가 먼저 당도했다면 통변법으로는 마땅히 진(眞)으로도 가(假)를 삼고, 가(假)로도 진(眞)을 삼는 것이다.

예로 寅月生의 경우에 戊土가 불투(不透)하고 庚金이 투출했다면, 寅月은 甲木이 진신(眞神)이고 사령(司令)한 것이라 木氣가 旺한 반면 庚金은 가신(假神)이 되는 것이다, 따라서 지지에서 申金이 있어 이를 用하여 旺木을 극제해야 한다면 능히 투출된 가신(假神)인 庚金을 취용(取用)해야 하는 것이다.

그리고 寅月生의 경우에 戊土가 투출하고 庚金이 불투(不透)한 경우라면, 甲木이 진신(眞神)이고 旺하여 극제하는 庚金이 필요한데 이는 가신(假神)이 되는 것이다. 그러나 지지에 酉丑의 반합금국이 있고 天干의 戊土가 生金하면 가신득국(假神得局)이 된 것이니 역시 이를 취용할 수 있는 것이다.

또한 사주원국(四柱原局)에 진신(眞神)이 부족하고 가신(假神)도 역시 무력한데, 日主가 가신(假神)을 좋아하고 진신(眞神)을 싫어한다면 필시 운로(運路)에서 진신(眞神)을 억제하고 가신(假神)을 부조(扶助)해야 발복(發福)되는 것이다.

寅月生이니 木이 진신(眞神)이고 사령(司令)한 것이라 年干에 투출(透出)한 乙木이 진신(眞神)이다. 기타의 戊. 戊. 庚. 酉. 午는 가신(假神)인데, 지지가 寅午戌 삼합화국을 형성하여 壬水를 고갈시키니 印星의 부조가 없으면 중화(中和)를 이룰 수 없

고, 또한 戊土 官殺이 旺하니 살인상생(殺印相生)하는 時干 庚金을 용해야 하는데, 庚金은 年支 酉金에 통근(通根)하고 月干 戊土는 時支 戌土에 통근(通根)하고 다시 庚金을 생하니 庚金은 약변강(弱變强)이 되었다.

　　時干 庚金은 지지에 申酉戌 중 두 개의 酉戌 유신(類神)이 있어, 암암리에 방합국을 형성한 것과 같아 生을 받으니 가신(假神)이 득국(得局)한 것이다. 天干에 官印이 투출하여 지지에 통근하고 相生을 이루니 귀격(貴格)이다. 다만 혐의가 되는 것은 火氣가 局을 이루어 官殺을 生함이 지나치고 용신인 金을 핍박하니 관직에 풍파는 많았던 것이다.

　　丑子亥 水대운은 旺火를 극제하니 벼슬길이 순탄했고, 이후 戌酉申대운은 용신운이니 관직이 높았고 현신(賢臣)이었던 것이다.

　　癸未 日柱가 입춘(立春) 후 26일에 生하니 정히 甲木이 진신(眞神)이고 사령(司令)한 것이다. 따라서 戊庚은 실기(失氣)한 것이니 가신(假神)인데 지지 丑戌에 공히 통근(通根)하고 있다. 局에 土氣가 중중하여 日主를 핍박하니 월령(月令)의 甲木이 旺土를 대적함에 역부족이다. 따라서 日主 癸水는 가신(假神)인 庚金의 생조를 바라니, 진신(眞神)을 미워하고 가신(假神)을 좋아하는 것이지만 그래도 부득이 이를 취용해야 한다. 따라서 살인상생(殺印相生)시켜 왕한 官殺의 기운을 설기(洩氣)시키고 신약(身弱)한 日主를 부조하면 중화(中和)를 이룰 수 있는 것이다.

　　巳午未 火대운은 官殺을 생하고 용신인 庚金을 극하니 벼슬길이 순탄치 못했으나, 이후 申대운은 化殺하고 庚金 용신이 득지(得地)하여 승진했고, 乙酉대운은 乙庚 합금으로 酉金과 더불어 庚金 용신을 부조하니 벼슬이 연등(連騰)했고, 丙火대운은 용신을 剋하는 기신운이니 사망한 것이다. 상기는 官殺이 중중하니 武官의 명조이다.

5. 간두반복(干頭反覆)

日主와 같은 오행이 지지에서 방국일제(方局一齊)를 이루면 그 기세가 왕하고 청영(菁英)한 것인데, 그 청영(菁英)한 기세를 설(洩)하는 오행이 투출되어 있으면 이를 용신으로 잡아 순기세(順氣勢)하는 것이 정리(定理)이다. 그런데 또다시 이를 剋하는 오행이 투출되어 있어 사주의 순기세(順氣勢)에 따른 용신을 손상시키는 경우를 간두반복(干頭反覆)이라 한다. 만약 그렇지 않은 경우라면 간두무반복(干頭無反覆)이라 칭한다.

日主 乙木이 지지에 亥卯未 삼합목국이 있고 다시 寅木이 있으니 方과 局이 혼재되어 방국일제(方局一齊)의 경우이다. 따라서 日主 乙木은 그 기세가 왕하고 청영(菁英)한데, 月干 丁火가 청영(菁英)한 木氣를 설(洩)하니 이를 용신으로 잡는다. 다만 혐의가 되는 것은 時干에 투출된 癸水가 日支 亥水에 통근하여 약하지 않은데 용신인 丁火를 극하니 사주가 흉해진 것이다. 이를 간두반복(干頭反覆)이라 한다. 상기 명조는 명리(名利)도 없었고, 빈곤(貧困)했으며 자식 또한 없었던 것이다.

6. 간지동체(干支同體)

사주의 干支가 각각 동일한 오행으로 구성된 것을 말한다. 天干과 地支가 각각 하나의 오행으로 형성되니, 干支의 氣가 순일(純一)하고 旺하며 대체로 종격(從格)을 이르는 경우가 많다. 사주의 구성형태에 따라 간지동체격(干支同體格)도 길흉이 있으니 잘 살펴보아야 한다.

干支가 戊午로 동일하니 간지동체격(干支同體格)이다. 지지에 午火 印星이 태다하여 日干 戊土를 생하니 戊土 日干이 태왕(太旺)하다. 종격(從格) 중에서 印星과 比肩이 태다하니 "종왕격(從旺格)"으로 판단한다. 따라서 日干의 기운을 설기시키는 食傷으로 용신을 잡는다. 사주원국에 金氣가 없으니 태원(胎元)을 적용한다. 태월(胎月)은 己酉니 酉宮의 庚金으로 용신을 잡는 것이다. 대운의 흐름이 申酉戌亥子의 용신과 희신운이니 크게 발복된 것이다. 子水대운은 지지의 旺火와 相沖하니 사망한 것이다.

상기 명조는 고서(古書)에 삼국시대 "蜀(촉)"의 관운장의 사주라 한다. 용신을 잡는데 있어서 이론이 있는데, 용신은 도충격(倒沖格)을 적용하여 旺火가 子水를 沖하여 子中의 癸水를 끌어와 용신으로 잡아야한다는 설도 있으니 독자들께서는 참고하기 바란다.

간지동체격의 길흉 예

〈吉格〉

己己己己　乙乙乙乙　丙丙丙丙　丁丁丁丁　壬壬壬壬　癸癸癸癸
巳巳巳巳　酉酉酉酉　申申申申　未未未未　寅寅寅寅　亥亥亥亥

〈凶格〉

辛辛辛辛

卯卯卯卯

빈천요수(貧賤夭壽)의 격이다.

〈기타〉

甲甲甲甲

戌戌戌戌

男命은 대체로 총명하고 또한 냉정한 면이 있으며 시류에 따라 길흉이 교차하지만, 女命은 요수빈천(夭壽貧賤)하고 박복(薄福)하다.

7. 감이상지(坎離相持)

적천수(滴天髓)의 "통신론(通神論)"에서 坎離宰天地之中氣. 成不獨成, 而有相持者在
<small>감 이 재 천 지 지 중 기　성 불 독 성　이 유 상 지 자 재</small>
에서 인용한 것이다. 즉, 감(坎)과 이(離)는 天地의 中氣를 주재하며 홀로 이룩되는 것이 없으니, 상호가 교류 협력하고 의지하여야만 존재한다는 뜻이다.

감(坎)은 주역의 팔괘상 북방에 위치하고, 壬子癸 水에 해당되고, 계절로는 겨울이다. 이(離)는 주역의 팔괘상 남방에 위치하고, 丙午丁 火에 해당되고, 계절로는 여름이다. 따라서 감(坎)과 이(離)는 상호 상극의 관계이나 교감(交感)을 이루어 만물을 잉태하기 위해서는, 본래 내려오려는 성질인 水와 올라가려는 火의 성질이 상호 만나게 되어 천지의 氣가 상호 교합을 이루어야 하는 것이다. 즉, 이(離)는 日의 체(體)요 감(坎)은 月의 체(體)이니 상호 교류하며 水火가 상제(相濟)하게 되고, 남녀가 결혼하여 자손을 낳고 기르는 것처럼 만물을 생육케 하는 이치이다.

사주의 구성형태에서 감(坎)과 이(離)의 작용처럼, 본시 相剋의 관계이나 상호 보완작용을 하고, 또한 사주상 중화(中和)를 이루기 위해 지속적으로 협력관계를 유지해 감을 감이상지(坎離相持)라 하고, 이로써 주역의 63번째 卦인 수화기제(水火旣濟)의 功을 이루는 것이다.

사주상 天干은 天道, 天氣, 天星, 天運이라고도 하고, 地支는 地道, 地氣, 地星, 地運이라고도 한다. 땅의 기운은 太陰의 작용으로 사계절을 형성하고 이를 월건(月建)이라 하며 12節이 되고, 하늘의 기운은 太陽의 작용으로 역시 사계절에 영향을 미쳐 이를 월장(月將)이라 하며 12氣가 되는 것이다. 하늘과 땅은 상호 협력과 보완과 상호 합의 작용으로 지속되는데, 땅의 기운인 월건(月建)은 左에서 右(寅-卯-辰-巳-午-未-申-酉-戌-亥-子-丑)로 선회(旋回)하고, 하늘의 기운인 월장(月將)은 右에서 左(亥-戌-酉-申-未-午-巳-辰-卯-寅-丑-子)로 선회(旋回)하며 상호 합과 상생의 작용을 이어가며 만물을 잉태, 생육해 가는 것이다.

　상기 감(坎)과 이(離)의 작용처럼 사주상 상극의 관계이면서도 중화(中和)를 이루기 위해 상호 교류하며 지속된 관계를 유지해 감을 감이상지(坎離相持)라 하는데, 이에는 다섯가지 이법(理法)이 있는 것이다.

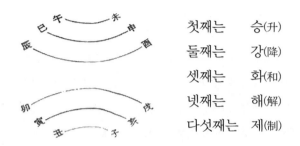

첫째는 　　승(升)
둘째는 　　강(降)
셋째는 　　화(和)
넷째는 　　해(解)
다섯째는 　제(制)

승(升) : 천간의 火가 衰하고 지지의 水가 旺할 때에는 지지의 木을 얻어 木生火하여 지기가 상승하는 법이다.

강(降) : 천간의 水가 衰하고 지지의 火가 旺할 때에는 천간의 庚金을 얻어 金生水하여 천기가 하강하는 이법이다.

화(和) : 천간이 모두 火 一氣이고, 지지가 모두 水 一氣인 경우에, 木을 얻어 水火의 상극된 기운을, 水生木, 木生火 하여 상호 통관시켜주는 이법이다.

해(解) : 천간이 모두 水 一氣이고, 지지가 모두 火 一氣인 경우, 천간 보다 지지의 火가 기세가 더 강하므로 운로에서 金運을 만나 金生水하여 해(解)하는 이법이다.

제(制) : 간지에서 水火相爭이 된 경우에, 약자는 부조하고 강자는 극제하는 制의 이법이다.

丙火가 亥月에 실기(失氣)하고, 지지 子와 寅 사이에 丑土가 탄함(呑陷)되었으니 지지는 암암리에 亥子丑의 방합수국을 형성하고 있다. 따라서 천간의 火보다는 지지의 水가 왕하다. 이런 경우 日支 寅宮의 甲木으로 丙火를 生하면 지기가 상승하는 효과를 얻으니 이것이 승(升)의 이법이다. 寅卯辰 木대운에 크게 발복했다.

(降의 예)

천간에 三壬이 있으나 통근되지 못했으니 왕하지 못하다. 지지는 寅午戌 삼합화국을 형성하여 火氣가 태왕하니 壬水를 핍박함이 심하다. 시간 庚金을 용하여 壬水를 생하고 水氣를 하강시켜 火를 견제하여 중화를 이루고져 함이다.

巳午未 火대운은 金과 상극되니 객지에서 생활하며 신고(身苦)가 있었으나, 이후 申酉庚운은 金을 부조(扶助)하는 운이니 水를 생하여 일약 거부(巨富)가 되었고 가운(家運)이 번창했으니, 戌대운에 지지와 寅午戌 삼합화국으로 庚金을 극하니 이때 사망한 것이다.

(和의 예)

천간은 火 一氣이고, 지지는 申子 반합수국을 이루어 水局을 형성했다. 천간의 丙火는 지지에 통근하지 못했으니 旺하지 못하나 火水가 대립되어 불통되고 있는 것이다. 火와 水를 유통시키는 오행이 필요하다. 통관법(通關法)을 적용하여 木을 용해야 하는데 사주원국에 없으니 행운에서 끌어와야 한다. 50세 이전의 金水운은 발전이 없었고 신고(身苦)가 많았으나, 50세 이후 운로가 寅卯辰으로 흘러 용신운이니 일약 거부(巨富)가 된 명조이다.

(解의 예)

천간은 水 一氣이나 통근하지 못했으니 旺하지 못하고, 지지는 寅午戌 火局을 형성하여 火氣가 왕하다. 水火가 상쟁하나 水가 무력하니 金을 용하여 水를 도우면 세력이 비등해지니 자연 화해(和解)의 情을 이룰 수 있다.

(制의 예)

丙	壬	丙	壬
午	子	午	子

癸丑	壬子	辛亥	庚戌	己酉	戊申	丁未

壬子, 丙午가 兩干 兩支를 차지하고 있으니 양신성상격(兩神成象格)으로 논하고, 日主와 월령(月令)이 水火로 상극의 관계이니 억부법(抑扶法)을 적용해야 한다. 용신은 兩 丙火가 월령(月令)을 득하여 투출하니 旺하여 이를 억제하는 年干 壬水를 용한다. 水火의 세력이 대등해 보이나 丙火가 월령(月令)에 통근하니 火의 기세가 더 旺하다. 따라서 약한 것은 부조하고, 旺한 것은 극제하여 中和를 이루어야 하니 운로에서 金運이 도래하면 水를 보하고 火를 억제하니 "制"의 방법으로 중화를 이룰 수 있는 것이다. 丁未대운 중 戊午세운은 戊土가 忌神으로 用神인 水를 극하니 조실부모했고, 이후 빈천함을 면치 못하다가, 申金대운에 申子 반합수국의 용신운이니 발복되기 시작하여, 이후 酉戌亥子丑運은 用神과 喜神運이니 가운(家運)이 번창했던 것이다.

8. 갑목맹아(甲木萌芽)

亥月은 절기상 입동절(立冬節)이라 동월(冬月)에 속하여 천지가 차지만, 땅속에서는 이미 陽氣가 태동하여 씨앗을 발아(發芽)할 준비를 하고 있는 것이다. 그래서 亥月은 子月의 一陽이 시작되기 전이라 소양(小陽)이라 한다. 따라서 亥月의 甲木의 경우처럼 長生을 득하고, 소양절(小陽節)이라 가화(稼花)가 이미 싹을 틔울 준비를 하고 있음을 갑목맹아(甲木萌芽)라 한다.

甲木이 亥月에 長生을 득하고, 時干 甲木이 亥宮의 甲木에 통근하여 투출했으니 갑목맹아(甲木萌芽)라 한다. 戊癸의 干合은 지지가 子亥라 火氣가 전무하나, 日支 午火에 미근(微根)이 있으니 부족하지만 해동(解凍)을 기대할 수 있다. 時干 甲木을 용하여 旺한 水氣를 납수(納水)하고 年干 戊土로 制水하면 中和를 이룰 수 있다. 丙火가 투출하지 못하고, 午宮의 여기(餘氣)에 丙火가 있어 火氣가 약하니 문관의 길을 가지 못하고 무관으로 출발했으나, 공덕을 많이 쌓아 장상(將相)의 位에 올랐던 것이다.

9. 강과적중(強寡敵衆)

강(強)하며 수(數)가 적은 것이 많은 수(數)의 적(敵)을 대적한다는 의미인데, 이는 세(勢)를 불려 큰 무리를 이루려는 것이다. 예를 들어 日主가 득기(得氣)했거나, 혹은 득기(得氣)하지 못했더라도 지지에 통근하고 旺한 경우에, 官星이 비록 실기(失氣)하여 약하나 財星이 월령(月令)을 차지하여 旺하거나 財星局을 형성한 경우라면, 官星이 비록 약하더라도 財星의 부조함이 있으니 약변강(弱變強)으로 변하여 도리어 旺한 日主를 대적하려 함을 강과적중(強寡敵衆)이라 한다. 이런 경우엔 운로(運路)에서 세력이 적은 官星을 돕고 旺한 日主를 억제하면 사주가 길해지는 것이다.

丙火가 戌月에 생하여 실기(失氣)했으나 지지 寅午戌 삼합화국을 형성하여 日主를 부조(扶助)하니 신왕(身旺)하고 火는 중(衆)에 해당된다. 壬癸水의 경우는 본시 수(數)가 적으니 과(寡)에 해당된다. 그러나 戌月은 金旺節이며 이어 亥子丑의 水로 진기(進氣)하는 계절이라 壬癸 官星은 비록 수(數)가 적어 과(寡)에 해당되나, 丑宮에 통근하고 다시 월령(月令) 戌土가 火氣를 설(洩)하고 庚金을 생하고, 다시 庚金 財星이 壬癸 官星을 생하니 官星이 약변강(弱變强)이 되어 강과(强寡)가 된 것이다. 따라서 중(衆)인 火를 대적하여 세(勢)를 불리려 함이니 강과적중(强寡敵衆)이라 논할 수 있다. 辛酉, 庚申대운은 官星인 水를 생하는 운으로, 중(衆)인 火를 대적하게 되니 吉하여, 유업이 풍성하고 만사여의(萬事如意)했던 것이다. 이후 己未, 戊午, 丁巳대운은 중(衆)인 火를 더욱 생하여 강과(强寡)인 官星을 핍박하니 가파인망(家破人亡)했다. 丙辰대운은 중(衆)인 火를 더욱 생하고 官星을 휀하니 유랑생활을 하다 사망한 것이다.

10. 강금득화(强金得火)

사주상 金이 旺한 경우에 火를 만나서 하련(煆鍊)의 과정을 거쳐 귀기(貴器)로 만들어짐을 의미한다.

庚金이 월령(月令)에 양인(羊刃)을 得하고, 천간에 辛金이 투출하여 부조(扶助)하니 강금(强金)이다. 귀기(貴器)를 만들기 위해 火의 하련(煆鍊)이 필요하니 月干 丁火가 용신이다. 丁火는 寅巳에 통근하고 卯酉 沖과 寅酉 원진(怨嗔)되어 벽갑(劈甲)하여 인정(引丁)하니 강금득화(强金得火)의 경우이다. 운로(運路)가 未午巳辰卯寅의 용신과 희신운이니 건축업으로 크게 성공한 명조이다.

11. 강유상제(剛柔相濟)

사주상 강(剛)함과 유(柔)함의 두 오행이 상호 다툼이 없이, 기세(氣勢)에 순응하며 조화(造化)를 통해 기제(旣濟)의 功을 이루고 있음을 의미한다.

예를 들어 사주상 日主가 신강(身强)한데 이를 극제(剋制)하는 오행이 있으면 오히려 강(剛)한 오행을 분노케 하니 중화(中和)를 이룰 수 없다. 그러므로 유(柔)한 오행을 용하여 기세에 순응하여 旺氣를 설(洩)하면 사주의 중화(中和)를 이룰 수 있으니 이를 강유상제(剛柔相濟)라 한다. 이때 유(柔)한 오행이 지지에 통근하여 情을 얻으면 사주가 귀격(貴格)을 이룰 수 있는 것이다.

庚金이 申月에 생하여 득기(得氣)했고 比肩이 중중하니 庚金이 강(剛)하다. 사주에 형제들이 많은 것이니 甲木 財를 용하여 재산을 골고루 분배하면 다툼이 적을 것이나 甲木이 무근(無根)이라 이를 용하려면 오히려 강금(剛金)을 분노케 하니 用할 수 없다. 유(柔)함을 用하여 기세(氣勢)에 순응함을 택해야 하는데, 年干 壬水를 用하여 庚金의 수기(秀氣)를 설(洩)하면 사주가 중화를 이룰 수 있다. 강유상제(剛柔相濟)인 것이다. 다만 혐의가 되는 것은 月干 戊土가 偏印으로 지지 辰申에 통근하여 약하지 않으니 용신(用神)인 壬水를 극함이다.

초년 己酉, 庚戌 대운은 형상(刑傷)이 있었고 조업(祖業)도 지키지 못했으나, 辛亥, 壬子, 癸丑 대운은 용신운(用神運)이라 수만금의 재물을 모았고, 또한 초년운은 기신운(忌神運)이라 학업의 기회가 없었으나 이 시기는 만사가 여의하니 학업을 할 수 있었던 것이다. 이 사주는 庚金이 왕하고 甲木은 약한데, 약한 甲木이 旺한 庚金을 견제하려 하니 오히려 旺한 庚金을 분노케 하여 강유(剛柔)가 상제(相濟)의 功을 이룰 수 없으나, 다시 유(柔)한 壬水를 用하여 庚金의 旺한 수기(秀氣)를 토설(吐洩)하게 하여 중화(中和)를 이루게 된 것이다.

丁　乙　丁　辛
丑　未　酉　酉

辛　壬　癸　甲　乙　丙
卯　辰　巳　午　未　申

　　乙木이 酉金月에 生하여 절(絕)地이다. 즉, 乙木은 허령(虛靈)하고 酉金은 예리한
것이다. 강유(剛柔)가 공존하는 것이다. 辛金이 투출하여 年·月支 酉金에 건록(建
祿)을 得하니 강(剛)하다. 制剋함이 필요한데, 月干 丁火는 未土에 미근(微根)뿐이라
유(柔)한데, 時干에 丁火가 투출하여 부조하니 능히 유(柔)함으로 강(剛)함을 상대할
수 있으니 강유상제(剛柔相濟)인 것이다. 그러나 혐의(嫌疑)가 되는 것은, 지지가 丑
未 沖하여 未宮의 丁火를 손상시키니 이유제강(以柔制剛)함이 부족한 것이다. 초년
丙申, 乙未, 甲午대운은 용신운이니 조업(祖業)이 풍부했고 글공부도 하였으나, 丑
未 沖하여 용신인 丁火의 뿌리를 손상시키니 글공부의 뜻을 이루기 힘든 것이다.
더욱이 癸巳대운은 巳火가 巳酉丑 삼합금국을 만들어 癸水를 생조하니 癸水는 壬
水로 변하여 약변강(弱變强)이 된 것이다. 따라서 용신인 丁火를 핍박(逼迫)함이 극심
하니 수액(水厄)을 당하여 사망한 것이다.

甲　乙　己　戊
申　亥　酉　辰

乙　甲　癸　壬　辛　庚
卯　寅　丑　子　亥　戌

　　월령(月令) 酉宮의 辛金이 사령(司令)하고 다시 辰酉 合金되고, 申金과 戊己土의
부조가 있으니 월령(月令) 酉金은 강(剛)하다. 반면 甲木은 酉金月에 태(胎)에 해당하
니 유(柔)하다. 이 사주는 乙木의 뿌리가 약함이 흠인데, 사주에 官殺이 왕하면 印星
으로 관인상생(官印相生)시키거나, 比劫이 있어 日主를 보조하면 사주가 귀격(貴格)
을 이룰 수 있다.
　　상기는 유(柔)한 甲木이 亥宮에 통근하고 生을 받으며 乙木과 등라계갑(藤蘿繫甲)

을 이루어 약변강(弱變强)이 됐다. 능히 유(柔)함이 강(剛)을 대적할 수 있어 강유상제(剛柔相濟)인 것이다. 亥子丑運은 강한 官殺의 氣를 설(洩)하니 과거에 급제하고 발복이 있었으나, 甲寅대운은 甲己 合土하여 왕한 官殺을 생하여 진급하지 못했으나, 乙卯대운은 乙木이 유(柔)한 甲木을 부조하여 강한 官殺을 대적하니 다시 발전이 있었던 것이다.

12. 강중적과(强衆敵寡)

강(强)하고 무리를 이룬 것이 적은 수(數)의 적(敵)과 대적한다는 뜻이다. 이러한 경우는 수(數)가 적은 적(敵)을 완전히 제거하는데 그 목적이 있는 것이다. 예를 들어 日主가 득기(得氣)하고 旺한데 다시 食傷이 旺한 사주에, 일점 官星이 무근(無根)이고 생하는 財星이 없는 경우라면 官星은 자연 심히 무력해지는데, 이때는 운에서 오히려 그 官星을 완전히 제거하는 운이 도래하면 길하고, 官星을 부조하는 財官運은 불길하다는 것이다.

戊土 日主가 사주에 土氣가 중중하니 신왕(身旺)하다. 乙木 일점 官星은 지지에 통근하지 못하고 또한 財星이 전무하니 生을 받지 못하고 다시 辛酉의 극을 받으니 심히 무력하다. 사주의 기세는 旺土가 적은 木을 대적하여 木氣를 완전히 제거하려 하고 있는 것이다. 강중적과(强衆敵寡)의 상황이다.

초년 丙寅, 丁卯대운은 적은 수(數)의 官星이 득지(得地)하니 형모(刑耗)가 다단(多端)하였고, 이후 戊辰대운은 음관(陰官)으로 벼슬길에 나섰고, 이후 己巳대운까지는 土의 생을 받아 金이 왕해져 乙木 官星을 제거하니 관운이 이어졌으나, 午火대운은 金을 破하니 사망한 것이다.

丁火가 戌月에 生하여 쇠약하지만, 印星과 比肩이 있고 다시 午戌과 卯戌의 半合과 六合의 火局이 있어 日主 丁火를 부조하니 日主가 旺해져서 강중(强衆)이라 할 수 있다. 반면 壬癸 官星은 無根이고 財星의 생조도 없으니 심히 무력해졌다. 대세는 강중적과(强衆敵寡)로써 旺한 火가 쇠약(衰弱)한 壬水 官星을 제거하는데 있는 것이다.

초년 亥子丑운은 제거하려는 官星을 오히려 부조(扶助)하여 득세(得勢)하게 하니 만사불성이었고, 丙寅, 丁卯대운은 火土를 생하여 官星인 水를 제압하니 재물을 많이 모았고, 戊辰, 己巳대운은 官星인 水를 剋去하니 아들이 과거에 급제하고 가문을 일으켰던 것이다.

13. 객신유경(客神遊經)

객신(客神)은 본시 용신, 희신, 기신 외의 한신과 구신을 의미하는데, 질병론(疾病論)에서는 천간에 투출한 허령(虛靈)한 神을 객신(客神)이라 하기도 한다. 유경(遊經)은 遊六經(유육경)이란 말로 육경(六經)에서 논다는 의미로, 오운육기(五運六氣)에서 삼음삼양(三陰三陽)의 육경(六經)을 말하는 것이다.

질병론에서 객신(客神)은 기신(忌神)에 비해 가볍고 흉함이 덜하며 외감발산(外感發散)이 쉬우니 큰 질병으로 이어지지 않는 경우가 많으며, 객신(客神)이 육경(六經)에 논다는 말은 陽의 허(虛)한 기운이 천간에 떠있는 것을 말하니, 지지에 심장(深藏)된 것에 비해 쉽게 극제되며 쉽게 化될 수 있기 때문에 病은 겉으로 드러나게 되고 또한 病으로 인한 재앙은 제압이 용이한 상황을 말하는 것이다.

丙	庚	甲	壬
戌	午	辰	辰

辛	庚	己	戊	丁	丙	乙
亥	戌	酉	申	未	午	巳

辰月은 火旺之節로 진기(進氣)하는 계절이니 火의 기운이 부족하지 않은데, 지지 午戌 반합화국을 이루고 丙火가 투출했으니 火氣가 왕해져 日主 庚金을 剋함이 심한 것이다. 따라서 印星인 土를 용하여 火氣를 설(洩)하고 日主를 생하면 中和를 이룰 수 있다. 용신은 월령(月令) 辰宮의 戊土이고 기신(忌神)은 木이다. 질병론에서 천간에 투출한 것을 객신(客神)으로 논하는데, 月干 甲木이 본시 객신(客神)으로서 기신에 해당되는데, 坐下 습토(濕土)인 辰土의 여기(餘氣)인 乙木에 통근하고 壬水의 생을 받아 약변강이 되어 용신을 극하니 육경(六經)에 노는 것뿐만 아니라 오장(五臟)에까지 침투한 것이다.

초년 乙巳, 丙午, 丁未대운은 土를 生하는 희신운이라, 비장(脾臟)과 위장(胃腸)에 큰 病은 없었으나 약간의 병증(病症)만 있었다. 戊申대운은 土金이 같이 旺하여 용신과 한신운이니 발복되었고 이후 己酉, 庚戌대운까지 재물을 풍족하게 쌓았으나, 旺한 金이 月干 甲木을 극하니 木에 탈이 났고 木은 풍증(風症)에 해당되는 것이다. 辛亥대운은 辛金이 亥水를 생하고 月干 甲木이 亥水에 長生을 득하니 木의 세력이 왕해져 갑자기 풍증(風症)의 발병으로 사망한 것이다.

庚	壬	戊	癸
戌	寅	午	丑

壬	癸	甲	乙	丙	丁
子	丑	寅	卯	辰	巳

지지 寅午戌 삼합화국과 천간의 戊癸 合火를 이루니 火局이 태왕(太旺)하여 日主를 극함이 심하니 日主 壬水가 고갈될 지경이다. 수원(水源)을 만들어 줌이 급하니 時干 庚金을 용한다. 투출된 庚金은 양신(陽神)으로 午火節에 실령(失令)했고 다시

지지에 寅午戌 삼합화국의 화세(火勢)가 왕하니 매우 허령(虛靈)하다. 따라서 투출한 庚金을 객신(客神)으로 보면 양허지기(陽虛之氣)에 해당되니 객신유경(客神遊經)이라 할 수 있다.

庚金은 지지 丑戌에 미근(微根)이 있어 壬水를 생하니 화세(火勢)가 旺해도 종(從)할 이치는 없는 것이다. 또한 한신과 구신을 객신으로 논하면, 日支 寅木은 구신이니 객신에 해당되고, 火를 도와 財로 化되니 기신이 장부(臟腑)에 깊이 암장된 것이다. 火가 旺神이니 金水가 함께 손상되어 이에 따른 질병이 발생하는 것이다. 乙卯대운은 구신운으로 왕한 화세(火勢)를 더욱 생하고 金水가 무력해지니 폐(肺)와 신(腎)에 病이 들었고 해수병(咳嗽病)까지 겹쳤으며, 이 기간 甲戌세운에는 戌土는 사주원국의 寅午와 삼합화국을 형성하고 다시 甲木이 이를 생하여 화세(火勢)가 더욱 旺하고 방자해져 剋金하니 용신이 손상되어 사망한 것이다.

14. 거관유살(去官留殺)

관살혼잡(官殺混雜)된 사주에 官을 沖去하여 七殺을 남긴다는 의미이다. 사주상 官星은 귀물(貴物)이지만, 正官과 七殺(偏官)이 세(勢)가 비등하고 混在(혼재)되면 관살혼잡(官殺混雜)이라 하는데, 위인이 이리되면 관록(官祿)이 길지 못하고, 正道를 걷지 못하고, 잔꾀가 많으며, 남을 시기 음해하는 경우가 많고, 성격이 간사(奸詐)한 경우가 많다. 이런 경우에 正官을 沖去하는 오행이 있어 七殺만 남기게 되면 사주가 귀격(貴格)으로 바뀌게 되는 것이다. 관살혼잡(官殺混雜)은 正官과 七殺이 우열을 가리기 힘들 정도로 세력이 대등한 경우를 말하는데, 正官이 七殺에 비해 다소 약하면 正官의 세(勢)는 七殺에 예속되니 이 경우는 관살혼잡(官殺混雜)이라 하지 않는다.

甲木은 申月에 절각(截脚)되나 寅卯木에 통근하니 태약하지 않다. 乙木은 日支

卯木에 득록(得祿)하여 역시 태약하지 않아 正·偏官의 세력이 대등하니 관살혼잡(官殺混雜)된 경우이다. 甲木은 正官이고 乙木은 偏官(七殺)이다. 甲庚 沖하여 甲木 正官은 去官되고 乙木 偏官(七殺)이 살아남으니 거관유살(去官留殺)이라 한다. 상기는 토금상관격(土金傷官格)으로 설기(洩氣)와 剋制가 심하니 生助하는 丙火가 용신이다. 年支 寅宮의 丙火를 용한다. 운로가 酉戌亥子丑의 구신과 기신운이니 길하지 못하여, 운수업에 종사했으나 발복되지 못했다.

15. 거류서배(去留舒配)

천간과 지지에서 보낼 것은 보내고 머무를 것은 머무르게 하는 등의 이치를 자세히 펼쳐 보아서 그 배합(配合)됨을 찾는 것을 말한다.

巳火節의 甲木은 쇠약(衰弱)한데, 月干과 日支의 金이 있어 더욱 日主를 핍박함이 심하다. 다행스러운 것은 乙辛 沖하여 辛金을 去하고, 巳申 刑合하여 申金이 水로 바뀌어 오히려 甲木을 생하니 사주의 흉함이 해소되었다. 사주가 신약(身弱)하여 官殺이 病이 됐는데, 하나는 乙辛으로 沖去하고, 하나는 巳申 刑合하여 印星으로 化하여 日主를 生하니 거류서배(去留舒配)라 할 수 있다.

壬	庚	戊	甲
午	申	辰	子

甲	癸	壬	辛	庚	己
戌	酉	申	未	午	巳

庚申 日柱가 戊辰月에 생하여 습토(濕土)의 생을 받으니 신왕(身旺)하다. 억부법

을 적용하여 午宮의 丁火를 용하면 중화를 이룰 수 있는데, 월령(月令)이 辰土라 비록 실기(失氣)는 했지만 지지 申子辰 삼합수국의 水勢가 강하여 火를 剋去하니 용할 수 없다.

신왕(身旺)한데 지지 申子辰 수국에 壬水가 투출하여 旺한 金氣를 설(洩)하니 수기유행(秀氣流行)되었으며 壬水를 용코져 하나, 月干 戊土가 坐下에 관대(冠帶)를 得하고 또한 申午에 통근하여 旺하여 壬水를 剋하니 또한 용신으로 잡을 수 없다. 신왕(身旺)한데 다시 月柱 戊辰土의 생을 받으니 日主가 더욱 왕해져, 甲木을 용하여 소토(疏土)하고 丁火를 생하면 중화를 이룰 수 있다. 그러나 혐의가 되는 것은 辰月은 火旺節로 진기(進氣)하는 계절이라 木氣가 休되니 왕하지 못하다. 따라서 용신 甲木은 가신(假神)에 불과하고, 다시 운로가 申酉戌의 기신운이니 형처극자(刑妻剋子)하고 발복되지 못한 명조이다.

상기는 甲戊庚인 삼기(三奇)가 투출하고, 지지 申午 사이에 甲木의 천을귀인(天乙貴人)인 未土가 공귀(拱貴)되어 귀격(貴格)의 명조인 것 같으나, 간지의 배합상 壬午를 去하고 甲木을 留하게 하여 거류서배(去留舒配)에 해당되는데, 甲木이 가신(假神)에 해당되고 또한 운로(運路)에서 부조됨이 없으니 발복됨이 없었던 것이다.

16. 거살유관(去殺留官)

관살혼잡(官殺混雜)된 사주에 七殺(偏官)이 沖去되어 正官만 남는 것을 말한다.

丙火는 七殺(偏官)이고 丁火는 正官이다. 丙壬 沖하고 지지 역시 子午 沖하여, 丙火 七殺(偏官)이 沖去되고 丁火 一位만 남아 귀격(貴格)이 되었다. 거살유관(去殺留官)된 것이다. 火氣가 태왕(太旺)하여 용금(鎔金)함이 심하니 制殺하는 年干 壬水가 용신이다. 운로가 酉戌亥子의 희신과 용신운으로 흘러 무관직으로 발복된 사주이다.

17. 거탁유청(去濁留淸)

사주상 탁(濁)한 오행을 제거하여 청(淸)한 것이 남게 되는 것을 말한다.

여기서 "탁(濁)"이라 함은 두 개의 오행이 혼재(混在)되어 있어 사주구성상 조화를 이루지 못하고 혼탁하게 만드는 것을 말하며, "淸"이라 함은 사주를 혼탁하게 만드는 오행을 제거하여 자연 사주가 청기(淸氣)가 드러남을 말하는 것이다. 예를 들어 水는 맑고 깨끗함을 유지해야 사주가 청해지는데, 土가 있어 혼재되면 물이 뿌옇게 흐려져서 탁해지는 것을 말한다. 이런 경우는 木이 있어 土의 탁기(濁氣)를 제거하면 사주가 청해지는데 이런 경우를 거탁유청(去濁留淸)이라 한다. 이 거탁유청(去濁留淸)에는 土와 水의 관계에만 국한되는 것이 아니라, 火와 水, 木과 土 등에도 적용됨을 알아야 한다.

乙木이 오화절에 생하여 木性이 고초(枯焦)하니 생조하는 水가 필요하다. 癸水가 투출했으나 月干 戊土가 病이다. 年干 癸水와는 合火하고, 時干 癸水와는 상극되니 사주가 탁해진 것이다. 다행인 것은 亥宮의 甲木이 戊土의 탁기(濁氣)를 제거하여 사주를 淸하게 하니 부(富)한 명조가 된 것이다.

초년 丁巳, 丙辰 대운은 戊土를 생하여 부모복도 적었고 객지에서 신고(身苦)가 많았으나, 이후 卯寅丑子亥 대운은 木이 土의 탁기(濁氣)를 제거하고, 이어서 丑子亥의 용신운으로 흐르니 방앗간으로 시작해서 많은 전답을 사들여 부(富)를 이루게 된 것이다.

庚	甲	乙	辛
午	子	未	卯

己	庚	辛	壬	癸	甲
丑	寅	卯	辰	巳	午

未土月은 비록 火氣가 퇴기(退氣)하는 시점이나, 甲木이 巳午火의 화왕지절(火旺之節)을 지나온 後니 木性이 고초(枯焦)하다. 水의 생조가 없으면 중화를 이루지 못하니 日支 子宮의 癸水가 용신이다. 그러나 癸水는 未土의 극을 받으니 탁수(濁水)가 되었다. 다시 時支 午火가 午未 合하여 未土를 결국(結局)시켜 더욱 탁(濁)하게 만들려 하나, 日支 子水가 子午 沖하여 午未合을 깨뜨리고, 다시 년지 卯木이 卯未 반합목국을 이루어 未土의 탁기(濁氣)를 제거하니, 결국 거탁유청(去濁留淸)하게 된 것이다. 상기는 평생에 걸쳐 官福이 있었고 명신공신(名臣功臣)의 반열(班列)에 올랐던 명조이다.

18. 겁인화진(劫印化晉)

劫印은 劫財와 印星을 말하고, 화진(化晉)은 진괘(晉卦)로의 化됨이니 주역 64괘 중 화지진괘(火地晉卦)를 말하는 것으로 상이하곤(上離下坤)이니 局에서 火土를 용함을 의미하는 것이다. 이는 사주에 劫財와 印星이 重한 경우에 官星과 財星이 있어 상호 조화로써 局의 中和를 이룸을 말하는 것인데, 印星이 重하니 財星이 印星을 制함을 필요로 하고, 다시 比劫이 있어 日主가 약변강이 되니 官星을 용하여 日主를 制하면 자연 중화를 이루게 됨을 말한다. 예를들면, 巳火節의 癸水가 印星과 比劫이 重한데 火土인 財星과 官星을 용하여 중화를 이루게 하는 것이다.

巳火節에 丙火가 사령(司令)하여 財星이 旺한데, 年支 子中의 癸壬 比劫이 局의 旺한 庚辛金의 생을 받아 약변강(弱變强)이 되니 巳宮의 丙火 財星으로 印星인 金을 制함이 요긴하고, 지지 巳酉는 반합금국을 이루어 印星으로 化되어 日主 癸水를 생하니 日主가 약변강이 되니 이를 制하는 巳宮의 戊土 역시 요긴하다. 결국 火土를 용해야 되는 것이니 겁인화진격(劫印化晉格)이다.

印星이 태다(太多)하니 財星을 용해야 중화를 이룰 수 있다. 용신은 巳宮의 丙火이다. 丙戌丁 火土대운에 帝位에 오른 것이다. 조화원약(造化元鑰)에 기재된 明나라 성조(成祖) 영락제(永樂帝)의 命이다.

癸水 日主가 巳火節에 실기(失氣)했고, 지지 巳午火의 생을 받는 官星인 己土의 핍박을 심히 받고 있는데, 庚金 印星이 申金에 뿌리를 두고 투출하여 日主를 생하며, 지지 亥申宮의 壬水 劫財는 金의 생을 받아 日主 癸水를 부조하니 日主는 약변강(弱變强)이 되었다. 巳宮의 丙火 財星으로 庚申金을 制하고, 日主 癸亥는 金의 생조를 받아 약변강이 되니, 월령(月令) 巳火의 생조를 받는 月干 己土 官星으로 日主를 극제함도 필요한 것이다. 이처럼 劫財와 印星이 旺한 경우에 火土인 財星과 官星을 요함을 겁인화진(劫印化晉)이라 한다.

상기 명조의 용신은 財星이 旺하여 신약하니 印星을 용하는데 庚金이 좌하 申金에 건록(建祿)을 득하고 운로가 申酉戌亥子의 용신과 한신운으로 흐르니 길하여 대귀(大貴)했던 명조이다.

19. 고관무보(孤官無輔)

官星이 용신이거나 사주에 官星의 역할이 중요한 경우에 財星이 없어 生을 받지 못해, 官星이 심히 무력해진 경우를 말한다.

甲木 日主가 月·日에 제왕(帝旺)과 녹성(祿星)을 깔고 있어 신강(身强)하여 극제하는 庚金 官星이 용신이다. 庚金은 坐下 午火의 극을 받고, 寅木에 절각(截脚)되며, 생조하는 財星이 없으니 심히 無力하다. 고관무보(孤官無輔)인 것이다.

20. 고초인등(枯草引燈)

추동절(秋冬節)의 丁火는 천지가 한동(寒凍)하여 신약하니 印星을 용해야 하는데 땔나무인 甲木이 없을 경우, 부득이 乙木을 취하나 추월(秋月)의 乙木은 메마른 상태이고, 동월(冬月)의 乙木은 습목(濕木)의 상태이니 丙火가 있어 이를 건조시킨 후에야 사용이 가능하다. 이처럼 추동절(秋冬節)의 乙木을 고초(枯草)한 木이라 하는데, 부득이 乙木을 취하는 경우에는 丁火의 불씨는 살리나 火를 생함이 장구(長久)하지 못하여 복록(福祿)이 길지 못한 것이다. 이를 고초인등(枯草引燈)이라 한다.

金月의 乙木은 고초(枯草)하고, 巳酉 반합금국에 庚金이 투출하여 財가 왕하니

재다신약(財多身弱)하다. 日主를 생조하는 印星이 용신인데, 甲木이 없으니 부득이 乙木을 용해야 하는데 고초인등(枯草引燈)인 것이다. 지지 子水가 있어 乙木은 습목(濕木)이 되었으나, 다행인 것은 時干 丙火가 투출하여 습목(濕木)을 건조시켜 丁火를 살리니 사주가 귀격(貴格)이 된 것이다. 무관직으로 현재의 지방 경찰직의 수장이 된 명조이다.

21. 곤료정화(困了丁火)

丁火를 용하는 사주에 丁火가 지지에 암장(暗藏)되어 인통(引通)되지 못하고 또한 수세(水勢)가 왕하여 丁火를 핍박함이 심하여 丁火 용신이 무력해진 경우를 말한다.

甲木이 未土節에 생하였다. 未土月은 火氣가 퇴기(退氣)하는 시점이고 월령(月令)이 묘궁(墓宮)에 해당되어 쇠약한 것 같지만, 子辰 반합수국과 癸水의 생조가 있고 乙木의 부조가 있으니 日主는 약변강(弱變强)이 되었다. 따라서 旺한 日主의 氣를 설(洩)하는 丁火가 존귀(尊貴)하다. 未宮의 丁火를 용해야 하는데, 年支 巳火의 부조가 있다 하나, 子辰 반합수국과 투출된 癸水가 있어 丁火를 핍박함이 심하여 丁火를 무력하고 피곤하게 만드니 이런 경우를 곤료정화(困了丁火)라 한다.

상기는 時柱 戊辰土 財星이 未宮의 丁火와 年支 巳火의 생을 받아 약하지 않고, 日主 역시 약하지 않으니 신재양정(身財兩停)에 해당되어 부격(富格)의 명조이다. 운로(運路)가 午巳辰卯寅으로 흘러 未宮의 丁火를 인통(引通)시켜 旺한 甲木을 설(洩)하니 사주가 귀격(貴格)이 되었다. 남명에서 자식의 유무는 官星과 용신과 時柱와 食傷의 길흉으로 판단하는데, 官星인 金이 전무하고, 용신인 丁火는 암장되고 다시 旺한 수세(水勢)의 핍박을 받아 곤(困)되니, 비록 부격(富格)이나 자식이 없었던 것이다.

22. 공작조화(功作造化)

사주상 日·時柱에 해당하는 오행과 그 해당 납음오행(納音五行)이 본시 상극관계가 되나, 日·時柱를 납음오행(納音五行)을 적용하여 서로 자리를 바꾸어 적용할 경우 각각 녹성(祿星)에 해당되게 되어 상호 다투지 않게 되고 相生과 比化의 작용으로서 화합과 안정을 이루게 되는 것을 말한다. 이것은 他柱에도 같이 적용되나, 사주상 日·時柱가 영향이 크므로 이를 위주로 적용하는 것이다. 六十甲子 납음오행(納音五行) 중 공작조화(功作造化)에 해당되는 것은 아래 조견표와 같다.

日柱	癸卯	丙午	丙申	辛巳	己卯
(納音五行)	金	水	火	金	土
時柱	辛酉	戊子	甲午	丁酉	己巳
(納音五行)	木	火	金	火	木

辛　癸　癸　丁

酉　卯　卯　酉

(木) (金) － 納音五行

日柱 癸卯는 日支가 卯木이다. 납음오행(納音五行)은 金이라 金剋木하여 상극관계다. 時柱 辛酉는 時支가 酉金이다. 납음오행은 木라 역시 金剋木하여 상극관계다. 그러나 日, 時柱를 납음오행을 적용하여 각각 위치를 바꿔보면, 辛酉의 납음오행 木은 癸卯의 녹성(祿星)에 해당하고, 癸卯의 납음오행 金은 辛酉의 녹성(祿星)에 해당되어 상호 화친해지게 되니 양가(兩家)가 화합과 안정을 찾게 되는 것이다. 이것을 功作造化(공작조화)라 한다.

상기사주는 癸水가 목왕지절에 생하여 설기(洩氣)가 심하다. 따라서 印星을 요하는데 時干 辛金이 용신이다. 辛金은 年·時支에 뿌리박고 투출했으니 용신이 왕강하다. 31세 丁卯年에 왕위에 올라 壬申年에 서거한 군왕의 명조이다. 사주첩경에 기재된 명조이다.

참고로 육십갑자에 대한 납음오행표는 다음과 같다.

육순 六旬	오순 五旬	사순 四旬	삼순 三旬	이순 二旬	일순 一旬	납음순 納音旬
甲寅 乙卯 대계수 (大溪水)	甲辰 乙巳 복등화 (覆燈火)	甲午 乙未 사중금 (沙中金)	甲申 乙酉 정천수 (井泉水)	甲戌 乙亥 산두화 (山頭火)	甲子 乙丑 해중금 (海中金)	납음 納音
丙辰 丁巳 사중토 (沙中土)	丙午 丁未 천하수 (天河水)	丙申 丁酉 산하화 (山下火)	丙戌 丁亥 옥상토 (屋上土)	丙子 丁丑 간하수 (澗下水)	丙寅 丁卯 노중화 (爐中火)	
戊午 己未 천상화 (天上火)	戊申 乙酉 대역토 (大驛土)	戊戌 己亥 평지목 (平地木)	戊子 己丑 벽력화 (霹靂火)	戊寅 己卯 성두토 (城頭土)	戊辰 己巳 대림목 (大林木)	
庚申 辛酉 석류목 (石榴木)	庚戌 辛亥 채천금 (釵釧金)	庚子 辛丑 벽상토 (壁上土)	庚寅 辛卯 송백목 (松柏木)	庚辰 辛巳 백랍금 (白蠟金)	庚午 辛未 노방토 (路傍土)	
壬戌 癸亥 대해수 (大海水)	壬子 癸丑 상자목 (桑柘木)	壬寅 癸卯 금박금 (金泊金)	壬辰 癸巳 장류수 (長流水)	壬午 癸未 양류목 (楊柳木)	壬申 癸酉 검봉금 (劍鋒金)	
子·丑	寅·卯	辰·巳	午·未	申·酉	戌·亥	공망(空亡)
金	無	水	金	無	水	공망납음 空亡納音

육십갑자 납음표(六十甲子 納音表)

23. 과어유정(過於有情)

有情이란 局에 합이나 相生됨이 있어 상호 부조(扶助)받음이 있음을 의미하는데, 이것이 너무 지나쳐 오히려 사주가 흉해짐을 말하는 것이다.

사주에 水氣가 중중하다. 未土는 水의 영향으로 진흙토가 되니 지지 전체가 水로 바뀌어 日主 壬水가 왕한 세력을 종(從)할 수밖에 없다. 종왕격(從旺格)으로 논한다. 水가 태왕(太旺)하니 설기(洩氣)시키는 木이 있으면 우선 이를 용하는데, 時支 亥宮에 甲木이 있으니 이를 용한다. 丁壬은 지지 亥未에 미미하지만 木性이 있으니 化木되어 용신을 부조하나, 초년대운이 申酉의 金運으로 흘러 化木 됨을 깨뜨리니 수재(秀才)이나 고생이 많았다 한다. 용신인 木은 쇠(衰)한데 생하는 水가 왕하니 과어유정(過於有情)이 된 것이다. 조화원약(造化元鑰)에 기재된 명조이다.

(女命)

천간의 水가 旺한데, 지지 亥卯未 삼합목국은 비록 실기(失氣)했으나 생조 받음이 많다. 水生木하여 年支 卯木이 水의 生함을 과하게 받으니 과어유정(過於有情)이 되었다. 상기는 癸水가 亥月에 제왕(帝旺)地이고, 比劫이 태다(太多)하니 신왕(身旺)하다. 지지 亥卯未 삼합국은 월령(月令)이 亥水라 실기(失氣)했다 판단하는 것이고, 또한 亥未宮에 戊己土가 있으니 水가 범람할 정도는 아니다. 따라서 신왕(身旺)한 日主를 설기(洩氣)시켜주는 食傷을 용할 수밖에 없다. 年支 卯宮 乙木이 용신이다. 질병은 구신에 해당되는 오행에서 태동하여 기신에 해당하는 오행에서 귀결되는데, 구신이 土니 위장이나 비장에서 비롯된 것이다. 위암이 심해져 간으로 전이된 명조다.

24. 관록분야(官祿分野)

지지의 녹성(祿星)이 局을 이루고 있음을 말하는 것이다. 여기서 局이란 三合이나 方合, 支合, 유신(類神)이 모여 있음을 의미하며 해당 오행의 세력이 좀 더 강해진 것을 의미한다. 여기서의 유신(類神)은 동류(同類)의 오행를 의미한다. 이와 달리 관성분야(官星分野)라는 것이 있는데, 이는 지지에 녹성(祿星)의 局은 없지만, 官星이 局을 이루거나 官星에 해당하는 오행의 유신(類神)이 가까이 있어 힘이 강해지는 것을 말한다.

甲木 日主가 坐下 寅木에 녹성(祿星)을 깔고 있다. 이 녹성은 寅亥 合木되고 卯木의 유신(類神=同類의 五行)이 가까이 있고, 다시 卯巳 사이에 辰土가 탄함(呑陷)되어 암암리에 寅卯辰의 방합목국을 형성하니, 더욱 강해지는 분야를 이루어 관록분야(官祿分野)라 한다.

時干 乙木이 官星인데, 乙木은 坐下에 녹성(祿星)을 깔고 있고, 月支 酉金부터 金生水, 水生木 하여 生함을 받음이 卯木에 귀결(歸結)되어 왕하니 관성분야(官星分野)를 형성했다 할 수 있다.

상기는 戊土가 金旺節에 生하여 한기(寒氣)가 旺하니 丙火의 따뜻함이 필요하다. 年干 丙火를 用하는데, 丙火는 坐下 제왕(帝旺)地이고, 관성분야(官星分野)를 이룬 乙

木의 生을 받으니 대귀격(大貴格)이 되었다.

25. 관살병용(官殺竝用)

사주상 正官과 七殺(偏官)을 같이 병용(竝用)함을 말하는 것이다. 대체로 官殺이 혼잡되면 사주가 흉해지는데, 사주의 특성상 中和를 위해 억부(抑扶)와 조후(調候)를 동시에 만족시켜야 하는 경우에 正官과 偏官을 병용하는 경우를 말한다.

酉宮에 庚辛이 있는데, 庚金은 녹성(祿星)이고 辛金은 양인(羊刃)에 해당되어 金氣가 태왕하다. 따라서 日主가 신왕(身旺)하니 中和를 얻으려면 억부(抑扶)를 적용하여 용금(鎔金)하기 위해 丁火가 필요하고, 또한 金水가 旺하고 酉月에 한기(寒氣)가 태다하여 조후(調候)를 요하니 태양화(太陽火)인 丙火의 따뜻함이 필요하다. 이와 같이 正官인 丁火와 七殺(偏官)인 丙火가 모두 필요한 경우를 관살병용(官殺竝用)이라 한다.

26. 관살혼잡(官殺混雜)

사주에 正官과 偏官이 혼재되어 있고, 그 힘의 비중이 비등하며 印星과 比劫이 적은 경우이다.

壬癸가 殺·官인데 모두 월령(月令)에 통근하니 旺하고 官殺이 혼잡(混雜)된 경우이다. 官殺이 혼잡된 경우라도 가까이에 印星이 있으면 官印이 相生하여 귀격을 이루게 된다. 상기는 丙火가 坐下에 長生을 得하고 寅中 甲木이 납수(納水)하여 화살생신(化殺生身)하니 능히 官星을 대적할 수 있다. 寅卯辰巳午未의 용신과 한신운에 발복되어 高官을 지낸 명조이다. 적천수(滴天髓)에 기록된 명조이다.

甲木 正官과 乙木 偏官(七殺)은 지지 亥卯에 통근하고, 亥月의 甲木은 長生을 득하고, 乙木은 時支 卯木에 녹성(祿星)을 득하니 官殺이 모두 왕하고 혼잡(混雜)되었다. 상기는 亥子 財星이 旺하고, 亥月은 한냉(寒冷)하니 丙火가 용신이다. 다행인 것은 日支 巳宮의 丙火 印星이 있어 旺한 官星의 氣를 설(洩)시키고 日主를 생하니 귀격이 되었다. 丁火가 투출했으니 이를 용한다. 寅卯辰 희신운에 발달했다. 庚辛 대운은 金이 官殺인 甲乙木을 벽목(劈木)하여 丁火를 살리니 역시 명예가 높았다. 적천수(滴天髓)에 기재된 명조이다.

27. 관살회당(官殺會黨)

官과 殺이 회국(會局)하여 官星局을 형성함이다. 예로, 辰月의 戊土가 지지에 木局을 형성하고, 甲乙木이 투출한 경우이다.

卯木은 正官이고, 甲木은 七殺(偏官)인데, 地支 寅卯辰 방합목국이고 甲乙木이 투출했으니 官星이 旺해진 경우이며 관살회당(官殺會黨)이 된 것이다.

상기는 戊土 日主가 지지 辰戌에 통근했으나, 지지 寅卯辰 방합목국을 형성하고 천간에 甲乙木이 투출했으니 부득이 旺한 세력을 종(從)할 수밖에 없다. 종관살격(從官殺格)이다. 財官運은 吉하고 食傷運은 凶하다.

지지 寅卯辰이 방합목국의 官星局을 형성하고 甲木 七殺이 투출하니 관살회당(官殺會黨)이다. 木氣가 태왕(太旺)하니 극벌(剋伐)하는 金을 용하면 능히 중화를 이룰 수 있는데, 時干 庚金은 坐下에 건록(建祿)을 득하고 日支 辰土의 생을 받으니 능히 旺木을 대적할만하다. 용신은 庚金이다. 운로가 辛, 庚戌, 己酉, 戊申의 용신운이니 발복되어 대귀(大貴)한 명조이다.

28. 관살회묘(官殺會墓)

천간의 官殺이 坐下 묘궁(墓宮)에 떨어짐을 말한다. 官殺을 용하는 경우에 官殺은 존귀(尊貴)한 존재로 충극을 받아 손상됨을 기피하는데, 묘궁(墓宮)은 辰未戌丑의 고장(庫藏)地로 官殺을 은익(隱匿)시키니 손상됨을 방지하여 사주가 길해진다는 것이다. 다음의 경우에 해당된다. 丙丁 日主가 壬辰, 癸未를 만나는 경우, 庚辛 日主가 丙戌, 丁丑을 만나는 경우, 壬癸 日主가 戊戌, 己丑을 만나는 경우이다. 그러나 엄밀한 의미에서의 회묘(會墓)라 함은, 용신이 官殺에 해당하는 오행이 坐下 묘궁(墓宮)에 떨어지고 또한 해당오행의 고장지(庫藏地)가 되는 경우를 말한다. 이런 명조자는 文人은 과거에 합격하고, 武人은 전공(戰功)을 세우고, 平人은 예술적 재주가 뛰어나다고 삼명통회(三命通會)에서 논하고 있다. 관살회묘(官殺會墓)의 경우는 어느 기둥에 있건 다 해당되지만 時柱에 있는 경우를 관살회묘(官殺會墓)의 진격(眞格)이라 한다.

丙火가 未土月에 생하여 火氣가 퇴기(退氣)하는 시점이나 丙午火의 부조(扶助)와 乙木 印星이 있으니 신강(身强)하다. 억부법을 적용하여 旺한 日主를 극하는 官星을 용해야 한다. 時干 壬水가 용신인데, 壬水는 坐下 辰土가 묘궁(墓宮)이며 또한 수고(水庫)地이니 관살회묘(官殺會墓)에 해당하며 용신이 旺하니 길한 것이다. 운로도 희신과 용신운이니 일찍 군문(軍門)에 들어 상장군(上將軍)의 위치에 올랐던 것이다.

庚金이 酉金月에 생하여 양인(羊刃)을 得하고 月干에 辛金이 투출했으니 日主가 신강(身强)하다. 金이 太旺하니 癸水의 설기(洩氣)로는 부족하고 귀기(貴器)를 만들기 위해서는 용금(鎔金)하는 丁火가 필요한 바, 丙火가 불투하고 丁火가 투출하여 부득이 이를 용해야 하나, 丙火는 가신(假神)에 불과하니 귀격(貴格)이 되지 못한다. 그리고 丙火 七殺이 坐下 戌土가 묘궁(墓宮)이요 화고(火庫)니 관살입묘(官殺入墓)나 丙火가 가신(假神)이라 관운(官運)은 크게 기대할 수 없다.

29. 관성불견(官星不見)

관성불견(官星不見)은 官星의 有無로써 단지 官星이 없다는 것이 아니라, 局에 官星이 있어도 제 역할을 하지 못하게 되는 경우를 의미하는 것이다. 이는 적천수(滴天髓)의 "하지장(何知章)"에 "何知其人賤 官星還不見(그 사람이 賤함을 어찌 아는가? 官星이
하 지 기 인 천 관 성 환 불 견

도리어 보이지 않음이다.)"이란 글귀가 있는데, 부연하면 官星이 실령(失令)하여 세력을 잃었거나, 官星이 태강(太强)하여 중화(中和)를 잃었거나, 傷官의 핍박을 심히 받거나 등으로 인해 官星이 도리어 보이지 않는다는 것을 의미하는 것이다. 이에는 세가지 등급의 이치가 있다.

上等 - 官星이 경(輕)하고 印星이 重하여 신왕(身旺)한 경우,
　　　 官星이 重하고 印星이 경(輕)하여 신약(身弱)한 경우,
　　　 官印이 상정(相停)한데 日主가 휴수(休囚)된 것 등이다.

中等 - 官星이 경(輕)하고 比劫이 重한데 財星이 없거나 태약(太弱)한 경우,
　　　 官星이 重한데 印星이 없는 경우,
　　　 財星이 경(輕)하고 比劫이 重한데 官星이 암장(暗藏)되거나 태약(太弱)한 경우 등이다.

下等 - 官星이 旺하여 印星이 희신인데 財星이 印星을 파괴하는 경우,
　　　 官星이 重하고 印星이 없는데 食傷이 강하여 官星을 극하는 경우,
　　　 官星이 重하여 財星을 꺼리는데 財星이 득국(得局)한 경우,
　　　 官星이 희신인데 他 神과 합하여 傷官으로 변한 경우,
　　　 官星이 기신인데 他 神과 합하여 다시 官星으로 바뀐 경우 등이다.

　　丁火가 子月에 生하여 절지(絶地)라 실령(失令)했다. 지지는 亥子丑 방합수국의 官星局을 형성하고 月干에 壬水가 투출했으니 官星이 왕한 것이다. 印星으로 관인상생(官印相生)시켜 日主 丁火를 생하면 중화(中和)를 이룰 수 있는데, 甲木은 子月에 습목(濕木)이라 납수(納水)함이 부족하고 또한 불꽃을 일으킬 수 없으니 木을 건조시키는 丙火가 투출하지 못함이 아쉬운 것이다. 年干 丁火로는 힘이 부족하다.

　　官星이 旺하지만 甲丁의 印星과 比肩이 있으니 종격(從格)으로 논할 수 없다. 金이 없어 官星이 태왕(太旺)하게 되지 않고, 土가 없어 壬水를 혼탁하게 하지 않으니

사주가 청(淸)하나 관인상생(官印相生)의 귀격(貴格)을 이루지 못함이 아쉽다. 따라서 청빈(淸貧)하고 학문이 깊었으나 관록(官祿)과는 연이 적었던 것이다. 상기 상등에서 거론한 "官星이 重하고 印星이 輕하여 身弱한 경우"이며 관성불견(官星不見)에 해당되는 것이다.

辛金이 酉金月에 건록(建祿)을 得하고, 다시 지지가 酉丑의 반합금국을 이루어 부조(扶助)하고, 天干에 庚金이 투출하여 수기(秀氣)를 띠었으니 신왕하다. 水의 설기(洩氣)만으로는 중화를 이루지 못하니 年干 丁火를 용하여 旺한 金氣를 극제하면 중화를 이룰 수 있다. 용신 丁火는 단지 時支 寅宮의 丙火에 미근(微根)이 있을 뿐이니 고투(孤透)한데, 그나마 寅木은 주변의 旺한 金에 극제되어 財星의 역할을 하지 못하니 일점 丁火 官星을 생할 수 없는 것이다. 이것은 상기 중등에서 거론한 "官星이 경(輕)하고 比劫이 重한데 財星이 없거나 태약한 경우"이며 관성불견(官星不見)에 해당되는 것이다.

상기인은 용신이 丁火인데, 丁未, 丙午대운까지는 용신운이라 군 장교 제대 후 결혼하고 잠깐의 직장생활도 하였으나, 이후 乙巳대운은 乙庚과 巳酉丑의 金局 구신운, 甲辰대운은 甲庚 沖하여 희신인 甲木을 부수고, 辰酉 합금하여 구신운, 癸卯대운은 丁癸 沖과 卯酉 沖으로 丁卯 용신과 희신이 손상되니 이렇다 할 직업도 갖지 못했고, 부인과도 오랜기간 별거중인 명조이다. 특히 丑宮이 처궁인데 酉金과 합하여 比劫으로 바뀌고, 寅木 財星을 또한 처(妻)로 보는데 局에 比劫이 왕하여 군비겁쟁재(群比劫爭財)되니 처(妻)와의 연이 적은 것이다. 향후 比劫運이 도래할 시는 命을 보존하기 힘들 것이다.

30. 관성불기(官星不起)

官星이 일어나지 않음을 의미한다. 이는 사주에 官星이 없거나 투출하지 못한 것을 의미하는 것이 아니라, 사주가 청(淸)하여 수재(秀才)의 命이면서도 관직과의 연이 없는 것을 말하는 것이다. 다음과 같은 사항이다.

1) 官星이 태왕(太旺)하여 日主가 그 官星을 용하지 못하는 경우.
2) 官星이 태약(太弱)하여 旺한 日主를 剋하지 못하는 경우.
3) 官星이 旺하여 印星이 필요한데 財星이 있어 印星을 破하는 경우.
4) 官星이 弱하여 財星의 생조가 필요한데 劫財가 탈재(奪財)하는 경우.
5) 印星이 旺하여 官星을 심히 설기(洩氣)시키는 경우.
6) 官星이 旺한데 印星이 없는 경우.
7) 官星이 투출하였는데 지지에 통근(通根)하지 못한 경우.
8) 상관견관(傷官見官) 됨이 同柱에 있는 경우.
9) 官星이 沖을 받아 심히 손상된 경우.
10) 官星이 合이 되어 忌神으로 바뀐 경우.
11) 官星을 기(忌)하는데 財星이 있어 생조하거나, 官星을 희(喜)하는데 傷官을 만난 官星이 손상된 경우.
12) 局에서는 청기(淸氣)를 발(發)하나 運路에서 청기(淸氣)를 파(破)하는 경우.

상기에 열거한 내용은 모두 관성불기(官星不起)의 경우이다.

壬水는 秋月인 戌月에 관대(冠帶)地이다. 水로 진기(進氣)하는 계절이니 통원(通源)이 되었고, 戌宮의 辛金이 생하니 水가 왕하다. 秋月의 乙木은 死木이라 火가 없으면 발생의 상(象)이 없는 것이다. 따라서 巳宮의 丙火가 긴요한데, 천간의 壬癸水가 극하니 水는 탁기(濁氣)인 것이다. 다행인 것은 時干 戊土가 좌하 寅宮에 장생(長生)

을 득하여 水를 극(剋)하니 탁기(濁氣)를 제거하고 청기(淸氣)가 머무르게 한 것이다. 그러나 애석하게도 일점 官星인 戌宮의 辛金은 年支 巳宮의 丙火와 합하여 印星인 水로 바뀌어 오히려 쇠약한 官星을 탈(奪)하니 청기(淸氣)는 있되 官星이 불기(不起)하게 된 것이다. 상기 5)번의 경우에 해당된다.

중년 火運은 용신운이라 발복이 있었으나, 丙子세운에 子水가 득지(得地)하여 다시 탁기(濁氣)를 발(發)하니 청운의 뜻을 이룰 수가 없었다.

甲木이 申月에 절지(絶地)라 신약하고, 庚申金이 月柱를 차지하고 다시 日支에 申金이 있으니 官殺이 태왕(太旺)하다. 신약(身弱)한데 甲木이 時支 亥水에 長生을 득하니 절처봉생(絶處逢生)이 되고, 亥水는 化殺하여 甲木 日主를 생하니 유정(有情)하다. 그리고 癸水 원신(元神)이 투출하니 청기(淸氣)도 있다. 다만 혐의가 되는 것은 旺한 官殺을 살인상생(殺印相生)하여 중화(中和)를 이루어야 하는데, 印星인 癸亥水는 年支 未土의 극을 받으니 化殺하여 日主를 생함이 약한 것이다. 상기 3)번에 해당하는 사항으로, 청기(淸氣)는 있으나 官星이 불기(不起)한 것이다.

31. 관성이회(官星理會)

官星은 日主를 극하는 六神이고, 이회(理會)는 이치를 깨달아 안다는 것이다. 즉, 사주상 官星의 운용의 이치를 깨달아 안다는 것이다. 이는 적천수(滴天髓)의 하지장(何知章)에 "何知其人貴 官星有理會(그 사람이 귀함을 어찌 아는가? 관성의 이치를 깨달아 앎에 있다.)"의 글귀처럼, 官星은 사주에서 중요한 길신인데, 이 官星이 운용(運用)의 주체(主體)가 되어 사주의 局에서 중화(中和)를 이루게 함을 관성이회(官星理會)라 하는 것이다. 다음과 같은 경우이다.

1) 신왕관약(身旺官弱)이면 財가 있어 官星을 생해줌이 필요하다.

2) 신약관왕(身弱官旺)이면 印星이 있어 관인상생(官印相生)되어 日主를 부조(扶助)해야 한다.

3) 인왕관약(印旺官弱)이면 財星이 印星을 剋하고 官星을 生해야 한다.

4) 인약관왕(印弱官旺)이면 財星이 없어야 한다.

5) 劫財가 重重한데 財가 경(輕)하면 官이 거겁(去劫)해야 한다.

6) 財星이 있어 인수(印綬)를 剋하는 경우엔 官星이 인수(印綬)를 생해야 한다.

7) 官星이 용신인데 암장(暗藏)되었다면 財星 역시 암장돼야 한다.

8) 印星이 용신인데 투출(透出)되었다면 官星 역시 투출(透出)되어야 한다.

상기 여덟가지 사항은 모두 官星이 주체가 되어 사주가 중화(中和)를 이루게 하는 이법(理法)을 설명한 것이라 관성이회(官星理會)의 경우이다.

丁火 日主가 亥月에 생하여 실기(失氣)했고, 사주에 官星인 癸亥가 重重하여 신약(身弱)하다. 상기 2)의 신약관왕(身弱官旺)에 印星이 있는 경우에 해당되는데, 月支亥水 官星이 日支 卯木과 반합목국의 印星局으로 바뀌어 日主를 생하니 관성이회(官星理會)인 것이다.

초년 辛酉, 庚申 대운은 생살파인(生殺破印)하니 공명(功名)을 얻지 못했으나, 己未 대운은 己土가 제살(制殺)하고 未土는 지지 亥卯와 삼합목국의 印星局을 만들어 용신이 왕해지니 청운(靑雲)의 길이 열려 현재의 장관격인 상서벼슬까지 했다. 운로에서 필요한 印星을 인통(引通)해주니 사주가 길해진 것이다.

壬	丙	丁	癸
辰	午	巳	酉

辛	壬	癸	甲	乙	丙
亥	子	丑	寅	卯	辰

丙火 日主가 지지에 녹·왕(祿·旺)을 깔고 丁火가 투출했으니 신왕(身旺)하다. 천간의 癸壬은 官殺인데 日主가 신왕(身旺)하니 관살혼잡(官殺混雜)은 장애가 되지 않는다. 상기 5)의 劫財가 重重한데 財가 경(輕)하면 官星이 거겁(去劫)해야 한다는 사항에 해당된다. 용신은 年干 癸水이다. 酉金 財星은 쇠약하나 월령(月令) 巳火를 끌어와 巳酉 반합금국을 만들어 癸壬 官星을 생하고, 官星이 丁午火 劫財를 극제하니 관성이회(官星理會)인 것이다. 또한 상기는 천간의 壬水가 癸水에 힘을 실어주어 투출된 水火가 상정(相停)하니 수화기제(水火旣濟)의 功을 얻은 것이기도 하다.

초년 辰卯寅대운은 旺火를 생하니 발복이 없었으나, 이후 丑子亥대운은 용신운이니 등과(登科)하고 명리쌍전(名利雙全)했던 것이다.

甲	庚	辛	乙
申	辰	巳	巳

乙	丙	丁	戊	己	庚
亥	子	丑	寅	卯	辰

庚金이 입하(立夏) 후 5日이 지나 생하였다. 따라서 월령(月令) 巳宮의 여기(餘氣)인 戊土가 당령(當令)하여 庚金을 생하여 旺하니 官星을 용해야 하는데, 正氣인 丙火는 당령(當令)하지 못했으니 官星은 쇠(衰)한 것이다. 財星의 생조가 있어야 하는데 천간의 甲乙木은 미근(微根)이고 比劫이 있어 제극(制剋)되니 官星을 생할 여력이 없다. 따라서 출신이 빈한했던 것이다.

이후 丁火대운은 용신인 官星을 부조하니 관직에 올랐고, 戊寅, 己卯세운에는 寅卯木 財星이 득지(得地)하여 官星인 巳宮의 丙火 용신을 생하니 과갑연등(科甲連登)하였던 것이다. 이는 巳宮의 丙火 官殺이 당령(當令)하지 못하여 가살(假殺)이 되었는데, 세운에서 財星이 들어와 쇠(衰)한 官殺을 생하니 가살위권(假殺爲權)이 되어 길했던 것이다.

32. 구진득위(句陳得位)

주로 격국에서 논하는 용어이다. 戊己 日主가 지지에 亥卯未 삼합목국이 있어 官星局이 되거나, 申子辰 삼합수국이 있어 財成局이 됨을 구진득위(句陳得位)라 한다. 구진(句陳)은 기문학(奇門學)과 육임학(六壬學)에서 논하는 十二天將 중 戊辰土에 속하는 흉장(凶將)으로 주로 구류(拘留), 쟁송(爭訟)과 시비구설을 주관한다. 戊己土 日主가 지지에 財나 官을 얻어 득위(得位)한 것을 구진득위격(句陳得位格)이라 칭하는 것이다. 戊子日, 戊申日, 己卯日, 己未日, 己亥日, 戊寅日의 다섯 日柱에 해당된다. 刑沖되거나 살왕(殺旺)함을 기피하고, 대운이나 세운에서도 동일하게 적용된다.

己土 日主가 未土月에 관대(冠帶)를 득하여 비록 장생(長生), 건록(建祿), 제왕(帝旺)地는 아니지만 신왕(身旺)하니 득위(得位)한 것이고, 지지에 亥卯未 삼합목국의 官星局이 있으니 구진득위격(句陳得位格)이다. 용신은 지지에 木氣가 회국(會局)하여 태왕(太旺)하니, 왕신의설(旺神宜洩)이라 설기(洩氣)시키는 月干 丁火로 잡는다. 용신 丁火는 지지 木局의 생조를 받아 왕강하니 대귀격(大貴格)이다. 대운의 흐름이 午巳辰卯寅의 용신과 희신운이니 크게 발복된 것이다. 辛丑대운은 辛金이 木을 剋하고 丑土는 月支 未土를 沖하여 삼합목국 희신운을 깨니 이때 사망한 것이다.

33. 구통수화(溝通水火)

　사주상 水火가 각각 旺하고 대립하여 불통(不通)되고 있는 경우에, 木이 있어 상호 相生되게 하여 水火의 기운이 유통(流通)하게 함을 의미한다.

　日主 丙火는 辰月이 화왕절(火旺節)로 진기(進氣)하는 계절이고 지지에 午巳火가 있으니 旺하다. 年干 壬水는 坐下 子水에 통근하고 다시 子辰 반합수국으로 부조하니 水 역시 旺하다. 이처럼 水火가 旺하여 상호 불통(不通)하고 있는데, 月干 甲木이 坐下 辰土에 뿌리를 내리고 水火를 소통시키는 역할을 하니 오행의 흐름이 막히지 않고 유통되고 있어 사주가 귀격(貴格)을 이루었다.

　日主가 旺하니 억부법(抑扶法)을 적용하여 왕한 火氣를 극제하는 年干 壬水가 용신이다. 天干의 壬甲은 살인상생(殺印相生)되고, 운로가 申酉戌亥의 희신과 용신운이니 현재의 국방부의 최고위직을 지낸 명조이다.

34. 군겁쟁재(群劫爭財)

　사주상 財는 약한데, 比劫이 많아 財를 탈취하려 다투는 형국을 말한다. 이런 사주는 형제자매간, 동업자간, 화목함이 적고, 재물복도 적으며, 남과 시비다툼 및 관재구설(官災口舌)이 자주 발생한다. 특히 比劫이 기신과 구신인 경우는, 대운과 세운에서 比劫運이 도래할 시 큰 재화(災禍)를 겪거나 命을 보존하기 어려운 경우가 많다.

己	甲	乙	甲
巳	寅	亥	寅

壬	辛	庚	己	戊	丁	丙
午	巳	辰	卯	寅	丑	子

　　지지에 寅亥 合木이 있고 다시 甲乙木 比劫이 중중한데, 時干 己土 正財는 亥月에 실기(失氣)했고 지지에 미근(微根)만 있을 뿐이니 태약(太弱)하다. 이는 여러 형제가 작은 재물을 놓고 다투는 형국이니 군겁쟁재(群劫爭財)인 것이다. 따라서 사주가 길하지 못한데, 운로(運路)에서 다시 比劫運이 들어올 시는 흉액이 크다.

丙	壬	壬	壬
午	子	子	子

戊	丁	丙	乙	甲	癸
午	巳	辰	卯	寅	丑

　　壬水 日干이 子月에 생하여 득기(得氣)하였고 사주에 比劫이 태다(太多)하니 부득이 日主가 旺한 세력을 종(從)할 수밖에 없다. 종왕격(從旺格)으로 논한다. 時柱의 丙午火 財星은 子月에 실기(失氣)했고 중첩된 水의 극제를 심히 받으니 무력하다. 군비겁쟁재(群比劫爭財)된 것이다. 旺한 세력을 좇아 용신은 壬水인데, 壬水와 상배(相排)되는 운이 들어올 시는 빈천(貧賤)과 요사(夭死)를 면치 못하고, 다시 대운과 세운에서 공히 比劫運이 도래하면 命을 보존하기 힘들다. 운이 寅卯辰巳午의 한신과 구신운이니 평생 빈천(貧賤)함을 면치 못했다. 時柱에 財星이 있는 것은 좋으나 旺한 水氣를 설기(洩氣)시키고 財를 생하는 食傷이 없으니 財가 무력하게 된 것이다. 연해자평(淵海子平)에 기재된 걸인(乞人)의 사주이다.

35. 군뢰신생(君賴臣生)

日干을 君으로 보면 日干이 극하는 財星은 臣이 된다. 印星이 태다(太多)한 사주에서, 財星의 힘을 빌어 印星을 극제하여 日干인 君을 살린다는 의미이다.

사주에 戊己土 印星이 태다(太多)하니 신강(身强)하다. 印星이 많으면 財星이 필요한데, 日支 寅宮의 甲木으로 旺한 土를 소토(疏土)함이 필요하다. 日主 庚金을 君으로 보면, 甲乙木 財星은 臣下인데, 君인 日主가 臣인 지지 寅卯宮의 甲乙木의 힘을 빌어 왕한 戊己土를 소토(疏土)하니 군뢰신생(君賴臣生)이라 하는 것이다.

지지 辰子가 반합수국을 형성하고 天干에 두 壬水가 투출하니 水氣가 태왕(太旺)하다. 甲木은 비록 坐下에 녹성(祿星)을 깔고 있으나 수세(水勢)가 왕하니 수범목부(水泛木浮)의 위험이 있다. 그러나 기쁜 것은 辰土가 습토(濕土)이나 時干의 戊土가 이에 의지하여 制水하니 甲木이 뿌리를 내릴 수 있게 됐다.

日主 甲木이 君이라면 時干 戊土 財星은 臣에 해당된다. 印星인 水가 태다하여 목부(木浮)의 염려가 있는데 戊土 財星이 制水하고 甲木의 뿌리를 배양(培養)하니 이른바 戊土 臣下의 힘을 빌어 君王이 살아날 수 있는 것이다. 이를 군뢰신생(君賴臣生)이라 한다.

甲木이 子月에 生하여 한목(寒木)이니 향양(向陽)함을 바라므로 日支 寅宮의 丙火

가 용신이다. 운로가 寅卯辰巳午의 희신과 용신운이니 일찍 과거에 급제하여 벼슬
길에 올랐고, 발복이 있었고 영화로움이 창대(昌大)했던 것이다.

日主 甲木이 君이면 戊土 財星은 臣에 해당된다. 사주에 水가 중중하여 목부(木
浮)의 상황인데 時干 戊土가 건토(乾土)인 年支 戌土에 통근하고 투출하여 制水의
역량이 뛰어나니 길하다. 앞의 甲寅 日主는 戊土가 습토(濕土)인 辰에 통근하여 制
水함이 부족했던 것이다. 子月의 甲木은 한목(寒木)이니 火氣가 필요하다. 年支 戌
宮의 丁火가 용신이다. 운로가 寅卯辰巳午의 희신과 용신운이니 대귀(大貴)하여 지
금의 장관벼슬을 지냈던 것이다. 印星인 水가 태왕하니, 君인 甲木 日主가 臣인
戊土 財星을 힘을 빌어 制水하여 중화를 이루니 군뢰신생(君賴臣生)인 것이다.

36. 군불가항(君不可抗)

君에게 대항(對抗)하는 것은 不可하다는 뜻이다. 日主를 君이라 하면 日主가 剋
하는 財는 臣이 되는데, 日主가 旺하고 財가 쇠(衰)한 경우를 말하는 것이다. 쇠(衰)
한 財가 旺한 日主에 항거(抗拒)하기보다는 旺한 日主의 氣를 설(洩하)여 財를 도와
주게 되면, 위로는 君의 성정(性情)에 순응하면서 아래로는 臣이 편안함을 얻는 것이
다. 즉, 日主의 신왕(身旺)한 기운을 食傷으로 설기(洩氣)시켜 財를 생하면, 위를
덜어서 아래에 더해주는 것이니, 君에 대항함이 없이 순연한 相生의 이치로 사주가
귀(貴)해지는 것이다.

乙	甲	丙	甲
亥	戌	寅	戌

癸	壬	辛	庚	己	戊	丁
酉	申	未	午	巳	辰	卯

甲木 日主가 월령(月令)에 녹성(祿星)을 得하고, 사주에 比劫이 많으니 日主가 신왕(身旺)하고 財星은 쇠약하다. 다행인 것은 사주상 오행이 신왕(身旺)한 日主에 대항하는 것이 없고, 月干 丙火가 君의 성정(性情)에 순응하며 甲木의 旺한 기운을 설(洩)하여 財星을 생하니 식신생재(食神生財)되어 귀격사주가 된 것이다. 용신은 月干 丙火이다.

己巳대운은 火土가 함께 旺해지므로 관록(官祿)이 길했고, 庚午, 辛未대운은 庚辛金은 무근(無根)이라 君에게 항거하지 못한다. 따라서 벽갑(劈甲)하지 못하니 무탈하고, 午未는 火土운이라 위를 덜어 아래에 보태니 군신(君臣)이 모두 편해져 벼슬이 연등했다. 壬申대운은 공히 丙火와 寅木을 沖하니 君의 성정(性情)을 거역하는 것이 되어 사망한 것이다.

乙	甲	甲	甲
亥	寅	戌	子

庚	己	戊	丁	丙	乙
辰	卯	寅	丑	子	亥

戌月은 戊土가 사령(司令)하니 財가 약하지 많지만, 比劫이 중첩(重疊)되니 군겁쟁재(群劫爭財)되었다. 君인 日主 甲木은 성(盛)하고 臣인 戊土 財星은 약(弱)하다. 火가 있어 旺한 木氣를 설(洩)하고 財星을 생하면 좋으나, 지지 寅亥 합목하니 寅宮의 丙火는 합을 탐(貪)하여 戊土 財星을 생함을 잊은 것이다. 즉, 탐합망생(貪合忘生)인 것이다. 이처럼 臣인 財星을 돕지 못하니 위가 불안하여 아래가 어렵다는 것이다. 용신은 比劫인 형제가 중중하니 財가 있어 골고루 분배하면 다툼이 적으니 戌宮의 戊土 財星을 용한다.

초년 亥子대운은 용신과 상배(相排)되니 형상파모(刑傷破耗)가 많았고,

丁丑대운은 희신과 용신운이니 가업을 일으켰고,

戊寅, 己卯대운은 戊己土가 지지 寅卯 木의 剋을 받아 무력해지고 寅卯는 기신운이니 화재(火災) 등 재액(災厄)과 처자를 극하였으며, 다시 卯運 기신운에 사망한 것이다.

37. 군신경회(君臣慶會)

日干을 君으로 보면 日干이 극하는 財星은 臣이고, 日干을 臣으로 보면 日干을 극하는 官星은 君에 해당된다. 따라서 官星과 財星이 같은 천간이나 지지에 日干을 중심하여 나란히 모이면, 임금과 신하가 같이 모여 잔치를 벌이는 형국과 같으니 군신경회(君臣慶會)라 하는 것이다.

예를 들면 午火節의 戊土가 壬甲이 나란히 투출한 경우이다. 더구나 年干에 辛金이 있으면 벼슬이 극품(極品)에 이른다. 이는 財官이 투출하여 재자약살격(財滋弱殺格)이 된 것을 설명한 것이다.

午宮 丁火 印星이 사령(司令)하여 戊土를 생하고, 戊土가 寅宮에 長生을 득하니 신강(身强)하다. 甲木 七殺은 지지 寅午 반합화국으로 설기(洩氣)되니 약하여 신강살천(身强殺淺)한 것이다. 寅木 七殺은 화살(化殺)되고 月干 甲木 一位만 고투(孤透)하니 財星의 부조가 필요하다. 壬子 財星은 멀리 辛金의 생을 받아 月干 甲木을 생하니 사주가 길해졌다. 가살위권(假殺爲權)인 것이다. 용신은 旺火의 제극(制剋)이 필요하니 時干 壬水이다. 운로(運路)가 용신과 희신운이니 대귀(大貴)한 사주가 되었다.

38. 군신실세(君臣失勢)

日主를 君이라 하고, 日主가 중화(中和)를 이루게 하기 위해 보좌(輔佐)하는 역할을 하는 오행은 臣이라 한다. 君이 실시(失時)하고 실령(失令)했으며, 또한 君을 보좌(輔佐)하는 臣도 무력하고 제 기능을 발휘하지 못하여 중화(中和)의 功을 이루지 못하게 됨을 군신실세(君臣失勢)라 한다.

辛金 日主가 寅月에 생하여 실령(失令)했으니 신약(身弱)하다. 君인 日主가 신약하니 日主를 보좌(輔佐)하기 위해 日主를 생하는 印星인 己土가 가장 먼저 필요하며 이는 臣에 해당된다. 또한 寅月은 목왕지절(木旺之節)이라 寅宮의 甲木이 보좌하는 臣에 해당하는 오행인 己土를 극하게 되므로, 木을 제극(制剋)하는 金이 있으면 金 역시 君을 보좌(補佐)하게 되는 역할을 하게 되므로 臣에 해당하는 것이다.

상기 명조는 日主를 보좌(輔佐)하는 臣인 己土가 투출했지만 坐下의 丑土와 酉金이 반합금국으로 土氣를 설(洩)하여 己土가 무력하며, 다시 寅月은 목왕지절(木旺之節)이라 甲木이 투출하여 다시 臣인 己土를 극하니 보좌(輔佐)하는 臣인 己土가 심히 무력해진 것이다. 庚金이 불투하여 旺木을 제극하지 못하며, 또한 木이 왕하여 金이 결(缺)되니 日支 酉金이 손상된 것이다. 아울러 辛金을 세도(洗淘)하여 귀기(貴器)를 드러나게 하는 壬水가 불투하고 더욱이 金의 생을 받지 못하니, 결국 君과 臣이 모두 무력해진 것이라 이를 군신실세(君臣失勢)라 한다.

39. 군신양성(君臣兩盛)

日干을 기준하여 日干을 극하는 官星을 君으로 보고, 日干이 극하는 財星을 臣으로 보아, 財官이 모두 旺함을 의미한다.

官星 甲木은 좌하(坐下) 寅木에 득록(得祿)하고 월령(月令) 子水의 生을 받으니 왕강하고, 財星 子水는 사령(司令)하여 旺하며 巳酉 반합금국의 生을 받아 기세가 왕강하다. 따라서 君臣이 모두 왕하니 군신양성(君臣兩盛)인 것이다.

40. 군자지풍(君子之風)

재주있는 것보다 덕(德)이 앞서고 뛰어난 것을 속세에서는 君子의 풍모라 한다. 사람의 성품이 사주의 구성형태에서 定한 이치대로 형성되듯이, 정사(正邪)와 선악(善惡)도 역시 오행의 이치를 벗어나지 않으며, 君子와 小人도 천명(天命)을 다루는 사주에서 구분할 수 있는 것이다.

사주상 양기(陽氣)는 動하고 열어 놓으려 하니, 양기(陽氣)가 많은 사주는 광형(光亨)의 모양을 숨기지 않고 드러내 놓는 것이라, 사주가 화평순수하고, 格이 바르고 局은 淸하고, 다툼과 투기가 없고, 편기(偏氣)한 것은 다 合去되고, 또한 正神은 化되고 투출(透出)되어 그 본바탕을 드러내니, 이러한 형태로 구상된 것을 군자지풍(君子之風)의 사주라 한다. 아래에 예시한 사항이며, 局의 구성형태로는 年·時는 陰의 오행이고 月·日은 陽의 오행으로 구성된 경우이다.

1) 官星이 희신이면 財星이 이를 도와 官星을 旺하게 하는 경우
2) 財星이 희신이면 탈재(奪財)하는 劫財를 官星이 제압해주는 경우
3) 인수(印綬)가 기신이면 財星이 있어 파극(破剋)하는 경우
4) 인수(印綬)가 희신일 경우에 官星이 있어 관인상생(官印相生)을 이루는 경우

상기의 경우는 모두 陽은 성(盛)하고 陰은 쇠(衰)하게 되며, 양기(陽氣)가 당권(當權)하게 되며 용신과 희신도 다 陽의 종류에 해당되게 되므로, 자연 이런 명조자는

陰이 설 자리가 없게 되니, 신분의 고하에 따른 아첨과 교만이 없을 것이며 권모술수(權謀術數)와도 거리가 멀 것이며 공명정대할 것이니 이를 군자지풍(君子之風)의 사주라 한다.

陽의 오행은 月·日을 차지하고 陰의 오행은 年·時를 차지하고 있는 경우이다. 庚金이 오화절(午火節)에 생하여 실기(失氣)하였고, 寅午 반합화국이 있고 丁火가 투출하여 火氣가 염염(炎炎)하여 日主를 극함이 심하니 조후(調候)가 급하다. 年干 癸水를 용한다. 癸水는 태원(胎元) 己酉와 年支 酉金의 生을 받고, 時支 丑土에 통근하니, 비록 戊土가 옆에 있어 化하려 하나 본성인 水의 성질은 잃지 않는 것이다.

지지 酉亥丑은 음탁(陰濁)한 氣로 논하는데, 상기는 酉丑이 있어 사주에 음기(陰氣)가 旺하다 판단할 수 있으나, 寅午 반합화국으로 양명(陽明)함이 득세하니 陰氣인 酉丑이 힘을 잃고, 癸水 역시 陰하나 戊土를 받아들여 化火의 성질을 띠려하니, 局이 전부 陽이 성(盛)하고 陰은 쇠(衰)한 형국이다. 日支 寅木 財星은 戊土 印星을 剋하려 하나, 午火가 合하여 官星으로 바뀌어 오히려 戊土 印星을 생하니 관인상생(官印相生)의 귀격(貴格)을 이루었다. 따라서 위인이 공명정대하고, 품행이 바르며, 他의 귀감이 되었던 것이다. 그러나 애석하게도 운로가 辰卯寅의 한신운이니 관록(官祿)은 크게 높지 못했던 것이다.

己土가 子月에 생하여 한습(寒濕)한데, 다시 子와 寅 사이에 丑土가 탄함(吞陷)되어 암암리에 亥子丑의 방합수국을 이루니 음탁(陰濁)한 기운이 태다(太多)하다. 다시 혐의가 되는 것은 月干 庚金이 水를 생하여 더욱 水를 旺하게 하고, 납수(納水)하는 甲木을 파(破)하니 사주가 흉격으로 보인다. 그러나 기쁜 것은 時·日干이 甲己 化土 되어 時支 戌土에 통근하여 制水하고, 子月은 一陽이 생하니 年干 丙火가 태동하는데, 다시 寅木의 생을 받아 약변강(弱變强)이 되어 己土를 온난케 하고 다시 庚金의 탁기(濁氣)를 제거하며, 甲木을 생장케 하니 사주가 陰이 쇠(衰)하고 陽이 성(盛)하게 되었으며 上下가 생화유정(生化有情)되어 길해진 것이다.

亥子 財星은 寅甲 官星을 생하고, 寅甲 官星은 丙火 印星을 생하고, 丙火 印星은 庚金을 극제하며 日主 己土를 생하니 財·官·印·身이 상생의 덕(德)을 얻은 것이니 공명정대하고 君子의 풍모가 있었던 것이다. 다만 초년 운로가 辛壬癸의 구신과 기신운이니 관록은 높지 않았던 것이다.

41. 권재일인(權在一人)

사주상의 氣가 日主에 집중되어 귀결되어 있음을 말한다. 이는 比劫과 같이 日主와 같은 오행이거나, 印星과 같이 日主를 生하는 오행이 중첩되어 있어 일로 日主를 부조(扶助)하는 경우를 말하는데, 종왕격(從旺格), 종강격(從强格), 일행득기격(一行得氣格)의 경우가 이에 해당된다.

이 경우에는 日主의 氣가 태왕(太旺)한 것이니 化神 즉 설기(洩氣)시키는 食傷이 있음을 요하고, 또한 化神이 旺하면 사주가 귀격이 되는 것이다. 이것을 적천수(滴天髓)에서는 "獨象喜行化之 而化神要昌(독상은 화지로 행함을 기뻐하고 또한 창성함을 요한다)"이라 설명한 것이다. 그러나 印星이나 比劫이 중첩되어 있는 경우에, 財官에 해당되는 오행이 한둘 있더라도, 사주구성상 심히 극제되어 무력해져서 역할을 하지 못한다면, 印星이나 比劫으로 기세가 쏠리게 되니 역시 권재일인(權在一人)이라 하는 것이다. 권재일인격(權在一人格)이 되었다 하여 특별하고 귀(貴)하게 취급되는 것은 아니고, 길흉은 전적으로 사주의 구성형태에 따른 중화(中和) 여부에 달려있는 것이다.

사주에 木이 중첩되어 日主를 부조하니 신왕(身旺)하다. 月干 戊土 財星은 주위의 왕한 木에 심히 극제되니 무력하고, 時支 子水는 旺한 木에 水氣가 심히 설기(洩氣)되었다. 丙火는 월령(月令)에 통근했으나 좌하 水의 핍박을 받으니 旺하지 못한 것이다. 따라서 사주가 比劫이 중첩되고 日主인 乙木에 기운이 집결된 것이라 권재일인(權在一人)이라 논한다.

신왕(身旺)하니 日主의 氣를 설기(洩氣)시키는 時干 丙火가 용신이다. 丙火가 용신이면 대체로 대인관계가 많은 직업이 적성에 맞는데, 지방대학을 나와 중소기업에 근무하다 보험업에 뛰어들어 발군의 능력을 발휘하고 있는 명조이다.

지지 寅午戌 삼합화국을 형성하고 丙火가 투출하여 日主 戊土를 생하니 印星이 태다(太多)하여 신강(身强)하다. 月干 庚金은 坐下 寅木에 절각(截脚)되어 무력하고, 時干 壬水는 지지의 맹렬한 火氣에 비록 적수(滴水)라 할 수는 없지만 오건(熬乾)이 되어 역시 무력하다. 따라서 중첩된 火 印星이 일로 日主 戊土를 생하니 권재일인(權在一人)에 해당되며 종강격(從强格)이라 논하는 것이다. 상기와 같이 印星이 많아 종강격의 사주는 印星과 比劫運은 길하고 이와 상극되는 財星과 官殺運은 흉하고, 食傷運 역시 길하지 못하다. 辛壬癸 金水대운은 食傷과 財星運이라 길하지 못했고, 이후 巳午未 남방 火대운은 印星運이라 재기하여 복록이 여의했다.

庚金 日主가 坐下 申金에 통근하고 지지에 辰土가 중중하여 생함을 받고, 다시 比肩 또한 중중하니 모든 神이 일로 日主 庚金을 부조하고 있다. 권재일인(權在一人)인 것이다. 金이 성(盛)하니 무관출신이다. 金氣가 旺하여 이를 순종함은 可하고 거역함은 不可하니 용신은 기세에 순응하는 月干 庚金을 용한다. 午未대운은 火運인데 干의 壬癸가 개두(蓋頭)되어 火를 견제하니 剋金하지 못해 무탈했고, 이후 甲申, 乙酉대운은 용신운이니 軍의 고위직에 올랐고, 이후 丙대운은 旺神을 거역하니 흉하게 되어 軍에서 사망했다.

42. 귀기불통(貴氣不通)

사주상 꼭 필요한 오행이 중간의 타 오행에 가로막혀 불통(不通)되고 있음을 의미한다. 귀기(貴氣)란 사주상 길신을 의미하고 길신은 용신과 희신을 말한다.

상기는 목화통명격(木火通明格)이다. 지지 午戌 반합화국으로 사주가 염염(炎炎)하니, 甲木은 귀기(貴氣)인 水를 애타게 찾는다. 年干 壬水는 申金의 生을 받아 日主 甲木을 생하려 하나, 月柱 丙午火가 가로막아 日主를 생함을 가로막으니 水가 불통(不通)하게 된 것이다. 비록 壬水가 통근됐다 하나 旺火에 극제 받음이 심하니 적수오건(滴水熬乾)됐다 할 것이다. 이러하니 중년 이후 金水대운도 구제됨이 없이 빈곤하게 살았다.

43. 극부지명(剋夫之命)

사주상 남편을 剋하는 命을 말함이다. 여기서 剋이라 함은 이별, 사별, 또는 외정(外情)이 있어 남편을 기만하는 행위, 가족이나 남과 담합하여 남편을 배척하는 행위 등을 모두 포함하는 것이다. 극부지명(剋夫之命)의 사주는 다음과 같다.

1) 官星이 미약하고 이를 부조하는 財星이 없는 경우
2) 신강(身强)한데 다시 傷官이 중중한 경우
3) 官星이 미약한데 財星이 없고 比劫이 왕한 경우
4) 신왕(身旺)한데 다시 인수(印綬)가 중중한 경우
5) 官星이 약한데 인수(印綬)가 중중하고 財星이 없는 경우
6) 比劫이 중중한데 官星이 없는 경우
7) 比劫이 중중하고 官星이 없는데, 傷官이 있고 인수(印綬)가 중중한 경우
8) 比劫이 중중한데 다시 印星이 왕하고 財星이 없는 경우
9) 官星이 왕한데 印星이 경미한 경우
10) 官星이 미약하고 食傷이 중중(重重)한데 인수(印綬)는 없고 財가 있는 경우

(女命)

壬水가 寅月에 생하여 실기(失氣)했고 甲木이 중중(重重)하니 신약하며 또한 寅月이라 前月의 한기(寒氣)가 남아 있으니 천지가 한(寒)하다. 여명(女命)에서 戊土 官星은 부성(夫星)인데 旺木의 剋을 심히 받으니 제살태과(制殺太過)의 상황이다. 火를 용

하여 旺木의 氣를 설(洩)하고 官星을 부조하면 중화를 이룰 수 있다. 丙火가 없으니 時干 丁火를 용한다. 木多하여 금결(金缺)이 되니 年支 申金으로는 극목(剋木)할 수 없는 것이다. 통변에서 여명의 용신을 또한 남편으로 논하는데, 상기의 경우는 또한 목다화식(木多火熄)의 상황이니 용신 丁火가 무력하여 극부(剋夫)하게 되는 것이다. 운로가 丑子亥戌酉申의 기신과 구신운이니 남편을 극하고 자식을 버리고 사람을 따라 도망간 것이다. 이는 상기 10)의 官星이 미약하고 食傷이 중중(重重)한데 인수(印綬)가 없고 財가 있는 경우에 해당된다.

(女命)

丙火가 巳火節에 생하여 건록(建祿)을 득하니 火氣가 염염(炎炎)하다. 水의 극제가 필요한데 時支 子中 癸水로는 미력하니 日支 申宮의 壬水를 용한다. 壬水가 官星으로 부성(夫星)에 해당하며 또한 日支宮은 남편궁인 것이다. 그런데 局에서 巳申 刑合되니 선형후합(先刑後合)이라 먼저는 刑하니 용신 壬水와 日支宮이 모두 손상되는 것이라 남편궁이 위태로운 것이다. 그런데 다시 寅木대운에 寅木이 寅巳申 삼형살(三刑殺)을 지어 흉가흉(凶加凶)이 되니 용신과 日支宮이 모두 손상되어 남편이 교통사고로 비명횡사한 것이다. 나중은 巳申의 육합수국 용신운이니 재혼 후는 길할 것이다.

44. 극설교집(剋洩交集)

日主를 극(剋)하는 官星과 설기(洩氣)시키는 食傷이, 日主 좌우에 있어 세력을 잡고 있는 형국이다.

壬	丙	己	辛
辰	子	亥	巳

壬	癸	甲	乙	丙	丁	戊
辰	巳	午	未	申	酉	戌

己土는 傷官으로 日主를 설기(洩氣)시키는데, 亥月에 비록 실기(失氣)했지만 年支 巳火의 생을 받고 亥宮 戊土에 통근하니 태약(太弱)하지는 않다. 時干 壬水는 偏官으로 日主를 극하는데, 월령(月令)에 녹성(祿星)을 得하고 지지 子辰 반합수국의 부조(扶助)가 있으니 역시 왕하다. 극설교집(剋洩交集)된 것이다. 官星과 食傷의 세력이 대립하고 있을 때에는 日主가 건왕(建旺)함을 요하는데, 比劫이 있거나 印星의 생조가 있으면 사주가 귀격이 되는 것이다. 상기는 사주에 水가 왕하여 月干 己土가 용신이다. 운로(運路)가 未午巳辰하여 희신과 용신운이니 발전이 있었다.

戊	丁	壬	壬
申	卯	寅	戌

己	戊	丁	丙	乙	甲	癸
酉	申	未	午	巳	辰	卯

丁火 日主가 月干에 壬水 正官이 있고, 時干 戊土 傷官은 日主의 氣를 설(洩)하니 극설교집(剋洩交集)된 것이다. 천간의 壬水는 좌하(坐下)가 관대(冠帶)와 병(病)地에 해당되니 비록 申金의 生을 받으나 旺하다 할 수 없다. 천간의 丁壬은 간합목국이 되고, 지지 寅卯는 印星이고, 다시 寅戌 반합화국으로 日主 丁火를 생조하니 사주가 신강(身强)하다. 庚金을 용하여 벽목(劈木)하면 사주가 중화를 이룰 수 있다. 時支 申宮의 庚金이 용신이다. 아쉽게도 운로가 卯辰巳午未의 동남운인 구신과 기신운으로 흐르니 길하지 못했다.

45. 금견수자(金見水者)

金 日主가 사주에 水가 있음을 뜻하는 것으로, 金水가 상생의 관계로써 저체(沮滯)되지 않고 유통됨을 의미한다. 金은 본시 강건하고 인의(仁義)의 성질을 지녀, 큰 일과 모사(謀事)를 도모함에 능하나, 水를 만나면 굳세고 강건한 성질을 유통시켜 유순해지니 지혜를 사용할 줄 아는 것이다. 金旺한데 水를 만나면 유통되니, 외유내강(外柔內剛)하여 청렴결백과 중용(中庸)의 미덕을 얻으나, 만약 金이 쇠(衰)한데 水旺하면 설기(洩氣)가 태다(太多)하니, 비루하고 처세에 옹졸하고 모사(謀事)에 능하며 一口二言을 일삼는다.

庚金이 酉金月에 생하여 득기(得氣)했고, 천간에 乙庚의 간합금국이 부조하고 다시 지지에 申酉의 比劫이 있으니, 日主가 태왕(太旺)하며 날카롭고 예리함을 득한 것이다. 기쁜 것은 月干 癸水가 年·日支에 통근하고 투출하여 수기(秀氣)를 설(洩)하니 金의 굳세고 강건함이 유통되어 의로운 성질과 지혜를 활용할 줄 아는 것이다. 상기 명조자는 大事를 도모함에도 능했고, 처세에 비루하지 않았으며, 강개심(慷慨心)이 있지만 베풀기를 좋아했고, 남을 이익되게 했던 것이다.

앞의 사주와는 달리 金이 쇠(衰)한 경우이다. 庚金이 子月에 사(死)地라 신약한데, 다시 지지가 申子辰 삼합수국을 형성하고 壬水가 투출했으니 金의 설기(洩氣)가 태

다하여 日主가 극신약(極身弱)이 된 것이다. 다시 혐의가 되는 것은 丙火와 辰土가 있어 사주를 탁(濁)하게 하니 金水의 쌍청(雙淸)함을 잃은 것이다. 중년의 火土運에 旺神인 壬水를 충분(衝奔)시키니 형상파모(刑傷破耗)가 많았고 재파인망(財破人亡)하였으며, 간계(奸計)와 사기(詐欺)를 일삼은 소인배(小人輩)의 명조가 된 것이다.

46. 금다수탁(金多水濁)

壬·癸水 日主가 사주에 金이 중중하고 旺한 것을 의미한다. 金은 印星으로 日主를 생해주는 오행인데 이것이 태중(太重)하면 생해줌이 지나쳐서 오히려 日主의 氣가 혼탁해지는 것이다. 이는 자연계에서 장마철에 혼탁한 물이 유입되는 호수를 생각하면 된다. 만약 食傷이 있다면 탁(濁)한 물을 거르고 불순물을 빼내는 역할을 하니 이때는 사주가 청(淸)해지며 귀격(貴格)이 되나 그렇지 못하면 천격(賤格)의 명조가 된다.

천간은 壬戊가 양간부잡(兩干不雜)이고, 지지는 申金이 숲하니 지진일기격(支辰一氣格)이다. 아울러 月柱가 관인상생(官印相生)되니 귀격의 사주처럼 판단된다. 그러나 印星인 申金이 태다(太多)하여 신강(身强)하나, 月·時干 戊土는 지지 申金에 통근하였고 日主를 극제하니 종격(從格)으로 논할 수 없고 억부법(抑扶法)을 적용하여 月干 戊土가 용신이다. 申金이 태다(太多)하여 병(病)이 된 것으로 금다수탁(金多水濁)이며 모자멸자(母慈滅子)의 상(象)인 것이다. 더욱 혐의가 되는 것은 剋金하며 또한 용신인 戊土를 부조하는 火氣가 전무하며, 이로써 중첩(重疊)된 金이 制剋 받음이 없고 오히려 戊土의 氣를 빼앗아 가니 사주가 편고(偏枯)하며 단명의 상(象)이다. 상기는 적천수(滴天髓)에 기재된 어린아이의 명조로써 사주가 편고(偏枯)하니 양육하기가 힘들며 명리 또한 기대할 수 없는 명조이다.

47. 금목간격(金木間隔)

金과 木은 상호 相剋의 관계이나 金이 없으면 木은 기물(器物)을 이룰 수 없다. 金木이 간격(間隔)되어 있으면서 金 官星을 득하여 유용하게 활용해야 하는 경우, 金木의 힘의 균형을 이루게 하는 오행이 있어 상호 견제와 협력을 통해 사주가 중화(中和)를 이루게 함을 말한다.

乙木 日主를 중심으로 좌우에 庚金이 있으니 兩金이 乙을 사이에 두고 간격(間隔)된 상황이다. 庚金 正官이 두 개가 투출되고 己辰土의 생이 있으니 正官이 왕하여 偏官으로 化되고 日主를 핍박하고 있다. 기쁜 것은 乙木 日主가 坐下에 녹성(祿星)을 得하여 약하지 않고 월령(月令) 午火를 생하여 旺한 庚金을 制하여 庚金 官星의 태왕함을 막으니 사주가 길해진 것이다. 午宮의 丁火가 용신인데 운로가 희신과 용신운이니 관록(官祿)이 있었던 것이다.

月干 戊를 중심으로 金木인 庚乙이 간격(間隔)되어 있다. 지지에 申酉金이 있고 庚金이 투출했으니 官星인 金이 旺하여 日主를 핍박함이 심하다. 다행인 것은 甲乙이 등라계갑(藤蘿繫甲)을 이루어 日主가 태약함을 면했고 월령(月令) 子水가 申子 合水하여 旺한 金氣를 설(洩)하고 日主를 생하여 관인상생(官印相生)을 이루니 사주가 길하게 된 것이다. 용신은 지지가 申子 반합수국을 이루고 金의 생조를 받아 水가

왕하니 이를 납수(納水)하는 時干 甲木을 용한다. 운로(運路)가 寅卯辰巳午의 동남향
으로 향하니 길하다.

48. 금백수청(金白水淸)

日主와 월령(月令)이 金水 相生의 관계를 이루며 旺하고 수기(秀氣)를 얻어 청(淸)
한 경우를 금백수청(金白水淸)이라 한다. 秋月의 壬水는 금왕지절(金旺之節)에 金이
旺한데, 壬水는 본래 대해수(大海水)이고 추월(秋月)에 金生水하니 역시 약하지 않
다. 따라서 金水의 세력이 균등해지니, 청(淸)하게 되어 물이 맑은 것이다. 금백수
청(金白水淸)의 진격(眞格)은 時干支에 食傷이 하나 정도 있어 불순물을 설(洩)시키는
역할을 하면 더욱 좋다.

壬水가 秋月에 생하여 旺하고, 申宮의 壬水와 庚金의 부조(扶助)를 받으니 모왕
자상(母旺子相)하고 의모당령(倚母當令)한 것이며, 月柱의 金과 日柱의 水가 상생되니
금백수청(金白水淸)한 것이다. 더욱 좋은 것은 時干 乙木이 壬水의 탁기(濁氣)를 제거
하니 사주가 길해졌다. 印星과 比劫이 중중하니 종왕격(從旺格)으로 논한다. 따라서
比劫과 印星運이 길한데, 초년 未午巳 운은 상극되니 발복이 없었다가, 이후 辰卯
寅運은 壬水의 수기(秀氣)를 설(洩)하니 발전이 있었다.

壬水가 秋月에 생하여 金水가 모두 왕하고 청(淸)하니 금백수청(金白水淸)이다. 年干 甲木이 壬水의 탁기(濁氣)를 설하니 사주가 귀격(貴格)이 되었다. 상기는 比劫과 印星이 중중하니 종왕격(從旺格)인데, 比劫運과 日主의 水氣를 설하는 食傷運이 좋다. 亥子丑寅卯辰은 比劫과 食傷運이니 대학총장을 지낸 명조이다. 조화원약(造化元鑰)에 기재된 명조이다.

庚金이 동월(冬月)인 子月에 생하여, 坐下에 녹성(祿星)을 깔고 다시 庚金이 투출했으니 신왕(身旺)하다. 지지는 申子辰 삼합수국을 이루고 壬水가 투출하여 수기(秀氣)가 되니 역시 金水가 旺하고 청(淸)하여 금백수청(金白水淸)인 것이다. 사주에 金氣가 왕하니 이를 설(洩)하는 月干 壬水가 용신이다. 寅卯辰 대운은 용신인 旺한 水氣를 설(洩)하는 한신운이니 발복이 있어 상서벼슬을 했다. 丙火 대운은 坐下 辰土에 설기(洩氣)되어 쇠약한데, 丙壬 沖하나 쇠자충왕(衰者沖旺)으로 오히려 旺한 壬水를 분발시키니 역시 발전이 있었고, 丁巳 대운은 丁壬 합목의 한신운이고, 巳申 육합수국의 용신운이니 호운(好運)이었다. 戊午 대운은 기신과 구신운이니 흉운이 도래하고 命이 다한 것이다. 궁통보감(窮通寶鑑)에 기재된 명조이다.

日主 辛金은 辰土의 생을 받고 時支 申宮에 제왕(帝旺)을 득하여 약하지 않으니 금백(金白)한 것이며, 年干 壬水는 亥宮에 통근하고 辛申金의 생을 받으며 투출했으

니 수기(秀氣)를 이루었고, 亥宮의 甲木이 壬水의 탁기(濁氣)를 설하니 淸하여 수청(水淸)한 것이다. 이른바 금백수청(金白水淸)인 것이다.

時干 丙火는 丙辛 化水된다 볼 수 있으나, 태원(胎元)이 壬寅이라 寅宮의 丙火에 뿌리를 두니 化水되지는 못한다 판단하고, 丙火의 氣가 움직이어 冬月의 水를 따뜻하게 하고 있다. 年干 壬水가 日主 辛金의 수기(秀氣)를 설(洩)하고 세도(洗淘)하여 辛金의 귀기(貴器)를 드러내고, 亥月의 辛金은 한금(寒金)이나 丙火가 온난케 하니 극귀격(極貴格)을 이룬 것이다. 청나라 세종(1592~1643)의 명조이다. 조화원약(造化元鑰)에 기재된 명조이다.

49. 금수동심(金水同心)

庚金이 酉月에 생하여, 지지에 金局이 형성되거나, 대운에서 金運이 완벽하면, 金氣가 순수하니 종혁격(從革格)을 이룬다. 이때 水가 있으면 설기(洩氣)되어 강금(剛金)의 예기(銳氣)가 꺾이어 사주가 청(淸)해지니 이를 금수동심(金水同心)이라 한다. 즉, 사주가 淸해지기 위해 金水가 상호 협력과 조화를 이룸을 의미한다.

庚金이 월령(月令)에 제왕(帝旺)을 得하고, 지지 辰酉 합금의 부조(扶助)가 있고 다시 己土의 생조가 있으니 신왕하다. 종왕격(從旺格)을 이루었는데, 설기(洩氣)시키는 오행이 있으면 이를 우선 用하므로, 천간에 壬水 食神이 투출했으니 이를 용신으로 잡는다. 운로(運路)가 亥子丑寅卯辰의 용신과 한신운이니 발전을 이룬 명조이다.

50. 금수한냉(金水寒冷)

金水는 계절적으로 추동절(秋冬月)에 해당하니 추월(秋月)은 한(寒)하고 동월(冬月)은 냉(冷)한 성질을 띠고 있다. 金·水 日主가 추동월(秋冬月)에 생하여 金水가 한냉(寒冷)한 경우를 금수한냉(金水寒冷)이라 한다. 추동월(秋冬月)에 생한 사주가 金水가 중중하여 한냉(寒冷)하면 발생의 상(象)이 없는 것이라, 火氣가 없으면 평생 신고(身苦)가 따르고 매사불성하니 승도나 무속의 길을 가는 경우가 많다. 금수한냉(金水寒冷)은 火를 얻어 조후(調候)를 득해야만 사주가 중화를 이룬다는 면에서 천한지동(天寒地凍)과 의미가 같은데, 동월(冬月)에 천간에 金水가 투출한 경우를 천한(天寒)이라 하고, 동월(冬月)은 땅이 얼어붙어 발생의 상(象)이 없는 것이니 지동(地凍)이라 하여 천한지동(天寒地凍)이라 하는 것이다.

<u>(女命)</u>

辛金이 동월(冬月)인 丑月에 생하여 한금냉금(寒金冷金)이고, 지지 酉丑 반합금국을 이루어 金이 왕한데, 다시 冬月에 壬癸가 투출하고 金의 부조를 받으니 水가 왕하고 꽁꽁 얼은 상태의 물이다. 금수한냉(金水寒冷)한 것이다.

상기는 辛金 日主가 冬月에 생하고 천간에 水가 중중하니 천한(天寒)하고, 丑月은 대지가 꽁꽁 얼어 있으니 지동(地凍)이라, 천한지동(天寒地冬)인 것이다. 천지가 한냉(寒冷)하니 조후(調候)가 급한데, 먼저 해동(解凍)하는 火氣가 필요하다. 年支 寅宮의 丙火를 용해야 하나 甲木의 부조가 없으니 용신이 고립무원이고 왕하지 못하다. 寅宮의 丙火가 官星이라 부성(夫星)에 속하는데, 年柱는 사안이 빨리 닥쳐오니 결혼은 일찍했으나, 辛亥대운에 운이 金水運으로 흘러 용신인 丙火를 핍박하니 남편이 객사하고 본인은 神을 받게 된 것이다.

51. 금실무성(金實無聲)

金은 비어야 소리가 나는데, 너무 꽉 차 있으면 소리를 낼 수 없다는 의미다. 局에 金이 태왕(太旺)한데 설기(洩氣)시키는 水나 극제(剋制)하는 火가 적은 경우를 말함이다.

庚金이 월령(月令)에 제왕(帝旺)을 득하고, 乙庚 간합금국이 있어 부조하니 日主가 신왕(身旺)하다. 庚金이 귀기(貴器)를 이루려면 하련(煆煉)을 거쳐야 하니 火氣가 필요하다. 丁火를 용해야 하는데, 불투(不透)하고 丙火가 투출했으니 부득이 이를 용신으로 잡아야 하는데 丙火는 가신(假神)에 해당된다. 金旺한데 극제하는 火가 부족하니 금실무성(金實無聲)에 해당된다. 丙火 가신(假神)이 투출했으니 귀격(貴格)이 되지 못하는 것이다. 寅卯辰 희신운에 다소의 발전이 있었다.

52. 금약침한(金弱沈寒)

金 日主가 지지에 水局을 이루고 丙火가 없는 경우를 말하는 것으로, 金水는 본시 한냉(寒冷)한 성질을 지니고 있고, 지지 水局을 이루면 金의 설기(洩氣)가 태다(太多)하여 신약하게 되며 旺水에 金이 침몰(沈沒)하게 되는 형국이라 금약침한(金弱沈寒)이라 한다.

辛金이 寅月에 생하여 실령(失令)했고 아직 전월의 한기(寒氣)가 남아 있는데 寅宮의 丙火가 불투했으니 한금(寒金)의 상태이며 신약하다. 또한 지지는 亥子丑 방합수국을 이루고 壬水가 투출했으니 水旺하여 金이 침몰하게 되니 금약침한(金弱沈寒)이라 한다. 상기는 水多하나 寅宮의 甲木이 납수(納水)하고, 다시 日主가 丑宮에 통근하고, 寅宮의 戊土와 時干 己土가 생하니 비록 태약하나 종(從)하지는 않는다. 훈장(訓長)을 했던 명조이다.

53. 급류용퇴(急流勇退)

시류(時流)에 편승(便乘)하여 벼슬이나 재물을 탐하는 미련을 버리지 못하며 과감하게 물러나지 못함을 비유한 말이다. 사주상 슴을 통해 묶인 오행이 희신의 역할을 하는데, 구성형태에서 용신을 생해주는 방향으로 진력하게 되어 물러날 줄을 모르는 상황이 된 경우를 비유한 것이다. 따라서 財가 용신을 생하는 경우라면 탐재(貪財)가 심하게 되고, 官이 용신을 생하는 경우라면 탐관(貪官)이 심하게 되는 경우를 뜻하는 것이다.

時干 壬水가 있으니 庚金이 수기유행(秀氣流行)되었고, 乙木 財星은 좌하 酉金 양인(羊刃)의 극을 받아 쇠약해진 것 같으나, 酉金은 午火 官星의 剋을 받아 乙木 財星을 극하지 못한다. 따라서 乙木 財星은 庚金과 부부합을 이루어 午火 官星을 生하여 양인(羊刃)인 酉金을 대적하게 하니, 官은 힘을 실어주는 財를 오랫동안 갈구하게 되어, 성정(性情)이 탐재(貪財)가 심하게 되고, 또한 財生官이 되어 官이 旺해지니 무소불위의 권세를 누렸던 명조인 것이다.

사주에 火氣가 왕하니 용신은 時干 壬水로 잡는다. 운로가 亥子丑庚辛壬의 용신과 희신운이니 크게 발복된 것이다. 적천수(滴天髓)에 기재된 청나라 건륭제 때의

大臣인 화신(和珅)의 명조이다. 중당벼슬을 지내어 화중당(和中堂)이라고도 한다.

54. 급신이지(及身而止)

생생불식(生生不息)하던 오행의 흐름이 日主인 내 몸에서 그쳐 生生의 흐름이 막힌 것을 말한다. 귀격(貴格)인 사주는 주류무체(周流無滯)하고 생화유정(生化有情)하여 사주상 오행이 相剋됨이 없이 相生되어 순환됨을 요하는바, 이의 흐름이 日主에 이르러 상생의 흐름이 멈춘 것이다.

己土 日主가 午火節에 생하여, 천지가 염염(炎炎)하고 생기가 부족하고 토조(土燥)한 바, 水가 없이는 사주가 중화를 이룰 수 없다. 癸水를 용해야 하나 壬水가 투출하니 부득이 이를 용신으로 잡는데, 이는 진신(眞神)이 못되고 가신(假神)에 해당된다. 따라서 사주가 크게 귀격이 되지 못한다.

丙子대운에 丙壬 沖하고 子午 沖하여 본가(本家)인 月柱를 다 흔들어 놓으니 크게 위태롭다. 운로(運路)가 길하지 못하니 국록(國祿)을 얻지 못하고, 문장이 뛰어난 고승(高僧)으로 이름이 높았다.

55. 기관팔방(氣貫八方)

사주의 기운이 八方으로 통한다는 의미이다. 여기서 八方은 지지가 寅申巳亥나, 子午卯酉, 또는 辰戌丑未로 구성된 것을 말한다.

丁火가 戌月에 생하여 실기(失氣)했다. 火土傷官이 局에 辰未戌丑 사고(四庫)를 모두 깔고 있고, 土를 극하는 木이 전혀 없으니 가색(稼穡)을 이룬 것이다. 丁火가 戌月에 生하여 한(寒)하고 무력하니 木의 생조 받음이 필요하고, 食傷인 土가 중중하니 역시 木의 소토(疏土)가 필요하다. 甲木이 없으니 辰宮의 乙木을 용해야 한다. 상기는 壬水 正官이 戊土에 剋去되어 무력하고, 傷官이 중첩되었으니 이른바 고서(古書)에서 논하는 상관상진(傷官傷盡)된 사주이다. 부귀(富貴)가 비범한 것이다. 辰未戌丑의 사고(四庫)가 모두 있으니 기관팔방(氣貫八方)에 해당되고 극귀(極貴)할 명조인 것이다. 丙寅대운은 한신과 용신운이라 발복이 있었고, 丁卯대운에 황제에 올라 명나라 개국의 위업을 쌓았던 것이다. 명태조(明太祖) 주원장(朱元璋)의 명조이다.

己土가 丑月에 생하여 천지가 차다. 日主 己土가 지지 辰未戌丑에 통근하니 신왕(身旺)하나 甲乙木이 투출하여 日主를 극하니 가색격(稼穡格)을 이루지 못했다. 따라서 억부(抑扶)나 조후(調候)를 용해야 하는데, 丑月은 만물이 암장(暗藏)된 시기라 火氣가 없으면 생동하지 못한다. 따라서 火가 먼저고 다음으로 火를 부조하는 木이 다음이다. 지지 辰未戌丑은 土重한 것 같으나 상호 刑沖하여 土氣를 약화시키니 태왕(太旺)하다고 판단할 수 없다.

초년대운 丙丁火는 능히 동토(凍土)를 해동(解凍)하여 발생의 情을 이룰 수 있다. 그러므로 유복한 가정에서 출생하여 일찍 정계에 진출하였고, 이후 巳午未운은 용신운이니 큰 발전이 있었고 뜻을 이루게 된 것이다. 김영삼 전 대통령의 명조이다.

　庚金은 卯月에 실기(失氣)했다. 丁午火에 극제당해 태약(太弱)할 것 같으나, 월령(月令) 卯宮의 乙木은 암암리에 자기 짝인 庚金을 찾아 合하려 하니 日主 庚金이 약하지 않고, 다시 年柱의 金이 부조하니 약변강(弱變强)이 되었다. 丁火 官星은 지지 子午 沖하여 세력이 잘 中和되었다. 따라서 용신은 억부법을 적용하여 月干 丁火를 용한다. 청나라 건륭제의 명조이다.

　庚金 日主가 巳火節에 長生을 득하고, 辛金 劫財가 투출하니 신왕하다. 丁巳火 官星은 월령(月令)을 차지하여 旺하나 日主가 좌하에 녹성(祿星)을 득하니 능히 官殺을 감당할만 하다. 旺한 官殺은 申宮과 亥宮의 壬水가 있어 관인상생(官印相生)을 이루고 또한 용신이 되니 사주가 귀격이다. 지지 寅巳申은 삼형살(三刑殺)을 이루나, 巳火 官星과, 申金 녹성(祿星)이 刑合되어 오히려 中和되니 길격이 되었다. 더욱 아름다운 것은 월령(月令) 巳宮의 戊土, 庚金, 丙火가 모두 투출하니 官과 印을 모두 사용할 수 있다. 丁丑대운 이후 운로가 용신과 희신운이니 극귀(極貴)한 사주가 된 것이다. 박정희 전 대통령의 사주이다.

56. 기명종재(棄命從財)

사주에 財星이 중중하여 旺한데 比劫이나 印星이 없는 경우는, 日干이 본래의 역할을 못하고 부득이 旺한 財星의 세(勢)를 좇아가는 것을 말한다. 이는 종재격(從財格)을 말하는 것으로 財星에 해당되는 오행이 투출해야 진격(眞格)이다.

乙木이 未土月에 생하여 실기(失氣)하였고, 사주에 財星인 土氣가 중중하니 日主가 부득이 財星을 종(從)할 수밖에 없다. 천간의 甲乙木은 甲木이 좌하 申金에 절각(截脚)되니 등라계갑(藤蘿繫甲)이 되지 못한다. 따라서 이는 재다신약(財多身弱)이라 논할 것이 아니라 日主가 태약하니 종재격(從財格)을 이루어, 財星이 용신이고 이를 생하는 食傷은 희신이다. 月干 己土가 용신이다.

申酉戌 대운은 한신운이니 무애무덕했고, 癸水는 年干 戊土와 戊癸 合火하여 희신운이라 발전이 있었고, 이후 運도 크게 흉하지 않았다.

癸水가 巳火節에 실기(失氣)했고, 사주에 火氣가 중중하니 金水가 고허(枯虛)하다. 癸水가 火氣의 핍박으로 심히 무력하니 日主 癸水가 부득이 홀로 존재치 못하고 戊癸의 간합화국을 이루어 火氣를 좇고, 지지 巳酉는 金이 실기했으니 반합금국이 형성된다 볼 수 없다. 따라서 日主 癸水는 본래의 命인 水를 버리고 財星인 火를 좇으니 종재격(從財)格이 된 것이다. 종재격(從財格)은 財星運과 食傷運은 길하고,

官星運도 흉하지 않다. 운로가 火木의 용신과 희신운이니 대귀(大貴)하였다. 명리정종(命理正宗)에 기록된 정승(政丞) 벼슬을 한 명조이다.

57. 기산지문(氣散之文)

　기산(氣散)이란 日主의 氣가 설기(洩氣)가 태다하여 쇠잔해짐을 뜻하는데, 이는 곧 日主의 정신이 흩어짐을 의미하는 것이며 이로써 질병과 연관지어 어지러운 증세가 나타나는 현상에 비유한 말이다. 예로 午火節의 乙木은 木性이 고초(枯焦)한데, 사주에 火氣가 중중하면 설기(洩氣)가 태다하여 日主 乙木의 精神이 고갈되므로, 이로써 어지러움증의 질병을 유발하는 현상이 나타남을 의미하는 것이다.

　乙木이 午火節에 생하여 木性이 고초(枯焦)한데, 다시 지지 午戌 반합화국을 이루고 丁火가 투출하여 日主인 木氣를 설(洩)함이 태다하니, 곧, 日主의 정신이 흩어졌으므로 기산지문(氣散之文)이다. 月干 庚金이 고초(枯焦)한 日主를 극함이 病인데, 旺火가 剋金하고, 日主 坐下 亥宮의 壬水가 생조하니 병중약(病中藥)을 얻은 것이다. 천간의 乙庚은 干合되나 坐下 午火의 剋을 받으므로 가화격(假化格)이 되어 귀(貴)를 얻기 힘들다. 식신생재(食神生財)하니 부격(富格)을 이루어 만석대부(萬石大富)가 된 것이다. 운로가 亥子丑의 용신운으로 흘러 발복이 있었던 것이다.

58. 기상모설(欺霜侮雪)

　기상모설(欺霜侮雪)은 서리를 기만하고 눈을 업신여긴다는 뜻이다. 亥子丑 동월(冬月)의 火는 火氣가 쇠약(衰弱)하고 水가 旺하여 심히 극제 받으니 水를 꺼리는데, 이중 丑月의 丙火는 천한지동(天寒地凍)하고 水가 왕하지만, 땅속에서는 이미 子月

에 一陽이 생하고, 丑月에 二陽이 생하여 陽으로 진기(進氣)하므로 火氣가 약변강(弱變强)으로 변하게 되니 설상(雪霜)을 우습게 여긴다는 것이다. 이것은 삼춘(三春)의 丙火도 같은 이치인데, 궁통보감(窮通寶鑑)에 "三春丙火 秉象至威하여 陽回大地하니 侮雪欺霜이라(三春의 丙火는 象을 잡아 위세가 있으며 陽의 기운이 대지로 돌아오니 눈과 서리를 무서워하지 않는다"는 대목과 같은 맥락이다.

丙火가 丑月에 생하여 천지가 차니 조후(調候)가 급하나, 丙火 日主가 좌하에 양인(羊刃)을 득하고, 乙卯木의 생조가 있으며, 丑月에 二陽이 진기(進氣)하니 火氣가 약변강이 되었다. 설상(雪霜)인 壬癸水를 우습게 여기는 것이다. 억부법을 적용하여 時干 壬水가 용신이다. 운로가 子亥戌酉申의 용신과 희신운이니 발복이 있었던 것이다.

丙火가 丑月에 생하였지만, 寅木에 長生을 득하고, 丁火 劫財가 투출하여 부조하니 약변강이 되고, 二陽이 생하는 시점이니 기상모설(欺霜侮雪)에 해당된다. 사주가 己丑土인 傷官이 왕한데, 丙火 日主가 日·時支에 長生을 득하니 역시 신왕(身旺)한 것이다. 寅宮의 甲木으로 소토(疏土)하고, 다시 庚金 財星으로 왕한 土氣를 설(洩)하고, 印星을 극제하면 자연 사주가 中和를 이룰 수 있다. 용신은 時干 庚金이다. 운로가 戌酉申辛庚의 용신운으로 흐르니 안찰사(按察使) 벼슬을 한 것이다.

59. 기세유장(氣勢攸長)

사주상 용신에 해당하는 오행이 他 干支의 비호 및 부조를 받아 탄탄하게 자리매김하여 왕강(旺强)하고, 또한 운로(運路)가 일로 용신과 희신운으로 흘러, 용신의 기세가 자못 강건하며 장구(長久)함을 말한다.

상기 명조는 우수(雨水) 7일 전에 생하여 초춘(初春)에 해당된다. 따라서 천지가 한냉(寒冷)하여 火氣가 없으면 발생의 情이 없게 되니 丙火가 요긴하고, 寅月의 甲木은 또한 水의 자윤(滋潤)이 없으면 가지와 잎이 무성해지지 못하니 日支 子水가 중요하다. 또한 春月의 甲木은 전지(剪枝)함이 없으면 귀(貴)함이 적은데, 庚金 官星은 月干과 지장간의 戊土 財星의 생을 받으니 가지치기를 하여 동량지재(棟樑之材)를 이루게 한다.

초춘(初春)에 한기(寒氣)를 벗어나지 못해 時干 丙火가 용신인데, 年·月·時에 통근하고 長生을 득하니 용신이 왕하다. 아울러 운로가 卯辰巳午未의 희신과 용신운이니 기세가 자못 강건하며 장구(長久)하니 이를 기세유장(氣勢攸長)이라 한다. 대부대귀격(大富大貴格)을 이루었다. 조화원약(造化元鑰)에 기재된 명조이다.

官殺이 重重하여 日主 丁火를 핍박함이 심하니 丁火가 신약하고, 또한 旺한 官殺을 제압하지 못하니 命이 짧을까 두려운 것이다. 그러나 다행인 것은 丁火가 戌月

에 실기했지만 戌土 화고(火庫)에 통근하고, 時支 寅木이 亥水와 육합목국을 이루어 生身하고 납수(納水)하니 壬水의 태왕(太旺)함을 견제하는 것이다. 더욱이 사주에 金이 없어 寅木을 손상시키지 않고 또한 壬水의 수원(水源)을 만들지 않았으며, 戌宮의 戌土가 사령(司令)하여 용신이며 壬水의 제방을 쌓으니 官殺의 흉함에 대한 방비가 이루어진 것이다. 日主 丁火는 木의 생을 받고 土를 생하니 火土가 有情하고 기세가 단절되지 않은 것이다.

용신 戌土와 日主 丁火가 생화유정(生化有情)하고, 운로가 己未대운 이후는 일로 용신을 부조하니 기세유장(氣勢攸長)인 것이다. 따라서 어려서 질병도 없었고 단명하지도 않았으며 총명과 지혜가 출중하여 官運이 순탄했고 발복이 장구했던 것이다. 적천수(滴天髓)에 기재된 명조이다.

60. 기식상통(氣息相通)

사주상 干支의 오행이 상호 떨어져 있어도, 日主를 위한 마음은 다르지 않아, 상호 협조와 조화를 통해 日主가 원하는 바를 달성도록 협심한다는 뜻이다.

己土가 寅月에 生하니 아직 한기(寒氣)가 남아 있고, 사주에 官星이 旺하여 사주가 신약하니, 日主를 生하는 時干 印星 丙火가 용신이다. 丙火는 月支와 時支의 寅木에 통근하니, 비록 月·時가 격(隔)해 있지만 丙火가 이에 통근하니 기식(氣息)이 상통(相通)한 것이다.

61. 기신입장(忌神入臟)

기신(忌神)이 장(臟)에 들었다 함이다. 여기서 장(臟)은 오장육부(五臟六腑) 중 오장

(五臟)을 의미하는데, 기신(忌神)에 해당하는 음탁(陰濁)한 氣가 지지에 매장(埋藏)된 것을 말한다. 음탁(陰濁)한 기신이 장부(臟腑)에 깊이 잠복(潛伏)되면 剋制하기도 어렵고, 制化하기도 어려우니 그 病은 흉함이 심하다. 깊이 잠복(潛伏)된 氣가 희신이면 평생 건강하게 지내나, 기신인 경우에는 평생 다병하게 된다.

    ◆ 기신이 木인데 入土의 경우 – 비장(脾臟)과 위장(胃腸)에 질병 발생.
    ◆ 기신이 火인데 入金의 경우 – 폐장(肺臟)과 대장(大腸)에 질병 발생.
    ◆ 기신이 土인데 入水의 경우 – 신장(腎臟)과 방광(膀胱)에 질병 발생.
    ◆ 기신이 金인데 入木의 경우 – 간장(肝臟)과 담(膽)에 질병 발생.
    ◆ 기신이 水인데 入火의 경우 – 심장(心臟)과 소장(小腸)에 질병 발생.

지지 酉亥丑은 음탁지기(陰濁之氣)이다. 丙火 日主가 丑月에 생하니 천지가 차고 좌하에 子水를 깔고 있으니 丙火는 허(虛)하다. 丑月의 木은 수분을 잔뜩 머금은 木이라 火의 불꽃을 일으키기 힘들다. 日主가 허(虛)하니 印星을 용하여 時干 乙木이 용신이다. 따라서 기신은 年干 庚金인데, 월령(月令) 丑土인 음탁(陰濁)의 氣에 뿌리를 두고 있으니 기신이 오장(五臟)에 깊이 잠복됐다 할 수 있다. 月柱 己丑土는 丙火의 광명(光明)을 회화(晦火)하고 또한 生金하여 용신인 木이 손상되고, 子水는 희신이나 丑土와 支合을 이루어 土로 바뀌니 生木하지 못하고 오히려 生金하여 土剋水하니 결국 木水가 모두 病이 된다. 따라서 간(肝)과 신(腎)이 손상되는 것이다.

卯대운은 구신인 土를 극하여 관직에 들었고, 乙대운은 구신인 土를 극하지 못하고 오히려 乙庚 간합금국의 기신운으로 化되니 허손증(虛損症)을 치료하지 못하여 사망한 것이다.

壬	辛	辛	丁
辰	未	亥	亥

乙	丙	丁	戊	己	庚
巳	午	未	申	酉	戌

辛金이 亥月에 생하여 금수상관격(金水傷官格)이다. 水가 태다(太多)하여 신약(身弱)한데 月干 辛金은 丁火의 극을 받아 日主를 부조하지 못한다. 壬水가 월령(月令)에 통근하여 時干에 투출하였으니 日主의 元神을 설(洩)함이 심하다. 亥月의 辛金은 한금냉금(寒金冷金)이라 대체로 火氣를 희(喜)하나, 상기는 日主가 태약(太弱)하니 먼저 생조의 氣가 필요하다. 용신은 印星인 辰宮의 戊土이다. 따라서 木이 기신인데, 木은 未辰土에 암장되고, 다시 亥未 반합목국으로 亥宮의 甲木과 더불어 木을 인통(引通)하니, 기신이 장부(臟腑)에 깊이 침투한 것이다.

기신인 木이 왕하니 土를 극하여 土에 해당되는 장부(臟腑)가 손상되고, 水는 구신에 해당되니 역시 水에 해당되는 장부(臟腑)가 손상되는 것이다. 즉, 비장(脾臟)이 허(虛)해지고 신장(腎臟)이 설(洩)되니 머리의 어지러움증과 유설(遺洩−소변이나 정액 등이 새는 병)이 있게 된다.

己戊土 대운은 용신운이니 생원시험에 합격하고, 아들도 얻고, 가세가 넉넉했으나, 申金대운은 한신운으로 구신인 壬水를 더욱 부조하니 병세가 가중되었고, 丁火 대운은 壬水와 간합목국으로 용신인 土를 극하니 이때 사망한 것이다.

62. 기신전전(忌神輾轉)

사주가 중화(中和)를 이루기 위해 필요한 오행을 용신(用神)이라 하는데 이 용신을 극하는 오행을 기신(忌神)이라 한다. 전전(輾轉)은 전전지상공(輾轉之相攻)이란 의미로 사주상 旺한 오행이 이리저리 쏠리면서 좌충우돌하며 他 神을 공격하는 형국을 말한다. 부연설명하면 기신전전(忌神輾轉)이라 함은 기신(忌神)에 해당하는 오행이 旺한데, 타 오행과 刑沖이 되거나 또는 사주원국과 운로에서 生을 받아 기세가 旺해지면, 자연 충분(衝奔)하여져 他 神과 상공(相攻)하게 되므로 결국 용신도 공격하게 됨을

뜻하는 것이다. "적천수(滴天髓)"의 "하지장(何知章)"에 "何知其人凶 忌神輾轉攻"이란
글귀에 보듯 그 사람의 흉함을 아는 것은 기신(忌神)이 전전(輾轉)하여 결국 용신을
공격함에 있다는 것이다.

丙火가 寅月에 生하여 長生을 득하고, 다시 寅亥 合과 甲乙이 투출하여 부조하
니 印星이 중중하여 신강하다. 官星을 용하여 관인상생(官印相生)시키면 사주가 귀
격이 되는데 官星이 전무하니 부득이 月干 戊土를 용하여 旺한 火氣를 설(洩)하면
중화(中和)를 이룰 수 있다. 따라서 용신은 戊土이고, 희신은 火, 기신은 木, 구신은
水, 한신은 金이다. 그러나 사주가 흠인 것은 지지 子亥가 寅木을 생함인데, 子午
冲이 있어 子水를 충분(冲)시키고, 亥水는 寅木을 생하니 자연 기신인 甲木의 기세
가 왕강해지니 기신전전(忌神輾轉)이라, 결국 용신인 戊土를 공격(攻擊)하게 되니 이
를 기신전전공(忌神輾轉攻)이라 한다.

초년 丁丑대운은 용신운이라 조업(祖業)을 이어받고 즐거움이 있었으며, 丙子대
운은 丙火가 子水를 깔고 있어 무력하고, 또한 子水는 기신인 甲木을 생하니 부모
를 잃고 화재(火災)가 있었으며, 乙亥대운은 乙木이 기신이고 亥水가 다시 乙木을
생하여 기신전전(忌神輾轉) 형국이라, 용신인 戊土를 공격하니 처자를 극하고, 화재
(火災)가 발생하고, 물이 쓸어가 사망한 것이다.

己	丙	庚	辛
丑	辰	寅	巳

甲	乙	丙	丁	戊	己
申	酉	戌	亥	子	丑

丙火가 寅月에 비록 長生을 득했으나 아직 천지가 차고, 日·時의 食傷이 日主 丙火를 설(洩)하니 신약(身弱)하다. 따라서 印星을 요하는바, 용신은 월령(月令) 寅宮의 甲木이고 기신은 月干의 庚金이다. 기신 庚金은 중중한 土의 생을 받아 기세가 왕강해지니 좌충우돌하여 기신전전(忌神輾轉)이라, 자연 용신인 寅木과 충돌하게 되니 사주가 흉해진 것이다.

초년 己丑, 戊子대운은 土가 기신인 金을 생하고, 신약한 丙火 日主를 설(洩)하니 조실부모하고 신고(身苦)가 많았다.

丁亥, 丙戌대운은 丁丙火가 지지 亥戌의 부조(扶助)를 받지 못하니 기신인 金을 극제함이 부족하여 신고(身苦)가 많은 중 다소 家業의 발전이 있었다.

乙酉대운은 乙庚 간합금금의 기신운과, 酉金은 지지 巳丑과 巳酉丑 삼합금국의 기신운으로 干支가 모두 기신이 도래하니, 기신전전(忌神輾轉)하게 되어 결국 용신인 甲木을 공격하니 처자를 형극(刑剋)하고 수액(水厄)을 당하여 사망한 것이다.

63. 기취감궁(氣聚坎宮)

사주상 氣가 坎宮 즉, 水에 모였다는 뜻이다. 하늘에는 다섯 개의 기운인 五氣가 있고, 이것이 땅과 연결되어 五行이 되는 것이다. 하늘과 땅의 기운을 받아 사람이 태어나는바 生年, 月, 日, 時에 따른 사주도 五氣로 구성되는데, 木氣, 火氣, 土氣, 金氣, 水氣 등이 이것이다. 이를 구궁팔괘(九宮八卦)에 배속하면 아래와 같다.

東南 巽宮. 木- 辰·巳	南 離宮. 火- 午	西南 坤宮. 土- 未·申
東 震宮. 木+ 卯		西 兌宮. 金- 酉
東北 艮宮. 土+ 丑·寅	北 坎宮. 水+ 子	西北 乾宮. 金+ 戌·亥

기취간궁(氣聚艮宮)은 사주상 대다수의 氣가 丑寅에 모였다는 뜻이고,

기취진궁(氣聚震宮)은 사주상 대다수의 氣가 卯에 모였다는 뜻이고,

기취손궁(氣聚巽宮)은 사주상 대다수의 氣가 辰巳에 모였다는 뜻이고,

기취이궁(氣聚離宮)은 사주상 대다수의 氣가 午에 모였다는 뜻이고,

기취곤궁(氣聚坤宮)은 사주상 대다수의 氣가 未申에 모였다는 뜻이고,

기취태궁(氣聚兌宮)은 사주상 대다수의 氣가 酉에 모였다는 뜻이고,

기취건궁(氣聚乾宮)은 사주상 대다수의 氣가 戌亥에 모였다는 뜻이다.

그러나 기가 어느 一方에 모였다고 해서 사주가 귀격(貴格)이 되고, 또한 이것이 용신이 된다고 판단할 수는 없다. 사주의 구성상 氣가 순수하고 잡되지 않으니 그 기세가 왕강하다 판단할 수는 있되, 사주의 길흉은 전적으로 용신의 왕쇠(旺衰)와 운로(運路)의 길흉에 좌우되는 것이다.

癸水 日干이 丑月에 생하여 관대(冠帶)地에 해당되고, 지지 亥子丑은 방합수국을 형성하고, 年·月干 丙辛 역시 간합수국을 형성하여 水氣가 중중하니 氣가 감궁(坎宮)에 모인 것이라 기취감궁(氣聚坎宮)이다. 癸水 日主가 北方 水氣를 깔고 있으니 신왕(身旺)한데, 時柱 乙卯木 食神이 日主의 旺氣를 설(洩)하니 수기유행(秀氣流行)이 되었다. 사주상 食傷은 예체능, 문학 등과 연관되니 문장이 탁월하여 불세출의 문장가가 되었던 것이다.

용신은 丑月에 天地가 차고 日主 癸水가 한동(寒凍)하니 癸水를 해동(解凍)함이 없이는 사주가 무용지물이다. 따라서 丙火가 요긴하다. 年干 丙火가 고투(孤透)한데, 운로가 寅卯辰巳午未의 희신과 용신운이니 문장(文章)으로 일세를 풍미했던 것이다.

天干은 乙木의 천원일기(天元一氣)이고, 地支는 酉金 七殺과 亥水 正印의 살인상생(殺印相生)으로 이루어졌다. 지지 亥와 酉 사이에는 戌土가 탄함(呑陷)되었는데, 결국 지지는 戌과 亥로 氣가 취합(聚合)되어 戌亥는 구궁팔괘상 건궁(乾宮)에 해당되니 기취건궁(氣聚乾宮)이라 한다. 戌土 財星이 탄함(呑陷)되었으니 지지는 결국 財·官·印이 상생을 이루어 결속이 강화되고 사주가 긴밀해진 것이다. 乙木 日主가 金月에 생하니 절(絶)地라 死木이다. 火氣가 없으면 사주가 생존할 수 없고 또한 中和를 이룰 수 없는 것이다. 먼저는 丙火가 긴요하나 사주원국에 없으니 부득이 탄함(呑陷)된 戌宮의 丁火를 용해야 한다. 丙火가 불투(不透)하니 사주가 일점 흠이 있지만 운로가 未午巳辰卯의 희신과 용신운이니 財運과 官運을 모두 갖춘 명조가 된 것이다.

64. 기탁신고(氣濁神枯)

氣는 탁(濁)하고 神은 고갈(枯渴)되었다는 뜻이다. 따라서 기탁신고(氣濁神枯)하다 함은 사주가 편고(偏枯)되었고, 오행이 부조화를 이룬 상태이며, 탁기(濁氣)가 깊이 암장(暗藏)되어 제거하기 어려운 상태이며, 또한 희신과 한신이 제 역할을 하지 못하는 경우를 의미한다. "적천수(滴天髓)"에서는 단명(短命)과 무자식의 경우는 사주상 기탁신고(氣濁神枯) 여부를 자세히 살펴보아야 한다고 설명하고 있다. 이를 부연 설명하면 다음과 같다.

〈기탁(氣濁)의 경우〉
◉ 日主가 실령(失令), 실시(失時)한 경우.
◉ 용신(用神)이 천박(淺薄)한데 기신(忌神)이 깊이 암장(暗藏)된 경우.
◉ 월령(月令)과 時支에서 돕지 않는 경우.
◉ 年支와 日支가 不和하는 경우.

◉ 沖을 기뻐하는데 沖하지 않는 경우.

◉ 기신(忌神)을 合去하고 싶은데 오히려 合되어 기신(忌神)으로 바뀐 경우.

◉ 행운(行運)에서 희신과 용신을 부조하지 못한 경우.

◉ 기신(忌神)과 결속하여 무리를 짓는 경우.

상기의 예는 모두 기탁(氣濁)의 경우인데 이런 경우는 수(壽)는 있고 자식은 없다 했다.

〈신고(神枯)의 경우〉

◉ 신약(身弱)한데 인수(印綬)가 태중(太重)한 경우.

◉ 신왕(身旺)한데 극설(剋洩)이 전혀 없는 경우.

◉ 사주상 인수(印綬)가 용신인데 財星이 파괴하는 경우.

◉ 신약(身弱)하고 印星이 없는데 食傷이 중첩된 경우.

◉ 금한수냉(金寒水冷)한데 습토(濕土)가 있는 경우.

◉ 화염토조(火炎土燥)한데 木이 고갈된 경우.

상기의 예는 모두 신고(神枯)의 경우인데 이런 경우는 요절(夭折)하고 자식도 없다 했다.

丙火 日主가 酉金月에 生하여 실령(失令)했다. 지지의 辰酉丑이 財星인 金局을 형성하여 財가 旺하니 신약하여, 印星을 용해야 하는데, 時支 卯木은 辰酉 합금의 핍박을 받고, 月干 乙木은 坐下 酉金에 절(絶)地이고, 年干 乙木은 坐下 丑土에 쇠 (衰)地이니 용신이 뿌리를 박지 못해 천박(淺薄)한 것이다.

日主 丙火가 金月에 生하여 실령(失令)하고, 坐下 辰土에 회화(晦火)되고, 지지가 金局을 형성하여 財星이 旺하고, 용신인 乙木이 뿌리를 박지 못하니 천박한 경우라 총칭하여 기탁(氣濁)한 것이며, 月干 乙木 印星이 용신인데 財星이 太旺하여 印星을

파괴하니 신고(神枯)한 것이다. 이를 기탁신고(氣度神枯)라 한다. 사주상 용신을 아들로도 논하는데, 午火대운은 午火가 지지 辰酉丑의 金局을 깨뜨리어 時支 卯木을 구제하니 印星이 다시 역할을 하게 되어 아들을 얻은 것이고, 辛巳대운은 巳酉丑 삼합금국을 형성하여 財星이 태중(太重)해지며 印星을 파괴하니 부부가 함께 사망했다 한다. 적천수(滴天髓)에 기재된 명조이다.

癸水가 丑月에 生하여 냉(冷)하고, 酉金역시 丑月에 한금(寒金)이니, 금한수냉(金寒水冷)한데, 지지에 다시 습토(濕土)가 중중하고, 조후(調候)를 득할 木火가 없으니 발생의 상(象)이 전혀 없는 것이다.

日干 癸水는 지지에 丑土가 중중하니 불순물이 되어 기탁(氣濁)해졌고, 癸水가 丑月에 신약한데, 지지 丑土 官星이 重하고 辛金 印星이 투출한 경우에 해당되니 신고(神枯)한 것이라 기탁신고(氣濁神枯)이다. 戊戌대운은 印星이 중중하여 病인데 다시 印星을 부조하고 日主 癸水를 剋하니 한 가지도 이룬 것이 없이 요절(夭折)한 것이다.

辛金 日主가 辰月에 묘궁(墓宮)에 해당하니 실령(失令)한 것이다. 또한 사주에 戊己土가 중중하니 토다금매(土多金埋)의 상황이다. 따라서 日主가 실령(失令)하여 신약한데 印星이 중중하니 기탁신고(氣濁神枯)의 경우이다. 소토(疏土)함이 급한데 日

支 亥宮의 甲木과 壬水는 旺土에 극절(剋絕)되어 무기력하다.

초년 卯寅대운은 木氣가 지지 亥辰宮의 甲乙木을 인통(引通)하여 소토(疏土)할 힘을 얻으니 가업이 풍족했고 아들도 얻었으나, 乙丑대운은 乙辛 沖하여 신약한 日主를 더욱 쇠하게 하고, 丑土는 旺土로 인해 病이 난 사주에 土에 힘을 더욱 실어주니 이때 사망한 것이다.

65. 기토탁임(己土濁壬)

日主 혹은 용신이 壬水인데 천간에 己土가 투출한 경우, 己土는 불순물이요 구름과 먼지에 비유되니 壬水를 탁(濁)하게 만든다는 의미이다.

酉金月은 음간(陰干)인 辛金이 사령(司令)하여 壬水를 생함이 태강(太强)하지는 않다. 따라서 억부(抑扶)보다는 설기(洩氣)시키는 오행을 대체로 用하게 된다. 상기의 壬水 日主는 사주에 印星이 많아 신강(身强)하지만, 시지 辰土는 申金과 반합수국, 月支 酉金과는 육합금국을 이루니 己土의 뿌리가 약하여 壬水를 극제함이 약하다. 己土는 사주상 전답과 정원의 土이지만 天氣로는 구름과 먼지에 해당된다. 따라서 오히려 壬水를 혼탁하게 하니 불순물이 가득한 물이 되었다. 이를 기토탁임(己土濁壬)이라 한다. 만약 지지에 辰戌土가 있어 타 오행으로 바뀌지 않고 다시 己土가 투출했으면 己土가 약변강(弱變强)이 되어 戌土의 역할을 하니 능히 壬水의 제방을 쌓을 수 있었을 것이다.

丙火가 추월(秋月)에 生하여 실기(失氣)했고 지지에 金氣가 왕한데 丙丁火가 무근 (無根)이니 극제할 수 없다. 酉金月은 태양이 서산에 지며 빛을 잃는 때이니, 日支 申宮의 壬水를 용하여 왕한 金氣를 설(洩)하고 스러져가는 햇빛을 江河의 물이 반사 시켜 광휘(光輝)를 더하면 사주가 중화(中和)를 이룰 수 있다. 다만 혐의가 되는 것은 月干 己土가 투출하여 丙火의 빛을 가리고 용신인 壬水를 탁(濁)하게 하니 기토탁임 (己土濁壬)인 것이다. 적천수(滴天髓)에서 논한 것처럼 淸氣가 돌아오나 官星이 일어 나지 않은 것이다. 따라서 유림(儒林)의 수재(秀才)와는 거리가 멀었고 형상(刑傷)이 많고 고독했다. 더욱이 운로가 巳午未의 火運으로 흘러 용신 壬水와 상배(相排)되니 빈고(貧苦)했던 것이다.

66. 길신태로(吉神太露)

용신과 희신 같은 吉神이 천간에 노출되면 쟁탈당하기 쉽다는 의미이다. 반대로 기신, 구신 같은 흉신은 지지에 암장(暗藏)되면 우환(憂患)을 불러일으키게 된다. 천 간의 氣는 순(純)하므로 쉽게 쟁탈당하는 연고로, 길신이라면 지지에 암장됨이 좋은 것이고, 반대로 흉신은 천간에 노출되어야 쉽게 制化할 수 있어 사주가 길해지는 것이다. 그런데 길신이 투출되었더라도 월령(月令)에 통근되었다면 뿌리가 깊은 것 이니 害가 없고, 흉신이 암장(暗藏)되었더라도 실기(失氣)하고 휴수(休囚)되었다면 쉽 게 제압이 가능하니 역시 害가 없는 것이다. 상기와 같은 이치를 적천수(滴天髓)에서 는 "吉神太露 起爭奪之風, 凶物深藏 成養虎之患(길신이 노출되면 쟁탈의 바람을 일으키 고, 흉물이 심장되면 호랑이를 길러 우환을 당한다는 뜻)"으로 표현했다.

丙	丁	乙	壬
午	丑	巳	午

壬	辛	庚	己	戊	丁	丙
子	亥	戌	酉	申	未	午

丁火 日干이 巳火節에 생하여 旺하며 또한 比劫이 중중하니 財가 있어 이를 골고루 형제들에게 나누어주면 다툼이 적다. 따라서 용신은 財星인 金이다. 巳宮 庚金은 正氣인 丙火의 剋을 받으니 쓸 수 없고, 丑宮의 辛金을 용한다. 丑土는 습토(濕土)이므로 중중한 火氣를 설(洩)할 수 있고, 용신인 辛金 財星을 암장하고 있어, 길신이 노출되지 않고 암장(暗藏)되어 있으니 사주가 길한 것이다. 그리고 日支 丑土는 巳火와 반합금국을 이루어 생화유정(生化有情)되어 용신이 왕강(旺強)해지고, 다시 申酉戌대운은 용신운이니 크게 부(富)를 일으킨 명조이다.

辛	丙	辛	己
卯	子	未	卯

乙	丙	丁	戊	己	庚
丑	寅	卯	辰	巳	午

丙火가 未土月에 生하여 火氣가 퇴기(退氣)하나, 지지에 卯未 반합목국을 이루어 火를 생하니 日主가 旺하다. 子水 官星은 己未土의 극을 받아 손상되었고, 印星이 왕하니 財星을 용하여 月干 辛金을 용신으로 잡는다. 月支 未土는 조토(燥土)로 辛金을 생하지 못하고, 己土는 습토(濕土)라 본시 生金하나 좌하 卯木 印星의 극을 먼저 받으니 손상되어 辛金 용신을 생하지 못한다. 따라서 辛金은 길신인데 천간에 노출되어 쟁탈당하기 쉽고, 기신인 火와 구신인 木은 흉물로써 지지에 암장(暗藏)된 것이다. 이를 길신태로(吉神太露)라 한다.

己巳, 戊辰대운은 희신운으로 재물이 여의했고 발전이 있었으나, 丁卯대운은 흉물에 속하는 기신 丁火와 구신 卯木을 인통(引通)하여 용신인 辛金과 희신인 己土를 함께 剋去하니, 화재(火災)를 연이어 세차례 겪었고 식솔이 일곱이나 손상되었던 것이다. 丙寅運도 역시 기신과 구신운이니 처자를 극하고 가파인망(家破人亡)하였다.

67. 녹록종신(碌碌終身)

사람이 출세하지 못하고 비천하고 운로(運路)가 길하지 못하여, 헛되고 용렬하게 살아감을 뜻하는 말이다. 사주에서는 직업, 직장, 직책, 명예 등을 나타내는 官星이 無力한 것을 의미한다. 이는 日主와 같은 오행이 지지에 成局을 이루어 태왕한데, 반면 이를 극제하는 천간에 투출한 官星은 부조됨이 없어 심히 無力하거나, 혹은 심히 극제되어 官星이 허탈 무기력해져 사주가 빈천하게 된 경우를 말한다. 이런 경우에는 오히려 局 중에 食傷이 있어 官星을 억제하거나, 다시 세운(歲運)에서 官星의 뿌리를 제거하면 정결해지니 명리가 따르게 되는 것이다.

지지 亥卯未 삼합목국을 이루니 日主가 태왕하다. 年干 一位 庚金 正官은 좌하 寅木에 절각(截脚)되고, 사주가 목다금결(木多金缺=木이 태다하여 金이 결됨)되어 官星이 무력해 지니, 평생 무엇 하나 이룩한 것이 없다. 중년에 머리깎고 중이 된 명조이다.

乙木 日主가 지지 亥卯未 목국을 형성하여 元神이 투출한 것이니 목세(木勢)가 旺하다. 年·月干의 辛金 七殺은 통근하지 못하고 또한 생조받음이 없어 심히 무기

력하니 녹록종신(碌碌終身)에 해당된다. 왕한 木氣를 설(洩)하고 辛金 七殺의 뿌리를 제거하는 時干 丁火를 용하면 사주가 중화(中和)를 이루고 七殺을 정결하게 하니 다시 명리(名利)를 얻을 수 있는 것이다.

초년 庚寅, 己丑대운은 쇠약한 辛金 七殺의 뿌리가 되니 오히려 기회를 얻지 못했고, 丁亥대운은 木을 생하고 木이 다시 용신 丁火를 생하여 制殺하니 벼슬이 올랐고, 戊土대운은 卯戌의 火局으로 丁火를 돕고 制殺하니 현령(縣令)으로 승진한 것이다. 이후 酉金대운은 辛金 七殺의 건록(建祿)地라 뿌리가 살아나서 약변강이 되니, 木局과 상전(相戰)하여 관록운이 끝난 것이다.

68. 녹마교치(祿馬交馳)

지지에 역마살(驛馬殺)이 있고, 역마살(驛馬殺)에 해당하는 오행이 천간과 비교시 건록(建祿)에 해당되는 것을 말한다. 주로 격국에서 논하는 용어로, 녹(祿)은 건록(建祿)을 말하며, 馬는 역마(驛馬)를 말하는데, 건록(建祿)과 역마(驛馬)가 同地에 있으니 旺한 기세로 치달음을 의미하는 것이다. 合과 沖을 기피하고, 신왕(身旺)하면 成格이라 논한다.

年支 子水 기준시 日支 寅木은 역마(驛馬)에 해당되고, 年干 甲木과 비교시는 건록(建祿)에 해당되니, 日支에 건록(建祿)과 역마(驛馬)가 同地하고 있는 것이다. 壬水가 子月에 생하여 旺하고 合과 刑冲이 없으니 녹마교치(祿馬交馳)에 해당된다.

69. 녹마동향(祿馬同鄕)

사주상의 녹(祿)은 건록(建祿)을 의미하나 官星을 녹(祿)으로 지칭하기도 하고, 馬는 財星을 의미하는 것이고, 동향(同鄕)은 사주 내에 같이 있음을 의미한다. 따라서 녹마동향(祿馬同鄕)이란 官星과 財星이 사주 내에 同柱하고 있어 相生의 작용으로 길한 사주가 됨을 의미하는 것인데, 또한 천간에 투출한 財星과 官星이 同宮한 지장간(支藏干)에 통근(通根)하고 있음을 말하기도 하고, 또는 財星과 官星이 투출하지는 못했으나 同柱한 지장간에 암장(暗藏)되어 있음을 말하기도 한다. 특히 월령(月令)에 同宮한 경우는 그 기세가 왕강해지는 것이니 크게 길하다 판단하는 것이다.

丙火 正官은 녹(祿)이라 하고, 甲木 正財는 馬라 하는데, 투출하여 월령(月令) 寅宮에 통근(通根)하니 녹마동향(祿馬同鄕)이라 한다. 특히 時干의 印星과 함께 財·官·印이 모두 투출하고 월령에 통근(通根)하여 왕하니 사주가 길하다.

辛金이 寅月에 生하여 실기(失氣)하고, 甲寅木 財星이 왕하여 신약하니 부조(扶助)의 기운이 필요하다. 寅月은 아직 한기(寒氣)가 남아있으나 月干에 丙火가 투출했으니 辛金이 한금냉금(寒金冷金)은 아닌 것이다. 따라서 생조하는 時干 己土를 용한다. 상기는 日主가 왕(旺)하니 財·官·印을 모두 건사할 수 있었던 것이다. 辰巳午未 대운은 용신과 희신운이니 일찍 관직에 올라 명성을 떨쳤으나, 申金대운은 寅申 沖하여 財·官·印의 뿌리를 끊어 놓으니 파직(罷職)되고 낙향(落鄕)한 것이다.

年柱의 甲木 正官과 子水 偏財가 同柱하고 있으니 녹마동향(祿馬同鄕)이다. 그리고 甲癸가 투출했는데 月干 癸水 財星은 年支 子水에 통근하고, 年干 甲木 正官은 時支 寅木에 통근하여 局에 있으니 동주(同柱)하지는 않지만 역시 녹마동향(祿馬同鄕)이라 하는 것이다.

己土가 추월(秋月)에 생하여 한(寒)한데, 時干 丙火가 투출하여 온난케 하니 사주가 조후(調候)를 득하고 중화(中和)를 이루었다.

庚金 日主가 월령(月令) 辰土의 생을 받고 比劫이 있으니 신강하다. 억부법으로 月干 七殺 丙火를 용하는데, 辰月의 丙火는 습토(濕土)에 회화(晦火)되니 旺하지 못하여 약살(弱殺)인데, 年支 寅宮의 甲木 財가 丙火를 생하니 재자약살격(財滋弱殺格)이다. 또한 寅宮의 丙戊가 月·年干에 투출하여 살인상생(殺印相生)이 되니 사주가 귀격(貴格)이다. 아울러 寅宮의 지장간(支藏干)에는 丙火 七殺과 甲木 偏財가 암장(暗藏)되어 있으니 녹마동향(祿馬同鄕)이라 하는데, 이로써 귀(貴)가 극품(極品)에 이르나 七殺이 용신이니 무관직이다. 용신 丙火는 辛金과 간격되어 있으니 化되어 기반(羈絆)됨을 막았다. 巳午未 남방火運은 용신운이라 발복이 컸으나, 辛金대운은 용신인 丙火와 간합수국을 이루어 기신으로 바뀌니 암살당한 것이다.

70. 녹원호환(祿元互換)

日柱와 時柱에 正官이 상호 자리를 바꾸어 있는 것을 말한다. 즉, 日主의 正官은 時干에 있고, 時支의 正官은 日支에 있는 것을 의미한다. 사주상 녹(祿)의 의미는 두 가지가 있는데, 하나는 건록(建祿=正祿)이고, 또 하나는 육신상의 正官을 의미한다. 여기서는 正官을 의미하는 것이다. 이에는 四日時가 있다. 戊申日 乙卯時, 丙子日 癸巳時, 丁酉日 壬寅時, 庚子日 丁巳時 등이다.

녹원호환의 경우 기(忌)하는 것은 日主를 극하는 七殺과 時支를 극하는 七殺, 日支와 時支의 沖을 기피하고, 희(喜)하는 것은 時支宮의 正官을 生하는 財星으로 財生官하니 이를 기뻐하는 것이다.

日主 戊土의 正官은 時干 乙木이고, 時支 卯宮 乙木의 正官은 日支 申宮의 庚金이니 녹원호환(祿元互換)에 해당된다. 상기 녹원호환(祿元互換)의 경우에서 희기(喜忌)에 해당되는 오행은, 戊土 日主를 극하는 七殺 甲木과, 時支 卯宮 乙木을 극하는 七殺 辛金과, 日支 申金과 沖되는 寅木과, 時支 卯木과 沖되는 酉金은 모두 기(忌)하고, 時支宮 卯木 正官을 生하는 財星 즉, 壬癸水는 기뻐하는 것이다.

상기 명조는 壬癸水가 투출하여 지지 申亥에 통근하니 財星인 水가 왕하다. 財星이 왕하면 형제들인 比劫에게 재산을 분배해야 쟁탈이 적으니 월령(月令) 戌宮의 戊土를 용신으로 잡는다. 귀격사주로 未午巳丁丙 희신운에 발달했다.

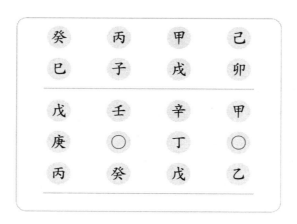

日主 丙火의 正官은 時干 癸水이고, 時支 巳宮 丙火의 正官은 日支 子宮의 癸水이다. 녹원호환(祿元互換)인 것이다.

日主 丁火의 正官은 時干 壬水이고, 時支 寅宮 甲木의 正官은 日支 酉宮의 辛金이다. 녹원호환(祿元互換)이다.

日主 庚金의 正官은 時干 丁火이고, 時支 巳宮 丙火의 正官은 日支 子宮의 癸水이니 녹원호환(祿元互換)인 것이다.

71. 다능지상(多能之象)

사주상의 음기(陰氣)는 본시 정(靜)하고 合하고져 하니, 음기가 많은 사주는 편협(偏狹)되고 권모술수(權謀術數)를 좋아하며, 세력과 재물을 좇기를 좋아하고, 매사 안으로 숨기고져 하니 바로 소인배의 상(象)인 것이다.

이는 사주의 氣가 편기(偏氣)하며 잡란하고, 약한 것을 버리고 강한 것을 用하며, 쟁(爭)과 合이 많은데 正氣는 合去하고, 변화되어 나오는 氣는 흉신인 경우를 말하며 이런 유(類)를 다능지상(多能之象)이라 하는 것이다. 아래에 예시한 네가지 경우가 이에 해당하며, 사주의 예로는 年·時는 陽의 오행으로 구성되었고, 月·日은 陰의 오행으로 구성된 경우를 말한다.

1) 官星이 희신인데 劫地에 임(臨)하여 쇠(衰)한 경우,
2) 財星이 희신인데 印綬에 임(臨)하여 상극되어 쇠(衰)한 경우,
3) 인수(印綬)가 기신인데 官星이 生印하는 경우,
4) 인수(印綬)가 희신인데 財星이 파극(破剋)하는 경우,

상기의 경우들은 陰이 성하고 陽은 쇠약해져, 陰氣가 당권(當權)하고 용신과 희신이 모두 陰에 해당되는 부류로 이런 명조자는 공명정대하지 못하고, 권력에 아부하고, 권모술수(權謀術數)에 능하고, 재물만 좇으니 이를 다능지상(多能之象)이라 한다.

年·時는 陽의 오행이고 月·日은 陰의 오행으로 구상된 경우이다. 己土가 丑月에 생하여 천지가 차니, 金水는 한냉(寒冷)하고 木土는 동습(凍濕)하다. 火氣가 없으면 발생의 情이 없는 것이다. 해동(解凍)하는 年干 丙火가 요긴한데 丑月에 양(養)에 해당되니 쇠약하고 坐下 戌土에 회화(晦火)되며, 辛金과 합하여 化水되니 丙火가 무력하며 陽이 陰으로 변하여 陰氣가 旺한 사주에 다시 陰을 더하는 것이다. 陰이 왕하니 소인지상(小人之象)으로 위인이 권모술수에 능했고, 탐재(貪財)가 심했고, 권

세에 아부하며, 교만하였으니 이는 소인배의 상(象)이며 또한 다능지상(多能之象)이라 한다.

72. 대수지토(帶水之土)

水를 함유한 土를 말하는데, 辰未戌丑 중 辰土와 丑土를 말한다.

辛金은 주옥(珠玉)의 金인데 사주에 戊己土가 중중하니 토다금매(土多金埋)의 상황이다. 소토(疏土)함과 세도(洗淘)함이 필요한데, 年支 寅宮의 甲木은 寅亥 합되어 묶이니 소토(疏土)할 여력이 없고, 세도(洗淘)하여 광채를 드러내야 하니 時干 壬水를 용해야 한다. 壬水 坐下 辰土는 습토(濕土)로 水를 머금은 대수지토(帶水之土)이다. 따라서 壬水가 수고(水庫)를 깔고 있으니 壬水 용신이 약하지 않다.

상기 명조의 경우처럼 印星이 중중하면 편업된 직업을 갖는 경우가 많은데, 의사, 침술가, 한의사, 운수업, 역술가, 기자, 정비업, 의료기기계통 등의 종사자가 많다. 일찍이 한의학을 배워 명성을 얻고, 한약재료 유통업에 관여하여 많은 재물을 모은 명조다.

지지가 寅亥 합木과 亥未 반합목국으로 財星이 重한데, 日主 辛金이 습토(濕土)인 辰土의 생을 받으니 약하지 않아 능히 財를 감당할 수 있다. 용신 壬水는 지지 辰亥에 통근하고, 다시 坐下 辰土는 수고(水庫)에 해당되고, 운로가 申酉戌亥子丑의 용신과 희신운으로 흐르니 크게 발복된 것이다. 월령(月令) 未土月은 火氣가 퇴기하는 시점이라 未宮의 丁火 官星이 쇠약하니 관록(官祿)을 기대할 수 없고, 역시 寅宮의 丙火 官星 또한 寅木이 寅亥 합되어 財星으로 바뀌어 官星의 역할을 망각하니 가문의 명예는 크게 기대할 바 없다.

73. 독살위권(獨殺爲權)

天干에 투출한 一位 官殺이 생조를 받아 권세(權勢)를 얻음이다.

卯未 반합목국에 乙木이 투출하여 印星이 왕하고, 酉丑 반합금국에 辛金이 투출하여 財星 역시 旺하다. 月干 癸水는 독살(獨殺)인데, 酉丑 財星의 생조를 받아 偏官이 旺하여 권세를 잡음이니 독살위권(獨殺爲權)에 해당된다.

74. 동금희화(冬金喜火)

동절(冬節)의 金은 한냉(寒冷)하니 조후(調候)가 급하여 따듯하게 하는 火氣를 좋아한다는 것이다.

子月의 庚金은 한냉(寒冷)하다. 火氣가 없으면 발전의 상(象)이 없으니 月干 丙火가 필요하다. 甲木의 생조가 있고 운로(運路)가 동남방이니 귀격이다.

戊	庚	乙	癸
寅	辰	丑	丑

戊	己	庚	辛	壬	癸	甲
午	未	申	酉	戌	亥	子

庚金이 丑月에 생하여 한금냉금(寒金冷金)이다. 丙丁火가 귀중한데, 時支 寅宮에 丙甲이 암장되어 官과 財를 이루니 귀격이 되었다.

상기는 印星인 土氣가 중중하니 종강격(從强格)을 이루었다. 寅宮의 丙火가 해동(解凍)하니 丑辰土가 庚金을 생하고, 乙木은 乙庚 合金을 이루고, 중중한 印星이 君인 日主를 향해 충성을 다하고 있다. 용신은 庚金이다. 운로가 용신과 희신운이니 극귀(極貴)하고 명진사해(名振四海)한 조화원약(造化元鑰)에 기재된 명조이다. 동절(冬節)의 金은 한냉(寒冷)하니 丙火로 온난케 하고 또한 丁火로 제련하여 귀기(貴器)를 만들어야 하니 丙丁火가 요긴하다. 丙火의 해동(解凍)이 없으면 庚金이 무용지물인데, 丑月은 二陽으로 진기(進氣)하니 寅宮의 丙火가 힘을 받아 능히 火氣를 더한다. 이처럼 동금(冬金)이 火를 반기는 것을 동금희화(冬金喜火)라 한다.

75. 동수왕양(冬水汪洋)

동월(冬月)의 水가 부조하는 比劫이 중중하여 旺해져서 물이 흘러가는 세(勢)가 충분(衝奔)함을 의미한다. 이는 冬月(亥子丑) 중 亥月에 해당되고, 子·丑月의 경우에는 얼음이 얼 때이니 이 표현을 쓰지 않는다.

壬	癸	辛	壬
子	亥	亥	申

丁	丙	乙	甲	癸	壬
巳	辰	卯	寅	丑	子

亥月의 癸水는 아직 물이 얼지 않을 때이니, 印星과 比劫이 중중하여 수세(水勢)

가 旺하므로 동수왕양(冬水汪洋)에 해당된다. 상기는 水가 태왕(太旺)하므로 왕신의
설(旺神宜洩)이라 했으니 월령(月令) 亥宮의 甲木을 용하여, 甲寅, 乙卯대운은 발전하
나 이후 火의 財星운은 군겁쟁재(群劫爭財)되니 흉운인 것이다.

76. 동화전북(東火轉北)

東火는 춘월(春月)의 火를 의미하고 전북(轉北)은 北方 水旺地로 行함을 의미한다.
춘목(春木)은 火로 진기(進氣)하는 계절이니 火가 염상(炎上)의 성질을 띠고 있는 것
이라 제어(制御)하기 힘들게 되므로 순기세(順氣勢)로 행해야 하는데, 北方 水地를
만나면 수화상쟁(水火相爭)하니, 이런 명조자는 무례하고 강폭한 성질을 띠게 된다.
이런 경우엔 습토(濕土)로써 火氣를 거두어들이면 강폭한 성질이 자애롭게 변하는
것이다. 그렇지 않으면 木火運으로 흘러 순기세(順氣勢)하여야 한다.

丙火가 午火節에 제왕(帝旺)을 得하고 다시 寅午 반합화국이 있고, 다시 甲寅木
이 생하니 염염(炎炎)하고 강렬한 화세(火勢)를 꺾을 수 없다. 기쁜 것은 時干 己土가
습토(濕土)인 坐下 丑土에 통근하여 맹렬한 화세(火勢)를 거두어들이니 위인의 성품
이 교만과 아첨이 없었던 것이다. 중년에 土金運을 만나 맹렬한 화세(火勢)를 가두
니 관직에 올랐고, 군수(郡守)를 지냈던 것이다.

77. 득비이재(得比理財)

사주상 日主가 약하고 財가 旺할 경우, 比劫의 힘을 빌어 財를 골고루 분배함으
로써 財를 다스린다는 의미이다.

庚	丙	丁	辛
寅	申	酉	酉

庚	辛	壬	癸	甲	乙	丙
寅	卯	辰	巳	午	未	申

丙火가 酉月에 생하여 실령(失令)했고, 지지에 申酉 財星이 왕하니 日主가 신약하다. 천간의 庚辛金은 지지에 녹왕(祿旺)地를 깔고 있고 다시 투출하여 태강(太强)하니 財星을 극제해야 사주가 中和를 이룰 수 있다. 丁火로 용금(鎔金)함이 필요한데 月干 丁火가 투출하고 時支 寅木에 통근하니 丁火인 劫財를 용하여 財를 다스려야 하는 것이다. 이것을 득비이재(得比理財)라 한다.

대운이 未午巳 남방 火運의 용신운이라 발복이 있었으나, 壬辰대운은 용신과 상극되는 운이니 파가탕진(破家蕩盡)하고 말았다.

癸	丙	辛	戊
巳	午	酉	辰

丁	丙	乙	甲	癸	壬
卯	寅	丑	子	亥	戌

月柱에 財星이 있는데 다시 辰酉 반합금국의 財星局을 이루고 戊土가 생하니 財星이 왕하다. 日主 丙火는 좌하에 제왕(帝旺)을 득하고 巳火의 부조가 있으니 태약하지는 않아 財를 감당할 수 있다. 財星이 旺하면 형제자매인 比劫으로 재물을 분배하면 쟁탈과 불화를 막을 수 있으니 중화(中和)를 이룰 수 있는 것이다. 즉, 득비이재(得比理財)인 것이다. 따라서 용신은 日支 午宮의 丁火를 용한다. 財旺한데 日主가 태약하지는 않으니 부잣집에 태어났고 청소년기는 유여했던 것이다. 상기 명조는 時干 癸水가 기신이라 병(病)이 된 것이다. 子水대운에 용신 午火를 암충(暗沖)하는데 구신(救神)인 木이 없고, 더욱이 子辰 반합수국으로 水가 旺神이 되어 쇠신(衰神)인 午火를 沖剋하니 파재(破財), 파가(破家), 망신(亡身)했던 것이다.

78. 득비적살(得比敵殺)

사주상 日主가 약하고 官殺이 왕할 경우, 比劫의 힘을 빌어 官殺을 대적한다는 의미이다. 이에는 다음의 세가지 경우가 있다.

첫째, 官殺이 旺한데 食傷이 없어 制殺하지 못하는 경우,

둘째, 官殺이 중중한데 印星이 없어 살인상생(殺印相生)하지 못하는 경우,

셋째, 인수(印綬)는 약한데 財星이 있어 재파인수(財破印綬)하는 경우이다.

男命에서는 比肩을 형으로 논하고 劫財는 아우로 논하는데 사주상 득비적살(得比敵殺)의 경우에는 형의 조력으로 일을 풀어가는 이치이니 형제자매간 우애가 돈독한 명조인 것이다.

丙火가 寅月에 생하여 長生을 得했으나 전월 丑月의 한기(寒氣)가 남아 있으니 아직은 쇠(衰)하다. 그러나 寅亥 合木과 丁壬 合木되어 日主를 生하니 쇠(衰)한 중 부조(扶助)의 氣가 있는 것인데, 時支 酉金이 寅木을 극함이 두려운 것이다. 기쁜 것은 천간의 兩 丁火 劫財가 酉金을 剋하여 寅木을 손상시킴을 막은 것이다. 즉, 比劫의 힘을 빌어 官殺을 대적하니 득비적살(得比敵殺)인 경우이다. 따라서 형제간 우애가 돈독했고 7형제가 모두 글공부를 이어갔던 것이다. 적천수(滴天髓)에 기재된 명조이다.

79. 등라계갑(藤蘿繫甲)

등나무와 담쟁이 넝쿨은 乙木에 속하여 유약하지만, 甲木이 있으면 甲木에 의지하여 자라게 되니 약변강(弱變强)이 된다는 것이다.

丙	乙	甲	甲
子	酉	戌	寅

辛	庚	己	戊	丁	丙	乙
巳	辰	卯	寅	丑	子	亥

천간에 丙火가 있어 조후(調候)를 得하고, 戌月은 건조한 계절이며 戌月의 乙木은 死木이다. 丙癸를 떠나 乙木이 발전을 이룰 수 없다. 癸水가 필요한데. 子中 癸水는 酉中 辛金의 생을 받아 辛癸가 모두 구비되니 부귀공명을 누렸다. 乙木이 甲木을 의지하여 자라게 되니 등라계갑(藤蘿繫甲)인 것이다.

甲	乙	己	戊
申	亥	酉	辰

乙	甲	癸	壬	辛	庚
卯	寅	丑	子	亥	戌

乙木이 酉金月에 생하여 실기(失氣)했고, 戊己土 財星이 다시 酉申 官星을 생하니 日主가 태약(太弱)하다. 印星을 用하여 日主를 생조하면 중화를 이룰 수 있다. 日支 亥宮의 壬水가 용신이다. 기쁜 것은 천간의 甲乙이 亥宮에 통근하고 등라계갑(藤蘿繫甲)을 이루어 능히 旺한 官殺을 대적할만하다.

亥子癸운은 용신운이니 벼슬길이 순탄했고, 丑土대운은 기신운이니 집안에 재화(災禍)가 있었을 것이고, 甲寅대운 중 甲대운은 甲己 合土하여 기신운이고, 寅木대운은 寅亥 合木하여 용신인 水를 합하여 한신운으로 바뀌니 승진하지 못했고, 乙卯운은 한신운으로 旺한 財·官을 극제하니 승진할 수 있었다.

80. 등화불검(燈花拂劍)

등화불검(燈花拂劍)은 육십갑자 납음오행(納音五行)을 적용한 것으로, 甲辰, 乙巳는 복등화(覆燈火)가 되고, 壬申, 癸酉는 검봉금(劍鋒金)이 된다. 따라서 年柱가 甲

辰, 乙巳이거나 또는 日柱가 甲辰, 乙巳인 경우에 時柱가 壬申, 癸酉가 되면 이格에 해당하는 것이다. 등화불검(燈花拂劍)은 등불을 가까이 하며 공부하여 文官으로 관직에 올라야 하는데 보검을 휘두른다는 것이니 이도공명(異途功名)으로 관직을 얻는다는 뜻이다.

상기명은 상인(商人)의 명조로써 甲辰, 乙巳가 日・年에 있고, 時柱가 壬申時니 등화불검(燈花拂劍)이다. 지지 申子辰 삼합수국을 이루고, 時干에 壬水가 투출했으니 水가 태왕(太旺)하여 甲木이 물에 뜨는 수범목부(水泛木浮)의 상(象)이다. 戊土의 制水가 없으면 중화(中和)를 이룰 수 없다. 巳宮의 丙戊를 용하여 해동(解凍)하고 制水해야 하는데, 戊土가 出干했으니 이를 용한다. 상기는 水가 태왕하여 병(病)이 重한데 약(藥)이 경(輕)한 것이다. 申運에 다시 水를 생조하니 병중무구(病重無救)하여 물에 빠져 죽은 것이다.

年・日이 乙巳와 甲辰이고 癸酉時에 생했으니 등화불검(燈花拂劍)이다. 역시 앞의 壬申時生 사주와 마찬가지로 巳宮의 丙戊를 용하여 해동(解凍)과 制水를 해야 한다. 앞의 壬申時生은 壬水가 투출하여 水가 태왕(太旺)한데 이를 제어할 戊土가 약해 수범목부(水泛木浮)의 상(象)이나, 癸酉時生은 戊癸 合火하여 왕한 水의 기세를 누그러뜨리니 흉중 길함이 있는 것이다. 운로(運路)가 丁丙乙甲未午로 흘러 용신인 戊土를 부조하는 운이니 소귀(小貴)하여 생원(生員) 벼슬을 한 것이다.

甲辰日生이 壬申時에 생하니 역시 등화불검(燈花拂劍)이다. 지지 亥丑은 壬水를 끌어와 암암리에 亥子丑의 방합수국을 형성하고, 申辰 역시 壬水를 끌어와 암암리에 申子辰 삼합수국을 형성하니 지지 전체가 水局을 형성했다. 印星인 水가 태다(太多)하여 종격(從格)을 이룰 것 같지만, 甲木은 亥月에 갑목맹아(甲木萌芽)라 약변강(弱變强)이 되고, 지지 辰亥에 통근하였으며, 月干 己土 역시 지지 전체에 통근하니 능히 왕한 수세(水勢)를 制水할 수 있어 종(從)의 이치는 없는 것이다. 다만 동월(冬月)의 亥水는 한동(寒冬)한데 火氣가 없으니 해동(解凍)하지 못하였으나 운로(運路)에서 중년 이후 未午巳의 火運으로 흘러 해동(解凍)하고 己土를 생하니 귀격이 되어 문관외의 길인 이로(異路)로 공명을 이루어 제후(諸侯)에 올랐던 것이다.

81. 명관과마(明官跨馬)

天干의 官星이 同柱한 지지에 財星을 깔고 있는 것을 말한다.

명관(明官)은 천간에 투출된 官星을 말하고, 馬라는 것은 財星이나 역마(驛馬)를 말하는데, 여기서는 財星을 의미하는 것이다. 官星이 坐下에 財星을 깔고 있는 형국으로 財生官하여 官星이 생조를 받아 旺해지니 귀격이 되는 것이다.

庚金이 卯月에 실기(失氣)했지만 坐下에 녹성(祿星)을 깔고, 戊辰土의 생을 받으

니 신강(身强)하다. 따라서 억부(抑扶)를 적용하여 月干 丁火를 용하는데, 丁火 正官은 坐下에 卯木 財星의 생조를 받아 왕하니 사주가 귀격이 되었다.

甲木 日主가 寅月에 건록(建祿)을 득하고 子水의 생을 받아 신왕(身旺)하다. 寅月은 前月인 丑月의 한기(寒氣)가 아직 남아있어 丙火를 요하지만 丙火가 불투(不透)하고, 比劫의 왕세(旺勢)를 설기(洩氣)시키기에는 역부족이니 時干 辛金을 용하여 극제하면 중화(中和)를 이룰 수 있다. 辛金은 坐下 未土의 생을 받고 日支 申金에 통근하니 약변강으로 변하여 庚金化 되어 능히 旺木을 극벌(剋伐)할 수 있는 것이다. 특히 未土 正財는 주천을귀인(晝天乙貴人)에 해당하며 辛金을 생하니 사주가 귀격인 것이다. 時柱에 官이 財 위에 있어 상호 상생하니 명관과마(明官跨馬)라 한다.

巳午未대운은 기신운이라 축산업을 하면서 크게 발전이 적었으나, 庚申대운 이후는 용신운이라 일약 발전하여 재물을 축적했고 이어 명예직인 농협조합장에 계속 당선되며 명망을 얻은 명조이다.

82. 명암부집(明暗夫集)

여명의 부성(夫星)은 官星인데, 천간에 투출된 官星은 명관(明官)이라 하고 지지에 암장된 官星은 암관(暗官)이라 하는데, 이들 官星이 사주에 많은 것을 말한다.

(女命)

甲木은 正官으로 여명에서는 부성(夫星)에 해당하는데 천간에 투출했으니 명관(明官)이며 명부(明夫)가 되고, 지지 寅中의 甲木과 未中 乙木, 卯中 甲乙木은 모두 암관(暗官)이니 암부(暗夫)가 된다. 명부(明夫)와 암부(暗夫)가 서로 처(妻)를 차지하려고 다투니 사주가 흉하다. 여명에서 官星이 중중한데 食傷이 없으면 남편과의 연이 박(薄)하고, 부덕(夫德)이 적고, 자식연도 적고, 비천한 인생을 사는 경우가 많다. 상기는 현모양처와는 거리가 먼 명조이다.

상기 명조는 官星이 중중하여 印星이 용신인데, 운로가 丑子亥戌酉申의 기신과 구신운이니 더욱 인생에 발전이 없었던 것이다.

(女命)

천간과 지지에 官星이 중중하다. 천간의 甲乙은 명관(明官)에 해당되고, 지지 卯辰寅宮의 甲乙은 암관(暗官)이 된다. 지지 寅卯辰이 丑月이라 비록 실기(失氣)했으나 官星이 회국(會局)했으니 官殺이 중중하여 역시 명암부집(明暗夫集)에 해당된다. 木氣가 성(盛)하나 月·日支의 比劫이 있으니 종(從)의 이치는 없다. 丑月에 만물이 해동(解凍)이 급하니 時支 寅宮의 丙火를 용한다. 巳火대운은 본시 용신운이나 丑土와는 巳丑의 반합금국의 구신운이 되고, 寅木과는 寅巳 刑하니 남편과의 불화가 심했던 것이다. 庚金대운에 乙庚 合金의 구신운이니 머리깎고 여승이 된 것이다.

83. 명합명충(明合明沖)

사주원국에서의 合을 명합(明合)이라 하고, 사주원국에서의 沖은 명충(明沖)이라
한다.

명합(明合)

사주원국에서의 合을 명합(明合)이라 하는데, 局에서의 명합은 사주의 구성형태
에 따라 길흉이 분별되어 나타난다. 사주원국의 凶神(忌神·仇神)에 해당되는 오행이
合되어 吉神(用神·喜神)으로 바뀌면 흉변길(凶變吉)이 되는 것이고, 사주원국의 吉神
(用神·喜神)에 해당되는 오행이 合되어 凶神(忌神·仇神)으로 바뀌면 길병흉(吉變凶)이
되는 것이다.

乙木이 寅月에 생하여 제왕(帝旺)을 득해 旺하나, 寅月은 아직 前月의 한기(寒氣)
가 남아있으므로 丙火의 따듯함을 바라는 것이다. 따라서 時干 丙火가 존귀(尊貴)한
데, 日·時支 亥子水의 핍박을 받으니 丙火가 무력해진 것이다. 그러나 기쁜 것은
寅亥 合木되어 기신에 해당하는 亥水가 化木되어 용신 丙火를 생하니 사주가 길해
진 것이다. 식신생재(食神生財)하니 부격(富格)의 사주로 巳午未 용신운에 대발(大發)
했던 것이다.

명충(明沖)

자주원국에서의 沖을 명충(明沖)이라 하는데, 局에서의 명충은 사주의 구성형태에 따라 吉凶이 다르게 나타난다. 吉神(用神·喜神)에 해당되는 오행이 沖되어 손상되면 길변흉(吉變凶)이 되고, 凶神(忌神·仇神)에 해당되는 오행이 沖되어 손상되면 오히려 흉변길(凶變吉)이 되는 것이다.

지지는 相沖하면 지장간의 干 역시 沖剋하게 되는 것이다. 沖에도 왕쇠(旺衰)가 있고 이에 따른 길흉이 분별되어 나타나는 것이다. 득령(得令)하여 旺한 神이 쇠신(衰神)을 沖하면 쇠신(衰神)은 뿌리가 뽑혀 나가고, 실시(失時)하여 쇠약(衰弱)한 神이 旺神을 沖하면 旺神은 상함이 없고 오히려 분노케 할 뿐이다. 운로에서의 이치도 또한 같은 것이다. 이를 적천수에서는 "旺者沖衰衰者拔, 衰神沖旺旺神發"이라 표현한 것이다. 따라서 局에서 沖하는 자가 힘이 있어 흉신을 제거하면 이롭고, 길신을 제거하면 불리한 것이다. 흉신이 격노하면 화(禍)를 당하고, 길신이 격노하면 비록 화(禍)를 당하지는 않지만 불란스럽게 되니 복을 얻기도 어려워지는 것이다. 지지의 沖은 局에 구신이 없는 한 뿌리가 끊어졌다 판단한다. 따라서 沖된 지지에서 축장(蓄藏)되어 있는 오행이 천간에 투출한 경우라면 역시 손상되었다 판단하는데, 이 또한 沖된 지지의 역학관계에서 왕쇠(旺衰)를 논해야 하는 것이다. 예로 月支와 日支의 沖이라면 月支는 힘이 강하니 沖된 경우에 日支가 좀 더 손상된다고 판단하는 것이다.

아울러 염두에 두어야 할 것은 지지 沖에서 寅申巳亥는 사맹신(四孟神)이라 하는데, 사맹신의 경우는 각 사계절이 시작되는 초입에 해당되므로 비록 절기가 바뀌는 시점이라 생명력이 강인하다 하나 성숙되지 못했으니 沖의 경우에 양쪽 모두 全破되는 것이다.

子午卯酉의 경우는 四中神이라 하는데 四正方을 차지하고 있으며, 각 사계절의 중간에 있어 자기 위치가 뚜렷하니 沖이 되도 半破된다 판단하는 것이다. 이는 子午 沖의 경우 子宮의 壬水와 午宮의 丁火가 있어 외적으로는 沖이 되더라도 내적으로는 丁壬 合木하여 일면 합하려는 성질이 있기 때문이다. 卯酉의 경우도 卯宮의 乙木과 酉宮의 庚金이 비록 외적으로는 沖되지만 내적으로는 乙庚 合金하여 합하려는 성질이 있으니, 子午卯酉의 沖은 全破되지 않고 半破된다 하는 것이다.

辰未戌丑은 사고신(四庫神)이라 하며 사우방(四隅方)을 차지하고 있으며, 각 사계절의 끝자락이라 내포된 기운이 잡되고 또한 형제간의 다툼으로도 논하니 沖이 되도 먼지만 풀썩 날 뿐이고 손상되지는 않는 것이다. 따라서 沖의 경우는 沖된 오행의 왕쇠(旺衰)와 강약(强弱)을 면밀히 분별하면 사주에 미치는 길흉관계도 명확하게 드러나는 것이다.

乙木이 未土月에 생하여 실기(失氣)했다. 未土月은 火氣가 비록 퇴기(退氣)하는 계절이나 아직 화세(火勢)가 다 소멸된 것은 아니고, 局에 火土가 중중하니 신약하여 印星이 요긴하다. 年干 癸水는 月干 己土의 剋을 받으니 용할 수 없고, 時干 癸水를 용신으로 잡는다. 癸水는 日支 亥水에 통근하여 길한 것 같으나, 巳亥 相沖하여 손상되니 천간의 癸水 역시 손상된 것이다. 즉, 명충(明沖)되어 용신인 癸水가 무력해진 것이다. 따라서 위인이 행동과 사고가 기민하고 실천력이 뛰어나 재물복은 다소 있었으나, 용신인 印星이 손상됐으니 학업의 끈이 짧았고 부모와의 연이 적었으며, 재물을 바탕으로 지방자치단체의 선출직 명예라도 얻으려 했으나 좋은 결과를 얻지 못했던 것이다.

84. 모왕자고(母旺子孤)

母는 왕하고 子는 고독하다는 뜻이다. 日主를 母라 하면 日主가 생하는 食傷은 子에 해당된다. 母가 왕한 경우면 子는 모세(母勢)에 의지하지 않는다 하더라도 母의 情은 子에게 가있는 터라, 母子 모두 손상되거나 억제가 마땅치 못한 것이다. 이때는 子의 勢(세)를 돕는다면 母子가 모두 화합되고 번창하는 것이다.

이 경우에 혐의가 되는 경우가 두 가지 있는데, 예를 들어 甲乙 日主가 木이 중중하고 火가 한두 개 있을 경우에 水를 만나면 火인 子가 상하여 흉하게 되는 경우가 첫 번째고, 두 번째는 金을 만나는 경우엔 金木 상쟁하여 왕한 木인 母를 충분(衝奔)

시키니 子를 더욱 고독하게 하는 것이다.

乙木을 母라 하면 乙木이 생하는 午火는 子에 속하는데, 乙木 日主가 比劫이 중 중하니 모왕(母旺)하고, 午火는 年支에 고립되어 있으니 자고(子孤)라 즉, 母旺子孤 (모왕자고)한 형국이다. 그러나 기쁜 것은 子인 午火가 寅午 合火하여 어머니의 성정 (性情)을 거스르지 않고 그 情을 끌어내어 손자(孫子)인 戊土를 생하니 母子 모두 화 합의 情이 발생하는 것이다. 운로가 火土운으로 흘러 어머니의 情이 자식에 이어 손자에까지 전달되니 木火土가 모두 有情한 것이라, 일찍 관직에 올라 벼슬길이 열렸고, 庚申대운은 金이 旺木을 충극하여 어머니의 성정(性情)을 충분(衝奔)케 하니 사망한 것이다.

日主인 甲木을 母라 하면 食傷인 月干 丙火는 子에 해당된다. 지지는 寅卯辰 방 합목국을 형성하고, 다시 寅亥 합목되니 지지의 局이 木局 일색이다. 日主가 태왕 (太旺)한 것이다. 丙火는 坐下 辰土에 회화(晦火)되고 癸水가 時支에 통근하고 투출 하여 丙火의 햇빛을 가리니 母는 旺하고 子는 심히 고독하다. 모왕자고(母旺子孤)인 경우이다. 어머니의 자애로움이 子에게 미치지 못하고 도리어 멸자(滅子)의 뜻만 있 는 것이다.

초년 乙卯, 甲寅대운은 子인 丙火를 부조하니 모정(母情)이 子에까지 도달해 가 내가 평온했으나, 癸丑대운은 水를 대동한 土라 모정(母情)에 변화가 들어와 이제는 子를 멸(滅)할 생각만 하니 가업을 破하였고, 壬子대운에는 水가 子인 丙火를 剋去하니 파가인망(破家人亡)하여 자살로 생을 마쳤다.

85. 모왕자상(母旺子相)

印星을 母라 하면 日主는 子에 해당된다. 印星이 월령(月令)에 있고 사령(司令)하여 旺한데 子인 日主도 印星과 比劫의 생부를 받아 旺한 것을 말한다. 예로, 秋月의 水는 금왕지절(金旺之節)에 生한 것이다. 金은 水를 생하니 母이고 水는 子인데, 秋月에는 金이 사령(司令)하여 旺하고 壬水가 長生이 되어 역시 약하지 않으니 모왕자상(母旺子相)이라 한 것이다.

申宮의 庚金이 사령(司令)하고 투출하니 母인 庚辛金이 왕하다. 壬水는 子인데 월령(月令) 申宮의 壬水에 통근하고 坐下 辰土 수고(水庫)를 깔고 있고, 庚辛金의 生을 받으니 역시 왕하다. 모왕자상(母旺子相)한 것이다. 亥子丑 용신운에 발전했다.

86. 모자멸자(母慈滅子)

日主를 子로 보면 이를 생하는 印星은 母에 해당된다. 사주에 印星이 많고 比劫이 약한 것을 말한다. 印星이 많으면 어머니의 자애로운 情이 분에 넘치게 아들에게 향하게 되는 것이다. 印星이 적당하면 좋은데 너무 많으면 오히려 子인 日主가 손상된다. 이는 財星이 있더라도 無氣하여 印星을 破하지 못하는 경우를 말하는 것으로, 이때에는 어머니의 성정(性情)에 순응(順應)하면서 그 子를 도와야 하는 것이다.

丁火 日主를 子라 하면 이를 생하는 木은 母에 해당된다. 比劫과 財星이 전무하니 木이 태왕(太旺)하다. 더욱이 지지에 寅卯辰 방합목국으로 木이 태중하여 丁火 아궁이불이 꺼질 지경이다. 이른바 목다화식(木多火熄)이고 母의 情이 너무 지나쳐 오히려 子가 손상되니 모자멸자(母慈滅子)의 경우이다. 일점 癸水 官星은 旺木의 기세에 휩쓸려 들어가니 官星의 역할이 유명무실이다. 母의 성정(性情)에 순응하며 그 子도 도와야 하니 운로에서 比劫地로 행하면 母와 子가 모두 편안해지는 것이다.

초년 癸丑, 壬子대운은 旺한 木을 더욱 생하고 火를 剋하므로 형상파모(刑傷破耗)가 있었고, 辛亥, 庚戌, 己酉, 戊申대운은 土를 인통(引通)하고 財星인 金을 생하여 母의 성정(性情)을 거역하는 것이니 신고(身苦)가 대단했던 것이다. 이후 丙午, 丁未대운 20년간은 比劫運으로 日主를 부조하니 母의 성정(性情)에 순응하는 운이라 子와 母가 모두 편안해지니 첩과 자식도 얻고, 수만금의 재물도 모았으며, 수명(壽命)도 구순(九旬)을 넘겼다.

지지 亥子丑 방합금국을 형성하여 어머니인 印星이 태다(太多)하고, 자식인 乙木이 戊土가 없어 뿌리를 내리지 못하니 목부(木浮)하고 썩게 되는 것이다. 모자멸자(母慈滅子)인 것이다.

참고로 日主의 오행에 따른 모자멸자(母慈滅子)에 해당되는 경우로써 오행의 구성에 따라 아래와 같은 용어를 사용하기도 한다.

日主가 木인데 水가 많은 경우 – 수범목부(水汎木浮)

日主가 火인데 木이 많은 경우 – 목다화식(木多火熄)

日主가 土인데 火가 많은 경우 – 화염토조(火炎土燥)

日主가 金인데 土가 많은 경우 – 토다금매(土多金埋)

日主가 水인데 金이 많은 경우 – 금다수탁(金多水濁)

87. 모정유변(母情有變)

어머니의 情에 변화가 있다는 뜻이다. 日主가 母라면 日主가 생하는 食傷은 子라 보는데, 日主와 오행이 같은 比劫이 중중하고 食傷이 한두 개 뿐이면 母는 왕하고 子는 고독하니 모왕자고(母旺子孤)라 한다. 이런 경우엔 子는 모세(母勢)에 의지하려 하지 않는다 해도 모정(母情)은 반드시 子를 향하게 되니, 母子 두 氣를 모두 손상시키거나 억제하는 것은 모정(母情)에 변화가 생기게 하는 것이니 마땅치 못한 것이다.

예를 들어 日主가 木이고 사주에 木이 중첩되어 있으면 木이 태왕(太旺)한데, 食傷인 火가 한두 개 있어 세(勢)가 약하면 모왕자고(母旺子孤)의 상황이다. 이때는 오직 火를 대동한 土運으로 흐르면 모성의 인자함이 반드시 子에게 향할 것이며, 子는 어머니의 성정(性情)에 순응하여 母子가 화합하고 다시 손주인 土를 생하게 되는 것이다. 그러나 印星인 水運을 만나거나 水를 대동한 土運을 만나면, 木인 모세(母勢)가 印星인 水가 생해주는 情에 흠뻑 취하며 모세(母勢)는 더욱 강해지니 모정(母情)에 변화가 들어와 이제는 子인 食傷을 돌보지 아니하게 되고, 子인 火는 극제를 받게 되니 子는 손상되고 더욱 고독하게 되어 어머니의 자애로움을 잊게 될 것이다. 또한 官星인 金運을 만나면 金剋木하여 子를 향한 母의 성정(性情)을 거역케 하고 또한 그 성정(性情)을 충분(衝奔)케 하여 모정(母情)에 변화가 들어오게 되니 이와 같은 이치를 모정유변(母情有變)이라 한다. 이런 경우엔 母子가 不和하게 되고 子는 더욱 고독하게 되는 것이다.

丁　乙　癸　丁
丑　卯　卯　亥

丙　丁　戊　己　庚　辛　壬
申　酉　戌　亥　子　丑　寅

乙木이 月·日支에 녹성(祿星)을 깔고 있으며 다시 亥卯 반합목국이 부조하니 日主가 태왕(太旺)하다. 춘월(春月)의 乙木은 지란호초(芝蘭蒿草)에 비유되니 향양(向陽)함을 기뻐하는데, 신왕(身旺)하고 火가 필요하여 丙火를 用해야 하나 丙火가 없고 丁火가 투출했으니 부득이 時干 丁火를 용신으로 잡는다.

신왕(身旺)하니 어머니인 日主 乙木은 더 이상 생조 받음이 필요치 않고 火인 子에게로 향한 인자한 성정(性情)에 변화가 없는데, 운로가 丑子亥로 흘러 旺木을 더욱 생하니 이제는 모정(母情)에 변화가 생기고 子인 食神을 剋하게 되므로 母子간 불화가 발생하며, 子인 火는 더욱 고독하게 되어 사주가 흉해지는 것이다. 이를 모정유변(母情有變)이라 한다.

己　乙　甲　戊
卯　卯　寅　午

庚　己　戊　丁　丙　乙
申　未　午　巳　辰　卯

乙木 日主가 寅月에 제왕(帝旺)을 得하고 比劫이 重重하여 旺한데 年支의 일점 午火 食神은 고독하다. 日主를 母라면 午火는 子에 해당되니 모왕자고(母旺子孤)의 상태이다. 따라서 子는 모세(母勢)에 의지하려고 하고 母는 자애로움으로 子를 품으려 하니, 子는 母의 성정(性情)에 순종(順從)하고, 이어 손자(孫子)인 土를 생하게 되니 母子가 모두 화합하는 것이다. 기쁜 것은 子인 午火가 寅午 반합화국으로 모세(母勢)에 순종하며 母의 인자한 情을 子에게로 향하게 하는 것이며, 이어 천륜대로 손자(孫子)인 土를 생하는 것이다.

운로가 丙辰, 丁巳, 戊午, 己未로 火를 대동한 土運으로 흐르니 관운이 있었고

벼슬이 시랑(侍郞)에 이르렀다. 이후 庚申대운은 金剋木하여 母의 성정(性情)을 거역
하니 母의 情에 변화가 생겼다. 모정유변(母情有變)인 것이다. 母의 성정(性情)을 촉
분(促憤)시켜 子에게로 향한 母의 情을 훼방하니 母子가 불화(不和)하게 되어 子의
세(勢)가 더욱 고독해지니 흉하게 된 것이다. 이때 사망한 것이다.

88. 목다금결(木多金缺)

木이 많거나 旺하면 오히려 金이 손상된다는 의미다. 목견금결(木堅金缺)로 표현
하기도 한다.

甲木이 卯月에 생하여 양인(羊刃)에 해당되고 甲乙木이 旺하니 전벌(剪伐)해주는
庚辛金이 요긴하다. 月干 辛金을 용해야 하는데, 辛金은 좌하 卯木에 절(絶)地이고,
乙辛 冲하여 손상되니 용신으로서의 역량이 부족하다. 사주에 木性이 왕하니 金이
결함(缺陷)이 된 것이다. 이를 목다금결(木多金缺)이라 한다.

89. 목다화식(木多火熄)

木의 생조가 지나치게 많으면 火가 오히려 꺼진다는 것이다.

丁火가 자월에 절(絶)地라 사주가 신약(身弱)하니 생조하는 甲木과 이를 벽목(劈木)하는 庚金이 필요하다. 벽갑인정(劈甲引丁)하여 중화를 이루어야 하는데, 甲乙木은 중중하나 庚金이 없으니 甲木을 벽목(劈木)할 수 없다. 丁火는 아궁이불에 비유하는데 벽갑(劈甲)할 수 없으니 중첩된 木氣로 인해 오히려 화식(火熄)되는 것이다. 이를 목다화식(木多火熄)이라 한다.

90. 목분남자(木奔南者)

木이 南方인 화왕지지(火旺之地)로 行함을 의미한다. 이러한 명조는 日主의 氣가 설기(洩氣)가 태다(太多)한 것이니 연약하고 겁이 많게 된다. 中和를 득하면 측은지심(惻隱之心)과 사양지심(辭讓之心)을 갖게 되나, 편고(偏枯)하면 구차하고 예의 규칙이 번거로움을 추구하게 된다. 中和를 얻는 것은 局 중에 金이 있고 水를 득하면 水가 金을 생을 받아 火의 맹렬함을 억제할 수 있는 것이고, 金이 없으면 土를 얻어야 강렬한 火氣를 거둘 수 있다는 것을 의미하는 것이다.

甲木 日主가 화왕지절(火旺之節)에 생하여 실기(失氣)했고, 時干 丙火는 월령(月令) 午火에 제왕(帝旺)을 得하고, 다시 지지 寅午 반합화국의 부조를 받아 태왕(太旺)하니, 日主 甲木은 旺한 화세(火勢)를 향해 질주하는 격이니, 이른바 목분남자(木奔南者)에 해당되며 木의 설기(洩氣)가 태다(太多)한 것이다.

이런 경우에는 局에 金이 있고 水를 득하여 火의 맹렬함을 억제해야 사주가 중화를 얻을 수 있는 것이다. 기쁜 것은 月干 壬水가 투출한 것인데, 壬水는 수고(水庫)인 辰土에 미근(微根)이 있어 메마르지 않고, 庚金 수원(水源)이 있어 生을 받고, 年支 辰土가 있어 맹렬한 火氣를 거두니 中和를 득한 것이다. 庚金이 습토(濕土)인 辰土의 생을 받아 水를 생하니 水는 약변강이 되어 火가 비록 맹렬하더라도 능히 이를 억제할 힘이 있는 것이다. 申대운과 乙酉대운은 희신운이니 매사 순탄했고, 丙戌대운은 火土가 왕하여 庚金과 壬水를 극하니 매사 저체됨이 많았고, 丁亥대운은 壬水가 득지(得地)하니 변방민족의 재상(宰相)을 맡아 이들을 교화시키며 덕행을 베풀었고, 인덕과 군자로서의 중후함을 지녔던 것이다.

甲木 日主가 무근(無根)이고, 지지 寅午戌 방합화국을 형성하며, 다시 兩 丙火가 투출했으니 火氣가 맹렬하여 日主의 설기(洩氣)가 태다한 것이라 유약하고 겁이 많은 명조이다. 사주에 水가 없어 火의 맹렬함을 억제하지 못하니, 日支 申金은 맹화(猛火)에 용금(鎔金)될 것이며 암장된 壬水도 무용지물이고, 또한 습토(濕土)가 없으니 火氣를 거둘 수 없는 것이라, 中和의 덕을 얻지 못한 것이다. 따라서 위인이 사사로운 情이 앞섰고, 大事는 하나도 도모하지 못했으며, 의심이 많고 결단력도 없었으며, 작은 이득을 탐하고 대의(大義)를 이루지도 못했던 것이다. 적천수(滴天髓)에 기재된 명조이다.

91. 목분비회(木焚飛灰)

日干 木이 신약한데, 食傷인 火가 旺하면 木이 불타 없어져 회(灰=재)만 남는다는 것이다.

천간과 지지에 丙午의 火氣가 염염(炎炎)한데 乙木이 時支 子水의 생조를 받으니 종아격(從兒格)으로 논할 수 없다. 따라서 조후(調候)가 급하니 子中 癸水를 용한다. 乙木은 丙丁火 食傷이 旺하니 乙木이 고초(枯焦)함을 넘어 불타 없어질 지경이다. 목분비회(木焚飛灰)이다. 다행인 것은 운로가 申酉戌亥子丑의 희신과 용신운이니 약간의 의록(衣祿)이 있었던 것이다.

92. 목성화염(木盛火炎)

목왕지절(木旺之節)에 木이 투출하고 火가 重重한 경우를 말한다. 이는 비단 日主가 木을 의미하는 것이 아니다. 壬水 日主의 경우라면 比劫과 양인(羊刃)이 있어 制火하면 길한 것이니 水가 투출한 경우에는 귀격(貴格)을 이룬다. 예로, 壬水 日主가 卯月에 생하여 木이 투출하고 지지에 火가 중중하거나 火局을 형성한 경우를 말한다.

壬水 日主가 卯月에 생하여 실기(失氣)했으며 비록 年支 子水에 미근(微根)이 있다 하나 신약한 것이다. 年干 甲木은 월령(月令)에 제왕(帝旺)을 득하여 旺하고, 지지는 二位의 午火가 있고 丙丁이 투출했으니 火氣가 염염(炎炎)한 것인데, 다시 木이 이를 생하니 목성화염(木盛火炎)이라 한다. 壬水 日主가 단지 미근(微根)이 있을 뿐이고 比劫과 양인(羊刃)이 불투(不透)하여, 壬水를 부조하지 못하고 또한 制火하지 못하니 평생 한유(寒儒)로 지냈던 것이다

93. 목수화명(木秀火明)

乙木이 삼하절(三夏節=巳·午·未月)에 生하여 통근(通根)되고 丙火가 투출했는데, 다시 지지에 丙火가 하나 더 있는 것을 말한다. 이때 癸水가 투출하면 귀명(貴命)이다.

戊	乙	丙	壬
寅	巳	午	辰

癸	壬	辛	庚	己	戊	丁
丑	子	亥	戌	酉	申	未

乙木이 午火節에 長生을 득했지만 火氣가 염염(炎炎)하니 신약하다. 다만 습토(濕土)인 辰土에 뿌리를 박고 時支 寅木에 통근하니 태약하지는 않아 火氣를 감당할만하고, 寅木은 寅午 반합화국을 이루지만 壬水의 생을 받아 木氣가 모두 火로 바뀌는 것은 아니다. 日主가 時支 寅木에 제왕(帝旺)을 득하여 有氣하니 수(秀)한 것이고 火를 감당할만한 하며, 火는 月柱를 차지하여 旺하고 투출했으며, 日支 巳宮의 丙火가 있어 다시 통근되니 명(明)한 것이다. 이를 목수화명(木秀火明)이라 한다.

용신은 癸水인데 불투(不透)하고 壬水가 투출했으니 부득이 이를 용해야 한다. 壬水는 진신(眞神)이 못되고 가신(假神)이다. 癸水는 하늘에서 내리는 우로(雨露)에 비유되니 자연상태의 물이라 사람의 노고(勞苦)가 필요치 않고, 壬水는 강해(江海)의 물로써 用하려면 끌어와야 하니 사람의 노고가 있어야 하는 것이다. 따라서 癸水가 투출했으면 귀격(貴格)을 이루지만 가신(假神)인 壬水가 투출했으니 큰 발복은 기대하기 어렵다.

食傷이 旺하고 生財하며 운로가 申酉戌亥子丑의 희신과 용신운이니, 옥외광고 관련 및 간판업 등으로 다소의 재물을 모은 명조이다.

94. 목화성회(木化成灰)

화왕지절(火旺之絶)의 木은 설기(洩氣)가 태다(太多)하여 신약한데, 印星인 水가 없고 부득이 比劫인 木을 용하는 경우에 운로가 다시 火地로 행하는 경우를 말한 것으로, 木이 불타 재가 되는 것을 말하며 불측지재(不測之災)가 오거나 命을 보존하기 힘든 것이다. 印星인 水를 쓰는 경우는 운로에서 水를 부조(扶助)하는 오행이 필요한데, 그렇지 못하면 적수오건(滴水熬乾)이 되어 역시 불측(不測)의 흉화(凶禍)가 예견된다.

甲木 日主가 未土月에 생하고 다시 巳午火의 설기(洩氣)가 있으나, 火氣가 퇴기(退氣)하는 시점이고 천간의 甲乙이 時支 卯木에 통근하여 등라계갑(藤蘿繫甲)을 이루니 日主가 태약(太弱)하지 않다. 水가 있으면 이를 용하나 水가 全無하니 부득이 日主를 부조하는 月干 乙木을 용한다. 지지 巳午未 남방화국은 未土月이라 비록 실기(失氣)했지만 초년대운이 午巳의 火運으로 흘러 火氣를 더하니 火局이 成局되었고 日主 甲木이 불타 없어질 지경이니 이를 목화성회(木化成灰)라 한다. 이리되면 命을 보존하기 힘든 것이다.

95. 목화수수(木火受水)

사주구성상 木火가 水를 받아들여 중화(中和)를 이루는 경우를 말한다. 춘목(春木)이 뿌리가 있는데도 水를 받아들이는 것은 왕한 火氣를 제거하고 조토(燥土)를 윤택하게 하기 위함이고, 추목(秋木)이 득지(得地)하였는데도 水를 받아들이는 것은 추월(秋月)의 예리한 金氣를 설(洩)하고 化殺하여 완둔하게 하기 위함이다. 만약 水를 받아들이지 못하여 중화(中和)를 이루지 못한 경우엔 혈병(血病)이 발생하게 되는 것이다.

한편으로 춘목(春木)이 水를 받아들이지 못하는 것은, 火가 희신이 되어 가지와 잎을 번성케 하고 꽃을 피우기 위함이며, 동목(冬木)이 水를 받아들이지 못하는 것은 火가 있어야 해동(解凍)할 수 있기 때문이다.

춘동(春冬)의 木은 모두 火가 요긴한데, 춘동(春冬)의 木은 木氣가 왕상(旺相)하므로 火가 지나치게 旺한 경우면 水를 받아들어 쇠(衰)하게 함이 중요하고, 반대로 하목(夏秋)의 木은 木氣가 휴수(休囚)되니 水를 받아들여 旺하게 함이 중요하다. 만약 이와 반대의 경우라면 水를 받아들이지 못하게 되어 혈액이 유통 순환되지 못하니 혈병(血病)이 발생하는 것이다.

　　己　乙　丁　丁
　　卯　亥　未　亥

　　辛　壬　癸　甲　乙　丙
　　丑　寅　卯　辰　巳　午

　　乙木이 未月에 생하여 휴수(休囚)되니 실기(失氣)했지만 지지에 亥卯未 삼합목국을 형성하여 부조하니 약변강이 되었다. 기쁜 것은 亥水가 조토(燥土)를 습(濕)하게 하고, 木을 생하여 旺하게 하여 丁火의 설기(洩氣)를 감당하게 하니, 천간의 木火가 水를 받아들여 상생유통(相生流通)을 이룬 것이라 혈병(血病)이 발생하지 않았던 것이다. 종왕(從旺)하니 왕신(旺神)을 설(洩)하는 月干 丁火가 용신인데, 甲辰대운은 희신운이라 관직에 올라 발전했고, 이후 卯辰대운도 길했던 것이다.

　　丁　乙　乙　丙
　　亥　巳　未　戌

　　辛　庚　己　戊　丁　丙
　　丑　子　亥　戌　酉　申

　　乙木이 未土月에 생하여 양(養)地이니 실기(失氣)한 것이다. 천간의 丙丁火가 지지 戌未巳에 통근하여 더욱 木을 조(燥)하게 하며, 月·日支의 未巳는 천간의 丙丁火를 끌어내려 암암리에 巳午未 남방화국을 형성하니 日主가 부득이 火인 食傷을 종(從)하여 종아격(從兒格)이 되었다. 따라서 용신은 年干 丙火이고, 기신은 水가 되므로 사주가 水를 받아들이지 못하게 된 것이다.

　　초년 丙申, 丁酉대운은 申酉인 구신을 丙丁火가 剋하니 무탈했고, 戊戌대운은 기신인 亥水를 극거하니 명리(名利)가 양전(兩全)했다. 이후 亥子丑운은 용신인 火와 수화상쟁(水火相爭)하니 팽창병(膨脹病)이 생겨 사망한 것이다. 이는 사주에 火가 왕한데 쇠(衰)한 亥水가 생조받음이 없어 적수오건(滴水熬乾)이 된 까닭이다.

96. 목화통명(木火通明)

甲木 日主가 통근하여 신왕(身旺)한데, 天干에 火氣가 투출되어 있고 지지에 통근한 경우, 木火가 상호 상생되고 통휘(通輝)를 이룸을 뜻한다.

甲木 日主가 坐下 寅木에 건록(建祿)을 得하고, 丙火 역시 坐下 午火에 제왕(帝旺)을 得하니 甲丙이 모두 왕하다. 旺한 木氣를 丙火가 설(洩)하니 목화통명(木火通明)의 상(象)이다. 午火節에 火氣가 염염(炎炎)하여 조후(調候)가 급하니 子中 癸水를 용한다.

甲木이 子月에 生하여 한(寒)한데 年干 丙火가 투출하여 해동(解凍)하고, 時支 卯木에 제왕(帝旺)을 득하니 신강(身强)하다. 사주가 기쁜 것은 月干 庚金이 투출하여 벽갑(劈甲)하여 時干 丁火를 생하니 벽갑인정(劈甲引丁)인 것이고, 다시 목화통명(木火通明)의 상(象)을 이룬 것이다. 용신은 丁火인데 운로가 寅卯辰巳午未의 희신과 용신운이니 사주가 대귀격(大貴格)으로 관록이 王侯(왕후)에 이르렀던 것이다.

97. 묘고봉충(墓庫逢沖)

십이포태운성(十二胞胎運星)의 묘(墓)와 지지에서 사고(四庫)인 辰未戌丑은 행운에서 沖을 맞아야 재물창고가 열려 발복된다는 의미이다.

未土月은 火氣가 퇴기(退氣)하는 시점이라 삼복생한(三伏生寒)이다. 지지 巳午未 방합화국은 未月이라 비록 실기(失氣)했지만, 火氣가 남아 있으니 火는 더이상 필요치 않아 不用이고, 辛金의 귀기(貴器)를 드러내기 위해서는 壬水가 필요한데 癸水가 투출하니 부득이 이를 用한다. 年干 癸水가 용신이다.

운로가 午巳辰卯寅의 한신운에는 크게 발복이 없었으나, 丑대운에 묘고(墓庫)地인 月支 未土를 沖하여 개고(開庫)시키니 丁火 官星, 乙木 財星, 己土 偏印을 沖出시켜, 염전(鹽田)과 연관된 지방행정의 작은 직책을 맡으며 이를 활용하여 재산을 축적한 것이다.

98. 무자지명(無子之命)

사주상 자식이 없는 경우를 말함인데, 고전(古典)에서의 無子라 함은 아들이 없는 경우를 말함이다. 예를 들면 다음과 같다.

* 日主가 왕한데 다시 인수(印綬)가 중첩되고 財星이 없는 경우
* 日主가 약한데 인수(印綬)가 경미하고 財星이 없는 경우
* 日主가 약한데 財星이 중첩되고 인수(印綬)를 만난 경우
* 日主가 약한데 官殺이 태왕한 경우
* 日主가 약한데 食傷이 왕하고 인수(印綬)가 없는 경우
* 화염토조(火炎土燥)한 경우
* 토금습체(土金濕滯)한 경우
* 수범목부(水泛木浮)한 경우
* 금한수냉(金寒水冷)한 경우

- 인수(印綬)가 중첩된 경우
- 財官이 태왕한 경우
- 食傷이 사주의 대부분을 차지한 경우

상기의 예는 적천수(滴天髓)에서 논한 무자지명(無子之命)인데, 만약 자식이 있게 되면 반드시 자식이 父를 剋하게 되거나, 또는 본인은 단명수(短命數)가 나오는 것이다.

(女命)

지지에 巳酉丑 三合과 辰酉 六合의 金局을 이루니 比劫이 태다(太多)하여 신왕(身旺)한 것이다. 比劫이 중중하면 財가 있어 재물을 골고루 분배하면 탈이 없겠지만 財가 없음이 아쉽다. 다행인 것은 壬癸가 투출하여 신왕(身旺)한 金氣를 설(洩)하니 수기유행(秀氣流行)된 것이며 壬水가 용신이다. 따라서 총명하고 단정하며 시예에도 밝았던 것이다. 아쉬운 것은 時支 巳火 官星은 삼합금국으로 쓸려 들어가고, 일점 財星이 없으니 官星을 운용할 수 없게 된 것이다. 운로가 未午巳의 남방 화왕지(火旺地)로 흘러 용신인 水와 상호 상쟁하니 자식도 없이 사망한 것이다. 위에 열거한 무자지명(無子之命)에서 "日主가 旺한데 인수(印綬)가 중첩되고 財星이 없는 경우"에 해당된다.

丁火가 子月에 생하여 절(絶)地이니 신약(身弱)하다. 사주에 官殺이 중중한데 印星이 있으니 종격(從格)으로 논할 수 없고, 억부법(抑扶法)을 적용하여 신약한 日主를 생하는 月干 甲木 印星이 용신이다. 그러나 아쉽게도 지지가 卯酉 沖하여 뿌리가 끊어지니 용신 甲木이 손상되는 것이다. 남명에서는 官星과 용신을 자식으로 논하는데, 官星이 태다(太多)하니, 多官은 오히려 無官이라 하여 자식과의 연이 없는 것이고, 또한 용신을 자식으로 논하는데 용신이 손상되니 아들을 두기 어려운 것이다. 본처와 첩에게서 딸만 둔 명조이다. 상기 명조는 무자지명(無子之命)에서 "日主는 약한데 官殺이 태왕(太旺)한 경우"에 해당된다.

99. 방국일제(方局一齊)

지지에 方合과 三合局이 같이 있음을 의미한다. 예를 들면 다음과 같다.

- •寅卯辰 방합목국에 亥未가 있는 경우
- •巳午未 방합화국에 寅戌이 있는 경우
- •申酉戌 방합금국에 巳丑이 있는 경우
- •亥子丑 방합수국에 申辰이 있는 경우
- •亥卯未 삼합목국에 寅辰이 있는 경우
- •寅午戌 삼합화국에 巳未가 있는 경우
- •巳酉丑 삼합금국에 申戌이 있는 경우
- •申子辰 삼합수국에 亥丑이 있는 경우

寅卯辰은 방합목국을 형성하고, 亥卯는 月干 己土를 끌어와 亥卯未 삼합목국을 형성한다. 따라서 지지에 方合局과 三合局이 공존하니 방국일제(方局一齊)라 한다.

지지에 亥卯未 삼합목국이 있는데 다시 寅木이 있으니 方과 局이 혼재(混在)되어 방국일제(方局一齊)라 한다. 木旺하여 설기(洩氣)시키는 月干 丁火가 긴요한데, 時干 癸水가 日支 亥水에 통근하여 약하지 않고 丁火 용신을 극하니 간두반복(干頭反覆)이 되어 사주가 파격(破格)이 됐다. 운로가 庚辛壬癸로 흘러 水를 부조(扶助)하는 운이니 용신인 丁火를 剋하게 되어 이룬 것이 하나도 없었고 자식도 없었던 것이다.

寅卯辰 방합목국이 있는데 다시 亥가 있으니 방국일제(方局一齊)다. 甲木이 투출하고 수기(秀氣)인데 丁火가 木氣를 설(洩)하니 수기유행(秀氣流行)되어 귀격(貴格)이다. 운로도 크게 어긋나지 않으니 관록이 순탄했고, 처자도 온전하며 길했고, 수복(壽福)도 함께 구비한 명조이다.

100. 방조설상(幇助洩傷)

방(幇)은 사주상 比劫을 의미하고, 조(助)는 사주상 印星을 의미하고, 설(洩)은 사주상 食傷을 의미하고, 상(傷)은 사주상 官殺과 財星을 의미한다. 따라서 방조설상(幇助洩傷)은 사주가 中和를 이루기 위해 꼭 필요한 오행을 용신이라 하는데 이 용신을 도출하기 위한 과정을 요약설명한 것이다. 이를 부연설명하면 아래와 같다.

방(幫) 1) 신약(身弱)하고 財가 많으면 比劫이 용신.

2) 日主와 財星이 세력이 균등할 때 比劫이 있으면 이를 용하나 印星을 용할 때도 있다.

조(助) 1) 신약(身弱)하고 官殺이 왕하면 印星이 용신.

2) 신약(身弱)하고 食傷이 많으면 印星이 용신.

3) 日主와 財星이 세력이 균등할 때, 印星이 있으면 이를 용하나 比劫을 용할 때도 있다.

설(洩) 1) 신왕(身旺)하고 比劫이 많고 財가 없으면 食傷이 용신.

2) 신왕(身旺)하고 比劫이 많고 財가 경(輕)하면 食傷이 용신.

3) 신왕(身旺)하고 官殺이 旺하면 食傷이 용신.

상(傷) 1) 比劫이 旺하고 중중(重重)한데 食傷이 없으면 官殺이 용신.

2) 比劫이 旺하고 중중(重重)한데 食傷이 있으나 印星의 극을 받으면 官殺이 용신.

3) 신왕(身旺)하고 印星이 많으면 財星이 용신.

4) 신왕(身旺)하고 官殺이 경하면 財星이 용신.

5) 신왕(身旺)하고 財旺하면 官星을 용하나 印星과 食傷도 참작한다.

방(幫)

丙火가 사화절(巳火節)에 녹성(祿星)을 得했지만 局에 金 財星이 중첩하고 辰未土의 설기(洩氣)가 있으니 신약하다. 財가 重하니 比劫이 있어 財를 골고루 분배하면 쟁탈의 우환을 막을 수 있으니 이른바 득비이재(得比理財)인 것이다. 용신은 巳宮의 丙火이다. 丙戌과 丁대운 용신운에 집안에 경사가 가득했다.

조(助)

丙火가 亥月에 실기(失氣)했고 局에 水氣가 태왕(太旺)하니 印星의 생조가 있어야 중화(中和)를 이룰 수 있다. 丑辰土는 水를 함유한 土니 制水함에 무력하다. 따라서 時支 辰宮의 乙木 印星을 用하여 日主를 生助하면 중화를 이룰 수 있다.

설(洩)

申酉戌 방합금국이 있으니 比劫이 태중(太重)하여 신왕(身旺)하다. 왕신의설(旺神 宜洩)이라 했으니 月干 壬水를 용하여 旺한 日主의 金氣를 설(洩)해야 중화를 이룰 수 있다. 壬水는 주변 戊戌土의 剋을 받아 무력해졌는데 운로(運路)에서 水氣가 들어와 壬水를 부조하면 발복이 있는 것이다. 亥子丑대운은 용신운이니 재물이 여의했으나 丙寅대운은 용신과 相剋되니 자살로 생을 마감한 것이다.

상(傷)

甲　庚　庚　丁
辛　子　戌　丑

甲　乙　丙　丁　戊　己
辰　巳　午　未　申　酉

　　庚金이 戌月에 생하고 丑土의 생조가 있어 日主가 旺하고 局에 比劫이 중중하니 신강(身强)하다. 官星을 용해야 하는데 용신 丁火 正官은 戌月에 無力하고 甲木 財星 역시 無力하여 官星을 생함이 미약하니 운로(運路)에서의 부조(扶助)가 없으면 中和를 이룰 수 없다. 다행이 운로가 丁未, 丙午의 용신운으로 흐르니 발복이 있었던 것이다.

101. 배록축마(背祿逐馬)

　　財官이 있는 사주에 다시 比劫이 旺하여 財星을 극하면 財星이 官星을 생하지 못하게 됨을 말한다. 吉格인 경우 官星이 財星의 생조가 있어야 복록이 장구한데, 財星이 比劫의 剋을 받으면 官星을 생조하지 못하니 복록이 길지 못하고 사주가 귀격이 되지 못한다.

戊　乙　庚　乙
寅　巳　辰　卯

癸　甲　乙　丙　丁　戊　己
酉　戌　亥　子　丑　寅　卯

　　辰月의 乙木은 癸水와 丙火를 떠나 용신을 생각할 수 없다. 月柱에 財官이 있고 日支 巳火의 설기(洩氣)가 있으니 신약하여 용신은 辰宮의 癸水를 용한다. 日·月干 의 乙庚은 坐下에 金氣가 없으니 干合이 성립되지 못한다. 따라서 庚金이 고투(孤透)하므로 辰土 財星의 생을 받아야 하는데, 寅卯木이 극하니 辰土는 庚金을 생함이 약하다. 사주가 관인상생(官印相生)이 되지 못하니 공직으로 가지 못하고 은행직의 길을 가게된 것이다. 庚金인 正官은 사주에서 건록(建祿)과 같이 녹(祿)으로도 불리고, 辰土 財星은 역마(驛馬)와 같이 馬로도 불리는데, 寅卯木의 극을 받아 쫓기게 되니 축마(逐馬)라 한 것이다. 이를 배록축마(背祿逐馬)라 한다.

102. 벽갑인정(劈甲引丁)

甲木을 부수어 丁火 아궁이 불을 살리는 것이다. 日主가 丁火인데 사주가 신약하여 甲木이 필요한 경우, 甲木과 庚金이 있으면 庚金으로 벽목(劈木)하여, 丁火를 생하는 것을 의미한다.

月柱 庚申 財星이 旺하여 日主는 자연 신약하므로 日主 丁火를 살리는 甲木이 용신이다. 甲木은 庚金이 없으면 벽갑(劈甲)하지 못하는데, 月干 庚金이 있어 甲木을 벽목(劈木)하여 丁火를 살리니 사주가 귀격(貴格)이다.

財星이 旺하지만 日主 丁火가 坐下에 득록(得祿)하니 약하지 않고, 甲木 印星은 申月에 死木이지만 습토(濕土)인 辰土에 뿌리를 박고 있어 역시 약하지 않고, 癸水 官星은 申宮의 壬水에 통근하니 역시 약하지 않다. 운로가 未午巳辰卯寅의 한신과 용신운이니 발복되어 현재의 지방장관 벼슬을 한 명조이다.

丁火는 아궁이불, 화롯불에 비유하는데 子月에 생하여 절(絶)地라 신약하다. 印星의 부조가 있어야 되는데 月干 甲木을 용한다. 酉宮의 庚金으로 벽갑(劈甲)하고 인정(引丁)하여 日主 丁火를 살리면 중화를 이룰 수 있다. 동남운에 제위(帝位)에 올라 巳대운 庚金運에 용신인 甲木을 破하여 사망했다. 청나라 옹정제의 명조이다.

103. 변화상관(變化傷官)

사주상 傷官에 진·가(眞·假)가 있는데, 오행 기세의 작용으로 인해 진·가(眞·假)가 바뀌는 傷官을 말하는 것이다. 즉, 진상관(眞傷官)이 가상관(家傷官)으로 가상관(家傷官)이 진상관(眞傷官)으로 바뀌는 것을 의미한다.

月干 丙火 傷官은 坐下에 火氣를 득하니 진상관(眞傷官)이 분명하다. 그러나 묘하게도 乙木이 오화절에 長生을 득하고 壬子亥亥의 印星이 중중하니 사주가 신강(身强)하여, 설기(洩氣)시키는 丙火 傷官을 용해야 하는데, 水가 왕하니 丙火를 핍박함이 심하여 진상관(眞傷官)인 丙火가 가상관(假傷官)으로 변하였고 이로 인해 病이 된 것이다. 따라서 약(藥)은 水를 제압하는 戊己土인데, 대운 戊己운은 길하였고, 酉庚운은 다병(多病)했고, 亥대운 들어 기신운에 사망한 것이다.

庚	己	丁	戊	假傷官 → 眞傷官
午	卯	巳	申	
辛	庚	己	戊	
酉	申	未	午	

庚金 상관이 巳火節에 長生을 득했다 하나, 巳宮 丙火의 剋을 받고, 巳申 刑合하여 金氣가 설기(洩氣) 당하니 가상관(假傷官)이다. 그러나 묘하게도 卯와 巳 사이에 辰土가 탄함(呑陷)되었고, 午와 申 사이에 未土가 역시 탄함(呑陷)되어 암암리에 土氣가 時干 庚金을 生하니 진상관(眞傷官)으로 化한 것이다.

己土가 巳火節에 旺하고 印星이 중중하니 財星을 요한다. 年支 申宮의 壬水가 용신이다. 초년대운은 총명하고 유복하게 지냈으나, 申金 대운은 지지와 巳申 刑合되고, 卯申 원진되어 月支 본가(本家)와 日支 자택(自宅)을 상극하니 어디 피할 곳이 있겠는가? 이때 사망한 것이다.

104. 병약상제(病藥相濟)

사주구성상 병(病)이 있는 사주에 약(藥)이 있어, 사주상 흉한 기운이 상호 상제(相濟)되어 태동(胎動)함을 제어(制御)함을 말한다.

子水 偏財가 월령(月令)을 차지하고 있는데, 戊土가 여럿 있어 군겁쟁재(群劫爭財)되니 子水 偏財가 심히 무력해 지고, 사주상 旺한 戊土가 병(病)이 되었다. 다행인 것은, 月干 甲木이 투출하여 制土하니 약(藥)의 역할을 하여 병약상제(病藥相濟)된 것이다.

105. 봉생좌실(逢生坐實)

동주(同柱)한 지지궁에 장생(長生)과 건록(建祿)이 있음을 말하는 것인데, 그러나 일부 논자(論者)들은 동주(同柱)하지 않았다 하더라도 日主 기준하여 지지에 장생과 건록에 해당하는 오행이 있으면 이 또한 봉생좌실이라 논하기도 한다. 예로, 壬水

日主가 局에 金이 많은 경우에 申亥가 있는 경우이다.

　壬申日柱를 예로 들면, 日支 申宮의 正氣인 庚金은 日干 壬水의 長生이 되니 봉생(逢生)이라 하고, 申宮의 中氣인 壬水는 사주상 亥水의 正氣에 해당되며, 십이포태법상 亥水는 日干 壬水의 건록(建祿)地에 해당되니 좌실(坐實)이라 말하는 것이다. 또한 일설로는 地支에 巳酉丑 金局이 모두 있는 것을 말하기도 한다. 사주 통변에서의 "실(實)"은 건록(建祿)을 의미하는 것이다.

　상기의 경우 지지에 巳火가 있어 巳宮 戊土가 制水하면 과갑(科甲=文), 이도(異途=武)가 모두 나타난다.

106. 봉충득용(逢沖得用)

　용신이나 희신이 合되어 결국(結局)된 경우에, 沖을 만나 合이 깨짐으로써 용신이 그 본연의 역할을 수행하게 된다는 의미이다. 日主가 他 神과 合되어 탐련(貪戀)되어있는 경우거나, 局 중의 용신과 희신이 他 神과 合되어 탐련(貪戀)되어 있으면, 그 탐련(貪戀)하고 있는 神을 沖剋하여 제거하면, 용신과 희신은 사사로운 情에 얽매이지 않고 日主를 좇아 달려 나가게 되어 용신의 역할을 수행한다는 뜻이다.

丙火가 亥月에 生하여 절(絶)地이니 쇠약하나, 지지 寅亥 合木의 생조를 받고, 투출한 丙丁火는 比劫으로 寅木에 통근하여 日主를 부조하니 약변강(弱變强)이 되었다. 억부법(抑扶法)을 적용하여 官殺을 용해야 한다. 亥宮의 壬水를 용신으로 잡아야 하는데, 亥水는 寅亥 合木으로 묶이게 되고 合殺하여 印星으로 바뀌어 용신의 기운을 설기(洩氣)시키니 흉한 것이다. 또한 日主 丙火는 辛金을 탐하여 사사로운 情에 얽매이게 되고, 辛金은 七殺인 亥宮의 壬水를 생함을 잊었으니 干支 合이 견연(牽聯)되어 吉 中 凶이 있게 된 것이다.

日主 丙火는 坐下에 長生을 득하니 辛金과의 합을 탐(貪)하기만 하고 살림을 차리려 하지는 않는 것이다. 그러나 사주가 기쁜 것은 시지 申金이 寅木과 충하여 寅亥의 합을 깨뜨리니 亥宮의 壬水가 본연의 임무를 찾아 日主를 도와 용신의 역할을 하게 하고, 年干 丁火는 辛金을 剋去하여 丙辛 合을 깨어 日主가 사련(思戀)에 사로잡힘을 막으니 사주의 흉함이 제거되어 길하게 된 것이다. 申金대운은 申金이 寅亥 合을 하려는 年·日支 寅木을 沖하여 용신인 亥宮의 壬水가 용신의 역할에 질주하게끔 하니 등과(登科)하고 관직의 길로 나갈 수 있었던 것이다. 적천수(滴天髓)에 기재된 명조이다.

壬水가 申月에 生하여 그 근원(根源)에 통했으니 추수통원(秋水通源)이고, 申宮의 庚金 어머니가 사령(司令)하여 자식인 壬水를 생하니 의모당령(倚母當令)이다. 천간

의 庚辛金은 월령(月令)에 통근하여 壬水를 생하니 사주가 신강(身强)하다. 壬水의 제방을 쌓음이 급한데 戌宮의 戊土는 旺한 庚辛金에 설기(洩氣)당하고 다시 寅戌 반합화국을 이루니 부득이 月干 丙火를 용해야 한다.

丙火는 辛金을 탐(貪)하여 본연의 임무를 망각하고 化하려 하나, 丙火는 寅巳에 통근하고, 辛金은 월령(月令) 申金에 통근하니 사사로운 情은 있지만 合하여 살림을 차리려 하지는 않는 것이다. 즉, 합이불화(合而不化)인 것이다. 그러나 사주가 기쁜 것은 지지에 寅巳申 三刑이 있어, 寅宮의 丙火는 巳宮의 庚金을 극하고, 巳宮의 丙火는 申宮의 庚金을 극하고, 申宮의 庚金은 寅宮의 甲木을 극하니, 천간 丙과 辛이 통근한 지지가 손상된 것이라 합이 무력해진 것이고, 더욱이 日主 壬水가 丙火를 沖하여 丙辛 合을 깨뜨리고 자신에게 충성하게 하니, 비로써 丙火가 日主 壬水를 위해 용신의 역할을 다하려 진력하게 된 것이다. 이를 봉충득용(逢沖得用)이라 한다. 未午巳대운은 용신운이니 등과하여 관찰사의 지위에 올랐다 한다. 巳火대운의 경우는 巳申 刑合하려 하나, 寅木이 寅申 沖하여 합을 방해하니 巳火가 용신의 역할에 진력하게 된 것이다. 이후 辰卯寅대운도 크게 흉함은 없을 것이라 판단한다.

107. 부건파처(夫健怕妻)

日主를 부(夫)라 하면 財星은 처(妻)가 된다. 사주상 日主인 부(夫)가 건장하더라도 財星인 처(妻)를 두려워하는 경우를 부건파처(夫健怕妻)라 하는데 이에는 두 가지가 있다.

1) 官殺이 약하고 日主가 旺한 경우에 財星이 중중하면 官殺을 생하게 되어 日主인 남편을 극하니, 남편의 입장에선 처(妻)인 財星이 두려워지는 것이다.
2) 日主가 무력한데 財星이 중중하고 官殺이 없는 경우에도, 日主인 부(夫)는 쇠약하고 財星인 처(妻)는 왕하니 이때도 역시 부건파처(夫健怕妻)라 한다.

대운과 세운의 이치도 한가지이다.

甲木이 辰月에 생하여 습토(濕土)에 뿌리를 박고 坐下 寅木에 녹(祿)을 득하니 약하지 않다. 辛金 官星은 辰月에 묘궁(墓宮)이라 고투(孤透)하고 쇠약한데, 처(妻)에 해당하는 중중한 戊己土 財星의 생을 받아 약변강이 되어 남편인 日主 甲木을 극하고 있다. 따라서 日主는 財星이 두려워지는 것이다. 이를 부건파처(夫健怕妻)라 한다.

상기는 財星이 중중하여 신약하니 印星을 요하는데 亥宮의 壬水가 용신이다. 초년 火木운은 왕한 財星 土를 소토(疎土)하고 官星을 억제하니 벼슬길에 들었고, 이후 丑子亥대운은 용신운이라 벼슬이 연등했던 것이다.

甲木이 辰月에 쇠(衰)地다. 비록 월령(月令) 습토(濕土)에 통근한다 하나 子水 印星의 생을 받을 뿐이니 신약하여 旺土를 소토(疎土)할 여력이 적은 것이다. 더군다나 왕한 財星이 辛金 官星을 생하여 日主인 甲木 남편을 핍박하니 부건파처(夫健怕妻)인 것이다. 운로(運路)가 앞 사주 甲寅 日主와 같으나 日支가 子水 印星이라 比劫이 없어 중중한 土氣를 소토(疎土)할 힘이 부족하니 관록(官祿)이 크게 길하지는 못했던 것이다. 앞 사주는 日主가 坐下에 건록(建祿)을 得하여 부건(夫健)했으나 이 사주는 子水가 목욕(沐浴)地라 부건(夫健)하지 못했던 것이다.

庚	丁	辛	乙
戌	巳	巳	亥

乙	丙	丁	戊	己	庚
亥	子	丑	寅	卯	辰

丁火 日主가 巳火節에 제왕(帝旺)을 득하고 坐下에 통근하여 태왕한 것 같으나, 巳亥 相沖하여 巳火가 손상되고, 日支 巳火는 時支 戊土에 회화(晦火)되니 日主 丁火가 강변약이 되었다. 천간의 庚辛金 財星은 처(妻)에 해당되고 지지 戌巳에 통근하여 왕한데, 亥水 官星을 생하고, 亥水 官星은 日主인 丁火 부(夫)를 극하니 부건파처(夫健怕妻)이다.

운로가 辰卯寅丁丙으로 흘러 약해진 日主 丁火를 부조하니 妻를 두려워할 필요가 없어져 사주가 길해졌다. 현재의 장관벼슬을 한 것이다. 子대운은 기신운으로 官星인 亥水를 부조하여 日主를 剋함이 심하여 사망한 것이다.

癸	戊	甲	癸
丑	戌	子	亥

戊	己	庚	辛	壬	癸
午	未	申	酉	戌	亥

지지에 亥子丑 방합수국의 財星局이나. 日主 戊土는 지지 亥戌丑에 통근하여 태약하지 않아 부건(夫健)이라 할 수 있다. 甲木 官星이 月干에 투출하여 인접해서 日主를 극하는데, 더욱이 중첩된 財星인 水의 생을 받으니 旺하여 가히 財星인 처(妻)를 두려워할만 하다. 부건파처(夫健怕妻)이다. 日支 戌土는 印星인 丁火가 암장된 土라 財星인 水가 旺하다 하더라도 印星을 破하지 못하니 日主 戊土는 암암리에 坐下 宮에서 생을 받으니 능히 財官을 감당할만한 것이다. 다만 "多財는 無財"라 했으니, 관록은 현재의 도지사에 이르렀으나 재물의 운용은 많지 못했던 것이다.

108. 부근착삭(斧斤斲削)

도끼나 칼 등으로 아름드리 나무를 깎아 재목을 만듦을 말하는 것이다. 추월(秋月)의 木은 死木이라 水가 크게 쓰임이 적다. 火氣가 있으면 좋으나 염(炎)하면 스스로 타버린다. 따라서 추목(秋木)은 金을 얻어야 동량지재(棟樑之材)가 되어 길한 것이다.

甲木이 酉金月에 생하여 실기(失氣)했다. 庚辛金 官星이 투출하여 旺하나, 甲木은 좌하 寅木에 득록(得祿)하고, 年支 卯木에 통근하니 신약하지 않고 왕한 官星을 감당할만 하다. 용신은 月干 丁火로 잡는다. 庚金이 투출하여 벽목(劈木)하여 丁火를 살리니 사주가 귀격(貴格)이고, 운로가 未午巳辰卯寅의 용신과 희신운이니 크게 발달한 명조이다.

109. 부명자수(夫明子秀)

여명(女命) 天干에 正官과 食神이 투출되고 지지에 통근한 사주를 말한다. 여명에서 正官은 부(夫)로 논하고 食神은 子로 논하기 때문이다.

(女命)

時干 庚金은 正官으로 부성(夫星)에 해당하며 日支 酉金에 통근하고, 月干 丁火

는 食神으로 자식에 해당하며 좌하 未土에 통근하고 있으니 부명자수(夫明子秀)에 해당된다. 未土月의 乙木은 火氣가 퇴기(退氣)하는 시점에 생하였으니 丙火를 필요로 하고, 또한 己土 財星이 사령(司令)하여 신약(身弱)하니 癸水를 떠나 용신을 생각하기 힘들다. 상기는 지지가 財星이 중중하고 食神이 투출했으니 신약하다. 印星의 생조가 있어야 사주가 중화를 이룰 수 있으니, 時支 辰宮의 癸水가 용신이다. 乙木은 습토(濕土)인 辰土와 사토(沙土)인 未土에 통근하고, 운로가 申酉戌亥子丑의 희신과 용신운이니 발전이 있었다. 日主가 태약(太弱)하지 않으니 식신생재격(食神生財格)으로 다소의 재물을 모은 명조이다.

110. 부성입묘(夫星入墓)

여명(女命)에서 남편(夫)에 해당하는 官星이 십이포태운성(十二胞胎運星)의 묘궁(墓宮)에 있음을 의미한다.

(女命)

癸水가 未土月에 생하여 火氣가 퇴기(退氣)하는 시점이나, 사주에 官星과 食傷이 旺하니 신약하다. 따라서 생조하는 印星이 필요하다. 年干 辛金이 용신이다. 상기 여명은 未土 偏官이 남편에 해당하는데, 십이운성의 묘궁(墓宮)이니 남편의 자리가 온전치 못하다. 戌대운에 戌土가 官星이라 남편운이 들어오니 결혼은 했지만, 丑戌未 三刑하여 남편을 刑하니 몇 년 안돼서 남편이 차사고로 죽고 말았다.

상기 여명에서 부성(夫星)에 해당하는 官星이 투출하지 못하고, 月支 戌宮의 辛金 偏官이 一位 있지만 묘궁(墓宮)에 자리잡고 있다. 부성입묘(夫星入墓)가 된 것이다. 따라서 남편과의 연이 적은 것인데, 戌月은 건토절(乾土節)이라 乙木이 살기 위해서는 水가 필요하다. 時干 癸水가 용신이다. 子대운은 용신운이라 결혼을 했지만, 丁丑대운은 丁癸 沖하여 용신인 癸水가 손상되고, 丑戌未三刑하여 戌宮의 辛金 官星이 역시 손상되니 부성(夫星)이 살아남을 수가 없는 것이다. 丑대운에 일본 제국주의 치하의 오랜 탄광생활에서 얻은 질병 때문에 남편은 시름시름 앓다 죽은 것이다. 사주에 財星이 중중한데, 日主 乙木이 좌하에 녹성(祿星)을 깔고 있어 신왕(身旺)하니, 신왕재왕(身旺財旺)하여 財를 감당할 수 있다. 홀로 딸 둘을 키우며 억척같이 돈을 모아 부동산에 투자하여 부자가 된 명조이다. 여명에서 남편에 해당하는 부성(夫星)이 입묘(入墓)됐다 해서 반드시 남편과의 연이 적다 판단하는 것은 아니다. 여명에서는 용신을 남편으로 보기도 하고, 일지궁이 또한 남편 궁이니 이들의 길흉을 역시 세밀하게 분석하고 참조해야 한다. 상기는 용신인 癸水가 無根이라 쇠약하고, 月支 戌土는 年支와 戌未 형파(刑破)하여 손상되니 부성(夫星)이 온전할 수가 없었던 것이다.

(女命)

局이 전부 食傷으로 이루어졌고 印星이 극약(極弱)하고 암장(暗藏)되었으니 종아격(從兒格)으로 논한다. 용신은 戊土다. 食傷을 종(從)하는 것이니 미모와 총명함이 있었다. 土가 후중(厚重)한데 未土月은 火氣가 퇴기(退氣)하는 시점이라 하나 아직은 조열(燥熱)한 때이며, 부성(夫星)인 官星 金은 戌宮에 辛金이 있으나 묘궁(墓宮)에 해당하니 부성입묘(夫星入墓)에 해당된다. 官星이 심히 무력해지니 처(妻)를 통제할 수 없는 것이라 방종과 음란했던 것이다. 남편은 흉사했고, 다른 남자를 따라갔으나 몇 년 못 되어 극하고, 乙卯대운 기신운에 목을 매어 자살한 것이다. 적천수(滴天髓)에 기재된 명조이다.

111. 분발지기(奮發之機)

분발(奮發)의 기틀을 말함이다. 부연설명하면, 사주상 양명(陽明)한 기운이 용사(用事)를 하면, 용신이 힘을 얻게 되고, 천간과 지지가 상호 상생되어 有情하고, 정·신·기(精·神·氣) 中 神은 드러나고 精은 유통되게 되고, 局 中 오행이 태과(太過)하지도 않고 결함도 없으며, 기신이 실기(失氣)하고, 기신이 습이 되어 흉하게 되면 이를 沖하여 깨뜨리고, 기신이 沖하고 있으면 습하여 묶어두면, 사주상 체(體)에 속하는 본바탕은 陰이나 用事함은 陽에 해당되니, 자연 局內의 用事하는 氣가 분발(奮發)함이 있어 정신과 의기가 창달해지므로 자연 사주가 귀격(貴格)이 되는 것이다.

壬水가 子月에 생하여 천지가 차다. 子月의 壬水는 한수(寒水)인데 지지에 水氣가 태왕하나, 납수(納水)하는 甲木이 투출하여 辰土에 통근하여 약하지 않고, 戊土역시 辰土에 통근하여 制水하니 종격(從格)으로 논할 수 없다. 왕신의설(旺神宜洩)이라 했으니 旺한 水氣를 설(洩)하는 月干 甲木으로 용신을 잡는다. 이는 水가 旺한데 납수(納水)하는 木氣가 분발(奮發)한 것이니 局 중에 분발지기(奮發之機)가 있는 것이다. 다만 혐의가 되는 것은 사주에 火氣가 없음인데, 초년운이 丙寅, 丁卯로 화세(火勢)를 더하여 한목향양(寒木向陽)함이니 甲木이 소용지신(所用之神)이 되었고, 陰하고 한(寒)한 金土를 제거하니 발전이 있었던 것이다. 戊辰대운은 구신운으로 水의 왕세(旺勢)를 거역하니 이때 사망한 것이다.

癸水가 子月에 생하여 한동(寒凍)한데, 다시 지지 子亥에 건록(建祿)과 제왕(帝旺)을 득하고 申子의 반합수국을 이루니 水氣가 태왕(太旺)하다. 丙火는 子月에 一陽이니 약변강이 되어 局에 火氣를 더하고 冬木인 甲木을 해동(解凍)시키고 있다. 水가 태왕(太旺)하니 설기(洩氣)시키는 木이 긴요(緊要)한데, 甲丙이 투출하여 甲木은 坐下申金에 절처봉생(絶處逢生)이고, 丙火는 亥水에 절처봉생(絶處逢生)이니, 木火가 相生하며 발생의 情이 있는 것이다. 또한 甲木이 사주의 旺한 水氣를 납수(納水)하여 中和를 이루고져 분발(奮發)하니 月干 甲木이 용신이며 분발지기(奮發之機)이다. 戊寅, 己卯대운은 용신인 甲木을 부조(扶助)하니 官運이 순탄했으나, 庚辰, 辛巳대운은 기신운이니 더 이상 큰 발전은 없었던 것이다.

112. 사정견합(私情牽合)

사주상 용신(用神)이 원격(遠隔)되고 기신(忌神)이 가까이 있는 경우에, 日主와 가까이 있는 또 다른 神이 멀리 있는 용신과 합되어 다시 용신으로 化되어 결국 日主와 인접하게 만들거나, 용신이 원격되고 기신이 가까이 있는데, 한신이나 희신이 기신과 합되어 기신을 용신으로 化시켜 용신에 힘을 모아주어 결국 日主와 인접하게 만드는 것을 사정견합(私情牽合)이라 한다. 이는 용신이 원격되어 있으면 日主의 情은 비록 용신에게 있으나, 한신과 기신이 있어 격절(隔絕)되어 日主와 용신은 각각을 돌아볼 여력이 없다. 이때 용신과 합이 되는 神이 있어 결국 용신을 日主와 가깝게 인접하게 하여 유정(有情)함을 얻는 것을 사정견합(私情牽合)이라 한다.

예를 들어 용신이 金이면 기신이 火인데, 年支에 酉金이 있어 원격(遠隔)되어 있고, 巳火가 日支에 있으면 기신이 인접한 경우인데, 이때 丑土 희신을 득하여 巳酉丑 삼합금국을 이루어 巳火 기신을 용신으로 化하여 모아주는 것을 의미한다.

(女命)

용신은 年支 酉金인데, 己丑대운에 丑未 沖하여 月支 未土를 쫓고, 巳酉丑 삼합금국을 형성하여 용신인 金을 日主와 인접하게 만드니 사정견합(私情牽合)이다. 용신이 왕강하여져 부동산으로 큰 돈을 벌었다.

戊土가 辰月에 관대(冠帶)를 득하고 比肩이 중중하고 다시 印星이 있으니 日主가 태왕(太旺)하다. 甲木은 辰月에 쇠(衰)地이고 午火에 설기(洩氣)되니 후토(厚土)를 소토(疎土)함이 불가하다. 따라서 왕신의설(旺神宜洩)이라 旺한 세(勢)를 설(洩)해야 하니 年支 酉宮의 辛金이 용신이다. 용신은 年支 酉金에 있어 日主와 원격(遠隔)되어 있으나 月支 辰土와 支合을 이루어 용신이 왕해지고 日主에 인접하게 만드니 사주가 길해진 것이다. 이를 사정견합(私情牽合)이라 한다.

초년 癸卯, 壬寅대운은 희신인 辰土를 剋하여 용신인 金과 相剋되니 곤고(困苦) 했으나, 辛丑대운은 酉丑 반합금국의 용신운이니 벼슬이 연등(連騰)했고, 이후 庚子, 己亥, 戊戌대운은 한신과 희신운이니 길하여 벼슬이 상서(尙書)에 이르렀던 것이다.

113. 살인상생(殺印相生)

사주에 偏官과 印星이 있어, 偏官의 기운을 설기(洩氣)시키고 日主를 생조하여, 사주가 中和를 이룸을 말한다. 이는 支에서 깔고 있는 지장간(支藏干) 중의 殺과 印을 말하는 것으로 甲申, 戊寅, 庚寅, 癸丑의 4일을 적천수(滴天髓)에서는 살인상생(殺印相生)의 진격(眞格)으로 논했는데, 이외에도 乙丑, 辛未, 壬戌日 등도 해당된다 보아야 한다. 아울러 통변에서는 局의 干支에 七殺과 印星이 있어 사주의 구성형태상 殺과 印이 相生의 과정으로 日主가 中和를 이루게 하는 것도 살인상생(殺印相生)이라 한다.

甲　甲　己　壬
子　申　酉　午

乙　甲　癸　壬　辛　庚
卯　寅　丑　子　亥　戌

　　甲申 日柱의 申宮에 壬水 印星과 庚金 七殺이 있으니 살인상생(殺印相生)의 진격(眞格)이다. 日主 甲木이 酉金月에 생하여 실기(失氣)했고 申酉 官殺의 극을 받아 신약하니 印星을 용하여 부조하면 中和를 이룰 수 있다. 기쁜 것은 酉申의 관살혼잡(官殺混雜)된 氣를 年支 午火가 酉金 正官을 剋去하고 申金을 유(留)시키니 거관유살(去官留殺)된 것이고, 다시 時支 子水가 申金 七殺의 氣를 설(洩)하니 살인상생(殺印相生)이 되어 사주가 淸해져 귀격이 된 것이다.

甲　甲　庚　戊
子　子　申　辰

丁　丙　乙　甲　癸　壬　辛
卯　寅　丑　子　亥　戌　酉

　　月柱 偏官은 年柱 財星의 生을 받아 왕강하다. 甲木이 무력해질 것 같으나, 日支 子水가 申子辰 삼합수국을 이루어, 偏官의 기운을 설기(洩氣)시키고, 日主를 생하니, 살인상생(殺印相生)되어 사주가 귀격이 된 것이다.

乙　癸　癸　庚
卯　丑　未　戌

庚　己　戊　丁　丙　乙　甲
寅　丑　子　亥　戌　酉　申

　　癸水가 未土月에 생하여 실기(失氣)했고, 乙卯 食神과 丑戌未 重土가 삼형(三刑)을 이루어 日主를 핍박하니 日主 癸水는 신약하다. 癸水는 간계수(澗溪水)요, 전답

(田畓)의 물이고, 우로(雨露)에 비유되는바 수원(水源)이 없으면 장구(長久)할 수가 없다. 따라서 용신은 年干 庚金 印星을 용한다. 지지 丑戌未는 官殺인데 지지 대다수를 차지하니 태왕(太旺)하다. 乙卯木 食神은 未土月에 쇠약하니 制殺의 힘이 부족하다. 따라서 印星을 용하여 旺한 官殺의 氣를 설(洩)하고 日主를 부조하면 사주가 中和를 이룰 수 있다.

운로가 申酉戌亥子丑의 희신과 용신운이니 연예인로써 크게 활약하고 있는 명조이다.

114. 살인신청(殺刃神淸)

七殺과 양인(羊刃)에 해당하는 神이 탁(濁)하지 않고 청(淸)함을 의미한다. 이에는 두 가지가 있는데, 七殺이 旺하고 財星은 없는데 인수(印綬)가 있고 양인(羊刃)을 用하는 경우와, 七殺이 旺한데 財星과 인수(印綬)가 없고 양인(羊刃)만 있어 이를 用하는 경우가 있다. 모두 살인신청(殺印神淸)에 해당된다. 만약 七殺이 旺한데 다시 財星이 있으면 七殺이 더욱 방자해져 사주가 탁(濁)해지므로 청(淸)하다 논할 수 없는 것이다.

庚金이 酉金月에 생하여 양인(羊刃)을 득했다. 지지는 寅酉가 상극하니 寅午戌 삼합화국을 형성하지 못하고 단지 午戌 반합화국을 형성하는데 時干 丙火 七殺이 투출하여 통근하니 七殺의 기세가 왕하다. 위에서 설명한 七殺이 旺한데 財星의 생조가 없고 印星만 있는 경우에 해당되며 이러 경우엔 양인(羊刃)을 용해야 하니 월령(月令) 酉宮의 辛金을 용신으로 잡는다. 年干 壬水는 무근이고 寅木에 설기(洩氣)당하니 용할 수 없다. 七殺의 기세가 태왕하니 比劫을 용해야 하는 것이다. 이른바 득비적살(得比敵殺)이 이에 해당하는 것이다.

상기 명조는 財星이 없으니 七殺과 양인(羊刃)이 청(淸)하고 기세가 旺한 것이다. 따라서 일찍 등과(登科)하여 발복이 있었고 벼슬이 형부상서(刑部尙書)에 이르렀다.

壬	丙	壬	庚
辰	子	午	戌

戊	丁	丙	乙	甲	癸
子	亥	戌	酉	申	未

지지 子辰의 반합수국이 있고 천간에 兩 壬水가 투출했으니 七殺의 기세가 태왕하다. 日主 丙火는 신약한데 午火節에 생하여 양인(羊刃)을 득하고 다시 午戌 반합화국을 이루어 戌土가 庚金을 생함을 막으니 七殺이 더욱 태왕하게 됨을 제지한 것이다. 七殺이 旺하니 日主는 比劫인 월령(月令) 午火에 의지할 수밖에 없다. 따라서 용신은 午宮의 丁火를 용한다. 앞의 사주는 財星이 없어 살인신청(殺印神淸)이 됐지만 상기 丙子日柱 명조는 金이 財星이라 청(淸)한 중 일점 탁기(濁氣)가 있는 것이다.

丙戌, 丁亥대운은 용신운이라 벼슬이 안찰사(按察使)에 이르렀다.

115. 살인양정(殺刃兩停)

官殺과 양인(羊刃)이 힘의 균형을 이루고 있음을 말한다. 양인(羊刃)은 日主의 녹전일위(祿前一位)에 해당하는 것인데, 日主를 도와 官殺을 견제하는 역할을 한다. 따라서 사주에 官殺이 旺한 경우 양인(羊刃)이 있어 官殺의 태동을 제어(制御)하면 官殺은 오히려 귀살(貴殺)이 되어 사주가 길해지는 것이다.

庚	丙	辛	壬
寅	午	亥	申

戊	丁	丙	乙	甲	癸	壬
午	巳	辰	卯	寅	丑	子

年干 壬水 七殺은 월령(月令)에 통근하고, 庚辛의 부조가 있으니 태왕(太旺)하다. 日主 丙火는 亥月에 절(絕)地라 신약한데, 坐下 午火에 양인(羊刃)이고, 寅午 반합화국의 부조가 있으니 능히 壬水 七殺을 대적할만하다. 따라서 七殺과 양인살(羊刃殺)이 양정(兩停)한 것이다. 日主가 신약하니 印星이 용신인데, 時支 寅宮의 甲木을 용한다. 운로가 寅卯辰巳午의 용신과 한신운이니 발복되어 총독(總督)을 지냈던 명조이다.

116. 살장관로(殺藏官露)

사주상 七殺은 지지에 암장(暗藏)되고 正官은 천간에 투출(透出)된 것을 말한다. 七殺은 日干을 剋하는 오행 중 음양이 같은 것을 이르는데, 局 중에 七殺에 해당되는 오행을 剋하는 오행이 있으면 이를 七殺이라 하지 않고 偏官이라 하고, 없을 시에는 七殺이라 한다.

財와 官은 사주상 중요한 길신이라 官星이 사주에 있음을 귀(貴)히 여기는데, 천간에 七殺과 正官이 같이 투출된 경우라면, 어느 한 쪽이 化되어 타 오행으로 바뀌거나 제극되어 去되지 않으면 관살혼잡(官殺混雜)이 되어 사주가 흉해진다. 그리고 正官과 七殺이 모두 지지에 암장(暗藏)되어 있으면 이 또한 크게 행세할 수 있는 사주는 못되는 것이다.

사주상 官星이 旺한 것은 좋으나 반드시 日主가 신왕(身旺)함을 요하는 것이다. 신왕한데 正官이 투출되고 다시 지지에 七殺이 있으면 쓰임이 있으나, 신약(身弱)한 경우는 사주가 官星을 감당하기 어려우니 투출된 正官은 귀(鬼)가 되어 七殺의 역할을 하니 사주가 흉해지는 것이다. 그러나 만약 印星이 있어 귀(鬼)가 된 正官의 기운을 印星으로 化시키면 日主가 약변강이 되어 殺을 감당할 수 있게 되니 사주가 흉변길이 되는 것이다. 이처럼 七殺이 지지에 암장(暗藏)되고 正官이 천간에 투출한 것을 살장관로(殺藏官露)라 한다.

丁火 日主가 子月에 생하여 절(絶)地에 해당되어 신약하다. 다행인 것은 年支 午火에 통근하고, 丁壬이 化木하여 時支 寅木에 통근하고 日主를 생하니 日主가 태약하지는 않다. 丁火는 아궁이불이요 화롯불이니 甲木이 필요한바, 日支 酉宮의 庚辛金이 벽갑(劈甲)하여 인정(引丁)하니 사주가 귀격이 되었다. 운로(運路)가 일약 寅卯辰의 용신운으로 흐르니 40대에 제위(帝位)에 올라 십여 년간 극귀(極貴)를 누린 君王의 명조이다. 庚金대운은 기신운으로 용신인 甲木을 破剋하니 이때 사망한 것이다.

117. 살중신경(殺重身輕)

사주에 七殺이 중중하고 旺한데 日主가 쇠약함을 의미한다.

지지가 子辰 반합수국을 형성하고 壬亥水가 있으니 七殺이 중중하여 살중(殺重)하다. 日主 丙火는 子月에 태(胎)地라 신약한데 年支 未土에 미근(微根)이 있고 丁火의 부조가 있으니 태약(太弱)함은 면했으나 신약(身弱)하다. 이를 살중신경(殺重身輕)이라 한다. 상기는 水가 태중(太重)하니 制水함이 급하여 時干 己土를 용하는데, 地支 未辰의 통근함이 있어 천격(賤格)은 면했다. 殺重한데 制殺하는 힘이 부족하니, 초·중년의 亥戌酉申대운은 重한 殺을 더욱 생하니 부모가 물려준 약간의 재산을 다 탕진하고 노름판을 기웃거렸다. 丁未대운은 신약한 日主를 부조하는 운이 도래하니 다소의 발전이 있어 지인과 고물상을 시작하여 점차 안정된 생활을 하고 있는 것이다. 이는 殺重한데 制殺하는 土의 세(勢)가 부족하지만 지지에 미근(微根)이라도 있었기 때문이다.

壬水가 辰月에 생하여 묘궁(墓宮)이니 실기(失氣)하여 신약하다. 지지는 사고(四庫) 중 戌土가 결여되어 기관팔방(氣貫八方)을 이루지 못했고, 正·偏官이 혼잡되었으니 전부 七殺로 논한다. 따라서 살중신경(殺重身輕)에 해당된다. 상기는 살인상생(殺印相生)시키는 金과 重土를 소토(疏土)하는 木이 없으니 사주가 찬격(賤格)이다. 초년 卯寅乙 대운은 重土를 다소 소토(疏土)시키니 난봉꾼의 행세를 하면서도 부모의 덕으로 유야무야 넘어갔으나, 부모의 사망후엔 생계를 유지할 길이 없어, 甲子대운에 머리 깎고 중이 되었으나, 동네 부녀자들을 희롱하고 다닌 것이 원인이 되어 동네 청년들한데 몽둥이로 맞아 죽었던 것이다. 이것은 甲子대운에서 甲木이 己土와 간합 化土되고, 子水는 丑土와 육합 土局이 되어, 사주의 重重한 土氣에 운로에서 다시 土氣를 더하니 흉이 된 것이다. 子水대운은 子水가 쇠(衰)神인데 旺神인 土를 대적하려 하니 결국 旺神 土를 더욱 분발(奮發)케 하여 子辰 합수가 되지 못하고 오히려 화액(禍厄)을 키웠던 것이다.

118. 살중용인(殺重用印)

사주에 官殺이 重하면 印星으로 살인상생(殺印相生)시켜 중화를 시킨다는 의미 이다.

甲寅木 七殺이 중중한데, 日支 午火 印星이 있어 旺한 木의 기운을 설기(洩氣)시키어 살인상생(殺印相生)하니 사주가 귀격이 되었다.

壬水 日主가 戌月에 관대(冠帶)를 得했으나 官殺인 土가 중첩(重疊)하니 신약하다. 壬水는 무근(無根)이나 태원(胎元)이 癸丑으로 水氣가 있으니 암암리에 부조(扶助)의 氣가 있고, 천간의 壬庚 역시 보조하니 종(從)할 이치는 없다.

상기와 같이 官殺이 중중하면 印星을 용하여 살인상생(殺印相生)하여 旺한 官殺의 氣를 설(洩)하고 日主를 생하면 中和의 情이 있는 것이다. 이를 살중용인(殺重用印)이라 한다. 만약 官殺을 제극하는 食傷을 용하면 신약한 日主의 기를 더욱 설기(洩氣)시키기 때문이다. 그러나 사주에 제살(制殺)하는 木氣가 전혀 없으니 귀격사주는 되지 못한다. 또한 官殺이 중중한데 制殺하는 神이 없으면 인생에 예기치 않은 풍파가 많이 발생하는 것이다.

食傷의 制殺보다는 印星으로 化殺함이 좋지만, 官殺이 태다(太多)한데 印星이 약할 경우는 化殺의 힘이 부족하니, 극제하는 食傷이 있어야 사주가 귀격(貴格)이 되는 것이다.

119. 삼기성상(三氣成象)

사주상 오행 삼자(三者)의 구성형태가 하나의 상(象)을 이룬 것을 말한다. 여기서 三者라 함은 반드시 日主에 해당되는 오행이 포함되어야 하는 것인데, 金水木이나 水木火처럼 상생의 관계를 유지함을 말하는 것이다. 물론 三者가 상생을 이룬다 하더라도 양 끝은 상호 상극의 관계가 되는 것이지만, 이런 경우라도 日主가 중심이 되며 사주의 구성형태상 이 三者의 오행이 순환상생(循環相生)의 관계를 이루게 되면 삼기성상(三氣成象)이라 하는 것이다.

그리고 이 삼기성상(三氣成象)은 三者가 상극의 관계에서도 성립될 수 있지만 대체로는 상생의 관계를 논하는 것이다. 예로 金木土의 상극의 관계인 경우, 日主가 金이라면 土가 印星이고 木은 財星이 되는데, 印星이 旺하다면 木인 財星은 印星에 큰 영향을 주지 못하므로 삼기성상(三氣成象)을 이룸에 하등의 장애 요소가 없는 것이다. 그리고 二者로 상(象)을 이룬 경우는 "양신성상격(兩神成象格)"이라 하여 별도의 格으로 논함을 유의해야 한다. 이외에도 사주가 年柱부터 시작하여 時柱까지 土金水火와 같이 四者로 이루어져 상생의 관계를 유지하며 격을 이루었다면 "사기성상격(四氣成象格)"이라 하고, 납음(納音)과 태월(胎月)을 적용하여 사주가 木火土金水 五者로 상생의 관계를 이루며 格을 형성했다면 "오행구족격(五行俱足格)"이라 칭한다.

상기는 乙卯木이 月柱와 年支를 차지하여 旺하고, 時柱와 日支에 丁巳火가 있으니 火 역시 약하지 않다. 언뜻 보면 日主 癸水가 木火의 설기(洩氣)와 핍박을 받으니 심히 무력해보이나 癸水는 卯月에 長生을 득하고, 日支 卯木과 時支 巳火 사이에 辰土 正官이 탄함(呑陷)되어 있어, 암암리에 辰宮의 癸水가 日主 癸水를 부조하니 태약한 것은 아니다. 따라서 木水火 삼기성상(三氣成象)의 귀격(貴格)을 이룬 것이다.

癸水는 산간계(山澗溪)요 우로(雨露)에 비유되고 땅에서는 전답(田畓)의 물이니, 月柱 乙卯木이 旺하여 설기(洩氣)가 태다(太多)하니 물이 고갈된다, 癸水의 수원(水源)을 만들어 줌이 급하니 印星을 용해야 하는데, 巳宮의 庚金은 丙火의 극을 받아 완금(頑金)이 됐으나 그래도 부득이 이를 용할 수밖에 없다. 다행인 것은 운로가 丑子亥戌酉申으로 흘러 용신을 부조하니 대귀(大貴)하였고, 丙午대운은 용신인 庚金과 상극되니 이때 사망한 것이다. 조선조 청백리(淸白吏)로 이름난 황희 정승의 명조이다.

甲寅木과 乙卯木이 있고, 寅午戌 삼합화국이 있고, 戊戌土가 있으니, 木火土 三者의 삼기성상격(三氣成象格)이다.

甲木 日主는 월령(月令)에 제왕(帝旺)을 得하고 比劫이 중중하니 신왕(身旺)하며 수기(秀氣)를 발하여 食傷이 요긴한데, 지지가 寅午戌의 삼합화국을 형성하니 甲木의 수기(秀氣)를 설기(洩氣)시킴에 부족함이 없다. 다시 日主의 생을 받아 지지의 삼합화국이 旺한데, 戊戌土로 왕기(旺氣)를 설(洩)하니 상관생재격(傷官用財格)이다. 용신은 比劫이 중중하니 財를 용하여 年干 戊土이다. 木火土 三者가 상생하고 格을 이루었고, 운로에서 丁巳, 丙午, 己未의 희신과 용신운이니 극귀(極貴)의 명조이다. 18년간 권좌에 있었던 청나라 세조의 명조이다. 庚申대운은 甲木의 수기(秀氣)를 설기(洩氣)시키는 火와 상극되어 화금상쟁(火金相爭)하니 이때 사망한 것이다.

120. 삼반귀물(三般貴物)

삼반귀물(三般貴物)은 삼귀득위(三貴得位)라고도 한다. 사주상 三吉神이라 하면 正財·正官·正印을 말하는데, 천간에 正財, 正官, 正印이 투출돼 있고 또한 이 三者가 지지에 통근되어 있는 것을 말한다.

戊	辛	丙	甲
子	酉	寅	子

癸	壬	辛	庚	己	戊	丁
酉	申	未	午	巳	辰	卯

甲木 正財, 丙火 正官, 戊土 正印이 천간에 투출했으니 삼반귀물(三般貴物)인데, 이는 특히 월령(月令) 寅宮의 戊丙甲이 투출한 것이라 뿌리를 튼튼히 박고 있는 형국이니 크게 귀격(貴格)인 명조이다.

121. 상관가살(傷官駕殺)

사주상 傷官이 七殺의 흉한 氣를 제어(制御)함을 의미한다. 食傷은 日主의 기를 설(洩)하지만 偏官이 旺한 경우에는 이를 극제하여 日主를 보호하는 역할도 한다. 따라서 사주원국에 傷官과 偏官이 同柱하거나, 혹은 局에 傷官과 偏官이 있어 偏官이 旺한 경우에 偏官의 흉한 殺을 傷官이 제어(制御)함을 의미하는 것이다.

丙	乙	辛	乙
子	未	巳	卯

甲	乙	丙	丁	戊	己	庚
戌	亥	子	丑	寅	卯	辰

月柱에 있는 巳火는 傷官이고 辛金은 七殺이니 상관가살(傷官駕殺)이다. 상기는 목화상관격(木火傷官格)인데, 비록 日主 乙木이 時支 子水의 생조를 받고 年柱에 比肩이 있으니 태약(太弱)하지는 않은데, 月干 辛金이 乙木을 剋하여 병(病)이 된 것을 月支 巳火가 辛金의 기운을 억제하니 사주가 中和를 이루고 있다. 丙火가 사령(司令)하여 설기(洩氣)가 심하니 時支 子宮의 癸水를 용신으로 잡는다. 丑子亥 대운에 발달했다.

月干 庚金 正官이 좌하(坐下) 辰土의 생을 받고, 다시 乙庚의 간합금국이 있으니 庚金은 본시 正官이나 合되어 化殺된 것이라 판단한다. 극제함이 없으면 七殺의 난동이 염려된다. 기쁜 것은 時干 丙火 傷官이 월령(月令)에 관대(冠帶)를 득하고 진기(進氣)하니 약하지 않다. 능히 庚金을 제어할 수 있다. 상관가살(傷官駕殺)인 것이다. 辰月의 乙木은 통근하고 있으나 점차 巳火節로 진기(進氣)하는 계절이니 水의 자윤(滋潤)이 없으면 꽃을 피울 수 없다. 따라서 용신은 辰宮의 癸水이다. 운로가 丑子亥의 용신운이니 무관(武官)으로써 발복이 있었던 것이다.

122. 상관견관(傷官見官)

사주에 傷官과 正官이 가까이 있어 상호 相剋의 상태가 됨을 의미한다, 傷官은 官星을 극하는 육신이다. 사주에 正官이 있으면 좋은데, 가까이 傷官이 있어 正官을 극하는 경우, 正官의 길성이 손상된다는 의미이다.

甲木이 丑月에 생하였고 천지가 한(寒)하니 丙火가 귀중하다. 丙火는 寅午에 통근하고 투출했으니 사주가 귀격(貴格)이다. 月干 一位 辛金 正官은 좌하 한습토(寒濕土)인 丑宮에 뿌리를 박고 있으나 丙火가 해동(解凍)하니 辛金이 유력해졌다. 다만 丁午火 傷官이 寅卯木의 생을 받아 旺한데, 一位 辛金 正官을 극하니, 상관견관(傷

官見官)되어 평생에 吉한 중 시비구설과 남의 음해에 시달려야 했다.

123. 상관상진(傷官傷盡)

傷官이 중중한데 사주에 印星과 官星이 전혀 없는 경우를 말한다. 고서(古書)에서는 이를 극귀(極貴)의 명조라 논하고 있다. 예로, 戌月의 丁火가 일파(一派) 戊土가 있을 경우, 즉, 傷官이 중중한데 壬水(官星)와 甲木(印星)이 없으면 상관상진(傷官傷盡)된 사주라 하며 부귀(富貴)가 비범하다 논한다.

丁火가 戌月에 생하여 실기(失氣)했지만 坐下 未土에 통근하고 丙火가 투출하여 부조하니 태약(太弱)하지 않다. 傷官인 戊土가 중중하니 傷官格인데, 壬水 官星과 甲木 印星이 全無하니 상관상진(傷官傷盡)된 사주이다. 상기는 종아격(從兒格)으로 논하여 比劫運과 食傷運은 길하고 官星과 印星운은 흉하다.

운로에서 寅運은 寅戌 반합화국의 比劫運이고, 癸運은 戊癸 합화의 比劫運, 卯運은 卯戌 합화의 比劫運, 辰運은 傷官運이라 발복이 있었다. 상기 사주의 경우, 甲木이 투출한 경우라면 문장(文章)으로 청귀(清貴)하다.

丁火가 戌月에 생하여 실기(失氣)하였고 사주에 食傷이 태다(太多)하다. 壬水 官星은 중중한 土氣에 剋去되어 상관상진(傷官傷盡)된 사주이니 극귀(極貴)할 명조인 것

이다. 용신은 丁火가 秋月에 생하여 한(寒)하고 食傷이 중중하니 時干 丁火가 용신이다. 또한 지지가 辰未戌丑의 사고(四庫)가 완전하니 대귀격(大貴格)이며, 운로가 丙寅, 丁卯, 戊辰의 比劫과 食傷運으로 흐르니 매우 길하다. 명 태조 주원장(朱元璋)의 명조이다.

丙	丁	戊	丙
午	巳	戌	子

甲	癸	壬	辛	庚	己
辰	卯	寅	丑	子	亥

傷官이 月柱를 차지하고 丙丁火의 생을 받으니 傷官이 왕한데, 印星은 전무하고 子水 七殺은 旺한 丙戌에 의해 剋去되니 상관상진(傷官傷盡)된 사주이다. 추월(秋月)에 天氣가 한(寒)하니 丙火를 용하는데, 寅卯辰의 희신운으로 흐르니 부귀(富貴)가 비범했던 것이다.

124. 상관우살(傷官遇殺)

월령(月令)이 傷官이면 日主는 대체로 신약(身弱)한데 元局 및 운로(運路)에서 다시 七殺의 극제를 받아 태약(太弱)해진 경우를 말하는 것으로, 이런 경우엔 불측재화(不測災禍)가 발생하게 된다. 상관견관(傷官見官)과 같은 맥락이다.

庚	甲	甲	丙
午	申	午	申

庚	己	戊	丁	丙	乙
子	亥	戌	酉	申	未

甲木이 午火節에 생하여 목화상관격(木火傷官格)이다. 다시 丙火가 투출하여 신약한데, 時干 庚金이 日支 申金에 통근하여 日主를 핍박하니 庚金이 병(病)이 된 것이다. 월령(月令) 午宮의 丁火를 용하여 剋金하면 중화를 이루나 丙火가 투출하니 부

득이 이를 용한다. 운로(運路)가 申酉戌의 구신운으로 흐르는데, 金運이면 희신인 木은 死가 되고 용신인 火는 囚가 되어 흉하다. 申대운에 산에 나무하러 갔다가 다리를 다쳐서 평생 다리를 절게 된 것이다.

125. 상관패인(傷官佩印)

사주에 傷官이 있어 日主의 氣를 설(洩)하는데 다시 干支에 印星이 있어, 결국 日主를 부조하여 中和를 이룸을 말한다. 예로, 사주에 月支 傷官이 있고, 月干이나 혹은 他 干 및 日支에 印星이 있는 것을 말한다. 예로, 토금식상격(土金食傷格)은 戊·己 日主가 月支에 申酉가 있음을 말하는데, 土氣가 설기(洩氣)되니 신약하다. 따라서 火氣가 필요한데 月干에 丙火인 印星이 있는 경우 상관패인(傷官佩印)이라 한다.

己土가 申月에 생하여 설기(洩氣)되고 한습(寒濕)하여 신약한데, 月干 丙火가 생 조하니 사주가 귀격(貴格)이다. 月支 申金 傷官이 月干에 丙火 印星을 태웠으니 상 관패인(傷官佩印)인 것이다.

傷官 丙巳火가 태다(太多)하여 乙木이 고초(枯草)하다. 年·時의 壬子水 印星이 火 氣를 극제하고 日主를 생하니 中和를 이루어 평생 의록(衣祿)이 있었다. 月支에 傷

官이고 年干에 壬水 印星이 있으니 상관패인(傷官佩印)인 것이다.

戊土 傷官과 甲木 인수(印綬)가 투출했으니 상관패인(傷官佩印)이다. 丁火가 戌月에 실기(失氣)했고 사주에 土가 重重하니 신약하다. 時干 甲木을 용하여 소토(疏土)하고 丁火를 살리면 中和를 이룰 수 있다. 운로가 寅卯辰의 용신운이니 길하고 관록이 있었다.

126. 상하정협(上下情協)

사주상 上下가 유정(有情)하고 협력(協力)하고 있음을 뜻하는데, 이는 천간과 지지가 상호 호위(護衛)하고 상배(相排)되지 않음을 의미한다.

<u>정협(情協)의 경우</u>

1) 官弱하고 傷官이 旺한데 財星이 局을 이룬 경우.
2) 官旺하고 財多한데 比劫이 局을 이룬 경우.
3) 살중용인(殺重用印)의 경우 財가 기신인데 財가 劫地에 임하여 탈재(奪財)된 경우.
4) 신강살천(身强殺淺)하여 財가 희신인데 財가 食神地에 임하여 生을 받는 경우.
5) 財가 경(輕)하고 劫財가 重한데 官星이 있어 制劫하는 경우.
6) 劫財가 旺한데 官星이 없는 경우에 食傷이 劫財를 설기(洩氣)하는 경우.

丙火가 酉金月에 생하여 실기(失氣)했지만 日·時支 寅木에 長生을 득하고 年支 巳火에 녹성(祿星)을 깔고 있으니 신강(身强)하다. 억부법을 적용하여 月干 癸水를 용한다. 癸水는 己土의 극을 받을 것 같으나 坐下 酉金의 생을 받고, 지지가 다시 巳酉 반합금국을 이루어 癸水를 생하니, 己土 역시 金局에 설기(洩氣)되어 癸水를 剋할 겨를이 없다. 상기는 신강살천(身强殺淺)하여 財가 희신인데 財가 食神의 생을 받는 경우로써 上下가 有情하고 협력하니 귀격(貴格)이다. 평생 관복(官福)이 있었고 명리(名利)가 쌍전했던 것이다.

불협(不協)의 경우

1) 官弱한데 다시 傷官을 만나거나 財星이 없는 경우.
2) 官旺한데 印星이 없고 財星이 局을 이룬 경우.
3) 살중용인(殺重用印)의 경우 財가 기신이데 財星이 食神地에 임(臨)하여 생을 받는 경우.
4) 신강살천(身强殺淺)하여 財가 희신인데 財가 劫地에 임한 경우.
5) 財가 경(輕)하고 劫財가 重한데 食傷이 없고 官星이 失氣한 경우이거나 혹은 食傷은 있으나 印星의 극제를 받는 경우.

乙木 日主가 卯月에 득록(得祿)하고, 다시 亥卯 반합목국이 있고, 乙木이 투출했으니 日主가 旺하며 군겁(群劫)을 이룬 것이다. 財를 용해야 하는데, 財가 旺하면 무탈하나, 己土 偏財는 지지 亥丑에 통근하고 午火의 생을 받아 약하지 않을 것 같으나, 丑土는 卯木의 극을 받고, 午火는 亥水의 극을 받으며 壬水의 개두(蓋頭)가 있으니, 丑午가 무력해져 財星인 己土를 생하지 못하며, 또한 좌우의 乙木에 탈재(奪財)되니 군겁쟁재(群劫爭財)라 사주가 파격(破格)이 된 것이다. 月干 己土가 용신이다.

초년 戊寅, 丁丑대운은 財를 생하니 유업이 풍성했으나, 丙子대운은 丙壬 沖과

子午 沖하여 희신이 손상되니 재물이 破되고, 이후 乙亥대운은 亥卯 반합목국으로
乙亥가 모두 군겁(群劫)을 이루어 쟁재(爭財)하니 처자를 극하고 중이 된 후 굶어 죽
은 것이다. 상기는 불협(不協)한 경우의 5)번에 해당되며 上下가 무정(無情)이고 불
협(不協)한 경우이다. 군겁쟁재(群劫爭財)의 사주는 상기의 乙亥대운처럼 운로(運路)
에서 比劫運이 도래할 시는 명(命)을 보존하기 힘든 것이다.

127. 생방파동(生方怕動)

生方은 寅申巳亥를 말하며, 사맹방(四孟方)이라고도 하고, 파동(怕動)이란 動함
즉, 刑沖을 두려워한다는 뜻이다. 지구의 공전주기는 1년인데 四時와 이십사절기
(二十四節氣)의 끊임없는 순환속에서 만물의 생멸(生滅)이 이루어지는 것이다. 春夏秋
冬을 四時라 하는데, 十二地支를 계절에 대입하면, 春은 寅卯辰으로 시작은 寅이
고, 夏는 巳午未로 시작은 巳이고, 秋는 申酉戌로 시작은 申이고, 冬은 亥子丑으로
시작은 亥인 것이다. 따라서 寅申巳亥는 각 계절의 처음 시작하는 月이니 四生方이
라 하는데, 그 뻗어나려는 기세는 자못 강하나 본시 여물지 못하여 성질은 유약(幼
弱)하고 刑沖되면 쉽게 손상되는 것이다. 그리고 四生方이 刑沖될 시는 어느 일방
이 아닌 양방이 같이 손상됨을 알아야 한다. 사주의 구성도 이와 같은 것이다.

지지가 전부 寅申巳亥로 구성되어 刑沖되고 있다. 癸水가 申月에 생하여 水의
근원이 있으니 이른바 추수통원(秋水通源)이라 水가 왕한데, 다시 比劫이 중중하니
태왕(太旺)하다. 寅木은 申月에 절(絶)地라 무력하니 旺水를 납수(納水)하기 힘들고
다시 寅申 沖이 되니 손상되었다. 申月의 癸水는 한(寒)하니 난조지기(暖燥之氣)가
필요한데, 火를 용하여 월령(月令) 申金을 극제하고 局에 火氣를 더하면 중화를 이룰
수 있으나, 巳火가 비록 金月에 長生을 득하나 巳亥 相沖하여 旺水를 촉분(促奮)시키

며, 더욱이 운로가 亥子丑의 기신운으로 흐르니 군겁쟁재(群劫爭財)의 형국이라, 세명의 처를 극하고, 無子하고, 파모(破耗)가 대단하였다. 이후 戊寅, 己卯대운은 戊己土가 旺水를 제지하고, 寅卯木이 火를 생하니 의식(衣食)이 넉넉하였으나, 庚金대운은 희신인 木을 극하고 기신인 水를 생하여 흉한데, 다시 태세(太歲)가 酉金이라 희신과 용신을 손상시키어 흉가흉(凶加凶)이 되어 이때 사망한 것이다. 이른바 生方이상호 刑沖되어 용신과 희신이 모두 손상된 것이니 생방파동(生方怕動)인 것이다.

128. 생생불식(生生不息)

천간과 지지가 상하 유정(有情)하고, 年柱부터 時柱까지 혹은 時柱부터 年柱까지 순차적으로 오행이 격절(隔絕)됨이 없이 생의 관계가 이어짐을 말한다. 상하가 有情하지 못하더라도 지지나 천간이 상생의 관계로 生을 이어가면 역시 생생불식(生生不息)이라 하나, 천간의 경우는 氣가 지지에 비해 쇠약하므로, 천간의 경우는 지지에 통근되어 있으면서 生의 관계를 이어갈 때를 생생불식(生生不息)이라 한다. 생생불식된 사주는 오행이 유정(有情)하며 상생의 관계를 시작부터 끝까지 이어가는 것이니 기의 흐름이 편고(偏枯)되지 않고 化合의 情이 있어 비록 흉신이 있더라도 능히 제압하며 和할 수 있으니 자연 귀격(貴格)의 명조가 되는 것이다.

오화절에 甲木이 실기하고 다시 지지에 火局을 형성하니 이른바 목분남자(木奔南者)라 할 만한다. 火氣가 태왕(太旺)하나 다행스러운 것은 年支 辰土가 있어 왕한 화세(火勢)를 가두고 庚金을 생하며 壬水의 수고지(水庫地)가 되어 火를 억제하고 日主 甲木을 부조하니 中和의 상(象)을 이룬 것이다. 年干 庚金부터 시작하여 時干丙火까지 생을 이어가며 상하 유정(有情)하고 오행이 生生不息(생생불식)되니 귀격(貴格)의 명조가 된 것이다.

年柱, 月柱, 時柱는 상하 상생되고, 日主는 亥宮의 甲木과 日干 己土가 合되니 천합지자(天合地者)인 것이다. 천간과 지지가 모두 유정(有情)하고, 年干 甲木에서 시작하여 時干 辛金까지 격절(隔絶)됨이 없이 生을 이어가니 생생불식(生生不息)된 명조이다. 寅月에 己土가 한(寒)하여 丙火가 요긴한데, 年支 子水 財星이 甲木 官星을 생하고, 甲木이 月干 丙火를 생하고, 丙火는 寅月에 長生을 득하며 관인상생(官印相生)되고, 운로 역시 부조(扶助)의 氣가 旺하니 귀격(貴格)의 명조이다. 임금을 곁에서 모시는 은덕이 있었던 명조이다.

日主 癸水가 亥水에 통근하고 천간에 比肩이 투출하여 旺한 것 같으나, 지지 亥卯는 반합목국이 되고 다시 丁巳火가 있어 食傷과 財가 旺하니 精·神·氣 중 神이 旺한 것이라 신약(身弱)한 것이다. 따라서 日主를 생하는 印星을 용해야 한다. 巳宮의 庚金은 同宮의 丙火의 극을 받아 완금(頑金)이 됐으니 용하지 못하고, 時支 丑宮의 辛金을 용해야 한다. 年支 亥水부터 時支 丑土까지 생을 이어가니 생생불식(生生不息)된 명조이다. 年支부터 생생됨이 時支 丑土에 이르러 기세가 축적되니, 丑宮의 辛金 偏印과 己土 偏官은 旺한 것이다. 따라서 이를 활용해야 하니 무관직의 명조라 경찰서장을 지냈던 것이다.

129. 생화유정(生化有情)

사주상 왕성한 두 세력이 대립하고 있을 때, 相生이나 合의 관계로 인해 이를 유통(流通)시켜주는 오행이 있어 상호 교류하게 됨을 의미한다.

年柱 辛酉 金의 기운과 時柱 甲寅 木의 기운이 대립하는데, 巳酉 반합금국을 이루어 癸水를 生하고 水가 다시 甲寅木을 생하니 사주가 유정(有情)해진 것이다. 지지에 火氣가 旺하여 戊土가 건조하니 단비가 내려 대지의 흙을 적셔주어야 만물이 성장할 수 있다. 용신은 月干 癸水이다.

戊癸의 간합은 지지에 火氣가 있으니 간합화국이 성립된다 볼 수 있으나, 태월(胎月)이 甲申이라 申宮의 壬水가 癸水를 부조하고 年柱 辛酉金이 생조하니 癸水가 마르지 않는다. 따라서 상기 戊癸의 경우는 합이불화(合而不化)라 할 수 있다. 즉, 火氣를 다소 띨 수는 있으나 엄밀한 의미에서는 化火로 바뀐다고 할 수는 없다.

130. 서수환남(西水還南)

西水란 추월(秋月)의 水를 말하는 것으로 곤륜산(崑崙山)에서 발원하여 심원하고 그 기세가 호탕한 물이다. 환남(還南)이란 남방화지로 행하는 것을 말한다. 따라서 旺하고 충분(衝奔)하는 수세(水勢)가 火를 만난다는 것으로 그 기세에 역행하게 되니, 이러한 명조자는 성정(性情)이 매사 추근추근대며 집요하고 억지 주장을 펴는 경우가 많으므로 그로인한 화액(禍厄)이 크다는 것을 의미한다. 이때에는 土로 제방을 쌓거나, 순기세(順氣勢)하여 木으로 납수(納水)하면 지(智)인 성정(性情)이 仁으로 향해 어짊을 득하게 되는 것이다.

甲	壬	庚	癸
辰	申	申	亥

甲	乙	丙	丁	戊	己
寅	卯	辰	巳	午	未

壬水가 申月에 생하여 추수통원(秋水通源) 됐으니 그 기세가 호탕하다. 亥水는 천관(天關)이고 申金은 지축(地軸)이니 지지에 亥申이 있어 천관지축(天關地軸)이다. 기쁜 것은 時干 甲木이 坐下 辰土에 뿌리를 내리고 납수(納水)하여 中和를 얻으니, 지(智)의 성정(性情)이 仁을 得한 것이다. 물건을 품별할 수 있는 능력이 뛰어났으나 교묘히 이득을 취하지도 않았고, 중년의 남방화운은 旺木의 氣를 설(洩)하니 명리(名利)가 양전(兩全)했던 것이다.

131. 설기정영(洩其精英)

사주상 정영(精英)한 오행의 세(勢)를 설(洩)시킴을 의미한다. 정영(精英)이라 함은 예를 들면 다음과 같다.

  1) 日主의 오행이 지지에 통근하고 다시 슴과 局을 형성하여 태왕한 경우.
  2) 日主가 지지에 통근하였는데 다시 比劫이 중중하여 신왕한 경우.
  3) 신왕한데 운로에서 다시 印星과 比劫의 부조가 있는 경우.

상기의 경우 등은 모두 日主의 기세가 완강한 것을 말하며 이를 일컬어 정영(精英)이라 하는데, 천간에 그 정영(精英)한 기세를 설(洩)하는 오행이 있어, 자연 수기(秀氣)가 유행(流行)되어 사주가 中和를 이루게 함을 설기정영(洩其精英)이라 한다.

癸	壬	辛	壬
卯	子	亥	子

丁	丙	乙	甲	癸	壬
巳	辰	卯	寅	丑	子

月干 辛金이 日主 壬水를 생하고, 日主 壬水는 亥月에 건록(建祿)地이니 득기(得氣)한 것이다. 아울러 日主 壬水가 지지에 통근하고 比劫이 중중하니 수기(秀氣)를 발(發)하며 정영(精英)한 것이다. 종왕격(從旺格)으로 논하며, 또한 時支 卯木 傷官이 월령(月令)을 차지하지 못하고 실령(失令)했으니 가상관격(假傷官格)이다. 時支 卯木이 壬水의 수기(秀氣)를 설(洩)하니 이를 용신으로 잡으면 중화를 이룰 수 있다.

壬子, 癸丑대운은 희신운이니 순탄했고, 甲寅, 乙卯대운은 용신운이니 발복이 있었고, 丙辰대운은 丙火 財星이 들어오고, 辰土는 子辰 반합수국으로 比劫에 해당되니 군비겁쟁재(群比劫爭財)가 된 것이다. 比劫이 중중한 경우에는 財星이 旺하면 무탈하지만 일점 미약한 財星이 들어오고 다시 운로에서 比劫運이면 쟁탈(爭奪)을 일으키니 명(命)을 보존하기 힘든 것이다. 아들 셋 중 둘을 잃었고, 부부도 사망한 것이다.

辛	戊	丙	戊
酉	辰	辰	午

癸	壬	辛	庚	己	戊	丁
亥	戌	酉	申	未	午	巳

日主 戊土가 월령(月令)에 관대(冠帶)를 득하고, 丙午火 印星이 日主를 生하고 比肩이 중중하여 신왕(身旺)하니 土氣가 정영(精英)한 것이다. 日主 戊土의 수기(秀氣)하고 정영(精英)한 土氣를 傷官인 時干 辛金이 설기(洩氣)하는데, 辛金은 坐下 酉金에 통근하고, 다시 辰酉 合金되어 부조하니, 설기(洩氣)시키는 傷官의 기세가 旺하고 잡되지 않아 사주가 귀격(貴格)이 된 것이다. 설기정영(洩其精英)한 사주이다. 丁巳, 戊午, 己未대운은 火土運이라 용신인 辛金과 상극되니 큰 발전이 없었고, 庚申, 辛酉, 壬戌, 癸亥대운 까지는 일로 용신과 한신운이니 벼슬길이 탄탄대로였고 풍파도 없었다.

132. 설야등광(雪夜燈光)

丑月의 壬水는 강해(江海)가 모두 얼어붙었다. 등화(燈火)인 丁火가 투출하면, 얼어붙은 강물위에 등불을 비추어 고요하고 은은한 밝음을 만들어 내니 이를 설야등광(雪夜燈光)이라 한다.

辛	壬	丁	己
丑	子	丑	卯

庚	辛	壬	癸	甲	乙	丙
午	未	申	酉	戌	亥	子

  천간의 丁壬은 좌하에 木氣가 全無하니 합이불화(合而不化)의 상황이다. 年柱와
月柱 사이에 戊寅이 탄함(呑陷)되었으니 寅宮의 丙火가 암암리에 丁火에 힘을 실어
주고 있다. 丑時는 밤이고 丑月은 엄동설한의 계절이니, 얼어붙고 눈 덮인 강해(江
海)에 丁火가 은은히 등불을 밝혀 환상적인 야경(夜景)을 만들어내니 설야등광(雪夜
燈光)인 것이다.
  丑月의 壬水는 얼어붙은 폭포수로도 볼 수 있으니, 얼음 속으로 흐르는 물이 직
하(直下)하여 땅속으로 스며드는 형국이니 대체로 戊己土를 용하지 않는다. 조후(調
候)가 급하다. 丙火가 불투(不透)하고 丁火가 투출했으니 부득이 이를 용신으로 잡는
다. 年·月柱 사이에 戊寅이 탄함(呑陷)되었으니 寅宮의 丙火와 甲木이 年支 卯木과
더불어 丁火를 부조하니 사주가 길해졌다. 辛酉대운은 본래 구신운이나 탄함(呑陷)
된 寅宮의 甲木을 벽갑인정(劈甲引丁)하여 丁火를 살리니 길해졌다. 주류판매업으로
큰 돈을 벌었다.

辛	癸	丁	己
酉	丑	丑	丑

庚	辛	壬	癸	甲	乙	丙
午	未	申	酉	戌	亥	子

  癸水는 땅에서는 간계수(澗溪水)이고 전답의 물이며 天氣로는 우로(雨露) 및 설(雪)
에 비유된다. 丑月에 만물이 얼어붙었는데 酉時는 야시(夜時)라, 丁火가 은은히 등
불을 밝히니 설야등광(雪夜燈光)이다. 丑宮의 癸辛己가 모두 투출하여 旺하고 官印

이 통근되니 사주가 귀격(貴格)이다.

지지가 巳丑 반합금국을 형성하여 印星이 태다하니 종강격(從强格)으로 논한다. 따라서 용신은 월령(月令) 丑宮의 癸水이고 印星이 희신이다. 운로(運路)가 子亥戌酉 申의 용신과 희신운이니 발복된 것이다. 조화원약(造化元籥)에 기재된 중국 남경시 장의 명조이다.

133. 설이불설(洩而不洩)

日主의 氣가 설기(洩氣)되는 것 같지만 타 간지에서의 생조가 있어 실상은 그렇지 않다는 의미다.

丙丁火가 투출하여 日主의 氣를 설(洩)하고, 월령(月令) 申金이 甲木을 극하여 신 약하게 만들 것 같지만, 지지가 申子辰 合水되어 오히려 甲木 日干을 생하니 불설 (不洩)이라 한 것이다.

134. 성정신후(性定神厚)

성정(性定)은 성품이 반듯하다는 것이고, 신후(神厚)는 원신후(元神厚)란 의미로 원 신(元神)이 후덕(厚德)하다는 뜻인데, 원신(元神)은 나무의 뿌리에 해당하는 지장간의 오행을 의미하는 말이다.

부연설명하면 局의 오행이 상호 유정(有情)하고 相生되며 또한 지장간에 통근하 여 旺하며, 오행의 배합과 힘의 균형을 이룬 상태를 의미하는 것이다.

<성정(性定)의 경우>

◆ 日主가 월령(月令)에 통근한 경우.

◆ 五行이 골고루 분포되어 있으며 힘의 균형을 이룬 경우.

◆ 한신이 合되어 용신으로 化한 경우.

◆ 사주에 결함(缺陷)이 없고, 편고(偏枯)됨이 없는 경우 등이다.

<신후(神厚)의 경우>

◆ 官星이 약한데 財星의 생조를 받는 경우.

◆ 財星이 경(輕)한데 食神의 생조를 받는 경우.

◆ 신왕(身旺)한데 食傷이 수기(秀氣)를 설(洩)하는 경우.

◆ 신약(身弱)한데 인수(印綬)가 당권(當權)한 경우.

◆ 희신은 모두 제강(提綱)을 차지하고 기신은 모두 실령(失令)한 경우로써, 자연 제강
(提綱)과 時支가 유정(有情)하게 되며 또한 행운(行運)이 모두 희신과 용신운으로 흘
러 어긋나지 않게 되는 경우 등이다.

요약하면 사주의 局이 성정신후(性定神厚)하다 함은, 사주가 성품이 청순하며 반
듯하고 원신(元神)이 후덕(厚德)하며 운로(運路)에서 부조(扶助)가 있는 것을 말하는
것이며, 이는 수명(壽命)의 장단과 건강 여부를 판단하는 주요 요소인 것이다.

상기 명조는 먼저 정신기(精·神·氣) 三者가 旺하다. 精에 해당하는 癸子 印星이
旺하고, 神에 해당하는 丙巳丑辛 즉, 食神과 財官 역시 旺하며, 氣에 해당하는 寅木
역시 旺하니 귀격의 사주이다. 또한 월령(月令) 巳火에서 원두(源頭)를 일으켜, 丑土
를 생하고, 丑土가 다시 辛金을 생하고, 辛金이 다시 癸水를 생하며 甲木, 丙火,
時支 寅木까지 생생불식(生生不息)하고 주류무체(周流無滯)하고 상하가 모두 有情하
니 성정(性定)한 것이며, 다시 辛金은 日支 子에 長生을 득하고, 癸水는 日支 子에
건록(建祿)을 득하고, 甲木은 時支 寅에 건록(建祿)을 득하고, 丙火는 월령(月令) 巳火

에 건록을 득하니, 모두 원신(元神)이 투출했고 통근되어 후덕(厚德)하니 원신후(元神厚)인 것이다. 성정신후(性定神厚)하니 벼슬이 三品에 이르렀고, 재산은 백만에 달했으며, 아들은 열셋을 두었고, 수(壽)는 백세를 누린 명조이다.

상기는 年支 酉金을 원두(源頭)로 하여, 亥水를 생하고, 亥水는 寅木을 생하고, 寅木은 丙火를 생하고, 丙火는 戊土를 생하니 상하가 有情하고 생생불식(生生不息)이다. 다시 己土는 酉金에 長生을 득하고, 乙木은 寅木에 제왕(帝旺)을 득하고, 丙戊는 寅木에 長生을 득했다. 사주가 생생불식(生生不息)하여 잡됨이 낄 수 없으니 성정(性定)한 것이고, 원신(元神)이 천간에 투출하여 통근하니 원신후(元神厚)한 것이라 성정신후(性定神厚)인 것이다.

지지 亥子水가 旺하니 月干 乙木으로 설기(洩氣)시켜 丙火를 생하면 사주가 중화를 이룰 수 있다. 운로가 未午巳辰卯寅으로 한신과 용신운이니 복록이 많았던 것이다. 벼슬은 관찰사에 이르렀고, 자손이 많았으며, 재물도 백만금이었고, 수명(壽命)은 120세를 누린 귀격(貴格)의 명조이다.

年干 丁火가 坐下 未宮의 乙丁의 생부(生扶)를 받으니 원두(源頭)로 내세울 만하다. 원두(源頭) 丁火가 月支 戌土를 생하고, 戌土는 月干 庚金을 생하고, 日干 庚金과는 동류(同類)이고, 日干 庚金이 時支 子水를 생하니 상하 상생을 이루고 생화유정(生化有情)하고 있어 원신(元神)이 후덕(厚德)하다. 日主가 신강(身强)하니 극제하는

官星을 용해야 하는데 財星이 지지에 암장되어 있어 丁火 官星을 생함이 약하니 용신은 왕강하지 못하나, 다행인 것은 운로가 未午巳의 화왕절(火旺節)로 흘러 丁火를 부조하니 사주가 귀격(貴格)이 되었다. 일찍 관직에 올랐고, 성정(性定)하고 원신(元神)이 후덕(厚德)하니 위인이 강개(慷慨)하고 결단력이 있었다. 다만 혐의가 되는 것은 남명에서는 용신을 자식으로 보는데 財星이 투출하지 못하여 용신 丁火 官星을 생함이 부족하니 자식은 많았으나 손상됨 역시 많았던 것이다.

135. 성중유패(成中有敗)

사주가 成格을 이루었는데 局에 결함이 있어 格이 깨짐을 말한다. 이는 운로(運路)에서의 작용여부도 같은 이치로 논한다.

乙木이 동월(冬月)에 생하니 한목(寒木)이다. 향양(向陽)함을 기뻐하고, 또한 局에 水氣가 태다(太多)하니 土의 制水함을 요한다. 따라서 천간의 丁己가 요긴한데, 日支 巳火에 제왕(帝旺)을 득하여 능히 조후(調候)를 득하고 制水할 수 있어 사주가 成格을 이루었는데, 지지의 중중한 亥水가 巳亥 相沖하여 巳宮의 戊土와 丙火를 손상시키니 투출한 丁火와 己土 역시 손상된 것이라 成中에 敗함이 있게 된 것이다. 이를 성중유패(成中有敗)라 한다.

甲木 日干이 지지에 寅卯辰 방합목국을 형성하고 日主를 극하는 오행이 없으니 곡직인수격(曲直仁壽格)이다. 그러나 壬申대운에 寅申 沖하니 곡직격(曲直格)이 손상되는 것이다. 이 또한 성중유패(成中有敗)인 것이다.

136. 세덕부살(歲德扶殺)

年支에 덕(德)이 있음을 세덕(歲德)이라 하는데, 年干에 일점 偏官(七殺)이 있고, 세덕(歲德)이 財星에 해당하며 偏官을 생하고, 日主가 旺한 경우를 말한다. 주로 格局에서 논하는 용어로, 세덕부살격(歲德扶殺格)이 되면 조상에게 영화가 있었고, 운로(運路)가 길운이면 가문(家門)과 명주(命主)가 공히 영달하고 명예와 권세가 높다. 참고로 사주상 德의 종류는 다음의 4가지가 있다.

月支	子	丑	寅	卯	辰	巳	午	未	申	酉	戌	亥	비고
천덕귀인 天德貴人	巳	庚	丁	申	壬	辛	亥	甲	癸	寅	丙	乙	
월덕귀인 月德貴人	壬	庚	丙	甲	壬	庚	丙	甲	壬	庚	丙	甲	申子辰-壬 巳酉丑-庚 寅午戌-丙 亥卯未-甲

日支	子	丑	寅	卯	辰	巳	午	未	申	酉	戌	亥	
지덕귀인 地德貴人	巳	午	未	申	酉	戌	亥	子	丑	寅	卯	辰	

日干	甲	乙	丙	丁	戊	己	庚	辛	壬	癸	甲·己-寅 乙·庚-申 丙·辛-巳 戊·癸-巳 丁·壬-亥
일덕귀인日 德貴人	寅	申	巳	亥	巳	寅	申	巳	亥	巳	

年干 壬水는 偏官(七殺)이고, 月支 卯의 천덕귀인(天德貴人)은 申金인데 年支에 있으니 세덕(歲德)도 겸(兼)하며, 申金이 財星에 해당하여 壬水 偏官을 생하니 세덕부살(歲德扶殺)에 해당되는 것이다.

137. 세덕부재(歲德扶財)

年支에 덕(德)이 있음을 세덕(歲德)이라 하는데, 年干에 일점 財星이 있고, 年支 세덕(歲德)이 食傷에 해당하며 財星을 생하고, 日主가 왕한 경우를 말한다. 주로 格局에서 논하는 용어로, 세덕부재격(歲德扶財格)이 되면, 조상에게 영화가 있었고, 유산(遺産)을 물려받으며, 조상의 음덕으로 가문이 영달한다.

日支 丑의 지덕귀인(地德貴人)은 午火인데, 年支에 있으니 午火는 세덕(歲德)을 겸

(兼)하며, 食神에 해당되는 午火가 年干 戊土 財星을 생하니 세덕부재(歲德扶財)에 해당된다. 乙木이 寅月에 생하여 한(寒)하며 旺하니, 丙火를 용하여 따듯하게 하고 旺한 木氣를 설(洩)하면 중화를 이룰 수 있다. 용신은 時干 丙火이다. 巳午未 남방 火대운에 발복되어 많은 財를 모았고 조상의 음덕이 있었다.

138. 세운병림(歲運併臨)

세운(歲運)의 干支와 大運의 干支 및 日柱의 干支가 완전히 동일한 것을 말한다. 이런 경우는 그 기세가 중첩되어 도래하므로 사주구성형태에서 길흉간의 화복(禍福)이 더욱 극명하게 나타나는 것이다.

癸水 日干이 巳火節에 생하여 실기(失氣)했지만, 年支 亥水에 통근하고 또한 태원(胎元)이 丙申이라 申宮의 壬水가 부조하니, 局에 木氣가 중중하더라도 종격(從格)으로 논할 수 없다. 억부법을 적용하여 印星을 용해야 한다. 월령(月令) 巳宮의 庚金은 같은 宮의 丙火의 극을 받아 무딘 金이 되었지만 그래도 부득이 이를 용할 수밖에 없다. 日柱가 癸卯이고 초년 癸卯대운 중 癸卯세운은 日柱와 運에서의 간지가 모두 동일하니 세운병림(歲運併臨)이라 한다.

癸卯대운 중 癸卯세운은 癸水가 卯木을 생하여 木氣가 중첩되고 旺한데 다시 日柱 癸卯와 부합되니 木氣가 태다하여 병(病)이 된 것이다. 木은 구신이다. 따라서 흉화가 예상되는데, 이 해 여름에 친구들과 물놀이를 갔다 물에 빠져 익사직전까지 갔다 살아난 것이다. 이때의 사고로 폐의 손상이 와서 평생을 투병하며 고생했던 것이다.

139. 세운복음(歲運伏吟)

세운(歲運)의 干支와 大運의 干支가 같거나, 혹은 세운(歲運)의 干支와 동일한 干支가 사주원국(四柱原局)에 있는 것을 의미하는데, 그 기세가 중첩되어 작용하니 사주의 구성형태상 길운에 해당되면 크게 길하고, 흉운에 해당하면 크게 흉한 것이다. 여기서 사주원국의 干支라 함은, 어느 기둥에 있건 干支가 세운(歲運)의 干支와 동일한 경우를 말하는 것으로 이를 세운복음(歲運伏吟)이라 하나, 주로 日柱의 干支와 같은 것을 의미하는 것이다.

(女命)

乙未대운 중 乙未세운은 세운(歲運)의 干支와 大運의 干支가 동일하니 세운복음(歲運伏吟)에 해당된다. 甲木이 丑月에 생하여 조후(調候)가 급하니 年干 丙火가 용신이다. 운로(運路)에서 大運, 세운(歲運)의 乙未가 공히 도래하여 月柱인 辛丑을 沖하니 길흉 간에 그 작용력은 큰 것이다. 月柱 辛丑은 구신과 한신에 해당되니 乙未가 세운복음(歲運伏吟)이 되어 月柱를 沖해도 큰 재해는 없었으나 여러 가지 신고(身苦)가 많았다. 만약 月柱가 吉神(用神·喜神)에 해당된다면 대화(大禍)를 면치 못했거나 命을 보존하기 힘들었을 것이다. 이것은 月柱를 통변에서는 명주(命主)가 태어나서 자랐던 삶의 터전인 명주(命主)의 본가(本家)로 논하기 때문이다. 본가(本家)가 沖을 맞아 손상되는데 어찌 명주(命主)가 온전하겠는가? 이 논리는 日柱에도 동일하게 적용된다. 만약 명조자가 구병(久病)을 앓는 경우라면 運의 길흉관계 떠나 命을 보존하기 힘들었을 것이다. 이는 필자가 누차 징험해본 결과이다. 상기는 부동산으로 큰돈을 번 명조인데, 財旺하나 신왕(身旺)하지 못한 점이 아쉽다. 신왕재왕(身旺財旺)했다면 大財를 감당할 수 있었을 것이다.

140. 세운충극(歲運沖剋)

세운(歲運)의 干支가 大運의 干支나 사주원국(四柱原局)의 干支와 상호 천간과 지지끼리 沖剋됨을 말한다. 여기서 사주원국(四柱原局)과의 沖剋은 月柱와 日柱를 위주로 비교하는 것이다.

比劫과 印星이 重重하니 庚金 日主는 신강(身强)하다. 따라서 극제하는 월령(月令) 未宮의 丁火를 용한다. 己巳대운은 본시 한신과 용신운이나, 巳火대운은 용신의 역할을 하지 못하고 年, 日支와 비교시 巳亥 相沖, 巳申 刑合의 水局인 기신으로 바뀌어 흉하다. 특히 巳大運 중 乙丑세운은 月柱 辛未와 상호 相沖되니 세운(歲運) 충극(沖剋)에 해당된다. 月柱는 명주(命主)의 본가(本家)라 논하니 흉한 경우엔 집안에 흉화가 발생하고, 日柱는 본인과 본인 가족이니 흉한 경우엔 본인 일신상에 흉화가 발생하는 것이다. 대운이 흉한 중 세운마저 沖剋되어 흉하니 봉제공장을 하던 형들의 사업이 잇달아 부도가 나면서 가세가 기울고 아버님의 지병이던 신장병이 악화됐던 것이다.

141. 수난금온(水暖金溫)

추월(秋月)의 金水는 한냉(寒冷)하니 용할 수 없는데, 丙火를 얻어 水와 金이 모두 따뜻하게 되면 요긴하게 사용할 수 있으니 조후(調候)를 득하여 사주가 中和를 이룸을 의미한다.

추절(秋節)의 癸水는 본시 한냉(寒冷)하고, 월령(月令) 酉金은 유약(柔弱)하나 지장 간에 金氣외의 불순물이 없으니 순수하여 금백(金白)이라 한다. 또한 日主 癸水는 금백(金白)의 생을 받고 時柱 癸亥의 부조가 있어 淸하여 수청(水淸)하니 이를 금백 수청(金白水淸)이라 한다. 그런데 추월(秋月)의 癸水는 한냉(寒冷)하니 온기(溫氣)가 없으면 사용하기 힘들다. 따라서 丙火가 투출하면 한냉(寒冷)한 金水에 온기(溫氣)를 더하니 수난금온(水暖金溫)이라 하는 것이다. 상기 명조는 丁火가 투출했지만 日支 巳宮에 통근하니 丙火의 역할을 능히 하는 것이다. 사주가 잡(雜)되지 않으니 복수 (福壽)가 면면(綿綿)하였다.

142. 수대근심(樹大根深)

日干 木이 지지에 통근하여 뿌리가 깊고, 水의 生을 받아 木의 기운이 왕성한 것을 말한다.

甲木은 月·日支에 득록(得祿)하여 뿌리가 탄탄히 박혀 있고, 時支 亥水는 庚辛金 의 생을 받아 약하지 않은데 日主 甲木의 長生地라 물이 깊으니 수대근심(樹大根深) 이라 한다. 甲木이 신강(身强)하니 억부법(抑扶法)을 적용하여 이를 극제하는 月干 庚金을 용한다. 운로가 戌酉申의 용신운이니 발복이 있었다.

143. 수범목부(水泛木浮)

木 日主가 사주에 水가 태다한 경우, 木이 지지에 뿌리를 내리지 못하게 되어 물에 뜨게 되어 흉하다는 의미이다.

甲木 日主가 時支 寅木에 통근하고 있으니 종격(從格)으로 논할 수 없고, 사주에 水氣가 중중하니 甲木이 뿌리를 내리지 못하고 물에 뜨는 형국이라 수범목부(水泛木浮)의 상황이다. 다행인 것은 年支 戌中의 戊土가 있어 배양(培養)할 흙을 보태주니 사주가 천격(賤格)은 면한 것이다. 사주에 水가 旺하니 극제하는 용신운 戊土이다. 巳午未 말년운에 다소의 발복이 있었다.

지지 申子辰 삼합수국을 형성하고 壬水가 투출했으니 水氣가 태왕(太旺)하다. 月干 戊土는 年支 巳火에 미근(微根)이 있으나 制水하고 배양(培養)하여 甲木이 뿌리를 내리게 함이 역부족이다. 申대운에 水가 旺하여 병(病)이 됐는데 다시 水를 보태니 甲木이 물에 뜨는 수범목부(水泛木浮)의 형국이다. 이때 물에 빠져 익사한 것이다.

甲	甲	乙	己
子	子	亥	巳

己	庚	辛	壬	癸	甲
巳	午	未	申	酉	戌

甲木이 亥月에 생하여 갑목맹아(甲木萌芽)이나 水가 중중하여 旺하니 수범목부(水汎木浮)의 상황이다. 기쁜 것은 年干 己土가 좌하 巳宮에 제왕(帝旺)을 득하여 旺한 수세(水勢)를 制水하고, 또한 巳宮의 丙火가 冬月에 해동(解凍)하여 씨앗을 발아(發芽)시킬 준비를 하니 反成의 功을 이룬 것이다. 용신은 年干 己土이다. 운로가 중년 이후 未午巳의 火運으로 흘러 용신을 생하고 동월(冬月)에 火氣를 더하니 사주가 길해진 것이다.

초년 戌酉申 대운은 旺한 수세(水勢)를 더욱 旺하게 하니 흉운이라 빈곤을 면치 못하다가, 중년의 화세(火勢)가 도래할시 발복되어 승상(丞相)의 벼슬을 지냈던 것이다. 중국 明代의 錢丞相(전승상)의 명조라 한다.

144. 수보양광(水補陽光)

水로 약한 丙火의 빛을 반사시켜 광휘(光輝)를 더함이다. 예로, 丙火 日主가 금왕절(金旺節=申酉戌月)에 생하면 일락서산(日落西山)이라, 丙火가 빛을 잃고 신약하다. 따라서 스러져 가는 빛을 水로 반사시켜 밝음을 더하면, 저물어 가는 해가 광휘(光輝)을 발(發)함이니 사주가 귀격(貴格)을 이룬다. 추월(秋月)의 丙火는 통상 억부(抑扶)나 조후(調候)를 적용하기보다는 병약(病藥)을 적용하는 경우가 많다.

壬	丙	甲	庚
辰	寅	申	午

辛	庚	己	戊	丁	丙	乙
卯	寅	丑	子	亥	戌	酉

金旺節에 丙火가 빛을 잃음이니, 壬水로 빛을 반사시켜 스러져 가는 광휘(輝光)을 북돋아 줌이 필요하다. 용신은 時干 壬水이다. 丙火는 寅午에 통근하니 약하지 않다. 亥子丑 북방 용신운에 발복됐다.

丙火가 추월(秋月)에 生하여 실기(失氣)했고 지지에 金氣가 旺한데 丙丁火가 무근(無根)이니 剋金할 수 없다. 酉金月은 태양이 서산에 지며 빛을 잃는 때이니, 日支 申宮의 壬水를 용하여 旺한 金氣를 설(洩)하고 스러져가는 햇빛을 강하(江海)의 물이 반사시켜 광휘(光輝)를 더하면 사주가 中和를 얻을 수 있다. 이를 수보양광(水補陽光)이라 한다. 다만 혐의가 되는 것은 月干 己土가 투출하여 丙火의 빛을 가리고 용신인 壬水를 탁(濁)하게 하니 적천수(滴天髓)의 글처럼 청기(淸氣)가 돌아오나 官星이 일어나지 않은 것이다. 따라서 유림(儒林)의 수재(秀才)와는 거리가 멀었고 형상(刑傷)이 많고 고독했다. 더욱이 운로(運路)가 巳午未의 火運으로 흘러 용신 壬水와 상배(相排)되니 빈고(貧苦)했던 것이다.

丙火가 戌月에 생하여 묘고(墓庫)에 해당하니 회화(晦火)되고 실기(失氣)했다. 丙戌가 양간부잡(兩干不雜)을 이루고, 지지 午戌 반합화국으로 火가 旺하나 戊土 역시 月柱와 時柱를 차지하여 태왕(太旺)하니 먼저는 甲木으로 소토(疏土)하고 나중은 壬水로 씻어내면 丙火가 광휘(光輝)를 발할 수 있다.

戌月의 丙火는 일락서산(日落西山)이라 태양빛이 지평선 아래로 지는 형국이니, 남은 빛이 강해(江海)의 물결을 따라 빛을 반사시키면 광휘(光輝)를 돌이킬 수 있다. 수보양광(水補陽光)이다. 甲木이 불투(不透)하니 年支 申宮의 壬水를 용해야 한다. 午火 양인(羊刃)과 壬水 七殺이 살인상제(殺刃相濟)하여 귀격(貴格)일 것 같으나, 甲木이 불투(不透)하여 重重한 土氣를 소토(疏土)하지 못하고 단지 식신생재(食神生財)를 이룰 뿐이니 부격(富格)이 된 것이다. 寅卯辰 대운에 木이 중중한 土氣를 소토(疏土)하여 壬水를 살리니 선빈후부(先貧後富)했던 명조이다.

145. 수분성유(水奔性柔)

사주상 水가 태왕(太旺)하여 충분(衝奔)하는데도 오히려 성품은 부드러운 것을 의미한다. 본래 水의 성질은 부드러우나 물줄기가 합쳐져 모이면 충분(衝奔)하는 세력을 이루게 되어 강폭하고 급하게 변한다. 이때는 火를 만나 沖하거나 土를 만나 격(激)하게 하면 그 성정(性情)을 거역하게 되어 오히려 더욱 강폭하게 된다. 따라서 이때는 金을 만나 왕한 세(勢)를 따라 순기세(順氣勢)하거나, 木을 만나 납수(納水)하여 소통시키면 유순(柔順)해져서 강중덕(剛中德)을 잃지 않고 지혜와 인의(仁義)를 얻게 됨을 수분성유(水奔性柔)라 한다. 이는 비단 水의 경우뿐만 아니라 모든 오행에 같은 이치로 적용되는 것이다.

지지 申子 반합수국을 이루니 지지 전체가 水局을 형성하고 있다. 月干 甲木은 無根이니 수범목부(水泛木浮)의 상황이라 납수(納水)할 능력이 부족하여 용할 수 없고, 旺한 수세(水勢)를 좇아 순기세(順氣勢)하여야 하니 年干 癸水을 用해야 한다. 旺한 수세(水勢)를 순기세(順氣勢)하니 강중덕(剛中德)을 얻어 인덕(仁德)이 있었고, 행동이 공명정대하고, 학문을 쌓고도 명예를 구하려 하지 않았다.

초년 癸亥대운은 旺神인 水를 거역하지 않으니 조상의 유업(遺業)이 많았고, 壬戌대운은 干의 壬水는 戌土에 뿌리를 내리지 못하여 무력했고, 支인 戌土는 旺水를 격(激)하니 水가 충분(衝奔)하여 형처파모(刑妻破耗)가 있었다.

庚申, 辛酉대운은 희신운이며 순기세(順氣勢)하니 유생들과 어울리며, 또한 가업이 넉넉했고, 자식을 얻었다. 이후 己未대운은 土運이라 旺神인 水를 격(激)하니 세 아들을 연이어 극했고, 파모(破耗)가 따랐으며, 이후 戊土대운에 사망한 것이다.

天干一氣 壬水가 월령(月令) 子에 통근하니 수세(水勢)가 태왕(太旺)하다. 왕신(旺神)은 의설(宜洩)이라 했으니 충분(衝奔)하는 수세(水勢)를 납수(納水)하는 木이 있으면 이를 용신으로 잡는다. 다행인 것은 時支 寅木이 年支 寅木의 힘을 얻어 능히 납수(納水)할만 하고 日支 辰土로 막힌 곳을 소통시켜주니, 수분(水奔)한데도 성유(性柔)함을 얻은 것이다. 인덕(仁德)이 있었고, 교만 방자함이 없었으며 글재주가 중인(衆人)을 넘어섰던 것이다.

甲寅, 乙卯 용신운에 등과(登科)하였으나 주위의 여건으로 두각을 나타내지 못했고, 丙辰대운은 丙火는 財星이라 군겁쟁재(群劫爭財)되고, 戊土는 土運이라 旺神인 水를 격동(激動)시키니 흉하게 되어 사망한 것이다.

146. 수저금침(水底金沈)

水가 태다(太多)하여 金이 물속에 침몰함을 의미한다. 예로 日干이 辛金이면 辛金은 陰金이며 가공된 금속이라 유약(柔弱)하다 논하는데, 사주에 水가 많을 경우 辛金이 물속에 침몰하여 무력해지는 것을 말한다. 이 경우 戊土가 없으면 사주가 파격(破格)이다.

壬癸水가 重重하니 辛金이 물속에 가라앉는다. 수저금침(水底金沈)이다. 귀기(貴器)인 辛金을 물 밖으로 드러내기 위해서는 戊土가 필요한데 年支 戌宮의 戊土를 용한다.

147. 수화기제(水火旣濟)

水火는 본시 相剋의 관계이나, 사주상 이 두 오행이 상호 협력과 조화를 통해 결국 中和의 功을 이룸을 의미한다. 수화기제(水火旣濟)는 上의 감괘(坎卦)와 下의 이괘(離卦)로 이루어진 주역의 63번째 괘명(卦名)이다. 감(坎)과 이(離)는 주역에서 水와 火를 상징하는데, 上의 水는 아래로 내려오려 하고, 下의 火는 위로 올라가려 하니, 그 중간에서 水火가 만나 상호 협력과 교감을 이루고, 이로써 만물을 잉태하여 생육하고자 하는 功이 있으니 이를 수화기제(水火旣濟)라 하는 것이다.

卯月의 乙木은 木旺한데, 꽃과 열매를 맺기 위해서는 자양(滋養)하는 水와 대지를 온난하게 하는 火가 필요하다. 木旺한데 乙木의 수기(秀氣)를 설(洩)하면 자연 中和를 이루어 귀격(貴格)이 되는데 月干 辛金이 병(病)이다. 기쁜 것은 본래 丙火와 子水는 相剋의 관계이나, 年干 丙火가 辛金과 干合하여 水局을 형성하여 日主 乙木을 生하고, 生을 받은 日主 乙木은 다시 수기(秀氣)를 丙火에 토설(吐洩)하니 사주가

中和를 이루고 결국 水와 火가 상호 교감과 협력을 통해 기제(既濟)의 功을 이룬 것이다. 상기는 운로(運路)가 巳午未의 용신운이니 출장입상(出將入相)의 명조가 된 것이다.

丙火 日主가 지지 巳午에 녹·왕(祿·旺)을 깔고 丁火가 투출했으니 신왕(身旺)하다. 천간의 癸壬은 官殺인데 日主가 신왕(身旺)하니 관살혼잡(官殺混雜)은 혐의가 되지 않는다. 比劫이 중중하여 官殺을 用해야 하니 용신은 時干 壬水이다. 酉金 財星은 쇠약하나 월령(月令) 巳火를 끌어와 巳酉 반합금국을 만들어 癸壬 官星을 생하고, 官星이 丁午火 劫財를 극제하니 사주가 中和를 이룬 것이다. 年干 癸水가 時干 壬水에 힘을 실어주고, 壬水는 坐下 辰土 수고(水庫)地에 임(臨)하고 다시 巳酉 반합국의 생조를 받아 약하지 않으니 결국 투출된 水火가 상정(相停)하여 수화기제(水火既濟)의 功을 이룬 것이다.

초년 辰卯寅대운은 旺火를 생하니 발복이 없었으나, 이후 丑子亥대운은 용신운이니 등과(登科)하고 명리(名利)가 쌍전(雙全)했던 것이다.

日主 丙火가 午火節에 생하여 득기(得氣)하고 다시 寅午 반합화국을 이루어 부조하니 火氣가 염염(炎炎)하여 조후(調候)가 급하니 水를 용해야 한다. 기쁜 것은 時干 壬水가 午火節에 비록 실기(失氣)했지만, 지지 申辰이 암암리에 壬水를 끌어내려 申子辰 삼합수국을 형성하려는데 一助를 하고 있는 것이다. 따라서 水氣도 약하지

않은 것이다. 水火가 상호 상정(相停)하여 기제(既濟)의 功을 이루고, 다시 운로가 申酉戌亥子의 희신과 용신운으로 흐르니 병권(兵權)과 형권(刑權)을 장악하고 생살대권(生殺大權)을 거머쥐었던 것이다.

148. 순모지리(順母之理)

印星을 母라 하고 母가 생하는 日主와 比劫을 子라 하면, 母인 印星이 태왕(太旺)한 사주에 子인 比劫도 여럿 있어, 母인 印星의 生함을 나누어 받는 경우를 말하는 것으로, 子를 향한 어머니의 성정(性情)과 자애로움이 순리대로 자식에게 골고루 미치는 것을 의미한다.

日主 辛金은 가공된 금속이다. 만약 比劫인 庚酉金이 없으면 戊戌土가 旺하여 辛金이 흙속에 파묻히는 토다금매(土多金埋)의 상황인데, 日支와 時干의 金이 태왕(太旺)한 印星의 기운을 나누어 받으니 사주가 편고(偏枯)되지 않고 길해졌다. 辛金의 귀기(貴器)를 드러내기 위해서는 세도(洗淘)해야 하는데 壬水가 투출하지 못하니 부득이 月支 辰中의 癸水를 용한다. 운로가 庚申, 辛酉, 壬戌, 癸亥의 희신과 용신운으로 흘러 길한 사주가 된 것이다.

149. 순생지기(順生之機)

사주상 旺한 기세(氣勢)에 순응하는 기틀로 된 구성형태를 말한다. 순생(順生)이라 함은 日主인 내가 생하는 것을 말함인데, 日主가 신왕(身旺)하여 그 旺한 기세(氣勢)를 설기(洩氣)시키는 것을 말하는 것이다. 이리되면 자연 日主의 旺한 氣를 설(洩)시키는 오행이 용신이 되어 사주는 중화를 이루게 되는 것이다. 그러나 순생지기(順生

之氣)의 사주에서 그 순세(順勢)를 거역하는 운이 들어오게 되면 충격(衝擊)하게 되어 흉함이 발생되는 것이다.

甲木이 月·日支에 녹성(祿星)을 깔고 있으니 신왕(身旺)하다. 月干 丙火가 坐下 寅木에 長生을 득하여 旺한 木氣를 설(洩)하니 순생(順生)의 기틀이 마련된 것이며 목화통명(木火通明)의 상(象)인 것이다. 용신은 月干 丙火이다. 위인이 총명하였으나, 時柱의 金水가 木火를 충격(衝擊)하고, 年干 己土가 허령(虛靈)하여 壬水를 제압하지 못하며, 다시 운로가 丑子亥戌酉申의 金水運으로 흘러 더욱 木火를 충격(衝擊)하니 공명(功名)도 얻지 못했고, 파모형상(破耗刑傷)이 많았다. 辛酉運은 水를 생하여 火를 충격(衝擊)하고, 다시 丙辛 합으로 용신인 火를 合去하니 사망한 것이다.

甲木 日主가 年·月支에 건록(建祿)을 득하니 신왕(身旺)하다. 지지가 寅午 合火하여 木氣를 설(洩)하니 순생(順生)의 기틀이 마련된 것이다. 두려운 것은 時柱 金水가 木火를 충격(衝擊)하여 순생(順生)의 기를 깨는 것인데, 時干 壬水는 庚金의 생을 받으나 庚金이 寅月에 절각(截脚)된 것이니 旺하지 못하고, 月干 戊土가 火土 상생되어 壬水를 剋하니 체용(體用)이 상함이 없어 자손은 발복이 있었던 것이다. 그러나 중년운은 金水가 木火를 충격(沖擊)하여 순생(順生)의 틀을 깨니 파모(破耗)가 다단(多端)했던 것이다.

150. 순역지기(順逆之機)

기세(氣勢)에 순종함과 거역함의 기틀로 짜여진 사주를 말한다. 순(順)이라 함은 사주상 旺한 기세(氣勢)를 따르는 것이고, 역(逆)이라 함은 旺한 기세(氣勢)를 거역하는 것이니, 역(逆)에 해당하는 오행이 부조받음이 있으면 旺해지니 이로써 역(逆)의 기틀이 되나, 역(逆)을 따름이 不可한 경우에는 기세에 순종해야 하는 것이다. 이를 순역지기(順逆之氣)라 한다. 부연설명하면 다음과 같다.

1) 局에 강유(剛柔)가 있는 경우에 강함에 순종함은 可하나 거역함은 不可하다.
2) 局에 水나 火 등 어느 하나의 기세(氣勢)가 旺한 경우에도 순종함은 可하고 거역함은 不可하다.
3) 地支에 삼합국이나 방합국이 있어 일로 日主를 부조하는 경우도 순종함은 可하나 거역함은 不可하다.
4) 局의 대다수 오행이 日主를 부조하는 권재일인(權在一人)의 경우에도 순종함은 可하나 거역함은 不可하다.
5) 局에 旺神이 있고 그 旺神을 부조하는 神이 중중하면 二人同心이니 이 또한 순종함은 可하나 거역함은 不可한 경우이다.

월령(月令) 亥宮의 壬水가 사령(司令)하고 투출했으며, 지지는 모두 水 일색이며, 다시 辛金의 부조가 있으니 乙木 日主는 旺한 수세(水勢)를 종(從)할 수 밖에 없다. 年干 壬水는 지지 亥子에 건록(建祿)과 제왕(帝旺)을 득하니 곤륜(崑崙)의 水에 비유할만하다. 따라서 왕한 수세(水勢)를 거역함은 不可한 것이라 용신은 年干 壬水이다. 時干 丙火는 無根이고 왕한 수세(水勢)에 극절(剋絶)되었으니 심히 무력하여 용할 수 없다.

壬子, 癸丑대운은 용신운이니 가업이 풍부했으며, 甲寅, 乙卯대운은 旺神인 水의 기세(氣勢)에 순응하며 水를 설(洩)하니 재복(財福)과 가업(家業)이 여의했으나, 丙

火대운은 수화상쟁(水火相爭)하니 처자를 극하고 가업의 손모(損耗)가 많았고, 辰대운은 수고(水庫)라 水를 가두니 무탈했고, 丁巳대운은 다시 수화상쟁(水火相爭)하니 가업을 破하고 사망한 것이다.

庚金 日主가 坐下 申金에 건록(建祿)을 득하고 지지에 辰土가 重重하여 생함을 받고, 다시 比肩 또한 重重하니 모든 神이 일로 日主 庚金을 부조하고 있다. 권재일인(權在一人)인 것이다. 무관 출신이다. 순종함은 可하고 거역함은 不可하니 용신은 기세(氣勢)에 순응하는 月干 庚金을 용한다. 午未대운은 火運인데 干의 壬癸가 개두(蓋頭)되어 火를 견제하니 극금(剋金)하지 못해 무탈했고, 이후 甲申, 乙酉대운은 용신운이니 軍의 고위직에 올랐고, 이후 丙대운은 旺神을 거역하니 軍에서 사망했다.

子水가 월령(月令)을 차지하여 旺하고 다시 지지 申子辰 삼합수국을 형성하니 日主가 食傷의 기세(氣勢)를 종(從)할 수밖에 없다. 庚酉金은 부득이 旺한 기세(氣勢)를 좇아 水를 생하니 金水가 이인동심(二人同心)으로 旺神인 水를 좇고 있는 것이다. 천간의 甲木은 무근이니 심히 무력하여 왕세(旺勢)를 거역하지 못한다. 따라서 사주가 순세(順勢)를 따르니 용신은 年干 癸水이다. 초년 癸亥, 壬대운은 용신운이니 부모의 덕으로 무탈했고, 戌運은 지지 申酉와 방합금국을 형성하여 용신을 부조하니 형상(刑喪)은 있었으나 역시 대환(大患)은 없었고, 辛酉, 庚申대운은 희신운이니 등과(登科)하고 발전이 있었으나, 己未대운은 기신운이니 처자를 극하고 가업의 손모(損耗)가 심했으며, 戊午대운은 화세(火勢)가 旺하여 수화상쟁(水火相爭)하니 가업을 破하고 사망한 것이다.

151. 시종득소(始終得所)

사주상 천간과 지지가 유통되고, 오행이 생생불식(生生不息)되어 시작과 끝이 연주상생(聯珠相生)되어 막힘없이 순환되고, 오행이 결핍됨이 없으며 자연 그 마땅한 바를 얻어 상호 상생과 화합의 情을 이루었음을 말하는 것이다.

즉, 희신은 생을 받아 득지(得地)하고, 기신은 극을 받아 무력해지며 無根이고, 한신은 기신과의 작용에서 흉하게 작당하지 말아야 하고, 기신은 合化하여 길신으로 바뀌면, 사주의 처음과 끝이 그 마땅한 바를 얻은 것이니 귀격(貴格)이 됨은 불문가지(不問可知)이다. 이러한 이치는 운로(運路)와의 관계에서도 똑같이 적용되는 것이다.

年干 壬水는 甲木을 생하고, 甲木은 丁火를 생하고, 丁火는 己土를 생하며, 己土는 時支 酉金을 생하고, 酉金은 日支 亥水를 생하고, 亥水는 辰과 寅이 月干 甲木을 끌어와 寅卯辰 방합목국을 암암리에 형성하여 결국 年支 寅木을 생하니, 주류무체(周流無滯)하고 생생불식(生生不息)한 것이며, 年柱에서 시작과 끝이 함께 하며 그 마땅한 바를 얻었으니 시종득소(始終得所)인 것이다.

干支의 오행이 상호 比化되어 다툼이 없고 年柱부터 時柱까지 생생불식(生生不息)하니 시종득소(始終得所)인 것이다. 丁火 財星이 불투(不透)하고 암장(暗藏)되니 사주가 淸하고, 日主 癸水가 申亥에 통근(通根)하니 수기(秀氣)한데, 乙卯木이 있어 수기(秀氣)를 유행(流行)시키니 귀격(貴格)이 되었다. 多子인데 관직에 오른 자식이 많았고, 수(壽)도 구순(九旬)을 넘겼고, 재물도 많았던 명조이다.

152. 식상용겁(食傷用劫)

食傷이 旺한데 日主가 弱한 경우에는, 比劫의 부조가 있어야 사주가 중화(中和)를 이룬다는 의미이다.

토금상관격(土金傷官格)인데 지지가 申酉戌 방합금국이고 庚金이 투출했으니 日主 戊土의 氣를 설(洩)함이 심하다. 신약하니 比劫의 부조가 있으면 중화(中和)를 이룰 수 있다. 年干 己土가 용신이다. 癸水 財星이 食傷의 생을 받아 암암리에 印星을 파하는데, 己土가 制剋하여 印星을 온전케 하니 글공부를 이어갈 수 있었던 것이다. 未午巳 남방 火대운에 재물을 바치고 관직에 들어 지금의 도지사의 위치에 올랐던 것이다.

153. 식상용관(食傷用官)

食傷이 旺하고 日主도 旺한 경우에는 官星을 용하여 日主를 剋制하면 중화(中和)를 이룰 수 있다는 의미이다.

토금상관격(土金傷官格)이다. 戊土 日干이 酉金月에 실기(失氣)했지만 比劫이 重重하니 쇠약하지 않다. 戊土는 본시 건토(乾土)지만 壬水에 의해 자윤(滋潤)되어 生金하며, 다시 金이 壬水 財星을 생하니 財星이 약하지 않다. 時干 乙木은 坐下에 건록(建祿)을 得하고 壬水 財星의 생조를 받으니 능히 重土인 比劫을 대적할 수 있다. 따라서 용신은 官星인 乙木이다. 이를 식상용관(食傷用官)이라 한다. 운로가 亥子丑寅卯辰의 희신과 용신운이니 크게 발복됐고 현재의 차관급의 관직에 올랐던 것이다.

154. 식상용인(食傷用印)

食傷이 많아 신약사주가 된 경우에 印星을 용하여 日主를 부조(扶助)하여 중화를 이룬다는 의미이다. 食傷은 日主의 氣를 설(洩)하여 신약하게 하는 六神이므로, 財星이나 食傷運을 만나면 日主를 더욱 신약하게 하므로 빈천(貧賤)의 命이 되고, 比劫운을 만나면 有氣하기는 하나 결국은 食傷을 생하므로 역시 길하지 못한 것이다.

未土月은 삼복(三伏)에 생한(生寒)하고 火氣가 퇴기(退氣)하는 시점이라 日主 丙火는 실기(失氣)한 것이다. 또한 土 傷官이 중중하여 더욱 日主의 氣를 설(洩)하니 신약하다. 따라서 印星을 용하여 중첩된 土를 소토(疏土)하고 日主를 생하면 중화(中和)를 이룰 수 있다. 용신은 寅宮의 甲木이다.

　　辰卯寅 동방목운 용신운에 크게 발달했다. 특히 丙寅대운은 寅木이 日主 丙火를 생하고, 旺한 土氣를 극제하니 벼슬이 지금의 도지사에 이른 것이다.

　　戊土 日主가 酉金月에 생하여 실기(失氣)했고 傷官이 중첩되어 日主의 氣를 설(洩)하니 신약하다. 印星을 용하여 傷官의 왕한 세(勢)를 제극하고 日主를 생하면 중화를 이룰 수 있다. 식상용인(食傷用印)인 것이다. 상기는 月干 丁火가 용신인데 비록 酉金月에 실기(失氣)했지만 日支 午火에 통근하니 능히 傷官을 대적할 수 있다.

　　未午巳 남방火運 용신운에 소년 등과하여 관직에 들어 발복이 있었으나, 癸巳, 壬辰대운은 기신과 구신운이니 흉하여 관직에서 파면되고 실의의 세월을 보냈다 한다.

155. 식상용재(食傷用財)

　　日主가 旺하고 食傷 역시 旺하면 財星을 용하여 食傷의 氣를 설(洩)하면 중화(中和)를 이룰 수 있다는 의미이다. 이런 경우 比劫이 있으면 官星이 있는 것은 可하나, 比劫이 없고 印星이 있으면 官星이 있는 것은 不可하다.

丁火가 戌月에 실기(失氣)했지만 卯戌의 합과 劫財와 印星이 있어 부조하니 신약하지 않다. 傷官은 월령(月令)을 得하고 다시 투출하였으니 傷官의 세(勢)가 旺한 것이다. 따라서 財星을 용하여 傷官의 旺한 土氣를 설(洩)시키고, 다시 乙卯 印星으로 극제하면 중화(中和)를 이룰 수 있는 것이다. 용신은 申宮의 庚金이다.

己亥, 庚子, 辛丑, 壬대운 까지는 길운이라 수만금의 재물을 모았으나, 寅木대운은 구신운이며 寅巳申 삼형살(三刑殺)로 용신인 申金을 형충(刑沖)하니 사망한 것이다.

156. 식신봉효(食神逢梟)

食神이 효신살(梟神殺=偏印)을 만남이다. 사주상 食神이 용신인데 偏印을 만나 도식(盜食)됨을 말한다.

甲木이 寅月에 生하여 천지에 한기(寒氣)가 아직 남아있다. 甲木은 춘월(春月)에 향양(向陽)함을 기뻐하니 時干 丙火가 용신인데, 月干 壬水 偏印이 剋을 하니 식신봉효(食神逢梟)이다.

157. 식신제살(食神制殺)

日主가 약하지 않으나 官殺이 왕한 경우, 食神을 용하여 官殺을 극제하여 중화

(中和)를 이룸을 말한다. 그러나 신약한 경우라면 食神을 용하게 되면 약한 日主의 기운을 더욱 설기(洩氣)시키므로 사주가 흉해진다. 이런 경우에는 印星이 있으면 印星이 官星의 기운을 설(洩)시키고 日主를 생하므로 관인상생(官印相生)되어 중화를 이룰 수 있다.

壬水가 午火節에 실기(失氣)했고 戊土 七殺이 중중하니 壬水가 고갈되고 重土에 파묻힐 지경이다. 다행인 것은 甲木 食神이 坐下 辰土 수고(水庫)에 통근하고 생을 받아 重土를 소토(疏土)하여 중화(中和)를 이룰 여력이 있다. 또한 金이 없어 甲木을 손상시키지 않으니 사주가 길해졌다.

- 申酉戌 金대운은 用神 甲木을 손상시키니 발복이 적었다.
- 癸亥대운은 용신 甲木 食神을 생하고 日主가 녹(祿)을 만나 연속 승진했다.
- 甲木대운은 용신운이니 벼슬이 현령(縣令)에 올랐다.
- 子水대운은 子午 沖하여 旺火에 子水 희신이 손상되니 퇴직하게 된 것이다.

158. 신불가과(臣不可過)

臣은 과(過)한 것이 不可하다는 뜻이다. 사주상 日主를 臣이라 하면 이를 극하는 官星은 君이 된다. 사주에 比劫이 중중하고 투출되었으면 日主인 臣의 기세가 왕강한 것이라 신성군쇠(臣盛君衰)의 경우인데, 이리되면 君의 명령이 서지 않고 오히려 君을 능멸하려 하는데, 이처럼 臣의 세(勢)가 과(過)하게 되어 흉해짐을 신불가과(臣不可過)라 한다. 이런 경우엔 旺한 臣의 성정(性情)에 순응(順應)하고 君도 인자함으로 대하면, 위와 아래가 편안하고 온전하게 되는 것이다.

예로 日主 甲乙木이 比劫이 중첩되어 신왕(身旺)한데 官星인 金이 한두 개 있어 쇠약하다면, 戊土와 같은 火를 대동한 土를 얻어야 하는 이치이다. 이리되면 木火가 자연 상생의 관계를 이루어 臣의 심성에 순응하는 것이 되고, 또한 君에 해당되는 쇠약한 金도 土의 생부(生扶)를 받아 이득이 되니, 아래를 덜어서 위를 보태주는 것이라, 君臣이 모두 평안하게 되는 이치이다.

甲木 日主가 지지에 녹성(祿星)과 양인(羊刃)을 득하고 乙木이 투출했으니 신왕(身旺)하다. 즉 臣이 旺한 것이다. 辛金 君은 월령(月令) 卯木에 절각(截脚)되고, 坐下未土는 조토(燥土)이고 다시 卯未 반합목국으로 化하니 고관무보(孤官無輔)다. 즉 君은 쇠약한 것이다. 旺한 臣의 기세를 설기(洩氣)함이 없으니, 만약 운로에서 君인辛金을 부조하는 운이 들어와 君이 명령을 내리려 하면, 臣인 木은 君인 辛金에 항거(抗拒)하게 되니 사주가 흉해지는 것이다. 결국 臣의 기세가 왕강한 것은 不可하다는 것이다.

甲木 日主가 旺한 木의 세(勢)를 좇아야 하니 용신은 月干 乙木이다. 年干 癸水는 희신이고, 君인 辛金은 기신이다. 癸丑, 壬子, 辛亥대운은 희신운이니 가업도 풍부하고 명리양전(名利兩全)했으나, 庚戌 대운은 土金이 旺하여 君인 辛金에 힘이 실리어 臣인 木에게 명령을 내리려 하니, 臣이 항거하여 군신상쟁(君臣相爭)하게 되니 낙직(落職), 파모(破耗), 극자(剋子)하고 사망한 것이다.

日主 甲木을 臣이라 하면 이를 극하는 官星인 辛金은 君에 해당된다. 지지에 寅卯辰 방합목국과 卯未 반합목국을 형성하니 日主가 태왕(太旺)하다. 辛金은 年支 辰土의 생을 받으나 辰土는 寅卯와 合木되니 辛金을 도울 여력이 없다. 따라서 臣인 木이 旺하여 君인 辛金을 핍박하니 신불가과(臣不可過)라 한다. 이 사주의 묘함은 壬癸水에 있다. 水가 旺木을 생하지만 또한 未土를 습토(濕土)로 만들어 암암리에 辛金을 생하니 君이 태약하지는 않은 것이다. 巳午未운은 지방 군청의 말단 하급직으로 관직에 들어 발전이 적었으나, 申酉운은 君에 해당하는 金을 부조하니 승진하여 사무관까지 지냈던 명조이다.

159. 신성군쇠(臣盛君衰)

日主를 臣이라 하면 官星이 君이 된다. 日主가 왕한데 官星이 약한 경우를 의미하는 것이다. 이런 경우엔 旺한 日主의 氣를 설(洩)하고 쇠(衰)한 官星을 생하면 사주가 중화를 이룰 수 있다.

甲木 日主가 지지에 녹성(祿星)을 깔고 甲寅木이 重重하니 日主인 臣이 성(盛)하여 신성(臣盛)인 것이다. 君은 時干 庚金 官星인데, 월령(月令) 寅木에 절각(截脚)되고 坐下 午火의 극을 받으니 쇠약하여 군쇠(君衰)한 것이다. 따라서 신성군쇠(臣盛君衰)이다. 그러나 사주가 묘한 것은 時支 午火가 旺한 木氣를 설(洩)하고 年干 戊土를 생하여 군쇠(君衰)한 庚金을 생하니 臣은 순세(順勢)를 따른 것이고, 君은 편안함을 얻게 된 것이다. 용신은 日主가 旺한 比劫의 세력을 좇아야 하니 月干 甲木이다.

丙辰, 丁巳, 戊午, 己未대운은 土를 대동한 火運으로 旺한 木氣를 설(洩)하고 官星인 庚金을 생하니 君臣이 모두 안정되니 발복이 있었던 것이다. 그러나 이후 庚申대운은 용신과 상극되니 사망한 것이다.

戊土가 午火節에 제왕(帝旺)을 得하고 다시 寅午 반합화국의 生을 받으니 日主가 태왕(太旺)하다. 旺한 日主 戊土를 臣으로 하면 쇠약한 官星인 甲木은 君이 되어 신성군쇠(臣盛君衰)의 형국이다. 木은 생조받음이 全無하니 화세(火勢)를 좇고, 火는 다시 日主를 생하니 종왕격(從旺格)으로 논한다. 따라서 食傷運과 比劫運과 印星運은 길하나 財星運은 官星을 생하게 되어, 君인 官星 甲木이 臣인 日主 戊土에게 명령을 내리려 하니 항거(抗拒)하려는 뜻이 있어 군신상쟁(君臣相爭)하니 흉한 것이다. 庚申, 辛酉대운은 왕한 土氣를 설(洩)하여 臣의 성정(性情)에 순응하고, 君이 자애로움을 보이니 공명(功名)을 이룰 수 있었으나, 水대운으로 들어서는 官星을 생하여 신하에게 힘을 과시하려 하니, 동요의 상태가 발생하여 君臣이 모두 온전치 못한 결과가 되어 관직에서 물러났던 것이다.

160. 신왕대살(身旺對殺)

日主가 旺하면 능히 官殺을 대적할 수 있다는 의미이다.

申月은 庚金이 사령(司令)한 절기이고 다시 月干에 투출했으니 庚金 七殺이 旺한데, 日主 甲木도 坐下에 녹성(祿星)을 득하고 寅卯木이 있어 부조하니 신왕(身旺)하다. 따라서 甲木이 庚金을 두려워하지 않으니 능히 七殺을 대적할만하다. 이를 신왕대살(身旺對殺)이라 한다. 상기는 庚申金이 사령(司令)하고 旺하니 극제하는 丁火가 용신인데, 時干에 투출하고 寅卯木 比劫의 생을 받으니 용신이 왕강하여 귀격(貴格)이다. 운로가 未午巳辰卯寅의 용신과 희신운이니 크게 발복한 명조이다.

161. 신장살몰(神藏殺沒)

神은 감추어지고 殺은 가라앉는 형국을 말하는데 여기서 神殺은 흉신과 흉살을 의미하는 것이다. 사주상 陽干은 氣가 밖으로 외감발산(外感發散)하는 성질이 있으니 사맹절(四孟節)인 寅·申·巳·亥月에 생함을 기뻐하는 것이다. 이 중 亥月은 주역팔괘의 건괘(乾卦)에 해당되며 천문(天門)이라 하고, 상대되는 개념인 지축(地軸)은 곤괘(坤卦)에 해당되며 未申이 이에 해당되는데, 특히 未申 中 곤괘(坤卦)는 땅을 상징하고 陰의 성질을 나타내므로 未土가 이를 대변하는 것이다. 따라서 사주에 亥·未가 있다는 것은 천문(天門)과 지축(地軸)이 있음을 말하며 이는 곧 하늘과 땅을 연결시켜 통하는 기운을 지니고 있음을 의미한다. 그리고 日干 甲·戊·庚의 천을귀인(天乙貴人)은 未·丑에 있게 되는데, 甲戊庚 日干이 亥月에 생하고 時支에 천을귀인(天乙貴人)이 있는 것을 신장살몰(神藏殺沒)이라 하는 것이다. 이것은 귀인(貴人)이 하늘의 명(命)을 받으러 천문(天門)에 오르는 형국이니 모든 흉신과 흉살들이 제복(制服)하고 도망가며 숨는 형세를 말하는 것이라 귀격(貴格)으로 논하는 것이다. 천을귀인(天乙貴人)이 時支에 있지 않고 他地에 있어도 같은 맥락으로 논한다. 신장살몰(神藏殺沒)은 특히 육임학(六壬學)에서 많이 활용하는 점단법이다.

甲木이 亥月에 生하여 천문(天門)을 得하고 時支 未土는 주천을귀인(晝天乙貴人)에 해당하니 定히 신장살몰(神藏殺沒)에 해당된다. 亥月의 甲木은 갑목맹아(甲木萌芽)라 하여 木이 약변강(弱變強)으로 바뀌니 극제하는 金이 필요한데, 月干 辛金은 丁火의

극을 받아 제거되니 時干 辛金을 용하는 것이다. 월령(月令) 亥宮의 壬水가 사령(司令)하여 水가 旺한데, 日支 戌宮의 戊土가 制水하고, 용신 辛金은 지지 戌酉에 통근되니 용신이 旺하여 사주가 길한 것이다.

162. 신재양정(身財兩停)

日主와 財가 모두 旺한 것을 말한다. 사주상 財官은 중요하게 참조하는 육신이나, 財多하면 신약(身弱)하여 사주가 귀격(貴格)이 되지 못한다. 따라서 財旺한 사주는 반드시 日主가 旺함을 요하는데, 이리되면 大財를 얻을 수 있는 것이다. 이를 신재양정(身財兩停)이라 한다.

己未土 正財는 지지 未寅에 통근하니 月柱를 차지하니 旺하여 財旺한 것이고, 日主 甲木은 坐下에 득록(得祿)하고 年支 寅木의 부조가 있고 癸水의 생을 받으니 역시 旺하여 신왕(身旺)한 것이다. 이를 신재양정(身財兩停)이라 한 것이다. 사주가 이리되면 大財를 감당할 수 있는 것이다.

未土月은 火氣가 퇴기(退氣)하는 시점이나 火氣가 모두 물러난 것이 아니니 癸水도 요긴하다. 時干 癸水를 용한다. 신왕재왕(身旺財旺)하나 戊己土가 투출하고 財星이 月柱를 차지하고 있으니, 日主는 癸水의 부조가 있어야 중화를 이룰 수 있는 것이다. 운로가 申酉戌亥子丑의 희신과 용신운이니 대부격(大富格)을 이루었다.

163. 신청기수(神淸氣秀)

사주의 통변에서 귀천(貴賤)과 길흉을 논할 때에는 사주상 日主의 中和 여부로 판단한다. 즉, 日主를 생해주는 오행과, 日主 자체의 기운과, 日主의 기운을 빼는 오행이 서로 균형을 이루어, 어느 한쪽에 치우치지 않고, 상호 건왕(健旺)하며 또한 조화를 이루고 있는 형국을 길한 사주라 하는 것이다.

日主를 생해주는 오행은 "精"이라 하는데, 육신에서 印星이 이에 해당되고, 日主 본인의 기운은 比肩과 劫財를 말하며 "氣"라 하고, 日主의 기운을 쇠(衰)하게 하는 오행은 "神"이라 하여 食傷과 官星, 그리고 財星을 말하는 것이다. 이 精·神·氣 三者 가 사주상 상호 힘의 균형을 이루면 사주는 자연 건왕해지는 것이며 귀격(貴格)이 되는 것이다.

기수(氣秀)라 함은 氣가 빼어나다는 것을 말하는데, 사주상 氣에 해당되는 比劫이 지지에 통근하고 또한 天干에 투출된 것을 말한다. 天干에 투출되지 않았다 하더라 도, 日主가 월령(月令)에 통근했거나, 比劫이 사주상 기신과 구신에 해당되는 오행 과 습되어 日主를 일로 부조(扶助)함이 있으면 역시 기수(氣秀)라 한다. 만약 천간의 오행이 지지에 통근하고 있지 못하다면 이는 기수(氣秀) 혹은 수기(秀氣)라 논하지 않고 단지 투출(透出)이라 하는 것이다.

신청(神淸)이라 함은, "神"에 해당하는 日主의 기운을 쇠(衰)하게 하는 오행이 잡 되지 않고 순수하고 세(勢)가 旺함을 말하는데, 타 간지와 습되지 않고, 혹은 습되더 라도 다시 神으로 化되어 旺해지거나, 神에 해당되는 오행이 타 오행과 혼잡되거나 핍박 받음이 없으면 이를 신청(神淸)이라 한다. 따라서 신청기수(神淸氣秀)는 日主의 氣가 旺하고 혼잡되지 않으며 또한 日主의 기운을 극설(剋洩)하는 "神"이 맑고 잡되 지 않아 자연 사주가 淸하고 기세(氣勢)가 旺하게 되어 사주가 귀격(貴格)이 되는 것 을 말하는 것이다.

상기 명조는 甲寅木 官星과 己戌土가 중중하니 사주가 일견 탁(濁)한 것처럼 보 인다. 그러나 월령(月令) 戌土는 寅木과 반합화국을 형성하는데 비록 戌月이라 금왕 지절(金旺之節)로써 火氣가 실기(失氣)했지만 半合局의 印星으로 化되어 日主를 생조

하고 있다. 천간은 月干 甲木과 日主 己土가 간합하여 化土로 바뀌고, 年干 甲木과 時干 己土 역시 간합하여 化土로 바뀌어 월령(月令) 戌宮의 戊土에 통근하니 比劫이 고강(高强)해져서 기수(氣秀)가 된다. 기수(氣秀)한데 食傷이 없다면 사주가 답답하고 유통(流通)이 되지 못하는데, 다행인 것은 地支 巳酉가 반합금국의 食傷局을 형성하고 고강(高强)한 日主의 기운을 설기(洩氣)시키는데, 金과 상극되는 木이 化土되어 일로 金을 생하니 食傷에 해당하는 "神"이 淸하게 되어 신청(神淸)이 된 것이다. 이를 신청기수(神淸氣秀)라 한다.

164. 아능생모(兒能生母)

食傷을 子라 하면 이를 생하는 日主는 母가 된다. 官殺이 旺하면 자연 日主인 어머니를 극하는데, 이때 자식인 食傷이 있어 官殺을 制하여 능히 어머니인 日主를 돕는 것을 말한다. 요약하면 다음과 같은 경우이다.

- ◆ 木이 동절(冬節)에 생하여 金의 剋을 받는 경우, 木은 한조(寒凋)하니 金水가 모두 木을 손상시킨다. 따라서 食傷인 火를 用하여 剋金하고 水를 해동(解凍)시켜 木을 살리는 경우이다.
- ◆ 火가 초춘절(初春節)에 생하여 水의 剋을 받는 경우, 木은 쇠(衰)하고 火는 허(虛)하다. 따라서 木火가 모두 水를 꺼리니 食傷인 土를 用하여 木을 배양(培養)하고 水를 制하여 火를 살리는 경우이다.
- ◆ 土가 모춘(暮春)이나 초동(初冬)에 생하여 木의 剋을 받는 경우, 목견토허(木堅土虛)하니 火가 있더라도 土를 생하지 못한다. 따라서 食傷인 金을 用하여 벽갑(劈甲)하여 火의 불꽃을 일으키고 土를 살리는 경우이다.
- ◆ 金이 모춘(暮春)이나 초하(初夏)에 생하여 火의 剋을 받는 경우, 木旺하고 화성(火盛)한 경우이다. 食傷인 水가 있어 火를 制하며, 목습(木濕)하고 토윤(土潤)하게 하여 金을 살리는 경우이다.
- ◆ 水가 추동절(秋冬節)에 생하여 土의 剋을 받는 경우, 食傷인 木을 用하여 소토(疏土)하고 수세(水勢)를 유통(流通)시켜 水를 살리는 경우이다.

	庚	甲	丙	甲
	午	申	寅	申
癸	壬	辛	庚	己	戊	丁
酉	申	未	午	巳	辰	卯

甲木이 寅月에 생하여 아직 한기(寒氣)가 남아있다. 時干과 日支의 庚申金 偏官이 旺하여 日主인 甲木을 핍박함이 심한데, 食傷인 丙午火가 이를 제지하니, 아능생모(兒能生母)의 역할을 하여 사주가 귀격이 되었다. 月干 丙火가 용신이다. 운로가 卯辰巳午未의 희신과 용신운으로 흘러 사주가 길해졌다.

	丙	乙	丙	甲
	戌	酉	子	申
壬	辛	庚	己	戊	丁
午	巳	辰	卯	寅	丑

乙木이 子月에 생하여 한동(寒凍)하여 發生의 상(象)이 적은데, 다시 지지에 申酉戌 방합금국의 官殺局을 형성하여 日主를 극하니 乙木이 태약(太弱)하다. 천지가 동(凍)하니 子水도 얼어붙어 乙木을 생하지 못한다. 그러나 기쁜 것은 兩 丙火가 투출하여 해동(解凍)하니 金을 난(暖)하게 하고 制殺하며, 다시 水를 녹여 日主를 생하니 한목(寒木)이 양화(陽火)를 얻은 것이다. 日主가 어머니면 日主가 생하는 丙火는 아이에 해당하니 이로써 능히 아이가 어머니를 구하는 이치인 것이다.

이 사람은 성정(性情)이 강개(慷慨)하고, 상관생재(傷官生財)하니 경영(經營)의 달인이었으나, 印星인 水가 기신이라 글공부는 여의치 못했다.

165. 암요제궐(暗邀帝闕)

사주에서 年柱를 태세(太歲)나 제좌(帝座)라고 하는데, 이 年柱와 沖되는 것을 제궐(帝闕) 또는 단문(端門)이라고 한다. 이 제궐(帝闕)을 끌여들여 局을 형성한다는 이론이다. 三合이나 方合을 이루기 위해 제귈(帝闕)에 해당되는 오행을 불러들인다는 의미이다.

未·亥는 卯가 있어야 三合局이 되는데, 年支 酉金과 沖되는 제귈(帝闕) 즉, 卯木을 불러들여 亥卯未 삼합목국을 형성한다는 이론이다. 상기는 丁火가 亥月에 생하여 실기(失氣)했고, 年干과 日支에 己未土의 설기(洩氣)가 있으니 신약하다. 月干 乙木이 용신인데 제좌(帝座)인 酉金을 沖하는 卯木 제귈(帝闕)을 받아들여 암암리에 亥卯未 삼합목국을 형성하여 용신이 旺해지니 사주가 길해졌다.

166. 암합암충(暗合暗沖)

사주원국과 행운(行運)과의 합은 암합(暗合)이라 하고, 사주원국과 행운과의 충은 암충(暗沖)이라 한다. 여기서 행운(行運)이라 함은 대운(大運)과 세운(歲運)을 포괄적으로 칭하는 용어이다. 암합(暗合)과 암충(暗沖)의 관계도 앞서 명합(明合)과 명충(明沖)에서 설명한 것처럼 오행의 왕쇠(旺衰)를 잘 분별하여 판단하면 길흉관계가 명약관화(明若觀火)하게 드러나는 것이다.

암합(暗合)

局에서 기신에 해당되는 오행을 행운(行運)에서 암합(暗合)하여 吉神(用神·喜神)으로 바뀌게 되면 흉변길(凶變吉)이 되고, 局에서 吉神(用神·喜神)에 해당하는 오행을 암합(暗合)하여 凶神(忌神·仇神)으로 바뀌게 되면 결국 길변흉(吉變凶)이 되는 것이다.

己	庚	辛	己
卯	申	未	亥

甲	乙	丙	丁	戊	己	庚
子	丑	寅	卯	辰	巳	午

庚金 日主가 未土月에 생하여 印星과 比劫이 重하니 신강(身强)하다. 따라서 억부법으로 丁火를 용하여 日主를 하련(煆鍊)하면 귀기(貴器)를 만들 수 있고 중화를 이룰 수 있다. 丁火가 불투했으니 월령(月令) 未宮의 丁火를 용한다.

用神 : 丁火
喜神 :　木
忌神 :　水
閑神 :　土
仇神 :　金

丙寅대운 중 寅木대운은 본시 희신운이다. 局의 기신에 해당하는 年支 亥水를 寅亥로 암합(暗合)하여 木局의 희신으로 化하니 길운이 된 것이다. 상기인은 미국의 시민권자로 한국에서 사업활동을 하는 중 사업이 여의치 않았는데, 지인의 도움으로 미국의 아칸소스 주에 있는 지인 소유의 주유소와 편의점의 총 관리를 맡게 되어 정착하게 된 것이다. 이는 亥水 食神 밥그릇이 六合되어 희신으로 化되었기 때문이다.

암충(暗沖)

局에서 吉神(用神·喜神)에 해당하는 오행을 암충(暗沖)하면 길변흉이 되고, 凶神(忌神·仇神)에 해당하는 오행을 암충(暗沖)하면 흉변길이 된다. 암충(暗沖)의 역학관계에서도 역시 왕쇠(旺衰)의 논리가 적용되는데, 앞서 "명합명충(明合明沖)"에서 설명한 것처럼 적천수(滴天髓)의 이론대로 "旺者沖衰衰者拔, 衰者沖旺旺神發"의 이치는
왕 자 충 쇠 쇠 자 발　　쇠 자 충 왕 왕 신 발
局과 行運과의 沖의 관계에서 반드시 깊이 분석하고 연구해야 할 대목이다.

癸	丙	辛	戊
巳	午	酉	辰

丁	丙	乙	甲	癸	壬
卯	寅	丑	子	亥	戌

丙火 日主가 酉金月에 생하여 실기(失氣)했고, 月柱에 財星이 있는데 다시 辰酉 육합금국의 財星局을 이루니 財星이 旺하다. 日主 丙火는 坐下에 제왕(帝旺)을 得하고 巳火의 부조(扶助)가 있으니 태약하지는 않아 능히 財를 감당할 수 있다. 財星이 旺하면 형제자매인 比劫으로 재물을 분배하면 쟁탈과 불화를 막을 수 있으니 중화를 이룰 수 있는 것이다. 즉, "득비이재(得比理財)"인 것이다. 따라서 용신은 日支 午宮의 丁火를 용한다. 財旺한데 日主가 태약하지는 않으니 부잣집에 태어났고 청소년기는 유여(裕餘)했던 것이다.

```
用神 : 丁火
喜神 :  木
忌神 :  水
閑神 :  土
仇神 :  金
```

상기 명조는 時干 癸水가 기신이라 병(病)이 된 것이다. 子水대운에 용신 午火를 암충(暗沖)하는데 구제해주는 神인 木이 없고, 더욱이 子辰 반합수국으로 水가 旺神이 되어 쇠신(衰神)인 午火를 충극(沖剋)하니 파재(破財), 파가(破家), 망신(亡身)했던 것이다.

167. 애가증진(愛假憎眞)

득령(得令)한 오행은 진신(眞神)이라 하고, 실령(失令)한 오행은 가신(假神)이라 하는데, 사주상 실령(失令)한 가신(假神)을 더 좋아하고 득령(得令)한 진신(眞神)을 미워한다는 뜻이다.

寅月의 癸水는 甲木이 사령(司令)하였고 진신(眞神)이다. 따라서 天干에 투출한 戊庚은 실령(失令)했고 가신(假神)에 속한다. 日主 癸水는 월령(月令)에서 실기(失氣)되고 사주에 官殺이 旺하니 신약한데, 日主가 살아남기 위해서는 살인상생(殺印相生)하는 印星이 들어와야 한다. 따라서 日主 癸水는 가신(假神)인 年干 庚金을 기뻐하는 것이다. 이를 애가증진(愛假憎眞)이라 한다.

168. 양간부잡(兩干不雜)

年干과 日干, 月干과 時干의 경우처럼 간격(間隔)되어 있으면서 천간의 오행이 같은 경우를 말한다. 지지의 경우는 오행이 대체로 다른 경우를 말하나 혹, 같은 경우라도 양간부잡(兩干不雜)인 범주에 넣는 것이 일반론이다. 타 오행이 섞이지 않아 局이 잡되지 않고 순수함을 의미한다.

지지 寅午 반합화국인데, 月支가 午火가 아니라 寅木이니 염상격(炎上格)이 실기(失氣)했다. 운로(運路)에서 火氣를 요하는데, 동남운으로 흘러 안찰사(按察使)가 된 명조이다.

169. 양기성상(兩氣成象)

양기성상(兩氣成象)은 양신성상(兩神成象)이라고도 하는데, 고서(古書)에서는 양신성상격(兩神成象格)이라 하여 별도의 格으로 논하고 있다. 사주상 四個의 기둥 중 동일한 干支로 구성된 것이 각각 두 개씩의 기둥을 차지하고 있는 경우를 말한다. 이는 두 개의 오행이 사주의 兩干, 兩支를 차지하고 있는 경우를 말한다. 양기성상(兩氣成象)이 成格이 되려면 木火, 火土, 土金, 金水, 水木의 경우처럼 오행이 상호 相生인 경우를 말하며, 木土, 土水, 水火, 火金, 金木의 경우처럼 상호 相剋되는 관계를 말하는 것은 아니다. 왜냐하면 두 개의 상극되는 오행이 양간(兩干), 양지(兩支)를 차지하고 있다면, 통상 억부법(抑扶法)에 의해 용신을 잡을 수 있기 때문이다. 또한 이러한 양기성상(兩氣成象)의 사주를 푸는 방법은 종강격(從强格)의 방법과 같다. 木火의 양기성상(兩氣成象)은 木火運이 길하고, 土金運은 서로 相沖되는 고로 불길하다.

木火가 兩干 兩支를 차지하고 있어 양기성상(兩氣成象)이다. 甲木이 卯月에 생하여 양인(羊刃)을 득하니 日主가 旺하다. 왕한 木氣를 설기(洩氣)시키는 月干 丁火를 용신으로 잡는다. 己巳대운은 용신운이라 과거급제하여 벼슬길에 올랐고, 庚午대운은 金과 木이 상호 相沖하여 벼슬이 강등되었다. 壬申대운 역시 길하지 못했을 것이다.

土金의 양기성상(兩氣成象)이다. 土金대운은 길하고 상호 상극되는 木火대운은 흉하다. 지지 亥子丑대운은 金水가 상호 상생되어 벼슬길에 올라 요직을 두루 거치다, 丙寅대운에 火金과 木土가 상쟁(相爭)하니 사망한 것이다.

170. 양명우금(陽明遇金)

지지에서 火를 내포한 神을 양신(陽神)이라 하며 寅·午·戌이 이에 해당되는데, 陽의 神은 본시 밝고 따듯한 氣를 밖으로 표출하려는 성질이 있으니 양명(陽明)이라 하는 것이며, 우금(遇金)은 局에서 金을 만난다는 것을 뜻한다. 지지에 火氣가 성(盛)하면 金은 자연 火氣를 피해 장복(藏伏)하게 되는데, 특히 습토(濕土)에 장복(藏伏)된 金은 火로 극할 수도 없고 또한 生水하지도 못한다. 이렇게 되면 근심과 우울증(憂鬱症)이 생겨 실의에 빠지며 뜻을 이루지 못하고 번민(煩悶)이 발생한다. 단지 운로(運路)가 西北의 음탁지(陰濁地)로 향하여 암장(暗藏)된 金을 인통(引通)시켜야만 발전이 있는 것이다. 적천수(滴天髓)의 성정론(性情論)에서 이를 표현하기를 "陽明遇金 鬱而多煩(양명우금 울이다번)(양명함이 금을 만나면 우울하고 번민이 많다)"이라 했다. 즉, 그 성정(性情)이 우울(憂鬱)하고 번민(煩悶)이 많다는 것이다.

지지에 寅午戌이 있어 양명(陽明)이고 丑宮의 辛金이 복장(伏藏)되어 있으니 양명우금(陽明遇金)이다. 寅午戌 삼합화국을 형성하여 丙火 日主가 태왕한데 壬水의 剋이 있으니 염상격(炎上格)이 되지 못한다. 壬水는 丑土에 미근(微根)이 있고, 태원(胎元)이 丁酉라 酉金이 암암리에 壬水를 생하니 고갈되지는 않는다. 능히 용신으로 삼을 만하다. 운로가 申酉戌亥子의 희신과 용신운이니 명문가에 출생하여 재물을 모으고, 관직에 올라 부귀가 양전(兩全)했던 것이다.

庚	丙	丙	乙
寅	午	戌	丑

庚	辛	壬	癸	甲	乙
辰	巳	午	未	申	酉

　지지에 寅午戌이 있고 丑宮에 辛金이 복장(伏藏)되어 있으니 양명우금(陽明遇金)이다. 월령(月令)이 戌土이니 寅午戌 삼합화국은 실령(失令)한 것이다. 따라서 火氣가 태강(太强)하지는 않다. 比劫이 중중하니 財星인 時干 庚金을 용한다. 庚金은 丑宮에 통근하였으니 운로에서 金運이 도래하면 인출(引出)되어 유통할 수 있는 것이다. 초년 乙酉, 甲申대운은 丑宮의 辛金을 인출(引出)하여 유통시키니 가업이 풍족했으나, 이후 未午巳대운은 庚金이 坐下 寅木 절(絶)地에 임(臨)하고 旺한 火氣에 극제를 받고, 丑宮의 辛金이 안으로 장복(藏伏)되었으니 우울과 번민이 많았으며, 기신운으로 흐르니 등과(登科)하지 못하고, 화재를 겪고, 처자식이 손상되고, 말년이 고빈(孤貧)했던 것이다.

171. 양승양위(陽乘陽位)

　지지 양위(陽位)에 다시 양기(陽氣)가 승해서 그 기세가 창성(昌盛)함을 의미한다. 십이지지를 한난(寒暖)으로 구별하면 東南은 난(暖)하니 寅, 卯, 辰, 巳, 午, 未에 해당되며 양위(陽位)라 한다. 이중 寅, 辰, 午는 양난(陽暖)에 해당되고 卯, 巳, 未는 음난(陰暖)에 해당된다. 西北은 한(寒)하니 申, 酉, 戌, 亥, 子, 丑이 이에 해당되며 음위(陰位)라 한다. 이중 申, 戌, 子는 양한(陽寒)에 해당되며, 酉, 亥, 丑은 음한(陰寒)에 해당되는 것이다. 오행의 왕쇠(旺衰) 및 한난(寒暖)이 조화를 이루면 사주가 귀격이 되는 것인바, 陽位에 다시 陽氣가 승(乘)해 있음을 양승양위(陽乘陽位)라 하는데, 사주의 局이 양난(陽暖)이 성(盛)하고 강건하면 운로가 음한(陰寒)으로 흘러 한난(寒暖)의 조화를 이루면 자연 사주는 조후(調候)를 得하여 귀격사주가 되는 것이다.

壬	丙	丙	丁
辰	午	午	丑

庚	辛	壬	癸	甲	乙
子	丑	寅	卯	辰	巳

　寅辰午는 陽의 난(暖)에 해당되니 월령(月令) 午火는 陽位이다. 천간의 兩 丙火는 陽位인 午火에 승(乘)해 있으므로 양승양위(陽乘陽位)인 것이다. 火氣가 염염(炎炎)하니 조후(調候)가 급한데, 時干 壬水가 坐下에 습토(濕土)를 깔고 있고, 다시 습토(濕土)인 辰土가 火氣를 설(洩)하고, 年干 丑土는 니토(泥土=진흙토)라, 丑宮의 癸辛이 능히 壬水를 부조하고 火氣를 회화(晦火)시키니, 壬水가 통근(通根)되어 태약하지는 않은 것이라 이를 용해야 한다. 운로가 干은 水金의 용신과 희신운이고, 支는 木의 구신운이니 일찍 관직에 들었으나 일희일비함이 많았고 기복이 심했으나 벼슬은 봉강(封疆)에 이르렀던 것이다.

庚	丙	丙	癸
寅	午	辰	巳

庚	辛	壬	癸	甲	乙
戌	亥	子	丑	寅	卯

　지지 寅午辰은 양난(陽暖)에 해당되는데 다시 丙火가 승(乘)했으니 양승양위(陽乘陽位)다. 庚癸는 뿌리가 없어 쇠약하나, 습토(濕土)인 辰土가 火氣를 설(洩)하고 庚金을 생하니 약변강이 되어 능히 용신으로 쓸 수 있다.

　乙卯, 甲寅대운은 庚金의 절(絕)地이고, 火를 생하며, 癸水의 氣를 설(洩)하니 旺火의 난동을 막을 길이 없어 신고(身苦)가 극심했다. 癸丑대운 이후는 음습(陰濕)地를 만나 陰이 성하니 비로서 한난(寒暖)이 조화를 이루게 되어, 수만금을 재물을 모았던 것이다. 官星인 癸水가 태약하니 官을 기대하기는 어려운 명조이다.

172. 양인가살(羊刃駕殺)

양인(羊刃)은 녹전일위(祿前一位)에 해당하며, 녹성(祿星)을 보호하고 七殺을 억제하여 日主를 부조하는 殺이다. 사주에 七殺이 지지에 통근하고 투출하여 重한 경우, 양인(羊刃)이 있어 七殺의 흉한 기를 제어(制御)하여 결국 日主를 보호함을 양인가살(羊刃駕殺)이라 한다.

庚金 日主가 時支 申金에 녹성(祿星)이고 월령(月令) 酉金에 양인(羊刃)이라 신왕(身旺)하다. 용금(鎔金)하여 귀기(貴器)를 만듦이 필요한데, 억부법(抑扶法)을 적용하여 月干 丁火를 용한다. 年干 丙火 七殺은 지지 寅午에 통근하여 역시 旺한데 월령(月令) 酉金 양인(羊刃)이 이를 억제하니 양인가살(羊刃駕殺)인 것이고 사주가 중화를 이루었다. 무관직으로 발복된 명조이다.

戊土가 亥月에 생하여 절(絶)地이니 신약하다. 亥宮의 甲木은 七殺인데, 다시 亥卯 반합목국을 이루니 七殺이 태강(太强)해져 日主 戊土를 핍박함이 심하다. 그러나 기쁜 것은 時支 午火 양인(羊刃)의 역할이다. 천간의 戊癸가 化火되나 본시 월령(月令)을 득하지 못하여 가화(假化)인데, 時支 午火에 통근하니 가화(假火)가 변하여 진화격(眞化格)이 되었다. 따라서 午火 양인(羊刃)이 능히 甲木 七殺을 대적하니 양인가살(羊刃駕殺)이고, 또한 살인상생(殺印相生)하여 日主를 부조(扶助)하니 사주가 귀격

(貴格)이다. 용신은 신약하니 午宮의 丁火를 용하는데 운로가 未午巳 남방화지로 흐르니 관직이 높았고 명성 또한 높았던 것이다.

173. 양인도과(陽刃倒戈)

양인(陽刃=羊刃)은 양인살(陽刃殺)을 의미하고 도과(倒戈)란 창을 거꾸로 한다는 뜻으로, 자기편을 배반하고 적과 내통하다는 의미이다. 부연설명하면 양인(陽刃)은 녹성(祿星)을 보호하고 七殺을 억제하여 日主를 부조(扶助)하는 길한 역할도 하는 반면, 양인(陽刃)의 세(勢)가 제어됨이 없이 지나친 경우에는 오히려 흉하게 작동하여 그 흉화가 태중(太重)해진다는 의미이다.

사주상 양인도과(陽刃倒戈)의 경우는 두 가지가 있다. 첫번째는 양인살(陽刃殺=羊刃殺)은 日主를 도와 녹(祿)을 보조하는 것인데, 化殺하여 다시 양인(陽刃)을 돕게 되면 지나치게 되어 오히려 日主를 흉하게 하는 경우이다. 또 하나의 경우는 양인살(陽刃殺)만 있고 七殺이 없어 양인살(陽刃殺)을 제어하지 못하는 경우에는 양인(陽刃)의 난동을 막기 어려우니 그 흉함이 극심하게 되는 경우를 말한다. 고서(古書)에는 양인도과(陽刃倒戈)의 경우에는 그 흉함이 태중(太重)하여 죽어서도 관곽(棺槨)조차 없게 된다고 했다.

월령(月令) 午火가 양인살(陽刃殺)인데 午宮의 正氣인 丁火가 時干에 투출하였으니 丁火 역시 양인살(陽刃殺)의 성질을 띄고 있는 것이다. 壬水는 七殺인데 丁壬 合木하니 양인합살(陽刃合殺)의 경우이다. 지지의 경우는 壬水 七殺은 亥水에 통근하고 있는데, 寅亥 合木하여 午火를 생하니 七殺이 양인살(陽刃殺)을 견제하는 역할을 망각하고 오히려 午火 양인살(陽刃殺)을 돕게 되니 양인(陽刃)이 더욱 방자(幇恣)해져 제어할 수 없으니 그 흉함이 이루 말할 수 없다. 이를 양인도과(陽刃倒戈)라 한다.

庚	丙	丁	丁
寅	午	未	酉

辛	壬	癸	甲	乙	丙
丑	寅	卯	辰	巳	午

日支 午火는 양인살(陽刃殺)인데 午宮의 正氣인 丁火가 투출하니 丁火 역시 양인살(陽刃殺)로 비유한다. 午火 양인(陽刃)이 寅木의 생을 받아 태왕(太旺)한데 制剋하는 七殺 壬水가 없으니 양인도과(陽刃倒戈)의 경우이다. 상기 명조는 比劫이 중중하니 부득이 財를 용하는데, 庚金 偏財가 坐下 寅木에 절(絕)地이고 酉金은 요격(遙隔)되어 부조(扶助)하지 못하니 천격(賤格)을 면하지 못했다. 다만 운로가 중년 이후 癸壬辛丑으로 흘러 旺한 화세(火勢)를 制하니 처자식은 없지만 막노동판을 전전하며 근근히 살아가고 있어 하천인(下賤人)은 면한 것이다.

174. 양인로살(羊刃露殺)

양인격(羊刃格)에 日主가 태왕(太旺)한 경우 천간에 七殺이 투출되어 있으면 로살(露殺)이라 하는데 이를 용하여 旺한 양인(羊刃)을 억제한다는 의미이다.

戊	丙	壬	乙
子	午	午	卯

乙	丙	丁	戊	己	庚	辛
亥	子	丑	寅	卯	辰	巳

月令과 日支에 양인(羊刃)을 깔고 있으니 丙火 日主가 신강(身强)하다. 양인(羊刃)은 건록(建祿)地에서 앞으로 한 단계 더 진전된 것이니 기세가 건록(建祿)보다 왕강하다. 따라서 극제함이 필요하고 또한 丙火 日主가 火氣가 염염(炎炎)한 午火節에 생했으니 조후(調候)가 급하다. 月干 壬水를 용하여 丙火의 火氣를 억제하면 사주가 중화를 이룰 수 있다. 壬水 偏官은 대체로 사주상 극제되어 순화(馴化)되지 못하면

흉격이 되는데, 상기와 같이 양인살(羊刃殺)이 旺한 경우에는 七殺로 양인(羊刃)을 극제함이 필요하다. 이를 양인로살(羊刃露殺)이라 한다.

175. 양인성국(羊刃成局)

양인살(羊刃殺)이 成局됨을 말하는데, 양인(羊刃)이 월령(月令)을 득하고 다시 合이나 생조를 받아 양인살(羊刃殺)이 더욱 강해짐을 의미한다. 양인살(羊刃殺)은 녹전일위(祿前一位)의 殺로써, 사주에 七殺이 왕한 경우 日主를 도와 七殺을 극제하는 역할을 한다. 이와 반대로 양인(羊刃)이 태왕(太旺)하면 七殺의 힘을 빌어 양인(羊刃)을 억제해야 한다. 中和를 이루면 귀격(貴格)의 명조이나 그렇지 못하면 형극처자(刑剋妻子) 및 파재(破財), 파가(破家)의 흉액이 따른다.

"적천수(滴天髓)"에 따르면 양인살(羊刃殺)이 旺하면 심고지오(心高志傲-심지가 높고 거만함)하고, 刑沖되면 시세령위(恃勢逞威-세력을 믿고 위세를 떨침)하고, 쇠약(衰弱)하면 다의파사(多疑怕事-의심이 많아 일하기를 두려워 함)하고, 合되면 교정입이(矯情立異-자기감정과는 다른 태도로 일을 꾸미고 내세움)하게 된다는 것으로 함축하여 설명했다.

丙火가 午火節에 생하여 양인(羊刃)을 득하고, 다시 寅午 반합화국을 이루어 부조하고, 甲木이 생하니 양인성국(羊刃成局)이다. 양인국(羊刃局)이 태왕(太旺)하니 官殺인 水의 극제가 필요한데, 時干 壬水가 坐下에 수고(水庫)를 깔고, 日支 申金의 부조를 받아 약하지 않으니 능히 태왕한 양인국(羊刃局)을 대적할 수 있다. 時支 辰土는 旺火를 설(洩)하고 金을 생하여 용신인 壬水에 힘을 실어주니 귀격(貴格)의 명조이다. 운로가 申酉戌亥子의 희신과 용신운이니 일찍 관직에 올라 벼슬이 높았고, 병권(兵權)과 형권(刑權)의 중임을 맡는 생살대권(生殺大權)을 움켜쥐었던 것이다.

丙火가 월령(月令)에 양인(羊刃)을 득하고, 寅午 반합화국의 부조와, 甲木의 생조가 있으니 양인(羊刃)이 成局되어 태왕(太旺)하다. 官殺을 용해야 하는데, 時干 壬水가 坐下에 수고(水庫)를 깔고 있으나, 申金이 원격(遠隔)되고 丙午火의 극을 받아 壬水를 생할 여력이 없다. 申金대운에 寅申 沖하여 양인(羊刃)의 합을 깨어 그 기세를 누그러뜨리고, 申子 반합수국으로 용신인 水를 부조하니 관직에 올랐으나, 이후는 크게 발달하지 못했던 것이다. 이는 申金이 원격(遠隔)되어 있었기 때문이다.

甲木이 未月에 생하여 묘궁(墓宮)이라 본시 쇠약한 것 같으나, 年支 卯木에 양인(羊刃)을 득하고, 乙木이 투출했으니 태약(太弱)하지는 않다. 卯未 반합목국은 未月이라 실기(失氣)했지만 未土가 직접 子水를 극하지 못하니, 子午 沖하여 午火가 庚金을 극함을 막으니 庚金은 인접한 子水의 영향으로 습토화(濕土化)된 未土의 생을 받아 약변강이 되었다. 官殺이 약하지 않으니 양인(羊刃)이 日主를 보조하며 官殺을 억제하여야 하므로 용신은 月干 乙木이다. 운로가 水木運으로 흐르니 평생 벼슬길이 순탄했던 것이다.

戊	壬	丙	己
申	辰	子	丑

庚	辛	壬	癸	甲	乙
午	未	申	酉	戌	亥

壬水가 子月에 양인(羊刃)을 得하고, 지지에 申子辰 삼합수국을 형성하니 양인성국(羊刃成局)이 되었고 태왕(太旺)하다. 子月은 천지가 한동(寒凍)하니 壬水는 얼어붙은 폭포수 안쪽으로 떨어져 얼음 밑으로 흐르는 물과 같으니, 戊土가 있어도 동월(冬月)이라 본시 제 역할을 하지 못하나, 기쁜 것은 丙火가 투출하여 해동(解凍)하는 것이다. 따라서 성품이 온후관대했던 것이다. 다만 안타까운 것은 甲木이 없어 水氣를 설(洩)하지 못하는 것이니 출신은 미미했던 것이다. 水氣가 全局하니 부득이 이를 종(從)해야 한다. 용신은 壬水다.

癸酉대운부터 발복되어 壬申운은 한 해에 아홉 번을 영전하여 벼슬이 극품(極品)에 이르렀다. 未土대운은 旺神인 水를 거역하니 재액(災厄)이 도래하는데, 丁丑년은 火土가 함께 왕하며, 다시 子丑 합토하여 水를 극하니 이때 사망한 것이다.

176. 양인합살(陽刃合殺)

양인(陽刃=羊刃)이 七殺과 합하여 타 오행으로 바뀜을 말한다. 이에는 두 가지 경우가 있는데, 첫 번째는 양인격(陽刃格)에 官殺이 모두 투출했는데 양인합살(陽刃合殺)하여 日主가 왕해져 正官을 용해야 하는 경우와, 두 번째는 양인격(陽刃格)에 七殺이 태왕하여 日主를 극함이 심한 경우에 印星을 요하는데, 양인합살(陽刃合殺)하여 印星으로 바뀌어 사주가 길해지는 경우 등이 있는데, 사주의 구성형태를 잘 살펴보아야 한다.

丙丁의 官殺이 모두 투출했고 酉金이 양인(陽刃)인데, 巳酉 반합금국으로 양인합살(陽刃合殺)을 이루어 日主가 旺해지니 月干 丁火 正官을 용하여 왕한 日主를 극제하면 中和를 이룰 수 있다. 운로가 未午巳辰卯寅의 용신과 희신운으로 흘러 운송과 유통업으로 성공한 사업가의 명조이다.

상기는 양인격(陽刃格)인데 壬水 七殺이 지지 申金에 통근하고 庚金의 생을 받으니 태왕(太旺)하여 심히 日主를 극하므로 병(病)이 되었다. 다행인 것은 時干 丁火 양인(陽刃)이 태왕한 月干 壬水 七殺과 간합되어 印星으로 化되어 태왕한 官殺의 기운이 누그러지니 사주가 길해진 경우다.

177. 역모지리(逆母之理)

印星을 母라 하면, 印星이 旺하면 자연 자식인 日干을 생하는 것이 정한 이치인데, 財星運이 들어와 印星을 극하여 괴인(壞印)하는 경우엔, 母의 성정(性情)에 어긋나게 되는 것이니 이를 역모지리(逆母之理)라 한다. 旺한 印星이 잘 극제되면 흉함이 덜하나, 財·印이 양정(兩停)하여 상투(相鬪)하거나 財星이 무력하여 印星을 분발(奮發)시키면 흉함이 심하다.

|乙|辛|己|戊|
|未|丑|未|子|

| 丙 | 乙 | 甲 | 癸 | 壬 | 辛 | 庚 |
| 寅 | 丑 | 子 | 亥 | 戌 | 酉 | 申 |

　未土月의 辛金은 쇠(衰)地에 해당되고 지지에 부조하는 金氣가 무력하니 신약하다. 戊己土가 중중하여 토다금매(土多金埋)의 상황이고, 時干 乙木은 사토(沙土)인 未土에 미근(微根)인데 그나마 丑未 沖하여 뿌리가 손상되니 역시 乙木도 손상되어 旺土를 견제하지 못하고 있다. 어머니인 印星이 많고 旺한 것은 좋은데, 자식인 日主가 형제자매인 比劫이 없이 고독한데 어머니의 情을 분에 넘치게 받으니 情에 파묻히게 되어 탈이 된 것이다. 이것을 역모지리(逆母之理)라 한다.

　상기와 같이 印星이 旺한 경우는 財星이 있어 재파인수(財破印綬)하여 印星을 극제하면 사주가 중화되어 길해지나, 財·印이 상정(相停)하여 상투(相鬪)하면 日主가 旺하지 않는 한 흉격이 되고, 財星과 日主가 태약하여 印星을 제압할 힘이 전혀 없으면 오히려 사주가 탁(濁)해지니 역시 흉격이 되는 것이다.

178. 역생지서(逆生之序)

　역생(逆生)의 차례를 의미한다. 역(逆)이란 日主가 旺한데 다시 日主를 生하는 것을 의미하는 것으로, 이 역(逆)된 오행을 生하여 사주가 成하게 되는 것을 역생(逆生)이라 한다.

　예를 들어 日主인 木이 旺한 경우 水가 있어 다시 日主를 生하면 이를 역(逆)이라 하고, 다시 金이 있어 水를 生하여 成하게 되면 이를 역생(逆生)이라 한다. 사주가 이리되면 日主인 木이 金의 생을 받아 旺해진 수세(水勢)를 납수(納水)하게 되니 자연 중화(中和)를 이루게 되어 성정정화(性正情和)하게 되는 것이다. 또한 木이 극쇠(剋衰)한 경우는 火로 운행하면 반역(反逆)이 되는데, 이때 土를 만나 화지(化之)하면 역중순(逆中順)이 되나, 한신인 辰未土 등을 만나는 것은 마땅치 못하다. 극왕(極旺)한 기세에 한신을 만나게 되면 광분(狂奔)하는 성정(性情)을 띠게 되고, 극쇠(極衰)한 기세에 한신을 만나면 당장은 탈이 없고 안이하다. 이는 행운도 역시 같은 이치이다.

甲木 日主가 坐下에 녹성(祿星)을 깔고 比肩이 투출하고 다시 寅亥 合이 있으니 신왕(身旺)하다. 그런데 壬子水인 水가 중중하여 旺한데 다시 신왕한 日主 甲木을 生하니 역(逆)인 것이다. 그리고 月干 辛金은 甲木을 극하지 못하고 왕한 수세(水勢)에 휩쓸려 들어가 水를 생하여 成을 이루니 역생(逆生)인 것이다. 사주가 기쁜 것은 土가 없어 水性을 거역하지 않으니 길하게 된 것이다. 용신은 時干 甲木이다.

초년 壬子, 癸丑대운은 水性에 순응하니 등과(登科)했고, 甲寅, 乙卯대운은 旺神을 종(從)하니 흉하지 않아 벼슬길에 나갔고, 丙辰대운은 丙辛 合水, 申子 合水로 수세(水勢)에 합류하니 낙직(落職)은 했지만 흉함은 없었다. 丁巳대운은 역생(逆生)한 金水를 충격(沖擊)하니 사망한 것이다.

日主 甲木이 坐下에 녹성(祿星)地이고 寅木 比肩이 있어 旺하다. 水는 亥宮의 壬水가 사령(司令)하고 천간에 투출하여 역시 旺한데 旺木을 생하니 역(逆)이 되고, 辛金은 무근이고 水를 생하여 수세(水勢)를 따르니 木性에 거역하지 않으므로 역생지서(逆生之序)이다. 다만 혐의가 되는 것은 時柱의 火土인데, 土를 생하여 旺木의 세(勢)를 거역하면 흉해지는 것이다. 용신은 寅宮의 甲木이다. 초년 壬子대운은 유업이 풍족했고, 癸丑대운은 巳丑이 합을 이루어 왕세(旺勢)를 거역하니 형모(刑耗)가 다단(多端)하였다. 이후 甲寅, 乙卯대운은 왕세(旺勢)를 좇으니 인정(人丁)과 재물이

다시 흥했고, 이후 丙辰 대운은 火가 土를 도우며 왕세(旺勢)를 거역하니 처자를 극했고 화재(火災)까지 겹쳤으며, 자신은 미쳐서 물에 빠져 죽은 것이다.

179. 연주협귀(聯珠挾貴)

구슬이 꿰어진 것처럼 日柱와 時柱 사이의 連된 오행이 천을귀인(天乙貴人)에 해당함을 말한다.

日柱 丙申과 時柱 戊戌 사이에 丁酉가 탄함(呑陷)되어 있다. 여기서 酉金은 주천을귀인(晝天乙貴人)에 해당된다. 천을귀인(天乙貴人)에는 주·야(晝·夜)가 있는데 아래에서 酉金은 日主 丙火의 주천을귀인(晝天乙貴人)에 해당된다. 生時가 밤이라 야천을귀인(夜天乙貴人)을 적용해야 하는데 협귀(挾貴)된 것이 주천을귀인(晝天乙貴人)이니 이런 경우를 일명 염막귀인(簾幕貴人)이라고도 한다. 염막귀인(簾幕貴人)은 주렴 안에서 도와주는 귀인(貴人)이니 드러내지 않고 암암리에 덕을 베풀어주는 귀인을 말하는 것이다. 日支와 時支 사이에 탄함된 오행이 염막귀인(簾幕貴人)에 해당되는 명조자는 陰으로 陽으로 분에 넘치는 귀인의 도움을 받으니 사주가 길한 것이다.

상기는 지지가 암암리에 申酉戌 방합금국을 형성하고 戊己土가 생조하여 財가 태왕해지니 日主가 신약한데, 卯木 印星을 용하여 生身하면 자연 사주가 중화를 이룰 수 있다. 운로가 壬癸甲乙의 희신과 용신운이니 주석(主席)을 지냈다. 조화원약(造化元鑰)에 기재된 명조다.

180. 영향요계(影響遙繫)

영향(影響)이란 어떤 사물의 작용이 다른 사물에도 미치는 것을 말하고, 요계(遙繫)란 멀리 있는 것을 얽어매어 결국은 가까이 둠을 의미하는 말이다. 따라서 영향(影響)이란 내가 힘이 있어 그 작동으로 남에게 여파가 있는 것이고, 요계(遙繫)란 나를 좋아하는 저쪽을 얽어매어 가까이 두려 함이다. 따라서 영향요계(影響遙繫) 용어를 사주와 연관 지으면, 행운과 사주원국과의 沖과 合을 암충(暗沖)과 암합(暗合)이라 하는데, 암충(暗沖)은 영향(影響)으로 비유되고, 암합(暗合)은 요계(遙繫)로 비유될 수 있다. 사주격국에서는 도충격(倒沖格)과 형합격(刑合格)이 이에 해당되는데, 사주풀이에서는 可함도 있고 不可함도 있으니 그 실상과 허구가 병존하는 어구(語句)이다.

丙午 日柱가 지지에 午火가 중중하여 旺한 午火가 子水를 암충(暗沖)하여 子中 癸水 正官을 끌어와 용신으로 잡는다는 것이니 영향요계(影響遙繫)로 논할 수 있다. 고서(古書)에서는 비천녹마격(飛天祿馬格=倒沖祿馬格)으로 논하는 것으로, 局에 水氣인 官星이 전혀 없으니 비천녹마격(飛天祿馬格)의 진격(眞格)으로 명리양전(名利兩全)할 귀격(貴格)으로 풀이되는 명조이다. 그러나 이 명조는 巳午火인 比劫이 중중하니 財를 용하여 형제자매들에게 財를 분배하면 다툼이 적을 것이니 용신은 庚金 偏財다. 庚金 財는 지지의 중중한 火에 용금(鎔金)되어 剋去될 것 같으나, 年支 巳宮에 미근(微根)이 있고 태원(胎元)이 辛酉라 부조(扶助)의 氣가 있으니 旺火를 견딜만한 것이다.

초년 己巳, 戊辰 대운은 희신운이니 유업이 풍부했으나, 이후 丁卯, 丙寅 대운은 局의 旺火에 더욱 火氣를 보태니 용신인 庚金이 剋去되어, 세 차례의 화재를 겪었고, 처자를 극하고 가업도 파산했던 것이다. 乙丑대운은 乙庚 간합금국과 巳丑 반합금국의 용신운으로 흘러, 상하가 有情해지고 丑土가 旺火를 회화(晦火)하고 金을 생하니, 사업과 가문을 다시 일으켰다. 甲子, 癸亥대운은 한신운으로 水가 윤토(潤土)하여 生金하므로 수만금을 벌었던 것이다.

이 명조는 고서에서는 乙卯 日柱가 지지에 三卯가 있으니 비천녹마격(飛天祿馬格)으로 논하여, 旺한 卯木이 戌土를 合來해와 戌宮의 辛戊를 官星과 財星으로 잡는다는 것이다. 암합(暗合)하여 필요한 것을 끌어오는 것이니 영향요계(影響遙繫)에 해당된다. 그런데 이 명조는 이미 丑宮의 辛金과 己土가 있으니 파격(破格)이 됐으며, 이런 경우 운로(運路)에서 다시 戊土가 도래할 시는 흉화가 따른다 했으나 모순됨이 많은 것이다. 녹마(祿馬)에 집착하다 보니 이런 오류가 발생하는 것이다.

지지에 木氣가 태왕하고 日主 역시 木이니 木氣가 청영(菁英)한 것이다. 이런 경우는 순기세(順氣勢)하여야 하니 年干 丁火를 용하여 木氣를 설(洩)하면 사주가 중화를 이룰 수 있는데, 月干 癸水가 沖하니 병(病)이 된 것이다. 己土는 卯月에 병(病)地이니 癸水를 剋去하지 못하는 것이다. 따라서 초·중년 丑子亥대운은 病인 水를 부조하니 글공부를 이어가지 못했고, 형상파모(刑傷破耗)와 파가(破家)함이 있었으나, 戊戌대운과 丁대운은 戊土는 癸水를 合火하여 용신인 丁火를 부조하고, 戌土는 卯木과 육합화국으로 바뀌어 역시 용신인 丁火를 부조하니 발복(發福)되어 수만금의 재물을 모았던 것이다. 이 명조를 비천녹마격(飛天祿馬格)으로 논했다면 오히려 戊戌대운에 크게 흉했을 것이다. 이로써 格에 너무 치중하지 말고 오행의 구성형태와 기세를 보아 용신을 살펴보아야 통변에 오류를 범함이 적을 것이다. 적천수(滴天髓)에 기재된 내용이다.

甲	甲	癸	丁
戌	辰	丑	未

丁	戊	己	庚	辛	壬
未	申	酉	戌	亥	子

지지에 辰未戌丑의 사고(四庫)가 모두 있으니 고서(古書)에서는 사위순전격(四位純全格)이라 논하며, 남명은 극귀(極貴)할 명조이고 여명은 고독빈천(孤獨貧賤)할 명조라 했다. 사주가 丑未 沖하여 월령(月令) 축고(丑庫)가 개고(開庫)되어 辛金 正官과 己土 正財를 用하여 잡기재관격(雜氣財官格)이라고도 한다. 그러나 沖하여 개고(開庫)가 될지언정 역시 辛金과 己土가 손상되는 것을 알아야 한다. 局의 沖은 명충(明沖)이라 하고, 운로(運路)인 庚戌 대운의 戌土와의 형충(刑沖)은 암충(暗沖)에 해당되니 영향요계(影響遙繫)라 할 수 있다.

상기 명조는 甲木이 丑月에 생하여 天地가 한(寒)한데, 丁火가 미력하나 火氣를 발(發)하니 甲木이 동사(凍死)할 위험은 면했다. 지지가 모두 財라 재다신약(財多身弱)하니 印星을 용하여 月干 癸水가 용신이다.

초년 壬子, 辛亥대운은 조상의 음덕과 유업이 여의했으나, 戊土대운은 고서(古書)대로라면 丑戌 刑하여 개고(開庫)시키니 財官을 쓸 수 있어야 하나, 실상은 용신인 癸水를 극거하니 부모를 여의고, 처자 또한 극하게 된 것이다.

己酉, 戊申대운은 己戊 土가 천간에 개두(蓋頭)하여 지지 酉申 金이 용신인 癸水를 생함을 막으니 가업을 모두 破하고 자식도 없이 사망한 것이다. 적천수(滴天髓)에 기재된 명조이다.

181. 오기불려(五氣不戾)

사주를 구성하는 다섯 가지의 기운이 어그러지지 않았다는 것이다. 五氣는 木·火·土·金·水의 다섯 가지 기운인데 하늘에서는 원형이정(元亨利貞)이 되고, 땅과 연결되어서는 五行이 되며, 사람에게는 인·예·신·의·지(仁·禮·信·義·智)인 性이 되며, 육체로는 오장육부(五臟六腑)가 되는 것이다. 따라서 오기불려(五氣不戾)라 함은 사주상 다섯 가지 기운이 탁(濁)하지 않고 난잡(亂雜)하지 않고 편고(偏枯)되지 않음을 말하는 것으로, 이리되면 자연 성정(性情)은 중화(中和)와 순수(純粹)를 이루게 되며, 태과(太過)나 불급(不及)하지 않게 되고 또한 비뚤어지지 않고 거역됨이 없어 사주는 자연 귀격(貴格)이 되는 것이다.

甲木이 寅月에 生하여 득기(得氣)했고 坐下 印星의 생조를 받으나 財와 食神이 있어 휴수(休囚)되니 태과(太過)하지는 않다. 丙火는 坐下에 長生을 득하나 寅月이라 아직 한기(寒氣)가 남아있으니 역시 旺하지 않으며 다시 己丑土를 생하여 火氣가 유행(流行)됐고, 土는 다시 丑宮의 암장(暗藏)된 辛金을 생하니 오행이 어느 하나 어긋나지 않고 相生되고 상하가 有情하니, 위인이 성품이 반듯했고 인자하며 겸양하며 교만과 아첨이 없었던 것이다.

사주에 財星과 食神이 旺하니 신약하다. 부조하는 子宮의 癸水를 용신으로 잡는다. 운로가 丑子亥戌酉申의 용신과 희신운이니 발복이 있었던 것이다.

丙火가 未土月에 火氣가 퇴기(退氣)한다 하나 午火에 통근하고 兩 丙火가 투출했으니 火가 염염(炎炎)하여 旺한데, 다시 천간의 甲乙木이 丙火를 생하여 화염토조(火炎土燥)하니 戊未土는 건토(乾土)라 火氣를 설(洩)하지 못한다. 日支 子水는 金이 전무하니 근원이 없어 火를 감당할 수 없어 적수오건(滴水熬乾)인 것이다. 상기 명조는

火가 태왕(太旺)하여 사주가 편고(偏枯)되고 어그러졌으니 성질이 매우 조급하고 변덕이 심했으며, 比劫이 중중하니 기고(氣高)한데, 습토(濕土)가 없어 설기(洩氣)하지 못하니 사주가 파격(破格)이 되었다. 가업(家業)을 破하고 신고(身苦)가 많았다. 용신은 子中의 癸水를 용하나 亥子丑대운에서 水氣를 인통(引通)한다 하더라도 火가 태왕(太旺)하여 오히려 火를 충분(衝奔)시키니 평생 발전이 없었던 것이다.

182. 오기성형(五氣成形)

사주상 다섯 개의 氣가 각각 쓰일 곳을 만나 구성형태를 완성시켜, 사주가 中和를 이루게 함을 성형(成形)이라 한다.

- ◆木이 성형(成形)한 경우라면, 食傷이 있어 설기(洩氣)되면 印星의 생조가 있는 경우.
- ◆官殺이 있어 심히 극제 받는다면 火地로 행하여 官殺의 氣를 억제하는 경우.
- ◆인수(印綬)가 중첩되면 생을 받음이 過한 것이니 土가 있어 甲木을 배양(培養)하며 制水하는 경우.
- ◆財는 가벼운데 劫財가 많으면 金으로서 전벌(剪伐)해 주는 경우 등이다.

상기의 예와 같이 그 쓰일 자리를 만나 성형(成形)한다면 사주가 편고(偏枯)되어 발생하는 病을 막을 수 있는데, 사주원국에서 여의치 못하면 운로(運路)에서라도 성형(成形)하게 되면 사주가 흉함이 적고 길함이 많은 것이다. 그러나 만약에 그 성형(成形)함을 파해(破害)한다면 흉함이 이르게 되는 것이다.

甲木이 동월(冬月)에 생하여 한목(寒木)인데, 사주에 水氣가 중중하니, 甲木이 살기 위해서는 뿌리를 내려 배양(培養)할 수 있는 土가 있어야 하고, 또한 발생의 상(象)

을 이루려면 火가 필요하다. 時干 戊土가 요긴한데, 坐下 辰土는 습토(濕土)라 子水
와 合되어 水局으로 변하니 戊土의 근(根)이 없어지고 制水할 수 없다. 다행인 것은
年支 戊土가 건토(乾土)라 능히 制水하고, 다시 戊土가 이에 통근하고 다시 甲木을
배양(培養)하니 자연 土木이 旺水를 극설(剋洩)함이고, 한목(寒木)은 향양(向陽)함을 좋
아하니, 운로가 巳午未의 火運으로 흘러 사주가 길해졌다. 이때 재물을 수만금을
모았고 이로공명(異路功名)했다. 결국 土火의 氣가 성형(成形)을 이룬 것이다.

	辛	甲	乙	戊	
	未	辰	卯	寅	
壬	辛	庚	己	戊	丁	丙
戌	酉	申	未	午	巳	辰

甲木 日主가 지지에 寅卯辰 방합목국을 형성하나 日主를 剋하는 辛金 官星이
있으니 곡직인수격(曲直仁壽格)을 이루지 못한다. 辛金은 양인살(羊刃殺)인 乙卯木의
핍박을 받고, 또한 건토(乾土)인 戊未土의 생을 받지는 못하나, 日支 辰土가 방합목
국을 형성하더라도 습토(濕土)의 성질이 남아있으니 미력하지만 생을 받고 있는 것이
다. 초년 巳午未대운은 旺木을 설(洩)하니 흉하지 않아, 유업이 풍부하여 부유하
였고, 이후 申酉戌대운은 용신인 時干 辛金이 득지(得地)하여 뿌리를 내리니 비로써
발복이 된 것이다. 재물로 벼슬을 사 이로공명(異路功名)한 것이다. 이것은 운로(運
路)에서 金氣가 있어 성형(成形)을 이룬 경우이다.

	乙	甲	乙	癸	
	亥	戌	卯	未	
戊	己	庚	辛	壬	癸	甲
申	酉	戌	亥	子	丑	寅

甲木 日主가 지지에 亥卯未 삼합목국을 형성하였다. 일행득기격(一行得氣格) 中
곡직인수격(曲直仁壽格)으로 볼 수 있으나 日支 戌宮의 辛金이 있어 암암리에 甲木

을 극하니 곡직격(曲直格)이 파격이 되었다. 木이 旺하니 金의 제극이 있으면 동량지재(棟樑之材)를 만들 수 있으나 金이 없으니 成之하지 못하고, 왕신의설(旺神宜洩)이라 했으니 木旺한데 火로 行之하면 木氣를 설(洩)할 수 있으나 火가 없다. 그리고 癸水는 亥水에 통근하고 다시 卯木 양인(羊刃)을 생하니 劫財와 印星이 태왕(太旺)하며 성형(成形)하지 못한 것이다.

지지 卯戌은 육합화국을 이루나 운로에서 火氣가 없어 인통(引通)해주지 못하니 사주가 파격(破格)이 된 것이다. 용신은 부득이 戌宮의 丁火를 용하나 운로가 丑子亥戌酉申의 기신과 구신운이니, 조업(祖業)을 破하고, 극처(剋妻)하고 자식이 없었으며 발복이 없었던 것이다.

183. 오행구족(五行俱足)

생년, 생월, 생일, 생시 및 태월(胎月)에 납음오행(納音五行)을 적용시 木火土金水 오행이 모두 구족(俱足)된 것을 말한다. 이리되면 오행이 생생불식(生生不息)되고 상생되니 자연 귀격(貴格)이 되는 것이다.

胎月	生時	生日	生月	生年
己	丁	丁	戊	甲
未	未	巳	辰	子
(火)	(水)	(土)	(木)	(金) – 納音五行 적용

甲子, 乙丑은 납음오행이 해중금(海中金)이니 生年은 金이고,
戊辰, 己巳는 납음오행이 대림목(大林木)이니 生月은 木이고,
丙辰, 丁巳는 납음오행이 사중토(沙中土)이니 生日은 土이고,
丙午, 丁未는 납음오행이 천하수(天河水)이니 生時는 水이고,
戊午, 己未는 납음오행이 천상화(天上火)이니 胎月은 火이다.

이와 같이 木火土金水 오행이 구족(俱足)되었으니, 오행의 기운이 편중되지 않고 순환불식(循環不息)하여 귀격사주이다.

184. 오행부잡(五行不雜)

오행이 잡(雜)되지 않음을 의미한다. 局에서 官이 요긴한데 比劫과 財星이 중하면 사주는 대체로 탁(濁)하고 잡(雜)되다고 판단하나, 타 오행과의 合이나 설(洩)로 인해 탁기(濁氣)가 제거되고 日主와 상생의 관계를 이루면 사주는 자연 길하게 되는 것이다. 이리되면 官星은 뚜렷해지는데 다시 印星을 얻어 관인상생(官印相生)되면 귀격이 되는 것이다.

癸水가 丑月에 생하여 관대(冠帶)를 득하니 日主가 태약(太弱)하지는 않다. 丁巳火 財星이 중중하여 사주가 탁(濁)한데 기쁜 것은 巳丑 반합금국을 이루니 時干 丁火도 金으로 化된 것이며, 지지 巳丑 金局이 천간의 辛金을 부조하고 다시 日主 癸水를 생하니 金水가 쌍청(雙淸)해진 것이다. 旺한 財星의 탁기(濁氣)가 제거되니 월령(月令) 丑宮의 己土 官星이 뚜렷해지는 것이고, 천간의 辛金과 관인상생(官印相生)을 이루니 사주가 귀격(貴格)이 된 것이다. 용신은 旺한 金氣를 설(洩)하는 丑宮의 癸水이다. 운로(運路)가 水金의 용신과 희신운이니 발복이 있었던 것이다.

185. 오행화자(五行和者)

五行이 中和된 것을 말한다. 이는 비단 오행이 빠진 것 없이 모두 구족(俱足)되었음을 말하는 것이 아니고, 상호 극하지 않고 상생됨을 말하는 것이다. 따라서 오행이 있을 것은 있음이 마땅하고, 없을 것은 없는 것이 마땅한 것이며, 생할 것은 마땅히 생하고 극할 것은 마땅히 극해야 중화가 되고, 그리되면 자연 일생에 재해(災害)가 없게 되는 것이다.

天地人이 모두 五者로 구성되니, 하늘은 이른바 五氣로 청(靑), 적(赤), 황(黃), 백

(白), 흑(黑)이며, 땅은 五行으로 木, 火, 土, 金, 水이며, 人은 오장(五臟)이니 간(肝), 심(心), 비(脾), 폐(肺), 신(腎)인 것이다. 그리고 인체(人體)의 배속(配屬)으로는 두면(頭面)은 五氣를 상징하고, 장부(臟腑)는 五行을 상징하므로 인체(人體)는 곧, 소천지우주(小天地宇宙)인 것이다. 다시 사람의 장부(臟腑)에 음양과 오행을 배속하면 장(臟)은 陰에 배속되므로 乙, 丁, 己, 辛, 癸를 붙이고, 부(腑)는 陽에 배속되므로 甲, 丙, 戊, 庚, 壬을 붙이는 것이다. 이 다섯 가지 氣가 태과(太過), 불급(不及) 및 불화(不和)하게 되면 질병이 생기는데 이것은 오미(五味)로 구별된다. 산(酸=신맛=木), 고(苦=쓴맛=火), 감(甘=단맛=土), 신(辛=매운맛=金), 함(鹹=짠맛=水)이 그것이다.

신맛은 木이니 많이 먹으면 상근(傷筋)하고,

쓴맛은 火니 많이 먹으면 상골(傷骨)하고,

단맛은 土니 많이 먹으면 상육(傷肉)하고,

매운맛은 金이니 많이 먹으면 상기(傷氣)하고,

짠맛은 水니 많이 먹으면 상혈(傷血)하는 것이다.

이것은 오행의 상극의 관계로 논한 것이며, 인체의 오장(五臟) 배속(配屬)은 다음과 같이 요약된다.

오행정의(五行正義)

		木	火	土	金	水
干	陽	甲	丙	戊	庚	壬
	陰	乙	丁	己	辛	癸
支	陽	寅	午	辰戌	申	子
	陰	卯	巳	丑未	酉	亥
오기(五氣)		생기(生氣)	왕기(旺氣)	둔기(鈍氣)	肅殺之氣 (숙살지기)	사기(死氣)
오색(五色)		청색(靑色)	적색(赤色)	황색(黃色)	백색(白色)	흑색(黑色)
성질(性質)		인(仁)	예(禮)	신(信)	의(義)	지(智)
오미(五味)		신맛(酸) 산	쓴맛(苦) 고	단맛(甘) 감	매운맛(辛) 신	짠맛(鹹) 함
오욕(五慾)		향(香)	색(色)	촉(觸)	성(聲)	미(味)
감정(感情)		희(喜)	노(怒)	사(思)	공(恐)	우(憂)
오성(五性)		곡직(曲直)	염상(炎上)	가색(稼穡)	종혁(從革)	윤하(潤下)
신체(身體)		다리·코	어깨·눈	머리·얼굴	등·귀	꼬리·혀
오장(五臟) (陰干)		乙 간(肝)	丁 심(心)	己 비(脾)	辛 폐(肺)	癸 신(腎)
오부(五腑) (陽干)		甲 담(膽)	丙 소장(小腸)	戊 위(胃)	庚 대장(大腸)	壬 방광(膀胱)
오체(五體)		근(筋)	골(骨)	살(肉)	피부(皮膚) 기(氣)	혈맥(血脈)
오곡(五穀)		보리	서(黍) 차기장	직(稷) 메기장	쌀	콩
오과(五果)		오얏	살구	대추	복숭아	밤
오축(五畜)		개	양	소	닭	돼지

사주가 길하려면 사주팔자의 五行과 장부(臟腑)의 五行이 모두 和하여야 마땅하다. 四柱五行의 和는 행운에서의 和를 말함이고, 장부오행(臟腑五行)의 和는 五味의 和를 의미한다. 따라서 오행화자(五行和者)라 함은 生이 아니더라도 剋함이 없어야 하고, 오행이 태과(太過), 불급(不及)하지 않고 결손됨이 없는 것을 말하는 것이다. 특히 사주상 귀(貴)함을 득함은 旺神의 다스림에 있으니 태과(太過)하면 설(洩)함이 마땅하고, 강제로 제압하려 하거나 적은 것으로 대적하려 하면 반드시 화(禍)를 일으킴이며, 태과(太過)하지 못한 경우라면 剋하여야 한다. 약신(弱神)의 경우는 통근된 경우라면 생부(生扶)하여야 하고 무근(無根)인 경우라면 상극(傷剋)함이 마땅한 것이다. 이리되면 자연 오행의 和함이 있는 것이다.

甲木 七殺이 중중하니 甲木은 旺神이고, 庚金은 통근되지 못했으니 약신(弱神)이다. 旺神이 태과(太過)하면 설(洩)함이 기쁘다 했으니 월령(月令) 午宮의 丁火로 설(洩)하고, 약신(弱神)이 뿌리가 없으면 剋去함이 기쁘다 했으니 역시 午宮의 丁火로 제극해야 한다. 丁火가 용신이니 벽갑인정(劈甲引丁)함이 길하여 火金이 요긴하게 쓰임이다. 따라서 운로(運路)가 약신(弱神)인 申酉戌로 흐르니 장애요소가 없었고, 甲乙丙대운은 희신과 용신운이니 吉하였다. 부귀하고 무병장수했으며 자손도 모두 잘 풀렸던 것이다.

寅月은 목왕지절(木旺之節)이라 甲木이 투출하니 木氣가 旺하다. 日干 戊土는 寅月에 長生을 득하고 坐下 戊土에 통근하여 약하지 않고, 時干 庚金은 역시 坐下에 녹성(祿星)을 득하니 약하지 않다. 왕신(旺神)인 木이 태과(太過)하지 않으니 능히 극벌(剋伐)할 수 있는 것이다. 약신(弱神)인 年干 癸水는 坐下에 조토(燥土)가 있어 극을 받으니 甲木을 생할 여력이 없는 것이다. 용신은 時干 庚金으로 잡는다.

왕신(旺神)인 木은 극하여 제압하고, 통근하지 못한 약신(弱神)인 水는 坐下 未土에 수극(受剋)되어 木을 생하지 못하며, 또한 정신기(精神氣) 三者가 우열을 가리기 힘들 정도로 대등하니 사주가 귀격(貴格)이다. 운로에서도 부조가 있으니 부귀하고 무병장수 누렸으며 자손들 또한 발복이 있었던 것이다.

186. 왕쇠진기(旺衰眞機)

旺하고 쇠(衰)함의 참 기틀을 말함이다. 이는 단지 사주상 오행의 왕쇠(旺衰)에 대한 것만을 논하는 것이 아니고, 왕쇠(旺衰)가 궁극에 달했을 경우의 변화의 이치를 뜻하는 것이다.

자평법(子平法)에 의거 통변시에는 旺한 즉, 설상극(洩傷剋)을 요하고, 쇠(衰)한 즉, 방조생(幫助生)함이 정한 이치인데, 旺 중에도 쇠(衰)함이 있으니 旺함이 궁극에 도달하면 오히려 손(損)함이 내재되어 있으니 이때는 손(損)함이 불가하고, 쇠(衰)한 중에도 旺함이 있으니 쇠(衰)함이 궁극에 도달하면 오히려 이익됨이 내재되어 있으니 이때는 부조(扶助)함이 불가한 것이다. 이러한 왕쇠(旺衰) 변화의 참 기틀을 왕쇠진기(旺衰眞機)라 한다. 이 이치를 정리하면 다음과 같다.

- 木이 태왕(太旺)한 경우 — 金과 같으니 火의 하련(煆鍊)을 요한다.
- 木이 극왕(極旺)한 경우 — 火와 같으니 水의 제극(制剋)을 요한다.
- 木이 태쇠(太衰)한 경우 — 水와 같으니 金의 부조(扶助)를 요한다.
- 木이 극쇠(極衰)한 경우 — 土와 같으니 火의 부조(扶助)를 요한다.
- 火가 태왕(太旺)한 경우 — 水와 같으니 土의 제극(制剋)을 요한다.
- 火가 극왕(極旺)한 경우 — 土와 같으니 木의 제극(制剋)을 요한다.
- 火가 태쇠(太衰)한 경우 — 木과 같으니 水의 부조(扶助)를 요한다.
- 火가 극쇠(極衰)한 경우 — 金과 같으니 土의 부조(扶助)를 요한다.

- 土가 태왕(太旺)한 경우 − 木과 같으니 金의 제극(制剋)을 요한다.
- 土가 극왕(極旺)한 경우 − 金과 같으니 火의 하련(煆鍊)을 요한다.
- 土가 태쇠(太衰)한 경우 − 火와 같으니 木의 부조(扶助)를 요한다.
- 土가 극쇠(極衰)한 경우 − 水와 같으니 金의 부조(扶助)를 요한다.
- 金이 태왕(太旺)한 경우 − 火와 같으니 水의 제극(制剋)을 요한다.
- 金이 극왕(極旺)한 경우 − 水와 같으니 土의 제수(制水)를 요한다.
- 金이 태쇠(太衰)한 경우 − 土와 같으니 火의 부조(扶助)를 요한다.
- 金이 극쇠(極衰)한 경우 − 木과 같으니 水의 부조(扶助)를 요한다.
- 水가 태왕(太旺)한 경우 − 土와 같으니 木의 제극(制剋)을 요한다.
- 水가 극왕(極旺)한 경우 − 木과 같으니 金의 제극(制剋)을 요한다.
- 水가 태쇠(太衰)한 경우 − 金과 같으니 土의 부조(扶助)를 요한다.
- 水가 극쇠(極衰)한 경우 − 火와 같으니 木의 부조(扶助)를 요한다.

〈요약〉

- 태왕(太旺)하면 설기(洩氣)됨을 요한다.
- 극왕(極旺)하면 부조(扶助)됨을 요한다.
- 태쇠(太衰)하면 制剋됨을 요한다.
- 극쇠(極衰)하면 설기(洩氣)됨을 요한다.

〈태왕(太旺)〉

甲木이 卯月에 제왕(帝旺)을 得하고, 子辰 반합수국의 생조를 받으며 甲木이 투출했으니 태왕(太旺)하다. 木이 태왕하면 金과 같으니 火의 하련(煆煉)이 필요하다. 月干 丁火가 용신이다. 巳火대운은 용신운이라 길했고, 庚金대운은 본시 구신운이나 坐下 午火에 절각(截脚)되니 형모(刑耗)는 있었으나 큰 탈은 없었고, 午火대운은 본시 용신운이나 子午 沖하여 손상되니 과거시험에 낙방했고, 辛金대운은 구신운이나 음금(陰金)이니 재해(災害)가 크지 않았고, 未土대운은 한신운으로 子水 기신을 헌거(尅去)하니 의식이 풍족했으며, 壬申대운은 기신과 구신운으로 용신을 손상시키니 처자를 극하고, 파모(破耗)가 많았으며, 癸水대운은 기신운으로 丁火 용신과 相沖되어 이때 사망한 것이다.

〈극왕(極旺)〉

甲木이 卯月에 제왕(帝旺)을 득하고 지지가 전부 木局이며, 癸亥水가 다시 木을 생하니 日主 甲木이 극왕(極旺)하다. 木이 극왕(極旺)하면 火와 같다 했으니 水의 制 尅이 필요하다. 용신은 年干 癸水다. 초년 甲寅, 癸水대운은 한신과 용신운이니 유업(遺業)이 넉넉했고, 丑대운은 기신운이니 다소의 형상(刑傷)이 있었으나 丑土는 물기를 담뿍 담은 土라 水와 같으니 대환(大患)은 없었다.

壬子대운은 용신운이니 큰 발전이 있었고,

辛亥대운은 辛金이 비록 無根이지만 亥水 용신에 힘을 실어주니 경영(經營)이 여의하여 이때까지 수만금의 재물을 모았던 것이다.

庚金대운은 본시 희신이나 木과 충돌하여 旺木을 분노케 하니 吉하지 못했고, 戌대운은 卯戌과 寅戌의 合火로 바뀌어 구신운으로 들어오며 용신인 癸水와 수화상쟁(水火相爭)하니 가업이 파(破)되고 사망했던 것이다.

〈태쇠(太衰)〉

甲木 日主가 月·日支에 절(絶)地라 태약(太弱)하고, 천간의 甲乙木이 無根이라 부조의 힘이 미약하다. 時干 辛金은 元神이 투출하여 수기(秀氣)를 발(發)하고 日主를 핍박하니, 日主는 태쇠(太衰)하다 판단한다. 甲木이 태쇠(太衰)하면 水와 같다 했으니 金의 부조가 필요하다. 月支 申宮의 庚金이 용신이다.

- 초년 癸未, 壬午대운은 木을 생하고 金을 훼(剋)하니 형상(刑傷)을 겪었고 부모덕이 없었다.
- 辛巳, 庚辰 대운은 辛金은 용신운, 巳火는 巳申과 巳丑으로 용신 金에 우호적이고, 庚金은 용신으로 辰土의 생을 받아 旺해지니 수만금의 재물을 모았던 것이다.
- 己卯대운은 己土가 본시 희신이나 水가 없어 불습(不濕)하니 生金하지 못하고 다시 무근(無根)이라 부조(扶助)가 약하고, 卯木은 구신인데 甲木이 통근하게 되어 旺해져서 庚金을 대적하려 하니 흉하다. 이때 가업을 破했고, 寅대운은 寅申沖하여 용신이 손상되니 사망한 것이다.

〈극쇠(剋衰)〉

乙木이 무근(無根)이며, 局의 丙巳火에 설기(洩氣)당하여 신약하고, 酉金의 극을 받고, 다시 己戌土에 수(囚)되니 쇠(衰)함이 극에 달하였다. 木이 극쇠(極衰)하면 土

실전사주비결[통변편]

와 같다 했으니 火의 부조(扶助)를 요하여 용신은 時干 丙火다.

戊辰, 丁火대운은 한신과 용신운이니 가업이 풍족했고, 卯대운은 희신운이나 卯酉 沖하여 손상되니 부모를 여의었고, 丙火대운은 경영이 여의하여 수만금을 벌었으나, 寅木대운은 寅巳 삼형(三刑)과 寅酉 원진(怨嗔)되어 희신인 木이 손상되고 다시 月·日支를 손상시키니 파재극처(破財剋妻)했다. 乙丑대운은 巳酉丑 삼합금국의 구신운이니 가업을 破하였고, 甲子대운은 甲木이 甲己 化土하여 한신운으로 化되니 무애무덕했으나, 子水는 기신운으로 용신인 火를 극거하니 이때 사망한 것이다.

187. 왕자상부(旺子傷夫)

사주상 자식인 食傷이 旺하여 남편성인 官星이 손상당한다는 의미이다.

月令 巳宮의 丙火가 사령(司令)하고, 지지 寅午 반합화국에 丙火가 투출하니 食傷이 태왕(太旺)하다. 甲木은 時支 寅木에 통근하고 年支 子水의 생을 받으니 종(從)할 이치는 없다. 月干 一位 正官이 고투(孤透)한데 財星이 암장되니 고관무보(孤官無輔)다. 正官은 길신에 속하며 財星과 더불어 남명에선 매우 중요하게 참작되는데, 상기와 같이 食傷이 旺하여 辛金 正官을 극하니 正官이 심히 무력하다. 正官은 통변에서 남편성인 부성(夫星)으로 보는데 자식에 해당하는 食傷이 旺하여 자연 부성(夫星)인 官星을 극하니 왕자상부(旺子傷夫)라 하는 것이다.

188. 왕희순세(旺喜順勢)

旺한 神은 사주원국이나 운로에서 順의 세(勢)를 기뻐한다는 뜻이다. 여기서 旺함이란 것은 종왕(從旺)이나 종강(從强) 등을 포함하여 신왕(身旺)하거나, 오행의 기

세(氣勢)가 한쪽으로 편중된 것을 의미하고, 순세(順勢)란 순기세(順氣勢)란 의미로 旺
한 오행의 기세(氣勢)를 설기(洩氣)시키는 오행이 있음을 의미한다.

辛金 日主가 좌하 녹성(祿星)을 깔고 있으나, 사주에 壬癸水가 旺하니 부득이 食
傷의 기운을 종(從)할 수밖에 없다. 따라서 月干 壬水를 용하는데, 甲寅, 乙卯대운
은 한신운이니 무탈했고, 丙辰, 丁巳의 火대운은 용신과 相剋되니 파재(破財)와 신
고(身苦)가 많았다. 사주첩경(四柱捷徑)에 거론된 명조다.

189. 외토지첩(畏土之疊)

日主를 중심으로 戊己土와 辰未戌丑 등의 土가 중첩되어 日主가 심히 무력해져
土를 두려워하는 사주를 말한다.

사주에 土인 官星이 중첩되어 癸水가 심히 무력한데 年支 申宮의 壬水와 庚金이
있어 부조(扶助)하고, 태원(胎元)이 己丑이라 丑宮의 癸水가 있으니 日主 癸水가 旺
한 官殺을 종(從)할 수 없다. 官星인 土氣를 설기(洩氣)시키고 日主를 생조하는 印星
을 용하면 관인상생(官印相生)되고 日主를 생하니 자연 사주가 中和를 이루게 된다.
용신은 年支 申宮의 庚金이다.

190. 요긴지장(要緊之場)

사주의 구성형태와 행운과의 관계에서 매우 긴급하고 중요하게 대두되는 요소 및 역할을 말하는 것이다.

사주상 오행이 中和를 이루기 위해 꼭 필요한 오행을 용신이라 하고, 이 용신을 도우며 또한 日主의 格을 보호하는 역할을 하는 것이 희신이다. 그리고 용신을 손상시키고 日主의 格을 파손하는 것이 기신인데, 그 외의 것은 모두 한신이라 한다. 이 한신은 局이나 혹은 운로(運路)에서 기신을 견제하고 혹은 흉신과 合되어 용신이나 희신으로 化되거나, 세운(歲運)과 合되어 용신이나 희신으로 化되면, 결국은 나를 돕는 역할을 하여 한 가족과 같은 것이다. 그러나 한편으로 한신이 용신이나 희신과 合되어 흉신으로 化되면 한 가족임을 배반하는 것이니 사주는 흉해지는 것이다.

만약 운로(運路)에서 日主의 格을 破하고, 용신을 손상시키는 흉운이 도래한 경우에, 희신이 있으나 日主의 格을 보호하지 못하고 또한 용신을 보호하지 못하게 될 경우에는, 이는 사주에서 매우 중요하고 긴급하게 처리해야 하는 곳이 되므로 이를 "요긴지장(要緊之場)"이라 하는 것이다. 이러한 때에는 한신이 있어서 動하여 다른 것으로 변하지 않고 있다가, 운로에서의 흉신이나 흉물을 制化시키면 格을 바로잡고 또한 사주를 길하게 만드는 것이다.

子月의 甲木은 한목(寒木)이니 향양(向陽)함을 기뻐하고, 또한 比肩이 중중하니 木氣가 청영(菁英)하다. 그 기세를 설(洩)하면 사주가 中和를 이룰 수 있으므로 용신은 時干 丙火이다.

用神 : 丙火
喜神 :　木
忌神 :　水

閑神 : 土
仇神 : 金

庚金은 子月에 사(死)地이니 旺木을 파(破)하기 힘들고 오히려 水를 생하니 구신의 역할을 한다. 기쁜 것은 月干 戊土 한신이다. 戊土는 월령(月令)의 旺한 水를 制水하여 용신인 丙火를 돕고, 庚金을 생하여 剋木하게 하니 旺木의 세(勢)를 견제하고 있다. 卯대운은 희신운이니 水를 설(洩)하고 용신인 火를 생하니 과거에 급제했고, 壬辰, 癸巳대운은 기신인 水가 용신을 剋하고 들어오고, 또한 중중한 木을 생하여 목다화식(木多火熄)의 상황이라 오히려 용신인 丙火가 손상되게 되었으니 요긴지장(要緊之場)이다. 그런데 戊土 한신이 있어 긴요한 역할을 하고 있으니, 壬辰대운에는 旺한 壬水를 극제하여 丙火 용신을 살리고, 癸巳대운은 戊癸 합화하여 기신과 합되어 용신으로 化되니 사주가 무탈했고, 甲午, 乙未대운은 본시 용신과 희신운이니 길하여 지금의 장관 벼슬을 한 명조인 것이다.

甲木이 月, 日支에 제왕(帝旺)과 건록(建祿)을 득하니 태왕(太旺)하다. 時干 庚金은 무근(無根)이라 약하여 벽갑(劈甲)하기 어려우니 용할 수 없고, 旺神인 木을 설기(洩氣)시키는 月干 丁火를 용한다. 목화통명(木火通明)의 상(象)이다.

用神 : 丁火
喜神 : 木
忌神 : 水
閑神 : 土
仇神 : 金

다만 혐의가 되는 것은 年支 子水가 한신인 戊土의 견제가 없으니, 운로에서 水運이 들어와 年支 子水를 인통(引通)해줄 시에는 용신인 丁火를 극하여 무력화시키니 이른바 "요긴지장(要緊之場)"이다.

巳午未대운은 용신인 丁火를 부조하니 벼슬이 관찰사에 이르렀으나, 壬申대운은 申金이 日主 甲木인 체(體)를 극하고, 壬水는 年支 子水를 인통(引通)시켜 用인 丁火를 훼(勉)하니 체용(體用)이 모두 손상되어 화(禍)를 당한 것이다. 이는 한신인 戊土가 없어 기신인 水의 난동을 견제하니 못했기 때문이다.

191. 원기암장(元機暗藏)

사주상 용신으로 쓸 중요한 오행이 지장간(支藏干)이나 태원(胎元)에 암장(暗藏)된 경우를 원기암장(元機暗藏)이라 한다. 이런 경우 암암리에 극제나 부조 및 운로에서의 인통(引通)을 통해 사용케 되어, 사주의 中和를 이루게 하는 길신의 작용을 하는 경우에는 사주가 귀격(貴格)이 되는 것이다.

己土가 寅月에 생하니 甲木이 사령(司令)하여 日主를 극하고, 年·月干의 壬水 財星 역시 지지 辰土 수고(水庫)에 통근하여 약하지 않다. 다만 寅月의 己土는 한습(寒濕)하니 따뜻함이 필요한데 寅宮의 암장(暗藏)된 丙火가 한습토(寒濕土)에 火氣를 더하니 조후(調候)를 득한 것이라 이를 용한다. 원기암장(元機暗藏)인 것이다. 丙午대운에 丙火가 지지 午火에 제왕(帝旺)을 得하여 용신운이니 길한데, 戊辰년에 土가 기신인 壬水를 훼거(勉去)하니 벼슬길에 올랐던 것이다.

甲木이 坐下에 득록(得祿)하니 신왕(身旺)하고, 丙丁火가 투출하여 월령(月令)에

통근(通根)하니 역시 食傷이 왕하다. 따라서 목화통명(木火通明)한 상(象)인데, 火氣가 염염(炎炎)하니 조후(調候)가 필요하다. 時支 子宮의 癸水가 용신인데, 癸水는 태원(胎元)이 丁酉라 암암리에 酉金의 생조를 받으니 약하지 않다. 이처럼 사주상 꼭 필요한 오행이 암장(暗藏)된 경우를 원기암장(元機暗藏)이라 한다.

丁火가 동절(冬節)인 丑月에 생하여 실기(失氣)했지만 木이 중첩되어 日主를 생하니 日主는 약변강이 되었다. 따라서 旺木을 극제하는 時干 庚金을 용하면 중화를 이룰 수 있다. 戊土는 건토(乾土)니 庚金을 생하지 못하고, 丑土는 中氣에 辛金이 있으니 時干 庚金의 원기(元機)가 암장(暗藏)되어 있는 것이다. 日支 卯木은 卯戌 火局되어 丑土를 傷하지 못하고, 年柱 甲寅木은 月干 丁火를 생하니 역시 丑土를 傷하지 못하게 되어 원기암장(元機暗藏)된 辛金이 손상되지 않아 귀격(貴格)의 명조가 된 것이다.

乙木이 戌月에 생하여 신약하고 官星의 극제를 받으니 생조하는 印星 水가 필요하다. 사주원국에 水가 없으니 태원(胎元)을 살펴보는데 태원(胎元)이 丁丑이다. 丑宮의 여기(餘氣)에 癸水가 있으니 이를 끌어다 용신으로 잡는다. 이런 경우에도 원기(元機)가 암장(暗藏)되어 있다 하는 것이다.

192. 원두지리(源頭之理)

원두(源頭)의 이치를 말함인데, 원두(源頭)는 원류(源流)라고도 한다. 원두(源頭)란 물이 발원(發源)하여 흘러감을 의미하는데, 이를 사주에 적용하여, 사주상 旺神이 태동(胎動)하고 발원처(發源處)가 되어 흘러서 머무는 곳은, 山川의 내룡(來龍)이 결혈(結穴)된 곳과 같으니 이를 궁구하면 어느 代에 길함이 나타날 것인가? 를 알 수 있고, 내룡(來龍)이 막히고 절(絕)된 부분의 神을 궁구하면 어느 代에서 흉할 것인가? 를 알아 볼 수 있는 것이다.

이는 당령(當令)의 유무를 불문하고 사주상 그 기세가 가장 왕강(旺強)한 것을 원두(源頭)라 한다. 모든 六神이 다 원두(源頭)가 될 수 있는데 旺神에서 출발하여 흘러 생화유정(生化有情)하고 局이 아름다운 것이 길한 것이다.

예로, 旺神이 比劫인데 여기서부터 발원하여 흘러 財官에 그치면 吉한 것이고, 旺神이 財官에 해당되는데 여기서 발원하여 흘러서 比劫에 그치면 흉하다 판단하는 것이다. 원두의 소재처로 이를 부연설명하면 아래와 같다.

- 원두(源頭)가 年·月에서 시작되고 食神과 印星에 해당되는데 이것이 흘러 머무는 곳이 日·時이고 財官에 해당되면 이는 祖父의 음덕으로 자손이 복을 누리게 되는 것이다.
- 원두(源頭)가 年, 月에서 시작되고 財官에 해당하고 흘러 머무는 곳이 日, 時인데 傷官과 比劫에 해당된다면 조업(祖業)을 파(破)하고 처자(妻子)를 극하게 되는 것이다.
- 원두(源頭)가 日·時에서 시작되고 財官에 해당되는데, 흘러 머무는 곳이 年·月이며 食神과 印星에 해당되면 祖父의 음덕과 공덕에 힘입어 자손이 창성하는 것이다.
- 원두(源頭)가 日·時에서 시작되어 財官에 해당되고, 흘러 머무는 곳이 年·月이며 傷官과 比劫에 해당되면 조업(祖業)을 파(破)하게 되고 새로운 업에 종사하게 된다.

1. 원두유주(源頭流住=흘러 머무는 곳)의 六神과의 연계 사안을 요약하면 다음과 같다.
   - 원두유주(源頭流住)가 年柱인데 官印에 해당되면 그 조상이 관록이 있었고 청고했음을 알 수 있으며, 傷官과 比劫에 해당되면 그 조상이 미미했고 빈천했음을 알 수 있다.
   - 원두유주(源頭流住)가 月柱인데, 財官에 해당되면 그 부모 대에서 가업을 일으켰음을 알 수 있고, 傷官과 比劫에 해당되면 그 부모 대에서 가업이 破했음을 알 수 있는

것이다.

- 원두유주(源頭流住)가 日·時柱인데, 正財, 正官, 食神, 正印 등의 길신에 해당된다면 자수성가하였고, 그 처가 현모양처이고 자식 또한 길할 것임을 알 수 있는 것이다.
- 원두유주(源頭流住)가 日·時柱인데 傷官, 比劫, 偏官, 偏印, 羊刃 등의 흉신에 해당되면 처자를 극하거나, 처자로 인해 재액이 발생하거나 가업을 파하게 되는 것이다.

2. 원두유주(源頭流住=흘러 머무는 곳)함이 있어야 하는데, 원격(遠隔)되거나 단절(斷絶)되어 생화유정(生化有情)하지 못하게 되면, 이 격절(隔絶)되는 곳의 육신으로 발생하는 事案의 길흉을 알 수 있는 것이다.

- 격절(隔絶)되는 곳의 육신이 印星이면 부모나 문서로 인한 재액(災厄)으로 보는데, 상제(相濟)하는 神인 財星이 있으면 현처(賢妻)의 조력이 있거나, 혹은 比劫이 있어 印星의 氣를 설기(洩氣)시키면 형제자매의 도움으로 오히려 길함이 있는 것이다.
- 격절(隔絶)되는 곳의 육신이 比劫이면 형제자매 및 동업자, 친한 동료 등과 연관된 재액(災厄)으로 보는데, 官星이 있어 상제(相濟)하면 官과 연관되어 중재(仲裁) 및 길함이 있고, 食傷이 있어 설기(洩氣)시키면 자식이나 손아랫사람의 도움을 받아 풀릴 수 있는 것이다.
- 격절(隔絶)되는 곳의 六神이 財星이면 손재수(損財數) 및 처첩(妻妾)의 재액(災厄)이나 여난(女難)으로 보는데, 比劫이 있어 상제(相濟)되면 형제자매의 도움이 있을 것이고, 官星이 있어 財星의 氣를 설기(洩氣)시키면 귀인(貴人)의 도움으로 천거되거나 조력을 얻게 되는 것이다.
- 격절(隔絶)되는 곳의 육신이 食傷이면 자손이나 손아래사람에게 재액(災厄)이 있게 되는데, 印星이 있어 상제(相濟)하면 부모나 윗사람의 조력, 혹은 문서로 인한 길함이 있게 되거나 존장자(尊長者)에게 길함이 있게 된다.
- 격절(隔絶)되는 곳의 육신이 官殺이면 관재구설이나, 사고, 질병, 시비구설 등이 발생하는데 食傷이 있어 상제(相濟)되면 자식이나 손아랫사람의 조력이 있게 되고, 印星이 있어 관인상생(官印相生)되면 반드시 존장자(尊長者)의 조력이 있게 된다.

3. 원두유주(源頭流住)하는 육신과 용신과의 연계 관계

- 원두유주(源頭流住)의 육신이 官星인데 용신에 해당된다면 입신양명(立身揚名)하게 되는 사람이 대다수이다. 만약 기신에 해당된다면 관재(官災) 및 시비구설, 사고 질병 등으로 가업을 파한 자가 대다수이다

- 원두유주(源頭流住)의 육신이 財星인데 용신에 해당된다면 처덕이 있고, 재물로 발복하는 者가 대다수이다. 만약 기신에 해당된다면 극처(剋妻)하거나 재물로 인해 심신이 곤고해지고 명예가 실추된 자가 대다수이다.
- 원두유주(源頭流住)의 육신이 印星인데 용신에 해당된다면 학문으로 성공하고, 교직에 종사하며 명예직 종사자나 청고(淸高)한 者가 대다수다. 만약 기신에 해당된다면 문서지란(文書之亂)이 발생하거나 존장자(尊長者)와 연관된 일로 재액(災厄)을 당하는 자가 대다수이다.
- 원두유주(源頭流住)의 육신이 食傷인데 용신에 해당된다면, 예체능계, 기술연구직, 이공계 등의 일로 성공하고, 이로 인해 재물을 모으고 자손에게 길함이 있는 者가 대다수이다. 만약 기신에 해당된다면 자손이나 손아랫사람의 일로 재액(災厄)을 당하거나 절손(絕孫)되거나, 食傷과 연관된 직업으로 인해 재화(災禍)를 당하는 자가 대다수이다.
- 원두유주(源頭流住)의 육신이 比劫인데 용신에 해당된다면, 단순노동직, 정비직이나 청소 및 운전직 등의 직업으로 성공하거나 동업자의 조력으로 성공하는 者가 대다수이다. 만약 기신에 해당된다면 형제자매 및 동업자, 동료 등과 연관된 일로 재액(災厄)을 당하는 자가 대다수이다.

4. 격절(隔絕)되는 곳의 해당 육친과 묘소의 길흉관계

원두유주(源頭流住)라 함은 물이 발원하여 흘러 멈추는 곳을 말하는데, 이것은 멀리 종주산(宗主山)에서 시작된 행룡(行龍)이 굽이굽이 흘러오다 멈추게 되는 산천의 내룡(來龍)이 결혈(結穴)된 조상의 묘소로 논하기도 한다. 따라서 원두유주(源頭流住)하지 못하고 원격(遠隔)되거나 단절(斷絕)된다면 이 격절(隔絕)된 곳의 사주상 해당 육친을 따져 가운(家運)의 길흉을 논하기도 하는데, 특히 격절(隔絕)된 곳의 오행에 해당하는 육친이 사주의 상문살(喪門殺), 조객살(弔客殺), 환신살(幻神殺), 교신살(絞神殺), 귀문관살(鬼門關殺), 병부살(病符殺) 등을 대동하면 반드시 해당 묘소에 탈이 있다 판단하는 것이다. 이것은 필자가 다년간 풍수와 사주와의 연계관계를 궁구한 결과 놀라운 징험결과를 체득했던 것이다.

甲木	→	戊土	→	壬水	→	丙火	→	庚金	→	甲木
(본인)		편재(부)		편재(조부)		편재(증조부)		편재(고조부)		편재(5대조부)

癸水	→	丁火	→	辛金	→	乙木	→	己土
정인(모)		상관(조모)		정관(증조모)		겁재(고조모)		정재(5대조모)

癸	丙	庚	辛
巳	寅	子	酉

甲	乙	丙	丁	戊	己
午	未	申	酉	戌	亥

年柱에서 金이 원두(源頭)가 되어 月支 子水를 생하고, 子水가 日支 寅木을 생하고, 寅木이 日主 丙火를 생하고, 日主 丙火는 時支 巳火에 건록(建祿)을 득하니, 머무는 곳이 時支 巳火가 되며, 사주가 생생불식(生生不息)하며 생화유정(生化有情)하니 사주가 귀격(貴格)이다.

癸水 正官이 월령(月令) 子에 건록(建祿)을 득하고, 丙火 日主는 時支 巳火에 통근하고 坐下 寅木에 長生이고, 日支 寅木은 印星으로 癸水 正官과 관인상생(官印相生)되니 귀격(貴格)이다. 원두(源頭)가 金에서 시작하여 財旺한데, 흘러 머무는 곳이 巳火라 比劫이니 신왕재왕(身旺財旺)하여 능히 財를 감당할 수 있어, 관직이 높았고 명리(名利)가 양전(兩全)했던 것이다.

丙	戊	癸	辛
辰	申	巳	丑

丁	戊	己	庚	辛	壬
亥	子	丑	寅	卯	辰

時干 丙火는 월령(月令) 巳火에 건록(建祿)을 득하여 旺하다. 丙火 印星을 원두(源頭)로 하여, 日干 戊土를 생하고, 戊土가 坐下 申金을 생하고, 申金이 月干 癸水를

생하니, 머무는 곳이 癸水 財星이다. 또한 巳火節에 日主 戊土가 건토(乾土)가 되니 조후(調候)가 필요하여 土를 자윤(滋潤)케 하는 月干 癸水가 용신이다. 사주가 상생 유통이 잘되었고, 용신 癸水는 巳丑 반합금국의 생을 받고, 다시 巳申 육합수국의 부조를 받고, 年干 辛金이 투출하여 생하니 왕강하여 귀격(貴格)이다. 이로써 재물 이 백만에 달하였고, 귀(貴) 또한 二品에 이르러 수복(壽福)과 명리(名利)를 모두 갖춘 귀명(貴命)이다.

印星이 중중하니 日主 丙火가 신강(身强)하고, "인성다에 요견재성(印星多에 要見財 星)"이라 했으니 月干 辛金이 용신이다. 時干 甲木은 卯月에 생하여 건록(建祿)을 득하니 이것이 旺神이며 원두(源頭)이다. 원두(源頭)인 時干 甲木이 日主 丙火를 생 하나 土가 전무하니 흐름이 이어지지 못하고 月干 辛金 財星과 日支 子水 官星이 격절(隔絕)되었다.

- 초년 庚寅대운은 庚金이 용신인데 개두(蓋頭)하여 寅木의 태동을 억제하니 무탈하 여 유업을 이어나갔다.
- 己土대운은 甲己 化土되어 왕한 火氣를 설(洩)하고, 丑土는 子丑 합토되어 격절(隔 絕)되었던 원두(源頭)를 연결시키고 火氣를 설(洩)하며 용신인 辛金을 생하니 재복 (財福)이 여의하였다.
- 戊子대운은 戊土가 개두(蓋頭)하여 子水 官星을 극하며 건토(乾土)이니 용신인 辛金 을 생하지 못하고, 子水는 사주의 旺木을 생하여 辛金을 핍박하니 형모다단(刑耗多 端)하였던 것이다.
- 丁亥대운은 丁火가 辛金을 극하여 용신을 손상시키고, 亥卯 반합목국을 지어 구신 으로 바뀌니 이때 가파인망(家破人亡)했던 것이다.

상기 명조는 원두(源頭)가 격절(隔絕)된 곳이 辛金, 子水로서 財星과 官星에 해당되니 처자를 극하게 된 것이고, 또한 財官이 무력해져 녹록종신(碌碌終身)했던 것이다.

지지가 전부 火局을 형성하고 時干 丁火가 투출했으니 丁火가 旺神이다. 이곳에서 원두(源頭)가 시작되어 丁火가 日主 戊土를 생하고, 戊土가 年干 庚金을 생하려는데 원격(遠隔)되어 있어 庚金 食神과 壬水 財星이 모두 절(絶)된 것이고, 다시 年支 寅木이 요극(遙剋)하여 원두(源頭)의 흘러감을 막고 있는 것이다. 용신은 火氣가 맹렬하니 剋制하는 月干 壬水가 용신이고 이를 생하는 庚金이 희신이다. 초년 申酉대운은 희신운으로 원격(遠隔)된 庚金을 유통(流通)시키니 가업(家業)이 성(盛)하였으나, 丙戌대운은 寅午와 삼합화국을 지어 구신운으로 바뀌며 용신, 희신인 壬庚과 상쟁(相爭)하니 처자를 극하고 가업(家業)을 파(破)했던 것이다. 丁亥대운은 상하가 모두 合木局을 지어 旺한 火를 더욱 생하고 원두(源頭)의 흐름을 더욱 막으니 상생유통(相生流通)되지 못하여 삭발하고 중이 된 것이다.

193. 원신투출(元神透出)

日主의 五行이 월령(月令)을 得한 경우를 원신투출(元神透出)이라 하는데, 日主의 五行이 지지 三合局이나 方合局의 五行과 같은 경우는 合局의 원신투출(元神透出)이라 한다. 예로, 지지가 寅卯辰의 방합목국이면 日主가 甲乙木인 경우이고, 巳午未 방합화국의 경우는 日主가 丙丁火, 申酉戌 방합금국의 경우는 日主가 庚辛金, 亥子丑 방합수국의 경우는 日主가 壬癸水, 그리고 지지가 辰未戌丑의 全土인 경우는 日主가 戊己土인 경우를 말하는데 三合局의 경우도 같은 맥락이다. 이는 日主의 기세가 왕한 것이니 순기세(順氣勢)를 따르는 것이 정리인 것이다.

원신투출(元神透出)은 통변에서 日主의 오행이 지지의 통근 여부를 보아 왕쇠를 주로 살펴보는 것이나, 기타 투출한 타 干의 경우도 통변시에는 역시 같은 맥락으로 판단해 보아야 하는 것이다.

천간에 財·官·食傷이 투출되었다 하더라도 元神이 투출한 경우가 아니라면 쇠약하다 판단하며, 印星과 比劫이 중중하면 종격(從格)을 형성하는데, 比劫보다 印星이 중중하면 종강격(從强格)이고, 印星보다 比劫이 중중하면 종왕격(從旺格)으로 논한다. 종강격(從强格)이라면 印星運이나 比劫運은 길하고 官星運도 흉하지 않으나 食傷運과 財星運은 흉하다. 종왕격(從旺格)의 경우는 旺氣를 설(洩)하는 食傷運과 比劫運은 길하고 印星運도 흉하지 않으나 財官運은 흉하다 판단한다.

天干은 天元이라 하고, 地支는 地元이라 하고, 지장간(支藏干)은 人元이라 하는데, 日主나 천간에 투출한 오행이 지지에 三合이나 方合局을 형성하게 되면, 자연히 지장간(支藏干)에도 합의 氣가 암장되어 있게 되며, 三元이 一貫되어 그 세(勢)는 旺하게 되는 것인데, 이를 合局의 원신투출(元神透出)이라 하며 사주상 旺氣를 설(洩)하는 오행이 있으면 이를 용신으로 잡고, 그렇지 않은 경우라면 旺한 세(勢)를 좇아야 한다.

만약 財官이 투출했다면 財官의 세(勢)를 살펴보아야 하는데, 財가 월령(月令)을 득하여 旺한 경우와, 官이 旺財의 생을 받으며 旺한 경우에는, 이들 旺氣를 설(洩)하는 오행이 있으면 우선 이를 용신으로 잡아야 하고, 그렇지 않은 경우라면 旺한 세(勢)를 좇는 것으로 용신을 잡아야 한다.

日主가 甲木인데 월령(月令)을 득하고 다시 지지에 寅卯辰 방합목국을 형성하니 合局의 원신투출(元神透出)인 경우이다. 年干 戊土 財星이 월령(月令)을 득하지 못하여 無氣하니 순기세(順氣勢)를 종(從)해야 하는데, 丁火가 木의 수기(秀氣)를 설(洩)하니 이를 용신으로 잡는다. 그러나 木氣가 태왕(太旺)한데 丁火는 토설(吐洩)하는 힘이 부족하니 사주가 크게 길하지는 못한 것이다.

초년 火土대운은 용신운이라 지방의 과거시험에 합격하였으나, 결국 사주가 木多하여 용신 丁火를 꺼지게 하니 크게 발복되지 못했고, 庚申대운은 丁火와 상극되니 흉화가 닥친 것이다. 이는 전적으로 순기세(順氣勢)를 종(從)하나 왕한 木氣를 토설(吐洩)하는 힘이 부족했기 때문이다. 만약 丁火 대신 丙火가 투출했다면 크게 발복이 되었을 것이다.

지지 寅卯辰 방합목국에 日主가 甲木이니 신왕(身旺)하며 合局에서의 원신투출(元神透出)인 경우이다. 방합국이라 하더라도 辰土가 월령(月令)을 차지하고 있으니 방합목국이 실기(失氣)한 경우인데, 이런 경우는 원신투출(元神透出)한 경우라도 財官의 세(勢)를 잘 살펴보아야 한다. 辰土 財星이 월령(月令)을 차지하고 食神 丙火의 생조가 있으니 財旺하다. 따라서 신왕재왕격(身旺用財格)이니 辰宮의 戊土가 용신이다. 유업(遺業)이 있었으나, 초년 乙卯, 甲寅 木대운은 기신운이라 가업(家業)을 破하였고, 癸丑, 壬子의 水대운은 용신 戊土와 상극되니 흉했고, 이후 辛亥대운 역시 용신, 희신과 상극되니 흉하여 겨울에 얼어 죽은 것이다.

194. 유병득약(有病得藥)

병(病)이 있는 사주에 약(藥)을 얻어 사주가 吉하게 바뀌게 됨을 의미한다.

乙木이 月令과 坐下에 건록(建祿)을 득하고 子水의 생을 받으니 신왕(身旺)하다. 왕신의설(旺神宜洩)이라 했으니 설기(洩氣)시키는 丙火를 用해야 하는데, 月干 辛金

이 日主를 극하니 병(病)이 되었다. 辛金이 유근(有根)이면 日主 乙木의 왕세(旺勢)를 대적할 수 있는데 무근(無根)이니 역부족이고 오히려 사주의 흠이 된 것이다. 제거함이 마땅한 것이다. 기쁜 것은 年干 丙火가 辛金과 간합수국을 이루어 日主를 생하니 병(病)을 제거하고 약(藥)이 된 것이라 사주가 길해진 것이다.

운로가 巳午未甲乙丙丁의 용신과 희신운으로 흐르니 출장입상(出將入相)의 명조가 된 것이다. 궁통보감(窮通寶鑑)에 기재된 명조이다.

乙木이 亥月에 생하여 실기(失氣)하였다. 亥月은 동절(冬節)이라 乙木은 향양(向陽)함을 기뻐하나, 지지가 亥子丑 방합수국을 이루어 旺하니 丙午火는 핍절(乏絶)되었다. 그러나 기쁜 것은 사주에 金氣가 없으니 수세(水勢)가 왕양(汪洋)함을 이루지는 못하였고, 동절(冬節)의 火는 비록 월령(月令)에 死되었으나, 月干 己土가 지지 亥丑午에 통근하여 이른바 원신투출(元神透出) 되어 약하지 않아 능히 制水하고 火를 보호하니, 비록 水가 旺하여 병(病)이 된 즉 己土가 있어 약(藥)이 된 것이다. 이를 유병득약(有病得藥)이라 한다.

亥月은 小陽이 되어 火氣가 점승(漸昇)하며, 木火가 진기(進氣)하며, 年干 丙火가 時支 午火에 통근하여 능히 火氣를 더하니 이를 용신으로 잡는다. 운로가 寅卯辰巳의 희신과 용신운이니 한원(翰苑)에 들어 청운(靑雲)의 꿈을 이룬 것이다.

195. 유정무정(有情無情)

사주는 中和를 이룸을 가장 길하다 판단하는데, 日主와 타 神들의 상호 역학관계에서 중화를 이루기 위해, 日主와 가까이 있으며 상호 상생 협력하고 和合함은 有情이라 하고, 이와 반대로 日主와 멀리 떨어져 있으며, 또한 사주가 편고(偏枯)되게 하고 日主가 中和되는 것을 배척하고 방해하는 일련의 역학관계는 無情이라 한다.

有情에는 사주의 구성형태상 방신유정(幫身有情), 조신유정(助身有情), 설신유정(洩身有情), 상신유정(傷身有情), 화합유정(化合有情)의 다섯 가지로 분류하고 이와 상반되는 사주의 구성형태는 無情이라 한다.

방신유정(幫身有情)

신약(身弱)한 경우 日主를 생하는 印星이 있어 日主가 中和를 이루게 하는 경우를 말한다.

丁火가 금왕지절(金旺之節)에 생하였고 다시 지지 辰酉가 반합금국을 형성하니 재다신약(財多身弱)하다. 印星을 용해야 하는데 時干 甲木이 투출하여 卯辰에 통근하고, 월령(月令) 申宮의 庚金이 벽갑(劈甲)하여 日主 丁火를 살리니, 印星 甲木이 용신으로 방신유정(幫身有情)인 것이다. 건축사업가의 명조이다.

조신유정(助身有情)

신약(身弱)한 경우 日主를 부조(扶助)하는 比劫이 있어 日主가 中和를 이루게 하는 경우를 말한다.

癸水가 午火節에 생하였고 절(絶)地이다. 月柱의 화세(火勢)가 旺하고 다시 時支 午火가 부조하니 財星이 왕하여 신약하다. 그러나 기쁜 것은 年干 壬水 劫財가 투출하여 坐下 申金에 長生을 得하고 日支 亥水에 통근하니 능히 重重한 財를 감당하여 중화를 이룰 수 있다. 따라서 壬水는 日主 癸水를 조신(助身)하는 比劫으로 有情하여 조신유정(助身有情)이라 한다. 적천수(滴天髓)에 기재된 갑부(甲富)의 명조이다.

설신유정(洩身有情)

신왕(身旺)한 경우 日主의 氣를 설(洩)하는 食傷이 있어 日主가 中和를 이루게 하는 경우를 말한다.

(女命)

庚金 日主가 월령(月令)에 제왕(帝旺)을 得하고 지지에 申酉戌 방합금국을 형성하니 日主가 태왕하다. 왕신의설(旺神宜洩)이니 年干 壬水를 용해야 중화를 이룰 수 있다. 壬水는 日主의 氣를 설(洩)하는 食傷에 해당되며 有情하니 설신유정(洩身有情)이라 한다. 사법관의 명조이다.

상신유정(傷身有情)

신왕(身旺)한 경우 日主의 氣를 극제하는 官殺이 있어 日主가 中和를 이루게 하는 경우를 말한다.

癸	丙	辛	乙
巳	子	巳	巳

甲	乙	丙	丁	戊	己	庚
戌	亥	子	丑	寅	卯	辰

丙火가 巳火節에 생하고 지지에 火氣가 중중하니 신왕(身旺)하다. 官星인 癸水가 요긴한데 이를 생하는 일점 辛金이 왕한 화세(火勢)에 녹아 없어질 것 같다. 그러나 다행스럽게도 태원(胎元)이 壬申이라 申金의 부조가 있고, 日支 子水가 중중한 화세(火勢)를 극제하여 辛金을 보호하니 財官이 손상되지 않았고 운로가 丑子亥의 용신 운으로 흐르니 귀격(貴格)을 이루었다.

火가 중중하여 病이 된 사주에 官殺이 왕한 화세(火勢)를 극제하여 결국 中和를 이룬 것이니 이를 상신유정(傷身有情)이라 한다.

화합유정(化合有情)

日主와 합되어 변화되는 오행이 있어 日主가 中和를 이루게 하는 경우를 말한다.

辛	丙	丁	癸
卯	子	巳	巳

庚	辛	壬	癸	甲	乙	丙
戌	亥	子	丑	寅	卯	辰

丙火가 巳火節에 생하고 局에 火氣가 중중하니 신왕(身旺)하다. 水를 용하여 旺한 화세(火勢)를 극제하면 中和를 이룰 수 있다. 壬水가 불투하고 癸水가 투출했으니 이를 용신으로 잡는데, 癸水가 태약한 것 같지만 태원(胎元)이 戊申이라 申宮의 壬庚이 부조하고, 日支 子水에 통근하고, 천간의 丙辛이 간합을 이루어 水氣를 보태니 능히 旺火를 대적할 수 있다 판단한다.

日主 丙火는 比劫이 중중하니 旺하지만 辛金을 탐(貪)하여 간합을 이루어 水로

化하니 용신 癸水에 일조를 하는 것이다. 이를 화합유정(化合有情)이라 한다. 상기 명조자는 운로가 丑子亥의 용신운으로 흘러 의류사업을 하여 큰돈을 벌었으나 여자문제로 인해 시비다툼과 관재구설 등의 풍파가 많았다. 이는 日柱와 時柱에 천간의 丙辛 合과 지지의 子卯 刑殺이 있어 곤랑도화(滾浪桃花)가 되었기 때문이다.

196. 육갑추건(六甲趨乾)

격국(格局)에서 주로 논하는 용어이다. 甲木 日主가 지지에 亥水가 많은 경우를 말한다. 亥水는 주역 팔괘에서 건괘(乾卦)에 속하는데, 특히 亥月의 甲木은 갑목맹아(甲木萌芽)라 하여 약변강이 되며, 甲木 日干의 長生地라 旺하고 有情하여, 亥水의 생해 줌을 마다하지 않으니, 이는 마치 甲木이 亥水를 쫓아가는 형국과 같다 하여 "추건(趨乾)"이라 칭하는 것이다. 亥水는 천문(天門)의 자리이고, 북극(北極)의 원(垣)에 해당되는데, 亥水가 旺하여 자연 寅木을 암합(暗合)해오는데, 寅木은 甲木日干의 녹성(祿星)地이니 합록격(合祿格)도 겸하는 것이다.

甲木 日主가 亥月에 生하였고, 지지 子辰은 반합수국을 형성하며, 다시 시지에 亥水가 있으니 亥水가 重하여 육갑추건격(六甲趨乾格)이다. 지지는 水氣인 印星이 태왕(太旺)하므로 甲木 日干은 旺한 水氣를 종(從)할 수밖에 없다. 종격(從格) 중 종강격(從强格)으로 논한다. 천간의 戊癸는 지지에 火氣가 전무하니 간합이 성립되지 못하여 財星이 무력한 것이다. 용신은 甲木이다.

대운의 흐름이 子丑寅卯辰의 희신과 용신운이니 대귀(大貴)한 것이다. 巳火대운은 月支 亥水와 巳亥 相沖으로 亥水 희신을 손상시키니 흉화가 도래할 것이 틀림없다.

197. 육을서귀(六乙鼠貴)

주로 格局에서 논하는 용어로, 乙亥日과 乙未日에 한하며, 이 양일(兩日)이 丙子時를 보면 子水가 巳火를 動시키고, 巳火가 申金을 암합(暗合)하여 끌어와 申宮의 庚金을 官星으로 삼는다는 뜻이다.

乙木 日干의 子水는 야천을귀인(夜天乙貴人)에 속하므로 "귀(貴)"를 용하고, 子는 십이지지에서 쥐를 뜻하니 "서(鼠)"를 용하여 서귀격(鼠貴格)이라 한 것이다. 만약 庚辛金을 보면 庚金과는 乙庚 간합되고, 辛金과는 乙辛 沖되니 파격(破格)이다. 또한 지지에 午火가 있으면 子午 沖이 되니 역시 파격(破格)이다. 기타 乙巳日, 乙酉日, 乙丑日 등은 좌하 日支 지장간(支藏干)에 이미 官星이 있으니 파격(破格)이고, 乙卯日은 丙子時의 子水와 子卯 형살(刑殺)이 되니 역시 파격(破格)이다.

乙亥 日主가 丙子時에 생하고 사주원국에 官星이 없으니 육을서귀격(六乙鼠貴格)이다. 子水는 子辰 반합수국을 형성하니 水氣가 旺하다. 따라서 왕한 子水가 巳火를 動하고, 巳火가 申金을 암합(暗合)하여 와서, 申宮의 庚金 正官을 취하는 것이다.

乙木이 辰月에 생하고 月柱가 財星이라, 財旺하여 신약한바 印星을 요하니, 時支 子中의 癸水를 용신으로 잡는다. 壬癸 용신대운에 발복되어 벼슬이 판원에 올랐다 한다. 연해자평(淵海子平)에서 거론된 명조이다.

198. 육임추간(六壬趨艮)

格局에서 주로 논하는 용어이다. 壬水 日主가 지지에 寅木을 많이 만나는 것을 말한다. 寅木은 주역팔괘에서 간괘(艮卦)에 속하는데, 木多하여 木旺하면 日主는 자연 木의 왕한 세(勢)를 향하여 좇아가게 되므로 "추간(趨艮)"이라 칭하는 것이다. 寅

木이 많으면 寅宮의 甲木이 己土를 암합(暗合)하여 己土 正官을 끌어오고, 또한 寅宮의 丙火가 辛金을 암합(暗合)하여 辛金 인수(印綬)를 끌어와서 관인상생(官印相生)을 이루니 귀격(貴格)이 되는 것이다. 단, 사주에 午火나 申金이 없어야 하고, 財官이 전실(塡實=사주에 財官이 있는 것)됨을 대기(大忌)한다.

午火는 寅午 반합화국이 되니 전실(塡實)되고 파격(破格)이 되며, 申金은 寅申 沖이 되니 역시 파격(破格)이 되는 것이다. 아울러 壬水 日干의 녹성(祿星)은 亥水에 있는데, 寅木이 亥水를 암합(暗合)하여 오므로 합록격(合祿格)도 겸하여 성립된다.

天干一氣 壬水가 支辰一氣 寅木을 일로 생하며 좇아가는 형국인데, 寅木은 주역 팔괘상 간괘(艮卦)에 속하니 추간(趨艮)이라 칭한 것이다. 壬水 日干이 寅月에 생하여 실기(失氣)하였고, 寅月은 아직 前月의 한기(寒氣)가 남아있으며, 지지 전체가 食神으로 日主의 氣를 설(洩)함이 태다하여 日主가 무력한 것이다.

月支 寅宮의 丙火를 용하여 旺木의 氣를 설(洩)하여 순기세(順氣勢) 하면 中和를 이룰 수 있는 것이다. 용신은 월령(月令)을 차지하고 旺木의 생을 받으니 旺하다. 대귀격(大貴格)이다. 운로도 卯辰巳午未의 희신과 용신운이니 크게 발복한 것이다. 申金대운은 寅木 희신을 충극하고 지지 전체를 흔들어 놓으니 관직을 破하고 사망한 것이다.

199. 음승음위(陰乘陰位)

지지 음위(陰位)에 다시 음기(陰氣)가 승(乘)해서 陰이 매우 왕성함을 말한다. 십이지지를 한난(寒暖)으로 구별하면 東南은 난(暖)하니 寅, 卯, 辰, 巳, 午, 未에 해당되며 양위(陽位)라 하는데, 이중 寅, 辰, 午는 양난(陽暖)에 해당되고 卯, 巳, 未는 음난(陰暖)에 해당된다. 西北은 한(寒)하니 申, 酉, 戌, 亥, 子, 丑이 이에 해당되며 음위

(陰位)라 하는데, 이중 申, 戌, 子는 양한(陽寒)에 해당되며, 酉, 亥, 丑은 음한(陰寒)에 해당되는 것이다. 오행의 왕쇠(旺衰) 및 한난(寒暖)이 조화를 이루면 사주가 귀격(貴格)이 되는 것인바, 음지(陰地) 위에 다시 음기(陰氣)가 승(乘)해 있음을 음승음위(陰乘陰位)라 하는데, 사주의 局이 음난(陰暖)이 성(盛)하고 旺하면 운로가 양한(陽寒)으로 흘러서 한난(寒暖)의 조화를 이루면 자연 사주는 조후(調候)를 得하여 귀격사주가 되는 것이다.

乙木이 亥月에 생하여 한목(寒木)인데, 다시 酉子가 있으니 酉·亥·子는 음위(陰位)로써 한(寒)한 기운이 왕하다. 그리고 壬水가 천간에 투출하니 음승음위(陰乘陰位)가 된 것이다. 한목향양(寒木向陽)이니 丙火가 요긴하여 이를 용하는데, 壬水가 간격되었고 己土가 制水하여 丙火를 보호하니 사주가 길해졌다.

年干 丙火와 月干 己土는 時支 午火에 제왕(帝旺)과 건록(建祿)을 득하고, 日主 乙木 역시 午火에 長生을 득하며, 壬水는 亥月에 건록(建祿)을 득하니 천간이 지지에 통근하며 상생유정(相生有情)한 것이다. 더욱이 酉金 七殺은 午火가 제압해주며, 운로가 寅卯辰巳의 양난지(陽暖地)로 향하니 한난(寒暖)의 조화를 이루어 발복하였고 관록도 높았던 것이다.

庚金이 동월(冬月)인 子月에 생하여 천한지동(天寒地凍)이며 금수한랭(金水寒冷)이

고 음승음위(陰乘陰位)에 해당한다. 또한 土는 한(寒)하고 木은 조(凋)하니 丙火가 존귀(尊貴)하다. 천간의 丙甲은 비록 坐下에 무근이나 時支 寅木이 年支 申金과 요충(遙沖)되어 動하니, 丙甲은 長生과 건록(建祿)을 득하고 一陽이 뜨니 난(暖)함을 발하여 해동(解凍)하는 것이다. 운로가 寅卯辰巳午의 난조지기(暖燥之氣)로써 희신과 용신운으로 흐르니 과거에 급제하고 현재의 도지사의 관직에 올랐던 명조이다.

200. 음양화합(陰陽和合)

사주상 陰의 기운과 陽의 기운이 상호 조후(調候)를 得하고, 힘의 균형을 이루어 和合됨을 얻게 되는 것을 말한다.

寅月은 三陽을 만난 後이며 목왕지절(木旺之節)이라, 日主 癸水는 성질이 지극히 유약한 상태이므로 우로(雨露)에 비유하는 것이다. 따라서 먼저는 辛金을 용하여 癸水의 수원(水源)을 만들고, 다음은 寅月은 前月인 丑月의 한기(寒氣)가 아직 남아 있으므로 丙火를 용하여 조후(調候)를 得해야 한다. 이렇게 되면 본시 金水는 한습지기(寒濕之氣)로 陰의 세(勢)가 강하고 木火는 난조지기(暖燥之氣)로 陽의 세(勢)가 강한데, 상호 음양화합(陰陽和合)을 이루는 것이고 또한 조후(調候)를 得한 것이라 자연 명조(命造)는 귀격(貴格)이 되는 것이다.

상기는 寅亥 合木하고 丙火가 투출했으니 木火가 旺한데, 時干 辛金이 坐下 酉金에 건록(建祿)을 得하여 수원(水源)을 발(發)하고 日主 癸水를 생조하여 中和를 이루니, 사주가 음양화합(陰陽和合)을 이루고 다시 조후(調候)를 得하여 벼슬이 현재의 장관에 이른 명조이다.

201. 음탁장화(陰濁藏火)

음탁(陰濁)은 지지 酉亥丑을 말하고 장화(藏火)는 火가 암장(暗藏)된 것을 말한다. 따라서 陰의 기운이 성(盛)하고 탁(濁)한데, 火氣가 투출되지 못하고 암장(暗藏)되어 불꽃을 내기 어려우므로 발생의 상(象이) 없는 것을 의미하는 것이다. 적천수(滴天髓)의 성정론(性情論)에 "陰濁藏火 包而多滯(陰이 濁하고 火가 藏되면, 포만감이 있고 체함이 많다)"라는 글귀가 이를 뜻하는데, 이런 명조자는 성격이 품은 뜻에 행동이 미치지 못하고, 우유부단하고 의심이 많은데, 이는 사주가 습체(濕滯)의 질환이 있기 때문이다. 행운이 양명(陽明)의 運으로 진행되어야 발달할 수 있다.

癸水가 金旺節에 旺하고 陰의 기운인 辛金이 사령(司令)하여 성(盛)한데, 지지 酉丑 반합금국으로 癸水를 생하는 중 丑宮의 己土 불순물이 癸水를 혼탁하게 한다. 亥宮의 甲木으로 설기(洩氣)시켜 정화시켜야 하나, 습목(濕木)이라 역할이 부족하다. 따라서 火를 용하여 旺한 金氣를 극제해야 하는데, 戌宮의 丁火가 암장(暗藏)되었으니 이를 음탁장화(陰濁藏火)라 한다. 운로에서 火氣가 들어올시 발전한다. 다행이 운로가 未午巳 남방화지로 흐르니 크게 발전한 것이다.

지지에 酉亥丑이 모두 있고, 己土는 습토(濕土)이며 辛癸가 투출했으니 지극히 음탁(陰濁)하고, 巳宮 丙火가 암장(暗藏)되었으니 장화(藏火)된 것이다. 음탁장화(陰濁

藏火)이다. 본시 巳宮의 丙火로 局을 온난케 할 수 있으나, 巳火가 巳酉丑 삼합금국을 이루고, 다시 巳亥 相沖하여 亥宮의 甲木을 손상시키니 생을 받아 火氣를 일으킬 수 없게 된 것이다. 巳火는 丑土의 제왕(帝旺)地라 丑土를 건왕케 하여 酉金과 合을 이루어 比劫으로 化하니 丙火를 인통(引通)할 수 없는 것이다. 운로가 未午巳의 火運으로 흘러도 사주원국의 巳酉丑 삼합국을 깨뜨리지 못하여 불씨인 巳火를 인통(引通)하지 못하니, 火가 불발하게 되어 출가하여 중이 된 것이다.

202. 의모당령(倚母當令)

日主를 子라 하면 이를 생하는 印星은 母에 해당되는데, 월령(月令)에 印星이 있는 경우, 子는 월령(月令)인 母에 의지하여 세력을 얻는다는 의미이다.

壬水 日主는 辰戌 官星과, 甲卯 食傷이 있어 신약한 듯하나, 申宮의 壬水에 득록(得祿)하고 庚金의 생조가 있으니 旺한데, 日主 壬水를 자식으로 보면 월령(月令) 申宮의 庚金은 壬水의 어머니에 해당된다. 따라서 어머니궁인 申宮의 壬庚에 의지하여 세력을 얻으니 약변강(弱變强)이 되는 것이다. 이를 의모당령(倚母當令)이라 한다.

203. 이로공명(異路功名)

과거시험을 거쳐 정통 관직으로 등관하지 못하고, 칼과 붓을 주로 활용하는 낮은 관직이거나 기능직, 혹은 재물을 상납하여 관직을 얻는 것을 말한다. 이도공명(異途功

名)이라고도 한다. 이러한 경우도 사주에 일점 청기(淸氣)는 있는 것인데, 먼저 日主가 有氣해야 하고 財官이 상통(相通)함을 요하는 것이다. 부연설명하면 다음과 같다.

1) 財星이 용신인데 운로에서 암합(暗合)하여 官星局으로 化된 경우.
2) 官星이 財地에 은복되고 상호 상통한 경우.
3) 官星은 쇠(衰)한데 財星을 만나 상호 협력하는 경우.
4) 인수(印綬)가 旺하고 官星은 쇠한데 財星이 있어 인수(印綬)를 破하는 경우.
5) 신왕(身旺)하고 官星은 없는데 食傷이 生財하는 경우.
6) 신약(身弱)하고 官星이 왕한데 食傷이 官星을 제압하는 경우.

상기의 경우는 이로공명(異路功名)의 경우로써, 지위의 高下는 격국(格局)의 기세(氣勢)와 운로(運路)에서의 손익(損益)관계를 살펴보면 알 수 있다.

甲木이 申月에 생하여 절각(截脚)되었으나 申宮의 壬水가 암암리에 日主를 생하니 절처봉생(絕處逢生)이다. 지지가 寅巳申 三刑을 이루어 사령(司令)한 申金을 억제하는데, 年支 巳火는 역할을 망각하고 도리어 己土를 생하고 己土는 壬水 印星을 극하고 申金 七殺을 생한다. 따라서 조업을 잇지 못하고 글공부도 제대로 하지 못했다. 다행인 것은 甲木 日主가 坐下에 녹(祿)을 득하고, 壬水는 추수통원(秋水通源)되니 물의 근원은 끊이지 않는 것이다. 따라서 사주원국의 명충(明沖)과 명극(明剋)이 있으나 암합(暗合)과 암회국(暗會局)으로 인하여 日主를 부조하고 七殺을 제압하니, 丁卯, 丙寅대운은 용신과 희신운으로 日主를 부조하고 制殺하니 이로공명(異路功名)으로 글 쓰는 부서를 경유하여 관찰사의 위치에 까지 올랐던 것이다. 용신은 중중한 土의 생을 받아 왕해진 七殺의 기세를 제압하는 年支 巳宮의 丙火이다.

丁	乙	丙	庚
丑	卯	戌	午

壬	辛	庚	己	戊	丁
辰	卯	寅	丑	子	亥

乙木이 戌月에 生하여 묘궁(墓宮)이고, 지지 午戌과 卯戌은 반합과 지합의 火局을 형성하니 설기(洩氣)가 태다하다. 戌月은 한(寒)한데 丙火가 투출했으니 조후(調候)는 득했고 신약하니 印星으로 부조하면 중화를 이룰 수 있다. 용신은 時支 丑宮의 癸水이다. 안타까운 것은 癸水의 수원(水源)을 발(發)하는 金의 세(勢)가 부족한 것이다.

庚金은 坐下 午火의 극을 받아 戌·丑宮의 암장된 辛金을 인통(引通)해 줌이 없으니 癸水를 생함이 역부족이다. 그러나 다행인 것은 乙木 日主가 坐下에 녹(祿)을 득하고 丙丁火가 투출하여 목화통명(木火通明)의 상(象)으로써 설기(洩氣)가 태다(太多)한 중 부조(扶助)의 氣가 있는 것이라, 성정과 행실이 바르고 두터웠던 것이다.

丑宮의 癸水가 印星이고 용신인데 금고(金庫)에 암장되고 또한 年干 庚金이 旺한 火氣의 극을 받아 생해주지 못하니 머리는 있으나 글공부를 하지 못했던 것이다. 다만 위에서 열거한 2)번의 경우처럼 官星이 財地에 은복되고 상호 상통한 경우에 해당되며, 글공부를 하지 못했으나 이로공명(異路功名)으로 현재의 도지사의 위치에 올랐던 것이다.

庚	丙	甲	癸
寅	戌	寅	巳

戊	己	庚	辛	壬	癸
申	酉	戌	亥	子	丑

丙火가 寅月에 長生을 得하고 지지 寅戌 반합화국을 이루니 신강(身强)하다. 억부법을 적용하여 年干 癸水 官星을 용한다. 천간의 癸甲은 관인상생(官印相生)을 이루고 淸하나 庚金이 요격(遙擊)되어 癸水를 생하지 못하고, 火旺하니 金水가 모두

손상되어 글공부를 하지 못하고 재물을 바쳐 벼슬을 한 것이다. 戌대운 丁丑세운에 火土가 旺해져 용신인 癸水를 극하니 질병을 얻어 사망한 것이다.

204. 이인동심(二人同心)

사주상 기세(氣勢)가 강한 두 개의 五行이 상호 相生의 관계에서 협력하여 中和를 이루고져 함을 이인동심(二人同心)이라 한다.

상생의 관계는 木과 火, 火와 土, 土와 金, 金과 水, 水와 木의 관계를 말하며, 金과 木이나 木과 土처럼 상극의 관계를 말하는 것은 아니다. 또한 상생의 관계를 이룬다는 것은 日主를 중심하여, 日主를 생하는 印星과의 관계나, 日主가 생하는 食傷과의 관계에서 二者가 상호 협력하고 합심하여 사주상 中和를 이룸을 말하는 것이다. 만약 日主가 약하고 印星이 중중하면 財星을 용하게 되는데, 이리되면 財星과 日主와 印星의 관계가 상극의 관계가 되니 이것은 이인동심(二人同心)이 못되는 것이다.

따라서 이인동심(二人同心)의 格이 성립되기 위해서는 日主가 旺함을 요하는 것이다. 만약 日主와 食傷의 관계에서 食傷이 왕하고 日主가 약하면 이것은 종아격(從兒格)으로 논해야 하니 이인동심(二人同心)이 못되는 것이며, 종강격(從强格)의 경우도 마찬가지이다.

丙	甲	庚	辛
寅	辰	寅	卯

甲	乙	丙	丁	戊	己
申	酉	戌	亥	子	丑

年干 辛金은 좌하 卯木에 절각(截脚)되고, 月干 庚金 역시 좌하 寅木에 절각(截脚)되니 官星이 무력한 것이다. 반면에 지지 寅卯辰은 방합목국을 형성하여 일로 日主를 부조하니 사주가 신왕(身旺)한 것이다. 기쁜 것은 時干 丙火가 투출하여 지지 寅木에 통근하며 旺하여 능히 日主의 旺한 기세(氣勢)를 설기(洩氣)시켜 中和를 이룰 수 있으니, 결국 木火가 상호 이인동심(二人同心)으로 협력하여 자연 中和를 이루게

되는 것이다.

己丑, 戊子대운은 土運으로 庚金을 생하여 군겁쟁재(群劫爭財)되니 실패가 많았으나, 丙戌대운은 용신운으로 흘러 무관(武官)으로서 전공(戰功)이 혁혁했으나, 酉金대운에서는 천간의 庚辛金이 득지(得地)하고 용신인 丙火가 십이운성의 死地에 해당되어 이인동심(二人同心)에 역행하니 사망하게 된 것이다.

지지 申辰이 반합수국을 이루고, 金水가 상정(相停)하니 이인동심(二人同心)이다. 金이 重重하여 종강격(從强格)으로 논할 수 있으나, 辰亥에 乙木과 甲木이 있어 旺한 金氣와 대립하고, 사주가 한냉(寒冷)하여 조후(調候)가 급하니 종(從)할 수 없고 木이 유용하게 쓰임이다.

월령(月令) 申金이 比劫이 중중하여 태강(太强)하니, 寅木을 沖하여 寅宮의 丙火를 끌어온다. "도충격(倒沖格)"을 적용하여 丙火가 용신이다. 운로가 未午巳辰卯寅의 용신과 희신운이니 부명(富命)으로 발복이 있었다.

子水가 월령(月令)을 차지하여 旺하고 다시 지지 申子辰 삼합수국을 형성하니 日主가 食傷의 세(勢)를 종(從)할 수밖에 없다. 庚酉金은 부득이 旺한 기세(氣勢)를 좇아 水를 생하니 金水가 이인동심(二人同心)으로 旺神인 水를 좇고 있는 것이다. 천간의 甲木은 무근(無根)이니 심히 무력하여 왕세(旺勢)를 거역하지 못한다. 따라서 사주가 순세(順勢)를 따르니 용신은 年干 癸水이다.

초년 癸亥, 壬대운은 용신운이니 부모의 덕으로 무탈했고, 戌운은 지지 申酉와 방합금국을 형성하여 용신을 부조하니 형상(刑喪)은 있었으나 역시 대환(大患)은 없었고, 辛酉, 庚申대운은 희신운이니 등과(登科)하고 발전이 있었으나, 己未대운은 기신운이니 처자를 극하고 가업(家業)의 손모(損耗)가 심했으며, 戊午대운은 화세(火勢)가 旺해져 수화상쟁(水火相爭)하니 가업(家業)을 破하고 사망한 것이다.

205. 인두재자(刃頭財者)

지지에 양인살(羊刃殺)이 있고 同柱한 천간에 財星이 있는 경우를 말한다. 양인(羊刃)은 칼날을 상징하는 殺로써 대체로 흉폭과 혈광(血光)을 대동하는 흉살이지만, 녹전일위(祿前一位)이며 진기(進氣)의 세(勢)에 해당되어 局에 七殺이 旺한 경우 이를 제어(制御)하여 日主를 보호(保護)하는 역할도 한다.

局에 양인(羊刃)이 있으면 대체로 比劫의 세(勢)가 旺한 경우가 많은데, 財가 기신인 경우라면 손재수가 발생하고, 여자로 인한 송사(訟事)나 재액(災厄)이 발생하게 되고 도적의 침탈이 우려 되는데, 희신에 해당하면 부귀격(富貴格)의 경우가 많다. 甲日生에 己卯, 乙日生에 庚午가 있는 경우 등이다.

또한 같은 맥락으로 녹두재자(祿頭財者)가 있다. 지지가 건록(建祿)에 해당하고 同柱한 천간에 財星이 있는 것을 말하는 것으로 甲日生이 戊寅이 있거나, 乙日生이 己卯가 있는 경우 등이 이에 해당하며, 사주를 푸는 방법은 인두재자(刃頭財者)와 대동소이하다. 다만 양인살(羊刃殺)은 局에 미치는 영향이 녹성(祿星)보다 크니 인두재자(刃頭財者)가 녹두재자(祿頭財者)보다 영향력이 더 크다 할 수 있는 것이다. 그러나 통변에서의 길흉은 전적으로 오행의 구성형태에 달려있음을 인지(認知)하여야 한다.

(刃頭財者)

월지 月支 卯木이 양인(羊刃)에 해당하고 月干 己土가 正財이니 인두재자(刃頭財者)에 해당한다. 甲己 합토는 좌하에 土氣가 없으니 干合이 성립되지 못하고, 局에 木氣가 태왕(太旺)하여 己土 財星이 무기력하니 군겁쟁재(群劫爭財)의 상황은 아니다. 따라서 종왕격(從旺格)으로 논하는데 日支 申金 官星이 있으니 가종격(假從格)이다. 왕한 木氣를 설(洩)하는 火가 없으니 時干 乙木을 용신으로 잡는다. 따라서 乙亥甲대운은 용신운이니 발복하여 중국 전체 성(省)의 최고위에 올랐으나 戌대운에 己土 財星이 힘을 얻어 木氣를 대적하게 되니 흉하게 되어 이때 질병으로 사망한 것이다. 조화원약(造化元鑰)에 기재된 명조이다.

(祿頭財者)

甲木이 寅月에 녹성(祿星)을 得한 것이고 月干에 戊土 財星이 있으니 녹두재자(祿頭財者)에 해당된다. 比肩이 중중하여 신왕(身旺)한데, 月干 戊土 財星은 月支 寅木에 長生을 得했고 丙火의 생조를 받아 역시 旺하니 신왕재왕(身旺財旺)인 것이다. 따라서 사주가 귀격으로 대부귀격(大富貴格)을 이룬 것이다. 처궁(妻宮)인 子에 癸水 印星이 있으니 내조의 힘도 있는 것이다.

용신은 旺한 木氣를 설(洩)하는 時干 丙火이고 寅木의 생을 받아 旺한데, 다시 운로가 巳午未의 용신운으로 흐르니 크게 발복한 것이다. 조화원약(造化元鑰)에 기재된 명조이다.

206. 인원용사(人元用事)

사주상 天干은 天元이라 하고 地支는 地元, 지장간(支藏干)은 人元이라 하는데, 그 중 기세(氣勢)와, 격국(格局)과, 용신(用神)은 모두 월령(月令)을 중요시 하는 관계로 생일날이 人元이라 칭하는 월령(月令)의 지장간(支藏干) 중 여기(餘氣), 중기(中氣), 정기(正氣) 중 어디에 해당하는 가를 보아 이를 끌어다 적용하여 씀을 인원용사(人元用事)라 한다. 예를 들어 寅月生은 寅宮 人元에 여기(餘氣) 戊土, 중기(中氣) 丙火, 정기(正氣) 甲木이 있는데, 입춘 후 7일 까지 생한 사람은 여기(餘氣)인 戊土가 用事하고, 이후 8일부터 14일 전 까지는 중기(中氣)인 丙火가 用事하고, 그 이후부터 말일까지는 정기(正氣)인 甲木이 用事하는 것이다. 따라서 월령(月令)의 人元에서 그 생일날의 用事함을 파악하면 격국과 용신을 잡는 경우에 좀 더 정확을 기할 수 있는 것이다. 참고로 필자의 경우는 人元의 기세(氣勢)를 굳이 분별한다면 여기(餘氣)는 10%, 중기(中氣)는 30%, 정기(正氣)는 60%로 분별해 보는데, 통변에서 신뢰성이 높으니 독자들께서도 참고로 활용해보시기 바랍니다.

인원용사(人元用事)의 또 다른 의미로는, 용신이 투출하지 못하고 부득이 지장간(支藏干)인 人元에서 용신을 잡을 오행이 있는 경우 이를 끌어다 씀을 인원용사(人元用事)라 논하기도 한다.

사주공부를 돕기 위해 용신을 잡는 우선순위를 열거하면 다음과 같다.

1) 천간에 투출된 오행에 용신이 있으면 이를 용신으로 잡는다.
2) 지지에 사주상 中和를 이룰 용신이 있으면 해당 지지궁의 지장간(支藏干)에 있는 오행을 용신으로 잡는다.
3) 지지의 合·沖의 관계에서 용신을 잡을 수 있으면 이를 용한다.
4) 태원(胎元=入胎四柱)에서 용신을 끌어올 수 있으면 이를 용신으로 잡는다.
5) 행운(行運)에서 용신을 잡을 수 있으면 이를 용한다.
6) 사주의 구성형태와 오행의 기세를 논하여 용신을 잡을 수 있으면 이를 용신으로 잡는다. 외격(外格) 등이 이에 속한다.

丙	戊	丙	甲
辰	寅	寅	戌

壬	辛	庚	己	戊	丁
申	未	午	巳	辰	卯

생일인 戊寅이 입춘(立春) 15일 後에 생하였으니 월령(月令) 寅宮의 正氣인 甲木이 用事하는 것이라, 사령신(司令神)은 甲木임이 정한 이치다. 따라서 월령(月令) 寅宮의 正氣인 甲木은 인원용사(人元用事)에 해당하는 것이며, 年干 甲木이 투출하여 월령(月令)에 통근하니 甲木의 기세는 旺하다 판단하는 것이다.

官殺이 힘을 얻고 重重하니 신약하다. 化殺하는 月干 丙火를 용해야 하는데, 丙火는 월령(月令)에 통근하여 旺하고 운로가 巳午未의 용신운이니 길했던 것이다. 日干 戊土는 사주에 金이 없어 설기(洩氣)됨이 없고 다시 辰戌의 부조가 있으니 태약(太弱)하지 않아 능히 중살(重殺)을 감당할 만하고, 용신인 丙火를 극하는 水가 없으니 사주가 청(清)하고 살인상생(殺印相生)으로 귀격(貴格)을 이룬 것이다.

乙	壬	丙	丁
巳	申	午	卯

己	庚	辛	壬	癸	甲	乙
亥	子	丑	寅	卯	辰	巳

壬水가 염왕지절(炎旺之節)에 생하였고 정·신·기(精·神·氣) 중 神이 중중하니 신약하다. 壬水는 대해수(大海水)라 하나 火氣가 旺하여 수원(水源)이 없으면 고갈되니 생조하는 오행이 필요하다. 坐下 申宮의 庚金을 용하여 신약한 日主를 생조하면 中和를 이룰 수 있다. 용신은 庚金이다. 日支 申宮의 지장간(支藏干) 중 正氣인 庚金을 용하니 인원용사(人元用事)인 것이다.

庚	戊	丙	甲
申	辰	寅	戌

壬	辛	庚	己	戊	丁
申	未	午	巳	辰	卯

　　적천수(滴天髓)에 기재된 명조이다. 日柱가 입춘(立春) 後 6일에 생하였으니, 월령(月令) 寅宮의 여기(餘氣)인 戊土가 사령(司令)한 것이며 戊土가 인원용사(人元用事)인 것이다. 甲木이 투출하여 월령(月令)에 건록(建祿)을 득하고 日主를 극하니 신약한데, 月干 丙火가 寅宮에 長生을 득하고 관인상생(官印相生)을 이루어 日主를 생하니 中和를 이룬 것 같다. 그러나 혐의가 되는 것은 寅月의 甲木은 한기(寒氣)가 남아 있어 丙火가 요긴한데, 時支 申金이 寅申 沖하여 寅木의 뿌리를 끊어 놓으니 지장간(支藏干)의 戊·丙·甲이 손상되며 역시 月干 丙火도 손상되는 것이다. 따라서 글공부를 이어가지 못했고 가파인망(家破人亡)했던 것이다.

207. 일락서산(日落西山)

　　해가 西山에 지고 있음을 의미하는데, 丙火 日主가 추월(秋月=申·酉·戌月)에 생하여 丙火의 광휘(光輝)가 서서히 스러져 가고 있음을 뜻하는 것이다. 이것은 丙火가 秋月에 생하면 병·사·묘(病·死·墓)地에 들어 태양의 양기(陽氣)가 쇠(衰)해짐을 의미하나, 태양이 西山에 지는 저녁때에 강과 바다를 비추게 되면, 저물어 가는 밤의 경치가 물에 비추어 아름다운 광경을 연출하는 것이 되어 광휘(光輝)를 다시 돌이켜 놓는 격이라, 따라서 사주상 추월(秋月)의 丙火는 대체로 壬水를 용하는 이치이다.

癸	丙	戊	壬
巳	寅	申	寅

乙	甲	癸	壬	辛	庚	己
卯	寅	丑	子	亥	戌	酉

丙火 日主가 추월(秋月)에 생하였으니 일락서산(日落西山)이다. 壬水를 用하여 스러져가는 丙火의 광휘를 반사시켜 아름다운 경치를 연출해야 하는데, 戊土가 出干하여 빛을 가리고 壬水를 극하니 壬水 용신이 손상되어 귀(貴)는 작았던 것이다. 月干 戊土는 지지 寅巳申에 통근하고 투출했으니 태약한 것은 아닌데, 甲木이 불투하여 소토(疎土)하지 못해 壬水를 손상시키니 부(富)는 있되 귀(貴)가 적었던 것이다. 지지의 寅巳申 三刑은 凶神(忌神. 仇神)에 해당되는 오행이 三刑되면 흉변길(凶變吉)이 되나, 상기와 같이 壬水가 申宮에 통근한 경우에, 三刑되어 申金이 손상되니 역시 천간의 壬水 역시 손상됐다 판단하는 것이다.

丙火가 酉月에 생하니 역시 일락서산(日落西山)이다. 兩 丁火가 투출하여 丙火를 도우나 丙火가 뿌리가 없으니 지는 해가 광휘(光輝)를 발휘하지 못함이다. 申宮의 壬水를 用하여 스러져가는 광휘(光輝)를 살려야 하는데, 다시 己土가 있어 丙火를 어둡게 만드니 사주가 길하지 못하다. 지지가 전부 財라 財旺한데, 丙火 日主가 신약하니 재왕신약(財旺身弱)하여 財를 감당하지 못한다. 印星의 부조가 필요한데 印星이 전무하니 선비와는 거리가 멀고, 비록 청기(淸氣)가 들어온다 하더라도 官星이 일어나지 않는 것이다. 따라서 신고(身苦)가 많았던 명조이다.

208. 일범세군(日犯歲君)

日干이 태세(太歲)의 天干을 극하는 것이다. 반대로 태세(太歲)의 天干이 日干을 극하는 것은 세군상일(歲君傷日)이라 한다. 태세(太歲)는 년중천자(年中天子)로 논하고 日干은 신하로 논하는데, 태세(太歲)가 日干을 극하는 것은 可하나 日干이 태세(太歲)를 극하는 것은 不可하다 판단하는 것이다. 그러나 이는 통변에서 활용함이 적고 사주의 구성형태를 보고 용신과 비교하여 길흉을 판단해야 한다.

己　　庚　　辛　　己
卯　　申　　未　　亥

甲　乙　丙　丁　戊　己　庚
子　丑　寅　卯　辰　巳　午

比劫과 印星이 중중(重重)하여 신강(身强)하니 火를 용하여 日主를 극제하면 중화를 이룰 수 있다. 월령(月令) 未宮의 丁火를 용한다. 따라서 木은 희신이다. 태세(太歲) 甲子年은 본시 희신운인데 日干 庚金과 甲庚 沖하니 일범세군(日犯歲君)에 해당되고 희신인 木이 손상되니 용신인 火를 부조하지 못하여 길하지 못했다. 태세(太歲) 丙寅年은 丙火는 용신으로 寅木의 생을 받아 왕한데, 日主인 庚金을 극하니 세군상일(歲君傷日)인 것이다. 君이 臣을 극하는 것은 可하니, 용신인 태세(太歲) 丙火를 君으로 보면 臣인 庚金 日主를 극하여 중화(中和)를 이루니 길하다. 이때 상기 명조자(命造者)는 일간지 신문사에 취직한 것이다.

209. 일장당관(一將當關)

사주에 旺한 오행이 하나 있어, 日主를 극해하는 오행이 무리를 이루어 日主를 핍박하는 경우에 이를 제압하여 결국 중화(中和)를 이루게 하는 것을 말한다. 예로, 官殺이 많은 사주에, 食神이 투출하고 지지에 통근하여, 官殺을 억제하여 日主가 심히 무력해짐을 방지하는 경우이다.

甲　　壬　　戊　　辛
辰　　戌　　戌　　丑

辛　壬　癸　甲　乙　丙　丁
卯　辰　巳　午　未　申　酉

戊己土 官殺이 重重하여, 日主가 심히 신약한데, 時干 甲木 食神이 좌하 辰土에 뿌리박고 투출하여, 官殺에 해당되는 중중한 土를 소토(疎土)하여 중화를 이루고 있다. 一位 時干 甲木이 기세가 旺하여 능히 重土를 제압하니 일장당관(一將當關)이라 할 수 있다.

壬水가 午火節에 생하여 실기(失氣)했지만 坐下 辰土 수고(水庫)에 통근하니 태약(太弱)하지는 않다. 그러나 戊土 七殺이 重重하여 日主를 극하니 壬水가 고갈되고 重土에 파묻힐 지경이다. 다행인 것은 時干 甲木이 日主 壬水의 생을 받고 다시 坐下 辰土에 통근하여 중첩된 土를 소토(疏土)하여 중화를 이루고 있다. 一位 甲木이 기세등등하게 무리를 이룬 七殺을 제복(制伏)시키니 일장당관(一將當關)이라 할 수 있고, 格으로는 식신제살격(食神制殺格)에 해당된다. 상기는 甲木을 용하는데 癸亥대운부터 발복되어 현령(縣令) 벼슬을 한 명조이다.

210. 임기용배(壬騎龍背)

壬水의 坐下에 辰土가 있는 것으로, 辰 즉 용을 타고 있음에 비유하며, 壬辰 日主에 해당되는바 주로 格局에서 논하는 용어이다. 局에 辰土가 많으면 귀(貴)하게 되며, 寅木이 많으면 부(富)하게 된다는 것을 말한다.

辰土가 많으면 辰戌 沖하여 戌土를 충래(沖來)하므로, 戌宮의 丁火 正財와 戊土 官星을 끌어와 財官을 삼으니 귀격(貴格)이 된다는 이론이다. 寅木이 많으면 寅午戌하여 午戌을 암합(暗合)하여 와서 삼합화국의 財星局을 얻으니 부(富)하게 된다는 이론이다. 단, 임기용배격(壬騎龍背格)은 局에 官星이 있음을 꺼리고 또한 刑沖됨을 기피하는 것이다.

상기 사주는 '연해자평(淵海子平)'에 임기용배격(壬騎龍背格)으로 설명된 명조이다. 지지에 辰土가 중중하니 戌土를 암충(暗沖)하여 戌宮의 丁火 正財와 戌土 偏官을 끌어오는 것이다.

壬水 日主가 辰月에 생하여 실기(失氣)하였고, 辰宮의 戊土가 있어 日主를 극하며, 甲寅木 食神이 壬水의 氣를 설(洩)시키니 신약하다. 용신은 印星이나 比劫을 용할 수밖에 없는데, 壬水 比肩을 용신으로 잡으면 甲寅木 食神을 더욱 생조하여 日干 壬水의 氣를 더욱 설기(洩氣)시켜 中和를 이루지 못하니, 암충(暗沖)하여 끌어오는 戌宮의 辛金을 용신으로 잡아, 왕한 官殺의 기운을 설기(洩氣)시키고 食神을 극제하면 中和를 이룰 수 있다. 용신은 辛金이다.

壬水 日主가 寅月에 생하여 실기(失氣)하였다. 천간의 壬水가 日支 辰土 습토(濕土)에 통근했다 하나, 지지 寅宮의 戊土가 있어 壬水를 극제함이 심하니 壬水 日主가 신약하다. 寅月의 壬水는 아직 한수(寒水)이니 丙火의 따듯함이 필요하고, 또한 지지의 旺한 木氣를 설기(洩氣)시켜야 中和를 이룰 수 있다. 용신은 月支 寅宮의 丙火이다. 왕한 寅木이 午戌을 암합(暗合)하여 寅午戌 삼합화국의 財星局을 만들고, 다시 寅木 食神이 生財하니 대부격(大富格)을 이룬 것이다. 卯辰巳午未의 동남운에 대발(大發)하여 거부(巨富)가 되었다. 연해자평(淵海子平)에 기재된 명조이다.

211. 자매강강(姉妹剛强)

사주상 比肩과 劫財가 태왕(太旺)한 것이다. 比劫은 남명(男命)에서는 주로 남자형제를 의미하고 여명(女命)에서는 주로 여자형제를 의미한다.

男命에서 比劫이 태왕(太旺)하면 日主는 자연 신왕(身旺)하게 되는데, 사주상 財가 旺하면 이를 능히 감당할 수 있으니 부격(富格)의 사주가 되지만, 財가 약하면 군겁쟁재(群劫爭財)가 되어 여러 형제들이 소재(小財)를 탐(貪)하게 되는 형국이라, 형제간 불목(不睦)하고, 돈을 벌기위해 어려서 고향을 떠나 타향살이를 하는 경우가 많고, 손재수나, 관재구설과 시비다툼 등이 발생하고, 특히 운로에서 比劫이 공히 들어오는 경우는 命을 보존하기 힘들다.

또한 男命에서는 財를 처로 보고, 특히 偏財는 아버지로도 논하는데, 한명의 처자를 놓고 여러 형제들이 결혼하겠다고 다투는 형국이니 자연 결혼이 늦어지고 결혼운도 박하게 되는 것이다. 또한 比劫이 많으면, 아버지로도 논하는 偏財를 극하게 되어, 일찍 아버지를 여의거나 조실부모하게 되는 경우도 발생한다.

女命에서는 財를 시어머니로 보고, 또한 官星을 남편으로 보는데, 남편인 官星의 입장에서 보면 女命의 자매에 해당되는 比劫은 처 이외의 또 다른 여자 혹은 첩으로 볼 수 있는 것이다. 따라서 고부간의 갈등 요소가 많게 되고, 남편을 다른 여자에 빼앗기게 되거나, 남편의 바람기로 인해 가정사에 흉액이 발생하기도 한다. 결국 女命에 比劫이 많으면 자매가 많은 것이고, 이리되면 자매들의 의견이 많고 발언권이 강해지는 것처럼 강강(剛强)이라 표현하여 자매강강(姉妹剛强)이라 한다.

요약하면 男命에서는 比劫이 태왕한 경우는 군겁쟁재(群劫爭財)라 하고, 女命에서는 자매강강(姉妹剛强)이라 하는데, 군겁쟁재(群劫爭財)의 경우는 比劫多에 財弱의 경우이고, 자매강강(姉妹剛强)은 比劫多에 官弱으로 논하는 것이다.

比劫이 중중한데 일점 丁火 官星은 무근(無根)이라 태약하다. 官星에서 보면 比劫은 처 이외의 여자나 첩으로 논하니, 주변에 여자가 많은 고로 바람기와 여자문제가 떠나질 않는 것이다. 이 女命은 比劫이 중중하니 자매강강(姉妹剛强)이라 논하고, 남편의 여자문제로 인해 평생 부부불화가 잦았던 명조이다.

상기는 比劫이 重重하니 신왕사주이다. 신왕사주의 경우는 日主가 旺하므로 설기(洩氣)시키는 食傷이 있으면 중화를 이룰 수 있으므로 이를 먼저 용신으로 용한다. 따라서 용신은 年干 癸水이다. 운로가 酉戌亥子丑의 희신과 용신운이니 본인은 남편과의 사이에 여러 문제가 많았겠으나 발전은 있었다고 판단한다. 만약 설기(洩氣)시키는 食傷이 없었다면 比劫이 태중(太重)하여 일점 丁火 官星을 핍박하니 남편과 이별수가 있거나 사별수가 발생하게 된다. 또한 이 명조가 여자사업가의 경우라면 관재구설과 시비다툼이 발생하기도 한다.

212. 자오쌍포(子午雙包)

子午는 상호 相沖의 관계이며 水火 相剋의 관계이나, 사주상 상호 보완하고 아울러 공존을 이루기 위해 서로 감싸며 긴밀한 관계를 유지하려는 것을 의미한다. 따라서 상호 相剋의 관계 속에 相生의 기운이 내포되어 있으므로 사주가 귀격(貴格)이 된다는 것이다. 이에는 子午가 각각 二位로 구성되거나, 子午 중 어느 한쪽이 一位로 구성된 것 모두 자오쌍포(子午雙包)로 논한다.

子는 北方에 해당되며 제좌(帝座)요 午는 단문(端門)으로써, 모두 帝王을 보필하고 보호하는데 없어서는 안 될 중요 요소이다.

庚　甲　壬　甲
午　子　申　午

己　戊　丁　丙　乙　甲　癸
卯　寅　丑　子　亥　戌　酉

　　壬水가 투출하고 申子 반합수국으로 水가 旺하다. 午火는 年支와 時支를 차지하여 두미(頭尾)를 관철하니 굳건하고, 子午가 상쟁(相爭)하니 水火의 氣를 유통해주어야 한다. 통관법(通關法)을 적용하여 왕한 水의 기세를 年干 甲木으로 化하고 甲木이 午火를 생하면 자연 중화를 이루고 子午가 서로 쟁투를 그치고 상생의 길로 들어설 수 있다. 이를 자오쌍포(子午雙包)라 한다. 상기는 재상(宰相)을 지냈던 명조이다.

213. 자중모쇠(子衆母衰)

　　日主를 子로 하고 日主를 생하는 印星을 母로 한다. 日主와 오행이 같은 比劫은 태중(太重)하나, 印星이 쇠(衰)한 경우를 자중모쇠(子衆母衰)라 한다. 이는 子는 많고 母는 쇠약하여 母의 성정(性情)은 子에 의지케 될 것이니 운의 흐름이 母를 편안케 하는 곳으로 흐르면 可하나 이를 거역하는 것은 不可하다. 혐의가 되는 것이 두 가지가 있는데 甲木 日主의 예를 들면, 하나는 土運을 만나는 것이다. 土는 財星인 처이므로 子는 처를 연모하여 母를 돌보지 않게 되니 母가 불안해지는 것이고, 또 하나는 金運인데 金을 만나면 母인 水를 생하여 子를 용납하지 않으니 母子가 不和하는 것이다. 오직 申金과 같이 水를 대동한 金을 만나면 金이 木을 극하지 못하고 生水하여 母를 생하니, 母의 성정(性情)은 子에 의존하고 子는 母의 뜻을 따르니 母子가 和合하게 되는 것이다.

    日主를 子로 하고 이를 생하는 印星 癸水를 母라 하면, 지지가 亥卯 반합목국과 寅亥 육합목국을 이루니 子는 중(衆)하고 母인 年干 癸水는 쇠약하니 자중모쇠(子衆母衰)이다. 母는 子인 木에 의존하고, 子인 木은 母의 뜻을 따르니 母子 和合하는 것이다. 水木運은 길하나 土金運은 母子를 모두 불안하게 하니 흉하다. 甲寅, 癸丑 대운은 水木運이라 가업이 풍족했고, 壬子운은 관직에 들었고, 辛亥運은 金水가 상생되니 승진했고, 庚戌대운은 土金이 함께 旺해져 母子를 불안하게 하니 낙직하고 사망한 것이다.

    日主를 子라 하고 印星을 母라 하면, 지지 亥卯 반합목국이고 천간에 甲乙이 투출했으니 局의 대다수가 木으로 구성되어 木은 태왕(太旺)하고 印星인 時支 子水는 극약하다. 따라서 자중모쇠(子衆母衰)의 경우라, 母의 성정(性情)은 子인 甲木에 의지하려 하나, 子인 甲木은 처(妻)인 己土 財星과 干合되어 사련(思戀)에 빠져 母를 돌보려 하지 않는다. 따라서 土運이나 土를 생하는 火運은 흉하다.

- ◆丁丑대운은 火土運이라 형상파모(刑傷破耗)가 많았으며,
- ◆丙子대운은 丙火가 無根이라 弱하니 무탈하게 넘어갔고,
- ◆乙亥대운은 子母가 모두 旺하니 가업이 흥왕했던 것이다.
- ◆甲戌대운은 土旺하여 처(妻)인 己土에 힘을 실어주니 파모(破耗)가 있었고,
- ◆癸酉대운은 酉金이 剋木하지 못하고 癸水를 생하여 母에 힘을 실어주니 母子가 화

합하고 가문을 일으킨 것이다.

- 壬申대운은 申金이 壬水를 대동한 金이라 역시 剋木하지 못하고 水를 생하여, 母의 성정(性情)은 자식을 따르게 하고, 子는 모정(母情)에 순종하게 하니, 자연 모자화친 (母子和親)하게 되는 것이며 길했던 것이다. 또한 이를 효자봉친(孝子奉親)이라고도 한다.

214. 재관불협(財官不協)

財星과 官星이 상호 相生되어 有情하면 재관정협(財官正協)이라 하는데, 그렇지 못하고 財官이 상호 불통(不通)한 경우를 재관불협(財官不協)이라 한다. 사주가 귀격 (貴格)을 이루기 위해서는 사주가 청순함과 財官이 있음을 요하는데, 이에는 반드시 日主가 生旺해야 하고, 氣와 神이 유통(流通)되어 충족(充足)하면 자연히 財官은 有情해지고 또한 상호 협력을 이루게 되어 귀격(貴格)이 되나, 財官이 상호 유통되지 못하여 불협(不協)하면, 사주가 탁(濁)해지니 귀격사주가 되지 못하는 것이다.

丁火가 戊月에 생하여 실기(失氣)했다. 月柱에 傷官인 土가 있고 丙巳의 생조가 있으니 土가 旺하므로 旺土를 설(洩)하는 財를 용신으로 잡아 日支 酉宮의 辛金이 용신이다. 상관생재격(傷官生財格)이라 격국이 아름다우니 현령(縣令)벼슬을 한 것이다. 지지 巳酉는 반합금국의 財星局이 형성되나, 戊土는 건토(乾土)이고 지지 寅戌이 年干 丙火를 끌어와서 암암리에 寅午戌 삼합화국을 이루고, 時支 巳火의 부조가 있으니 巳酉 金會局이 힘을 잃은 것이다. 따라서 金인 財가 왕하지 못하고 더군다나 水 官星이 없어 財官이 유통되지 못하니 재관불협(財官不協)인 것이다. 다만 사주가 水氣가 全無하나 태원(胎元)이 己丑이라 丑宮의 癸水가 官星이라 자식은 둘 수 있었으나, 月柱 傷官이 旺하여 官星을 핍박함이 심하니 아들은 많았으나 모두 剋하게 된 것이다. 통변에서 용신과 官星을 모두 아들로 논하는데, 용신인 財가 약하고, 또한 官星인 水가 태약하니 아들과의 연이 적었던 것이다.

215. 재기통문(財氣通門)

財氣라 함은 육신상 財星을 의미하고, 통문(通門)은 통문호(通門戶)라 하는데, 문호(門戶)는 사람이 출입하는 門이니 局의 월령(月令)을 의미한다. 신왕(身旺)한 사주에 천간에 투출된 財星이 월령(月令)에 뿌리를 두고 있는 경우를 말하는데, 이리되면 자연 부자의 사주가 되는바, 통변에서 재기통문(財氣通門)한 사주라 함은 통칭 부격(富格)의 사주를 이르는 말이다. 좀 더 부연설명하면 다음의 여섯 가지가 있다.

> 1) 신약재왕(身弱財旺)의 경우 官星이 없는데 食傷이 있는 경우.
> 2) 신왕재왕(身旺財旺)하고 食傷이 있거나, 食傷이 없을 경우에는 官殺이 있는 경우.
> 3) 신왕인왕(身旺印旺)하고 食傷이 약하나 財星이 득국(得局)한 경우.
> 4) 신왕(身旺)사주에 인왕살천(印旺殺淺)하고 財星이 월령(月令)에 있거나 旺한 경우.
> 5) 신왕(身旺)하고 比劫이 중중하나, 財星과 印星이 없고 食傷만 있는 경우.
> 6) 財星이 重重한데 官印이 없고 比劫이 있는 경우.

상기 여섯 가지 유형은 "적천수(滴天髓)"에 기재된 전형적인 재기통문(財氣通門)한 사주라 하며 부격(富格)의 사주를 대변한다. 아래의 두 가지 명조는 조화원약(造化元鑰)에서 거론된 재기통문(財氣通門)한 사주이다.

戊土 日干이 午火 월령(月令)에 제왕(帝旺)을 得하고 다시 比肩이 重하니 신왕(身旺)하고, 時柱 財星은 日支 申宮에 뿌리를 박고 있으니 역시 財旺하다. 신왕재왕(身旺財旺)한데 日支 申金 食神이 生財하고 운로(運路)에서 오래도록 부조하니 상기 2)

번에서 거론된 재기통문(財氣通門)한 사주이다.

己土 日干이 지지 午巳宮에 己戊土가 있으니 통근했고 다시 比肩이 투출했으니 신왕(身旺)한데, 年·月支가 印星이니 印旺하여 신왕인왕(身旺印旺)한 것이다. 庚酉 金 食傷은 火旺節에 극제되어 쇠약하나 時支에 財星이 있으니 상기 3)번에서 거론된 재기통문(財氣通門)한 사주이다.

216. 재다신약(財多身弱)

財星이 중첩(重疊)되어 있으면 자연 사주가 신약(身弱)하게 된다는 의미이다. 이때는 比劫 또는 印星이 있어 日主를 부조하면 중화(中和)를 이룰 수 있고 사주가 길해진다.

戊土 日干이 亥月에 生하여 실기(失氣)하였고, 사주에 財星이 중첩하여 있으니 신약(身弱)하다. 재다신약(財多身弱)인 것이다. 재다신약(財多身弱)의 사주는 比劫이나 印星運에 길해지는데 상기의 경우는 水氣가 태왕(太旺)하다. 따라서 먼저는 戊土로 旺한 수세(水勢)를 극제함이 우선이고, 다음은 亥月의 戊土는 한(寒)하니 丙火로 조후(調候)를 득하여야 한다. 따라서 戊土가 용신이고 丙火는 희신이다. 己未, 戊午,

丁巳, 丙辰의 용신과 희신대운에 크게 발복하여 갑부(甲富)가 된 명조이다. 時柱에 印星이 있으니 日主가 종재(從財)할 수는 없는 것이다.

217. 재명유기(財命有氣)

財星과 명(命)에 해당하는 日主가 氣가 있음을 의미하는 것이다. 여기서 氣는 사주의 정·기·신(精·氣·神)의 氣로써 日主와 오행이 같은 比劫을 의미하는데, 지지에 통근(通根)하고 있어 旺한 것을 말하며, 이는 신왕재왕(身旺財旺)이란 의미와도 일맥상통한다.

月干 戊土 偏財는 戌宮 戊土가 사령(司令)하니 旺하다. 즉, 戊土 財星이 有氣한 것이다. 日主 甲木은 戌月에 실령(失令)했으나, 좌하에 寅木에 득록(得祿)하고 比肩이 있으니 역시 旺하다. 따라서 財와 명(命)이 有氣한 것이다.

상기는 신왕재왕(身旺財旺)하고 식신생재(食神生財)하니 巳午未 남방 火대운에 거부(巨富)가 되었다.

218. 재신부진(財神不眞)

財神이 참되지 못하다는 뜻이다. '적천수(滴天髓) 하지장(何知章)'에 "何知其人貧_{하지기인빈} 財神反不眞_{재신반부진}(사람이 가난한 것을 어찌 알 수 있는가? 財神이 도리어 참되지 못함이다.)"라는 글이 있는데, 사주상 가난함은 財神의 부진(不眞)에 있다는 뜻이고, 이를 부연설명하면 아래와 같이 아홉 가지 이치로 요약된다.

　1) 財星은 경(輕)한데 食傷이 重한 경우.

2) 財星이 경(輕)하여 食傷이 희신인데 인수(印綬)가 旺한 경우.

3) 財星이 경(輕)하고 劫財가 重한데 財星을 부조(扶助)하는 食傷이 없는 경우.

4) 財星이 重하여 劫財가 희신인데 官星이 劫財를 尅하는 경우.

5) 印星이 희신인데 財星이 印星을 파극(破尅)하는 경우.

6) 印星이 기신인데 財星이 官星을 生하는 경우.

7) 財星이 희신인데 한신과 合하여 타 오행으로 바뀌는 경우.

8) 財星이 기신인데 한신과 합하여 다시 財星이 되는 경우.

9) 官殺이 旺하여 印星이 희신인데 財星이 局을 이룬 경우.

戊土가 申金月에 생하여 실기(失氣)했고, 지지 申酉戌 방합금국을 형성하여 설기 (洩氣)가 태다(太多)하니 부조(扶助)하는 印星이 필요하다. 戊戌의 比肩이 있으니 日 主가 종(從)의 이치는 없는 것이다. 日支 戌宮의 丁火가 용신이다. 따라서 壬水 財星 은 기신이다. 日主가 약하고 壬水 財星이 경(輕)한데, 食傷이 局을 형성하여 태왕(太 旺)하니 재신반부진(財神反不眞)인 것이다. 年柱가 財星이니 많은 재산을 물려 받았 으나 財가 기신이니 財를 건사하지 못했고, 戊運은 比劫運이라 태왕한 食傷을 견제 하니 벼슬길에 올랐고 득자(得子)했으나 이후 辛亥, 壬子대운은 기신운이니 가난과 신고(身苦)가 많았다. 이것은 상기 1)번의 財星은 경(輕)한데 食傷이 重한 경우이다.

年干 癸水 七殺이 고투(孤透)한데, 年·月의 印星이 태강(太强)하니 살인상생(殺印

相生)되어 癸水는 甲木 印星에 심히 설기(洩氣) 당했다. '인성다(印星多)에 요견재성(要見財星)'이라 했으니, 時支 酉金 財星을 용한다. 寅月에 酉金 財星이 무력하니 食傷의 도움이 필요한데 時干 己土는 旺木에 극제를 받고, 日支 巳火는 寅巳 刑되어 손상되니 巳酉 반합금국을 만들지 못한다. 따라서 재신반부진(財神反不眞)인 것이다. 이것은 상기 2)번의 財星이 경(輕)하여 食傷이 희신인데 印星이 旺한 경우이다.

庚	丙	壬	庚
寅	寅	午	午

戊	丁	丙	乙	甲	癸
子	亥	戌	酉	申	未

丙火가 午火節에 생하고 지지에 長生과 제왕(帝旺)을 깔고 있으니 火氣가 태왕하다. 조후(調候)가 급하여 月干 壬水를 용해야 하는데 壬水는 무근이다. 壬水 殺이 약하여 財星의 부조가 필요한데, 財星인 庚金이 둘이 투출했으나 火旺節에 庚金은 병(病)地이고 역시 무근(無根)이라, 재자약살(財滋弱殺)함이 부족하다. 그리고 財星을 생조하는 食傷이 全無하니 재신부진(財神不眞)인 것이다. 이것은 상기 3)번의 財星이 경(輕)하고 劫財가 重重한데 財星을 생조하는 食傷이 없는 경우에 해당된다.

癸未, 甲申, 乙酉대운은 희신운이니 의식이 풍족하였으나, 丙戌대운은 지지가 전부 火局을 만드니 처자를 극하고 수많은 재산이 손실되었으며, 丁亥대운은 丁壬합목, 寅亥 합목하여 旺火를 생하니 신고(身苦)를 겪다 사망한 것이다.

219. 재인불애(財印不碍)

사주에 財星과 印星이 있으면 본래 재파인수(財破印綬)하여 相剋의 관계이나, 사주구성상 財星과 印星이 있는데도 상호 보완과 협력의 작용을 하게 되어 아무 장애(障碍)가 없는 것을 말한다.

辛金이 亥月에 생하여 금수상관격(金水傷官格)이고 천한지동(天寒地凍)의 상황이다. 月干 乙木은 財星이고 年干 己土는 印星이라 본시 상호 相剋의 관계이다. 그런데 亥水가 중중하여 수세(水勢)가 왕한데, 기쁜 것은 천간의 乙己가 모두 월령(月令)에 통근하여 약하지 않고, 乙木 偏財는 卯宮에 통근하여 약하지 않으며 旺한 水氣를 납수(納水)하고, 己土는 亥丑에 통근하여 약하지 않으며 制水하니, 財星과 印星이 旺한 수세(水勢)를 억제하는 역할에 힘을 합하고 있는 형국이니 이를 재인불애(財印不碍)라 한다. 상기는 財印을 모두 활용할 수 있으니 전문대학 식품학 교수 출신으로 사업에도 성공한 명조이다.

日主 甲木은 월령(月令)에 득록(得祿)하니 旺하고, 印星 壬水는 申子 반합수국의 부조(扶助)를 받으니 역시 旺하다. 財星 戊土는 지지 寅未에 통근하니 역시 旺하다. 財·印이 상호 균형을 이루고, 日主가 旺하니 서로 장애가 되지 않아 재인불애(財印不碍)인 것이다.

220. 재자약살(財滋弱殺)

사주상 日主가 왕하고 七殺이 태약(太弱)하여 무력한 경우, 財星이 있어 七殺을 부조(扶助)함을 말한다.

甲	丙	壬	庚
午	辰	午	午

己	戊	丁	丙	乙	甲	癸
丑	子	亥	戌	酉	申	未

丙火 日主가 월령(月令)에 양인(羊刃)을 득하고 火가 중첩되어 旺한데 이를 극하여 中和를 이루고져 하는 壬水 七殺은 실기(失氣)하여 태약하다. 다행인 것은 日支 辰土 수고(水庫)가 있고, 태원(胎元)이 癸酉라 암암리에 부조(扶助)의 氣가 있고, 年干 庚金이 生水하니 壬水 七殺이 태약(太弱)해짐을 면한 것이다. 이를 재자약살(財滋弱殺)이라 한다.

庚	庚	丙	己
辰	申	寅	酉

庚	辛	壬	癸	甲	乙
申	酉	戌	亥	子	丑

庚金 日主가 寅月에 생하여 절(絶)地라 쇠약한 것 같지만, 坐下에 건록(建祿)을 득하고 比劫의 부조가 있고 다시 辰土가 生金하니 약변강(弱變强)이 되었다. 형제자매인 比劫이 중중하니 財를 용하여 형제자매들에게 골고루 분배하면 다툼의 소지가 적을 것이니 용신은 寅宮의 甲木을 용한다.

신왕(身旺)한 日主를 견제하고 아직 한기(寒氣)가 남아있는 寅月에 따듯함을 더하는 丙火 七殺이 요긴한데, 金旺하니 丙火 七殺이 쇠약하다. 다행인 것은 財星 甲木이 사령(司令)하여 七殺을 도우니 財官이 상생되고 유력해진 것이다. 이를 재자약살(財滋弱殺)이라 한다.

- 甲대운은 용신운이니 발복이 있었고,
- 子대운은 申子辰 삼합수국의 희신운으로 역시 발전이 있었다.
- 癸대운은 희신운이며 己土의 극제가 있으니 七殺 丙火가 무탈하니 손실이 없었으며,
- 亥대운은 寅亥 합목의 용신운이며 丙火 七殺을 생하니 벼슬길에 올랐다.

- 壬戌대운은 壬水가 丙壬 沖하여 七殺을 손상시키고, 戊土는 원국의 酉申과 申酉戌의 방합금국의 기신운이니 형상파모(刑傷破耗)가 있었으며,
- 辛酉대운은 왕한 比劫을 더욱 생하는 기신운이니 퇴직하게 된 것이다.

庚金 日干이 득기(得氣)하고 比肩이 重하며 다시 乙庚의 간합이 있으니 신강(身强)하다. 신강(身强)하니 극제하는 官星으로 용신을 잡는다. 용금(鎔金)하는 丁火가 불투하니 부득이 時干 丙火를 용한다. 丙火 七殺은 무근(無根)이라 쇠약하나, 甲乙 財星이 투출하여 생조하니 약변강(弱變强)이 되었다. 이를 재자약살(財滋弱殺)이라 한다. 운로가 未午巳辰卯寅의 용신과 희신운이니 대발(大發)했던 것이다.

221. 재중용겁(財重用劫)

사주가 신약한 경우에 財星이 중중하면 日主는 財를 감당하기 힘들다. 이때 比劫이 있어 財를 분배시킴으로써 日主를 부조하면 財를 감당하게 되어 자연 中和를 이룰 수 있다는 의미이다. 신약한데 財星이 重하면 日主가 형제자매에 해당하는 比劫의 부조(扶助)를 받아 중중한 재물을 골고루 분배하면 다툼이 적다는 논리와 같은 것이다.

癸水 日干이 午火節에 생하여 실기(失氣)하였으나 壬亥의 劫財가 있으니 태약한

것은 면한 것이다. 月柱 丙午의 화세(火勢)가 旺하고 時支 午火가 부조하니 사주에 火氣가 태왕하다. 다라서 印星과 比劫을 용하여 중화를 이루어야 하는데 印星인 庚金이 불투하고 年干 壬水 劫財가 투출했으니 이를 용신으로 잡는다. 壬水는 坐下 申金에 長生을 득했으니 旺하고, 운로가 申酉戌亥子丑의 희신과 용신운이니 吉하여 부귀격(富貴格)을 이룬 명조이다.

222. 재중용인(財重用印)

財星이 중중하면 자연 日主가 신약하게 되는데, 日主를 생조하는 印星을 용해야 사주의 中和를 이룰 수 있다는 의미이다.

丙火 日主가 酉金月에 생하였다. 태양빛이 西山에 지는 일락서산(日落西山)의 형국이라 신약하다. 스러져 가는 태양빛을 물에 반사시켜 광휘(光輝)를 되살리기 위해 江海인 壬水가 있어야 하지만, 상기 명조는 지지 酉巳가 반합금국을 이루고 庚金이 투출하였으며 己土의 생조가 있으니 財星이 중중하다 판단하니, 印星을 용하면 사주의 중화를 이룰 수 있다 판단한다. 재중용인(財重用印)인 것이다. 운로가 未午巳辰卯寅의 희신과 용신운으로 흐르고, 庚金 偏財가 月令에 통근하며 투출하여 偏財格을 이루니 부자의 명조이다.

223. 적수오건(適水熬乾)

적수(滴水)는 적은 부피의 물에 비유되고 오건(熬乾)은 들볶이고 메마르는 것을 의미한다. 즉, 水는 적은데 火가 旺하여, 水를 들볶고 메마르게 만드는 형국을 말한다.

火氣가 태왕(太旺)하고 癸水가 무근이며 丁癸 冲하여 癸水가 손상되니 旺한 火氣를 종(從)하여 종강격(從强格)이라고도 생각해 볼 수 있지만, 태원(胎元)이 丙申이라 申宮의 壬庚이 年干 癸水를 암암리에 부조하니 癸水가 고갈되지는 않는다. 따라서 상기 사주는 종격(從格)으로 논할 수 없다. 火氣가 태왕하니 조후(調候)가 급하여 癸水를 부득이 용해야 하는데, 旺한 火氣에 쇠약한 癸水는 들볶이고 메마르니 적수오건(滴水熬乾)이라 하는 것이다.

癸水가 午火節에 절(絶)地이고, 지지는 火氣가 중중한데 다시 寅午 반합화국을 이루고, 천간의 甲丙이 부조하니 火氣가 태왕하다. 旺火가 癸水를 들볶는 형국이니 적수오건(滴水熬乾)의 상황이다. 年干 壬水는 무근이라 日主 癸水를 부조하기 역부족의 상황이다. 午火節의 癸水는 태원(胎元)에 酉金이 있어 암암리에 부조하니 대체로 종격(從格)으로 논하기 어려우나, 상기의 경우는 癸水가 坐下 巳宮의 戊土와 암암리에 合을 이루려 하고, 年干 壬水는 坐下 午宮의 丁火와 역시 암암리에 합을 이루어 태왕한 화세(火勢)를 부조하려 하니 이른바 천합지자(天合地者)의 상황이 된 것이라, 日主는 부득이 旺火 財星을 종(從)하지 않을 수 없다. 종재격(從財格)으로 논한다. 申酉戌 印星運은 局의 왕한 財星 화세(火勢)가 印星을 파(破)하니 부(富)가 여의했고, 亥子丑 比劫運은 局의 왕한 財星 화세(火勢)와 相冲하니, 횡액을 거듭 만나고 손실이 컸다 한다. 조화원약(造化元鑰)에 기재된 병조이다.

224. 적수해염(滴水解炎)

적수(滴水)는 적은 양의 물을 의미하고, 해염(解炎)은 염염(炎炎)한 火氣를 해소시키는 의미이다. 적수(滴水)는 癸水에 비유하는데 해염(解炎)할 수 있다는 것은 癸水의 근원(根源)인 庚辛金이 있다는 것이고 다시 태원(胎元)에서 水氣가 있어 부조(扶助)해주는 경우를 말한다. 이때는 庚辛金을 극하는 火가 없어야 한다.

己土가 巳火節에 생하여 火氣가 염염(炎炎)하니 전답과 정원의 土인 己土가 가물고 메말라 건조(乾燥)의 지경이다. 時支 辰宮의 일점 癸水가 적수(滴水)로써 긴요한데 旺火에 오건(熬乾)될 지경이나, 다행인 것은 지지 三位의 巳宮에 庚金이 生水하고, 다시 태원(胎元)이 庚申이라 癸水를 부조하니 능히 旺火를 해염(解炎)할 수 있으니 적수해염(滴水解炎)인 것이다. 궁통보감(窮通寶鑑)에 거론된 대부(大富)의 命이다.

지지에 巳火가 중중하여 火氣가 염염(炎炎)하니 己土는 건조하고 메마른 전답이다. 해염(解炎)하는 水氣가 급한데 辛金이 투출하여 지지 巳宮의 庚金에 통근하니 水의 근원은 마련되었다. 局에 水氣가 전무하니 태원(胎元)을 활용한다. 태원(胎元)은 壬申이다. 壬水를 용하는데 壬水는 坐下 申宮의 壬水에 통근하니 약하지 않고 능히 局의 천간 辛金의 부조(扶助)를 받아 능히 해염(解炎)할 수 있는 것이다.

사주에 火氣가 염염(炎炎)하니 己土는 건조하고 메마르게 되어 조후(調候)가 급하다. 年支 丑宮의 癸水는 적수(滴水)인데, 천간의 庚辛金이 지지 巳丑에 통근하여 생조하고, 태원(胎元)이 壬申이라 역시 水의 부조가 있으니 능히 해염(解炎)할 수 있는 것이다. 그리고 운로가 丑子亥의 용신운으로 흐르니 대발(大發)한 것이다. 궁통보감(窮通寶鑑)에서 거론된 명조로 현재의 도지사에 해당하는 벼슬을 했다.

225. 전순득서(全順得序)

日主와 같은 오행이 지지에 三合局이나, 方合局, 혹은 방국일제(方局一齊)가 된 경우를 全局이라 하는데, 全局이 된 경우에는 日主의 기세가 旺하므로 旺한 氣를 설(洩)하는 오행으로 순기세(順氣勢)하면 질서에 어긋나지 않고 자연 중화를 얻을 수 있는데 이를 전순득서(全順得序)라 한다.

甲木 日主가 지지에 寅卯辰의 방합국이 있고 다시 亥가 있어 寅亥 합목을 이루니 방국일제(方局一齊)의 경우이며 日主 甲木이 태왕(太旺)하다. 왕신의설(旺神宜洩)이라 했으니 왕기세(旺氣勢)인 甲木을 설(洩)하는 丁火를 용하면 수기유행(秀氣流行)이 되어, 자연 사주가 중화되고 귀격(貴格)을 이룰 수 있는 것이다. 이것을 전순득서(全順得序)라 한다. 丁火는 日支 寅宮에 통근하니 약하지 않아 능히 旺木을 설(洩)할 수 있다.

초년 卯寅대운은 용신인 丁火를 생하니 관직에 올랐고 처자가 온전하며 가업도 풍성했고, 이후 丑子亥대운은 비록 水運으로 기신운이나 사주의 旺木에 水氣가 설(洩)되니 무탈하고 오복(五福)이 모두 여의(如意)했던 것이다. 상기는 全局의 상황에서 日主를 극하는 官星이 없으니 일행득기격(一行得氣格) 중 곡직인수격(曲直仁壽格)으로 논한다.

지지 亥卯未 삼합목국에 寅木을 더하니 방국일제(方局一齊)의 상황이다. 기쁜 것은 月干에 丁火가 투출하여 木旺한 세(勢)를 설(洩)하여 순기세(順氣勢)하니 이른바 전순득서(全順得序)이며 또한 그 정영(精英)한 氣를 설(洩)함이니 설기정영(洩氣精英)에 해당된다. 다만 혐의가 되는 것은 時干 癸水가 투출하여 日支 亥水에 통근하여 약하지 않은데 용신 丁火를 극하니 이른바 간두반복(干頭反覆)이 된 것이고 사주가 파격(破格)이 되었다. 따라서 빈한했고 자식도 없었으며 명리가 허망했던 것이다. 적천수(滴天髓)에 기재된 명조이다.

226. 전이불항(戰而不降)

사주가 신강(身强)한데, 양인(羊刃)이 있고 다시 官星이 강하면, 양인(羊刃)은 日主를 보호하기 위해 旺한 官星에 항복하지 않고 끝까지 전쟁을 치른다는 의미이다. 이는 신왕관왕(身旺官旺)의 사주를 말하는데 양인(羊刃)이 있어 制殺하면 사주가 귀격(貴格)이 된다.

己	丙	壬	庚
亥	子	午	寅

己	戊	丁	丙	乙	甲	癸
丑	子	亥	戌	酉	申	未

丙火가 午火節에 生하여 신강(身强)한데, 사주에 壬子亥 官殺 역시 旺하다. 丙火가 심히 극제를 받는데, 午火 양인(羊刃)이 旺水에 굴하지 않고 寅木의 생을 받아 水를 극하여, 君王인 丙火를 보호하려 하니 전이불항(戰而不降)이다.

227. 전인후종(前引後從)

앞에서는 끌어당겨주고 뒤에서는 따른다는 뜻이다. 사주상 생년태세를 기준하여 前 三辰 안에 있는 오행이 있으면 이는 전인(前引)에 해당되고, 後 三辰 안에 있는 오행이 있으면 이를 후종(後從)이라 하는 것이다. 예를 들어 己亥生이라 하면, 庚子, 辛丑이 전인(前引)에 해당되고, 후종(後從)은 戊戌, 丁酉가 이에 해당되는데, 丙申까지 넣어 四辰까지를 후종(後從)이라 하기도 한다. 그리고 干支가 모두 해당되면 더욱 좋으나 천간은 해당되지 않으나 지지가 해당되면, 이것도 전인후종(前引後從)으로 인정한다.

다른 하나는 日主를 기준하여 月柱~日柱 사이에 연(連)하여 1~2개의 柱가 있고, 또한 日柱~時柱 사이에 연(連)하여 3개 이내의 柱가 있으면 이 또한 전인후종(前引後從)이라 한다.

사주에 전인후종(前引後從)이 있으면, 앞에서 끌어주는 세력과 뒤에서 따르는 세력이 일심동체(一心同體)되어 움직이는 연고로, 사주가 성격(成格)이 되며 길하면 그 힘이 더욱 배가 된다 판단하는 것이다.

특히 전인후종(前引後從)의 관계에서 合이 되거나, 천을귀인(天乙貴人)에 해당되거나, 正祿, 正官, 正財, 食神, 正印 등의 吉神이 이에 해당되면 더욱 좋은 것이다. 그리고 인(引)과 종(從)의 관계는, 인(引)은 끌어오는 것이니 멀리서 끌어올수록 역량이 크니 더욱 좋고, 종(從)은 따른다는 의미이니 가까이 있어야 더욱 좋은 것이다.

생년태세가 甲申이다. 전인은 乙酉, 丙戌까지인데, 月支에 戌土가 있으니 전인
(前引)에 해당되고, 후종(後從)은 壬午, 癸未까지인데, 時柱가 壬午이니 후종(後從)에
해당되어 상기 사주는 전인후종(前引後從)된 사주인 것이다.

상기는 日主 庚金이 신강(身强)하니 극제하는 時支 午中 丁火를 용하고, 중년 이
후 희신과 용신운이니 고관대작을 지낸 명조이다.

생년태세가 癸亥이다. 甲子, 乙丑 까지 전인(前引)이니 時支 子水가 이에 해당되
고, 후종(後從)은 辛酉, 壬戌까지 해당되니 月柱 壬戌이 이에 해당된다. 따라서 전인
후종(前引後從)된 사주이다.

상기는 癸水가 지지에 통근하고 比劫이 왕하니 약변강이 되었다. 戌中 戊土를
용하여 制水하면 사주가 중화를 이룰 수 있다. 巳午未 남방 火運 희신운에 크게
발달한 명조이다.

月柱 壬戌과 日柱 甲子 사이에는 연이은 癸亥가 숨어 있어 日柱 甲子를 인(引)하니 전인(前引)이고, 日柱 甲子와 時柱 戊辰 사이에는 연이은 乙丑, 丙寅, 丁卯의 三柱가 탄함(呑陷)되어 있어 뒤에서 日柱 甲子를 종(從)하니 후종(後從)이다. 따라서 상기 역시 전인후종(前引後從)된 사주이다.

財星인 土가 중중하여 신약하니 印星인 水가 필요하고, 후토(厚土)를 소토(疎土)하는 木이 있으면 사주가 길해진다. 전인(前引)에 해당하는 癸亥水가 日主를 생조하고, 후종(後從)된 丑寅卯가 암암리에 寅卯辰 방합목국을 이루어 소토(疏土)하니 사주가 吉해졌고, 운로가 亥子丑寅卯辰의 용신과 희신운이니 작은 발복이 있었던 명조이다.

228. 전충화호(戰沖和好)

사주의 局과 운의 흐름인 대운(大運)과 세운(歲運)의 관계를 비유한 것이다. 통변 시 사주원국(四柱原局)과 운로의 관계를 두 가지 방법으로 비유하고 있다.

첫째 : 日主를 君王으로 보고 원국(原局) 중의 神은 臣下에 비유하고, 대운(大運) 은 지방의 제후(諸侯)에 비유하며, 세운(歲運)은 君王의 칙령(勅令)에 비유 한다.

둘째 : 日主는 명주(命主)의 몸체이고, 원국(原局) 중의 神은 주마(舟馬)를 끄는 사 람이고, 대운(大運)은 방문한 곳에 임한 지역이며, 세운(歲運)은 만나고 있 는 사람이라 논하기도 한다.

유의할 점은 세운(歲運)은 군왕의 칙령(勅令)이고, 또한 내가 만나고 있는 사람이 니 세간(歲干)이 먼저 중요하나 세지(歲支) 역시 중요하게 참작해야 한다.

전(戰) : 대운에서 세운을 극벌(剋伐)함을 이른다. 예로 대운이 丙火이고 세운이 庚金이면, 대운이 세운을 剋하는 것인데, 세운은 君王의 칙령(勅令)이라 지방의 제후(諸侯)가 君王의 명(命)을 거역하는 것이니 흉함이 크다. 따 라서 丙火를 항복시킴이 중요하다.

충(沖) : 대운에서 세운을 沖함을 이른다. 예로 대운이 子水이고 세운이 午火라면

子午 沖하여 대운과 세운이 모두 손상되는데, 子水가 희신이라면 子水
를 돕는 神이 필요한 것이다.

화(和) : 대운과 세운이 合이 됨을 말한다. 대운이 乙木이고 세운이 庚金이거나
혹은 이와 반대의 경우라도, 대운과 세운이 乙庚 合을 이루는 것이다.
이런 경우는 사주에서 희신이 金이라면 길하나, 희신이 木이라 면 흉한
것이다.

호(好) : 대운과 세운이 상호 유신(類神)의 관계임을 말한다. 예로 대운의 干이
庚金이고 세운의 干이 辛金일 때를 말하는데 이의 반대의 경우도 마찬
가지이다. 또한 대운의 支가 申金이고 세운의 支가 酉金일 경우와 이의
반대의 경우도 마찬가지이다. 아울러 대운이 庚金이고 세운이 辛金이면
이는 진호(眞好)라 한다. 그리고 사주의 희신이 陽이면 陽運을 만날 때,
사주의 희신이 陰이면 陰運을 만날 때도 역시 好라하는 것이다.

戰 – 戊辰대운 중 壬午세운은 대운 戊土가 세운 壬水를 剋伐하니 戰이다

沖 – 戊辰대운 중 丙戌세운은 대운 辰土가 세운 戌土와 相沖되니 沖이다.

和 – 己巳대운 중 甲午세운은 대운 己土가 세운 甲木과 合되니 和이다.

好 – 庚午대운 중 辛丑세운은 대운 庚金과 세운 辛金은 類神이니 好이다.

상기는 甲木이 寅月에 득록(得祿)하였는데 아직 한기(寒氣)가 남아있으니 향양(向
陽)함을 기뻐한다. 月干 丙火가 용신이다. 丙火는 坐下 寅木에 長生이고 甲木의 생
조가 있으니 용신이 旺하여 사주가 길하다. 대기업의 무역관련 부서에 근무하는
명조인데, 운로가 卯辰巳午未의 희신과 용신운이니 향후 큰 발전이 있을 명조이다.

229. 절처봉생(絶處逢生)

日主가 地支宮에서 절(絶)됨이 있고, 다시 同宮의 지장간(支藏干)에서 생조받음이 있음을 말한다. 월령(月令)을 위주로 논하나 日支宮도 같은 맥락으로 논한다.

日主 丙火가 亥月에 생하여 절(絶)地에 해당된다. 신약하나 亥宮의 甲木 印星이 長生으로 암암리에 丙火를 생하니 이를 절처봉생(絶處逢生)이라 한다. 사주에 水인 官殺이 重重하니 食傷을 용하여 制殺하면 길하다. 따라서 月干 己土가 용신이다. 月干 己土는 坐下 亥水에 실기(失氣)했으나, 戊土에 통근하고, 巳辰에 역시 통근하니 태약하지 않다. 만약 壬水가 용신인 경우에 己土가 있으면 기토탁임(己土濁壬)되어 흉하지만, 상기와 같이 水가 중첩되어 甲木이 무력한 경우에는, 己土로 水를 혼합하여 丑辰土로 만들면 甲木이 뿌리를 내릴 수 있으니, 甲木을 배양(培養)하게 되는 것이며, 이로써 丙火를 생하여 反生의 공(功)을 이룰 수 있는 것이다. 운로(運路)가 未午巳의 희신운이니 대부대귀(大富大貴)하고 장수(長壽)하며 자식들도 귀(貴)를 누렸던 명조이다. 조화원약(造化元鑰)에 기재된 명조이다.

甲木 日主가 申金月에 생하여 절(絕)地이나, 申宮의 中氣에 壬水가 있어 암암리에 甲木을 생하니 뿌리가 끊어진 곳에서 다시 生함을 얻는 격이라, 이를 절처봉생(絕處逢生)이라 하고 아울러 살인상생(殺印相生)되고 있음을 말하는 것이다.

230. 정기신족(精氣神足)

정·기·신(精·氣·神) 三者가 사주상 힘의 균형을 이루고 충족(充足)되어 있음을 의미한다.

精 – 日干을 생하는 육신(印星)
氣 – 日干과 同氣인 육신(比肩. 劫財)
神 – 日干의 剋하거나 설기(洩氣)시키는 육신 (官星. 食傷. 財星)

사주가 귀격貴格)이 되기 위해서는 사주의 구성이 오행 중 어느 한 곳에 치우치지 않고 中和를 이루어야 하고, 또한 용신이 旺强해야 한다. 이는 결국 정·기·신(精·氣·神) 三者가 균형과 충족함을 얻어 旺하며 귀격(貴格)이 된 것을 의미하는 것이다.

사주에 "精"이 많으면 印星이 많은 고로 日干을 생조함이 지나치게 되어 사주가 비대해지는 것이다. 이런 명조자는 매사 적극성이 적고, 남에게 의지하려는 성향이 많고, 아집이 강한 경우가 많으며, 사주가 무기력해지는 것이다. 그러나 사주에 "精"이 부족하면 사주가 신약이 되며, 근본이 되는 뿌리가 없는 것이니 외풍에 쉽게 흔들리고, 도와주는 세력이 없는 형국이니 고립무원이기 쉬운 것이다.

사주에 "氣" 즉 比劫이 많으면 日干과 同氣의 오행이 많은 고로, 사주가 답답해지고, 고집불통이고, 교만과 자만에 빠지기 쉽고, 무계획적이며 좌충우돌의 성격이 되기 쉽다. 그러나 "氣"가 부족하면 비록 "精"과 "神"이 균형을 이루었다 해도 또한 운로에서 길운이 들어온다 하더라도 그 운세가 장구하지 못하게 되는 것이다. 이는 결국 사주가 혼탁해짐을 의미하는 것이니 설기시키는 食傷이 없는 경우에는 파격의 사주가 되는 것이다.

사주에 "神" 즉 官星, 食傷, 財星이 많으면 日干의 氣를 극제하고 설기(洩氣)시키는 오행이 많은 고로 사주가 무력해진다. 이렇게 되면 매사 용두사미이고, 일관성이 없고, 적극성이 부족하고, 성격이 냉소적이거나 흉폭해지는 경우도 있으며, 어려서는 잔병치레가 많거나 경기(驚氣)를 자주하는 경향이 있다. 그러나 사주에 "神"이 부족하면 사주가 성격(成格)을 이룰 수가 없다. 즉, 日干을 극제하고 설기(洩氣)시키고 다듬어서 성격(成格)을 만들기 위해 필요한 것이 담금질이며 또한 불순물을 걸러내야 하는 것인데, 이것이 부족하니 사주가 귀격(貴格)을 이루지 못하는 이치인 것이다. 따라서 사주상 정·기·신(精·氣·神) 삼자가 다 같이 旺하고 균형을 이룬다면 자연 사주는 중화(中和)되고 귀격(貴格)을 이루게 되는 것이다.

丙火 日干이 子月에 생하여 子 中 癸水가 사령(司令)하니 官星이 왕하다. 또한 時柱가 食神으로 日支 寅宮에 통근하고 日主의 생을 받으니 旺하며 다시 年支 酉金 財星을 생하니, 官星, 食神, 財星이 모두 왕하다. 즉, "神"이 旺한 것이다. 또한 月干 甲木은 印星으로 癸子 官星의 생조를 받고, 日支 寅宮의 甲木과 통근하여 旺하니 印星 즉, "精"이 旺하다.

丙火 日干은 坐下 寅宮에 長生을 득하고, 時支 戌宮에 통근하고, 다시 寅戌 반합 화국의 比劫으로 바뀌니 "氣"가 旺한 것이다. 이처럼 정·기·신(精·氣·神) 三者가 균형되고 旺하니 귀격사주가 되었다.

庚	己	庚	丁
午	巳	戌	亥
丙	戊	辛	戊
己	庚	丁	甲
丁	丙	戊	壬

辛　壬　癸　甲　乙　丙　丁　戊　己
丑　寅　卯　辰　巳　午　未　申　酉

　戌月은 금왕절(金旺節)이라 己土 日主가 실기(失氣)했지만 午巳丁의 印星이 重重하여 생하니 "精"이 약하지 않다. 日主 己土는 월령(月令) 戌宮의 戊土에 통근하고, 다시 지지 亥巳午의 지장간(支藏干)에 통근하니 比劫 역시 약하지 않아 "氣"도 왕하다. "神"은 庚金 傷官과 亥水 正財가 이에 해당되는데, 戌月은 금왕절(金旺節)인데 庚金이 투출하여 약하지 않고, 亥水는 金의 생을 받으니 역시 약하지 않아 神도 旺하다. 이처럼 정·기·신(精·氣·神) 모두가 旺하니 정기신족(精氣神足)이다.

　상기는 토금상관격(土金傷官格)으로 戌月에 天地가 한(寒)하니 火가 용신인데, 丁火가 투출했으니 이를 용한다. 丁火는 지지 巳午에 통근하니 旺하다. 운로가 未午巳辰卯寅의 용신과 희신운이 대발(大發)한 것이다. 대만의 장개석(蔣介石) 전 총통의 명조이다.

231. 정신포만(精神飽滿)

　사주상 日主는 君王의 자리다. 生生된 오행이 日主를 향해 집중되어 日主의 기운이 충만하고 왕성함을 의미하는 것이다.

천간의 乙木은 순일(純一)하고 지지 亥水에 통근하여 약하지 않고, 지지 酉金 역시 월령(月令)을 차지하고 중중하니 기세가 旺하여 金과 木이 상호 대립하고 있다. 소통하는 기운 즉, 통관(通關)을 요하는 것이다. 다행인 것은 年支 亥水가 旺한 金의 기운을 설기(洩氣)시켜, 일로 日主 乙木을 생하여, 金과 木의 기운을 소통시키니 사주가 정신(精神)이 포만(飽滿)하여져서 귀격(貴格)이 되었다. 君王의 명조이다. 酉金 官星은 "神"에 해당하고, 亥水 印星은 "精"에 해당하는데 상호 상생을 이루어 旺하고 귀격(貴格)을 이루니 정신포만(精神飽滿)에 해당된다.

232. 제살태과(制殺太過)

사주상 官殺이 미약한데, 이를 剋하는 食傷이 많아 官殺을 극제함이 지나치어 官殺이 무력해진 것을 말한다.

사주에 食傷이 중중한데 時支 亥水가 독살(獨殺)로써 財의 생을 받지 못하니 살약(殺弱)하다. 食傷이 旺하여 병(病)이 됐으니 亥宮의 甲木을 약(藥)으로 용하여 旺한 土氣를 소토(疏土)하여 중화를 이룬다. 乙未대운에 亥卯未 삼합목국의 용신운이니 발전이 있어 한원(翰苑)에 올랐고, 甲午대운은 甲己 합토의 기신운, 午火는 구신운이니 집안에 재액(災厄)이 있었고, 癸巳대운은 戊癸 合火의 구신운과 巳亥 相沖하여

亥水 약살(弱殺)을 沖去하니 亥宮의 甲木 용신이 손상되어 이때 사망한 것이다.

월령(月令) 巳宮의 庚金은 同宮의 丙火의 剋을 받아 무른 金이 되어 月干 辛金을 부조(扶助)하지 못하고, 年支 未土는 사토(沙土)라 生金하지 못하니 辛金이 고립무원이다. 반면 食傷인 午巳火는 巳午未 남방화국을 형성하여 辛金 七殺을 핍박함이 심하니 制殺함이 태과(太過)한 것이다. 이를 제살태과(制殺太過)라 한다.

丙火가 辰月에 생하여 관대(冠帶)를 득하나 辰土는 습토(濕土)이고 사주에 土氣가 중중하니 丙火가 회화(晦火)되어 신약하다. 年干 壬水 七殺은 坐下 辰土에 수고(水庫)를 깔고 있으나 食神인 土가 태다하여 핍박받음이 심하니 제살태과(制殺太過)인 것이다. 그러나 기쁜 것은 月干 甲木이 坐下 辰土에 뿌리를 박고 투출하여 태다한 土氣를 소토(疏土)하고 壬水를 살려 능히 회화(晦火)하는 土氣를 씻어낼 수 있게 되었다. 더욱이 천간의 壬·甲·戊가 투출하여 월령(月令)에 통근하고 살인상생(殺印相生)되며 생생불식(生生不息)되니 사주가 귀격(貴格)인 것이다. 食神이 태왕(太旺)하니 日主를 생조하는 印星과 比劫運이 도래하면 발복이 틀림없다. 乙巳, 丙午, 丁未대운에 대발했다. 연해자평(淵海子平)에 기재된 탈승상(脫丞相)의 명조이다.

233. 종지진가(從之眞假)

종격(從格)에는 진종격(眞從格)과 가종격(假從格)이 있음을 말하는 것이다. 종격(從格)이란 사주상 日主의 기운이 심히 무력하여 자립하지 못하고, 부득이 왕한 오행의 기세를 좇는 것을 말한다. 무력하다는 것은 사주상 印星과 比劫이 전혀 없어 부조를 받지 못하거나, 혹은 있더라도 심히 剋制 당해 유명무실한 경우를 말하는 것이며, 아울러 日主의 오행이 지지에 통근하지 못함을 말하는 것이다.

특히 사주상 월령(月令)의 힘이 가장 강하다 판단하는데, 유력함과 무력함의 기준은 日主의 오행이 월령(月令)에 통근 有無를 주로 살펴보는 것이다. 이것은 십이포태운성법(十二胞胎運星法)을 적용하여 살펴보는 것인데, 日主를 기준하여 월령(月令)을 비교시 장생(長生)과 건록(建祿)과 제왕(帝旺)地에 해당되면 득기(得氣)했다 하여 日主가 旺함을 의미하며, 아울러 유력하다 판단하고, 그 이외의 경우는 무력하다 판단하는 것이다. 그리고 日支와 비교하여 장생(長生), 건록(建祿), 제왕(帝旺)地에 해당되면 득지(得地)했다 하고, 年支와 時支와 비교하여 장생(長生), 건록(建祿), 제왕(帝旺)地에 해당되면 득세(得勢)했다 하여 이것 역시 약간의 유력함이 있다 판단하며, 사주상 日主가 득기(得氣)나, 득지(得地), 득세(得勢)한 경우라면 日主가 세(勢)가 있는 것이니 대체적으로 종격(從格)으로 논할 수 없는 것이다. 日主가 심히 무력하여 사주상 旺한 오행의 기세를 좇는 것을 종격(從格)이라 하는데 이에는 여섯 가지 종류가 있다.

〈종격(從格)〉

◆ 종강격(從强格)
사주상 전부 혹은 대다수의 오행이 印星(正印, 偏印)으로 구성된 경우를 말한다.

◆ 종왕격(從旺格)
사주상 전부 혹은 대다수의 오행이 比肩과 劫財로 구성된 경우를 말한다.

◆ 종관살격(從官殺格)
사주상 전부 혹은 대다수의 오행이 官星(正官, 偏官)으로 구성된 경우를 말한다.

◆ 종재격(從財格)
사주상 전부 혹은 대다수의 오행이 財星(正財, 偏財)로 구성된 경우를 말한다.

• 종아격(從兒格)

사주상 전부 혹은 대다수의 오행이 食神과 傷官으로 구성된 경우를 말한다.

• 종세격(從勢格)

사주상 比劫과 印星이 전혀 없거나 있더라도 심히 무력하고, 財星과, 官星과 食傷의 三者가 상호 비등하게 旺하여 우열을 가릴 수 없는 경우를 말한다.

(1) 종강격(從强格)

甲木 日干이 월령(月令)에 녹성(祿星)을 깔고 있으니 종(從)하지 못할 것 같으나, 寅申 沖으로 인해 寅木의 뿌리가 손상되니, 사주상 태다(太多)한 印星을 종(從)할 수밖에 없다. 印星이 重重하니 종강격(從强格)이다. 따라서 용신은 月干 壬水이다. 印星과 比劫運은 길하고, 食傷과 財星運은 불리하고, 印星이 용신인 경우는 官星運은 印星을 생하니 크게 흉하지는 않으나 운의 흐름을 잘 살펴보아야 한다. 乙巳, 丙午대운 食傷運은 용신인 印星과 상극되니 패가망신했다.

(2) 종왕격(從旺格)

癸水 印星이 있지만 무근(無根)이라 무력하고, 局의 대다수가 比劫으로 구성되었으니 종왕격(從旺格)이다. 초년 甲寅대운 이후 辛亥대운 까지는 比劫과 印星運이니 길했고, 이후 庚戌대운은 金土가 용신인 木과 상극되니 파직(罷職), 사망하고 말았다.

(3) 종재격(從財格)

乙	壬	庚	丙
巳	午	寅	寅

丁	丙	乙	甲	癸	壬	辛
酉	申	未	午	巳	辰	卯

지지 寅午는 반합화국의 財星局이고 아울러 사주의 대부분이 財星으로 구성되어 있으니 종재격(從財格)이다. 庚金 印星은 중첩된 火의 극을 심하게 받으니 印星의 역할을 하지 못하고 있다. 乙木과 年支 寅木은 食傷으로 旺한 財星인 火를 생하니 사주가 귀격이 되었다.

(4) 종관살격(從官殺格)

辛	甲	甲	乙
未	申	申	丑

丁	戊	己	庚	辛	壬	癸
丑	寅	卯	辰	巳	午	未

日主 甲木은 월령(月令) 申金에 절각(截脚)되니 뿌리가 끊어져 旺하지 못하다. 月・日支 申金 偏官은 丑未土의 생조를 받으니 旺하여 부득이 日主가 이를 종(從)할 수밖에 없다. 종관살격(從官殺格)이다.

초년 癸未, 壬午대운은 印星과 食傷運으로 부모덕 없이 고생이 많았고, 辛巳, 庚辰대운은 官殺대운의 용신운이니 자수성가하였다. 辛巳대운은 巳火가 年支 丑土 와 반합금국을 이루어 용신운이니 발복이 있었던 것이다. 己卯, 戊寅대운은 比劫운 으로 흘러 용신인 金과 相剋되니 패가망신하였다.

(5) 종아격(從兒格)

辛	辛	辛	壬
卯	卯	亥	子

戊	丁	丙	乙	甲	癸	壬
午	巳	辰	卯	寅	丑	子

月干과 時干의 辛金은 지지에 뿌리를 박고 있지 못하니 무력하다. 지지 亥卯합의 관계는 亥月이 水氣가 태왕(太旺)한 계절이라 木으로 化되지 않으려 하니, 반합목국이 실기(失氣)했다 판단하며 水의 성질은 그대로 旺하게 남아있다 판단한다. 따라서 사주상 水에 해당하는 食傷이 중중하고 旺하니 종아격(從兒格)이다. 초년 壬子, 癸丑대운은 용신운이라 총명이 과인(過人)했고, 甲寅, 乙卯 한신대운은 벼슬길이 순탄했고, 丙辰대운은 용신과 상극되는 官殺과 印星運이라 사망했다.

(6) 종세격(從勢格)

甲	癸	壬	丙
寅	巳	辰	戌

己	戊	丁	丙	乙	甲	癸
亥	戌	酉	申	未	午	巳

癸水 日干이 壬水의 부조(扶助)가 있다고 하나, 年干 丙火와 日支 巳火의 財星이 있고, 또한 年支, 月支의 土 즉 官星을 生하니 癸水 日干은 무력하다. 그리고 甲寅 木의 傷官과 丙巳의 財星과 辰戌의 官星이 상호 세력이 우열을 가리기 힘드니 종세격(從勢格)으로 판단한다. 따라서 甲午, 乙未대운에 관계(官界)에 진출했고, 丙申, 丁酉를 거쳐 戊戌대운 즉 官殺대운에 관찰사(觀察使)에 이르렀고, 己亥대운은 比劫運이라 사망한 것이다.

〈가종격(假從格)〉

사주상 천간에 한두 개의 比劫과 印星이 있거나, 지지에 한 개의 比劫 또는 印星이 있더라도 타 간지의 오행이 財星 및 食傷, 官星으로 되어 있어 比劫 또는 印星을 파극(破剋)할 경우를 가종격(假從格)이라 하고 사주상 적용은 종격(從格)에 준한다. 그러나 가종격(假從格)은 印星과 比劫이 대부분을 차지하고 있는 종강격(從强格)과 종왕격(從旺格)에서는 논할 수 없다.

그리고 사주상 천간과 지지에 印星과 比劫이 전혀 없더라도 태원(胎元)에서 印星과 比劫이 있어 日主를 부조(扶助)하는 경우는 역시 가종격(假從格)으로 논해야 한다. 태원(胎元)은 "실전사주비결 이론편 제8장 간명비결"을 참고하라.

종격(從格)은 종강격(從强格)과 종왕격(從旺格)을 제외하고는 日主가 심히 미약하므로, 旺한 기세를 좇아야 하므로 財를 좇을 때에는 종재격(從財格), 官殺을 좇을 때에는 종관살격(從官殺格), 食傷을 좇을 때에는 종아격(從兒格)으로 논한다고 설명했다. 그러나 같은 比劫과 印星이라도 천간에 있을 경우와 지지에 있을 경우에 사주에 미치는 영향력이 다르다.

보통 지지는 천간보다 그 기세가 3배 정도의 영향력이 더 있다고 판단한다. 따라서 천간에 있는 比劫과 印星은 그 기세가 약하다 판단하는 것이다. 만약 지지에 比劫이나 印星이 있으면, 천간에 있는 것보다, 그 기세가 확연히 차이가 나므로 이는 대체로 종격(從格)으로 논하기가 어려운 것이다. 따라서 천간에 比劫이나 印星이 있는 경우는 그 왕쇠(旺衰)를 살펴야 하니, 지지의 통근(通根)여부를 분석여야 하며, 아울러 태원(胎元)에서 혹 부조(扶助)를 받고 있는지도 살펴야 한다.

지지에 比劫이나 印星이 있더라도 타 간지의 食傷 및 財星과 官殺이 旺하여, 比劫과 印星을 심히 극할 때에는, 비록 지지에 있다 하더라도 比劫과 印星의 기세가 태약(太弱)해지는 것은 자명하나, 그래도 약간의 기운은 남아있다 판단하므로, 이를 "가종격(假從格)"이라 논하는 것이다. 그러나 사주를 풀이하는 방법은 종격(從格)과 같은 이치에 따른다.

甲	乙	癸	己
申	丑	酉	巳

丙	丁	戊	己	庚	辛	壬
寅	卯	辰	巳	午	未	申

상기 사주는 月干에 癸水 印星이 있어 종격(從格)으로 논하지 못한다고 볼 수도 있으나. 月干 癸水는 年柱 己巳와 日支 丑土의 剋을 받고, 時干 甲木 劫財는 時支 申金의 극을 받아 印星과 劫財의 역할을 하지 못하고 있다. 또한 年支, 月支, 日支가 巳酉丑 삼합금국을 이루어 官星局이 되므로, 지지 전체가 金局을 이루어 부득이 日主 乙木이 旺한 세력을 종(從)할 수밖에 없다. 따라서 "가종격(假從格)"으로 분류하되 사주를 푸는 방법은 "종관살격(從官殺格)"의 이치와 같다. 대운 중 未午巳 남방화운은 申酉金과 상극되어 합을 깨뜨리니 사업의 실패가 빈번했으나, 戊辰대운은 용신인 金을 생하여 벼락같이 치부(致富)하였다. 丁卯대운은 용신에 해당되는 申酉金과 상극이 되니 사망하였다.

乙	壬	辛	己
巳	午	未	卯

甲	乙	丙	丁	戊	己	庚
子	丑	寅	卯	辰	巳	午

상기 사주는 辛金 正印이 日主 壬水를 생하여 종격(從格)이 성립될 것 같지 않으나, 辛金은 時干 乙木과 沖이 되고, 年支 卯木과 相破되고, 지지 午巳 財星의 剋을 받으니 印星이 미약하여 印星의 역할을 하지 못하고 있다. 따라서 가종격(假從格)으로 분류하되 종격(從格)의 이치를 적용한다. 그리고 지지가 巳午未 남방화국의 財星局을 이루고, 乙卯木 傷官이 財를 생하여 財가 더욱 왕해지니, 신약한 日主가 왕한財를 종(從)할 수밖에 없으므로 "가종재격(假從財格)"이라 논하는 것이다.

234. 좌우동지(左右同志)

사주가 중화(中和)를 이루기 위해 日干의 좌우에서 日干을 부조(扶助)하는 기운을 말한다. 중화(中和)라 함은 日主가 균형 잡힌 상태를 말하는데, 이를 위해 좌우에서 협력하여 오행의 기세가 균형을 이루게 하는 것을 좌우동지(左右同志)라 한다. 이것은 좌우협기(左右協氣)와도 일맥상통하다.

1) 신약살강(身弱殺强)한 경우는 食神으로 制殺하거나, 比劫으로 득비적살(得比敵殺)하거나, 또는 印星을 용하여 살인상생(殺印相生)시키는 경우.
2) 신강살약(身强殺弱)한 경우에는 財星으로 재자약살(財滋弱殺) 하거나, 官星으로 부조(扶助)하는 경우.
3) 日主와 官殺이 같이 旺한 경우에는 食神이 있어 制殺하여야 하는데, 傷官이 있어 食神을 부조(扶助)하는 경우.
4) 사주상의 殺과 身이 각각 干合되는 오행이 있어, 化된 오행이 결국 日主를 돕게 되는 경우.

상기의 네 가지는 모두 좌우동지(左右同志)에 해당되는 것이다.

月干 丙火 七殺이 투출하여 月支와 日支에 양인(羊刃)을 득하니 그 기세가 왕강하고 日主를 핍박함이 심하다. 그런데 사주가 아름다운 것은, 年干 壬水 食神이 坐下 申金에 통근하여 丙火 七殺을 制殺하고, 時干 庚金 比肩은 坐下 辰土의 생을 받고 日主를 부조(扶助)하니, 좌우동지(左右同志)로써 결국 사주가 中和를 이루게 하고 있다. 특히 丙火 七殺이 습토(濕土)인 지지 辰土와 살인상생(殺印相生)하니 上下가 좌우동지(左右同志)로써 官과 印이 모두 아름답고 귀(貴)가 높았던 것이다. 살강(殺强)하여 制殺이 필요하니 年干 壬水가 용신이다. 운로가 申酉戌亥子의 희신과 용신운이니 벼슬이 재상(宰相)까지 올랐던 명조이다.

丁	丁	癸	戊
未	亥	亥	午

庚午	己巳	戊辰	丁卯	丙寅	乙丑	甲子

사주에 官殺이 태왕(太旺)하니 丁火 日主가 신약하다. 그러나 묘한 것은 月干 癸水 七殺이 투출하여 丁火를 剋하는데, 年干 戊土 傷官이 있어 먼저 合하려 하니 탐합망충(貪合忘沖)이 된 것이다. 戊癸 합화된 오행이 年支 午火에 통근하여 오히려 丁火를 부조하게 된 것이다. 時干 丁火는 亥月에 태(胎)地라 역시 쇠약한데, 日支와 時支가 亥未 반합목국의 印星으로 化되어 생조하니, 丁火가 약변강이 되어 일로 日主를 부조하게 됐다. 상기의 사주도 化와 合을 이루어 상하좌우가 동지(同志)된 명조인 것이다.

상기는 살강(殺强)하니 印星을 용하여 살인상생(殺印相生)시키면 사주가 중화를 이루는데, 월령(月令) 亥宮의 甲木을 용한다. 亥月의 甲木은 본시 습목(濕木)이라 丁火를 生하기 어려우나, 戊癸 合火의 火氣가 있고, 亥未 반합목국이 丁火를 生하니 丁火가 약변강이 되어 丙火로 化되니 능히 습목(濕木)을 건목(乾木)으로 만들 수 있음을 알아야 한다. 사주는 오행의 무궁무진한 변화의 이치를 깨우치지 못하면 자유자재한 통변을 할 수 없는 것이다.

丁火 日主가 印星을 용할 경우에는 庚金이 있어 벽갑인정(劈甲引丁)해야 귀격(貴格)이 될 수 있다. 상기는 아쉽게도 甲木이 투출하지 못하고 일점 金이 없으니, 木을 부수어 丁火의 불길을 크게 살릴 수 없었던 것이다. 운로가 寅卯辰巳午의 용신과 한신운이라 무관(武官)으로 공덕(功德)과 財를 쌓았으나 출장입상(出將入相)하지는 못했다.

235. 주류무체(周流無滯)

사주의 오행이 年柱부터 時柱까지 혹은 時柱부터 年柱까지 생생불식(生生不息)되어 막힘이 없음을 말한다.

年干 癸水가 甲木을 생하고 甲木이 丙火를 생하고 丙火가 戊土를 생하니 생생불식(生生不息)이다. 癸水는 지지 子亥에 통근하고, 甲木은 寅亥에 통근하고, 丙火는 寅戌에 통근하고, 戊土는 亥寅戌에 통근하니 상하가 유정(有情)하고 단절됨이 없이 생생불식(生生不息)하며 주류무체(周流無滯)인 것이다.

천간은 甲木에서 시작하여 辛金까지 상생을 이루고, 지지 역시 子水에서 시작하여 未土까지 상생을 이루고 있으니 상하가 생생불식(生生不息)이며 주류무체(周流無滯)이다. 더군다나 上下가 상생을 이루니 天地가 유정(有情)하고 和合을 이루고 있는 것이다. 따라서 벼슬이 극품(極品)에 이르고, 자손도 번창했으며, 수명도 구순(九旬)을 살았던 것이다. 용신은 己土가 寅月에 생하여 아직 한기(寒氣)가 남아 있고 또한 실기(失氣)했으니 생조의 氣인 印星이 필요하다. 月干 丙火가 용신이다.

236. 중병무구(重病無救)

사주상 병(病)이 重한데 구제하여 주는 神이 없다는 뜻이다. 사람에게도 병(病)이 있으면 약(藥)이 있는 법인데, 사주에서 오행이 편고(偏枯)되어 중화를 이루지 못하는데, 사주원국 및 운로에서 이를 제극하거나 그 기운을 설기(洩氣)시키는 오행이 없어 사주상 병(病)이 깊은 경우이거나, 기세가 강한 오행이 있어 日主를 핍박함이 심한데, 사주원국 및 운로에서 이를 제어(制御)하여 日主를 구제할 수 있는 방법이 없는 경우 등을 말한다.

乙木 日主가 午火節에 생하여 설기(洩氣)가 심한 중, 傷官인 月干 丙火가 月支에 통근하여 투출했으니 본시 진상관(眞傷官)으로 논해야 하는데, 壬子亥의 왕한 水가 火를 핍박함이 심하니 가상관(假傷官)으로 변하였다. 사주상 水가 重重하여 사주가 병(病)이 되었는데, 이를 극제하거나 설기(洩氣)시키는 오행이 全無하여 중병(重病)이 된 것이다. 戊己土대운은 병(病)이 된 水를 극제하니 약(藥)이 되어 부자(富者)가 되었는데, 庚辛대운은 병(病)이 된 水를 더욱 생하여 흉액이 많았고, 亥대운은 局에 水가 重하여 병(病)이 깊은데 다시 水를 더하니 命을 보존하기 힘들었다.

237. 중살창광(衆殺猖狂)

七殺이 무리를 이루어 광분(狂奔)함을 의미한다. 七殺은 日主를 극하는 것으로 태다(太多)하면 日主는 곧 태약(太弱)하게 되니 이를 제압하거나 설기(洩氣)시키는 오행이 없으면 사주는 천격(賤格)이 되고, 제압하거나 설기(洩氣)시키는 오행이 지지에 통근하고 천간에 투출하면 현달하고 권세를 잡게 된다. 지지에 암장(暗藏)되면 하급 관리에 불과하다. 중살창광(衆殺猖狂)은 궁통보감(窮通寶鑑)에서 논한 것으로 예를 들어 申月의 丙火 日主가 壬水가 투출하면 壬水는 申月에 長生을 득하여 旺한데, 다시 사주에 壬亥水 七殺이 중중한 경우를 말하는 것이다.

지지 申子 반합수국을 이루니 七殺로 변하고, 다시 壬亥水 七殺이 있으니 水가 태다(太多)하여 중살창광(衆殺猖狂)이라 할 수 있다. 그러나 기쁜 것은 時干 戊土가 투출하고 亥申에 미근(微根)이 있으니 부족하지만 制殺하는 功이 있어 下格은 면했다. 운로가 용신인 戊土를 부조하는 火運으로 흐르니 이도공명(異途功名)으로 소귀(小貴)를 했다.

238. 중화지리(中和之理)

중화(中和)의 이치를 말함이다. 中이라 함은 사주상 음양오행이 상호 힘의 세기가 균형을 이룬 것을 의미하며, 和라 하면 화합됨이니 刑沖 등의 상호 다툼이 적어 자연 오행의 손상됨이 적은 것을 말한다. 따라서 중화(中和)라는 것은 결국 사주의 상하좌우가 생화유정(生化有情)하고, 정·신·기(精·神·氣) 三者가 힘의 균형을 이루었음을 말하는 것이다.

癸水가 화왕절(火旺節)에 생하고 다시 巳火가 있으니 산간계(山澗溪)인 癸水가 고갈될 지경이다. 수원(水源)을 발해줌이 급하니 年干 辛金을 용한다. 辛金은 午火節에 실기(失氣)했고 좌하 巳火에 死地이나, 태원(胎元)이 乙酉라 酉金이 부조하고, 時支 亥水가 巳火를 요충(遙沖)하여 辛金을 살려 놓으니 용신이 태약하지 않다.

癸水 日主는 時柱 癸亥의 부조가 있으니 氣가 충족되고, 木火인 食傷과 財星이 旺하니 神이 충족되고, 卯와 巳 사이에 辰土가 탄함(呑陷)되어 암암리에 旺한 火氣를 회화(晦火)하고 辛金을 생하니 印星인 精도 약하지 않다. 土가 없어 癸水를 혼탁하게 하지 않으니 사주가 淸하고 정·신·기(精·神·氣) 三者가 모두 충족되니 벼슬이 三公의 위치에 올랐던 것이다. 따라서 상기 명조는 중화(中和)의 이치를 득한 것이다. 다만 혐의가 되는 것은 官星이 없으니 후사가 없었던 것이다. 적천수(滴天髓)에 기재된 막보제(莫寶齊)선생의 명조라 한다.

癸水가 子月에 건록(建祿)地이나 官星인 戊己土가 중중하고 또한 財星인 丙午火가 있으니 신약하다. 癸水의 수원(水源)이 있어야 하니 年支 酉宮의 辛金이 용신이다. 子月의 癸水는 한(寒)한데 丙火가 午火에 통근하고 투출했으니 조후(調候)는 득한 것이라 해동(解凍)은 이미 된 것이다. 官星과 財星이 중중하여 사주가 혼탁한데 食傷에 해당하는 일점 木氣가 없으니 사주가 淸하지 못하다. 戊土 正官이 日主 癸水와 合火되어 財星으로 바뀌니 권세를 이용하여 재물을 탐(貪)하는 탐관오리의 명조이며, 偏印이 용신이니 권모술수에 능했던 것이다. 子月은 동월(冬月)이니 만물을 해동(解凍)하여 발생의 상(象)을 이루기 위해 조후(調候)를 득해야 하므로, 月干 丙火가 매우 긴요한데 이것이 財星이라 財를 탐(貪)하는 마음이 남달랐던 것이다. 따라서 상기는 중화(中和)의 이치를 득하지 못한 명조이다.

239. 지생천자(地生天者)

지지에서 천간을 生하는 것을 말한다. 이에는 甲子, 乙亥, 丙寅, 丁卯, 己巳, 戊午, 壬申, 癸酉, 庚辰, 辛丑이 있다. 이 중 丙寅, 壬申은 坐下 지지에 長生을 득하니 장생일주(長生日柱)라 하고, 甲子, 乙亥, 丁卯, 戊午, 己巳, 癸酉, 庚辰, 辛丑은 단지

좌하 지지에서 生을 받을 뿐이니 자생일주(自生日柱)라 하는 것이다. 적천수(滴天髓)에는 "地生天者 天衰怕沖(천간이 지지의 生을 받으면 천간이 쇠약한 경우이니 충을 두려워한다)"고 적혀있지만, 이 또한 日主의 기세를 보고 판단해야 한다. 日主가 왕상(旺相)하면 沖을 두려워하지 않는 것이고, 日主가 휴수사(休囚死)되면 沖을 두려워하는 것이니, 대운과 세운도 역시 같은 맥락으로 판단한다.

丙火가 坐下 寅木에 長生을 득하니 장생일주(長生日柱)에 해당되고 寅木이 丙火를 생하니 지생천자(地生天者)이다. 辰月에 생하여 비록 관대(冠帶)地라 약하지는 않으나 辰土는 습토(濕土)라 火氣가 회화(晦火)되고 있다. 年干 甲木은 습토(濕土)인 월령(月令) 辰土에 뿌리를 단단히 박고 있는 형국이니 역시 旺하며, 지지 寅辰은 年干 甲木을 끌어와 암암리에 寅卯辰의 방합목국을 형성하려 하니, 木性이 약변강이 되어 旺해지며 日主를 생함이 지나치니 극제하는 時支 申宮의 庚金이 용신이다. 巳午未대운은 기신운이라 사업상 부침이 다단했으나, 이후 申酉戌대운은 용신운이라 발복이 있었던 것이다.

丙火가 坐下 寅木에 長生을 득하고 生을 받으니 장생일주(長生日柱)이며 지생천자(地生天者)에 해당된다. 辰月의 丙火는 관대(冠帶)地라 약하지 않으나 습토(濕土)에 회화(晦火)되고 있다. 또한 年干 壬水가 지지 申辰 반합수국의 부조를 받고 時支

申金의 생조를 받으니 旺하여 日主 丙火를 극하고 있다. 따라서 旺한 水氣를 납수(納水)하는 月干 甲木이 요긴한데, 통근하고 있는 日支 寅木이 두 申金의 극을 받으니 뿌리가 손상되어 印星의 역할이 부족하다.

用神 : 甲木
喜神 :   水
忌神 :   金
閑神 :   火
仇神 :   土

丙午대운은 기신에 해당하는 申金을 극하여 甲木의 뿌리를 보호하니 길했으나, 丁未대운은 丁火가 좌하 未土 구신을 생하여 희신인 壬水를 극하니 과거시험에 낙방했던 것이다. 戊申대운은 戊土가 희신인 壬水를 극하고, 申金은 局의 두 개 申金과 더불어 甲木 용신을 剋去하니 흉하게 되어 길에서 사망한 것이다. 적천수(滴天髓)에 기재된 명조이다.

240. 지전삼물(地全三物)

지지에 방합국(方合局)이 있음을 말한다. 방합국(方合局)은 寅卯辰, 亥子丑, 申酉戌, 巳午未의 方이 모두 있는 것을 말하며, 이리되면 자연 지지의 기세(氣勢)가 왕강해지는 것인데, 특히 왕신(旺神)이 월령(月令)을 득한 경우와 득하지 못한 경우를 잘 살피고, 천간에 있는 오행과의 조화 여부를 잘 살피면 사주의 길흉이 드러나게 된다.

예를 들어 지지가 寅卯辰의 방합목국인 경우에, 日主가 木이면 설기(洩氣)시키는 火가 많아야 하고, 日主가 火라면 생조가 태다하니 木을 전벌(剪伐)하는 金이 있어야 하고, 日主가 金이면 재다신약(財多身弱)이 되니 土의 부조(扶助)가 있어야 함이다. 또한 왕신(旺神)이 월령(月令)을 차지하고 있으면 자연 극제하는 神은 월령(月令)이 절(絶)地일 것이니 억지로 제극하려 함은 왕신(旺神)을 충분(衝奔)케 할뿐이니 사주가 흉해지는 것이다.

甲木 日主가 지지에 寅卯辰 방합목국이 있으니 태왕(太旺)하고 정·신·기(精·神·氣)중 氣가 旺한 것이니 사주가 답답하다. 유통시킴을 요하는데 時干 丙火를 용하여 甲木의 수기(秀氣)를 설(洩)하면 사주가 중화(中和)를 이룰 수 있다. 庚辛金은 坐下에 모두 절각(截脚)이니 旺하지 못하다. 따라서 剋木하려 하면 旺한 木氣를 오히려 충분(衝奔)케 하니 火로 金을 제극하고 왕한 木의 기세에 순응케 하면 사주가 길해지는 것이다.

초년 土運은 제극해야 할 金을 생하니 신고(身苦)가 많았으나. 水대운은 용신인 丙火를 극하기보다는 旺木에 수세(水勢)가 휩쓸려 들어가 오히려 희신인 木을 생하니 내각(內閣)에 들었고, 丙戌대운은 寅戌 반합화국으로 용신운이니 승진했고, 酉金대운은 무근(無根)인 庚辛金을 인통(引通)하여 용신인 火와 상극되니 길하지 못했다.

지지 寅卯辰 방합목국이 있으나 월령(月令)이 辰土라 방합국이 실령(失令)하여 甲木이 태왕(太旺)하지는 않으므로 旺木의 순기세(順氣勢)를 따르지 않고 억부법(抑扶法)을 적용하여 旺木을 대적하는 것으로 용신을 잡아야 한다. 日主가 坐下에 녹성(祿星)과 時支에 양인(羊刃)을 깔았으니 旺하다. 따라서 전벌(剪伐)하는 庚金을 용하여 旺木을 극벌(剋伐)하면 중화(中和)를 이룰 수 있다. 용신은 庚金이다. 甲申대운에 庚金이 녹(祿)을 득하고 旺한 寅木을 암충(暗沖)하니 등과(登科)하고 벼슬이 연등했고, 乙酉대운도 乙庚 합금과 酉金의 용신운이니 벼슬이 군수(郡守)에 이르렀다. 이후 丙火대운은 기신운이라 七殺 庚金 용신을 제압하니 낙직하고 농사일로 돌아갔다.

241. 지지연여(地支連茹)

사주상 지지가 나무뿌리나 징검다리처럼 연결되어 연이어 뻗어 나간 형국을 말한다. 이는 年支에서 시작하여 時支에 이어지던지, 時支에서 시작하여 年支로 이어진 것을 말하는데, 一位가 간격되어 있거나, 혹은 二位가 간격되어 이어져있는 것 등도 모두 큰 틀에서 지지연여(地支連茹)라 한다.

지지연여(地支連茹)가 되면 사주가 좀 더 견고해지고 짜임새가 강화되고 견실해진다고 판단하는데, 이는 사주상 格局과 用神이 吉格이면 더욱 좋고 그렇지 못하다면 일점 흠이 될 수도 있는 것이다. 따라서 지지연여(地支連茹)라 하여 사주가 모두 귀격(貴格)이 되는 것이 아니고, 사주의 구성형태와 연결지어 판단해야 한다. 一位가 간격되어 있는 경우는 특히 탄함(呑陷)되어 있다 판단하는데, 특히 月支와 日支 사이 혹은 日支와 時支에 탄함(呑陷)된 오행은 사주상 작용력이 커서, 이것이 財官에 해당되든가 용신에 해당된다면 자연 사주가 귀격(貴格)이 되는 것이다. 탄함(呑陷)되었다 함은 징검다리에서 돌 하나가 빠졌다 판단하는 것인데, 본시는 돌이 모두 제자리에 놓여 있었지만 중간에 하나가 빠져있다는 것은, 현재는 그 자리에 돌이 없지만 암암리에 돌이 있는 것과 같은 작용을 하고 있다고 판단해야 하는 것이다. 따라서 사주의 올바른 독해(讀解)는 탄함(呑陷)된 오행처럼 숨어있는 이치를 잘 파악하여, 그것이 사주에 암암리에 작동하는 원리를 철저히 파헤치고 궁구해야 하는 것이다.

時支 申金부터 年支 亥水까지 오행이 이어지니 지지연여(地支連茹)이다. 지지는 申酉戌 방합금국의 財星局을 형성하나 월령(月令)이 戌土라 申酉戌 방합금국이 실

기(失氣)했다 판단한다. 丁火 日主가 월령(月令) 戌土에 통근하여 태약하지 않으니 종재격(從財格)이라 논할 수 없다. 月柱 傷官이 旺하여 日支와 時支 酉申 財를 생하니 화토상관격(火土傷官格)에 상관생재(傷官生財)가 되었다. 戌宮의 辛丁戊가 모두 천간에 투출하니 천복지재(天覆地載)가 되어 사주가 견실해졌다 판단하나, 日主 丁火가 戌月에 양(養)에 해당되니 신약하여 일점 흠이 되었다. 왕한 財와 傷官을 감내하기가 어려웠으나, 운로에서 未午巳 남방화국을 형성하여 신약한 日主를 부조하여, 財와 傷官을 능히 감당하게 되니 크게 발복되어 극귀(極貴)의 사주가 되었다. 명나라 무종(武宗)의 명조이다.

年支 子水부터 시작하여 時支 午火까지 一位를 격(隔)하여 지지연여(地支連茹)가 되었다. 庚金이 寅月에 생하여 절(絶)地라 신약하나, 坐下 辰土가 生金하고 戊庚이 투출하여 日主를 부조하니 사주가 약변강(弱變强)이 되었다. 용신은 억부법(抑扶法)을 적용하여 時支 午宮의 丁火를 용해야 한다. 午火는 壬水의 극을 받고 辰土에 회화(晦火)되니 관변귀(官變鬼)가 되고 쇠약하나, 월령(月令) 寅宮에 통근하니 태약하지는 않다. 巳午未 용신운에 발복되어 대귀(大貴)하였던 명조이다.

242. 지진일기(支辰一氣)

주로 格局에서 논하는 용어로, 지지 전체가 십이지지 중 어느 하나의 오행으로 이루어진 형국을 말한다.

戊	庚	丙	甲
寅	寅	寅	寅

壬申	辛未	庚午	己巳	戊辰	丁卯

　지지가 전부 寅木으로 구성되었으니 지진일기(支辰一氣)격이며, 지지가 木氣로 純一(순일)하니 귀격(貴格)이다. 庚金 日干이 寅月에 절(絶)地이니 실기(失氣)하였으나, 다행히 時干 戊土가 日干을 생조하고, 지지 寅木에 통근하니 庚金 日干이 태약한 것은 아니다. 寅月의 庚金은 아직 한기(寒氣)가 남아있으니 냉금(冷金)이다. 사주가 中和를 이루고 귀기(貴器)를 얻기 위해서는 丙丁火가 필요한바, 月干 丙火를 용신으로 잡아 財星의 왕한 木氣를 설기(洩氣)시키고, 또한 庚金의 하련(煆煉)이 필요하다. 卯辰巳午未의 용신운에 대발(大發)하였다.

　壬水 대운은 본시 기신운이나 時干 戊土가 극제하여 기신의 역할을 못하게 하니 대화(大禍)는 없었을 것이고, 申金대운은 지지 寅木과 寅申 沖으로 희신을 손상시키니 흉화(凶禍)를 면치 못했을 것이다.

243. 진가상관(眞假傷官)

　진상관(眞傷官)과 가상관(假傷官)을 말한다. 진상관(眞傷官)이라 함은 月支가 傷官에 해당되는 것을 말하는 것으로, 다음의 다섯 가지 경우이다.

- 甲乙 日主가 巳午未月에 생한 경우,
- 丙丁 日主가 辰未戌丑月에 생한 경우,
- 戊己 日主가 申酉戌月에 생한 경우,
- 庚辛 日主가 亥子丑月에 생한 경우,
- 壬癸 日主가 寅卯辰月에 생한 경우이다.

　가상관(假傷官)은 月支가 傷官에 해당되지 않고 印星이나 比劫에 해당되는데, 신왕(身旺)하거나 官旺하여 傷官을 용신으로 잡아야 할 경우, 사주원국에 傷官이 있는 경우이다.

〈진상관(眞傷官)〉

月支 未土가 傷官이니 진상관(眞傷官)이다. 丙火가 未土月에 생하여 실기(失氣)했고, 사주에 土氣가 중중하니 丙火의 광휘(光輝)가 회화(晦火)되었다. 즉, 未月의 丙火는 뿌연 먼지에 둘리어 쌓인 태양에 비유하는 바, 壬水로 중중한 土氣를 씻어내야 하고, 또한 木을 용하여 중중한 土를 소토(疏土)해야 중화(中和)를 이룰 수 있다. 丑宮의 癸水는 안개와 우로(雨露)에 불과하니 水氣가 미력하여 용할 수 없고, 부득이 甲木을 용하여 소토(疏土)하여야 한다. 용신은 寅宮의 甲木이다.

丁卯대운 중 丁火대운은, 사주를 탁(濁)하게 만들고 병(病)이 되는 財星인 辛金을 剋去하고, 卯木대운은 卯未 반합목국의 용신운으로, 重重한 土氣를 소토(疏土)하니 사주가 淸해져 승진의 경사가 있었다. 이후 丙寅대운도 발복이 이어졌다. 적천수(滴天髓)에 기재된 명조이다.

月支 戌土가 傷官이니 진상관(眞傷官)이다. 丁火가 戌月에 생하여 설기(洩氣)가 심하나, 劫財인 丙巳가 있고, 印星인 乙卯가 있으니 신왕(身旺)하여 설기(洩氣)됨을 감당할만 하다. 따라서 傷官이 月柱를 차지하여 旺하니 이의 기운을 빼주는 財星이 용신이다. 日主 丁火를 부조하는 오행이 없으면 財 용신을 쓰기 어려우나, 상기는 日主가 능히 傷官의 설기(洩氣)를 감당할만하니 財를 용해야 한다. 年支 申宮의 庚金이 용신이다.

辛丑, 壬대운까지 용신을 부조하는 운이니 발달하여 재물을 모았고, 이후 寅대운은 印星運으로 劫財인 丙巳를 왕하게 하고, 다시 寅申 沖하여 申宮의 庚金 용신이 손상되니 사망하였다.

〈가상관(假傷官)〉

時干 辛金 傷官이 월령(月令)을 차지하지는 못했으나 坐下 酉金에 건록(建祿)을 득하고 습토(濕土)인 辰土의 생을 받으니 가상관(假傷官)인 것이다. 日主는 比劫이 중중하고 印星이 있으니 신왕(身旺)하다. 설기(洩氣)시키는 時干 辛金이 용신인데, 용신 辛金은 坐下 酉金에 녹(祿)을 득하고 습토(濕土)의 생조를 받으니 용신이 왕강하다. 다시 운로가 申酉戌亥의 용신과 한신운이니 관록(官祿)이 충만했던 것이다. 巳午未 火대운은 기신운이니 한직(閒職)에 머물렀고, 이후 申酉戌 金대운은 용신운이니 크게 발복했던 것이다. 적천수(滴天髓)에 기재된 명조이다.

戊土가 巳月에 생하였고 印星이 重하니 극제하는 甲乙木을 용해야 하는데, 年干 乙木은 무근이니 용할 수 없고, 부득이 旺한 日主의 기운을 설기(洩氣)시키는 傷官인 月干 辛金을 용해야 한다. 지지 巳酉 반합금국은 화왕절(火旺節)이니 金氣가 때를 잃었다. 따라서 용신이 왕강하지 못하나, 丑대운에 巳酉丑하여 成局되어 용신이 旺해지니 과갑(科甲)에 올라 벼슬길에 나선 것이다. 적천수(滴天髓)에 기재된 명조다.

- 가상관(假傷官)의 경우는 운로에서 印星運이 들어올 시는 파료상관(破了傷官)이 되어 흉액이 크다.
- 가상관(假傷官)을 제외한 사주원국의 오행과 운로(運路)에서 오행이 合되어 印星運으로 들어오는 경우도 마찬가지이다.
- 가상관(假傷官)을 용할 경우에는 가상관(假傷官)에 해당하는 오행이 月支에 통근하여야 용신이 旺해져서 길하게 되는데, 月支가 사주원국이나 운로(運路)에서 合되어 타 오행으로 바뀌어 용신의 기운을 설기(洩氣)시키면 역시 길하지 못한 것이다.
- 상기와 같이 合된 경우가 아니더라도, 운로(運路)에서 사주원국을 간접적으로 가상관(假傷官)을 손상시키는 경우도 역시 길하지 못한 것이다.

244. 진기왕래(眞氣往來)

사주구성상 四吉神(正官. 正印. 正財. 食神)에 해당하는 財星이나 食神, 官星 및 印星이 서로 바뀌어 日柱와 時柱를 차지하고 있어, 상하좌우가 서로 교차하며 상호 필요한 六神을 서로 교류하고 왕래의 편의를 제공하여 자연 사주가 吉해지는 것을 진기왕래(眞氣往來)라 한다. 이것은 비단 日柱와 時柱만 논하는 것이 아니라, 日柱와 月柱, 日柱와 年柱에도 해당되는 것이다.

진기왕래(眞氣往來)라 할 수 있는 사주구성은 아래와 같이 요약된다. (사주첩경 참조)
日柱 - 甲寅. 甲申. 辛亥. 乙巳. 丙申. 丁巳. 戊午. 己巳. 庚寅. 辛巳. 壬申. 癸亥
他柱 - 辛未. 乙丑. 癸巳. 辛巳. 丁酉. 辛亥. 壬子. 乙亥. 己卯. 癸巳. 丁未. 丁巳

남명(男命)의 간명(看命)에서는 財와 官을 귀히 여긴다. 時干 辛金 正官은 年支 申金에 통근하나 寅申 沖하여 손상되고, 時支 未土 正財는 比肩이 旺하니 군겁쟁재(群劫爭財)되어 역시 무력한 것처럼 보인다. 그러나 사주가 묘하게도 時干 辛金은 日支

寅宮의 丙火 官星을 끌어들여 合하여 유정(有情)하려 하고, 日主 甲木은 時支 未宮의 己土 正財를 끌어들여 합하여 유정(有情)하려 하니 사주가 단단히 결속되어 길해지는 것이다. 이처럼 財와 官이 타 지지에서 상호 교차하여 서로 왕래하며 힘을 실어주니 진기왕래(眞氣往來)라 한다.

상기 명조는 甲木 日主가 寅月에 생하여 아직 한기(寒氣)가 왕하니 丙火의 따뜻함이 필요하다. 月干 丙火가 용신이다. 운로가 卯辰巳午未의 희신과 용신운이니 발복이 있었다.

年柱 丁酉와 日柱 丙申이 진기왕래(眞氣往來)가 되고 있다. 日主 丙火는 年支 酉宮의 辛金 財星을 암합(暗合)하여 끌어오려 하고 있고, 年干 丁火는 日支 申宮의 壬水 官星을 암합(暗合)하여 끌어오려 하고 있으니, 財와 官이 모두 動하고 있으며 교차하여 왕래하고 있으니 진기왕래(眞氣往來)라 한다.

상기는 日主가 염염지절(炎炎之節)에 생하여 조후(調候)가 급한데, 時干 癸水가 坐下 丑土에 통근하고 申酉金의 생을 받으니 태약(太弱)하지 않다. 중년 이후 癸丑대운부터 발복되어 프랜차이즈사업으로 큰 돈을 벌었다.

245. 진법무민(盡法無民)

法이 無力하여 백성이 따르지 않는다는 의미이다. 여기서 法은 官星을 말한다. 日干이 旺하면 대체로 官星을 용하는데, 사주원국의 食傷과 운로(運路)에서의 食傷이 중첩되어 官星을 심하게 핍박하여 官星이 무력해짐을 말한다.

庚	甲	甲	戊
午	午	寅	子

辛	庚	己	戊	丁	丙	乙
酉	申	未	午	巳	辰	卯

甲木 日主는 월령(月令)에 득록(得祿)했으며 子水 印星의 생을 받으니 신강(身强)하다. 억부법을 적용하여 時干 庚金 偏官을 용해야 하는데, 庚金은 日·時支의 午火 傷官의 剋을 받아 무력하다. 더군다나 운로에서 다시 巳午未의 食傷運이 들어와 더욱 庚金 용신을 무력화시키니 사주가 길하지 못했다. 法에 해당되는 庚金 官星이 무력하니 진법무민(盡法無民)이라 하는 것이다.

246. 진신득용(眞神得用)

진신(眞神)이란 득시(得時)하고 득령(得令)한 神을 말하고, 이에 반하여 가신(假神)이란 실시(失時)하고 퇴기(退氣)한 神을 말하는데, 사주상 용신이 제강사령(提綱司令)하고 다시 천간에 투출한 것을 진신득용(眞神得用)이라 하는 것이다. 여기서 득령(得令)이라 함은 日主 혹은 용신이 월령(月令)에 십이포태운성(十二胞胎運星)의 장생(長生), 건록(建祿), 제왕(帝旺)을 득한 경우를 말하는 것이다. 진신득용(眞神得用)한 경우에는 가신(假神)이 진신(眞神)과 인접되어 이를 손상시키지 않아야 하고, 他 神과 연계 작용함이 없이 정(靜)함이 좋은 것이고, 한신과의 합이 있는 경우라도 원격(遠隔)되어 있으면 무탈한 것이다.

가신(假神)이 진신(眞神)과 合沖의 관계로 인해 흉하게 바뀌거나, 진신(眞神)과 합되어 기신으로 化됨도 모두 녹록종신(碌碌終身)한 사람이나, 이것은 단지 局 안에서만 적용되는 것이 아니고 행운(行運)과도 관계도 똑같이 적용되는 것이다. 아울러 용신과 희신은 生地를 得해야 하고, 기신과 구신은 절(絶)地에 있어야 하며, 局의 안에서는 반드시 진신(眞神)이 보여야 하고, 행운에서는 구제하는 神이 있으면 이는 반드시 귀격(貴格)의 사주가 되는 것이다. 또한 局에서 합된 오행이 용신이 되면 조화(造化)의 功을 득한 것이나 행운과도 연계지어 합이 유지되나 깨지나 등도 더불어 관찰해야 하며, 沖의 경우에도 그로 인해 발생되는 길흉의 관계를 면밀히 분석 검토하면 三元의 이치를 자연 통달하게 될 것이다.

甲　　己　　丙　　甲

子　　丑　　寅　　子

壬　辛　庚　己　戊　丁
申　未　午　巳　辰　卯

　己土가 寅月에 생하여 死地에 해당하니 실기(失氣)했고, 官星인 두 개의 甲木이 투출하여 日主를 극하니 신약하다. 印星의 부조함이 있어야 중화를 이루니 火를 용해야 하는데, 月干 丙火 正印이 월령(月令) 寅木에 長生을 득하고 투출했으니 진신(眞神)에 해당되고 이를 용신으로 잡으니 진신득용(眞神得用)인 것이다. 또한 火를 사용함은 초춘(初春)의 木은 아직 한습(寒濕)한 氣가 남아있으므로 火가 없으면 발생의 情이 없기 때문이다.
　丙火가 득령(得令)했으니 진신(眞神)이고 실령(失令)한 子丑은 가신(假神)에 불과하다. 年·月에 官星과 印星이 투출하여 관인상생(官印相生)을 이루고 모두 월령(月令)을 득했으니 귀격(貴格)의 사주이다. 가신(假神)인 子水는 생조하는 金이 없고, 傷官인 木이 있어 水氣를 설(洩)하니 잡되지 아니하다. 또한 年支의 子水 가신(假神)은 인접하여 甲寅木이 있어 납수(納水)하니 丙火 용신을 직접 극하지 않아 길격이 된 것이다. 운로에서도 巳午未로 용신을 부조하니 관록이 상서(尙書)에 이르렀고 덕치로써 백성들의 교화에 힘썼던 적천수(滴天髓)에 기재된 유중당(劉中堂)의 명조이다.

乙　　丙　　壬　　壬

未　　子　　寅　　申

戊　丁　丙　乙　甲　癸
申　未　午　巳　辰　卯

　丙火가 寅月에 長生을 得하니 약하지 않은데, 천간에 두 개의 壬水 官星이 투출하여 지지 子申에 통근하고 日主를 핍박함이 심하니 부조(扶助)의 氣가 없으면 중화

를 이룰 수 없다. 時干 乙木은 월령(月令) 寅木에 득령(得令)했으니 진신(眞神)이고,
旺水를 납수(納水)하고 다시 日主 丙火를 살리니 乙木이 용신이 되는 것이며 곧 진
신득용(眞神得用)인 것이다. 壬水, 申金, 未土는 득령(得令)하지 못했으니 가신(假神)
에 해당되는데, 申金이 인접하여 용신인 寅木을 沖하니 병(病)이 된 것이다. 운로에
서 구제의 神이 있어야 하는데 다행이 운로가 巳午未의 남방화지로 흘러 병(病)이
된 申金을 剋去하니 가신(假神)의 난동을 막을 수 있어 귀격(貴格)의 사주가 되었다.
관록이 높았고, 덕으로써 백성을 돕고 현신(賢臣)으로 재능을 널리 펼쳤던 적천수(滴
天髓)에 기재된 철제군(鐵制軍)의 명조이다.

壬水가 寅月에 생하여 실기(失氣)했으나, 지지에 申子辰 삼합수국이 있고, 천간
에 庚金이 투출하여 생하니 日主는 약변강이 됐다. 日主가 왕하니 설기(洩氣)시키는
時干 甲木을 용한다. 용신 甲木은 득령(得令)하고 투출했으니 진신득용(眞神得用)인
것이다. 다만 혐의가 되는 것은 年支 申金은 가신(假神)인데 月干 戊土의 생을 받고
용신인 寅木을 沖하니 가신(假神)의 난동이 있는 것이다. 다행인 것은 운로가 卯辰
巳午未로 흘러 용신과 한신운이니 가신(假神)인 申金을 극제하여 일찍 관직에 들어
벼슬이 높았던 것이다. 이후 申金대운은 가신(假神)이며 기신에 해당되는 金이 寅申
沖하여 용신을 손상시키니 이때 사망한 것이다.

247. 진태상성(震兌相成)

진태상성(震兌相成)은 적천수(滴天髓)의 "통신론(通神論)"에 震兌主仁義之眞機 勢不
兩立, 而有相成者存에서 인용한 것이다. 즉, 진(震)과 태(兌)는 인의(仁義)의 참된 기
틀의 主된 것이라, 세력이 서로 양립할 수 없으니, 상호간 공방(攻防)과 쟁투를 통해

이룩됨이 있어야 존재하는 것이다.

주역 팔괘에서 진(震)은 내괘(內卦)이며 東方이라 木의 기운이 旺하니 사주의 甲乙
寅卯가 이에 해당하며 生陽하는 기세가 있으니 仁에 해당하고, 태(兌)는 외괘(外卦)
이며 西方이라 金의 기운이 旺하니 사주의 庚辛申酉가 이에 해당하며 숙살지기(肅
殺之氣)의 기운이 있으니 義에 해당하는 것이다.

사주상 月·日은 內로 보고, 年·時는 外로 본다. 따라서 진(震)이 內에 있는 것은
月·日이 亥卯未에 해당하는 것이고, 태(兌)가 外에 있는 것은 年·時가 巳酉丑에
해당하는 것이다. 반대로 진(震)이 外에 있다는 것은 年·時에 亥卯未가 있는 것이
고, 태(兌)가 內에 있다는 것은 月·日에 巳酉丑이 있는 것이다.

日主가 기뻐하는 것이 진(震)이라면 태(兌)는 적(敵)에 해당하니 반드시 火를 용하
여 서방 金氣인 태(兌)를 공격해야 하고, 日主가 기뻐하는 것이 태(兌)라면 진(震)이
적(敵)인데 자연 金剋木이 되니 적(敵)을 대비하여 방어해야 하기는 하나 모두 제거
할 필요는 없고 군사를 일으킬 필요도 없는 것이다. 이처럼 局에 金과 木이 세(勢)를
얻고 있는 경우에는 상호 공방(攻防)과 쟁투(爭鬪)를 통해 中和의 묘리(妙理)를 얻는
것을 진태상성(震兌相成)이라 하는 것이다. 진태(震兌)의 이론에는 다섯 가지 이치가
있으니, 공(攻), 성(成), 윤(潤), 종(從), 난(暖)이 그것이다.

공(攻) : 초춘(初春)의 木은 지란호초(芝蘭蒿草)에 해당되어 유약하고 金은 견고하
니, 火로써 金을 공략하여 인의(仁義)를 얻는 이치이다.

성(成) : 중춘(仲春)의 木은 旺하고 金이 쇠약하니, 土로 生金하여 이룩함이 있어
야 인의(仁義)를 얻는 이치이다.

윤(潤) : 하월(夏月)의 木은 기운이 설기(洩氣)되고 金은 건조하니, 水로써 윤택하
게 해야 인의(仁義)를 얻는 이치이다.

종(從) : 추월(秋月)의 木은 死木이며 허령(虛靈)한데 金은 예리하니, 土로써 좇게
해야 인의(仁義)를 얻는 이치이다.

난(暖) : 동월(冬月)의 木은 쇠약하고 金은 한냉(寒冷)하니, 火를 얻어 온난케 해야
인의(仁義)를 얻는 이치이다.

〈공(攻)의 이치〉

甲木이 입춘(立春) 後 4일에 생하니 초춘(初春)이다. 日主가 坐下에 申金을 깔고 있으니 절각(截脚)되고, 月干에 다시 庚金이 투출하여 丑土의 생을 받으니 金旺하여 이른바 목눈금견(木嫩金堅)이다. 火를 用하여 金을 공략하면 인의(仁義)를 얻을 수 있으니, 年干 丙火가 용신인데, 年·月支 寅木에 통근하여 旺하니 사주가 귀격이다. 초년 辛卯, 壬辰대운은 용신 丙火를 손상시키니 길하지 못했으나, 이후 巳午未 남방화운은 용신운이니 벼슬길이 순탄했다. 申대운은 기신운이라 다시 용신인 丙火를 손상시키니 이때 사망하였다.

〈성(成)의 이치〉

甲木이 卯月 중춘(仲春)에 생하고 坐下에 녹성(祿星)을 깔고 月支에 양인(羊刃)을 만나니, 木이 旺하고 金이 쇠(衰)하다. 己土로 年干 庚金을 생조하여 旺木을 대적하면 진태(震兌)의 인의(仁義)를 이룰 수 있다. 巳午대운은 火가 金을 훤하니 발복이 적었으나, 癸未대운은 癸水가 未土를 적시어 生金하니 벼슬길에 나갔던 것이다. 이후 申酉대운은 金運이라 旺한 木을 극하고 용신이 得地하니 관운과 발복이 있었던 것이다.

〈윤(潤)의 이치〉

丁	甲	壬	庚
卯	辰	午	辰

戊子	丁亥	丙戌	乙酉	甲申	癸未

甲木이 하월(夏月)에 생하고 丁火가 투출했으니 木性이 허초(虛焦)하고 金性은 완금(頑金)이다. 水를 용하여 木을 자윤(滋潤)하고 金을 보호하면 역시 진태(震兌)의 인의(仁義)를 얻을 수 있는 것이다. 기쁜 것은 年·日支의 辰土가 火를 설기(洩氣)하고 金을 생하며, 水를 가두고 보존하니 상호 상생이 되고 귀격사주가 되어 관찰사의 직위에 오른 명조다.

〈종(從)의 이치〉

乙	甲	甲	庚
丑	戌	申	戌

庚寅	己丑	戊子	丁亥	丙戌	乙酉

甲木이 申月에 생하여 절(絕)地라 신약하다. 庚金이 투출하고 丑戌土의 生金이 있으니 殺이 태강(太强)한 것이다. 왕세(旺勢)를 종(從)해야 하는 것이다. 土를 용하여 金을 도우면 역시 진태(震兌)의 인의(仁義)를 얻을 수 있다. 천간에 비록 甲乙木이 있으나 무근이니, 日主가 부득이 土를 용하여 金을 좇아 종살(從殺)할 수밖에 없다. 戌대운에 무직(武職)에 들었고, 丁亥대운은 木을 생하고 金을 극하니 형모(刑耗)가 다단(多端)하였고, 이후 戊子, 己丑대운은 財가 殺을 생하는 운이니 벼슬이 올랐다.

<난(暖)의 이치>

丙火가 子月에 생하여 木이 쇠(衰)하고 천지가 차니 조후(調候)가 급하다. 子月에
水旺한데 다시 庚辛金이 생조하니 한기(寒氣)가 극심한 것이다. 丙火의 난조지기(暖
燥之氣)가 없으면 조후(調候)를 得할 수 없다. 따라서 火를 용하여 해동(解凍)하면 역
시 진태(震兌)의 인의(仁義)를 얻을 수 있는 것이다. 時干 丙火가 寅宮에 長生을 득했
으니 한기(寒氣)를 쫓아내고 發生의 상(象)을 얻을 수 있는 것이다. 丁丙未午대운에
조후(調候)를 得하니 벼슬이 올랐고 발전이 있었다.

248. 진퇴지기(進退之機)

사계절에 따른 오행 기운의 나아감과 물러남의 기틀을 말함이다. 이는 사주상
오행의 왕상휴수사(旺相休囚死)를 논한 것인데, 오행의 왕세(旺衰)를 사계절(四季節)에
안배한 것이다.

오행의 왕상휴수사(五行의 旺·相·休·囚·死)

음력(陰曆)	왕(旺)	상(相)	휴(休)	수(囚)	사(死)
춘(목) 春(木)	木	水	火	土	金
	寅卯	亥子	巳午	辰未戌丑	申酉
하(화) 夏(火)	火	木	土	金	水
	午巳	寅卯	辰未戌丑	申酉	亥子
사계(토) 四季(土) 진미술축 辰未戌丑	土	火	金	水	木
	辰未戌丑	巳午	申酉	亥子	寅卯
추(금) 秋(金)	金	土	水	木	火
	申酉	辰未戌丑	亥子	寅卯	巳午
동(수) 冬(水)	水	金	木	火	土
	子亥	申酉	寅卯	巳午	辰未戌丑

木은 봄에 가장 왕성하고, 여름에는 목생화(木生火)로 여름에 기운을 빼앗기어 쇠약해져 "휴(休)" 즉 쉬게 되고, 가을엔 金의 숙살기운(肅殺氣運)에 꺾이게 되어 가장 쇠약해지게 되어 "사(死)"가 되고, 사계(四季)인 토왕계절(土旺季節)엔 木이 土에 갇히게 되므로 "수(囚)"가 되고, 겨울엔 봄에 나무를 생장시킬 수기(水氣)가 있어 수생목(水生木)하여 상생(相生)의 기운을 띄게 되므로 "상(相)"이라 한다.

火는 여름에 가장 왕성하고, 사계(四季)엔 "휴(休)"가 되고, 겨울엔 "사(死)"가 되고, 가을엔 "수(囚)"가 되고, 봄엔 "상(相)"이 된다.

土는 사계(四季)에 가장 왕성하고, 가을에 "휴(休)"가 되고, 봄에 "사(死)"가 되고, 겨울에 "수(囚)"가 되고, 여름에 "상(相)"이 된다.

金은 가을에 가장 왕성하고, 겨울에 "휴(休)"가 되고, 봄에 "수(囚)"가 되고, 여름에 "사(死)"가 되고, 사계(四季)에 "상(相)"이 된다.

水는 겨울에 가장 왕성하고, 봄에 "휴(休)"가 되고, 사계(四季)에 "사(死)"가 되고, 여름에 "수(囚)"가 되고, 가을에 "상(相)"이 된다.

요약하면 사주에서 甲木 日干의 경우 甲木은 봄철에 왕강한데, 음력 一月인 寅月에 태어났으면, 木의 기운이 매우 왕강한 계절에 태어난 것이다. 그러므로 甲木은 1月에 "왕(旺)"하다고 하고, 그러나 여름철 남방 화왕절(火旺節)로 가면, 봄에 왕성한 木의 기운은 설기(洩氣)되어, 기운을 여름의 火에 빼앗기게 되므로 木은 "휴(休)"가 되는 것이다. 또한 가을철로 가면 금극목(金剋木)이 되어 열매와 잎사귀가 다 떨어지므로 "사(死)"가 되는 것이다. 또한 토왕절(土旺節 = 辰·未·戌·丑月)이 되면 목극토(木剋土)가 되어 땅을 파헤치고 만물이 돋아나오나, 木의 기운은 땅속에 갇히게 되므로 "수(囚)"가 되는 것이다. 겨울철 수왕지절(水旺之節)은 다음 해인 봄에 만물을 성장시키고자 수기(水氣)를 담뿍 머금고 있어, 봄의 木을 생장시키고자 하는 원동력이 되므로 "상(相)"이라 하는 것이다.

日主와 용신과 희신은 왕상(旺相)하여야 하고 휴수(休囚)되면 흉하나, 흉살과 기신과 구신은 휴수(休囚)되어야 마땅하고 왕상(旺相)하면 흉한 것이다.

왕기(旺氣)는 왕성함이 극에 달했으니 퇴기(退氣)로 빨리 이어지고, 상기(相氣)는 앞으로 닥쳐오는 것이니 氣가 장구하게 뻗어나감으로써 곧 진기(進氣)하는 것이니 길한 것이다. 참고로 사주의 오행을 십이포태운성(十二胞胎運星)에 적용하여 진퇴지기(進退之氣)를 논한다면, 진기(進氣)는 양(養) ~ 제왕(帝旺)까지 해당되고, 퇴기(退氣)는 쇠(衰) ~ 태(胎)까지 해당되는 것이다.

休의 상태가 더욱 심해지면 囚가 되는데, 囚는 쇠약함이 剋에 달했으니 다시 점점 생해지는 진기(進氣)의 시기로 나아가나, 休는 氣가 이제 막 퇴기(退氣)한 것이니 다시 돌아와 생하기 까지는 많은 시간이 걸리는 것으로 이것이 바로 진퇴지기(進退之氣)의 이치이다.

甲木이 金旺節에 死木이고 십이포태운성(十二胞胎運星)으로는 囚에 해당되니 신약하다. 庚金은 金旺節에 왕하고 지지 辰申의 부조가 있으니 日主 甲木을 핍박함이 심하여 병(病)이 됐다. 살중신경(殺重身輕)한 경우이다. 丁火로 약(藥)을 써야 하는데 비록 丁火는 戌月에 실기했지만, 甲木이 戌月에 생하여 金旺節의 끝이라 水旺節로 진기(進氣)하는 계절이라 相에 해당되니 약변강이 되어 丁火를 살리고, 또한 時干 壬水는 인접해 있으며 진기(進氣)를 맞이하는 甲木을 생하니 丁火를 극하지 않는다. 그리고 戌宮의 中氣에 丁火 미근(微根)이 있으니 통근이 되고 있는 것이다. 따라서 사주가 생화유정(生化有情)을 이루고 丁火를 도우니 능히 적살(敵殺)할 수 있다. 운로(運路)가 未午巳 남방화운의 용신운이니 관록이 풍부했던 것이다.

甲木이 申酉月에 생했다면 십이포태운성(十二胞胎運星)의 절태(絕胎)에 해당되고 왕상휴수사(旺相休囚死)의 死에 해당되니 수왕절(水旺節)로 진기(進氣)함이 막혔을 것이나, 戌月은 십이포태운성(十二胞胎運星)의 양(養)에 해당되어 亥子丑의 수왕절(水旺節)로 진기(進氣)하는 계절을 만나니 甲木이 소생(蘇生)의 기를 맞은 것이다. 이러한 이치를 진퇴지기(進退之氣)라 한다.

甲木이 辰月에 생하여 습목(濕木)에 통근했다 하나 辰月은 화왕절(火旺節)로 진기(進氣)하는 계절이니 甲木의 氣는 休가 되고, 또한 坐下에 戌土가 있어 건토(乾土)라 生木하지 못하니 甲木이 신약하다. 月干 庚金은 乙木과 간합을 이루어 甲木을 극함이 심한데, 金을 견제하는 火氣가 없으니, 甲木의 힘만으로는 庚金 七殺을 대적할 수 없어 흉한 것이다.

위의 甲辰日柱 사주는 戌月의 甲木과 庚金이라 戌月은 수왕절(水旺節)로 진기(進氣)하는 계절이니 甲木은 진기(進氣)하고 庚金은 퇴기(退氣)하여 甲木이 능히 庚金 七殺을 대적하나, 이번 甲戌日柱 사주는 辰月의 甲木과 庚金이라 辰月은 화왕절(火旺節)로 진기(進氣)하는 계절이라 甲木이 퇴기(退氣)하고 庚金은 진기(進氣)하는 계절이니 庚金이 旺하여, 쇠(衰)한 甲木이 旺한 庚金 七殺을 대적하기 힘들기 때문이다. 이것이 진퇴지기(進退之氣)의 정리(定理)인 것이다.

249. 징탁구청(澄濁求淸)

사주의 탁기(濁氣)를 맑게 하여 淸함을 얻음이다. 탁기(濁氣)가 많은 사주에 이를 제거함이 없으면 빈천요수(貧賤夭壽)하게 되는데, 탁기(濁氣)라 함은 총칭하여 기신과 구신에 해당하는 오행을 말하는 것으로 이를 제거하는 오행이 있으면 사주가 淸해지고 귀격(貴格)이 되는 것이다. 사주가 淸하면서도 有氣하면 정신이 관족(貫足)한 것이고, 淸하더라도 無氣하면 정신이 고갈되고, 정신이 고갈되면 사기(邪氣)가 들어오고, 사기(邪氣)가 들어오면 청기(淸氣)가 흩어지고, 청기(淸氣)가 흩어지면 빈천요수(貧賤夭壽)하게 되는 것이다.

요약하면 日主의 용신과 희신은 득기(得氣)나 득지(得地)하고 또한 봉생(逢生)함이 마땅하고, 이에 다시 日主에 근접함이 길한 것이고, 기신과 구신은 실세(失勢)하고 절(絕)地에 임하여 무력해짐이 마땅하며, 다시 원격(遠隔)되어 그 작용력이 현저히 떨어짐을 요하는 바, 이러한 연관된 모든 과정을 총칭하여 징탁구청(澄濁求淸)이라 한다.

丙火가 子月에 생하여 실기(失氣)했지만 사주에 印星과 劫財가 있으니 약변강이 되었다. 다라서 억부법(抑扶法)을 적용하여 年干 癸水를 용해야 하는데, 癸水는 子水 월령(月令)에 통근했으나 未土가 인접해 있어 子水를 극하여 투출된 癸水를 손상시키니 결국 未土가 癸水를 탁(濁)하게 하는 것이다. 희신인 酉金은 時支에 원격(遠隔)되어 있으며, 上神인 丁火로 인해 수극(受剋)되니 癸水를 도울 여력이 없다. 운로에서 인통(引通)함이 있어야 발복을 기대할 수 있는 것이다.

亥水대운은 寅亥 합목하여 용신인 水氣를 설(洩)하니 발전함이 없었다.

壬戌대운 중 壬水대운은 용신운이나 坐下 戌土의 극을 받고, 다시 丙壬 沖하여 旺한 日主와 相沖되어 손상되니 관직에 오르지 못하였고, 戌土대운은 기신운이니 역시 발복이 적었다.

辛酉, 庚申대운은 용신운이라, 원격(遠隔)되어 무력한 酉金을 인통(引通)하여 용신 癸水를 부조하니, 未土로 인한 탁(濁)했던 癸水를 맑게 하는 것이라 일약 발복되어 재물이 늘고 가업이 풍성하였다.

己未대운은 기신운인데 쇠약했던 未土를 부조하여 용신인 癸水를 탁(濁)하게 하고 剋去하니 처자를 상극(傷剋)하고 火災를 만나 가업을 파(破)했던 것이다.

辛	己	丙	甲
未	亥	寅	子

壬	辛	庚	己	戊	丁
申	未	午	巳	辰	卯

寅月에 甲木이 사령(司令)하고 다시 年干에 甲木이 투출했으니 官星이 旺하다. 財星인 子亥水도 목왕지절(木旺之節)에 왕상휴수사(旺相休囚死)의 相에 해당되니 역시 旺하다. 따라서 財官이 旺하니 자연 日主 己土는 신약하다. 印星인 月干 丙火를 용해야 하는데, 丙火는 坐下 寅木에 長生을 득하고, 年干 甲木이 투출하여 가까이서 丙火 용신을 생하니 사주가 귀격(貴格)이다. 子亥水는 財星으로 기신에 해당되어 용신 丙火의 광휘(光輝)를 가리고 剋하여 탁(濁)한데, 甲木이 가까이 있어 탁(濁)한 水氣를 납수(納水)하고 丙火를 생하니 길하다.

용신인 印星 丙火는 日主와 인접해 있으니 日主의 정신(精神)에 해당되며, 탁기(濁氣)를 맑게 하여 淸함을 얻음이니 징탁구청(澄濁求淸)에 해당되는 것이다. 그리고 日主의 氣는 戊己土로써 지지 寅亥未에 통근하여 역시 약하지 않은데 辛金이 투출하여 土氣를 설(洩)하니 日主의 氣가 관족(貫足)된 것이다. 아울러 年柱부터 時柱까지 연주상생(聯珠相生)되고 운로 역시 巳午未의 용신운으로 흐르니 사주가 淸하고 귀격(貴格)으로, 君王을 측근에서 보필하는 영화로움이 있었고 관록(官祿)도 충만했던 것이다.

250. 천관지축(天關地軸)

天은 건(乾)이며 戌亥에 해당되고 천문(天門)이며, 地는 곤(坤)이며 未申에 해당되고 지축(地軸)에 해당된다. 건곤(乾坤)에 해당되는 십이지지 오행이 사주에 있음을 말하는데, 건곤(乾坤) 중 戌이나 亥, 未나 申중 하나만 있어도 천관지축(天關地軸)이라 한다.

乙	甲	辛	甲
亥	寅	未	午

戊寅	丁丑	丙子	乙亥	甲戌	癸酉	壬申

지지에 亥未가 있으니 천관지축(天關地軸)에 해당된다. 甲木이 未月에 生하여 火氣가 퇴기(退氣)한다 하나, 아직 조열(燥熱)한 기운이 남아 있고, 寅午 반합화국을 형성하니, 中和를 이루기 위해 時支 亥中의 壬水를 용신으로 잡는다. 申酉戌亥子의 희신과 용신운에 발복했으나, 丁丑대운에 들면서 용신과 相剋되니 이때 사망한 것이다. 고 신익희 선생의 명조이다.

251. 천복지재(天覆地載)

天氣는 地氣를 덮어주고 地氣는 天氣를 실어줌을 의미한다. 이는 천간과 지지가 상호 相生이 되어야 사주가 길해진다는 것을 의미하며, 특히 용신에 해당되는 오행이 上下 相生되면 귀격(貴格)이 되는 것이다.

庚	庚	丁	己
辰	申	卯	亥

庚申	辛酉	壬戌	癸亥	甲子	乙丑	丙寅

庚金 日干이 비록 卯月에 생하여 실기(失氣)했으나 辰土 印星과 申金 比劫이 중중하니 신강사주이다. 따라서 月干 丁火를 용신으로 잡을 수밖에 없다. 용신 丁火는 동주(同柱)한 卯木의 생을 받고, 卯木은 年支 亥水와 반합목국이 되어 丁火를 생하니 생화유정(生化有情)이 된 것으로 旺하다. 이와 같이 용신 丁火가 상하 상생되고, 지지는 亥卯 반합목국을 이루어 丁火를 생해주니 上下가 서로 돌보아 줌이 있어 천복지재(天覆地載)가 되어 길한 사주가 된 것이다. 반면 사주상 흉신에 해당되는

오행이 천복지재(天覆地載)되면 흉함이 더한층 가중된다 판단하는 것이다.

천간은 金水 二氣가 쌍청(雙淸)하다. 日主 辛金은 午火節에 실기(失氣)했지만 사주에 金이 중중하니 신왕(身旺)하다. 억부법(抑扶法)을 적용하여 火를 용해야 하는데, 午火 월령(月令)은, 巳火의 부조를 받아야 하나 巳酉 반합금국으로 바뀌니 부조(扶助)가 없고, 사주에 木氣가 전무하니 용신이 태약(太弱)하다. 다시 혐의가 되는 것은 壬水가 金의 생조를 받고 개두(蓋頭)하여 용신인 午火를 극하니 火가 무력해진 것이다. 申酉대운은 수세(水勢)를 더욱 旺하게 하니 파모(破耗)가 많았고, 이후 丙戌대운은 용신운이니 크게 발전이 있었으나, 亥대운은 壬水의 녹성(祿星)地이고 癸水가 제왕(帝旺)을 得하니 火氣가 극진(極盡)되어 가파인망(家破人亡)한 것이다. 상기는 천복지재(天覆地載) 됨이 없어 파격(破格)이 된 명조이다.

252. 천전일기(天全一氣)

천간의 四字가 모두 甲. 乙. 丙. 丁. 戊. 己. 庚. 辛. 壬. 癸 중 하나로 이루어진 것을 말하며 천원일기(天元一氣)라고도 한다. 천간은 본시 氣가 순일(純一)하고 잡(雜)되지 않으나, 천전일기(天全一氣)가 되면 더욱 그 기세가 순수하고 旺해지는 것이다. 그러나 이 또한 사주가 길해지기 위해서는 상하 相生이 되거나 지지에 통근되거나 해야 하는데, 그렇지 못하고, 상하 相剋이 되거나, 천간이 지지를 돌보지 않거나 반대로 지지가 천간을 돌보지 않음은, 모두 지지에서 덕(德)으로 싫어줌이 없는 것이니 사주가 길해지지 못하는 것이다. 이것은 천간의 氣는 하강(下降)하고 지지의 氣는 상승(上昇)하여 상호 교감(交感)을 이루고 유통(流通)과 화합(和合)을 이루어야 사주가 길격이 되는 이치이다.

천전일기(天全一氣)의 경우는 사주상 그 기세가 旺한 쪽으로 순세(順勢)를 타게 되면 길하지만 왕한 기세(氣勢)를 역행(逆行)함은 편고(偏枯)되므로 신고(身苦)가 많은 것이다. 그리고 상하 상극이라 함은 예로 四 乙酉는 지지에서 천간을 극하는 것이고, 四 辛卯의 경우는 천간에서 지지를 극하는 것을 말함이다.

(男命)　　　　　　　　　　　　　　　(女命)

상기는 모두 천간과 지지가 一氣로 되어 있는 명조이나, 남녀의 대운이 순역(順逆)하니 命의 길흉은 극과 극인 경우이다. 천간의 甲木 一氣가 지지의 戊土 一氣를 극하니 상극하가 되어 그 기세가 유통이 되지 않고 있으나 지지 戊宮의 丁火를 용하면 木生火, 火生土하여 상하가 교감(交感)을 얻을 수 있는 것이니 통관법(通關法)을 적용한다. 남명의 경우는 丙丁寅卯辰巳午의 용신과 희신운이니 길하다. 조선조 영조대왕의 사주라 한다. 여명은 대운이 역행하여 壬申, 辛未로 기신과 구신운으로 흐르니 길하지 못하다. 조선조 임진왜란 때 적장을 끌어안고 강에 떨어져 숨진 논개의 명조이다.

甲木의 천전일기(天全一氣)이다. 甲木 日主가 坐下에 녹성(祿星)을 得했으니 旺하다 판단할 수 있으나, 戊月의 甲木은 死木이다. 火水가 없으면 生할 수 없는 것이며 지지 寅申 沖하여 寅木의 뿌리를 끊어 놓으니 甲木은 도리어 무근이 된 것이다.

戌月은 금왕지절(金旺之節)이니 申金이 旺하여 木을 剋하니 日主를 생하는 水가 용신이다. 申宮의 壬水를 용한다. 亥子丑寅卯대운은 용신과 한신운이니 의식(衣食)이 풍부하였으나, 庚辰 대운은 庚金 七殺이 月支 戌宮의 辛金과 통근(通根)하여 官星을 인통(引通)하여 月·日干의 甲木과 沖하며, 다시 辰土가 辰戌 沖하여 본가(本家)인 月柱를 손상시키니 파가극자(破家剋子)하고 사망한 것이다.

戌土의 천전일기(天全一氣)이다. 지지는 午戌 반합화국을 형성하여 火가 태왕하니 子水는 적수오건(滴水熬乾)이 되었다. 比劫이 중중하니 종왕격(從旺格)으로 논하는데, 신왕(身旺)한 土氣를 설(洩)하는 日支 戌宮의 辛金을 용한다.

초년 己未대운은 조토(燥土)라 生金하지 못하고 더욱 比劫이 중첩되니 신고(身苦)를 겪었고, 庚申, 辛酉대운은 土의 旺氣를 설(洩)하니 처자를 얻고 가업이 무탈했으나, 壬戌대운은 壬水가 통근하지 못하고, 다시 戌土가 午戌 반합화국을 이루어 일점 財星인 水를 압박하니 화재(火災)를 당하여 일가족이 모두 죽고 말았다. 이것은 干支에 土를 설(洩)하는 金의 세(勢)가 태약(太弱)했기 때문이다. 결국 天干의 一氣인 戌土가 지지를 돌보지 않아 사주가 흉격이 되었기 때문이다.

253. 천지교전(天地交戰)

천간과 지지에 공히 沖이 있어 상하가 和合의 情이 없음을 말한다. 이는 사주의 柱가 甲寅과 庚申, 乙卯와 辛酉, 丙寅과 壬申, 丁卯와 癸酉 등으로 구성되어 천간과 지지가 공히 沖으로 이루어졌거나, 각 同柱한 오행을 상호 비교시 천간은 천간끼리 지지는 지지끼리 상호 相沖으로 이루어진 것을 의미한다.

적천수(滴天髓)에 "天戰猶自可, 地戰急如火"라는 글이 있는데 이는 천간의 싸움은
    천전유자가   지전급여화
오히려 可하나 지지의 싸움은 불같이 급하다는 뜻이다. 즉, 天干의 氣는 순전(純專)하므

로 안정을 득하면 쉽게 制化가 되니 오히려 좋을 수 있다는 것이고, 그러나 地支의 氣는 잡(雜)되어 制化시키기가 어려우므로, 천간의 氣가 비록 안정을 찾으려 해도 地支의 싸움은 불같이 급하다 표현한 것이다. 天干의 氣는 본시 動함이 마땅하고 지지의 氣는 본시 정(靜)함이 마땅하기 때문이다. 이는 天干의 氣는 動하면 쓰임이 생기나, 地支의 氣는 動하면 뿌리가 뽑히기 때문이다.

상기는 천간이 甲庚 沖과 乙辛 沖, 지지는 子午 沖과 巳亥 沖으로 구성되어 天地가 교전(交戰)하고 화합(和合)의 情이 전혀 없다. 巳宮의 丙火가 사령(司令)하니 火는 旺한데 金은 弱하다. 얼핏 보면 辛金 官星과 子水 印星이 있어 관인상생(官印相生)되어 귀격으로 생각되지만 천지가 모두 교전(交戰)하니 천간의 열매는 떨어지고 지지의 뿌리는 끊어진 것이다. 또한 극설교가(剋洩交加)가 된 것이다.

火旺하니 印星인 水가 필요한데, 庚辰, 己卯, 戊寅대운은 水를 剋하고 설기(洩氣)시키니 형모다단(刑耗多端)하고 처자(妻子)를 剋한 것이다. 丁丑대운은 구신과 기신 운이라 만사불성했고 이때 사망한 것이다.

천간은 甲戊의 相剋과 乙辛 沖, 지지는 寅申과 巳亥의 相沖이 있으니 천지가 교전(交戰)하여 사주가 흉격으로 보인다. 그러나 이 사주는 甲乙木 官殺이 중중한데 沖으로써 오히려 官殺을 무력화시키니 흉중길(凶中吉)이 된 것이다. 즉, 乙辛 沖으

로 去官하고, 寅申 沖으로 去殺하니, 甲木 一位 偏官만 남아 월령(月令) 巳宮의 丙火
와 살인상생(殺印相生)되니 귀(貴)함이 있는 것이다. 더군다나 巳宮의 丙火 용신은
巳亥 相沖되어 손상될 것 같으나, 명조(命造)가 巳宮의 여기(餘氣)에 태어나 戊土가
힘을 얻으니 亥宮의 壬水를 극하여 丙火의 손상을 막은 것이다.

　운로가 辰卯寅丁丙의 희신과 용신운이니 벼슬이 연등했고, 이후 子대운은 기신
운이며 亥水를 인통(引通)하여 丙火를 극하니 이때 사망한 것이다.

　천간에 乙辛 沖하고 지지에 卯酉 沖하니 천지교전(天地交戰)이다. 官殺이 태다하여
日主를 핍박함이 심하니 火의 극제가 없으면 사주가 무용지물이다. 局에 火氣가
전무하니 운로에서 인통(引通)해온다. 운로가 未午巳 남방화운이니 이로(異路)로 현달
했으나, 辰대운은 辰酉 합금의 구신운이니 국법을 어겨 화액(禍厄)을 당한 것이다.

254. 천지교태(天地交泰)

　天干의 오행과 地支의 오행이 상호 교류(交流)함이 크다는 것을 의미하는 것이다.
天氣는 아래로 하강(下降)하려 하고 地氣는 위로 상승(上昇)하려 하며, 天氣는 동적
(動的)이고 청순(淸純)하며, 地氣는 정적(靜的)이며 잡(雜)된 것인데, 干支의 두 기운
이 상호 相剋과 배반(背反)함이 없이 干支가 상호 유정(有情), 화합(和合)하고 상생되
며 기제(旣濟)의 功을 이루는 것을 천지교태(天地交泰)라 한다.

　局에서 有情함과 相生됨을 이루지 못한 경우에는 운로(運路)에서라도 이루게 되
면 사주가 길하게 되는 것이다. 또한 천간의 한두 개 오행과 지지의 중첩된 오행이
상호 比化되거나, 지지에 三合局이나 方合局이 있어 천간의 한두 개 오행과 比化된
경우에도 모두 일맥상통한 이치인 것이다.

(女命)

未土月의 癸水는 통근되거나 생을 받음이 없으면 사막의 오아시스에 비유되고, 乙木은 사막의 풀로 비유되니 癸水는 쇠갈(衰渴)하고 乙木은 고초(枯焦)한 상태인 것이다. 따라서 月干 乙木은 자연 丙丁火를 생하는 것으로 판단한다. 지지는 巳午未 남방화국을 형성하니 火氣가 태왕하고 日主 癸水는 무근이니 火를 종(從)할 수밖에 없다. 火는 財星에 해당되니 종재격(從財格)으로 논한다. 용신은 年干 丙火이다. 운로가 午巳辰卯寅의 용신과 희신운이니 총명했고, 화장품 및 마사지업 계통의 사업으로 재물을 모았고 본가 및 시댁이 모두 발복이 있었다.

天干의 丙丁 火는 지지가 巳午未 남방화국을 형성하니 比化되어 天地가 교태(交泰)하고 和合한 것이라 천지교태(天地交泰)에 해당된다.

월령(月令) 子宮의 癸水 七殺이 당령(當令)하여 日主를 핍박하지만, 日支 卯木 印星이 있어 살인상생(殺印相生)되고, 年干 癸水 七殺 역시 甲木을 생하여 살인상생(殺印相生)되어 日主를 생하며, 年柱부터 時柱까지 상하 相生되고 比化되니 사주가 격절(隔絶)된 곳이 없고 有情하며 和合하여 천지교태(天地交泰)인 것이다. 상하가 有情하며 천간은 年干부터 상생유통(相生流通)되고, 지지는 年支부터 時支까지 상생유통(相生流通)되며, 사위순전(四位純全)의 子午卯酉 기세가 相沖하여 七殺의 기세를 누그러뜨리니, 귀격(貴格)으로 일찍부터 관도(官途)에 들어 관찰사의 위치까지 오른 것이다.

|辛|丁|癸|戊|
|亥|未|亥|寅|

己	戊	丁	丙	乙	甲
巳	辰	卯	寅	丑	子

月柱 癸亥는 七殺과 正官인데 同柱하여 旺하니 七殺로 논한다. 따라서 日主를
핍박함이 심한데 기쁘게도 亥水는 年支와 寅亥 합목의 印星으로 化되고, 時支 亥水
역시 日支와 亥未 반합목국의 印星으로 化되어 관인상생(官印相生)을 이루어 일로
日主를 생하고, 천간은 戊癸 合火하여 日主 丁火를 부조하니, 天地가 상호 다툼이
없이 상호 有情, 和合하니 천지교태(天地交泰)라 하는 것이다. 용신은 관인상생(官印
相生)하는 年支 寅宮의 甲木을 용한다. 운로가 寅卯辰의 용신운으로 흐르니 일찍
관직에 들어 현재의 도지사에 오른 명조이다.

255. 천청지탁(天淸地濁)

天干의 氣는 본시 청(淸)하고 地支의 氣는 본시 탁(濁)하다는 뜻이다. 天干의 상
(象)은 天이고, 地支의 상(象)은 地인데, 地氣가 天干으로 상승(上昇)하고자 하는 것
은 가볍고 청(淸)한 기운이기 때문이고, 天干의 氣가 地支로 하강(下降)하고자 하는
것은 무겁고 탁(濁)하기 때문이다. 천간의 氣는 본시 청(淸)하므로 탁(濁)함을 두려워
하지 않으나 지지의 氣는 본시 탁(濁)하기 때문에 반드시 청(淸)해야 하는 이치이다.

따라서 천간이 탁(濁)하고 지지가 청(淸)하면 귀명(貴命)이 되지만, 지지가 탁(濁)
하고 천간이 청(淸)한 사주는 천박(賤薄)한 命이다.

참고로 지지가 상승(上昇)하는 것을 영(影)이라 하고, 천기가 하강(下降)하는 것을
형(形)이라 하는데, 형영(形影)이 승강(昇降)과 합충(合沖), 제화(制化)의 과정에서 청탁
(淸濁)이 분류되는 것이라고 적천수(滴天髓)에서 논하고 있다.

| 丙 | 戊 | 壬 | 壬 |
| 辰 | 戌 | 寅 | 辰 |

| 戊 | 丁 | 丙 | 乙 | 甲 | 癸 |
| 申 | 未 | 午 | 巳 | 辰 | 卯 |

寅宮에 甲木이 사령(司令)하여 日主를 극하니 木은 旺하고 土는 허약하다. 財星인 兩 壬이 투출하여 천간의 氣는 탁(濁)한데, 丙火 印星을 극하고 월령(月令)을 생하니 글공부를 이어가지 못했던 것이다. 다행인 것은 壬水의 旺함을 寅木이 납수(納水)하고, 戊土가 旺水를 制水하니 사주가 淸해진 것이라 천탁지청(天濁地淸)인 것이다. 글공부는 부족했으나 이로(異路)로 관직에 올라 현령(縣令)까지 지냈던 것이다. 용신은 丙火이다.

| 丁 | 甲 | 癸 | 壬 |
| 卯 | 寅 | 丑 | 午 |

| 己 | 戊 | 丁 | 丙 | 乙 | 甲 |
| 未 | 午 | 巳 | 辰 | 卯 | 寅 |

甲木이 丑月에 생하여 한목(寒木)이니 향양(向陽)함을 기뻐한다. 時干 丁火를 용해야 하는데, 午火에 통근하고 寅卯 木의 생을 받으며 甲木의 수기(秀氣)를 설(洩)하니 丁火가 旺하다. 그러나 혐의가 되는 것은 壬癸水가 투출하여 丁火를 극하니 일점 탁기(濁氣)가 있는 것이다. 따라서 글공부를 이어가지 못했던 것이다. 다행인 것은 지지에 水氣가 없어 寅午 반합국을 방해하지 않으니 지기는 淸함을 유지하게 된 것이다. 戊午대운은 戊癸 합화의 용신운과 기신인 壬水를 극제하니 이로(異路)로 관직에 들어 이때 승진했던 것이다.

256. 천한지동(天寒地凍)

하늘은 차고 땅은 꽁꽁 얼어붙은 상황을 말하는 것으로, 壬·癸 日主나 庚·辛

日主가 亥子丑月에 생함을 의미한다.

　　壬水가 동월(冬月)인 丑月에 생하니, 이른바 하늘의 기는 한(寒)하고 땅의 기는 동(凍)한 천한지동(天寒地凍)의 상황이다. 해동(解凍)하는 丙火가 요긴한데, 가신(假神)인 丁火가 투출하여 부득이 이를 용하나, 丁火가 午巳에 통근하여 약변강이 되니 丙火의 역할을 하게 되어 길해졌고 부자의 명조이다. 官星은 日支 辰宮의 戊土가 있으나 丑月의 土라 辰土 역시 무력한데, 가신(假神)인 丁火가 투출하여 비록 지지 午巳에 통근했다 할지라도 진신(眞神)인 丙火가 불투(不透)하여 해동(解凍)의 힘이 부족하니 관록(官祿)은 없었던 것이다.

　　壬水가 子月에 생하여 이른바 천한지동(天寒地凍)의 상황이다. 해동(解凍)시키는 丙火가 급하고 또한 水가 旺하니 制水하는 戊土도 필요하다. 子月은 木으로 진기(進氣)하는 계절이니 乙木과 辰土가 힘을 얻었고, 다시 時支 巳火를 생하여 巳宮의 丙戊를 취할 수 있으며, 운로에서 부조(扶助)해주니 귀격사주가 되었다. 장군벼슬로 시작하여 중국 복건성의 주석이 되었다 한다. 조화원약(造化元鑰)에 기재된 명조이다.

　　辛金이 丑月에 생하니 천한지동(天寒地凍)의 상(象)이다. 辛金이 丑月에 본시 한(寒)하고 쇠(衰)하니 丙火 官星의 따듯함이 필요하고 신왕(身旺)하면 丁火의 극제가 필요하니 이런 경우를 관살병용(官殺倂用)이라 한다. 辛金日主가 己丑土의 생을 받고 年支 申金 제왕(帝旺)을 득하니 약변강이 되었다. 丁火 七殺은 丑月에 묘궁(墓宮)이고 쇠약한데 亥卯 반합목국과 甲木인 財星의 생을 받으니 재자약살(財滋弱殺)이 되어 丁火가 有力해진 것이다. 丙火가 불투했으니 丁火 七殺을 용하므로 무관(武官)의 길이다. 운로가 寅卯巳午未의 희신과 용신운이니 무관(武官)으로 귀(貴)를 이룬 명조이다.

257. 천합지자(天合地者)

　　천간의 오행이 좌하 지지궁의 오행과 干合을 이루는 것을 말하며 日主를 위주로 논하는 것이다. 이것은 천간이 쇠약한데 생조하는 氣가 없고, 지지가 旺한데 부조하는 氣가 있으면, 천간의 氣는 자연 쇠(衰)한 경우이니 반드시 합하고자 하는 마음을 품게 되는 것이며, 또한 기세가 旺한 쪽으로 종화(從化)하고자 하는 마음도 있는 것이다. 천간과 지지가 합을 이루면 상호 화합하고 상생이 된다. 특히 합되어서 사주상 필요한 육신으로 化되면 길하게 되는 것이고, 합되어 필요치 않은 육신으로 化되면 그만큼 사주가 흉해지는 것이다.

　　천간과 지지가 합되면 그만큼 오행이 견고하고 긴밀해지는 것이니 사주의 구성 형태와 오행의 기세를 참작하여 길흉을 판단해야 한다. 이에는 甲午. 丁亥. 戊子. 己亥. 辛巳. 壬午. 癸巳 등 七個의 日辰이 있다. 그런데 엄밀한 의미에서의 천합지자(天合地者)라 할 수 있는 것은, 지장간 중 오행의 본래의 성질을 대변하는 正氣와의 합을 말하며 이에는 戊子, 辛巳, 丁亥, 壬午 등 四個의 日辰만이 해당되는 것이다. 예로 甲午의 경우는 午火의 지장간에 丁火가 正氣이고 己土는 中氣로, 丁火를 먼저 내세우게 되는 것이니, 己土가 전권을 행세하므로 甲木과 合을 할 수 없는 것이다. 기타 己亥, 癸巳 등도 같은 논리이다.

天干	地支 (支藏干)	干合	化된 六神
甲	午 (丙. 己. 丁)	甲·己 → 合土	財星
丁	亥 (戊. 甲. 壬)	丁·壬 → 合木	印星
戊	子 (壬. ○. 癸)	戊·癸 → 合火	印星
己	亥 (戊. 里. 壬)	己·甲 → 合土	比劫
辛	巳 (戊. 庚. 丙)	辛·丙 → 合水	食傷
壬	午 (丙. 己. 丁)	壬·丁 → 合木	食傷
癸	巳 (戊. 庚. 丙)	癸·戊 → 合火	財星

丁	甲	癸	丙
卯	午	巳	申

庚	己	戊	丁	丙	乙	甲
子	亥	戌	酉	申	未	午

상기는 처복이 많은 사주이다. 사주상 처와 재물은 財星으로 논하는데 간지에는 財星이 전혀 없다. 지장간의 財星은 申宮의 己土와 巳宮의 戊土인데 巳申 刑合되어 印星으로 바뀌니 巳申宮의 財星은 손상되었다. 日支 午宮의 己土를 써야 하는데, 日支는 본래 처궁이다. 日主 甲木과 암합(暗合)되어 財星으로 바뀌니 처복이 많았고, 食傷이 生財하니 재물복도 많은 명조이다. 이처럼 日主에서 천합지자(天合地者) 되어 財星으로 바뀌니 처복과 재물복이 양전(兩全)했던 것이다.

乙	壬	辛	己
巳	午	未	巳

乙	丙	丁	戊	己	庚
丑	寅	卯	辰	巳	午

지지가 巳午未 남방화국을 형성하니 日主 壬水가 태약한데 月干 辛金 印星은 무근이니 壬水를 생할 여력이 없다. 따라서 壬水는 辛金의 생조를 기대하는 것이 아니라, 그 情은 日支 午宮의 丁火에 있으며 合하여 종(從)하려는 바람이 있는 것이다. 따라서 종재격(從財格)으로 논하여 용신은 丙火다.

己巳, 戊辰대운은 月干 辛金을 생하고 용신인 火氣를 설(洩)하므로 형모(刑耗)가 있었고, 이후 丁卯, 丙寅대운은 용신과 희신운이며 辛金을 剋去하니 발복되어 수만금의 재물을 이루었던 것이다.

	庚	丁	丙	己
	子	亥	子	丑

庚午	辛未	壬申	癸酉	甲戌	乙亥

지지에 亥子丑 북방수국을 형성하니 水氣가 태왕하다. 日主 丁火는 월령(月令)에 절(絶)地이고 月干 丙火 역시 실기(失氣)하여 丁火를 부조함이 무력하며, 생조하는 木氣가 전혀 없어 日主가 극약하므로, 坐下 亥宮의 壬水와 合하여 旺한 기세에 순종하려는 의사가 있는 것이다. 이를 천합지자(天合地者)라 하며 "종관살격(從官殺格)"으로 논한다. 용신은 壬水고 희신은 庚金이다. 甲戌대운은 甲己合土와 戊土의 기신운이니 형상파모(刑傷破耗)하였고 가업을 소진(消盡)했던 것이다. 癸酉, 壬申대운은 용신과 희신운이며 日主를 부조하는 싹인 丙火를 극진(剋盡)시키니 金水의 財官이 유력해져 발복되어 수만금의 재물을 모았던 것이다.

258. 청득진자(淸得盡者)

청(淸)은 청기(淸氣)를 말함이고 득진(得盡)은 得함을 다했다는 뜻이다. 이는 사주의 구성형태에서 한 가지 오행만으로 상(象)을 이룬 것을 말하는 것이 아니고, 日主 외의 두 개의 氣가 剋함과 설기(洩氣)를 통해 쌍청(雙淸)해진 것을 말하는 것이다. 이것은 사주상 용신과 희신에 해당하는 오행이 기신이나 구신의 극제 받음이 없는 것을 말하는데, 혹 극제받음이 있다 하더라도 생화유정(生化有情)하거나 연주상생(聯

珠相生)되거나 운로에서 制化의 과정을 거쳐 氣가 잡됨이 제거되어 순수함이 드러나게 되는 것을 청득진자(淸得盡者)라 한다. 부연설명하면 다음과 같다.

1) 오행이 구족(俱足)되었다 하더라도 청기(淸氣)가 혼자 生旺함을 얻은 경우.
2) 진신(眞神)이 득용(得用)한 경우
3) 청기(淸氣)가 심장(深藏)된 경우.
4) 청기(淸氣)가 월령(月令)을 차지하고 있어 한신, 기신, 구신은 사령(司令)하지못하고 심장(深藏)되지도 못하여 쇠(衰)한데 운로에서 이를 制化하는 경우.
5) 청기(淸氣)가 월령(月令)을 차지하고 있는데 탁기(濁氣)가 있더라도 용신과 희신을 범하지 않는 경우.
6) 청기(淸氣)가 월령(月令)을 차지하지는 못했으나, 한신, 기신, 구신이 슴되어 탁기(濁氣)로 변하지 않으며, 운로(運路)에서 制化함이 있는 경우.

상기 예의 경우는 모두 청득진자(淸得盡者)라 할 수 있다.

지지가 寅卯辰의 방합국이라 木氣가 태왕(太旺)하다, 己土 日主는 戊辰土의 부조가 있으니 태약하지 않아, 木과 土 두 개의 氣가 대립하고 있다. 이를 유통시키는 時干 丙火를 용하면 태왕(太旺)한 木氣를 설기(洩氣)하고 日主를 생조하니 사주가 中和를 이룰 수 있다. 상기는 卯木이 월령(月令)을 득하니 방합목국이 때를 얻은 것이고 다시 乙木이 투출했으니 이는 위에서 설명한 청기(淸氣)가 홀로 生旺한 경우를 말함이다. 丙火가 용신인데 기신과 구신에 해당하는 水金이 없으니 청득진(淸得盡)인 것이다. 만약 金이 하나라도 있었으면 지지 旺木을 극하여 분발케 했을 것이며, 水가 있으면 용신인 丙火를 극했을 것이니 청기(淸氣)를 得하지 못했을 것이다.

丙	庚	甲	己
子	子	戌	亥

戊	己	庚	辛	壬	癸
辰	巳	午	未	申	酉

지지에 子亥水가 있어 水가 旺하다. 月干 甲木이 土를 剋하여 혐의가 있는데, 다행인 것은 천간의 甲己는 月支에 土를 깔고 있으니 合化되어 化土格이 된 것이다. 따라서 甲木의 탁기(濁氣)가 제거되었고, 더욱 좋은 것은 戌月의 庚金이 약하지 않은데 土를 설기(洩氣)하고 水를 생하니 土水 두 개의 氣가 쌍청(雙淸)함을 얻은 것이다. 추월(秋月)의 庚金은 한(寒)하니 時干 丙火가 용신이다. 운로가 未午巳의 용신운이니 발복이 있었던 것이다.

辛	庚	丙	己
巳	子	子	亥

庚	辛	壬	癸	甲	乙
午	未	申	酉	戌	亥

庚金이 동월(冬月)에 생하여 한냉(寒冷)하다. 丙火가 유용한데 지지에 水가 태왕(太旺)하다. 月干 丙火는 실기(失氣)했으나 巳火에 통근하니 태약(太弱)하지는 않고, 火는 日主를 극하고 水는 日主를 설(洩)함이니 극설(剋洩)이 함께한 것이다. 기쁜 것은 年干 己土가 있어 火를 설(洩)하고 金을 생하며, 다시 日主 庚金이 水를 생하여 상생되고, 財星인 木이 없으니 사주가 청득진(淸得盡)이 된 것이다. 용신은 年干 己土인데, 己巳세운에 己土는 용신이고 巳火는 희신인데 巳亥 상충하여 손상되니 일희일비가 있었다. 한림원에서 이름을 날렸으나 印星인 己土가 실령(失令)하니 무력해져 후에 강등되었다.

甲	戊	乙	癸
寅	午	卯	亥

己	庚	辛	壬	癸	甲
酉	戌	亥	子	丑	寅

　지지 亥卯가 반합목국을 이루고, 다시 癸亥水가 木을 생하고, 乙木이 투출하여 월령(月令)에 통근하니 木이 수기(秀氣)를 얻은 것이다. 혐의가 된 것은 日支 午火가 日主 戊土를 생하는 것인데, 日主 戊土는 官殺의 剋을 심히 받아 허령(虛靈)하니 印星을 받아들이기 힘들고, 다시 癸亥水와 상극되니 日主는 부득이 官殺을 종(從)할 수밖에 없다. 癸水는 旺木에 휩쓸려 들어가니 청기(淸氣)는 유지되나, 官殺을 종(從)함에 午火가 탁기(濁氣)가 된 것이다. 壬子대운에 子午 沖하여 午火 탁기(濁氣)를 제거하고, 다시 庚子세운에 金生水하여 水가 旺해져 탁기(濁氣)인 火를 전부 제거하니 관직에 올랐던 것이다.

259. 체전지상(體全之象)

　사주상 대다수의 오행이 日主를 生하는 印星으로 구성된 형태를 말한다. 이것은 日主가 比劫이 없는 상황에서, 월령(月令)이 印星이고 그 외에 둘 이상의 印星이 더 있는 경우를 말한다. 예를 들면 壬癸 日主가 印星인 申酉金이 重重한 것을 말하는 것으로 즉, 印星이 태다(太多)한 것을 말하니 통변에서 종강격(從强格)을 의미하는 것이다.

己	壬	庚	戊
酉	申	申	戌

丁	丙	乙	甲	癸	壬	辛
卯	寅	丑	子	亥	戌	酉

　壬水 日主가 比劫이 全無하고 월령(月令) 申金 印星이 지지에 申酉戌 방합금국을

형성하니 간지 대다수가 일로 日主를 생하고 있으니 체전지상(體全之象)이다. 상기
는 종강격(從强格)으로 논하여 용신은 庚金인데 운로가 酉戌亥子丑의 용신과 한신
운이니 발복이 있었다.

260. 추수통원(秋水通源)

추월(秋月)의 水가 그 근원과 서로 통한다는 의미이다. 추월(秋月)은 금왕지절(金旺
之節)인데 壬·癸 日主가 申酉戌月에 생하면 金生水하여 相生되고, 또한 水의 근원
(根源)이 된다는 의미다.

(女命)

추월(秋月)의 申宮엔 中氣에 壬水가 있고 다시 庚金이 사령(司令)하여 壬水를 생하
니 추수통원(秋水通源)이다. 水旺하니 制水하는 時干 戊土가 용신이다. 운로가 용신
과 희신운으로 흐르니 남편과 자식이 다 발복됐던 것이다.

癸水는 간계수(澗溪水)요, 전답의 물이요, 우로(雨露)에 비유되는 바, 그 근원됨이
없으면 메마르게 되는 것이다. 癸水가 추월(秋月)인 申月에 생하여 그 수원(水源)에
다다르니 추수통원(秋水通源)이다. 癸水가 생해주는 수원(水源)인 辛金이 있어 메마

르진 않지만 食神과 財官이 있으니 신약하다. 印星인 年干 辛金을 용해야 한다. 丙壬이 병투(並透)했는데 丙火는 병(病)이고 壬水는 약(藥)에 해당된다.

癸巳대운은 巳申이 刑合 水局되어 日主를 부조하니 과거에 급제했고, 壬辰대운은 약(藥)과 병(病)이 상제(相濟)하니 무탈했고, 辛卯, 庚寅대운은 金이 개두(蓋頭)하여 卯寅木이 병(病)인 丙火를 생함을 막으니 印星을 破하지 못하여 명리가 양전(兩全)했다.

261. 축수양목(蓄水養木)

물을 간직하여 나무를 키운다는 뜻이다. 간직한다는 것은 외부로 드러나지 않는다는 의미로, 지장간에 水를 저장하고 있음을 의미하는 것이고, 키운다는 것은 사주상 필요한 오행을 양육(養育)하다는 것이다. 이는 亥中 壬水, 申中 壬水, 丑中 癸水, 辰中 癸水를 일컫는데, 이중 亥中 壬水는 지지에 亥水가 드러나고, 申中 壬水는 申宮이 물을 저장했다 하나 그 본질이 金이므로 金剋木 하므로, 엄밀한 의미에서는 辰中 癸水와 丑中 癸水 두 개밖에 없는 것이다.

壬水가 午火節에 생하여 실기(失氣)했고, 사주에 偏官이 旺하니 심히 신약하다. 時干 甲木을 용하여 중중한 土를 소토(疏土)하여야 중화를 이루는바, 甲木은 지지 辰中 乙木에 통근하고, 辰中 癸水의 생을 받으니 약변강이 되었다. 능히 旺한 戊土를 대적할 만하다. 壬癸亥 희신운에 발복되어 귀(貴)히 됐고, 子水대운은 子午 沖하여 본가(本家)를 沖하니 삶의 근본 터전이 없어져버렸다. 이때 사망한 것이다.

262. 충기불기(沖起不起)

局에서 吉神(用神·喜神)을 나로 하고, 凶神(忌神·仇神)을 상대방으로 논할 때, 내가 상대방을 沖할 때에는 "충기(沖起)"라 하고, 상대방에서 나를 沖할 때에는 "불기(不起)"라 한다. 이는 행운에서도 같이 적용된다.

甲木이 酉金月에 생하여 실기(失氣)하여 신약한데, 천간의 庚金은 월령(月令)에 통근하고 다시 乙庚간합의 官星局을 이루니 官星이 태왕(太旺)한 것이다. 지지 寅午戌 삼합화국은 추월(秋月)이니 실기(失氣)한 것이라 화세(火勢)가 旺하지는 않고, 旺한 金氣를 剋하기는 하나 日主의 氣를 설(洩)하니 오히려 時支 午火가 병(病)이 된 것이다. 官星인 金이 旺하니 印星인 水를 用하여 관인상생(官印相生)하면 사주가 中和를 이룰 수 있다. 局에 水가 없으나 태원(胎元)이 丙子라 子宮의 癸水를 용하는 것이다.

用神 : 癸水
喜神 :　金
忌神 :　土
閑神 :　木
仇神 :　火

子대운은 용신에 해당하는데 병(病)이 된 時支 午火를 沖하니 길해진 것이다. 이것은 암충(暗沖)에 해당되며, 吉神(用神. 喜神)인 내가 凶神(忌神·仇神)인 상대방을 沖하는 것이니 "충기(沖起)"라 하는 것이다.

辛	丙	辛	庚
卯	寅	巳	寅
丁	丙	乙	甲	癸	壬
亥	戌	酉	申	未	午

丙火가 월령(月令)에 제왕(帝旺)을 득하고, 坐下 寅木에 長生을 득하고 다시 印星이 중중하니 신강(身强)하다. "인성다에 요견재성(印星多에 要見財星)"이라 했으니 財星을 용하면 중화를 이룰 수 있다. 年干 庚金이 용신이다.

用神 ： 庚金
喜神 ： 土
忌神 ： 火
閑神 ： 水
仇神 ： 木

초년 午火대운은 火가 기신인데 吉神(用神·喜神)에 해당하는 庚金을 剋하는 것이라, 상대방인 흉신 午火가 吉神인 나 庚金을 극하는 것이니 불기(不起)라 한다. 申대운은 길신인 내가 凶神(忌神·仇神)에 해당하는 寅木을 沖去하니 충기(沖起)라 하는 것이다. 年柱에 財星이 있어 조업(祖業)이 풍성하였으나, 초년 午未대운은 흉신에 해당되어 파재(破財), 형처극자(刑妻剋子)하였던 것이다. 申대운은 구신인 寅木을 암충(暗沖)하고, 用神인 庚金 財星의 뿌리가 되므로 길하였고, 이후 酉대운까지는 용신운이므로 大財를 모았던 것이다.

263. 취정회신(聚精會神)

오행 중 水火에 해당되는 精과 神이 취회(聚會)했다는 뜻이다. 주역의 八卦에서 火는 이(離)에 해당되고 水는 감(坎)에 해당되는데, 이화(離火)는 日이고 감수(坎水)는 月이다. 日月이 天道를 운행하며 사계절(四季節)을 생성하고, 水는 내려오려 하고 火는 오르려고 해서 결국 水火가 교감(交感)을 이루어 인간을 포함한 만물이 잉태, 발육되고 성쇠(盛衰)와 생사(生死)의 이법(理法)을 이어가는 것이다. 또한 감수(坎水)는 精이 되고 이화(離火)는 神이 되어 상호 교감을 통해 아들인 氣를 낳는 것이다.

따라서 사주상 精과 神이 건왕하고 相合하고 상제(相濟)를 통해 양정(兩停)하면, 자연 그 자식인 氣 역시 정(停)하게 되는 이치이다. 이리되면 그 인물이 현달귀현(顯達貴顯)하게 되고 건강장수하게 되는바 이것이 취정회신(聚精會神)의 格에 합당하는 것이다. 따라서 취정회신(聚精會神)이란 뜻은 수화취회(水火聚會)요 일월취회(日月聚會)란 뜻이 되고 주역의 63번째 卦인 수화기제(水火旣濟)와 상통하는 것이다. 그러나 水火가 양정(兩停)하여 대립하고만 있으면 交感(교감)을 이룰 수 없어 만물을 생성할 수 없는데. 이 대립된 오행을 유통시키는 木이 있고 또한 木이 기세(氣勢)가 있으면 비로써 天地人 三者가 완성되어, 천지가 생화유정(生化有情)하고 주류상생(周流相生)하여 귀격사주가 되는 것이다.

상기 명조를 육십갑자(六十甲子) 납음법(納音法)을 적용하면, 年柱 丁卯는 노중화(爐中火)이고, 月柱 丁未는 천하수(天河水)이고, 日柱 癸亥는 대해수(大海水)이고, 時柱 己未는 天上火이다. 따라서 年·時柱는 火고, 月·日柱는 水가 되니, 水火가 양정(兩停)하고, 水인 精과 火인 神이 모여 있으니 취정회신(聚精會神)이다. 더욱 묘한 것은 지지가 亥卯未 삼합목국을 이루어 水火를 유통(流通)시키니, 생화유정(生化有情)하고 주류상생(周流相生)된 것이다. 본시 水火가 양정(兩停)한 가운데 木은 잡된 것인데, 水生木, 木生火 하여 木의 잡기(雜氣)를 설(洩)하니 사주가 淸하게 되었고, 월령(月令) 未宮의 元神인 丁己 즉, 財官이 투출하여 수기(秀氣)를 발(發)하니 영의정을 지낸 대귀격(大貴格)의 명조가 된 것이다.

"精"에 해당되는 壬水는 年柱 庚申金과 日支 子水의 生을 받으니 旺하다. "神"에 해당하는 丙火는 월령(月令) 午火에 통근하고 坐下 寅木에 長生을 득하니 역시 旺하다. 精인 水와 神인 火가 모여 旺하고 대립되어 있으니 취정회신(聚精會神)인 경우인데, "氣"에 해당하는 時支 寅木이 대립한 水火를 유통시키니 귀격사주가 되었다. 甲木 日主가 오화절(午火節)에 생하여 丙火가 투출하고 火氣가 旺하니 月干 壬水가 용신이다. 운로가 申酉戌亥子丑의 희신과 용신운이니 발복이 있었다.

264. 침매지기(沈埋之氣)

사주의 氣가 침잠(沈潛)되고 매몰(埋沒)된 것을 말한다. 앞서 설명한 분발지기(奮發之氣)와 상반되는 의미로서, 이는 음회(陰晦)한 기운이 用事를 하게 되어 사사로운 情에 얽매이고, 日主는 약한데 기타 神은 강하고, 정·신·기(精·神·氣) 中 神은 암장되고 精은 설기(洩氣)가 많게 되어 곧 우울함과 피곤함이 많은 격이 되는 것이다. 부연설명하면 다음과 같다.

1) 局 중의 神이 태과(太過)함과 결함(缺陷)이 많은 경우.
2) 용신과 희신이 실령(失令)했거나 無力한 경우.
3) 기신이 득세(得勢)하고, 한신은 無力해진 경우.·
4) 희신은 合되어 기신을 돕는 경우.
5) 합이 좋은데 沖이 있어 깨지거나, 합을 꺼리는데 合되어 凶格이 되는 경우.

상기의 경우는 모두 사주의 기가 침매(沈埋)된 것으로 판단하며, 이는 본바탕인 체(體)는 陽인데 用事하는 것은 陰이기 때문이라 귀격(貴格)이 되지 못하는 것이다.

癸	癸	乙	癸
丑	丑	丑	丑

己	庚	辛	壬	癸	甲
未	申	酉	戌	亥	子

　　天干의 癸水는 모두 丑土에 통근하니 旺한데, 이를 설기(洩氣)시키는 乙木 食神이 있고, 丑宮의 辛金과 己土가 있어 살인상생(殺印相生)이 되어 귀격(貴格)일 것 같지만, 乙木의 뿌리가 없으니 분발(奮發)의 기틀이 전혀 없는 것이다. 또한 火氣가 全無하니 사주상 태다(太多)한 丑癸의 음탁(陰濁)하고 한습(寒濕)한 氣를 제거하지 못하니 발생의 情이 전혀 없는 것이라 천격(賤格)의 사주인 것이다.

　　운로도 子亥戌酉申으로 흘러 필요로 하는 火運과 상배(相背)되고 음탁(陰濁)하고 한습(寒濕)한 氣를 더욱 부조(扶助)하니 일점 발달의 기운이 없었던 것이다. 壬申년에 局의 癸水가 음탁(陰濁)하고 旺하며 기신인데 다시 水氣를 더하니, 부모가 모두 사망하고, 가업을 지키지 못했고, 글공부도 하지 못했고 결국 걸인이 되었던 것이다. 적천수(滴天髓)에 기재된 명조이다.

265. 탈태요화(脫胎要火)

　　탈태(脫胎)라 함은 기존의 틀이나 형식에서 벗어나 새롭게 탈바꿈함을 의미하는데, 사주학에서는 亥子丑 동월(冬月)의 땅속에 있던 가화(稼花)의 씨앗이 三陽이 뜨는 寅月이 도래하여 발아(發芽)하여 껍질을 깨고 땅위를 뚫고 나옴을 의미한다. 또는 전답과 정원의 土인 己土가 동월(冬月)에 숙장(宿藏)의 상태에서 깨어나 寅月을 맞이하여 만물을 생육시키기 위한 탈바꿈을 의미하기도 한다. 寅月의 가화(稼花)는 아직 한기(寒氣)가 남아있어 천지가 차니 향양(向陽)함을 기뻐한다는 의미로써 따듯함이 필요하다는 의미이다.

甲　　己　　丙　　甲
子　　丑　　寅　　子

癸　壬　辛　庚　己　戊　丁
酉　申　未　午　巳　辰　卯

　　천간에 甲己의 간합이 있으나, 월령(月令)이 辰未戌丑月이 아니니 화토격(化土格)
은 아니다. 丙甲의 印星과 官星이 투출하여 월령(月令)에 통근하니 관인상생(官印相
生)되고 旺하여 귀격(貴格)이다. 초춘(初春)에 아직 한기(寒氣)가 旺하니 따뜻함을 기
뻐하니 月干 丙火가 용신이다. 탈태요화(脫胎要火)이다. 운로가 巳午未 남방화국의
용신운이니 태평재상을 지냈던 명조이다.

庚　　乙　　丙　　甲
辰　　卯　　寅　　申

癸　壬　辛　庚　己　戊　丁
酉　申　未　午　巳　辰　卯

　　乙木 日主가 지지 寅卯辰 방합목국을 형성하나, 日主를 극하는 庚金이 있으니
일행득기격(一行得氣格) 중 곡직인수격(曲直仁壽格)으로 논할 수 없다. 따라서 억부(抑
扶)나 조후(調候)를 용해야 하는데, 木이 旺하여 庚金이 필요할 것 같으나, 庚金은
乙木 日主와 干合하려 하니 용할 수 없고, 조후(調候)로써 丙火를 용하여 旺한 木氣
를 설(洩)하면 중화를 이룰 수 있다. 가화(稼花)인 乙木이 껍질을 깨고 탈태(脫胎)하여
땅거죽을 뚫고 나와 성장하여 꽃을 피우려 하나, 寅月에 한기(寒氣)가 남아 있으니
丙火가 필요한 것이다.

266. 탐관망겁(貪官忘劫)

　　合을 탐(貪)하여 劫財가 자기 역할을 망각한다는 의미이다. 예로, 甲木 日干이
신왕(身旺)하여 官殺이 용신인 경우, 다시 劫財 乙木이 있으면 사주가 태왕(太旺)해

져 흉한데, 庚金이 투출하여 乙庚 干合되니, 四凶神(劫財. 傷官. 偏官. 偏印)중 하나인 乙木 劫財를 合去하여 용신인 官殺로 化하니, 旺한 日主를 극제하여 日主가 태왕해지는 것을 막게 되어 사주의 흉함이 줄어든다는 의미이다.

甲木 日干이 酉金月에 생하여 실기(失氣)했지만 천간의 甲乙이 등라계갑(藤蘿繫甲)을 이루고 比劫이 중중하니 신강하다. 丙火의 설기(洩氣)로는 중화를 이룰 수 없고 억부법(抑扶法)을 적용하여 官殺을 용해야 하는데, 묘하게도 年干 庚金은 乙庚 간합을 이루어 劫財 乙木이 甲木과 묶이어 日主가 旺해지는 것을 막고, 다시 官殺로 化하여 旺한 日主를 극제하여 자연 사주의 흉함을 해소시킬 수 있으니 탐관망겁(貪官忘劫)의 경우에 해당된다.

267. 탐련기반(貪戀羈絆)

日主가 사사로운 정(情)을 탐(貪)하여 합되어 묶임으로써 본연의 역할을 하지 못함을 의미한다. 예를 들면, 日主를 子라 하면 이를 생하는 印星은 母가 되는데, 甲木 日主의 경우 사주의 대다수가 比劫으로 형성되었고, 한두 개의 印星 水가 있다면, 子는 중(衆)하고 母는 쇠(衰)한 자중모쇠(子衆母衰)의 형국이다. 母는 쇠(衰)하니 子에 의지하려 하고, 子는 旺하나 어머니의 성정(性情)에 따르고 순종하면 母子가 화친하게 되고 효자봉친(孝子奉親)이 된다. 그러나 己土가 투출된 경우라면 처(妻)인 土 財星이 있으니 日主는 己土와 甲己의 간합을 이루려 하므로, 子인 日主 甲木이 사련(思戀)에 휩싸여 어머니를 돌보지 아니하니 사주가 흉해지는 것이다. 이를 탐련기반(貪戀羈絆)이라 한다.

丙火가 亥月에 생하여 절(絶)地이니 신약한 것 같지만, 丙丁火가 투출하여 부조 (扶助)하고 다시 寅卯木의 생을 받으니 신강(身强)하다 판단한다. 즉, "子"인 日主는 旺하고 이를 생하는 "母"인 印星은 쇠(衰)한 자중모쇠(子衆母衰)의 형국이다. 따라서 殺을 용하여 日主를 극제하면 중화를 이룰 수 있으니 亥宮의 壬水를 용신으로 잡는 다. 月干 辛金은 희신이 된다. 그러나 혐의가 되는 것은, 辛金 희신은 丙火와 合을 이루니, "子"인 日主 丙火는 辛金과 사사로운 情에 묶이어 "母"인 印星 木을 돌보지 않으며 본연의 역할을 망각하니 탐련기반(貪戀羈絆)된 것이다. 그러나 기쁜 것은 丁 火가 辛金을 극하여 丙辛의 간합됨을 막으니, 辛金은 용신을 돕는 희신의 역할에 주력하게 되고, 日主 丙火는 사사로운 情을 끊고 본연의 역할을 하게 된 것이다. 더욱이 時支 申金은 寅木을 沖하여 亥水와의 合을 깨어 日主를 견제할 뜻이 없음을 나타내고 다시 亥水를 생하니, 日主 丙火는 용신과 희신을 의지하여 박차고 일어나 게 된 것이다. 戊申 대운에 과거에 급제하고 큰 뜻을 펴게 된 것이다. 적천수(滴天髓) 에 기재된 명조이다.

사주의 대부분이 比劫으로 되어 있으니 부득이 이를 좇아 종왕격(從旺格)으로 논 하며, 용신은 甲木이고 水는 희신이다. 日主 甲을 子라 하면 印星인 時支 子水는 母가 된다. 지지 亥卯 반합목국을 이루고 다시 比劫이 중첩되니 자중모쇠(子衆母衰) 이다. 子가 旺하니 母는 子에 의지하려 하고, 子는 母의 성정(性情)에 따르고 순종하면 母子가 화친하게 되는데, 己土 財星이 있어 日主인 甲木과 간합되었다. 化된 오행인 土는 용신이나 희신, 기신으로 바뀌지 못하여 기반(羈絆)된 것이며, 또한 日主인 자식은 처인 己土와의 사련(思戀)에 휩싸여 母를 돌보지 않게 되는 것이라 사주가 흉해지는 것이다. 이것을 탐련기반(貪戀羈絆)이라 한다.

甲戌대운은 戌土가 財星인 己土에 힘을 실어주어 더욱 化土局을 견고히 하여 母인 子水를 핍박하니, 母子가 不和하여 모정(母情)에 금이 가고, 子는 순종치 않으니 흉운이라, 파모형상(破耗刑傷)이 있었던 것이다.

268. 탐생망극(貪生忘剋)

사주에서 生과 剋이 같이 있을 경우, 剋을 해야 사주가 吉해지는 경우에 生을 탐(貪)하여 剋함을 잊는다는 의미이다.

年·日支가 巳亥 相沖되어 亥水가 巳火를 剋하지만 月支에 卯木이 있어 日支 亥水가 卯木을 생하느라 巳火를 剋하는 것을 잊는 것이다. 또한 상호간 상생이 되고 時支부터 年地가 順生하니 相沖됨을 잊은 것이다. 상기와 같이 중간에 一位가 격(隔)해 있을 경우는 타 오행의 왕쇠(旺衰)에 따라 沖이 되는 경우도 있고 그렇지 않은 경우도 있으니 사주구성형태를 면밀히 검토하여야 한다.

269. 탐생망충(貪生忘沖)

사주에 生과 沖이 같이 있을 경우 生을 하느라 沖을 잊는다는 의미이다.

壬	庚	癸	癸
申	寅	亥	未

丙	丁	戊	己	庚	辛	壬
辰	巳	午	未	申	酉	戌

　지지 寅申 沖인데, 寅木은 月支 亥水와 寅亥 合木이 있고, 亥未 반합목국이 있어 沖을 잊는다는 것이다. 그러나 실제 통변에서는 합·沖이 모두 성립되지 않는다 판단한다.

　상기는 사주에 水가 旺하니 食傷이 태왕(太旺)한 것이다. 食傷이 태왕한 경우에 日主가 有氣하면 사주가 길해지나, 상기는 寅木이 申金과 沖을 잊고 亥水와 합을 이룬다 해도, 坐下 寅木에 절각(截脚)되니 有氣하지 못하다 판단한다. 따라서 旺한 食傷의 기운을 財星으로 설기(洩氣)시킴을 요하므로 寅宮의 甲木을 용해야 하는데, 운로가 기신과 구신운이니 큰 발복이 없었던 명조이다.

戊	庚	己	丙
寅	辰	亥	申

丁	丙	乙	甲	癸	壬	辛	庚
未	午	巳	辰	卯	寅	丑	子

　庚金이 亥月에 생하여 한금냉금(寒金冷金)이니 먼저는 火氣가 필요하니 年干 丙火가 용신이다. 時支 寅木이 희신인데, 寅申 沖이 염려된다. 그런데 월령(月令) 亥宮의 壬水가 사령(司令)하여 申金이 壬水에게 情을 주어 생하고자 하니 寅木을 沖함을 잊은 것이다. 탐생망충(貪生忘沖)인 것이다. 따라서 寅木이 방해받지 않고 일로 丙火를 생하니 사주가 길해졌다. 운로가 희신과 용신운으로 흐르니 官運이 관찰사에 이르렀고 자손도 잘 풀렸으며 수명도 팔순(八旬)을 넘긴 명조이다.

270. 탐재괴인(貪財壞印)

日主가 財를 탐(貪)하여 印星의 역할이 무력해지는 것을 말한다. 日主가 財星과 간합을 이루어 타 오행으로 化되니 日主를 부조하려는 印星의 본래의 역할을 수행할 수 없음을 의미한다. 예로 財星과 印星이 있는 사주에, 천간의 財는 日主와 간합되어 타 오행으로 바뀌는 경우에, 지지의 印星은 상호 刑殺이 되고 또한 日主가 타 오행으로 化되었으니 印星은 日主를 생하려는 본래의 역할에 차질이 생기는 경우이다. 이런 경우 合을 깨뜨리는 오행이 있게 되면 印星이 본연의 역할을 수행하게 되니 귀(貴)를 얻을 수 있는 것이다.

丙子 日柱와 辛卯 時柱인 경우에 丙辛은 간합수국이 되어 化水되고, 지지는 子卯相刑하여 卯木 印星이 손상되고 있다. 따라서 丙火가 卯木을 취하여 和合하려 함이 어긋난 것이며 또한 印星이 본래의 역할을 할 수 없게 되어 탐재괴인(貪財壞印)이 되었다. 年干 乙木이 투출하여 지지 亥卯 반합목국에 통근하니 태왕(太旺)하나, 乙辛 沖하여 辛金 財星이 乙木 印星을 손상시킨다. 그러나 기쁜 것은 月干에 己土가 있어 상관생재(傷官生財)하니 부격(富格)을 이룬 것이다. 상기명조는 고서(古書)에 丙火가 卯를 만나면 도화(桃花)가 되고, 卯木이 子를 만나면 역시 도화살(桃花殺)이 되어 丙卯가 상호 交合하려 하니 이를 곤랑도화(滾浪桃花)라고 논하고 있다.

271. 탐재망겁(貪財忘劫)

財星이 重重한데 印星을 용할 수 없는 경우에는 比劫이 요긴한데, 劫財가 局의 財星을 탐(貪)하여 合됨으로써 劫財의 역할을 하지 못하는 경우이다.

時支 巳火 劫財가 巳酉 반합금국을 이루어 財星이 태왕(太旺)하여 印星을 필요로 하는데 時干 乙木은 무근(無根)이니 용할 수 없다. 천간의 丙丁火는 時支 巳火에 통근하고 있는데, 巳火가 酉金 財를 탐(貪)하여 金局으로 化되니 巳火는 탐재망겁(貪財忘劫)이 된 것이다. 印星을 용할 수 없는 상황에서, 지지에 財가 旺하여 比劫이 요긴한데 劫財인 巳火가 본분을 망각하여 財로 化되었으니, 천간의 丙丁火는 氣가 허령(虛靈)하게 되어 財를 다스릴 수 없다. 즉, 득비이재(得比理財)가 不可한 것이다. 이런 경우에는 印星이 들어와 比劫을 생하거나, 巳酉의 반합국을 깨는 오행이 들어올시 劫財 巳火가 본연의 역할로 돌아가니 득비이재(得比理財)하여 財를 다스리고 또한 발재(發財)할 수 있는 것이다.

272. 탐재망관(貪財忘官)

사주상 官을 귀히 여기므로 官이 약한 경우 財의 부조(扶助)가 있어야 하는데, 오히려 財가 합을 탐(貪)하여 약한 官星을 돌보지 않는 형국이다.

日 · 時는 子午 沖으로 午火 官星이 손상된다. 年支 午火 正官은 庚金에 둘러 쌓여 고투(孤鬪)한데, 月干 乙木 財星이 官星인 午火를 생하지 않고 庚金과 합되어 짝을 이루니 官星이 무력해지는 것이다.

273. 탐재망식(貪財忘食)

사주상 食神이 용신인 경우, 日主의 부조(扶助)가 있어야 吉해지는데, 日主가 財를 탐(貪)하여 용신인 食神을 生함을 잊는 경우이다.

甲木이 亥月에 생하여 천지가 한(寒)하고, 또한 甲木은 亥月에 갑목맹아(甲木萌芽)가 되어 木氣가 약변강이 되니 설기(洩氣)시키는 火가 요긴하다. 상기의 명조처럼 丙火 食神이 용신인 경우, 己土가 있으면 甲己 合土 되어, 甲木이 용신인 丙火 食神을 생하는 자기의 역할을 망각하는 것을 탐재망식(貪財忘食)이라 한다.

274. 탐합망극(貪合忘剋)

日主가 태왕(太旺)하여 七殺을 용해야 하는 경우, 천간에 合殺하는 오행이 있어 七殺이 日主를 剋하는 본연의 임무를 망각하는 것을 말한다.

丁火가 투출하고 지지 寅午 반합화국이니 日主가 태왕(太旺)하다. 火氣가 염염(炎炎)하니 조후(調候)가 급하다. 水를 용해야 하는데 旺한 丙火의 기운을 壬水 七殺로 극제하면 자연 사주가 중화를 이룰 수 있다. 그런데 壬水 七殺은 丁火와 合木하여 印星으로 化하여 오히려 日主 丙火를 생하니 사주가 병(病)이 되었다. 이처럼 合을 탐(貪)하여 旺한 日主를 극하는 본연의 임무를 망각한 것을 탐합망극(貪合忘尅)이라 한다.

275. 탐합망살(貪合忘殺)

日主가 신약하여 七殺이 기신이고 흉폭한데, 천간에 七殺과의 합이 있어 七殺의 흉폭함이 해소되고 무력해지는 것을 말한다.

日主 丙火가 辰月에 생하여 辰宮의 戊土가 사령(司令)하니 火氣가 설기(洩氣)되고, 財星과 七殺이 있으니 신약하다. 月干 壬水 七殺은 지지 辰酉 합금의 생을 받아 旺하여 日主를 핍박함이 심한데, 다행인 것은 時干 丁火와 壬水가 간합되어 木으로 바뀌어, 결국 壬水 七殺이 본연의 임무를 망각하게 되어 丙火를 尅함이 해소되니 사주가 흉변길이 되었다. 이를 탐합망살(貪合忘殺)이라 한다.

276. 탐합망상(貪合忘傷)

日主가 신약한데 다시 日主의 기운을 설기(洩氣)하는 傷官이 있어 日主가 더욱 신약해 지는 경우, 他柱에 傷官과의 합이 있어 타 오행으로 바뀌게 되어 日主가 태약해짐을 벗어나는 경우를 탐합망상(貪合忘傷)이라 한다.

甲木이 辰月에 생하여 실기(失氣)했는데 丙午火가 중중하니 태약하다. 다행인 것은 日主를 더욱 신약하게 하는 丁火 傷官이 壬水와 간합되어 木局으로 바뀌니 比化되어 日主 甲木의 태약함을 면하게 된 것이다. 이를 탐합망상(貪合忘傷)이라 한다.

277. 탐합망생(貪合忘生)

합을 탐(貪)하여 타 오행을 生함을 잊는 것이다. 예로 日主가 比劫이 중중하여 旺하고 財가 약하면, 食傷이 있어 日主의 氣를 설(洩)하고 財를 생하면 사주가 中和를 이루나, 食傷이 합으로 묶여 動하지 못하게 되어 財星을 생하지 못하는 경우이다.

戊土가 辰月에 관대(冠帶)를 득하고 比劫과 印星이 중중하니 신왕(身旺)하다. 官星을 용하여 소토(疏土)하려 하나 乙木 官星은 庚金과 간합을 이루려 하며 본분을 망각하니 쓸 수 없고, 庚金 食神을 용하여 日主의 왕한 氣를 설(洩)하려 하나, 乙木이 지지 辰亥에 통근하니 세(勢)가 있어 化金됨을 거부하여 경금이 합이불화(合而不化)의 상황이니 또한 용할 수 없다. 부득이 亥宮의 壬水를 용할 수밖에 없으나 巳火가 요충(遙沖)하고 또한 실기(失氣)했으니 용신이 왕하지 못하다. 庚金의 生이 있어야 하는데, 庚金은 乙木과 간합을 탐(貪)하고 또한 年·月支에 金氣가 전무하여 통근하지 못하니 화금국(化金局)이 성립된다 할 수 없다. 이처럼 庚金이 合을 탐(貪)하여 용신인 壬水를 生함을 잊으니 이런 경우를 탐합망생(貪合忘生)이라 한다.

日主 甲木을 君이라 하면 戊土 財星은 臣이다. 比劫이 중중하여 君이 성(盛)한데, 臣인 財星은 부조받음이 없으니 쇠(衰)하다. 이른바 군성신쇠(君盛臣衰)의 경우이다. 食傷인 火의 부조가 필요한데, 日支 寅宮의 丙火 食神은, 寅亥 합목되어 묶임으로써 쇠약한 財星인 戊土를 생하지 못하게 되어, 군겁쟁재(群劫爭財)가 되었고 사주가 파격(破格)을 면치 못한 것이다. 이를 탐합망생(貪合忘生)이라 한다.

278. 탐합망인(貪合忘印)

日主가 신약하여 印星을 용해야 하는데, 合을 탐하여 印星의 역할을 망각한다는 것이다.

甲木 日干이 오화절(午火節)에 생하여 조후(調候)가 급하니 癸水가 용신인데, 癸水가 戊土와 간합화국의 食傷으로 바뀌니, 정작 印星인 癸水가 신약한 日主를 생해야 하는 본연의 임무를 망각하게 된 것이다.

279. 탐합망재(貪合忘財)

印星이 중중하여 財星이 용신인 경우, 財星이 合되어 타 오행으로 바뀌어 財星의 역할을 망각한다는 의미이다.

상기는 印星이 중중하다. "인성다에 요견재성(印星多에 要見財星)"이라 했으니 年干 戊土 偏財를 용해야 하는데, 戊土는 戊癸 合火되어 食傷으로 바뀌어 財星을 역할을 못하니 이를 탐합망재(貪合忘財)라 한다.

280. 탐합망천(貪合忘賤)

사주상 사흉신(四凶神=劫財. 偏印. 傷官. 偏官)이 있어 사주가 흉하게 작용할 경우, 타 간지의 오행이 合沖으로 인해 사흉신(四凶神)을 해소하여, 사주가 천박(賤薄)해짐을 막고 흉변길(凶變吉)이 된다는 의미이다.

申月의 甲木은 死木이라 丙火가 없으면 발전의 상(象)이 없고 癸水가 없으면 나무가 메마른다. 火水가 존귀(尊貴)한 것이다. 月干 壬水는 坐下 申宮의 壬庚이 있어 부조를 받으니 旺하여 극제하는 오행이 필요한데, 年干 己土는 불순물이라 壬水를 탁(濁)하게 할뿐이나, 日干 甲木과 간합 土局을 이루어 旺水를 견제하니 壬水 偏印

이 잘 중화되었다. 時干 庚金 七殺은 투출하고 월령(月令)을 차지하여 旺한데, 지지 寅巳申 삼형살(三刑殺)로 庚金이 잘 제압되고, 다시 坐下 午宮의 丁火의 극을 받아 용금(鎔金)되니 七殺이 잘 순화되었다. 時支 午火 傷官을 용해야 사주가 중화가 되는데, 午火 傷官은 寅午 반합화국을 이루어 傷官이 유력해지니 사주가 길해졌다.

천간의 己壬庚이 모두 월령(月令) 申宮에 통근하여 유력하고, 불순물인 己土가 壬水 偏印을 탁하게 하나 甲己 합토의 財星으로 化하여 壬水를 견제하고, 다시 庚金 七殺을 생하고, 庚金이 壬水를 생하고, 壬水가 日主 甲木을 생하니, 사주가 길해진 것이다. 甲己합토로 己土의 불순물을 淸하게 바꾸니 탐합망천(貪合忘賤)인 것이다.

281. 탐합망충(貪合忘沖)

사주상 合과 沖이 있는 경우에 合을 탐(貪)하여 沖을 망각한다는 의미다.

천간에 丙辛의 간합이 있고, 또한 乙辛 沖이 있다. 辛金이 丙火와의 合을 생각하여 乙木과의 沖을 잊는다는 의미이다. 그러나 실제 사주의 통변법은 合과 沖이 있을 경우 合하려 해도 옆에서 방해하는 세력이 있으니 어찌 合이 성사되겠는가? 合을 우선시 하는 것이 아니라, 合·沖을 같이 보아 合·沖이 모두 성사되지 않는다 판단하는 것이다.

282. 태세의화(太歲宜和)

日主와 태세(太歲=歲君)는 상호 比化, 相生됨이 길하다는 의미이다.

日主가 세군(歲君)을 극하면 흉하나, 日主가 旺相하면 흉함이 덜하고, 휴수(休囚)되었으면 흉한 것이다. 세군(歲君)이 日主를 극하는 경우도 같은 이치이다.

丁火가 子月에 절(絕)地이고 食傷이 중중하니 신약(身弱)하다. 억부법을 적용하여 日主를 생하는 時干 甲木이 용신이다. 2014년 甲午세운은 甲木이 日主 丁火를 생하고, 午火는 日支 未土와 상생되며 슴을 이루니 태세의화(太歲宜和)인 것이다.

月柱는 자신을 낳아주고 키워준 본가(本家)라 생각하고, 日柱는 본가(本家)에서 독립하여 사회생활을 하고 결혼생활을 하면서 생활하는 공간인 자신의 가택(家宅)이다. 대운과 세운이 月柱나 日柱를 공히 沖剋하면 命을 보존하기 힘든 것이다. 본가(本家)인 月柱를 대운과 세운이 공히 沖剋하면 생사의 갈림길에 해당하는 흉화(凶禍)가 닥쳐오고, 日柱를 공히 沖剋하면 일생일대의 큰 위기가 닥쳐올 수 있다. 또한 대운과 세운이 교차하여 月柱와 日柱를 충극하는 경우도 마찬가지다.

상기는 庚寅대운에 甲庚 沖과 寅申 沖하여 본가(本家)를 흔들어 놓으니 生死의 갈림길에 들어설 재화(災禍)가 예상되는 운로인데, 다시 癸巳세운은 丁癸 沖과 巳亥 相沖하여 日柱를 손상시켜 놓으니 명(命)을 잇기 어렵다. 예기치 않은 교통사고로 사망한 것이다. 癸巳세운은 세군(歲君)이 日柱와 丁癸 沖과 巳亥 相沖하여 태세의화(太歲宜和) 되지 못하니 命을 보존하지 못한 것이다.

283. 토다금매(土多金埋)

土가 중첩되면 金이 매몰된다는 의미이다.

辛金은 陰金으로 火氣에 의해 한번 하련(煆煉)을 거친 가공된 금속이며 귀금속으로도 논하므로 유약하다. 土氣가 중중하면 辛金이 감당하기 어려우니 土에 파묻히는 상황이다. 이를 토다금매(土多金埋)라 한다.

상기는 토다금매(土多金埋)의 상황이므로 辛金의 귀기(貴器)를 드러내기 위해서는, 먼저는 甲木을 용하여 旺한 土를 소토(疏土)하고, 다음엔 壬水로 세도(洗淘)해야 한다. 年支 寅宮의 甲木은 암장되었고 다시 寅戌이 반합화국을 형성하니 木의 기운이 허(虛)하므로 용할 수 없고, 세도(洗淘)하기 위해 時干 壬水를 용하는데, 水의 근원인 金氣가 약하므로 비록 壬水가 坐下 수고(水庫)를 깔고 있다 하나 旺하다 판단할 수 없다.

먼저는 甲木이고 나중은 壬水다. 甲木이 투출되면 부(富)를 얻을 수 있고, 壬水가 투출하면 귀(貴)를 얻을 수 있는 것이다. 이는 사회통념상 財와 官의 관계는 財生官으로 財가 먼저 있은 후에 官이 있게 된다 판단하기 때문이다. 따라서 부(富)보다는 귀(貴)를 얻어야 하는데 印星이 중중하다. 多印이면 無印이라 판단하므로, 총명하고 학문에 재능이 많았지만 국가고시에 합격하지 못하고 하위직 공직의 길을 가게 됐다. 용신은 壬水인데 운로가 寅卯辰의 한신운으로 흐르니 크게 발전을 기대하기 어렵다.

戊	辛	戊	己
戊	亥	辰	丑

壬	癸	甲	乙	丙	丁
戊	亥	子	丑	寅	卯

辛金 日主가 土氣가 重重하니 토다금매(土多金埋)의 상황이다. 먼저는 소토(疏土)함이 급하고 나중은 세도(洗淘)함이 필요한데, 木이 투출하지 못하고 亥宮에 암장(暗藏)되어 있으며, 旺土에 극절(剋絶)되어 손상되었으니 무기력하다. 亥宮의 壬水 역시 왕한 戊己土에 극제되어 무력하다. 초년 卯寅대운은 木氣가 지지 亥辰의 甲乙木을 인통(引通)하여 旺土를 소토(疏土)하니 가업이 풍족했고 아들도 두었으나, 乙丑대운은 旺土로 인해 병든 사주에 다시 土를 가하니 이때 사망한 것이다.

284. 토목교봉(土木交鋒)

土와 木이 서로 칼끝을 겨누고 상극되는 형국을 의미한다. 예로 壬水 日主가 지지에 寅巳가 있고, 印星의 生을 받거나 혹은 봉생좌실(逢生坐實)되어 신왕(身旺)한 경우라면, 억부법을 적용하여 戊土를 요하는데, 戊土가 불투한 경우라면 암장된 巳宮의 戊土를 용해야 하는데, 巳宮의 戊土가 인접한 寅宮 甲木의 剋을 받아 용신인 戊土가 손상되는 경우를 말하는 것이다.

辛	壬	辛	戊
丑	申	巳	寅
癸	己	戊	戊
辛	壬 戊	庚	丙
己	庚	丙	甲

丁	丙	乙	甲	癸	壬
亥	戌	酉	申	未	午

상기는 봉생좌실(逢生坐實)인 사주이다. 生은 長生을 말하고 實은 건록(建祿)을 말한다. 즉, 日主 壬水가 坐下 申宮에 庚金 長生이 있으니 봉생(逢生)이고, 또한 壬水는 지지로는 亥水라 십이포태운성(十二胞胎運星)의 건록(建祿)에 해당되니 좌실(坐實)인 것이다.

상기는 金이 많아 壬水가 약변강이 되어 극제함이 필요하여, 年干 戊土가 요긴한데, 戊土는 月支 巳宮에 통근하여 귀격(貴格)일 것 같지만, 年支 寅木이 月支 巳火와 寅巳 형살(刑殺)이 된다. 즉, 寅宮 甲木이 巳宮 戊土를 극하니 年干 戊土 역시 손상되어 흉격이 되는데 이를 토목교봉(土木交鋒)이라 한다. 이런 경우는 대체로 어린아이는 잔병치레가 많고, 어른은 암병(暗病)이 있으며, 명리(名利)가 모두 허상(虛像)인 경우가 많다.

壬	壬	癸	丙
寅	辰	巳	辰

己	戊	丁	丙	乙	甲
亥	戌	酉	申	未	午

壬水가 巳火節에 생하여 절(絶)地라 실기(失氣)했지만 巳宮의 庚金이 암암리에 生하니 절처봉생(絶處逢生)이다. 또한 壬癸水가 투출하고 壬水가 坐下 辰土에 수고(水庫)를 깔고 있으니 日主 壬水는 약변강이 되어 戊土의 制剋이 필요하다. 辰土는 습토(濕土)라 壬水의 제방을 쌓기가 어려우니 월령(月令) 巳宮의 戊土를 용해야 하는데, 時支 寅宮의 甲木이 巳宮의 戊土를 극하니 토목교봉(土木交鋒)이 된 것이다.

운로가 申酉戌대운으로 흘러 土氣를 설(洩)하고 왕한 壬水를 생하여 日主를 더욱 旺하게 하니 사주가 파격(破格)이 되어 평생 고빈(苦貧)했던 것이다.

285. 토목자전(土木自戰)

戊土 日主가 三春에 생하여 木이 당령(當令)한데 火金水의 배합이 없어 土木이 상전(相戰)하게 되는 경우를 말한다. 질병론에서 이런 명조자는 체내의 氣의 흐름이 불통하는 것이니 복중질환과 정신질환을 앓거나 우수(憂愁)와 근심걱정으로 평생을

고생하게 된다.

戊土 日主가 卯月에 생하여 쇠(衰)하나, 己未土의 부조가 있고 寅宮에 미근(微根)이 있으니 토세(土勢)가 태약하지 않다. 木의 세(勢)는 월령(月令) 卯宮의 乙木이 당령(當令)하여 천간에 투출하니 수기(秀氣)를 발하고 旺하여 土와 대적하고 있으니 토목자전(土木自戰)인 것이다. 局에 水火金이 없어 사주의 배합을 이루지 못하고 있으나, 다행인 것은 寅宮 지장간에 丙火가 왕한 木土의 세(勢)를 유통시키니 사주가 천격(賤格)은 면한 것이다. 안타까운 것은 운로(運路)가 丑子亥戌酉의 구신과 기신운이니 젊어서 산에 나무하러 갔다 벼랑에서 굴러 떨어진 후론, 놀란 것이 원인이 되어 평생 소화불량과 정신질환을 앓게 된 것이다.

286. 토불수화(土不受火)

사주상 土가 火를 받아들이지 못하는 경우를 말한다. 이는 土가 沖을 만나 허탈해져서 火를 받아들이지 못하게 됨을 뜻하며, 土는 비장(脾臟)에 속하니 火를 받아들여야 실(實)해지는데 火를 용납하지 못하면 발병이 되는 것이며 氣를 傷하게 되는 것이다.

예로, 조(燥)하고 실(實)한 土인데 火를 받아들이지 못하는 것은 水로써 윤택하게 하여야 하기 때문이고, 또한 허(虛)하고 습(濕)한 土인데도 火를 받아들이지 못함은 水의 剋을 꺼리기 때문이다. 동토(冬土)가 통근(通根)되었어도 火를 받아들이는 것은 해동(解凍)이 목적이고, 추토(秋土)가 득지(得地)했는데도 火를 받아들이는 것은 金의 예리함을 制剋하고 土를 보호하며 土氣를 설(洩)하기 위함이다.

戊土가 未土月에 생하고 比劫이 중중하니 日主가 태왕(太旺)하다. 土가 중첩되어 태왕하니 설기(洩氣)시키는 오행을 용하거나, 없을 시는 부득이 종(從)해야 하는데, 다행인 것은 月干에 辛金이 투출한 것이다. 왕신(旺神)은 의설(宜洩)이라 했으니 月干 辛金이 용신이다. 따라서 기신인 火를 받아들이지 못하게 된 것이니 토불수화(土不受火)인 것이다.

己巳, 戊辰대운은 金을 생하고 상생되니 명리(名利)가 여의(如意)했고, 丁卯대운은 丁火가 剋金하여 용신을 손상시키고, 卯木은 旺土를 소토(疏土)시키지 못하고 日支 戌土와 支合 火局되어 도리어 旺土를 생하니 土가 더욱 旺해져 辛金만으론 설기(洩氣)함이 역부족인 것이라 탈이 난 것이다. 金은 폐장(肺臟)에 속하니 폐의 손상으로 혈맥이 유통되지 못하고 이로 인해 혈기(血氣)가 난(亂)하여져서 사망한 것이다.

지지 亥丑은 음탁(陰濁)의 氣인데 時干 壬水를 끌어와 암암리에 亥子丑 방합수국을 형성하고, 辰申 역시 時干 壬水를 끌어와 암암리에 申子辰 삼합수국을 형성하니 지지 전체가 水局을 형성하고, 年干 庚金이 辰丑의 生을 받아 투출한 壬水를 생하니 이는 종재격(從財格)으로 논해야 하는데, 月干 己土 比肩이 투출했으니 가종재격(假從財格)이다. 용신은 時干 壬水이고, 火는 구신에 해당하니 火를 받아들이지 못하게 되어 토불수화(土不受火)인 것이다.

초년 庚寅, 辛卯대운은 庚辛金이 水를 생하고 지지 寅卯木은 己土 기신을 극하니 부모의 음덕이 넉넉했고, 壬辰, 癸巳대운은 용신인 水를 부조(扶助)하는 운이라 더욱 발복이 있었고, 巳火대운은 기신인 土를 생하여 용신인 壬水를 극하니 파재극처(破財剋妻) 하였다. 甲午대운은 甲木이 午火를 생하고, 午火가 土를 생하여 火土가 겸왕(兼旺)해지니 기혈(氣血)이 손상되었고 이로 인해 土에 속하는 위장혈증(胃腸血症)으로 사망한 것이다.

287. 파료상관(破了傷官)

사주상 中和를 이루기 위해 傷官을 用해야 하는 경우에, 印星이나 타 오행과의 合沖에 의해 傷官이 손상되어 제 구실을 하지 못하는 것을 말한다.

丁火 日主가 月柱 乙卯 木의 생을 받고, 比劫이 있으니 신왕(身旺)하다. 극제하는 庚辛金을 요하나 사주에 全無하니 부득이 설기(洩氣)하는 年干 戊土를 용한다. 그런데 戊土 傷官은 乙卯 木의 심한 剋을 받으니 손상되었다. 파료(破了)된 것이다. 상기 사주는 木이 旺하여 병(病)이 되었다. 약(藥)이 필요한데 木을 극하는 庚辛金이다. 庚申, 辛酉대운에 병(病)을 제하는 약(藥)이 들어오니 대발(大發)하여 재상(宰相)의 위치에 올랐고, 亥대운은 亥卯未 삼합목국을 이루어 병(病)이 깊으니 이때 사망한 것이다.

288. 패지봉충(敗地逢沖)

패지(敗地)란 子午卯酉를 말함이고 봉충(逢沖)은 沖을 만남을 의미한다. 子午卯酉는 각각 천간인 壬丙甲庚의 제왕(帝旺)地를 말하며, 제왕(帝旺)地는 십이포태운성(十二胞胎運星)에서 木火金水가 가장 강한 기세를 득한 位를 말함인데, 우주만물의 운행법도가 성(盛)하면 기울듯이 제왕(帝旺)地는 현재 극왕(極旺)한 시점이니 곧 기운이 쇠퇴기로 접어듦을 뜻하기도 하다. 그래서 패지(敗地)라 칭하는 것이다. 子午卯酉는 방위상 동서남북의 正方을 차지하므로 四正方이라고도 하는데, 자기 자리를 탄탄히 잡고 있으니 沖이 돼도 전부 다 손상되지 않는 것이 寅申巳亥와 다른 점이다. 따라서 패지(敗地)가 봉충(逢沖)이라 하더라도 용신으로 쓸 수 있는가 없는가? 를 자세히 살펴보아야 하는 것이다.

戊土가 酉月에 생하여 토금상관격(土金傷官格)이고, 지지가 사패지(四敗地)로써 인접하여 子午와 卯酉의 沖을 이루고 있다. 戊土가 추월(秋月)에 한(寒)하여 火를 용해야 하는데 月干 丁火가 용신이다. 그러나 혐의가 되는 것은, 卯酉 沖하여 용신 丁火의 희신인 木을 손상시키고, 子午 沖하여 火를 손상시키니 丁火가 손상되어 酉金의 旺함을 억제하지 못하는 것이다. 따라서 金水가 木火를 沖剋하니 천간의 戊丁은 허(虛)하게 된다. 그러나 다행인 것은 水가 불투(不透)하여 丁火를 剋去하지 않으니 문채(文彩)가 있었고 서법(書法)에 정통했던 것이다. 이후 癸壬辛庚의 水金대운은 개두(蓋頭)되고 다시 기신과 구신운이니 뜻을 펴지 못했던 것이다. 만약 卯酉와 子午가 각각 자리를 바꾸었다면, 沖하더라도 기세가 남아있으니 약간의 발복은 기대할 수 있었을 것이다.

289. 편야도화(遍夜桃花)

지지에 子午卯酉가 모두 있는 것을 말하며 사도화(四桃花)라고도 한다. 남녀 공히 대체로 풍류를 좋아하고 음욕과 색정이 많으나 길격이면 부귀격을 이룬다. 年支나 日支를 기준하여 적용하되, 局에 결(缺)되어 있더라도 대운과 세운에서 入局하여 子午卯酉를 전비(全備)하면 역시 편야도화(遍夜桃花)라 한다.

지지에 子午卯酉가 모두 있으니 편야도화(遍夜桃花)이다. 日主 庚金이 월령(月令)에 양인(羊刃)을 得하여 旺하니 억부법을 적용하여 日主를 극하는 火를 용하여야 하는데, 천간의 丙丁火는 午火에 통근하고 卯木의 生을 받으니 旺하다. 火金이 상정(相停)하며, 용신이 旺하고 子午, 卯酉가 相沖하여 官殺과 比劫이 잘 억제되었고, 財星은 태약하고 印星이 없으니 사주가 淸하여 귀격(貴格)이다. 운로가 未午巳辰卯의 용신과 희신운이니 극귀(極貴)한 것이다. 청나라 건륭제의 명조이다.

◉ 도화살 통변(桃花殺 通辯)

도화살(桃花殺)은 年支나 日支를 기준하여 타 지지에 부법한다. 고서(古書)에서는 도화살(桃花殺)이 있으면 풍류를 즐기고, 음욕(淫慾)과 색정(色情)이 따르며 주색(酒色)에 빠지기 쉽다 했는데, 현대적 의미로는 이외에도 끼가 많고 다정하며 연예인 기질이 있고 남녀 공히 사람들에게 인기가 많은 면도 있으나, 대체로 부부연은 좋지 못하다.

年支 日支	申·子·辰	巳·酉·丑	寅·午·戌	亥·卯·未
도화살 桃花殺	酉	午	卯	子
특성	주색잡기에 능하고 여난이 많다.	자유분망하고 풍류를 즐긴다	음욕과 색정이 많다.	시기질투가 많고, 예능감각이 있다.

◆ 年·日支의 도화(桃花)는 장내도화(牆內桃花)라 하고 刑, 沖, 破, 害, 怨嗔이 없으면 부부금슬이 좋다.

◆ 日·時支의 도화(桃花)는 장외도화(帳外桃花)라 하고 꽃을 꺾으려는 사람이 많으니 흉하다.

* 도화살(桃花殺)이 있고 다시 지지에 역마살(驛馬殺)을 있으면 남녀 공히 주색을 밝힘이 도가 지나친 경우가 많다.

◉ 도화살 유형(桃花殺 類型)

1. 도삽도화(倒挿桃花)
   * 月·日·時支에 있는 寅·午·戌이 卯年을 만날 때
     月·日·時支에 있는 巳·酉·丑이 午年을 만날 때
     月·日·時支에 있는 申·子·辰이 酉年을 만날 때
     月·日·時支에 있는 亥·卯·未가 子年을 만날 때
   * 도삽도화가 있으면 남녀 공히 고상하고 풍류를 즐기나 간사함과 시기질투가 많고, 총명하지만 교묘한 계책과 말로 남을 잘 속인다.

2. 나체도화(裸體桃花)
   * 甲子日, 丁卯日, 庚午日, 癸酉日의 四 日柱에 해당한다.
     日干이 대표하는 삼합국을 적용시 日支가 도화살에 해당하는 경우이다. 예로 甲子日의 경우에는 甲木은 지지 亥卯未 삼합목국을 대표한다. 亥나 卯나 未가 모두 子에 도화살(桃花殺)이 해당된다.
     丁卯日의 경우에는 天干의 火는 丙丁이 있는데 火를 대표하는 오행은 陽干인 丙火이므로 丙火를 적용하고, 또한 丙火는 寅午戌 삼합화국을 대표한다. 따라서 日支에 卯가 있으면 도화살(桃花殺)에 해당하는 것이다. 나머지 庚午日, 癸酉日도 막은 맥락이다.
   * 나체도화가 있으면 남녀 공히 예기치 않은 일로 명예의 손상이 있거나 타인의 음해나 시비질투가 발생한다.

3. 편야도화(遍夜桃花)
   상기 내용처럼 지지에 子午卯酉가 전부 있는 것을 말한다.

4. 곤랑도화(滾浪桃花)
   * 도화살(桃花殺)이 있는 干支가 天干은 干合되고, 地支는 刑殺이 되는 경우를 말한다.
   * 주색방탕하고 관재구설과 음해 및 시비질투가 따른다.

辛	丙	己	乙
卯	子	卯	亥

癸	甲	乙	丙	丁	戊
酉	戌	亥	子	丑	寅

    상기 명조는 고서(古書)에 丙火는 지지 寅午戌 삼합화국을 대표하는 陽干으로 卯를 만나면 도화(桃花)가 되고, 卯木이 子를 만나면 역시 도화살(桃花殺)이 되어 丙卯가 상호 交合하려 하니 이를 곤랑도화(滾浪桃花)라고 하며 주색방탕이 극심하다고 논하고 있다.

5. 겁살도화(劫殺桃花)
   - 巳·酉·丑年生이 寅·卯·辰月에 寅時生인 경우.
   申·子·辰年生이 巳·午·未月에 巳時生인 경우.
   亥·卯·未年生이 申·酉·戌月에 申時生인 경우.
   寅·午·戌年生이 亥·子·丑月에 亥時生인 경우.
   예로, 巳·酉·丑年生의 경우는 十二神殺 중 劫殺이 寅에 해당하므로 月·時가 寅에 해당하면 겁살도화라 하는 것이다. 月 보다는 時에 중점을 둔다.
   - 남녀 공히 젊어서는 풍류와 유흥에 빠져들고 늙어서는 빈한하다.

6. 녹방도화(祿方桃花)
   - 日支의 도화살이 正官을 대동하는 경우.
   도화살에 해당하는 오행이 日支와 合되는 경우.
   - 남녀 공히 매력과 애교가 있으며, 여자는 미인인 경우가 많다. 子水가 이에 해당되면 음욕이 심하다.

7. 전록도화(專祿桃花)
   - 日支에 녹(祿)이 있으면 전록(專祿)이라 하는데, 전록(專祿)에 해당되고 타지지에 子午卯酉에 해당하는 도화살이 있는 경우를 말한다.
   예로, 甲寅 日柱가 月支가 卯이고 寅·午·戌年生인 경우이다.
   - 吉格이면 남녀 공히 매력이 있어 남의 도움을 받으나, 沖破되면 음해와 시비구설이 따른다.

290. 한목향양(寒木向陽)

亥子丑의 동월(冬月)에 생한 木과 춘월(春月)에 生했으나 아직 한기(寒氣)가 남아있는 寅月의 木은 한목(寒木)이니 丙火와 같은 따뜻한 기운을 기쁘게 생각한다는 뜻이다.

(女命)

亥月은 동월(冬月)이라 천지가 차니 日主 乙木은 한목(寒木)이다. 한목(寒木)은 향양(向陽)함을 기뻐하니 時干 丙火가 용신이다. 日支 丑宮의 辛金이 남편인데 투출하지 못했고, 초년 財星運에 발달했으나, 寅運은 金이 절(絶)地라 남편을 극했다. 이후 卯辰巳午未대운은 희신과 용신운이니 크게 발달한 것이다. 45년 동안 수렴청정(垂簾聽政)한 청나라 말 서태후(西太后)의 명조이다.

子月의 乙木은 한목(寒木)이다. 丙火를 기뻐하니 時干 丙火가 용신이다. 水가 중중하여 병(病)인데, 丁壬 合木되어 기신인 壬水를 木으로 化시켜 제거기병(除去其病)하고 火를 생하니 사주가 귀격(貴格)이 됐다. 그러나 申대운은 申子 반합수국의 기신운이니 재액(災厄)이 있었다.

291. 합관유살(合官留殺)

正官과 偏官이 있는 관살혼잡(官殺混雜)된 사주에서 正官을 合去하여 칠살(七殺= 偏官)을 남긴다는 뜻이다.

壬癸는 七殺과 正官에 해당된다. 癸水는 좌하 丑土인 금고(金庫)를 깔고 있어 통근하고, 壬水는 坐下 辰土 수고(水庫)를 깔고 있어 역시 통근하고 있어 세력이 비등하니 관살혼잡(官殺混雜)인 경우이다. 丑土는 旺火의 영향으로 건토화(乾土化) 되고, 月干 戊土는 午火 제왕(帝旺)地를 깔고 있으니 旺하여 癸水를 끌어들여 合火됨에 지장이 없다. 즉 合官되어 比劫으로 바뀌니 時干 壬水 七殺만 남게 되어 사주가 귀격(貴格)이 된 것이다.

乙卯, 甲寅대운은 한신운으로 기신에 해당하는 戊己土를 제압하니 壬水가 간섭받음이 없이 용신의 역할을 하니 승승장구했고, 癸丑, 壬子, 辛亥대운은 용신운으로 크게 발전했고, 명리가 여의했다. 적천수(滴天髓)에 기재된 명조이다.

292. 합살유관(合殺留官)

正官과 偏官이 있는 관살혼잡(官殺混雜)된 사주에서 七殺이 合去되고 正官만 남는 것을 의미한다.

日主 庚金이 旺하니 제극하는 火가 필요하다. 丙丁火가 투출했는데 丙火는 七殺이고 丁火는 正官이라 관살혼잡(官殺混雜)된 경우이다. 그런데 丙火는 丙辛 合水하여 食傷으로 化하고, 時干 丁火 正官 一位만 남게 되니 사주가 귀격이 되었다. 운로가 未午巳辰卯寅의 용신과 희신운이니 관록(官祿)이 장구했다.

293. 합이불화(合而不化)

합이 되지만 타 오행으로 化하지 못한다는 의미이다. 사주상 합은 본래 자신의 오행을 망각하고 타 오행으로 化됨을 의미하는데, 지지에 단단히 뿌리를 박고 있는 경우에는 합이 되도 본래의 오행을 지키려는 성향이 강하기 때문에 타 오행으로의 化됨을 거부하는 것이다. 이것을 합이불화(合而不化)라 하는데, 이것은 天干과 地支도 모두 같은 이치이다.

천간에 甲己 합토의 중정지합(中正之合)이 있다. 그런데 甲木은 坐下에 녹성(祿星)을 득하고 다시 甲乙이 등라계갑(藤蘿繫甲)을 형성하여 단단히 결속되니 化土됨을 거부하는 것이다. 이 사주는 甲木이 未土月에 생하여 土氣가 중중하니 신약하다. 따라서 水인 印星을 요하는데 年支 子宮의 癸水를 용한다. 운로가 申酉戌亥子丑의 희신과 용신운이니 건축과 토목업으로 큰돈을 번 명조이다. 만약 甲己의 化土格이 성립되었다면 용신 癸水를 핍박함이 태다하니 癸水가 심히 무력해져 운로에서의 부조(扶助)도 무용지물이 되었을 것이다.

丙	癸	戊	庚
辰	亥	寅	申

乙	甲	癸	壬	辛	庚	己
酉	申	未	午	巳	辰	卯

寅木이 월령(月令)을 차지하고 있으니 寅亥의 육합목국이 성립될 것으로 판단하는데, 寅木은 年支 申金과 沖되고, 亥水는 時支 辰土와 원진(怨嗔)되어 방해를 받으니 寅亥의 六合은 성립되지 않는다 판단하고, 천간의 戊癸 合火는 寅宮의 丙火가 長生을 득하니 化될 것이라 판단하지만, 日主 癸水가 坐下 亥水에 제왕(帝旺)을 득하여 旺하니 化火하려 하지 않는 것이다. 이러한 경우를 합이불화(合而不化)라 한다.

癸水가 목왕지절(木旺之節)에 생하여 설기(洩氣)가 심하니 印星을 용한다. 年干 庚金이 용신이다. 天干에 戊庚의 官印이 투출하여 상생되고, 학창시절인 庚辰 대운은 용신인 庚金을 부조하는 운이니 길하여, 국가시험에 합격하여 공직에 근무하고 있는 명조이다.

294. 해후상봉(邂逅相逢)

사주상 용신이 쇠약한데 희신도 없고 한신과 기신만 있는 경우에, 한신과 기신이 合을 이루어 희신으로 化되어 용신을 생하는 경우를 해후상봉(邂逅相逢)이라 한다. 예로, 용신이 木인 경우는 희신이 水인데, 사주상 水가 없고 忌神인 辛金만 있으면, 한신인 丙火를 득하여 合化되어 희신으로 바뀌어 용신을 돕게 되는 경우를 의미하는 것이다.

甲	戊	辛	丙
寅	戌	丑	戌

戊	丁	丙	乙	甲	癸	壬
申	未	午	巳	辰	卯	寅

戊土 日主가 丑月에 생하여 천지가 한(寒)하니 丙火가 요긴하지만 지지에 土氣가 중첩되니 소토(疎土)가 급하다. 年干 一位 丙火는 辛金을 탐(貪)하여 財로 化되니 용할 수 없고 時干 甲木을 용신으로 잡는다. 따라서 辛金은 기신이고 丙火는 한신이 되는 것이다. 용신 甲木이 坐下 寅木에 비록 長生을 득했다 하나 희신의 부조가 없으면 용신이 旺해지지 못하여 사주가 길할 수 없는 것이다. 상기는 희신인 水가 丑宮에 암장(暗藏)되었는데, 丙辛이 간합수국을 이루어 丑宮의 癸水를 인통(引通)하니 희신인 癸水가 용신인 甲木을 생하게 되어 길하게 된 것이다. 이를 해후상봉(邂逅相逢)이라 한다.

초년 寅卯辰 대운은 용신운이나 丑月에 한목(寒木)이라 큰 발전이 적었으나, 이후 巳午未 火대운은 해동(解凍)하여 희신인 丑宮의 癸水를 살리고 또한 甲木을 생하게 하니, 財生官, 官生印하여 財力을 바탕으로 정치력을 발휘한 명조인 것이다.

295. 허자입국(虛字入局)

허자(虛字)는 사주원국에 없는 오행을 말하는데, 대운이나 세운의 干支에서 허자(虛字)에 해당하는 오행이 사주원국에 入되어 발생하는 상(象)의 변화를 말하는 것으로, 생화극제(生化剋制)와 合沖의 논리에 따라 길흉이 분별되어 나타난다.

庚金이 둘이 투출하고, 乙庚 간합금국을 이루고, 다시 地支가 辰酉 合金을 이루니 比劫이 중중한 것이라 군겁(群劫)의 상(象)을 이룬 것이다. 乙木 正財가 투출했는데 甲木 偏財는 불투한 것이다. 男命에서 偏財는 부친으로 논하는데, 상기의 경우는 원국에 偏財가 없으니 쟁탈의 조짐은 없으나, 만약 운로에서 偏財인 甲木이 도래하면 흉화의 조짐이 발생하게 되는 것이다.

甲申 대운은 甲木 偏財가 入局하니 허자입국(虛字入局)된 것이며 원국과의 관계에

서 군겁쟁재(群劫爭財)되어 부친에게 흉화의 조짐이 보이는데, 이 대운 중 戊寅년은 세지(歲支) 寅木 編財가 재차 入局하여 군겁(群劫)에게 쟁재(爭財)의 빌미를 주니 부친이 이 세운(歲運)에 사망한 것이다.

296. 허진보진(虛眞補眞)

사주원국에서 약하거나 없었던 六神이나 신살(神殺) 등은 오히려 운로(運路)에서 이것이 들어오기를 심하게 갈망하는데, 때가 되어 대운이나 세운에서 들어오게 되면, 고대했던 만큼 들어오는 신살(神殺)이나 六神의 역량이 보다 더 강화된다는 이론이다.

日支 申은 지살(地殺)이라, 평생에 일신상의 이동수가 있어 해외로 나가는 것을 심하게 갈망했는데, 庚寅대운의 寅木이 역마살(驛馬殺)에 해당되니 허진보진(虛眞補眞)에 해당된다. 역마살(驛馬殺)은 지살(地殺)과 역할이 대동소이하므로 이동함을 갈망하게 되어 늦은 나이에 해외유학을 가게 됐다.

297. 허화봉토(虛火逢土)

사주상 쇠약한 火의 기운이 다시 이를 설기(洩氣)시키는 土의 기운을 만나 더욱 쇠약해짐을 말한다.

戊　　丙　　庚　　辛
子　　戌　　子　　丑

癸　甲　乙　丙　丁　戊　己
巳　午　未　申　酉　戌　亥

丙火가 子月에 生하여 신약한데, 다시 日支와 時干에 戊土가 있으니 설기(洩氣)가 되어 더욱 신약해진 것이다.

298. 현무당권(玄武當權)

　주로 격국(格局)에서 논하는 용어로, 壬癸 日主가 지지에 寅午戌 삼합화국의 財星局이나, 사고(四庫)인 辰未戌丑이 있어 官星局을 형성하는 경우를 말한다. 현무(玄武)는 기문학(奇門學)과 육임학(六壬學)에서 논하는 십이천장(十二天將) 의 하나로 도적지신(盜賊之神)에 해당하는 흉장(凶將)이며 癸亥水에 속한다. 사주 구성형태에서 旺한 경우를 현무당권(玄武當權)格이라 칭하는 것인데, 신약한 것과 刑沖됨을 꺼리며, 운로에서도 같이 적용된다. 壬寅日, 壬午日, 壬戌日, 癸丑日, 癸未日의 六日柱에 해당된다.

辛　　壬　　壬　　庚
亥　　寅　　午　　戌

戊　丁　丙　乙　甲　癸
子　亥　戌　酉　申　未

　壬寅 日主가 지지에 寅午戌 삼합화국의 財星局을 이루니 현무당권격(玄武當權格)의 진격(眞格)이다. 壬水 日干이 午火節에 생하여 실기(失氣)했고, 삼합화국의 火氣가 맹렬하니 印星으로 용신을 잡아야 한다. 壬水 日干은 局에 印星과 比肩이 있으니 태약하지 않다. 능히 財를 감당할만 하여 대귀(大貴)하게 된 것이다. 용신은 年干의 庚金이다. 申酉戌 용신대운에 크게 발복한 것이다.

299. 혈기란자(血氣亂者)

사주구성상 오행의 혈기(血氣)가 산란한 것을 의미하는 말이다. 이것은 사주상 오행이 배역(背逆)되고 순조롭지 못하며, 干支 上下가 불통(不通)되고, 행운(行運)이 용신과 상배(相排)되는 운으로 들어와 불순하여, 평생 질병이 많은 사주를 뜻한다.

未土月은 삼복(三伏)에 생한(生寒)하고 火氣가 퇴기(退氣)한다고 하나 아직 염염(炎炎)한 기운이 다 수그러진 것은 아니다. 그리고 丙火와 乙木이 투출하여 丁火를 부조하고, 戌未土는 조토(燥土)라 火氣를 회화(晦火)시킴이 부족하고 庚金을 생하지 못하여 旺火가 金을 剋함에 속수무책인 것이다. 年支 申金 역시 旺火에 손상되어 申宮의 壬水 역시 고갈되었다. 水를 용해야 하는데, 申酉戌대운은 金運이라 庚金을 인통(引通)시키어 암암리에 申宮의 壬水를 생하니 비록 담화증(痰火症)이 있었으나 대환(大患)은 없었다. 이후 亥대운은 亥未 반합목국을 형성하여 火를 더욱 생하니, 약수(弱水)가 旺火를 대적하려 하니 火氣를 더욱 촉분(促憤)시킬 뿐이어서 흉하다. 피를 토하며 죽은 것이다.

未土月은 火氣가 퇴기(退氣)한다고 하나, 甲寅木 印星의 생조가 있고, 丁午火의 부조가 있으니 日主 丙火는 신강(身强)하다. 壬水가 대적해야 하는데, 日支 申金은 원격(遠隔)되어 있으며, 寅木과 午火의 沖剋을 받으니 壬水를 생할 여력이 없으며,

다시 壬水는 무근(無根)이라 丁壬 化木하여 火를 더욱 생하니, 신(腎)에 해당되는 水가 고갈되었고, 담수병(痰嗽病)까지 발병한 것이다. 혈기(血氣)가 난(亂)한 것이다.

戊運은 지지 寅午와 삼합화국을 형성하여 火氣가 더욱 旺해져 剋金하니, 폐(肺)에 해당되는 金氣가 손상되어 결국 수원(水源)이 메마르게 되고 이로써 신(腎)에 해당되는 水는 심히 고갈되어 피를 土하고 죽은 것이다.

금수식상격(金水食傷格)이다. 丙火가 투출하여 따듯함을 더하니 한동(寒凍)한 金水에 온기가 돈다. 동월(冬月)의 辛金은 한금(寒金)이니 火氣가 필요한데, 실상 火를 용하는 경우는 적고 旺神을 설(洩)하는 食傷을 용하는 경우가 많은데, 이는 단지 火는 局을 온난하게 함에 필요할 뿐이라는 의미이다. 辰酉 합금과 酉丑 합금으로 日主가 旺하니 설기(洩氣)시킴이 마땅하다. 時干 壬水가 용신이다. 壬申대운은 용신과 희신운이니 벼슬길이 순탄했고, 辛未대운의 丁丑세운은 火土가 함께 성하여 丁壬 化木하여 용신의 氣를 설(洩)하고, 다시 土가 용신을 극하니 子水가 손상되어 병(病)을 얻어 사망한 것이다. 이것은 운로에서의 入氣가 혈기(血氣)를 어지럽혔기 때문이다.

戊土가 戊月에 생하여 旺하고 건조한데 戌未土는 宮에 火가 있으니 조토(燥土)이다. 時柱에서 火氣를 더하니 戊土 旺神의 세(勢)가 태과(太過)한 것이다. 마땅히 설기

(洩氣)시키는 年干 辛金이 용신이다. 그러나 辛金은 局에 중첩된 土가 조토(燥土)뿐이라 생을 받지 못하니 時干 丁火의 극을 받아 손상되었다. 金은 폐(肺)에 속하니 처음에 담증(痰症)으로 시작되었으나, 酉申 대운은 용신운이니 큰 해는 없었으나, 乙未, 甲午 대운은 火土를 더욱 생하니 土가 더욱 건조해져서 피양증(皮癢症=피부병)을 앓았던 것이다. 癸巳 대운은 癸水가 火를 剋하지 못하고 오히려 戊癸 合火되어 水가 핍절(乏絕)되므로 신(腎)이 손상되어 사망한 것이다. 적천수(滴天髓)에 기재된 명조이다.

300. 형전형결(形全形缺)

형(形)이라 함은 사주상 甲乙木은 木形, 丙丁火는 火形, 戊己土는 土形, 庚辛金은 金形, 壬癸水는 水形이라 한다. 여기서 형전(形全)이라 함은 형이 완전하다는 것인데, 예로 甲·乙木 日主가 월령(月令) 寅卯辰月에 생하여 득기(得氣)했거나 旺한 것을 말하고, 형결(形缺)이라 함은 形이 완전치 못하다 하는 것인데, 예로 甲·乙木 日主가 申酉戌月에 생하여 실기(失氣)했거나 쇠약해진 것을 말한다. 득기(得氣)라는 것은 日主가 월령(月令)에 십이포태운성(十二胞胎運星)의 장생(長生), 건록(建祿), 제왕(帝旺)地에 해당하는 것을 말하는 것이다.

결론적으로 형전(形全)이라 함은 日主가 왕해진 것이니 사주가 中和를 이루기 위해서는 극제하는 방법을 써야 하고, 형결(形缺)이라 함은 日主가 쇠약해진 것이니 부조(扶助)하는 방법을 써야 하는 것이다. 요약하면 형전(形全)에서는 방조설상(幫助洩傷) 중 설상(洩傷)의 방법으로 용신을 잡고, 형결(形缺)의 상태에서는 방조(幫助)의 방법으로 용신을 잡는다.

그런데 형전(形全)의 상태에서 지지가 三合局이나 方合局을 형성하고 日主를 剋하는 오행이 없는 경우에는 이를 별도로 일행득기격(一行得氣格)으로 논하여 기세에 순응하는 오행을 用해야 하는 것이다.

　　庚金이 戌月에 생하니 형전(形全)에 해당된다. 比劫이 중중하니 신왕(身旺)하여 극
제하는 年干 丁火 官星이 용신이다. 丁火는 월령(月令) 戌宮에 통근하고 멀리서 甲
木이 庚金에 벽갑(劈甲)되어 丁火를 생하니 용신이 태약하지는 않다. 초년 己酉, 戊
申의 土金대운은 旺한 日主를 더욱 생하니 형상파모(刑傷破耗)가 많았고, 이후 丁未,
丙午, 乙巳대운은 丁火를 부조하여 庚金을 대적하니 가업의 발전이 있었고 만사가
여의했던 것이다.

　　甲木 日主가 寅月에 생하니 형전(形全)이라 논한다. 사주에 甲寅木이 중중하여
신왕(身旺)한데, 庚辛金이 全無하니 극제하지 못하고 旺한 日主의 기운을 설기(洩氣)
시키는 時干 丙火가 용신이다. 丙火 食神이 甲寅木의 생조를 받아 旺하며 坐下 辰
土 偏財를 생하니 부격(富格)의 사주인데, 운로가 卯辰巳午未의 희신과 용신운이니
대발(大發)한 것이다.

日主 庚金이 오화절(午火節)에 생하여 실기(失氣)했으니 형결(形缺)이라 논한다. 庚金이 화왕지절(火旺之節)에 旺火의 핍박을 받음이 심한데, 時干 己土가 투출하고 日支 辰土에 통근하여 旺火의 火氣를 설(洩)하고 신약한 日主를 방조(幇助)하니 庚金이 크게 손상되지는 않는다. 상기 명조는 火氣가 중중하여 壬癸水를 용할 수 있다면 더욱 좋은데, 지지 卯辰과 丑 사이에 寅木이 탄함(吞陷)되어, 결국 암암리에 寅卯辰 방합목국을 형성하여 왕한 火氣를 더욱 생조하니 적수오건(滴水熬乾)이 되어 日支 辰宮의 癸水를 용할 수 없다. 부득이 旺火의 氣를 설(洩)하는 時干 己土를 용해야 하는 것이다. 운로가 辛丑, 庚子, 己亥의 왕한 火氣와 相制되는 운이니 무관(武官)으로서 다소의 발전이 있었을 뿐이다.

丙火 日主가 진흙토에 해당하는 丑月에 생하여 실기(失氣)했으니 형결(形缺)이다. 壬癸의 官星이 중중하나 日主가 坐下에 제왕(帝旺)을 得하니 종(從)하지 못한다, 억부법(抑扶法)을 적용하여 日支 午宮의 丁火를 용한다. 時支 辰宮의 乙木은 丑月에 동목(凍木)이라 火를 생하지 못하고 旺水에 목부(木浮)의 상황이니 용할 수 없다. 초년 甲寅, 乙卯대운은 중중한 官星인 水를 납수(納水)하고 日主 火를 생하니 일찍부터 유림(儒林)의 문생(門生)들과 어울렸으나, 이후 丙辰대운은 丙火는 비록 부조의 기운이나 丙壬 沖하여 旺水에 극제되어 손상되고, 辰土는 子辰 반합수국의 기신운이며 旺水를 더욱 부조(扶助)하니 처자를 剋하고 가업(家業)도 破하였으며, 申金세운에는 申子辰 삼합수국으로 官殺局이 태강(太强)하여져 制殺의 氣가 全無하니 사망한 것이다.

301. 호환재록(互換財祿)

他 柱에 있는 財星과 건록(建祿)을 편의상 자리를 바꾸어 적용하여 사주의 구성형태상 유용하게 활용함을 의미한다. 여기서 財는 財星을 의미하고, 녹(祿)은 십이포태운성(十二胞運星)의 건록(建祿=正祿)과 六神의 正官을 의미한다. 그리고 호환(互換)의 의미는 年柱와 時柱의 관계, 日柱와 時柱의 관계, 月柱와 日柱의 관계 등도 모두 해당되는 것이다.

年支 午宮의 己土는 時干 壬水의 正官에 해당되고, 時支 子宮의 癸水는 年干 丙火의 正官에 해당되니 호환재록(互換財祿)이라 하는데, 이것을 교호관성(交互官星)이라고도 한다.

年支 酉金은 時干 辛金의 정록(正祿)에 해당되고, 時支 卯木은 年干 乙木의 정록(正祿)이 되니 호환재록(互換財祿)이라 하는데, 이것을 교호득록(交互得祿)이라고도 한다.

302. 화득진자(化得眞者)

참되게 化됨을 得했다는 것으로 이는 진화격(眞化格)을 뜻하는 것이다. 예로, 甲木 日主가 月干이나 時干에 하나의 己土를 만나 合하고, 壬·癸·甲·乙·戊가 없고, 다시 坐下나 월령(月令)에 土氣(辰未戌丑)를 得하면 진화격(眞化格)이 되는 것이다. 이와 같은 이치로 천간의 丙辛의 合이 동월(冬月)에 生했거나, 戊癸의 合이 하월(夏月)에 生했거나, 乙庚의 合이 추월(秋月)에 生했거나, 丁未의 合이 춘월(春月)에 生했으면 化格인데 辰을 득하는 운이면 진화격(眞化格)이 되는 것이다. 이러한 배합은 낙서(洛書)의 中宮의 수(數)인 5즉 辰土를 得하는 이치로 배합되는 것이다.

천간의 수(數)는 甲1, 乙2, 丙3, 丁4, 戊5, 己6, 庚7, 辛8, 壬9, 癸10의 수(數)를 적용하는데, 생수(生數)인 1・2・3・4・5에 中宮의 數 5를 더하면 성수(成數)인 6, 7, 8, 9, 10이 되는 것이다. 이는 낙서(洛書)의 이론으로 우주만물의 相剋의 이치를 적용한 것이다. 甲1과 중궁의 수(數) 5를 더하면 여섯 번째인 己6이 되는데 이로써 甲己의 合이 형성되는 것이다. 또한 辰을 득했다는 의미는, 낙서(洛書)의 시대는 相剋의 시대이므로 甲己의 合은 土인데 이를 剋하는 甲子부터 시작하여 乙丑, 丙寅, 丁卯, 戊辰하여 다섯 번째인 戊土를 따라 合土가 된다는 것이다. 같은 이치로 乙庚의 合은 金인데 이를 剋하는 丙子부터 시작하여 丁丑, 戊寅, 己卯, 庚辰하여 다섯 번째인 庚金을 따라 合金이 되는 것이고, 丙辛의 合은 水인데 이를 剋하는 戊子부터 시작하여 己丑, 庚寅, 辛卯, 壬辰하여 다섯 번째인 壬水를 따라 合水가 되는 것이다. 그리고 앞의 세 가지 예에서 보듯 合化되어 변하는 오행은 다섯 번째인 천간을 따라 결정되는데 모두 지지에 辰이 있으므로 辰을 得하는 運으로 진행한다 하는 것이고 진화격(眞化格)이 된다 하는 것이다.

化格의 경우에 용신은 化된 神이 旺하고 풍족하면 化神을 설기(洩氣)하는 神을 용신으로 잡고, 化神이 약(弱)하고 부족하면 化神을 生하는 神으로 용신을 잡는다.

天干의 甲木은 申月에 절각(截脚)되었으니 쇠약하다. 時干 己土가 坐下 巳火에 제왕(帝旺)을 득하고 日干 甲木이 坐下 辰土에 통근하고 있어 日・時干의 甲己는 化土格을 형성하고 있으나 월령(月令)에 庚金이 사령(司令)하니 化神은 설기(洩氣)가 태

다하여 旺하다 할 수 없다. 반면에 月支 申金은 日支 辰土와 年支 丑土의 생을 받으니 旺하다. 따라서 火를 용하여 化神을 生하며 사령(司令)한 庚金을 극제하면 사주가 중화를 이룰 수 있다.

午火대운은 용신운이니 관직에 나서게 된 것이고, 辛巳대운 중 辛金대운은 陰金이라 약하지만 천간의 甲乙木을 부수어 용신인 火를 살리고, 巳火대운은 용신운이니 벼슬길이 연등했던 것이다. 庚辰대운은 庚金이 벽갑(劈甲)하여 용신인 火를 살리고, 辰土는 한신운이라 무애무덕하니 발전이 있었던 것이다.

천간의 丁壬 化木은 월령(月令)에 木을 得하니 진화격(眞化格)이다. 또한 甲卯木의 부조(扶助)가 있으니 化神은 旺하다 판단하며, 왕신의설(旺神宜洩)이라 했으니 설기(洩氣)시키는 日支 午宮의 丁火를 용해야 한다. 용신인 日支 午宮의 丁火는 木의 생을 받아 旺한데 다시 時支 辰土를 생하니 상생유통(相生流通)을 이루어 사주가 길해졌다. 초년은 火木運인 희신운이라 관직에 나섰지만, 이후의 운로(運路)가 丑子亥의 기신운으로 흘러 벼슬이 높이 올라가지 못했던 것이다.

303. 화열성조(火烈性燥)

사주상 火가 조열(燥熱)하여 성품(性品)이 조급한 것을 의미한다. 火가 조열(燥熱)하고 맹렬(猛烈)하면 염상(炎上)의 성질을 띠므로 단순하고 순수하게 化시켜야 하니, 습토(濕土=辰·丑)로 맹렬함을 설기(洩氣)하고 강한 빛을 거두어 축장(蓄藏)시키면 윤택하게 되어 예(禮)와 자애심이 있게 되나, 金水를 만나게 되면 더욱 火氣를 격화(激化)시키니 재앙(災殃)과 화액(禍厄)이 따른다.

丙火가 오화절(午火節)에 생하여 양인(羊刃)을 득하고, 다시 지지 午戌 반합화국을 이루고, 천간에 兩 丙火가 투출했으니 염염(炎炎)함이 극(極)에 달했다. 기쁜 것은 사주에 水金이 없어 격화지염(激火之炎)의 염려가 없고, 時柱 己丑이 습토(濕土)라 맹렬한 火氣를 설기(洩氣)시키고 강한 火를 거두어 축장(蓄藏)시키니, 火는 윤택함을 얻은 것이고, 성정(性情)은 순수함으로 바뀌었으니, 위인이 공명정대(公明正大)하고 위엄이 있었으며 또한 자애심이 있고 예(禮)를 알아 아랫사람을 능멸하지 않았으며 명리양전(名利兩全)했던 것이다. 용신은 時干 己土이다.

丙火가 월령(月令)에 양인(羊刃)을 득하고, 火가 重重한데 다시 甲木의 生을 받으니 火氣가 맹렬하다. 年干 辛金은 무근(無根)이라 日支 子水를 생하지 못하니 고립무원이라, 子水는 오히려 맹렬한 火를 충분(衝奔)시키는 격화지염(激火之炎)의 역할을 하고 있다. 사주에 습토(濕土)가 없으니 염염(炎炎)하고 강렬한 火氣를 거둘 수 없어, 예(禮)와 자애심이 없었고, 충동적인 성질만 있었던 것이다. 어려서 부모를 잃고, 형수에게 의탁해 살았으나, 신체가 크고 힘이 세어 무뢰배들과 어울리고 무술 익히기만 좋아했다. 나중에 호랑이를 잡으러 갔다가 물려 죽었다 한다. 연해자평(淵海子平)에 기록된 명조이다.

304. 화염토조(火炎土燥)

火氣가 태왕(太旺)하여 땅이 건조하고 메마르다는 의미다.

천간에 丙丁火가 투출하고 지지 午戌 반합화국으로 火氣가 염염(炎炎)하니 戊己 土는 조토(燥土)가 된 것이다. 이를 화염토조(火炎土燥)라 한다. 時干 壬水는 丑宮에 미근(微根)이 있다 하나 화왕지절(火旺之節)에 丑土나 壬水 모두 무력하여 건토(乾土) 를 습토(濕土)化 할 힘이 없다.

305. 화위설상(化爲洩傷)

日主와 간합되어 化된 오행의 기세가 사주상 旺한 타 오행을 생하여 日主가 오히 려 쇠약해진 것을 의미한다. 이것은 化되어 바뀐 오행의 生을 받는 오행이 지나치 게 태왕(太旺)하게 됨을 야기함으로써, 결국에는 日主와 干合하여 化되어 바뀐 오행 의 기세가 기존의 旺한 오행을 더욱 생하게 되어 반대로 日主가 더욱 지나치게 설 기(洩氣)되고 무력해진 것을 의미하는 것이다.

己土 日主는 申月에 생하여 실기(失氣)했으니 신약하다. 천간의 甲己 化土는 지 지 寅申에 戊土가 있으니 미근(微根)이 있다 판단하여 化格이라 할 수 있지만 旺하

다고 판단하지는 못한다. 그런데 化된 간합 土局이 지지 申酉金 食傷을 생하여 日主가 더욱 쇠약해지니 이를 화위설상(化爲洩傷)이라 한다.

306. 화위설수(化爲洩秀)

日主와 간합되어 化된 오행의 기세가 旺해진 것을 의미한다. 이것은 化된 오행이 지지에 통근하고 또한 부조(扶助)를 받음으로써 수기(秀氣)를 얻어 더욱 왕강해진 것을 의미하는 것이다.

천간에 丙辛의 化水局이 있는데, 동주(同柱)한 지지에 申亥가 있어 통근되니, 化되어 水로 변화된 오행이 더욱 旺해진 것이다. 그리고 지지는 다시 申子의 합과 亥水가 있어 전체가 水局을 형성하여 化된 水의 기세를 더욱 부조(扶助)하니 수기(秀氣)를 얻고 왕강해진 것이다. 이를 화위설수(化爲洩秀)라 한다.

307. 화지진가(化之眞假)

화격(化格)에도 진화격(眞化格)과 가화격(假化格)이 있음을 말하는 것이다. 화격은 사주상 日干을 중심으로 月干이나 時干에 干合이 있는데, 다시 간합된 오행과 같은 오행이 사주에 많이 있는 것을 말한다. 이때 干合된 오행을 "합신(合神)"이라 하고, 干合되어 바뀌는 오행을 "화신(化神)"이라 한다. 예로 甲日干이면 月干이나 時干에 己土가 있으면 이는 干合되어 土가 되는데, 다시 月支가 干合된 오행과 같은 오행인 辰·戌·丑·未月이라면 化格이 성립되는 것이며, 이것을 진화격(眞化格)이라 한다. 가화격(假化格)은 干合하여 化된 오행과 相沖하는 오행이 局에 있는 것을 말한다.

<진화격(眞化格)>
- 甲己의 化格은 月支가 辰·未·戌·丑月이어야 하고,
- 丙辛의 化格은 月支가 申·子·辰·亥月이어야 하고,
- 戊癸의 化格은 月支가 寅·午·戌·巳月이어야 하고,
- 丁壬의 化格은 月支가 亥·卯·未·寅月이어야 한다.

아울러 化格 四柱의 길흉판단은 전적으로 化된 오행의 왕쇠(旺衰)에 달려있다. 예를들어 甲己 化土의 化格인 경우, 사주에 土가 부족할 경우에는 土運이나 土를 생하는 火運이 길하고, 사주에 土가 과다할 경우에는 土의 기운을 洩氣시키는 金運이 길하다. 그리고 土와 相剋되는 水運과 木運은 모두 불길하다.

甲己 合土가 戌月에 생하여 土의 부조(扶助)가 있으니 진화격(眞化格)이다. 사주의 대부분을 土가 차지하고 있어 土가 旺하다. 月干 壬水는 주변 旺土의 극제를 받아 印星의 역할을 하지 못하고 있다. 土旺하므로 왕신의설(旺神宜洩)이라 했으니 土氣를 설기(洩氣)시키는 金運은 길하다.

化格으로 土가 旺한데, 초년 癸亥, 甲子대운은 土와 相沖되는 水木運을 만나 공명을 얻지 못하다가, 乙丑대운에는 丑土가 旺한 지지의 辰戌과 형파(刑破)되어 세력을 누그러뜨리고, 아울러 時支 巳火와 巳丑의 반합금국으로 旺한 土氣를 설기(洩氣)시키니, 벼슬이 현재의 도지사에 이르렀던 것이다.

丁壬 合木이 未土月인 목고절(木庫節)에 생했으니 진화격(眞化格)이다. 未土月은 火氣가 퇴기(退氣)하는 시점이지만 천후(天候)로는 아직 火氣가 남아있고, 천간 丁火 는 지지에 통근하니 火氣가 많아 木氣가 심히 설기(洩氣)되었다. 따라서 木을 생해 주는 水는 길하다. 초년에는 木과 相沖되는 土金運을 만나 삼십세 전에 청상과부가 되었으나, 辛亥대운 이후는 木을 생해주는 水運을 만나 수만금을 벌었다.

未土 正官이 둘이니 偏官으로 논한다. 未土는 丁火 正財의 생조를 받으니 약하 지 않다. 여명에서 官星은 남편을 의미하는데 이처럼 官星이 旺하니 오히려 남편복 이 적었고, 이는 또한 水가 용신이고 官星인 土가 기신이기 때문이다. 초년대운은 戊申, 己酉대운으로 기신과 한신운이니 남편복이 적었던 것이다.

〈假化格〉

化格에서 간합된 오행과 相沖되는 干支가 있는 것을 말한다. 예로 甲己 合土의 化格에서 土氣와 相沖되는 木과 水가 사주에 있는 것을 말한다. 가화격(假化格)의 사주는 유년시(幼年時)에 부모덕이 적고, 고독하며, 신고(身苦)가 많이 따르는데, 사주 를 푸는 방법은 化格과 대동소이하다. 즉, 化格과 같은 길운을 만나면 부귀를 누리나, 그렇지 못하면 그 성격이 안하무인이고 독불장군식이며, 평생을 통해 매사 불성이다.

丙辛 간합수국이 있고, 월령(月令) 辰宮에 癸水가 있어 통근하니 化格이나, 사주에 水를 극하는 戊土, 丑土가 있어 가화격(假化格)이다. 辛金은 가공한 귀금속 등이라 토다(土多)하면 금매(金埋)되니 壬水로 씻어내어 귀기(貴器)를 드러냄이 필요하다. 印星이 重重하고 壬水가 불투(不透)하고 癸水가 투출했으니 年干 癸水가 용신이다. 용신 癸水는 지지 丑辰亥子에 통근하니 약변강(弱變强)이 되어 旺하고, 운로(運路)가 丑子亥의 용신운이니 귀격(貴格)이 된 것이다. 중년 壬子대운 이후 水대운을 만나 공명(功名)을 떨쳤다. 청나라의 공신 낙병장(駱秉章)의 사주이다.

308. 화합봉시(化合逢時)

化合된 오행이 時를 만나 成局되었음을 의미한다. 이는 천간의 干合되어 化된 오행이 時에 통근하여 진화격(眞化格)이 되었음을 말하는 것이다. 천간의 합은 본시 陰陽의 합이고 陽干은 강건한 성질을 지니고 있으므로, 化된 오행이 도리어 나를 극하게 되거나, 化된 오행이 지지에서 부조(扶助)를 받지 못하여 쇠약해진다면, 陽干은 좀처럼 化됨을 허락하려 하지 않기 때문이다.

예로, 동월(冬月)의 丙火가 丙辛 合水의 간합이 있으나 지지에서 水의 부조함이 없는 경우이다. 이런 경우라도 만약 時에 辰土가 있으면 陽干인 丙火의 기세가 辰宮의 戊土에 설기(洩氣)되어 유화(柔化)되며 辰宮의 癸水에 통근하니 干合을 허락(許諾)하게 되고, 또한 辰土가 합을 이루어 水局으로 바뀌는 申·子 등의 오행이 있는 경우에는 化水된 오행이 지지 水局의 부조(扶助)를 받게 되니 이를 화합봉시(化合逢時)라 하는 것이다.

丙辛의 干合이 時支에 辰土 수고(水庫)를 득하고 子辰의 반합국을 형성하니 화합봉시(化合逢時)이다. 지지 子辰 반합수국에 壬水가 투출했으니 진화격(眞化格)을 형성하

여 대부귀격(大富貴格)을 이루었다. 化된 水氣가 태왕(太旺)하니 납수(納水)하는 亥宮의 甲木을 용한다. 亥水는 未土와 반합목국을 형성하여 용신이 태약하지 않고, 운로가 丁未, 丙午, 乙巳로 흘러 冬月에 火氣를 더하니 귀격(貴格)의 사주가 된 것이다.

309. 회동제궐(會同帝闕)

제궐(帝闕)은 임금이 사는 궁궐이다. 주역팔괘 중 건괘(乾卦)에 해당하는데, 십이지지로는 戌·亥에 해당된다. 사주상 지지에 戌·亥가 있는 사주를 말한다. 고서(古書)에는 임금을 만나거나, 임금을 측근에서 모실 일이 생긴다 했다.

지지 戌亥는 건괘(乾卦)에 해당되는데 월령(月令)과 日支를 차지하니 회동제궐(會同帝闕)의 진격(眞格)이다.

310. 회화재염(晦火再炎)

회화(晦火)라 함은 丙丁火 日主가 사주에 戊己土가 많아 火氣가 重土에 갇히게 되어 신약하게 됨을 말하며, 한편으론 월령(月令)에서 실기(失氣)하여 日主가 무력해짐을 말하기도 한다. 따라서 木을 용하여 日主를 부조(扶助)하면 꺼져가는 火氣에 생명을 불어 넣음과 같은 이치인데, 이를 목화통명(木火通明)이라고도 한다.

(女命)

丙	丁	甲	己
午	卯	戌	亥

辛	庚	己	戊	丁	丙	乙
巳	辰	卯	寅	丑	子	亥

　화토상관격(火土傷官格)이다. 천간의 丙丁火는 戌月에 실기(失氣)하였다. 年·月에 己戌亥가 있으니 丁火가 회화(晦火)된 것이다. 다행인 것은 丁火가 午火에 득록(得祿)하여 태약하지는 않다. 月干 甲木 印星을 용하여 傷官인 戊土를 소토(疏土)하고 丁火를 살리면 재염(再炎)할 수 있는 것이다. 운로가 寅卯辰의 용신운으로 흐르니 여명으로 대부격(大富格)을 이루었으나, 庚金이 없어 벽갑인정(劈甲引丁)하지 못하니 귀(貴)는 적었던 것이다.

乙	丁	辛	壬
巳	卯	亥	子

戊	丁	丙	乙	甲	癸	壬
午	巳	辰	卯	寅	丑	子

　丁火가 亥月에 절(絶)地이다. 실기(失氣)한 것이다. 日主가 신약하니 印星이 필요하므로 時干 乙木을 용한다. 乙木은 지지 亥卯 반합목국의 부조(扶助)를 받으니 유력하여 日主를 생하니 무기력한 丁火가 印星인 乙木의 도움으로 다시 타오르니 회화재염(晦火再炎)인 것이다. 운로가 寅卯辰巳午의 용신운이니 발전이 있었다.

311. 효자봉친(孝子奉親)

　日主를 子라 하면 日主를 생하는 印星은 母에 해당된다. 사주에 比劫이 태중(太重)하면 어머니인 印星은, 자식인 比劫에게 심하게 설기(洩氣)당하고 세력을 잃어, 母는 子에 의존해야 하니 母의 자애로운 마음은 자연 子에게 향할 것이며, 子는 어머니의 뜻을 따라 순종하게 되면 母子가 화친하게 되며 또한 어머니를 봉양(奉養)하는 것이니 효자봉친(孝子奉親)인 것이다. 대체로 종왕격(從旺格)의 사주가 이에 해당된다.

年干 癸水는 印星으로 육친(六親)에선 어머니로 논하는데, 비록 坐下 丑宮의 癸水에 통근했다 하나 월령(月令)과 비교시 십이포태운성(十二胞胎運星)의 목욕지(沐浴地)에 해당되니 실기(失氣)하여 쇠약하다. 사주에 자식인 比劫이 중중하고 旺하여 수세(水勢)가 설기(洩氣)됨이 태다하여 심히 무력하다. 어머니인 印星 癸水는 자식인 旺한 比劫에 의존할 수밖에 없고, 자식은 어머니의 성정(性情)을 이해하고 순종하며 따르니 母子가 화친(和親)하게 되어 이를 효지봉친(孝子奉親)이라 한다.

甲木이 卯月에 제왕(帝旺)을 得하고 지지가 교합(交合)과 공합(共合)을 이루어 木局을 이루니 日主 甲木이 신왕(身旺)하다. 印星을 母라 하면 日主는 子에 해당되는데, 比劫인 甲乙木은 득기(得氣)와 득지(得地)했으니 旺한데, 印星인 亥水는 合木되어 木에 水氣가 휩쓸려 들어간 것이니 癸亥水는 약하다 판단한다. 따라서 자중모쇠(子衆母衰)한 경우이다. 그러나 母의 성정(性情)은 子에 의존하고 자식인 日主는 어머니의 성정(性情)을 따르고 순종하니 母子가 有情하고 화친(和親)하는 것이다. 이를 효자봉친(孝子奉親)이라 한다.

比劫이 중중하고 旺하니 종왕격(從旺格)으로 논하여 甲木이 용신이다. 종왕격(從旺格)의 경우는 왕세(旺勢)를 설기(洩氣)하는 오행이나 생하는 오행이나 순세(順勢)를 거스르지 않는 것이니 모두 흉하지 않다.

초년 甲寅, 癸丑대운은 용신과 한신운이니 부모의 덕으로 넉넉했고, 壬子, 辛亥대운은 용신운이니 과거에 급제하고 관록이 승승장구했다. 이후 庚戌대운은 庚金이 용신인 甲木을 破하는 기신운이고, 戊土는 구신운이니 母子에 해당하는 水木과 상극되니 모두 손상된 것이다. 이때 낙직하고 사망한 것이다.

312. 희신보필(喜神輔弼)

사주상 용신을 돕고 日主를 부조(扶助)하는 신을 희신(喜神)이라 말하는데, 이 희신(喜神)이 旺하며 가까이에 있어 용신(用神)을 도와 사주가 길해지게 하는 역할을 함을 희신보필(喜神輔弼)이라 한다. "적천수(滴天髓)"의 "何知章(하지장)"에 "何知其人吉 喜神爲輔弼(그 사람이 길한 걸 어찌 아는가? 희신(喜神)이 보필(輔弼)하기 때문이다)"의 글에서 보듯, 길한 사주는 희신(喜神)의 도움이 있어야 한다는 것이다. 사주에 용신(用神)은 있는데 희신(喜神)이 없다면 운로에서 기신(忌神)을 만나지 않는 한 해롭지는 않으나, 한번 운로에서 기신(忌神)을 만나면 반드시 흉함이 발생하기 때문이다.

戊土가 寅月에 長生을 득했으나 寅木 七殺이 중중하니 신약하다. 月干 丙火를 용하여 살인상생(殺印相生)시키고 日主 戊土를 부조하면 자연 中和를 이룰 수 있다. 丙火가 용신이니 年干 甲木이 희신이다. 丙火 용신은 坐下 寅木에 長生을 득하고 上下가 有情하며, 희신인 年干 甲木은 월령(月令) 寅木에 녹성(祿星)을 깔고 있어 旺하며 용신인 丙火 가까이에 있어 보필(輔弼)하니, 사주가 길한 것이다.

운로가 卯辰巳午未의 희신과 용신운이니 일찍 등과(登科)하여 벼슬이 관찰사까지 올랐고, 아들 여섯도 모두 등과(登科)하였으며, 부부 해로하고 수명도 팔순을 넘긴 吉한 명조이다.

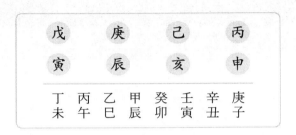

戊	庚	己	丙
寅	辰	亥	申

丁	丙	乙	甲	癸	壬	辛	庚
未	午	巳	辰	卯	寅	丑	子

庚金이 冬月에 생하여 한금냉금(寒金冷金)이다. 따라서 金을 따뜻하게 하는 丙火가 우선이고, 다음은 제련(製鍊)하여 귀기(貴器)를 만들어야 하니 丁火가 필요하다. 年干 丙火가 용신이고 丙火를 생하는 木이 희신이다. 용신 丙火는 월령(月令) 亥에 절(絕)地이나 時支 寅木이 희신이고 다시 寅亥 合木하여 보필(輔弼)하니 사주가 길해졌다. 운로(運路)가 寅卯辰巳午未의 희신과 용신운이니 官運이 장구(長久)했고 자손들도 잘 풀렸으며 수명(壽命)도 팔순(八旬)을 넘긴 길한 명조이다.

男命(傷官見官된 사주)

丙	丁	丙	癸
劫財		劫財	偏官
午	亥	辰	卯
比肩	正官	傷官	偏印
建祿·空亡	胎·地殺	衰·攀鞍	病·五鬼
幻神·隔角	官貴·破軍	五鬼·鬼門	隔角·飛符
湯火·眞神	急脚		梟神
丙	戊	乙	甲
己	甲	癸	○
丁	壬	戊	乙

73	63	53	43	33	23	13	3	
戊	己	庚	辛	壬	癸	甲	乙	(대운: 3세)
申	酉	戌	亥	子	丑	寅	卯	

1. 용신(用神)

丁火가 辰月에 생하여 실기(失氣)했지만, 辰月은 화왕지절(火旺之節)로 진기(進氣)하는 계절이니 火氣가 더 이상 필요치는 않다. 辰土는 습토(濕土)라 火光을 가두지만 兩 丙火가 투출하고 時支 午火에 통근하니 日主 丁火가 약변강이 되었다. 따라서 억부법(抑扶法)을 적용하여 年干 癸水가 용신이다. 용신 癸水는 지지 辰亥에 통근하니 태약(太弱)하지는 않다. 대운의 흐름이 丑子亥戌酉의 용신과 희신운이니 약간의 발전이 있는 것이다.

用神 : 癸水
喜神 : 金
忌神 : 土
閑神 : 木
仇神 : 火

2. 통변(通辯)

● 日主 丁火는 天文으로는 별에 해당되고, 지지로는 화롯불과 촛불에 비유된다. 兩 丙火 太陽火가 투출하여 丁火의 빛을 가리니, 성격은 내성적이며 자신을 잘 드러내지 않고, 음지에서 혼자 묵묵히 일하는 타입이나, 丁火는 용광로의 불로도 비유되니 간혹 충동적이고, 독단적이고 고집이 강한 편이다.

● 日主 丁火는 국가로 비유하면 君王이다. 劫財에 해당되는 兩 丙火는 군왕의 형제들이다. 한 나라에 군왕이 둘이 있을 수 없으니 권력쟁투가 어찌 없겠는가? 반드시 나서 죽은 형제자매가 있다. 아니면 낙태한 경우가 있는 것이다.

● 月·時支 辰午 사이에 巳火가 탄함(吞陷)되었다 판단한다. 따라서 局에 比劫인 丙午火가 重한데 다시 巳火를 더하니 군겁(群劫)의 상황인 것이다. 쟁재(爭財)의 탈이 염려되나 다행인 것은 局에 財星이 全無하여 군겁쟁재(群劫爭財)의 흉격은 아닌 것이다. 여난(女難)이 많고 예기치 않은 손재수가 많이 발생하며, 처와의 돈독한 情은 적으나 부부연은 이어지고 있는 것이다.

● 月柱가 劫財와 傷官이다. 日主에서 보면 月柱는 본가(本家)이며, 日主의 모태(母胎)가 된다. 따라서 六神에 비유를 해보면 印星의 자리이다. 月支 辰土 傷官은 印星과 상극되니 결국 청소년기 집안의 家運이 여의치 못했음을 알 수 있다. 즉, 부모형제자매들이 뿔뿔이 흩어져 생활전선에 뛰어들었음을 알 수 있는 것이다.

● 年柱는 조상의 자리인데, 偏官과 偏印이다. 따라서 조상의 직업은 무관직이나 기술직 계통의 직업에 종사했을 것이다. 그리고 偏官과 偏印은 한의학, 침술학,

풍수, 점술 등의 직업으로도 논한다.

◉ 印星과 比肩이 중중하면 이복형제가 있을 것이라 판단한다. 지지 亥印 반합목국의 印星局이고 천간에 劫財가 투출했으니, 印星과 劫財가 旺하여 이복형제가 있는 것이다. 偏印이 年支에 있으니 할아버지 代인 것이다.

◉ 日支가 正官이다. 日支에 正官이 있으면 자수성가하고 재능이 많으며 현처(賢妻)를 얻는다 했다. 20대에 독립하고 자동차 부품생산 금형기술을 배워 작은 공장을 운영하고 있으나, 명조에 財星이 전무하니 처(妻)가 현모양처이길 기대하진 못하더라도 財星인 金이 희신에 해당하니 처(妻)의 내조는 있는 것이다.

◉ 時支 午火가 공망(空亡)이다. 육신상 比肩이 공망이니 형제자매가 태어나서 손상됨이 있을 것이고, 또한 比肩을 사회생활에서의 동창이나 동업자로 볼때 동업자 간의 불화나 배신이 있음을 알 수 있다. 아울러 時柱는 자식궁이다. 태어나서 일찍 죽었거나 낙태한 자식이 있음을 암시한다.

◉ 月支와 日支인 辰亥가 원진(怨嗔)이다. 부모형제궁과 나의 宮이 충돌하는 것이다. 이리되면 먼저 나는 부모형제자매궁인 본가(本家)와 오래 동안 같이 기거할 수 없으니 어려서 집을 나와 객지생활을 시작했을 것이고, 日支는 처궁(妻宮)인데 원진(怨嗔)되니, 처와 시댁과 역시 충돌이 예상되어 시댁식구와의 친분관계가 소원해지는 문제가 발생할 것이다.

아울러 직업, 직장, 직책을 관장하는 正官이 沖되는 것이니 직업과 직장의 변동이 많게 될 것이다.

◉ 癸水 偏官과 亥水 正官이 있으니 관살혼잡(官殺混雜)이다. 잔꾀가 많고 남을 시기 질투하고 음해함이 많으며 또한 직업의 변동이 많은 것이다. 그러나 한편으론 처세에 능한 면이 있어 사업상 수완이 있기도 하다.

◉ 甲木 正印 친어머니가 亥宮에 암장되어 있으니 年支 卯木 偏印이 친어머니 행세를 한다. 십이운성(十二運星)의 病地에 있고 오귀살(五鬼殺)을 동반하니 흉하다. 어머니와의 연이 적었고 성격상 갈등이 많았다.

◉ 年支 卯木 偏印이 효신살(梟神殺)을 대동했다. 효신살(梟神殺)은 부모와 자식간의 연이 적고, 불효(不孝)가 많은 殺이니, 生家에서 떨어져 6세까지 남의 손에 키워져야 흉살이 소멸된다. 그렇지 못하면 단명수가 있거나 예기치 않은 흉액과 질병이 자주 발생한다. 외할머니 손에서 키워진 것이다.

◉ 月支 辰土가 귀문관살(鬼門關殺)을 대동했다. 상문살(喪門殺), 조객살(弔客殺), 환신살(幻神殺), 교신살(絞神殺), 병부살(病符殺)과 더불어 귀문관살(鬼門關殺)은 사주가 흉하거나 운로(運路)에서 흉운이 도래하면 신기(神氣)가 발동하거나 예기치 않은 흉액이 발생하는 것이다. 이는 조상 중에서 자살한 혼령으로 인한 경우가 많다. 적덕(積德)을 많이 하고 制殺하여 줌이 좋다.

◉ 日支는 통변에서 운행수단으로도 보니, 명주(命主)가 타고 다니는 우마차로 비유되어 현대의 의미로는 차량이다. 급각살(急脚殺)을 대동하니 사고가 예상되는 것이다. 운로(運路)에서 습이 되어 기신으로 바뀌거나 刑沖이 올 때가 이에 해당된다.

◉ 日支 亥水가 지살(地殺)을 대동하고 있다. 지살은 역마살(驛馬殺)의 역할과 대동소이하므로 직업 또는 직책으로 인한 일신상의 이동수가 많은 殺이다.

◉ 日支 亥水 正官이 파군살(破軍殺)을 대동하고 있다. 파군살(破軍殺)은 사업의 실패, 명예훼손, 부부이별 수 등과 연관되는 殺인데, 직업에 해당되는 正官에 있으니 직업과 연관된 한 두건의 실패수가 예상된다.

◉ 時支 午火가 육해살(六害殺), 환신살(幻神殺), 탕화살(湯火殺)을 대동하고 있다. 時柱는 자손으로 논하니 자손 중에 신기(神氣)가 발동한 사람이 있거나 예기치 않은 사고나 질병이 태동함을 예방해야 한다.

◉ 癸亥 官星이 자식이다. 통상 癸水 偏官은 아들이고, 亥水 正官은 딸로 보는데, 亥水는 辰亥 원진살(怨嗔殺)로 손상되나 亥宮에 甲木이 있어 암암리에 辰土를 극하니 亥宮의 水氣가 모두 손상되지는 않아, 딸을 슬하에 둠은 가하나, 年干 癸水 偏官은 월령(月令) 辰宮의 癸水에 통근했다 하나, 丙火와 卯木에 극설(剋洩)되니 온전치 못한 것이다. 따라서 아들을 두지 못했다. 또한 時柱가 자식궁인데, 干支 모두 기신이나 구신에 해당되면 역시 아들을 두기 어렵거나 아들과의 연이 적은 것이다.

3. 대운(大運)

◉ 乙卯대운은 초년운으로 한신운이다. 가정형편이 넉넉하지는 못했지만 무애무덕하게 보낼 수 있었다.

◉ 甲寅대운 중 甲木대운은 한신운이니 역시 무애무덕했다. 寅木대운은 卯辰과는 방합목국, 亥水와는 육합목국으로 化하여 年·月·日支가 모두 合되어 印星으로

바뀌니 사주가 편고(偏枯)되어 결국 흉운이 도래한 것이다. 가산(家産)이 기울고 부모에게 질병이 따르고, 형제자매가 각각 살길을 찾아 뿔뿔이 흩어졌다. 印星이 많은 것은 오히려 없는 것과 같은 것이다. 즉, 多印은 無印인 것이다.

⦿ 癸丑대운 중 癸水대운은 용신운이다. 다소 안정된 직장생활을 하게 됐다. 그리고 남녀 공히 용신운에 결혼수가 많은데, 상기인은 丁癸 沖 하여 旺火에 癸水가 손상되니 용신이 旺하지 못하게 되어 결국 사귀던 여자와 헤어지게 됐다.
丑土대운은 기신운이다. 직장의 이동이 많았고, 기술을 터득하기 위한 고된 나날이 연속됐다.

⦿ 壬子대운 중 壬水대운은 용신운이다. 日干인 丁火와 合되니 배우자가 들어오는 것이다. 이때 결혼했고 직장생활도 더욱 안정됐다.
子水대운은 子卯 刑하여 印星이 손상되니 어머니가 돌아가셨고, 다시 子午沖하여 比肩에 해당하는 동료와의 다툼으로 인해 직장생활을 그만두고, 지인의 소개로 자동차부품제조 하청업을 시작했다.

⦿ 辛亥대운 중 辛金대운은 구신에 해당하는 丙火와 干合되어 용신운으로 바뀌니 사업의 발전이 있었다. 그러나 丁火에서 辛金은 財星이다. 여자문제가 대두된 것이다.
亥水대운은 日支 亥水와 自刑되니 직업, 직책과 연관된 正官이 손상되어 업종을 바꾸었고, 日支는 또한 처의 자리라 여자문제로 인해 처와의 갈등이 많았다.

⦿ 庚戌대운은 丙庚 相剋과 辰戌 沖으로 본가(本家)인 月柱를 흔들어 놓으니 예기치 않은 사고, 질병 등 큰 흉화가 예상된다.

⦿ 己酉와 戊申대운은 일희일비(一喜一悲)하는 운이다.

男命(財星入墓의 사주)

己	甲	癸	庚
正財		正印	偏官
巳	辰	未	子
食神	偏財	正財	正印
病	衰	墓	沐浴
地殺·落井	華蓋·白虎	天殺·幻神	五鬼·梟神
太白·劫殺	飛符		
戊	乙	丁	壬
庚	癸	乙	○
丙	戊	己	癸

78	68	58	48	38	28	18	8	(대운: 8세)
辛	庚	己	戊	丁	丙	乙	甲	
卯	寅	丑	子	亥	戌	酉	申	

1. 용신

未土節은 巳午 화왕지절(火旺之節)의 기세가 꺾이는 시점으로 火氣가 퇴기(退氣)하고 金의 기운을 맞이하려는 시점이다. 따라서 未土節은 속세에서 삼복더위라 하여 더위가 기승을 부리지만, 이미 天氣는 한기(寒氣)가 태동하고 있는 것이다. 이를 삼복(三伏)에 생한(生寒)이라 한다. 月·日·時支 未辰巳는 암암리에 辰巳午未 하여 午火가 탄함(吞陷)되어 있다. 따라서 巳午未 남방화지의 火氣가 내재되어 있다 판단해야 한다. 火가 퇴기(退氣)하는 시점이니 火가 필요할 것이라 판단하지 말고, 중화(中和)를 이루기 위해서는 火는 부족하지 않으니 甲木이 메마르지 않도록 水가 필요한 것이다. 용신은 사주가 中和를 이루기 위해 필요한 오행을 찾는 것인데 사주에 未辰己의 財星이 중중하니 재다신약(財多身弱)하다. 따라서 印星이 용신인 것이다. 月干 癸水가 용신이다. 癸水는 坐下 未土의 극을 받아 쇠약하지만 年柱 庚子의 생부(生扶)를 받으니 용신이 태약(太弱)하지는 않은 것이다.

用神 : 癸水
喜神 :　金
忌神 :　土
閑神 :　木

仇神 :　　火

2. 통변

◉ 용신인 水가 印星이라 머리가 좋고 두뇌회전이 빠르나, 二位의 正印이니 偏印으로 化된 것이고 다시 월령(月令) 未土의 극을 받으니 학업과의 연은 적은 것이다.

◉ 天干에 財官印이 투출했다. 투출된 財官印이 월령(月令)에 통근했다면 귀격(貴格)을 이루었겠지만 時干 己土 正財만이 통근했으니 귀격이 되지 못했다. 時干 己土는 비록 월령(月令) 未土에 통근했으나 십이포태운성(十二胞胎運星)의 묘궁(墓宮)에 해당하니 처(妻)가 유순하기는 하나 현모양처가 되지 못했고 내조도 크게 기대할 수 없는 것이다.

◉ 局에 財星이 중중한데 日主가 월령(月令)에 묘궁(墓宮)이니 실기(失氣)하였다. 재다신약(財多身弱)이니 부옥빈인(富屋貧人)의 명조(命造)인 것이다.

◉ 年・月干에 官印이 투출하여 관인상생(官印相生)을 이루는데 어찌 공직자의 길로 나아가지 못했는가? 이것은 癸水 正印이 旺財에 심히 핍박을 받아 재파인수(財破印綬)가 된 까닭이다. 官印은 투출했지만 印星이 심히 손상되니 공직을 얻지 못한 것이다. 財가 旺하여 官星을 생하니 명예욕이 많고, 항상 재물을 활용하여 선출직 등의 관직으로 진출하려는 생각을 평생동안 하게 되는 것이다.

◉ 年柱에 偏官과 正印이 있어 관인상생(官印相生)하니 조상은 관록(官祿)을 얻었을 것이고 명문가의 집안이었을 것이라 판단한다.

◉ 癸子 正印이 중첩되니 偏印이라 논한다. 偏官, 偏印이 年・月柱에 있으니 무관(武官)의 벼슬을 지낸 조상이 있을 것이라 판단한다.

◉ 年支 子水 正印이 목욕살(沐浴殺)과 효신살(梟神殺)을 대동한다. 印星은 수명과도 연관되는데, 목욕과 효신을 대동하니 조상 중 할머니 쪽으로 단명수가 나오는 것이다. 年柱에 해당하니 할머니 혹은 증조할머니일 것이라 판단한다. 또한 正印은 학문, 지혜, 두뇌, 문서와도 연관되는데 미끄러지고 실패하는 殺인 목욕살을 대동하니 학업과의 연은 적었을 것이고, 문서와 연관된 일로 인해 흉액이 발생할 것이라 판단한다.

◉ 年・月支가 子未로 원진(怨嗔)되고 있다. 未土는 월령(月令)을 차지하여 旺하니 子

水 正印이 더 손상되는 것이다. 따라서 어머니와의 연이 적을 것이라 판단하고, 또한 문서, 계약 등과 연관되어 손재수가 발생하는 것이다.

- 未辰己의 財星이 중중하니 재다신약(財多身弱)의 명조이다. 財星이 있음은 좋으나 이렇게 중중한 경우에는, 日主가 旺하지 못하면 財를 감당하지 못한다. 파재(破財), 손재(損財), 극처(剋妻), 여난(女難) 등의 문제 등이 발생할 수 있다.

- 日柱가 甲辰이다. 辰土는 財星으로 辰宮에는 乙癸戊가 있는데, 물상에서 乙木은 약초(藥草), 癸水는 탕수(湯水), 戊土는 재배지(栽培地)와 연관 짓기도 한다. 따라서 상기 명조인은 약초에 대한 지식이 많고, 약초의 채취와 재배에도 관심이 많았으며, 약초를 술에 담아 팔기도 하고 지인들에게 선물하기도 했던 것이다. 만약 辰土가 食神을 대동했다면 한의학과 연관된 직업을 택했을 것이나 財星에 해당하니 관심은 많았으나 그 능력을 활용하지는 못했던 것이다.

- 月支에 正財가 있으면 현모양처를 얻는다 했는데, 묘궁(墓宮)에 해당되니 크게 기대할 바가 없고, 본처와의 연도 길하다 판단할 수 없는 것이다.

- 月干 癸水 正印이 용신이다. 본시 총명하고 두뇌회전이 빠르나, 중중한 財星에 손상되니 학업을 성취하기는 힘들다 판단한다.

- 日支 偏財는 행동과 생각이 민첩하다. 계획과 실천이 신속하나, 심사숙고하는 면이 부족하니 사업가의 길이라면 부침이 다단할 것이라 판단한다.

- 日支 偏財가 비부살(飛符殺)을 대동하고 있다. 비부살(飛符殺)은 시비다툼, 관재구설과 연관된 殺로써 財星에 있으니 재산상의 문제와 연관되어 흉사가 발생하는 것이다.

- 偏財는 남명에서 육친상 父로 논한다. 己·未의 正財가 둘이 있어 偏財로 바뀌어, 日支 偏財와 더불어 偏財가 중첩되니, 多財는 無財라 父의 단명수가 나오는 것이다.

- 日·時干이 甲己의 化土格이다. 사주상 日主는 君王의 자리이다. 군왕은 극을 받는 것을 싫어하고 合되어 타 오행으로 바뀜도 역시 반기지 않는 것이다. 化土의 財星으로 바뀌니, 財星이 太多해지는 것이다. 자연 日主가 태약해지니 인생사 財星으로 인해 많은 곤란함이 발생하는 것이다. 재물과 연관된 官災 건, 여난(女難), 손재수, 印星을 손상시키니 문서와 연관된 흉사, 처와의 갈등 등이 발생하는 것이다.

또한 甲己의 合은 부부지합(夫婦之合)으로 甲木이 天干에서 수위(首位)를 차지하니 존귀(尊貴)한 것이라, 己土와의 合은 존비(尊卑)의 合에 비유된다. 처(妻)인 己土 正財가 비(卑)에 해당하니 처(妻)와, 처가(妻家)는 이렇다 하고 내세울 것이 없는 것이다.

◉ 時柱는 자식궁인데 식신생재(食神生財)하니 본인은 만년에 재물이 모아질 터이고, 자식 대에선 축재(蓄財)하여 부자소리 듣는 자손이 나올 수 있다.

◉ 時支 巳火 食神은 밥그릇이다. 地殺을 대동하니 변동이 많은 것인데, 직업과 직장의 변동이 다단(多端)했던 것이다.

◉ 용신은 직업을 논할 때에도 활용한다. 水가 용신이니 水와 관련된 직업이다. 건어물, 일식집, 냉동창고업, 선박관련업, 무역업, 커피숍, 어업 등이다. 아울러 日干에 해당하는 오행으로도 직업을 논하는데, 木에 해당되니 의류업, 건축업, 문방구, 조각, 목공제재업, 인테리어업, 제지업 등의 직업과 연관됨이 많다. 상기인은 일식집과 요식업, 의류업 등의 사업을 하게 된 것이다.

3. 성격

◉ 財星이 重重하니 자신의 재주를 믿고 남을 무시하는 경향이 있으며, 그로인해 배신과 실패를 당하기 쉽다.

◉ 다소 좌충우돌하고 격한 기질이 있으나, 신앙심이 두텁고, 남에게 지기를 싫어하며, 호탕하고 명쾌한 성격이어서, 풍류를 좋아하며, 대범하고 통솔력과 융통성이 있다.

◉ 침착하고 사려가 깊은 면도 있으나, 성격이 강한 면이 있고, 고집도 있어, 일에 있어 실패수가 종종 있다.

4. 건강

◉ 건강문제는 火가 구신이니 혈관계질환, 심장, 소장 등의 이상으로 인한 발병 가능성이 높고, 土가 기신이니 위장, 비장, 십이지장 등의 질환이 치명적이 될 것이다.

◉ 甲辰 日柱의 경우는 관절염, 중풍, 디스크질환 등에 걸리기 쉽다.

5. 대운

◉ 乙酉대운 중 乙木대운은 한신운이다. 무애무덕하니 학창시절에 학업성적이 두각을 나타내지는 못했으나 학업과의 연은 끊어지지 않았던 것이다.

酉金대운은 酉金이 희신이다. 용신이 자식이면 희신은 처에 해당된다. 日支 辰土는 처의 자리인데 辰酉 合金되어 다시 희신운으로 바뀌니 처될 사람이 들어오는 것이라, 자연 이때 결혼하게 되는 것이다.

◉ 丁亥대운 중 丁火대운은 구신운이라 흉운이다. 직장생활이 순탄치 못했다. 財星이 중중하니 직장과는 연이 적은데, 未辰土는 도로사(道路事)와도 연관되니 퇴직하고 버스운전을 시작한 것이나 여의치 못했다.

亥水대운은 용신운이다. 水와 연관된 고급일식집을 시작하여 몇 년간 제법번창했다.

◉ 戊子대운 중 戊土대운은 본시 기신운인데, 月干 癸水와 戊癸 간합화국의 구신운으로 바뀌는데 印星運이니 문서로 인한 탈이 발생하는 것이다. 일식집을 더욱 키우려 옆의 땅을 임대하여 사업을 확장했는데, 임대한 땅이 소송문제에 휘말려 사업상 장애요소가 발생한 것이다. 결국 가게를 정리하고 다시 의류사업에 뛰어들었는데 구신운이니 여의치 못했다.

子水대운은 子辰 반합수국의 용신운이다. 다시 사업장에 인력을 대주는 용역사업을 시작한 것이다. 辰土가 偏財인데 合이 되어 희신으로 바뀌니 사업자금을 대준다는 사람도 나타났고, 또한 辰土는 처의 자리이고 이것이 合이 된 것이니 처도 적극 동참의사를 밝혀 용역사업을 시작한 것이다.

◉ 己丑대운 이후는 기신운이니 크게 기대할 바가 없다.

女命(水氣가 중첩되어 흉한 사주)

壬	乙	壬	癸
正印		正印	偏印
午	亥	戌	亥
食神	正印	正財	正印
長生·六害	死·地殺	墓·天殺	死
斷橋·湯火	梟神·劍鋒	流霞·病符	劍鋒·梟神
	破軍	寡宿	

丙	戊	辛	戊
己	甲	丁	甲
丁	壬	戊	壬

79	69	59	49	39	29	19	9	
庚	己	戊	丁	丙	乙	甲	癸	(대운: 9세)
午	巳	辰	卯	寅	丑	子	亥	

1. 용신

戌月의 乙木은 묘궁(墓宮)에 해당되니 태약(太弱)하다. 申酉戌月은 금왕지절(金旺之節)에 해당하니 이때 生한 甲乙木은 死木에 해당되어 壬癸水가 크게 유용하지는 않으나, 다만 戌月은 戌宮의 戊土가 사령(司令)하여 건토(乾土)에 해당되니 水가 없으면 줄기와 잎이 메마르고 건조해지는 것이다.

상기 명조는 水氣가 태왕하나, 乙木 日主가 亥宮의 甲木에 통근하니 종격(從格)으로 논할 수 없고 억부법(抑扶法)을 적용해야 한다. 월령(月令)에 戊土가 있어 水가 범람하는 것은 막을 수 있어 수범목부(水汎木浮)의 상황은 아니나 水가 태왕한 것이 병(病)이 된 것이다. 水는 印星에 해당되는데 '인성다에 요견재성(印星多에 要見財星)'이라 했으니, 戌宮의 戊土를 용하면 旺水를 감당하기에는 비록 역부족이지만, 印星이 태왕(太旺)하여 이것이 결함이 되어 단명(短命)으로 가는 명운(命運)은 면할 수 있게 된 것이다.

用神 : 戊土
喜神 : 火
忌神 : 木

閑神 :　金
仇神 :　水

2. 통변

상기 명조는 水가 태왕(太旺)하여 사주가 심히 편고(偏枯)되었다. 戌宮의 戊土가
旺水를 억제하기에는 힘이 부족하다. 건강문제는 구신에 해당하는 水에 해당되는
질병에서 시작되어 기신인 木에 해당되는 질병으로 귀결이 된다. 木은 질병에서
간, 담. 신경계통으로 논하는데, 상기인은 신경계통의 이상으로 인한 근무력증으
로, 태어나면서 부터 이제까지 평생 자리에서 일어나지 못하고 침대에 누워서 지내
야 하는 불치병을 앓고 있는 것이다.

선천적인 질병의 유무를 알아보기 위해서는 사주추명학에서는 태원사주(胎元四柱)
를 풀어 오운육기(五運六氣)를 활용해보는 방법이 있다. 태원사주(胎元四)柱라 함은
입태시점(入胎時點)의 사주로써, 입태시점(入胎時點)의 天氣의 균형과 불균형을 알아
보아 이때 잉태된 시점으로 인해 발생할 수 있는 질병관계를 논해보는 것이고, 오운
육기(五運六氣)는 태원사주(胎元四柱)를 기준하여 인체(人體)의 오장육부(五臟六腑) 중
어느 곳이 天氣의 불균형 여부로 인해 발병(發病)될 것인가를 판단해보는 학문이다.

상기인은 조산(早産)의 경우로 태어난 당시의 몸무게가 2.2kg정도 되었다 한다.
따라서 보육기에서 키워졌는데, 생후 100일이 지나서도 체중이 정상적이지 못했
고, 이후로도 선천적인 불치병이 지속되어 30세가 넘은 지금까지도 일어서서 걷지
를 못하고 있는 것이다.

〈태원사주(胎元四柱)〉

태원사주(胎元四柱)는 生日의 干支 乙亥에서 역행하여 사람의 평균 복중일수(腹中
日數) 약 280일 되는 시점까지 세어나간 후, 그 시점의 전후에서 생일의 日柱와 合
되는 日辰인 庚寅을 찾아보는데, 태어난 시점의 몸무게 2. 2kg를 기준하면 잉태일
수가 약 33주에 해당되는 조산아(早産兒)인 것이다. 이를 근거로 태원사주(胎元四柱)
를 산출하면 다음과 같다.

태원사주(胎元四柱)

癸 庚 甲 癸
未 戌 寅 亥

生日은 乙亥日인데 태원사주의 日柱는 이와 合되는 입태일(入胎日)로써 庚寅이다. 또한 生時는 午時인데 이와 合되는 태원사주(胎元四柱)의 입태시(入胎時)는 未時가 되므로 時柱는 癸未時가 되는 것이다. 복중일수 약 33주의 조산아임을 감안하고 역산해 보면 입태월(入胎月)은 甲寅月이 되고, 이것을 기준하면 입태년도(入胎年度)는 癸亥年度에 해당되므로 태원사주(胎元四柱)는 위와 같이 조식되는 것이다.

〈오운육기(五運六氣)〉

(天干)

甲·己 = 土

乙·庚 = 金

丙·辛 = 水

丁·壬 = 木

戊·癸 = 火

(地支)

子·午 = 소양군화(少陽君火)

卯·酉 = 양명조금(陽明燥金)

丑·未 = 태양습토(太陰濕土)

辰·戌 = 태양한수(太陽寒水)

寅·申 = 소양상화(少陽相火)

巳·亥 = 궐음풍목(厥陰風木)

〈태원사주의 오운육기 적용〉

음력. 여명. 1983년 1월 19일 미시 입태

癸 庚 甲 癸
未 戌 寅 亥

오운(五運)

입태일(入胎日)이 庚寅日이고 대한부터 ~ 청명 전 4일까지에 속하니 一運에 해당
된다. 입태년간이 癸水이므로 戊癸합화에서 태동하여 一이 되니 火가 一運이다.
따라서 오장(五臟)은 火에 해당된다. 절기는 대한절기이다.

육기(六氣)

입태년(入胎年)이 亥年이고 입태일(入胎日)은 庚寅日이라, 대한부터 ~ 춘분 전에
속하니 一氣에 해당되고 양명조금(陽明燥金)이 태동하니 육부(六腑)는 金에 해당된
다. 절기는 대한절기이다.

사상체질(四象體質)

입태일(入胎日)인 庚寅日이 巳亥年에 해당되고 地氣가 一氣이므로 양명조금(陽明
燥金)에 해당하니 소양인(少陽人)에 해당된다.

복중일수(腹中日數)

生日인 癸亥年度 乙亥日부터 역산하여 입태일(入胎日)인 癸亥年 庚寅日까지 세면
총 226일이다.

요약						
	節氣 절기	五運六氣 오운육기	五臟六腑 오장육부	四象體質 사상체질	腹中日數 복중일수	壽命 수명
天運 천운	大寒 대한	一運. 火	火 (臟)	少陽人 소양인	226일	下壽命 하수명
地氣 지기	大寒 대한	一氣. 金	金 (腑)			

〈질병〉

오운육기(五運六氣)를 보면 天運과 地氣가 火金에 해당되니 상호 상쟁하고 있다.
이리되면 입태시의 天氣가 불순하고 부조화를 이루니 선천적이 질병이 발생하게
되고, 복중일수(腹中日數)가 226일에 해당되니 하수명자(下壽命者)에 해당하게 되어

단명수(短命數)가 들어오는 것이다.

태원사주(胎元四柱)에서 태월(胎月)이 甲寅月이라 木이 왕한데, 입태년도(入胎年度)가 癸亥라, 다시 甲寅木을 생하니 木氣가 태왕(太旺)하여 病이 된 것이다. 이리되면 생후에는 木에 해당되는 선천적인 질병을 앓게 되는 경우가 많으니 신경계통의 질병은 오행으로 분류하면 木에 해당된다. 이것이 원인이 되어 근무력증(筋無力症)이 오게 되어 평생 걷지를 못하고 침대에서 누워 지내야 하는 불치병을 앓게 된 것이다.

사주상의 선천적인 질병 유무는 조상 묘자리와도 연관이 깊다. 육친법을 따져서 조상에 해당되는 오행에 상문살(喪門殺), 조객살(弔客殺), 환신살(幻神殺), 교신살(絞神殺), 귀문관살(鬼門關殺), 병부살(病符殺) 등을 대동하면 반드시 조상의 묘자리에 탈이 있는 것이다. 이것을 참조하고 또한 태원사주로 유추하여 선천적인 질병과의 관계를 알아 볼 수 있는 것이다.

男命(子卯 刑殺이 있는 사주)

戊	庚	戊	乙
偏印		偏印	正財
寅	子	子	卯
偏財	傷官	傷官	正財
胞·亡身	死·桃花	死·桃花	胎
病符·孤神	落井·絞神	落井·絞神	飛刃
喪門·湯火		劍鋒	幻神
戊	壬	壬	甲
丙	○	○	○
甲	癸	癸	乙

74	64	54	44	34	24	14	4	
庚	辛	壬	癸	甲	乙	丙	丁	(대운: 4세)
辰	巳	午	未	申	酉	戌	亥	

1. 용신

庚金이 子月에 생하여 한금냉금(寒金冷金)이고 금수상관격(金水傷官格)이다. 동월

(冬月)의 金이라 한냉(寒冷)하니 먼저는 丙火의 따뜻함이 필요하고 또한 귀기(貴器)를 만들기 위해서는 하련(煆鍊)하는 용광로가 있어야 하므로 丁火도 필요하다. 따라서 丙丁火를 겸용(兼用)해야 하니 관살병용(官殺竝用)인 것이다. 丙丁火가 모두 불투(不透)했으니 부득이 時支 寅宮의 丙火를 용한다.

用神 : 丙火
喜神 :　木
忌神 :　水
閑神 :　土
仇神 :　金

2. 통변

● 戊土 印星이 투출했으나 무근(無根)이니 쇠약하다. 반면 乙木 財星은 지지에 통근하고 子月의 癸水의 생을 받으니 旺하다. 따라서 財가 印星을 破하니 지혜와 학문을 맡는 印星이 손상되어 학업운이 좋지 못했을 것이고, 印星은 육친상으로는 모친에 해당하니 모친과의 사이도 화목치는 못할 것이다.

● 지지 중 月·日支가 旺한데 子水 傷官이니 평생의 직업은 기술계통의 길이다. 공업고등학교를 나와 금형제작과 연관된 직장에 종사하고 있다.

● 용신은 丙火로 중년 이후는 운로(運路)가 未午巳의 용신운이니 다소의 길함이 있을 것이다.

● 日·時支 子寅 사이에 丑土가 탄함되었다. 丑土는 천간 戊土 偏印의 뿌리가 되며 庚金 日主로서는 묘궁(墓宮)에 해당된다. 문서가 묘궁에 들었으니 끄집어 쓸 방도가 없어, 문서와의 연이 없는 것이고, 자신 소유의 문서는 또한 소지하지 않음이 좋은 것이다. 행운에서 未土가 入局하여 沖이 될 시는 무덤이 파헤쳐지는 것이라 문서난(文書亂)이 발생하는 것이다.

● 年柱의 財星은 타인의 財나 상속의 財로 논한다. 日柱 庚子와 연관된 상(象)은, 乙庚 干合과 子卯 刑殺이다. 상속의 財를 내가 차지하게 되나 지지에서 刑殺이 動하니 모두 탕진하게 되는 것이다. 아버님이 유산으로 남긴 전답과 건물들이 친구들과 연관된 일로 인해 많이 탕진된 것이다. 따라서 남은 부동산은 전부 모친께서 자신의 명의로 돌려놓은 것이다.

3. 부모운

부모운은 용신과 印星과 月柱와 초년대운의 길흉을 주로 살펴본다. 丙火가 용신이니 土인 印星은 한신이다. 무애무덕하나, 왕한 年柱 乙卯木 財星의 剋을 받아 손상되니 母子 사이는 썩 화목치 못하리라 판단한다.

4. 형제운

형제운은 대체로 比劫과 月柱의 길흉으로 판단한다. 比劫에 해당하는 金이 구신이고, 月柱가 戊子로 상하 상극이 되니 형제자매간의 돈독한 情은 없으리라 판단하는 것이다.

5. 부부연

부부연은 財星과, 日支宮, 희신(喜神)의 길흉을 살펴본다. 日支宮 子水는 십이포태운성(十二胞胎運星)의 死에 해당되고 기신에 해당되니 부부연은 적으리라 판단한다. 아울러 年支 財星은 子卯 刑되어 손상되고, 冬月의 乙木이 丙火가 투출하지 못하여 한목(寒木)이니 발생의 상(象)이 없다. 따라서 부부연은 박한 것이다.

6. 재물운

재물운은 日主와 용신(用神)의 왕쇠(旺衰), 食傷과 財星 및 격국(格局)과 운로(運路)의 길흉을 살펴본다. 상기 명조는 日主가 旺하지 못하고 재다신약(財多身弱)하여 부옥빈인(富屋貧人)의 명조이다. 44세 이후 용신운에 다소의 재물을 모으리라 판단한다.

7. 직업운

직업운은 용신과, 日干의 오행, 사주의 구성형태, 그리고 사주의 格을 참조하여 판단한다. 月·日支가 子水 傷官에 해당하니 기술직이다. 日干이 庚金이고 용신이 丙火니 연관지으면 금형제작업체에 근무하고 있는 것이다.

8. 성격

◉ 성격은 日干과 용신의 오행 그리고 사주의 구성형태로 판단한다. 月·日支가 傷官이다. 食神과 傷官은 본시 남에게 잘 베푸는 성격으로 자기 것을 악착같이 차

지하려는 성격의 소유자는 아니며, 오히려 남에게 한 선의의 행동이 자신에게 불리하게 나타나는 경우가 종종 있다.

- 日干 庚金은 가공되지 않은 철광석으로 비유되는데 귀기(貴器)가 되려면 반드시 丁火의 제련이 필요하다. 상기 명조는 丁火가 불투하고 丙火가 암장되어 있으니 사주에 결격이 있다. 官星은 자신의 행동과 성격과 대인관계에서의 절제를 담당하는데 丁火 官星이 불투하니 절제되고 계획적인 일상생활을 하기 힘든 것이다.
- 庚子日柱의 남명(男命)은 대체로 자존심이 강하고, 일에 몰두도 잘하고 싫증도 쉽게 내는 편이며, 여명(女命)은 콧대가 센 편이다.

9. 건강

건강문제는 사주상 오행의 중화(中和) 및 편고(偏枯) 여부와 구신과 기신에 해당하는 오행으로 판단한다. 金이 구신이니 폐와 대장(大腸)의 문제가 발생할 수 있고, 水가 기신이니 신장, 방광, 허리의 이상이 올 수 있다. 金에 해당하는 오장육부에서 발병하여 水에 해당하는 장부(臟腑)의 질병으로 인해 사망할 확률이 높은 것이다.

초년, 중년의 戌酉申대운은 金運으로 金이 기신인데 이에 金氣를 더하니 대장(大腸)에 탈이 나 설사병이 자주 오는 것이다.

10. 신살(神殺)

- 月·日支 子水가 도화살(桃花殺)을 대동하고 있다. 도화살(桃花殺)은 색난(色難)의 흉한 殺로써 財星이 대동하면 주색(酒色)으로 인해 패가망신하고, 食傷이 대동하면 자식과의 연이 적고, 官星이 대동하면 시기질투와 음해(陰害)를 받기 쉽고, 印星이 대동하면 부모와의 연이 적거나 문서난이 발생하기 쉽고, 比劫이 대동하면 형제자매간, 동료간, 동업자간 불화가 발생한다. 또한 月과 日에 있으면 부모형제 그리고 처와의 돈독함이 적은 것이다.

  혹, 吉神에 해당하는 오행과 대동하면 남들에게 인기가 있는 殺로써 연예인, 예술가 등 대중을 상대하는 직업에 이익이 있는 살이다.
- 月支 子水에 낙정관살(落井關殺)이 있다. 낙정관살(落井關殺)은 수액(水厄)을 당하는 殺로써 항시 물조심을 하여야 하는 殺이다. 行運과 合이 되어 기신 운으로 들어오거나, 刑沖되어 들어올 시는 태동하게 되므로 조심하여야 하는 殺이다.

◉ 月支 子水에 교신살(絞神殺)이 있다. 조상 중에 자살 등의 흉액이 있는 조상이 있는 것이다. 이론 인해 예기치 않은 사고, 질병 등이 발생하게 된다.

◉ 年支와 日支는 子卯 刑殺이다. 子月에 水가 왕한데 인접하여 卯木이 있으면 卯木은 가화(稼花)에 비유되니 水가 많으면 뿌리가 썩는 것이다. 따라서 年支 卯木 正財가 손상되니 처(妻) 및 재물과는 연이 적을 것이라 판단하는 것이다.

◉ 月支 子水에 검봉살(劍鋒殺)이 있다. 검봉살(劍鋒殺)은 차 사고나 직업상 예리한 흉기로 인해 흉액이 발생하는 殺이다. 항시 예기치 않은 재화(災禍)를 예방해야 한다.

◉ 年支 卯木에 환신살(幻神殺)이 있다. 환신살(幻神殺)은 미혼살(迷魂殺)과 일맥상통한데 정신질환이나 신기(神氣)가 있었던 조상이 있는 것이다.

◉ 時支 寅木에 망신살(亡身殺)이 있다. 망신은 자신을 잃어버리는 殺로써 사고, 질병, 관재(官災), 종교 등의 사유로 병원이나 감옥, 은둔 등의 사회와 단절된 곳에서 생활할 수 있다는 것을 암시하는 殺이다. 또한 寅木 偏財는 부친으로 통변하는데 망신살을 대동하는 경우에는 부친의 단명수가 나오는 것이다.

◉ 時支 寅木의 병부살(病符殺)은 조상 중에 病을 장구하게 앓다가 돌아가신 조상이 있는 것이다. 후손에게 질병과 연관되어 평생 고생하는 자손을 둘 염려가 있는 것이다.

◉ 時支 寅木의 고신살(孤神殺)은 고독한 殺로써 부부연이 적거나 자식과의 연이 박(薄)할 수 있는 殺이다. 결혼을 늦게 하거나, 자식을 늦게 두는 경향이 있다.

◉ 時支 寅木에 상문살(喪門殺)이 있다 조상 중에 자살한 조상이 있는 것이다. 이로 인해 후손들에게 예기치 않은 흉액이 따르는 흉살이다.

◉ 時支 寅木에 탕화살(湯火殺)이 있다. 탕화살은 火災와 연관되는 흉살이며, 또한 성공과 실패가 다단한 殺로써 인생에 부침이 많은 흉살이다.

12. 대운(大運)

◉ 丁亥대운은 丁火는 용신운, 亥水는 卯寅과 반합목국의 희신운을 형성하니 부모의 극진한 보살핌 아래 무탈했다.

◉ 丙戌대운은 丙火는 용신운, 戌土는 卯寅과 육합과 반합화국의 역시 용신운이니 매사 여의했다.

● 乙酉대운은 乙木은 乙庚 간합금국의 구신운, 酉金은 희신인 卯寅과 상극하여 손상
시키니 길하지 못했다. 이때 결혼했으나 결혼생활이 순탄치 못할 것임이 예상된다.

● 甲申대운은 甲木은 본시 희신에 해당되며 처를 의미하나 甲庚 沖하여 손상되니
이때 결혼생활이 파경을 맞았다.

申金대운은 月·日支 子水와 반합수국의 기신운이며. 月支는 부모의 자리이니
부모 중 한분이 손상되는 것이다. 時支 寅木이 月干 戊土를 극하니 부선망(父先
亡)인 것이다.

또한 甲木은 時干 戊土를 극하고, 申金은 時支 寅木을 극하여 자식궁인 時柱를
모두 손상시키니 자식이 없는 것이다. 아울러 申金이 卯寅 財星을 손상시키니
재물의 손실이 발생하는 것이다.

● 이후 巳午未대운은 용신운이니 말년은 안정과 발전이 있으리라 판단한다.

男命(부모덕이 없는 사주)

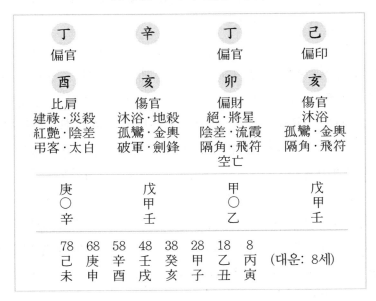

1. 용신

辛金이 卯月에 생하여 절(絕)地라 신약하다. 卯月은 화왕지절(火旺之節)로 진기(進

氣)하는 계절이니 陽氣가 밖으로 발산되어 月·時干의 丁火가 힘을 얻고 있으며, 지지의 亥卯 반합목국이 다시 丁火를 生하니 약변강(弱變强)이 된 丁火가 辛金을 핍박함이 심한 것이다. 따라서 日支 亥宮의 壬水를 용하여 旺한 火氣를 억제하고 辛金을 세도(洗淘)하여 귀기(貴器)를 드러내게 하면 사주가 中和를 얻을 수 있다.

用神 : 壬水
喜神 : 金
忌神 : 土
閑神 : 木
仇神 : 火

2. 통변

◉ 천간에 偏官과 偏印이 투출하여 무관직으로 논할 수 있으나, 지지 亥卯 반합목국이 己土 偏印을 손상시키고 亥水 傷官이 丁火 偏官을 손상시키니 공직의 길은 요원하고, 반합목국의 財星이 旺하니 이공계를 나와 무역업을 하고 있다.

◉ 年柱는 조상으로 보는데 偏印과 傷官이 있으니 벼슬한 집안은 못되고 한약과 침술을 다루었던 중인의 집안이다.

◉ 年干 己土 印星은 지지 亥卯 반합목국으로 旺해진 木의 剋을 심하게 받고 있다. 局에서의 印星은 통변에서 언어와도 연관되는데 受剋되어 무력해진 경우는 언어의 장애가 따를 수 있는 것이다. 상기는 말을 더듬는 것이 심한 편이다.

◉ 日支 亥水 傷官은 재능과 기술로 논한다. 水는 물결의 파동과도 연관지으니 水가 傷官을 대동하는 경우에는 통변에서는 노래와 연결되는 경우가 많다. 따라서 상기인은 성악과 대중가요에 재능이 많았으나, 卯木과 合되어 財星으로 化되니 가창력의 재능을 살리지 못한 것이다.

◉ 日主 辛金이 時支 酉金에 통근하나, 亥卯 반합목국을 이룬 旺木과 卯酉 沖하여 손상되니 日主가 신왕(身旺)하지 못하여 大財를 감당할 수가 없다. 비록 상관생재(傷官生財)의 구성이나 신약하니 재다신약(財多身弱)이 되어 부옥빈인(富屋貧人)의 명조가 된 것이다.

◉ 時支 酉金은 日主 辛金의 녹성(祿星)이다. 녹성의 상(象)은 日主 본인의 또 다른 분신이거나, 재물, 그리고 사회적 명예 등으로 통변한다. 월령(月令) 卯木이 좌우

의 亥水와 반합목국을 형성하여 旺한데 卯酉 冲하니 酉金 녹성(祿星)이 손상되는
것이다. 지지에 금고(金庫)에 해당하는 丑土가 있으면 酉金은 축고(丑庫)로 들어가
숨겠지만, 그렇지 못한 경우에는 신변상에 흉액이 닥쳐오거나 손재수가 발생하
는 것이다. 상기는 차사고로 허리를 다쳐 장기간 병원신세를 져야 했던 것이다.

● 日·時支 亥酉 사이에 戊土 正印이 탄함(呑陷)되었다. 부모와의 연이 적거나 문서로
인한 흉액이 예견되는 것이다. 父는 젊어서 작고하셨고 母는 일본으로 건너가
한식당을 운영하는 관계로 祖母 슬하에서 소년시절을 보낸 것이고, 장성해서는
자동차부품 수입과 연관되어 서류가 잘못되어 많은 금전적 손실이 있었던 것이다.

3. 부모운

● 月支 卯木 偏財가 空亡이고, 다시 時支 酉金과 相冲하여 손상되고 있다. 남명의
偏財는 父로도 논하는데 손상되니 부친을 일찍 여의게 된 것이고, 지지 반합목국
이 己土 偏印을 극하니 어머니와도 연이 박하여 소년시절을 모친과 떨어져 지냈
으며 祖母 슬하에서 생활했던 것이다.

● 지지 亥酉 사이에 戊土 正印이 탄함(呑陷)되었고, 다시 己土 偏印이 투출했으니
암암리에 印星이 혼잡된 것이다. 아울러 時支에 比肩이 있으니 이런 경우엔 이복
형제가 있는 경우가 많다.

4. 형제운

형제운은 주로 比劫에 해당하는 오행의 길흉과 月柱의 길흉으로 논하는데, 比劫
에 해당하는 金은 희신이나 月支가 空亡이니 형제운은 그다지 길하게 판단하지 못
한다. 본 어머니인 戊土 正印은 亥宮에 암장되고 己土 偏印이 年干에 투출하고,
時支 酉金 比肩이 있으니 이복형제문제나 양자나 양녀문제 등이 나오는 것이다.
아버지의 전 부인에게서 자식들이 있는 것이다.

5. 부부연

● 正財가 암장되고 偏財 卯木이 月支에 있다. 따라서 偏財가 본 처의 역할을 해야
하는데 공망이니 부부연은 좋지 못하다 판단하는 것이다. 아울러 희신을 처로도

논하는데 局에서 희신인 金氣가 왕하지 못하다. 따라서 처와의 연은 역시 박하다
판단하는 것이다.

◉ 日支宮은 처궁(妻宮)이다. 傷官이 있어 남편에 해당하는 官星을 극하니 자연 처와
의 연은 화목하지 못할 것이라 판단한다.

6. 재물운

財星과 용신의 왕쇠(旺衰)와 운로(運路)에서의 길흉, 그리고 사주 구성형태의 길흉
으로 논한다. 상관생재(傷官生財)하여 부격(富格)으로 보이나, 日主가 월령(月令)의 절
(絶)地에 임하고 또한 丁火 官星이 日主를 극하니, 日主가 旺하지 못하여 大財를
모으기는 힘든 것이다.

7. 직업운

천간에 偏官과 偏印이 투출하여 무관직이나 이공계의 명조인 것 같으나, 水가
용신이라 土火인 印星과 官星은 기신과 구신에 해당되므로 공직의 길을 가지 못한
것이다. 日支 亥水 傷官이 地殺을 대동하고, 水는 무역과도 연관지으니 자동차부품
관련 수입대행업을 하고 있는 것이다.

8. 성격

◉ 辛亥 日柱는 金水傷官으로 본시 내성적인 성격인데, 亥水가 傷官이라 예체능의
소질이 있고, 또한 傷官이 見官되어 官을 극하니 직장생활과는 연이 적고 대인관
계도 대체로 원만치는 못한 것이다.

◉ 성실하고 똑똑하며 이성적이고 매사 일에 중용을 지키는 성격이다.

◉ 유흥과 풍류를 즐기고 다소 교만방자한 면도 있어 사회생활에서 가끔 음해와 구
설이 따르고, 사람을 사귐에 있어 신중한 편이며 명예를 중히 여기는 성격이다.

9. 건강

용신이 水인 경우 기신과 구신은 土와 火다. 土는 비장이니 위장질환이 있는 것
이고 火는 심장(心臟)과 소장(小腸)이니 혈관계질환이 발생할 수 있다. 혈압이 높은

것이다.

10. 자식운

자식운은 용신의 길흉과 時柱의 길흉, 그리고 官星의 길흉, 말년운의 길흉 등으로 판단한다. 용신은 亥宮의 壬水인데 亥卯 반합목국을 이루어 財로 化하니 水가 왕하지 못하고, 時柱는 火金으로 상하 剋을 이루니 역시 길하지 못하고, 또한 용신인 水가 투출하지 못하고 日支의 亥宮에 암장(暗藏)되어 있으니 자녀운은 크게 길하지 못하다 판단하는 것이다.

11. 신살

◉ 年支에 목욕살(沐浴殺)과 고란살(孤鸞殺)이 있다. 목욕살은 십이포태운성에서 태어난 후 몸을 깨끗이 씻긴다는 의미의 殺인데, 현대적 의미로는 미끄러지고 실패수가 많은 殺로 해석하고, 고란살은 고독박명의 殺이니 단명한 조상들이 많았을 것이라 판단한다.

◉ 年支에 비부살(飛符殺)이 있다. 비부살은 시비다툼과 관재구설을 야기하는 흉살이다. 평생에 한두 번 관재(官災)가 발생할 수 있다.

◉ 月支에 음차살(陰差殺)과 유하살(流霞殺)이 있다. 음차살은 조상 중에 20세 전후에 단명한 조상이 있는 殺이고, 유하살은 어려서 어머니의 젖을 부족하게 먹고 자랐음을 나타내는 殺이다.

◉ 月支에 격각살(隔角殺)이 있다. 예기치 않은 흉액을 당하는 殺이다. 偏財를 대동하니 처와의 갈등이나 사업상 손재수가 발생하는 것이다.

◉ 日支의 地殺은 직업, 직장이나 가택 등의 변동사유로 인해 이동이 많을 것을 나타내는 殺이다.

◉ 日支에 목욕살(沐浴殺)이 있다. 日支는 처궁(妻宮)이고 목욕살은 실패와 좌절 등의 미끄러지는 殺이니 본처와의 여러 갈등요소가 발생할 것임을 예고하는 殺이다.

◉ 日支의 고란살(孤鸞殺)은 고독박명의 殺이다. 내성적이고 외로움을 나타내는 흉살인 것이다.

◉ 日支의 금여록(金輿祿)은 吉星이다. 본시 금여(金輿)는 왕가(王家)에서 타는 수레를

의미하는데 현대의 의미로는 나를 도와주는 귀인으로 판단하면 된다. 사업상 청탁이나 도움을 받을 수 있는 길신이다.

◉ 日支의 파군살(破軍殺)은 직업이나 직장이 破되어 새로운 일을 찾아야 하는 殺이다.

◉ 日支의 검봉살(劍鋒殺)은 예기치 않은 사고나 질병인해 수술 건이 발생할 수 있음을 의미하는 殺이다.

◉ 日支의 수옥살(囚獄殺)은 일명 재살(災殺)이라 하는데 갇히는 殺이다. 수술 혹은 관재(官災)로 인해 입원하게 되거나 감옥에 갇혀 세상과 격리되는 것을 의미하는 것이다.

◉ 日支에 조객살(弔客殺)이 있다. 가까운 조상 중에 자살한 사람이 있음을 의미하며, 이로 인해 예기치 않은 흉액이 발생할 것임을 예시하는 殺이다.

◉ 時支의 태백살(太白殺)은 사고나 질병 등으로 인해 수술 건으로 들어오는 殺이다. 이것이 酉金을 대동하니 酉金은 곧, 가공한 금속으로 수술칼로도 논하니 일생에 한두 번 대수술이 예고되는 것이다.

◉ 상기에 열거한 神殺 등은 행운에서 沖剋이 되거나 행운과 合이 되어 기신이나 구신으로 化될 시에 작동하는 것이다. 행운과의 合에서 용신이나 희신으로 바뀌는 경우엔 그 작용력이 미약한 것이다.

12. 대운

◉ 丙寅대운은 丙辛 합수의 용신운, 寅亥 합목의 한신운이니 어머님과 할머니의 보살핌 속에 무탈하게 지냈다.

◉ 乙丑대운은 乙辛 沖하여 日干을 흔들고, 土剋水하여 日支 亥水 地殺을 충동하니 몸이 이동하여야 한다. 일본에서 음식점을 하는 어머니의 부름을 받아 일본으로 건너간 것이다.

丑土대운은 酉丑 반합금국의 희신운이니 무난히 대학을 마칠 수 있었던 것이다.

◉ 甲子대운 중 甲木대운은 한신운으로 처(妻)인 財星運이 들어오니 이때 결혼하게 된 것이다.

子水대운은 月支 卯木 偏財와 子卯 刑하여 空亡을 해소시켜 놓으니 財가 動하게 되어 일본과의 자동차부품 수입관련 대행업을 시작한 것이다.

◉ 癸亥대운 중 癸水대운은 본시 용신운이나 丁癸 沖하여 손상된다. 사업상 거래처의 변동이 잦았고 이득이 크지 않았다.

亥水대운은 본시 용신운이나 亥亥 自刑되고, 亥卯 반합목국으로 卯木 空亡을 해공(解空)시키니 偏財가 역할을 하게 됐고, 다시 合되어 한신운으로 바뀌니 사업상 다소의 발전이 있었고 집을 장만하게 된 것이다.

◉ 壬戌대운 중 壬水대운은 본시 용신운이나 丁壬 합목의 한신운인 財星運으로 바뀌니 사업의 규모가 커졌고 금전의 입출이 빈번했으나 큰 이득은 없었던 것이다. 한신운으로 바뀐 까닭이다. 또한 財星은 여자로도 논하니 여자문제가 들어오는 것이다. 한신으로 바뀌니 여난(女難)으로 飛火되지는 않을 것이다.

戌土대운은 卯戌 합화의 구신운이니 偏財인 처의 자리가 불안하며, 사업상 손실 문제가 발생한다.

◉ 辛酉대운은 희신운인데, 辛酉는 모두 가공된 금속이며 수술칼로도 논하니, 건강 문제나 예기치 않은 사고 등으로 인해 수술 건이 들어오는 것이다. 이것은 酉金이 卯酉 沖하여 偏財를 손상시키니 돈이 빠져나가는 것과 연관지어 판단하는 것이다.

◉ 庚申대운은 희신운이니 무탈할 것으로 예상되나 卯申 원진(怨嗔)되니 또한 손재수(損財數)가 발생할 것이다.

◉ 己未대운 중 己土는 기신운이고 未土는 亥卯未 삼합목국의 한신운이니 일희일비 운으로 무애무덕하게 지낼 것이다.

男命(午午 自刑이 있는 사주)

丙	壬	乙	戊
偏財		傷官	偏官
午	午	卯	戌
正財	正財	傷官	偏官
胎·將星	胎·將星	死·桃花	冠帶·白虎
飛刃·劍鋒	飛刃·眞神	絞神	魁罡·飛符
眞神·天赦	天赦		

丙	丙	甲	辛
己	己	○	丁
丁	丁	乙	戊

80	70	60	50	40	30	20	10	
癸	壬	辛	庚	己	戊	丁	丙	(대운: 10세)
亥	戌	酉	申	未	午	巳	辰	

1. 용신

壬水 日主가 목황지절(木旺之節)에 생하여 설기(洩氣)가 심한데, 지지는 卯戌 육합 화국과 午戌 반합화국의 財星局을 형성하여 日主가 태약(太弱)하다. 재다신약(財多身弱)의 명조이니 印星을 요하는데 일점 年支 戌宮의 辛金이 있으니 이를 용한다.

用神 : 辛金
喜神 : 土
忌神 : 火
閑神 : 水
仇神 : 木

2. 통변

⦿ 천간에 偏官, 傷官, 偏財가 투출하였다. 年·月干은 상관견관(傷官見官)하니 공직 이나 직장생활과는 연이 적고, 月·時干은 상관생재(傷官生財)하니 기술을 바탕으로 財를 얻어야 하는 명조이다.

⦿ 月柱 상하가 모두 傷官이니 흉하다. 부모 代는 가업이 풍족하지 못했음을 알 수 있고, 형제자매들이 고향을 떠나 뿔뿔이 흩어져 각자 생활전선에 뛰어들었음을

알 수 있는 것이고, 또한 형제자매간 돈독한 우애는 적을 것이라 판단한다.

◉ 日支와 時柱 午丙火는 財星으로 혼잡되었다. 처와의 연이 적을 것이고, 火가 기신이니 여난(女難)으로 인한 손재수 발생이 염려되는 것이다.

◉ 지지가 전부 卯戌과 午戌 合의 財星局을 형성하니 多財는 無財라 오히려 재물복이 적은 것이다. 日主가 旺하고 財星도 旺하여 신왕재왕(身旺財旺)하면 大財를 모을 수 있지만, 상기는 壬水 日干이 무근(無根)이고 생하는 印星이 무력하니 신약(身弱)하여 大財를 감당하기 힘든 것이다.

◉ 재다신약(財多身弱)의 명조는 처(妻)와의 연이 박하고 처가 가권(家權)을 휘두르는 경향이 많다. 月柱의 상하가 모두 傷官이다. 傷官은 자신의 재능이나 기술을 밖으로 표출하려는 성향이 강한 바, 月干에 투출했으니 그 의도가 더욱 분명하며, 대체로 이를 활용하는 직업을 택하는바 예체능 및 기술직이다. 전기관련 사업을 하고 있는 것이다.

◉ 月柱가 傷官이라 예체능과 연관되는데, 오행이 木이라 구기종목이나 체육과 관련이 많다. 무술(武術) 관련하여 유도(柔道)의 고단자(高段者)이지만 사주에 火氣가 염염(炎炎)하여 木氣가 설기(洩氣)되고 또한 구신에 해당되니 전문 무도인(武道人)의 길을 가지는 못한 것이다.

◉ 午午의 자형살(自刑殺)은 둘 중 하나가 손상되는 殺이다. 日과 時支의 자형살(自刑殺)이니 처자를 극하게 되거나 연이 박하게 되고, 또한 財星의 자형살(自刑殺)이니 예기치 않은 손재(損財)가 발생될 것이고, 日·時支는 사안이 늦게 발생하니 장년 이후에 닥쳐올 것임이 예견되는 것이다.

◉ 壬午 日柱는 甲戌旬 中이고 申酉가 공망(空亡)이다. 金은 印星이며 용신인데 공망되니 학업의 연은 적었을 것이고, 金은 또한 용신으로 남명에서 용신은 자식으로도 논하는데 공망되니 아들과의 연도 적은 것이다.

◉ 午卯 破殺이 있다. 습목(濕木)인 卯木이 아궁이불인 丁火를 살리지 못하니 破된 것이다. 午火 正財와 卯木 傷官의 破니 부하직원들로 인해 손재수가 발생하는 것이고, 卯木이 도화살(桃花殺)을 대동하니 여자문제로 인해 역시 재물의 손실이 예상되며, 또한 부모형제자매궁인 月支와 자신의 가택인 日支와의 破니 자신 및 자신의 가족과 부모형제자매간에 소원해지는 사안이 발생하는 것이다.

3. 부모운

● 印星과 月柱 및 용신, 그리고 초년대운의 길흉으로 판단한다. 印星이 용신에 해
  당되며 年支 戌宮의 辛金인데 공망이니 부모와의 돈독한 정은 없는 것이다. 또한
  月柱는 乙卯木 傷官으로 구신에 해당하니 역시 부모와 자식간 화기애애한 情은
  기대하기 힘들다 판단한다.
● 年柱는 조상의 자리인데, 年柱의 土는 본시 희신이나 局에 水氣가 전무하니 습토
  (濕土)로 化되지 못하여 용신인 金을 生金하지 못한다. 따라서 조상의 유업(遺業)
  은 적었을 것이고 재물의 상속 역시 크게 기대할 바가 못 되는 것이다.
● 年柱가 偏官이다. 무관직이나 기능직을 나타내는데 祖父 代에 한의업에 종사하
  셨던 것이다.

4. 형제운

比劫과 月柱의 길흉으로 판단하고, 日支는 처궁이면서 또한 가장 가까운 인척이
나 친구들과의 길흉도 살펴보는 곳이므로 日支도 참조한다. 比劫에 해당하는 水가
한신이니 무애무덕하나 午卯 破가 되니 형제자매간 소원함이 있는 것이다.

5. 부부연

財星과 日支宮, 희신의 길흉으로 판단한다. 日支 午火 正財는 기신에 해당되고
時支 午火와 자형살(自刑殺)이다. 따라서 처덕은 기대할 바가 적은 것이다. 또한 재
다신약(財多身弱)하니 여난(女難)이 따를 수가 있는 것이다.

6. 재물운

상관생재(傷官生財)하나 日主가 신약하니 큰 재물을 모으기는 어렵고, 傷官이 月
柱를 차지하니 자수성가형이고, 偏財가 時干에 투출했으니 말년에 재물이 모일 것
이다. 상관생재(傷官生財)의 경우에 傷官이 月柱宮에 있으면, 月柱는 부모궁이니 음
으로 양으로 부모의 도움도 있으리라 판단한다. 50세 이후는 申酉戌의 용신운이니
말년은 넉넉하리라 판단한다.

7. 직업운

직업은 대체로 용신과 月柱 및 日干의 오행과 사주의 구성형태로 주로 판단한다. 月柱가 傷官이니 기능직이고, 용신이 金이니 전기관련업도 이에 해당되며, 日干이 壬水라 무역등과도 연관이 있으니 출장근무가 잦은 것이다.

8. 성격

日主가 壬水다. 壬水는 가장 낮은 곳에 있어 모든 물줄기를 받아들인다. 따라서 대체로 나서는 성격이 아니고 차분한 성격이다. 또한 月柱가 傷官이다. 食傷은 日主의 氣가 설기(洩氣)되는 것이니 남에게 베풀기를 좋아하고 더불어 같이 이득을 나누어 가짐을 좋아하는 성격이다.

9. 건강

구신이 木이고 기신이 火다. 木은 간담(肝·膽)의 질병을 조심해야 하고, 火는 심장(心臟)과 소장(小腸)의 건강문제가 발생할 수 있다.

辛酉대운(60세~69세)은 辛酉가 공히 月柱 乙卯를 沖하니 매우 흉한 해이다. 命을 보존함에 각별히 신경써야 할 것이다.

10. 자식운

남명에서는 용신과 官星과 時柱의 길흉으로 자식운을 판단하는데 용신이 金이다. 남명에서 아들의 수(數)나 아들의 有無는 용신으로 논하면 적중률이 높은데, 壬午日柱의 空亡은 申酉이다. 용신인 金이 공망(空亡)이니 아들과의 연이 없는 것이다.

11. 신살

● 年柱 戊戌은 괴강살(魁罡殺)이다. 평생에 예기치 않은 흉액이 닥쳐오는 殺인데 특히 차량사고 등을 조심하여야 한다.
● 年支 戊土에 백호살(白虎殺)이 있다. 예기치 않은 사고나 질병으로 인해 몸에 칼을 대어야 하는 문제가 발생한다. 초년 辰土대운에 辰戌 沖하여 중이염(中耳炎)의 수술을 겪은 것이다.

◉ 年支 戌土 偏官이 비부살(飛符殺)을 대동하고 있다. 비부살은 관재구설을 동반하는 殺로 偏官에 있으니 명예 혹은 직업과 연관되어 발생하는 살이다. 전기공사대금과 연관되어 많은 소송을 겪고 있는 것이다.

◉ 月支에 도화살(桃花殺)이 있다. 도화살은 여난(女難)이 발생하는 殺이다. 도화살은 子午卯酉에 있는 것으로, 이중 두 개만 있어도 도화살로 간주하니 평생 여자문제가 떠나지 않는 것이다.

◉ 月支에 교신살(絞神殺)이 있다. 직계 조상이나 혹은 직계조상과 가까운 인척 중에서 자살한 사람이 있는 것이다. 이로 인해 예기치 않은 흉액이 빈번하게 발생하게 되는 것이다.

◉ 日支 財星에 비인살(飛刃殺)이 있다. 비인살은 양인살(羊刃殺)과 沖되는 殺로 양인살만큼 강렬하지는 않지만 흉액을 동반하는 殺이다. 財星에 있으니 손재(損財)와 연관되고, 또한 日支宮은 처궁(妻宮)이니 처와의 갈등 요소가 항상 내재되어 있는 것이다.

◉ 日支 財星에 진신(眞神)과 천사성(天赦星)이 동주하고 있다. 귀인(貴人)이 도와주는 길성으로 조상의 음덕도 있을 것이고, 뜻밖의 사람에게서 도움도 받을 수 있는 것이다. 일찍이 부친에게서 상속받은 땅이 있는 것이다.

◉ 時支에 비인살(飛刃殺)과 검봉살(劍鋒殺)이 있다. 모두 예기치 않은 사고나 질병을 유발하는 흉살이다. 午火대운에 원국의 午火와 대운의 午火와 다시 자형살(自刑殺)이 되니 손재(損財)가 발생한다. 직원들을 태우고 일하러 가던 중 대형 차사고로 인해 이를 해결하는데 많은 재물의 손실이 있었다. 그러나 진신(眞神)과 천사성(天赦星)의 길성을 대동하니 대형사고에 비해 비교적 원만히 해결되었던 것이다.

12. 대운

◉ 丙辰대운은 壬水日主와 丙壬 沖하고, 年支와 辰戌 沖하니 이동수가 들어온다. 年柱는 조상과 연관되니 조상들이 살던 고향을 등지고 도시로 이사한 것이다.

◉ 丁巳대운 중 丁火대운은 財星으로 丁壬합목의 干合으로 들어온다. 干合은 부부지합이라 했으니 이때 결혼운이 들어오는 것이다. 상기인은 용신이 年支에 있으

니 결혼을 일찍 할 명조인 것이다. 이때 결혼했다.

巳火대운은 기신운이다. 잡화가게를 시작했으나 큰 이득이 나지는 않았다.

◉ 戊午대운 중 戊土대운은 희신운이다. 전기관련 자격증을 따고 전기회사에 취직한 것이다.

午火대운은 午戌 반합화국과 午午 자형살(自刑殺)로, 기신운으로 들어오며 財星을 刑하니 직원들을 데리고 전기관련 하청업을 시작했으나 여의치 못했다. 특히 財星인 日·時支 午火가 자형살이 되니 차사고로 인한 손재가 발생한 것이다.

◉ 己未대운은 본시 희신운인데, 未土가 自刑되는 午火와 合되어 묶이니 自刑이 태동하지 못하여 財星이 온전해지니 다소의 금전을 모았던 것이다.

◉ 庚申대운 중 庚金대운은 庚金이 구신에 해당되는 月干 乙木과 간합되어 金局의 희신운으로 들어오니 사업상 발전이 따를 것이다.

申金대운은 月支와 卯申 원진(怨嗔)되어 부모궁이 손상되니 부모에게 재액(災厄)이 발생할 염려가 있고, 또한 月支 傷官은 자식과 수하인으로도 논하니 이와 연관된 재액(災厄)도 예상되는 것이다.

◉ 辛酉대운은 乙辛 沖과 卯酉 沖으로 本家인 月柱를 손상시키니 命을 위태롭게 할 사고나 질병의 흉액이 예상된다. 매우 조심하여야 한다.

◉ 壬戌, 癸亥대운은 辛酉대운의 큰 고비를 무사히 넘기면 이후 종명(終命)할 때까지는 무사안일하게 일생을 보낼 수 있을 것이라 판단한다.

男命(官印 투출의 小貴한 사주)

己	己	丁	乙
比肩		偏印	偏官
巳	卯	亥	巳
正印	偏官	正財	正印
帝旺·地殺	病·災殺	胎·驛馬	帝旺
落井·梟神	文曲·囚獄	官貴	落井·梟神
劍鋒·破軍	弔客	破軍	孤神·太白
孤神·太白			喪門·吞陷
喪門·吞陷			

戊	甲	戊	戊
庚	○	甲	庚
丙	乙	壬	丙

75	65	55	45	35	25	15	5	
己	庚	辛	壬	癸	甲	乙	丙	(대운 :5세)
卯	辰	巳	午	未	申	酉	戌	

1. 용신

日主 己土는 사람의 손길이 닿아서 관리를 해야 하는 전답(田畓)의 土요, 정원(庭園)의 土요, 담장의 土다. 동월(冬月)인 亥月에 생하여 천지가 한(寒)하니 따듯한 火氣가 없으면 무용지물이며, 아울러 乙卯木 偏官이 日主를 극하니 신약하여 日主를 생조하는 印星 용신이 필요하다. 丙火가 유용한데 불투(不透)하고 丁火가 투출했으니 부득이 이를 용하나 丁火는 가신(假神)이라 용신이 旺하지 못하니 귀격(貴格)의 명조는 못되는 것이다.

用神 : 丁火
喜神 :　木
忌神 :　水
閑神 :　土
仇神 :　金

2. 통변

● 사주에 官星과 印星이 重重하니 공직자의 명조인데. 月干 偏印은 월령(月令) 亥水

에 태(胎)地이고, 年干 乙木 偏官은 死地이니 旺하지 못하다. 偏官과 偏印이 투출하여 관인상생(官印相生)하니 무관직인데 火氣가 중중하니 소방직의 길이다. 官印이 旺하지 못하고 용신 또한 旺하지 못하니 귀격(貴格)의 명조는 되지 못한다.

◉ 年·月干에 官印이 투출하였는데, 이 의향은 官星인 직장, 직업을 바탕으로 권세를 밖으로 표출하고, 印星을 활용하여 남을 통제하려는 의도가 있는 것이다. 그러나 丁火 印星이 坐下 亥水를 깔고 있어 受剋되고, 지지가 巳亥 相沖하여 巳宮의 丙火 元神이 손상되니 丁火 역시 무력해진 것이라, 印星을 적극적으로 활용하지 못하게 되어 직책과 직위는 높지 못하게 되고 관록 역시 크게 길하지 못하게 된 것이다.

◉ 丁火를 용하는 명조는 丁火가 화롯불, 아궁이불, 등촉불에 비유되는데 장작나무인 甲木과 이를 쪼갤 수 있는 庚金이 없으면 火氣가 장구(長久)하지 못하니 귀격(貴格)을 이룰 수 없다. 즉, 벽갑인정(劈甲引丁)의 구성형태가 되어야 하는데, 年干에 잡초(雜草)와 가화(稼花)에 비유되는 乙木이 투출하니 이는 고초인등(枯草引燈)에 불과하여 火氣가 不長하니 명조(命造)가 길하지 못한 것이다.

◉ 年·月支가 巳亥 相沖되고 있다. 조상과 부모대의 沖이니 부친이 고향을 떠나 타향으로 이사했음을 알 수 있다. 또한 月支의 正財는 본시 吉하게 논한다. 처가 현모양처(賢母良妻)일 것이라 논하나 相沖하니 처의 길성이 손상되는 것이다. 아울러 巳火 正印도 손상되니 문서, 계약 등과 연관지어 이로 인한 흉화(凶禍)가 예견되는 것이다.

◉ 月·日支 亥卯는 반합목국을 형성하고 있다. 財星과 官星이 합이 되어 다시 官星으로 바뀌는 것은 財를 활용하여 명예를 얻으려는 의도가 숨어있는 것이다. 月支는 직장의 상사로 논하니 직장상사에게 財를 활용하여 청탁(請託)하려는 의도가 내포되어 있는 것이다.

3. 부모운

부모운은 月柱의 구성과 印星, 초년대운을 살펴본다. 月柱는 丁亥로 印星과 財星으로 수화상쟁(水火相爭)하고 있으니 부모덕은 크다 판단할 수 없다. 또한 印星은 본시 용신이나 巳亥 相沖하여 손상되니 역시 길하지 못한 것이다. 초년대운은 戊酉의 金運으로 구신운이니 역시 길하지 못하다.

4. 형제운

⊙ 형제운은 月柱와 比劫과 초년운의 길흉으로 판단한다. 月柱는 수화상쟁(水火相爭) 하니 형제간 화목함이 적을 것이고, 比劫은 한신에 해당되니 무애무덕하다. 초년 운은 戌酉의 金運으로 구신에 해당하니 역시 길하지 못하여 형제간의 화목함은 크게 기대할 바가 없다.

⊙ 日·時支 사이에 辰土 劫財가 탄함(呑陷)되었으니 반드시 형제자매간에 손상된 형제가 있음을 알 수 있다.

5. 부부연

財星을 처(妻)로 논하는데 月支 正財가 기신이다. 따라서 부부연은 썩 길하다 판 단하지 못하고, 또한 처궁(妻宮)인 日支宮이 偏官이니 본인은 맡은바 임무에 충실한 성격이나 부부연은 화목치 못하다 판단한다.

6. 재물운

財星과 용신의 길흉과 운로의 흐름, 그리고 사주의 구성형태로 판단한다. 月支 亥水 正財를 재물로 보는데 年支 巳火와 巳亥 相沖하여 손상되고, 財를 생하는 食 傷이 전무하니 크게 財를 기대하기 힘들다. 月干 丁火 용신은 甲木과 庚金이 불투 하여 벽갑인정(劈甲引丁) 함이 없으니 역시 旺하지 못하여 큰 財를 얻기가 힘든 것이 다. 용신운인 未午巳 남방화대운은 다소의 재물을 모을 수 있을 것이다.

7. 직업운

官星과 日主의 길흉과 천간에 투출된 오행, 그리고 용신의 旺衰 및 사주의 구성 형태로 판단한다. 亥月의 己土는 쇠약하니 日主가 강건하지 못하다. 천간에 官印이 투출하여 관인상생(官印相生)을 이루어 공직자의 명조이나 용신이 약하고, 부조하는 희신의 기세 역시 쇠약하니 높은 관직을 기대하기 힘들다. 사주에 火氣가 重하니 무관직으로 소방직의 길을 간 것이다.

8. 성격

◉ 용신과 日柱와 천간에 투출한 오행, 사주의 구성형태로 판단한다. 용신이 火에 해당하니 예를 지킬 줄 알고 남에게 손해를 끼치지 않으려 하며, 천간에 官印이 투출했으니 맡은바 임무에 충실한 성격이다.

◉ 日柱로 논한다면 己卯에 해당한다. 이러한 명조는 소심하고 마음이 약하여 자주 흔들리고, 매사에 변덕이 많고, 남의 의견을 잘 따르고 의지하는 경향이 있으나 대체로 겸손하다. 또한 남의 앞에서는 자기주장을 잘 펴지 못하나, 자신이 옳다고 믿는 면에서는 때로는 완고한 고집이 있고, 융통성이 없는 일면도 있다. 그리고 사교술이 좋으며 남을 무시하는 경향도 있으며 지구력이 부족한 편이다.

◉ 日支에 偏官이 있으니 행동과 생각이 민첩한 편이며, 결단력이 빠르다. 또한 책임감도 강한 편이다.

9. 건강

金이 구신이고 水가 기신이니 이와 연관하여 질병을 논한다. 폐(肺)와 대장(大腸), 신장(腎臟), 방광(膀胱), 허리, 혈액순환계통의 질환이 발생할 수 있다. 구신에 해당하는 오행에서 발병하여 기신에 해당하는 오행에서 치명적으로 악화되는 것이다.

10. 자식운

◉ 자식운은 용신의 왕쇠(旺衰) 및 時柱의 길흉으로 논한다. 용신이 時柱에 있으면 자식 대에 발복이 있다 판단하는 것이다. 용신인 月干 丁火는 坐下 亥水의 극을 받아 쇠약하고, 벽갑인정(劈甲引丁)함이 없으니 길하다 판단하지 못한다.

◉ 時柱는 上下가 相生하고 길신으로 구성되어야 하는데, 時柱가 財와 官, 食傷과 財, 官과 印으로 구성되면 대체로 자식 대에 발복(發福)이 있다 판단하는 것이다.

11. 신살

◉ 年支 正印에 낙정관살(落井關殺)이 있다. 낙정관살은 우물이나 물에 빠지거나 실족이나 낙상 및 차사고 등으로 다리를 다치는 凶殺이다. 正印은 육친에서 어머니로 논하니, 낙정관살을 대동하며 어머니와의 연이 적다 판단하는 것이다. 또한

正印을 문서로 논하면 문서와의 연이 적다 판단하는 것이니 보증관계나 채권, 채무 등의 관계, 그리고 사고, 수술 등의 흉액과 연관된 문서나 계약 등에서 불이익이 발생할 수 있는 것이다.

● 年支 正印에 효신살(梟神殺)이 있다. 이 殺은 6세까지 外家 등의 남의 손에 키워져야 하는 운명이다. 그렇지 못하면 평생에 걸쳐 예기치 않은 흉액과 풍파가 많이 발생하는 것이다.

● 年支에 고신살(孤神殺)이 있다. 年支는 조상의 자리이니 조부모나 증조부모 중에 일찍 돌아가신 분이 있는 것이다.

● 年支에 상문살(喪門殺)이 있다. 상문살은 자살이나 예기치 않은 흉액 등으로 인해 천명을 다하지 못한 분이 계신 것이다. 이로 인해 예기치 않은 사고나 질병 등이 발생하는 것이다.

● 月支 正財에 역마살(驛馬殺)이 있다. 역마살은 길신에 승(乘)하면 비약적인 발전을 하는 것이고 흉신에 승하면 예기치 않은 재액(災厄)이나 손재수(損財數)가 발생한다. 상기는 용신이 火니 正財인 水는 기신에 해당된다. 따라서 손재(損財)와 연관된 일이 발생할 것이라 판단하는 것이다.

● 月支에 파군살(破軍殺)이 있다. 파군살은 직업, 직장, 직책을 破하는 殺이다. 상기인은 장남이나 月柱에 파군살이 있으니 장남의 역할을 하지 못하고 차남이 집안의 대소사를 관장하고 있는 것이다.

● 日支에 수옥살(囚獄殺)이 있다. 수옥살은 병원이나 감옥에 갇히는 살이다. 일지를 처궁이라 하면 처의 건강문제가 대두되는 것이다.

● 日支 偏官에 재살(災殺)이 있다. 재살은 일명 수옥살로도 불리는데 官星에 있으니 직장이나 자식으로 인해 손재수나 망신수가 발생할 수 있는 것이다.

● 日支에 조객살(弔客殺)이 있다. 조상 중에 자살 등의 흉액이 있는 것이다.

● 時支에 낙정관살(落井關殺)이 있다. 낙정관살은 물에 빠지거나 차사고 등으로 다리를 다치는 殺이다. 時支에 있으니 유산된 자식이 있거나 또는 태어난 자식에게 흉사가 예고되는 殺이다.

● 時支 正印이 낙정관살(落井關殺)을 대동하고 있다. 자식이나 부하직원 혹은 절친한 후배와의 문서나 계약과 연관되어 흉액이 예상되는 것이다.

● 時支 正印이 검봉살(劍鋒殺)을 대동하고 있다. 검봉살은 질병, 사고 등과 연관된

수술을 유발하는 殺이다. 문서, 계약과 연관되는 正印에 있으니 평생에 한두 번 이런 흉액을 당할 수 있는 것이다.

⦿ 時支에 地殺이 있다. 지살은 이동하는 殺이다. 時支는 말년으로 논하니 말년은 분주하고 바쁘게 살게 될 것이다.

12. 대운

⦿ 丙戌 대운은 丙火는 용신운이고, 戌土는 日支와 卯戌 합화하여 역시 용신운이니 부모의 극진한 보살핌 속에 초등학교 시절을 보낸 것이다.

⦿ 乙酉 대운 중 乙木 대운은 희신운이니 무난히 학업을 마칠 수 있었고, 酉金 대운은 구신운으로 卯酉 沖하여 희신인 日支 卯木을 沖하니 자리의 변동이 따른다. 고향을 떠나 타향에 정착하며 대학에 입학한 것이다.

⦿ 甲木 대운은 본시 희신운이다. 이때 공직에 들어섰으며 또한 결혼도 한 것이다. 아울러 甲己 합토하여 한신으로 바뀌니 무애무덕하다 판단한다.
申金 대운은 巳申 刑合하여 기신운인데, 正印인 문서가 이에 해당하니 여러 음해와 구설이 따랐던 것이다. 또한 卯申 원진(怨嗔)되어 日支를 극하니 자리의 변동이 있었던 것이다.

⦿ 癸水 대운은 財星運이 들어오니 여자문제가 발생하는데. 丁癸 沖하여 용신인 丁火를 沖하니 손재(損財)를 동반한 여난(女難)이 발생하는 것이다. 문서인 偏印을 沖하니 돈을 빌려주고 채무증서 작성을 하지 않아 수천만원의 손재가 발생한 것이다.
未土 대운은 본시 한신운이나 亥卯未 삼합목국의 희신운으로 바뀌니 승진했고 다소의 발전이 있었다.

⦿ 壬水 대운은 본시 기신운이나 丁壬 합목하여 희신운으로 바뀌니 흉변길이 되어 좋은 보직을 차지할 수 있었다.
午火 대운은 용신운이니 길하다.

男命(印星이 많아 凶格의 사주)

己	壬	庚	己
正官		偏印	正官
酉	申	午	亥
正印	偏印	正財	比肩
沐浴·災殺	長生·劫殺	胎·六害	建祿
囚獄·弔客	梟神·學堂	飛刃	流霞
太白·桃花	絞神·天赦	囚獄·弔客	孤神·喪門
			空亡

庚	己	丙	戊
○	壬·戊	己	甲
辛	庚	丁	壬

75	65	55	45	35	25	15	5	
壬	癸	甲	乙	丙	丁	戊	己	(대운: 5세)
戌	亥	子	丑	寅	卯	辰	巳	

1. 용신

壬水가 午火節에 생하여 실기(失氣)했지만, 지지 酉申亥 사이에는 戌土가 탄함(呑陷)되었다 판단하니 암암리에 申酉戌의 방합금국을 형성한 것이며, 또한 庚金이 투출했으니 印星이 旺하다 논해야 한다. 따라서 日主를 생조함이 지나치니 火를 용하여 旺한 印星을 극제(剋制)하면 중화(中和)를 이룰 수 있다. 용신은 월령(月令) 午宮의 丁火이다.

用神 : 丁火
喜神 : 木
忌神 : 水
閑神 : 土
仇神 : 金

2. 통변

◉ 천간에 官印이 투출하여 관인상생(官印相生)하니 본시 공직자의 명조이나, 月干 庚金 偏印이 坐下 午火의 극을 받아 실기(失氣)하고, 지지에 암암리에 申酉戌 방

합금국의 印星局을 형성하여 印星이 태다하니, "다인은 무인(多印은 無印)"이라 오히려 교직으로 가지 못하고, 월령(月令)의 旺한 財를 활용하는 입시학원운영의 직업을 택한 것이다.

◉ 年·時干에 己土가 투출하여 日主 壬水를 剋하고 있다. 己土는 天氣에서 구름과 먼지에 비유하니 壬水를 탁(濁)하게 하여 기토탁임(己土濁壬)이다. 二位의 正官은 偏官으로 논하니 사고 질병과 관재구설 건이 암시되는 것이다.

◉ 財星이 월령(月令)을 차지하여 旺하나 印星이 중중하니 상극되어 財星이 손상되고, 食傷의 부조가 없으니 재물복은 많다 할 수 없다.

◉ 지지 酉申亥 사이에 戌土 偏官이 탄함(吞陷)되었다. 탄함된 六神은 때가 되어 작동하기를 고대하고 있는 것이다. 偏官이니 관재구설이나 예기치 않은 사고, 질병 등이 발생할 것임을 예시하는 것이다. 그리고 戌土는 도로사(道路事)와 연관 지으니 차량사고가 염려되는 것이다.

◉ 月支 午火가 財星이며 용신에 해당된다. 이는 부모형제자매 대에서 자수성가하여 재물을 다소 모은 분이 있음을 나타내는 것이다.

3. 부모운

◉ 印星이 구신이니 부모대의 운은 크게 기대할 바가 없고 부모덕 역시 크게 누리지 못했을 것이다.

◉ 초년대운은 己巳, 戊辰의 한신운이니 부모님의 비호아래 무난히 학업을 마쳤을 것이고, 月柱가 上下 相剋하니 부모대의 가문은 크게 번창했거나 유복하지 못했을 것이라 판단한다.

4. 형제운

◉ 比劫이 기신이며 空亡이니 형제자매간 화기애애하고 돈독함은 적을 것이라 판단한다. 月柱가 상하 상극하니 고난에 처했을 때 형제의 큰 도움을 받기는 힘들 것이라 판단한다.

◉ 印星을 母라 하면 比劫은 子인데, 상기는 印星이 중중하여 母旺한데 比劫은 衰하니 모왕자쇠(母旺子衰)의 상황이다. 母의 지나친 정을 더불어 나누어 가질 수 있는 형제가 적으니 子인 比劫은 더욱 고독하고 불안한 것이라, 형제운이 적다 판단하

는 것이다.

5. 부부연

◉ 日支宮이 처궁(妻宮)인데 印星이 있다. 처궁의 자리에 어머니가 있으니 고부간의
갈등이 예상되며, 따라서 부부연도 썩 화목하다 할 수 없다.

◉ 正財를 처(妻)로 논하는데 월령(月令)에 있으니 본시 현모양처격이다. 그러나 印星
이 중중하여 財印이 상쟁(相爭)하니 財星의 덕이 손상된 것이라 부부연은 길하다
판단할 수 없는 것이다.

6. 재물운

◉ 월령(月令)의 正財는 길성이고 본시 재물복이 있다 판단하나, 중중한 印星과 상극
되니 손상되어 재물복은 많다 할 수 없다. 더욱이 食傷의 부조가 없으니 많은
財를 모으기 어렵고, 중년 이후의 운이 기신운이니 財는 크게 기대할 바가 없다.

◉ 용신이 월령(月令)을 차지하고 있으나 旺하지 못하니 역시 많은 財를 모으기 힘들
다 판단하는 것이다.

7. 직업운

천간에 官印이 투출하여 공직자의 명조이나 官星보다 印星이 旺하니 교육계이
다. 특히 印星이 太旺하면 "다인은 무인(多印은 無印)"이라 했으니 공직 중 교육직으
로 가지 못하게 되고 교육관련 입시학원업을 택한 것이다. 그러나 용신이 旺하지
못하니 직업운은 크게 길하다 판단하지 못한다.

8. 성격

◉ 지혜와 학문을 나타내는 水가 日主이고 印星이 旺하니 본시 총명하고 지혜가 있
으나 印星이 중중하니 오히려 병(病)이 되었다. 印星이 태다(太多)하여 생조 받음
이 많은 경우에는 능동적이지 못하고, 민첩하지 못하며, 게으르고, 무계획적인
면이 있는 것이다.

◉ 壬申 日柱는 본시 차갑고 냉정한 면이 있으나, 경우에 맞으면 돈을 잘 쓰고, 매사

에 조급성이 있어서 실수가 잦은 편이다.

◉ 착하고 인자한 면도 있으며, 호기심과 관찰력이 뛰어나며 아집이 강하나, 지적인
면이 있고 대체로 남들과 잘 어울리는 편이다.

◉ 壬申 日柱가 신약에 해당되면 자기주관이 뚜렷치 못한 경우가 많다.

9. 건강

사주에 印星인 金氣가 태다하니 폐와 대장(大腸)의 질병이 발생할 수 있고, 다시
金이 水를 생하니 신장, 방광, 허리, 혈관계질환 등의 질병이 염려된다.

時支 酉金은 가공한 금속으로 수술칼 등도 이에 해당된다. 태백살(太白殺)이 동주
하니 평생에 한두 번 질병이나 사고로 인해 대수술이 예고되는 것이다.

10. 자식운

◉ 자식운은 자식들의 성공여부와 화목(和睦) 여부를 판단하는 것이다. 용신이 비록
왕하지 못하나 월령(月令)을 차지하니 자녀들의 운세는 흉하지 않다.

◉ 時柱가 자식궁인데 官印相生하니 자식들 중엔 반드시 관직에 올라 국가의 녹(祿)
을 먹을 자식이 나올 것이라 판단하는 것이다.

11. 신살

◉ 年柱에 正官과 比肩이 동주하고 있다. 이는 이도(異途)로 공직에 올랐던 조상이
있음을 나타낸다.

◉ 年支에 고신살(孤神殺)과 상문살(喪門殺)이 있다. 고신살은 단명수(短命數)로 도 보
고, 상문살은 자살 등의 흉액으로도 논하니 이에 해당하는 조상이 있는 것이다.

◉ 年支에 유하살(流霞殺)이 있다. 유하살은 남명은 客死를 의미하기도 하고, 여명은
난산(難産) 등의 산액(産厄)을 의미한다. 이러한 조상이 있는 것이다. 또한 유하살
이 있으면 어려서 어머니 젖을 부족하게 먹고 자란 경우가 많다.

◉ 月柱는 명조자의 本家를 의미한다. 月干에 偏印이 투출하고 年支에 比肩이 있으
니 지계조상에서 이복형제문제가 나오는 것이다.

◉ 月支에 비인살(飛刃殺)과 육해살(六害殺)이 있다. 비인살은 예기치 않은 흉액을 의

미하고, 육해살은 가까운 친인척간의 연을 끊는 것이니 부친의 형제자매나, 본인의 형제자매 중에서 나서 天命을 다하지 못하고 단명한 사람이 있음을 나타내는 것이다.

- 月支 正財에 수옥살(囚獄殺)이 있다. 재물과 연관하여 官災 건이 있거나, 예기치 않은 흉액 등으로 손재수가 발생할 것임을 예지하는 것이다.

- 月支에 조객살(弔客殺)이 있다. 부친이나 본인의 형제자매 중에서 흉사한 사람이 있음을 예시하는 것이다.

- 日支에 劫殺이 있다. 劫殺은 빼앗아가는 殺인데. 日支宮은 처궁이니 처와의 연이 불리한 것이다.

- 日支에 偏印과 효신살(梟神殺)이 있다. 효신살은 어려서 외가 등의 남의 손에서 커야하는 운명의 殺인데 그렇지 못하다면 자라면서 예기치 않은 흉액이 예상되는 것이다.

- 日支 偏印에 학당귀인(學堂貴人)이 있다. 학당귀인은 남을 가르치는 길성이다. 교직이나 학원업 등이 길한데, 상기인은 학원업의 길을 택한 것이다.

- 日支에 천사성(天赦星)이 있다. 천사성은 죄나 흉액 등을 사면해주는 길성이다. 偏印은 수술이나 사고, 문서로 인한 흉액 등을 동반하는 흉성인데, 천사성인 길성이 동주하니 이러한 흉화 등이 반감된다 판단하는 것이다.

12. 대운

- 초년 己巳대운은 한신과 용신운이라 부모님의 극진한 보살핌 속에 무난히 학업을 계속할 수 있었다.

- 戊辰대운 중 戊土대운은 한신운이라 무애무덕했고, 학업성적도 우수했다.
  辰土대운은 본시 한신운이나, 辰申의 반합수국의 기신운으로 변하여 공부에 장애가 왔고, 다시 酉金 正印과 辰酉 합금의 구신운이니 학업에 대한 열정이 식어 성적이 주춤하여 지방대에 입학했던 것이다.

- 丁火대운은 본시 용신운이나 丁壬 합목의 희신운으로 바뀌었고 길운에 해당되니 대학원 진학이 가능했던 것이다. 또한 丁火 財星이 들어와 日主인 壬水와 부부지합인 간합을 이루니 이때 결혼했던 것이다.

◉ 卯木대운은 卯申 怨嗔과 卯酉 沖으로 印星이 손상되니 더 이상 학업을 계속하지 못하고 박사과정을 중도 포기했고, 학원업의 길을 택한 것이다.

◉ 丙寅대운 중 丙火대운은 용신운으로 坐下 寅木의 생을 받아 旺한데, 비록 日主인 壬水와 沖하나 旺하여 손상됨이 적으니 학원업이 번창하였던 것이다.

◉ 寅木대운은 寅亥 합목의 희신운으로 길하고, 다시 申酉金이 벽갑인정(劈甲引丁) 하여 용신인 丁火를 부조하니 무탈하고 계속 번창했던 것이다.

◉ 乙木대운은 乙庚 합금의 기신운으로 바뀌어 乙木이 희신의 역할을 하지 못하니 무리한 세 확장을 위한 투자로 인해 자금난에 시달리기 시작했다.

◉ 丑土대운은 용신인 午火와 원진(怨嗔)되어 용신을 손상시키고, 다시 酉丑 반합금 국의 구신운으로 바뀌니 동업자와의 투자자금 관련 소송 건이 불거졌던 것이다.

◉ 甲木대운은 본시 희신운이나 旺한 庚金과 甲庚 沖하여 손상되고, 다시 庚金 印星 을 분노케 하니 문서로 인하여 官災 件이 불리하게 작동하여 동업관계의 지분을 모두 넘겨주어야 했던 것이다.

◉ 子水대운은 기신운이다. 子午 沖하여 午火 正財 용신을 손상시키니, 처와의 이혼 수가 들어오고, 다시 月支인 本家를 沖하니 보증을 서주었던 형제자매들에게도 손재수가 닥치게 되고, 본인은 沖의 여파로 몸이 이동하여야 하는 변동수가 들어 온 것이다.

특히, 甲子대운은 大運의 간지와 月柱의 간지가 모두 相沖되어 명조인의 본가인 月柱를 손상시키니 생명을 위협할 큰 사고와 질병이 예상되는 것이다.

◉ 癸亥대운은 모두 기신운이니 흉하다. 어떻게 재기할 수 있을 것인가?

◉ 壬水대운도 흉하니 말년이 근심스럽다.

男命(極貴의 사주)

丙 偏印	戊	丙 偏印	丙 偏印
辰 比肩 冠帶 月殺	寅 偏官 長生 地殺	申 食神 病 驛馬	戌 比肩 墓
乙 癸 戊	己 丙 甲	己 壬·戊 庚	辛 丁 戊

73	63	53	43	33	23	13	3	
甲	癸	壬	辛	庚	己	戊	丁	(대운: 3세)
辰	卯	寅	丑	子	亥	戌	酉	

1. 용신

申月의 戊土 日主는 설기(洩氣)되니 쇠(衰)하나, 천간에 丙火가 3개가 투출되고 지지 寅戌에 통근하여 旺하니 생조가 지나친 것이다. 지지 寅과 辰 사이에는 卯가 탄함(呑陷)되어 암암리에 寅卯辰 방합목국의 官星局을 형성하고, 지지 申과 戌 사이에는 酉가 탄함되어 암암리에 申酉戌 방합금국의 食傷局을 형성하고 있다. 본시 月·日支의 申과 寅은 相沖되어 손상될 것 같으나, 방합국을 형성하려는 세(勢)가 강하다 판단하니 寅申 沖은 무력해진 것이다. 따라서 寅卯辰의 官星과 천간의 중중한 丙火 印星이 관인상생(官印相生)을 이루어 日主를 부조하니 귀(貴)한데, 日主 戊土는 월령(月令)에서 실기(失氣)했으나 지지 戌·申·寅·辰 모두에 통근되어 있어 능히 食傷과 官星을 대적할 수 있으니 극귀(極貴)의 명조인 것이다.

용신은 火氣가 맹렬하니 制火하는 水를 용해야 하는데, 月令 申宮의 壬水를 용한다. 壬水는 동궁의 庚金의 생을 받고, 다시 암암리에 형성된 申酉戌 방합금국의 왕성한 金의 생조를 받으니 용신이 왕강해진 것이고, 또한 운로(運路)가 亥子丑의 용신운으로 흐르니 대권(大權)의 뜻을 이루었던 것이다. 노무현 전 대통령의 명조이다.

用神 : 壬水
喜神 :　金

忌神 :　土
閑神 :　木
仇神 :　火

2. 통변

◉ 천간에 三位의 丙火 偏印이 투출했다. 日支 寅宮의 丙火에 통근하니 旺하고, 日支宮의 甲丙이 다시 관인상생(官印相生)을 이루니 길격이다. 투출된 印星은 官星에 뿌리를 두고 권세를 밖으로 표출하려고 하는 성향이 있으니 권력추구의 의도가 있는 것이다. 丙火는 만물에게 밝음과 따듯함을 선사하니 대인관계와 연관되고, 偏印은 흉화를 동반한 문서로도 통변하니 소송과 연관된 서류로 논하기도 한다. 따라서 인권변호사로 발판을 닦아 대권을 움켜쥐었던 것이다.

◉ 日柱 戊寅은 甲戌旬 중이며 申酉가 空亡이라 월령(月令) 申金이 空亡에 해당되나, 年支 戊土를 끌어들여 암암리에 申酉戊의 방합금국을 형성하려 하니 해공망(解空亡)이 된 것이다. 申宮의 壬水 용신이 空亡에서 해소된 것이니, 용신 본연의 임무를 완수하기 위해 전력하는 것이 정한 이치라 申宮의 壬水 용신이 크게 활약하게 된 것이다.

◉ 천간의 沖은 나무의 열매가 떨어지는 것이고, 지지의 沖은 나무의 뿌리가 끊어지는 것이다. 상기는 본시 寅申 沖의 明沖이 있으나, 寅辰은 암암리에 寅卯辰의 방합목국을 형성하려 하고, 戊申은 암암리에 申酉戊의 방합금국을 형성하려 하고, 아울러 申辰은 반합수국, 寅戌은 반합화국으로 교차합(交叉合)을 형성하여 지지의 沖됨을 해소시키고 용신과 日主를 위해 전력케 하니 사주가 귀격(貴格)이 된 것이다.

◉ 年支 戊土 比肩이 묘궁(墓宮)이고 기신이다. 형제자매간의 화목함이 적은 것이고, 사회적으로는 동료, 동창, 동업자, 유권자 등과 연관되어 음해와 시비구설에 휘말리는 경우가 많다.

◉ 지지 戊申 사이에 酉金 傷官과 寅辰 사이에 卯木 正官이 탄함(呑陷)되었다. 암암리에 상관견관(傷官見官)의 卯酉 沖이 되어 통변에서 명예로 논하는 正官이 손상된 것이다. 임기 중의 탄핵사유는 이로써 설명이 되는 것이다.

3. 대운

- 戊戌과 己土대운 까지는 기신운이라 학업의 성과가 없었다.
- 亥水대운 들어서는 용신운이라 비약적인 발전을 하게 되니 이때 사법고시에 합격하게 된 것이다.

  亥水대운 중 癸丑세운은 癸水가 용신이고, 丑土는 금고(金庫)에 해당되어 용신인 壬水를 부조(扶助)하고, 아울러 癸水는 正財로써 妻에 해당되며 日主와 간합을 이루니 이때 결혼하게 된 것이다.

- 庚子, 辛丑대운은 용신과 희신운이니 발복하고 변호사와 인권운동가로써 크게 활약하여 국민들의 폭넓은 지지를 쌓게 된 것이다.
- 壬寅대운(53~62세)중 壬水대운은 용신운으로 크게 발복되고 도약할 기회가 당도한 것이다.

  壬水대운 중 2002년 57세인 임오세운(壬午歲運)은 壬水가 개두(蓋頭)하여 午火를 剋하니, 사주원국과의 관계에서 寅午戌 삼합화국의 구신운이 됨을 원천적으로 봉쇄하여 흉운이 난동을 부리지 못하게 된 것이다. 따라서 대운과 세운에서 용신인 壬水가 공히 들어오니 세(勢)가 배가(倍加)되어 용신이 왕강해져서 대권을 움켜쥐었던 것이다.

  寅木대운은 본시 한신인데 寅申 沖하여 申宮의 壬水 용신을 손상시키니 흉운이다. 다시 이 대운 중 갑신세운(甲申歲運)은 甲木이 절각(截脚)되고 다시 상하 상극하여 申金 희신이 손상되며, 日支 寅木과는 寅申 沖하여 명예와 직책에 해당하는 官星을 충극하니 탄핵사건이 발발했던 것이다. 그러나 寅木대운은 본래 한신운이니 종국에는 무탈하게 넘어갔고 전화위복되어 길하게 국면이 전환됐던 것이다.

- 癸卯대운(63~72세)중 癸水대운은 본시 용신운이나 日主 戊土와 간합을 이루어 구신운으로 바뀌니 癸水대운 중 흉함이 예상된다.

  2008년(63세) 무자세운(戊子歲運)은 戊土는 기신이나 子水는 申子辰 삼합수국의 용신운으로 바뀌니 무탈하다.

  2009년(64세) 기축세운(己丑歲運)은 대운의 癸水는 日主 戊土와 戊癸 합화의 구신으로 바뀌고, 세운(歲運)의 간지 己丑은 모두 기신에 해당하니, 대운과 세운 공히 흉운이라 命을 보존하기 힘들었던 것이다.

男命(財多身弱의 사주)

丙	甲	壬	辛
食神		偏印	正官
子	戌	辰	丑
正印	偏財	偏財	正財
沐浴·六害	養·攀鞍	衰·天殺	冠帶
梟神·五鬼	寡宿·絞神	金輿·白虎	幻神·太白
病符·囚獄	呑陷	幻神	斧劈
隔角			

壬	辛	乙	癸
○	丁	癸	辛
癸	戊	戊	己

72	62	52	42	32	22	12	2	
甲	乙	丙	丁	戊	己	庚	辛	(대운: 2세)
申	酉	戌	亥	子	丑	寅	卯	

1. 용신

甲木이 辰月에 생하여 쇠(衰)地이다. 지지에 財星이 重重하고 丙辛이 투출하여 설기(洩氣)되고 수극(受剋)되니 日主는 신약하다 판단한다. 財星이 중중하지 않다면 金을 용하여 벽갑(劈甲)하여 中和를 이룰 수 있으나 財星이 중첩되어 재다신약(財多身弱)하니 印星이 귀중하다. 月干 壬水를 용신으로 잡는다. 용신 壬水는 坐下에 辰 土인 수고(水庫)를 깔고 있어 약하지는 않으나 財星이 중중하여 印星을 破하니 壬水 印星은 旺하다 판단할 수가 없다.

用神 : 壬水
喜神 : 金
忌神 : 土
閑神 : 木
仇神 : 火

2. 통변

◉ 年·月干에 官印이 투출하고 지지에 통근했으니 공직자의 명조가 분명한데, 지

지에 財星이 중첩되어 印星을 破하니 학업의 끈이 길지 못했을 것이다.

- 年干 辛金 正官은 월령(月令)과 비교시 십이포태운성(十二胞胎運星)이 묘궁(墓宮)에 해당되고, 壬水 偏印 역시 월령에 십이포태운성(十二胞胎運星)의 묘궁(墓宮)에 해당되니, 官과 印이 모두 무덤에 갇힌 격이라 官運은 크게 높지 못하다 판단한다.

- 年柱가 財와 官으로 상하 상생하니 조상들은 財力이 있었고 명망있는 가문이었을 것이라 판단한다.

- 年支 丑土가 正財가 관대(冠帶)를 대동하고 있다. 正·偏財가 혼재되어 있는 경우에는 正財를 본처로 논하는데, 관대(冠帶)는 사회진출의 상(象)이다. 따라서 처는 일찍 직장생활을 시작했을 것이라 판단한다.

- 지지에 財星이 중첩되어 있다. 부격(富格)의 사주는 신왕재왕(身旺財旺)해야 하는데, 辰月의 甲木은 화왕지절(火旺之節)로 진기(進氣)하는 계절이라 설기(洩氣)되니 신왕(身旺)하다 볼 수 없다. 따라서 상기는 재다신약(財多身弱)으로 논하여 부옥빈인(富屋貧人)의 명조인 것이다. 재다신약의 경우는 처(妻)가 가권(家權)을 휘두르는 경향이 많고, 부부가 공히 직업을 갖는 경우가 많고, 부모와의 연이 적은 경우가 많으니 부모 중 어느 한분이나 혹은 두 분 다 일찍 돌아가신 경우가 발생할 수 있다.

- 財星이 기신이니 처와는 화목(和睦)함이 적다 판단하는 것이다.

- 月·日支가 辰戌 沖되고 있다. 부모형제자매궁과 처궁이 충돌하니 처와 시댁식구와의 돈독함은 기대하기 힘든 것이다.

- 月柱는 印星과 財星으로 되어 상하 상극하니 부모형제자매간의 돈독함은 적었을 것이라 판단하고, 일찍 고향을 떠나 타향에서 자수성가의 길을 선택했을 것이라 판단한다.

- 日柱 甲戌은 甲戌旬 中의 旬首(순수)에 해당된다. 甲戌旬 中에는 申酉가 空亡인데 酉金은 천간의 辛金에 해당된다. 따라서 辛金 正官도 공망이라 논하니 높은 관직은 기대할 수가 없는 것이다.

- 日柱는 상하 상극되나 日支에 偏財가 있다. 이런 경우는 상황판단이 빠르고, 행동이 민첩하며, 이재(理財)에 밝고 또한 처세에 능하다 판단하는 것이다.

- 時柱는 食神과 印星으로 상하 상극되고 있다. 食神 밥그릇이 坐下 印星의 극을 받아 깨지니 財를 생하기 힘들다. 따라서 큰 財를 모으기는 힘들다 판단하고,

時柱는 자식궁인데 상하 상극하니 자식 대에 가문의 발전을 기대하기는 요원한 것이다. 그러나 時支에 正印이 있으니 자식들은 효순(孝順)하고 부모를 공경할 줄 아는 것이다.

◉ 지지 財星이 土다. 부동산 투기와 연관이 깊고, 또한 土는 신앙, 종교와 연관되므로 종교에 깊이 관여되어 있을 것이라 판단한다.

◉ 日 · 時支 사이에 亥水 偏印이 탄함되어 있다. 징검다리 하나가 빠졌다 생각하는 것이다. 이것이 偏印이라 서모에 해당하니 조상대에 두 할머니 문제가 나오고 이복형제 문제도 나오는 것이다. 아울러 亥水 偏印이 月支 辰土와 원진(怨嗔)되니 문서로 인한 손재수의 암시가 있는 것이다. 본시 상기인은 풍수지리에 관심이 많아 명당(明堂)을 얻으려 山을 답사함이 많았다. 지인의 소개로 山을 사는 과정에서 부동산 사기에 연루되어 많은 금전적 손해를 보았던 것이다.

◉ 천간이 年干 辛金부터 시작하여 생생불식(生生不息)되고 있다. 천간은 직장에서의 윗사람으로도 논하니 윗사람들로 부터 애정과 신뢰를 얻고 있다 판단하는 것이다.

◉ 甲戌 日柱는 대체로 직선적이고 호쾌한 성격이나, 때 지난 일에 잘 손대고, 계획 없이 일을 잘 저지르는 편이다.

3. 신살

◉ 年支 正財에 오귀살(五鬼殺)이 있다. 오귀살은 독수공방살인데 正財는 처로 논하니 처와의 연은 적다 판단한다.

◉ 年支 正財에 부벽살(斧劈殺)이 있다. 부벽살은 깨지고 뒤엎어지는 殺인데 正財 즉, 재물에 있으니 재물의 손재수가 들어오는 것이다. 매입한 부동산이 소송에 휘말리게 된 것이다.

◉ 月支 辰土 偏財가 백호살(白虎殺)을 대동하고 日支 戌土와 冲되고 있다. 사고(四庫)의 土는 도로사(道路事)와 연관지어 논하니 예기치 않은 차사고의 위험이 있고, 偏財는 지출을 동반한 재물이니 사고로 인해 손재수가 발생하는 것이다.

◉ 偏財는 직계조상에서 아버지계열이다. 예로 甲 日主 남명에서 偏財에 해당하는 戊土가 부친이고, 다시 戊土가 극하는 壬水 偏財는 조부이고, 壬水가 극하는 丙火 偏財는 증조부인 것이다. 偏財에 환신살(幻神殺)과 天殺이 있으니 조상 중 정신질환과 연관된 조상이 있다 판단하는 것이다.

◉ 日支는 妻宮이다. 과숙살(寡宿殺)이 있으니 처와의 연이 적다 판단하는 것이고, 또한 교신살(絞神殺)이 있으니 조상 중에 자살 등의 흉액으로 죽은 사람이 있는 것이다.

◉ 日支 偏財에 반안살(攀鞍殺)이 있다. 반안살은 말위에 앉아 남을 통솔하고 이끄는 殺인데, 偏財에 있으니 이재(理財)에 밝을 것이라 판단하는 것이다.

◉ 時支 正印이 목욕살(沐浴殺)을 대동하고 있다. 목욕살은 미끄러지고 실패를 동반한 殺이다 正印은 어머니, 지혜, 학문, 문서, 계약 등과 연관되니, 지혜와 학문으로 본다면 학업의 끈이 길지 못했을 것이고, 육친으로 논한다면 모친과의 연도 적었을 것이고, 문서, 계약으로 논한다면 이로 인한 실패수가 예상되는 것이다.

◉ 지지 戌과 子 사이에 亥水 偏印이 탄함(呑陷)되었다. 亥水 偏印을 포함하면 印星이 중중하게 되는 것이다. 이런 경우는 "다인은 무인(多印은 無印)"이라 문서와의 연이 적은 것이니, 자기 명으로 문서를 만들지 말아야 하고, 평생에 한두 번 문서와 연관된 실패수가 반드시 도래하는 것이다. 또한 어떤 일이든지 동업관계는 금물인 것이다.

4. 대운

◉ 초년의 庚寅대운은 日柱 甲戌과 甲庚 沖하여 희신인 金이 손상되고, 寅戌 반합화국의 구신운으로 바뀌니 가정사에 변동수가 많이 발생했을 것이고, 예기치 않게 집안에 손재수가 발생했을 것이다. 따라서 대학 진학이 어려웠을 것이라 판단한다.

◉ 己土대운은 財星運으로 본시 기신운인데, 日主와 甲己 합토의 간합을 이루니 부부지합이다. 이때 결혼한 것이다.

◉ 丑土대운은 지지와 丑辰 破와 丑戌 三刑으로, 財星이 중중하여 흉한 사주에 이를 刑破하여 누그러뜨리니 길하게 변하여 점차 안정적인 생활을 하게 된 것이다.

◉ 戊土대운은 기신운이다. 중중한 土氣에 다시 土氣를 더하고 용신인 壬水를 극하니 매사 저체됨이 많았다.

◉ 子水대운은 용신운이다. 다시 月令 辰土 기신과 반합되어 水局의 용신운으로 바꾸니 길하다. 승진했던 것이다.

◉ 丁火대운은 본시 구신운이나 丁壬 합목의 한신운으로 바뀌니 매사 무애무덕했던

것이다.

◉ 亥水대운은 용신운이다. 다시 지지와 亥子丑 방합수국의 용신운으로 바뀌니 기세가 왕강하고 매우 길하다. 사무관으로 승진했던 것이다.

◉ 丙火대운은 丙火가 용신인 壬水를 沖하니 흉하다. 壬水가 偏印이니 문서와 연관된 흉사가 발생할 수 있다.

◉ 戊土대운은 기신운이다. 月支와 辰戌 沖되니 예기치 않은 사고와 질병문제가 발생할 수 있다.

◉ 乙酉와 甲申대운은 한신과 희신운이니 무탈할 것이고, 말년은 큰 재화(災禍)는 없을 것이라 판단한다.

男命(食傷生財의 사주)

癸	丁	乙	丁
偏官		偏印	比肩
卯	未	巳	酉
偏印	食神	劫財	偏財
病·災殺	冠帶·天殺	帝旺·劫殺	長生
梟神·五鬼	陰差·紅艶	孤鸞·破軍	文昌·學堂
急脚·空亡	暗祿·寡宿	太白·地殺	斧劈·喪門
	急脚	弔客	囚獄

甲	丁	戊	庚
○	乙	庚	○
乙	己	丙	辛

80	70	60	50	40	30	20	10	
丁	戊	己	庚	辛	壬	癸	甲	(대운: 10세)
酉	戌	亥	子	丑	寅	卯	辰	

1. 용신

丁火 日主가 巳火節에 생하여 제왕(帝旺)을 득했으니 화세(火勢)가 강한데, 다시 乙卯木의 생조를 받고 年干에 丁火가 투출했으니 태왕(太旺)하다. 억부법(抑扶法)을 적용하여 화세(火勢)를 극제하는 官星으로 용신을 잡는다. 따라서 壬水가 긴요한데

불투하였고, 時干에 癸水가 투출하였으니 부득이 이를 용신으로 잡는 것이다. 壬水는 진신(眞神)이고 癸水는 가신(假神)에 해당되는데, 사주의 구성형태상 가신(假神)을 용신으로 잡으니 사주가 크게 길하지는 못한 것이다. 그러나 巳火節의 癸水가 태약(太弱)하여 局의 旺火를 대적하지 못할 것 같지만 태원(胎元)이 丙申이라, 암암리에 申宮의 壬水가 용신인 癸水를 부조하니, 비록 巳火節이라 하더라도 癸水가 고갈될 지경은 아니나 태약하지만 부득이 이를 용신으로 잡아야 하는 것이다.

用神 : 癸水
喜神 : 金
忌神 : 土
閑神 : 木
仇神 : 火

2. 통변

⦿ 천간에 官印이 투출하여 공직자의 명조라 볼 수 있으나, 乙癸가 巳火節에 십이포 태운성의 목욕(沐浴)과 胎에 해당하니 官印이 모두 旺하지 못하다. 그리고 時支 卯木 印星이 空亡이며 또한 천간의 丁癸가 相沖하여 癸水 官星이 손상되니 공직에 종사하기가 어렵다. 따라서 사립대학교 교직원을 지낸 명조이다.

⦿ 年干에 比肩이 있다. 이 상(象)은 日主의 또 다른 분신(分身)이 있는 것이라 판단한다. 따라서 日主를 본업이라 보면 투출된 比肩은 부업으로 논할 수 있으며, 命主가 여러 직업에 연관되어 있다 판단하는 것이다. 조경기술 자격증이 있으니 대학교 교직원으로 있으면서 아파트시공 업체의 조경관련 컨설팅을 하고 있는 것이다.

⦿ 日支에 未土 食神이 있고, 巳酉가 반합금국의 財星局을 이루어 月柱에 다다르니 타인의 財를 나의 財로 만들려는 것이며 식신생재(食神生財)의 상(象)이다. 천간의 食傷은 자신의 기술과 재능을 밖으로 표출하여 명예를 얻으려는 의도가 강한 것이고, 지지의 食傷은 자신의 기술과 재능을 활용하여 財를 생하려는 의도가 강한 것이다. 상기는 후자의 경우에 해당되며, 未土의 물상(物象)은 未宮에 丁火, 乙木, 己土가 있다. 丁火 불빛과, 乙木 화훼(花卉), 己土 전답(田畓)이 있는 것이니 원예(園藝)와 연관이 깊은 것이다. 밥그릇인 食神이 未土에 있으니 상기인은 농업고등학교 원예학과를 나와 대학교 교직원으로 근무하면서 조경관리가 주 업무였다.

日柱는 나의 가택(家宅)이며 나의 몸과 가속(家屬)들이 이에 해당하는데, 食神이 日支에 있는 경우에는 대체로 평생 직업의 변동이 적고 한가지 직업으로 일관되게 인생을 영위하는 경우가 많은 것이다.

◉ 지지 卯未가 반합목국을 이루고 乙木이 투출했으니 비록 巳火節이지만 乙木의 세(勢)가 약한 것이 아니다. 乙木이 偏印을 대동하는데 偏印은 대체로 이공계와 연관되며 공부와의 연이 적은 반면, 두뇌회전과 사리판단이 빠르며, 변설에 능한 면이 있다. 그리고 偏印은 예기치 않은 사고, 질병 등 흉액을 동반한 문서나 계약 관계로 논하니 偏印이 투출한 경우에는 호사다마(好事多魔)한 경우가 빈번한 것이다. 등산하다 미끄러져 얼굴에 찰과상을 입거나, 농사일을 돕다 경운기가 넘어져 팔목이 부러지거나, 원예 일을 하다 나뭇가지에 손이 찢기는 등의 크고 작은 사고가 빈번하게 발생한 것이다.

3. 부모운

月柱가 상하 상생하니 부모와 형제자매로 형성된 가족간은 무애무덕하다 할 것이나, 月柱가 偏印과 劫財에 해당하니 부모 대에 생활형편은 썩 넉넉하지 못하였음을 알 수 있다. 또한 印星이 한신에 해당되니 부모대에 부유하거나 물질적으로 풍족하지 못하여 형제자매간 넉넉한 학창시절은 보내지 못했을 것이라 판단한다.

4. 형제운

부모형제궁인 月柱는 상하가 상생되어 무애무덕하다 판단하나, 比劫에 해당되는 火가 구신에 해당되니 형제자매간 화기애애하고 상호 상부상조함은 다소 부족하다 할 것이다.

5. 부부연

日柱가 상하 상생하니 부부연은 길할 것이라 판단한다. 또한 처를 나타내는 財星이 金으로 희신에 해당하니 처덕은 있다 판단하는 것이다.

6. 재물운

◉ 용신의 왕쇠(旺衰)와 財星 및 운로(運路)의 길흉으로 판단한다. 局에서의 용신 癸

水는 旺하다 판단 못하나, 운로가 용신과 희신운이고 사주원국에서 식신생재(食神生財)하니 재물은 다소 모을 수 있다 판단한다.

◉ 年柱의 財星은 타인의 財 혹은 상속재산으로 보는데 正財는 친가(親家)의 재산이요, 偏財는 처가(妻家)의 재산으로 논하기도 한다. 年支 酉金이 偏財이니 처가쪽의 재산으로 보는데, 처가 외동딸인 연고로 장인, 장모가 작고하신 후로 다소의 재산을 처와 공동관리하고 있다.

7. 직업운

천간에 偏官과 偏印이 투출하였으나 丁癸 沖하여 偏官을 손상시키니 공직의 길을 가지 못하고 사립대학교 교직원을 지낸 명조이다. 局에 刑沖이 적고, 아울러 운로에서도 충돌됨이 적으며, 다시 운로가 용신과 희신운이니 무탈하게 정년을 마쳤으리라 판단한다.

8. 성격

◉ 성격은 日主와 용신과 사주의 구성형태로 논한다. 日柱가 丁未인데 이것의 물상은 타고남은 아궁이나 화롯불 속의 작은 불씨로 비유된다. 따라서 성격은 다소 의뭉스런 면도 있으며, 자신의 생각을 강하게 주장하는 편도 아니며, 매사 자신의 생각을 비유적으로 표현하되 내적으로는 자신의 생각에 대한 아집이 강한 면이 있다.

◉ 용신은 癸水이고 사주의 구성형태상 比劫이 중중하다. 외유내강의 성격이 강하며, 불의와는 타협치 아니하고, 비평가로서의 소질도 있으며, 대체로 고독하고 선량하며, 복잡한 것을 싫어한다. 또 한편으론 줏대가 강하고 언변이 뛰어난 반면, 조용한 성격도 있으므로 나서기를 좋아하지 않으며, 주색(酒色)을 즐기며, 대인관계는 비교적 좋은 편이며, 토론을 즐기며 비밀이 없는 면도 있다.

9. 건강

月·日支의 巳午는 年干의 丁火를 끌어와 암암리에 巳午未 남방화국을 형성하려하니 火氣가 중중한 것이며 구신에 해당된다. 따라서 고혈압이나 고지혈증 등의 혈관계질환이 염려된다. 또한 土가 기신에 해당되니 비위 등 위장질환이 염려되는 것이다.

10. 자식운

◉ 용신의 왕쇠(旺衰)와 時柱의 길흉, 그리고 官星의 길흉으로 판단한다. 時柱는 官
印이 상생하니 국가의 녹(祿)을 먹을 자손이 나오게 될 것임을 암시하고, 용신이
癸水 官星으로 時柱에 있으니 자손 代에 발복할 것임을 암시한다. 용신 癸水는
태원(胎元)이 丙申이라 申宮의 壬水가 암암리에 용신 癸水를 부조하고, 年支 酉金
이 생조하니, 비록 타 神들이 극설(剋洩)한다 하더라도 태약하지는 않아 자식운은
무애무덕하다 판단한다.

◉ 時柱는 자식궁인데 時支가 空亡이다. 자식과의 연이 적은 것인데, 辛丑대운중
丑대운에 局과 巳酉丑 삼합금국을 형성하여 時支 卯木을 沖剋하니 이때 큰 아들
이 군대에서 휴가 나왔다 차사고로 사망한 것이다.

11. 신살

◉ 年柱가 比劫과 財星으로 되어 있다. 벼슬한 조상은 없다 판단하는 것이다. 농사
나 장사하던 가문이라 판단한다.

◉ 年支 酉金에 문창귀인(文昌貴人)과 학당귀인(學堂貴人)이 있다. 글공부와 연관이 있
는 것이다. 남을 가르치는 직업과 연관이 많다 판단하는 것이다.

◉ 年支 酉金에 부벽살(斧劈殺)과 수옥살(囚獄殺)이 있다. 酉金은 가공한 금속이니 수
술칼 등도 이에 해당된다. 평생에 여러번 예기치 않은 사고나 질병으로 인해 몸
에 칼을 대야하는 경우가 발생하는 것이다.

◉ 年支에 상문살(喪門殺)이 있다. 年柱는 조상궁으로 비유되는데 상문살이 동주하
면 자살 등의 흉액을 겪은 조상이 있다 판단하는 것이다.

◉ 年支에 수옥살(囚獄殺)이 있다. 수옥살은 감옥가거나 질병 혹은 정신질환 등으로
병원신세를 지내야 하는 살이다. 年柱에 있으니 그러한 조상이 있을 가능성이
높은 것이다.

◉ 月支 劫財가 고란살(孤鸞殺)과 파군살(破軍殺)을 대동하고 있다. 劫財는 육신 중
흉신에 해당 되는데 財를 빼앗아가는 것이니 가족관계에서는 대체로 형제자매
중 여자형제로 보는 것이다. 여자형제는 부모가 출가시킬 때에 재물을 챙겨서

보내기 때문이다. 고란살은 고독박명의 殺이고, 파군살은 본시 군사를 破하는 殺로 현대적 의미로는 맡은 바 본연의 임무를 망각하는 殺이니, 부부의 연이 끊어지거나, 형제자매 사이의 연이 끊어지거나, 사주상 六神에 해당되는 본연의 역할을 하지 못하는 殺로 풀이된다. 따라서 月柱에 있으니 아버지가 집안을 건사하는 일을 소홀히 하니 초년에 가운(家運)이 심히 기울었고, 형제자매궁에 역시 있으니 가족들이 살길을 찾아 어려서 뿔뿔이 흩어졌던 것이다.

◉ 月支 劫財에 태백살(太白殺)이 있다. 태백살은 예기치 않은 질병과 사고를 의미하는 흉살인데, 劫財에 있으니 형제자매 중 죽은 사람이 있음을 알 수 있다.

◉ 月支에 地殺이 있다. 지살은 이동, 변동의 殺로 月支에 이 殺이 있으면 평생에 걸쳐 직업, 직장, 직책으로 인한 변동과 신변상의 이동을 많이 하게 되는 살이다.

◉ 日支에 음차살(陰差殺)이 있다. 20세 전후의 일찍 죽은 조상이 있는 것이다.

◉ 日支에 홍염살(紅艶殺)이 있다. 日支는 처궁이므로 처가 미모가 있거나 본인이 남들에게 인기를 많이 받는 殺이다. 그리고 주변에 항시 여자들이 있게 마련이어서 여난(女難)이 종종 발생하기도 한다.

◉ 日支 食神에 암록(暗祿)이 있다. 食神은 밥그릇이라 논하고 암록은 아이디어와 발명의 재간이 있는 殺이니 직업과 연관되어 아이디어를 많이 내는 명조라 판단한다.

◉ 日支에 과숙살(寡宿殺)이 있다. 日支는 처궁인데 과숙살이 있으니 처와 화기애애한 情은 적다 판단한다.

◉ 日支에 급각살(急脚殺)이 있다. 급각살은 예기치 않은 사고 등으로 인해 다리 등을 다치는 殺이다. 일생에 그런 일들이 종종 발생할 것이라 판단한다.

◉ 時支에 재살(災殺)이 있다. 재살은 일명 수옥살이라 하며 예기치 않은 사고나 형액을 당하는 殺이다. 時支에 있으니 말년에 닥쳐올 수가 있고, 또한 시주는 자식궁이니 자식 중에 그러한 흉사를 당할 수 있는 것이다.

◉ 時支에 효신살(梟神殺)과 오귀살(五鬼殺)이 있다. 부모와 자식간에 연이 적다판단하는 것이다.

◉ 時支가 공망(空亡)이다. 時柱는 자식궁인데 공망되었으니 자식과의 연이 없다. 장남이 차사고로 사망한 것이다.

12. 대운

◉ 초년 甲木대운은 한신운이니 부모의 보살핌 아래 무탈하게 소년시절을 보낸 것이다.

◉ 辰土대운은 기신운이다. 본시 印星이 한신이라 학업을 이어갈 연은 있다 판단하나, 기신운이니 인문계 고등학교를 진학하지 못하고 농업고등학교에 진학했다. 그리고 年支 酉金과는 육합금국의 희신운으로 바뀌었다. 재성이 합이되어 희신운으로 바뀌니 금전운이 들어온 것이다. 학교를 다니면서 방과 후에 집에서 소를 키워 집의 살림에 보탬이 됐던 것이다.

◉ 癸水대운은 본시 용신운이나 丁癸 沖하여 旺한 火氣에 癸水가 손상된다. 癸水 편관은 직업, 직장, 직책으로도 논하니 이러한 것의 변동이 들어온 것이다. 고등학교를 졸업하고 집에서 소를 키우다 군대에 입대한 것이다.

◉ 卯木대운은 한신운이다. 먼저 年支 酉金과 卯酉 沖이 되는데, 年支의 酉金은 巳火節에 십이포태운성의 死地에 해당된다. 극히 쇠약한 것이다. 그런데 대운에서 다시 卯酉 沖하여 酉金이 다시 손상되니 회생할 수가 없다. 酉金 偏財는 통변상 아버지로도 논하니 이때 아버지가 돌아가신 것이다.

◉ 卯木대운이 이번엔 日支 未土와는 반합목국이다. 日支는 처궁인데 合이 들어오니 이때 결혼하게 된 것이다. 대운의 진행은 年支부터 적용하여 月支, 日支, 時支로 적용하여 길흉을 판단하는 것이다. 따라서 卯木대운 기간의 길흉관계는 선흉후길(先凶後吉)했던 것이다. 세운(歲運)으로는 癸亥세운에 日支 未土와 時支 卯木과 亥卯未 삼합목국의 合이 들어오니 이 시기에 결혼하게 된 것이다.

◉ 壬水대운은 용신운으로 官星에 해당된다. 직업, 직장, 직책과 연관된 문제가 발생하는 것이다. 局에서 火가 구신인데, 壬水가 丁火 구신과 合되어 한신으로 바뀌니 구신의 역할이 감쇄되는 것이다. 결국 흉중 길함이 있게 되어 타 학교의 교직원으로 발탁되어 영전됐던 것이다.

◉ 寅木대운은 한신운인데, 月支 巳火 劫財와 寅巳 刑殺되니 직장 동료들과의 不和가 발생하는 것이고, 日支 未土를 훼하니 신변의 이동수가 나오는 것이다. 다른 대학교의 교직원으로 이직한 것이다.

◉ 辛金대운은 乙木 偏印과 沖되고 있다. 偏印은 통변상 흉화 및 손해를 동반한 문

서, 계약관계로 판단한다. 따라서 沖되니 농사일을 거드는 중 사고가 발생하여 손을 수술하는 문제가 발생했던 것이다.

◉ 丑土대운은 巳酉丑 삼합금국의 희신운이나 또한 三合되어 旺한 金의 기세가 時支 卯木 자식궁을 沖剋하니 이때 큰 아들이 군대에서 휴가 나왔다가 교통사고로 사망한 것이다.

◉ 庚金대운은 乙木 偏印과 간합금국의 희신운이다. 문서로 인해 길함이 발생하는 것이다. 이때 땅을 샀던 것이다.
  庚金대운 중 丁亥세운은 丁癸 相沖이 된다. 偏官은 사고, 질병으로도 논하니 비록 용신운이라 하더라도 旺火의 沖剋을 받으니 사고가 발생하는 것이고, 다시 巳亥 相沖하여 역시 旺火에 亥水가 손상되니 용신인 水가 무력해지는 것이다. 흉액이 예상된다. 이 해 戌月 기신운에 벼 수확하는 것을 돕다가 경운기에서 떨어져 손목이 부러지는 사고를 당한 것이다.

◉ 子水대운은 時支 卯木과 子卯의 무례지형(無禮之)刑이다. 卯木이 偏印을 대동하는데 偏印은 흉사를 동반한 문서, 계약관계로도 보니 흉액이 예상되는 것이다.
  子水대운 중 壬辰세운은 辰土가 기신운이다. 다시 이 해 癸丑月은 丁癸 沖하고, 丑未 沖하여 日柱를 다 손상시키니 등산을 갔다 미끄러져서 얼굴 부위를 심하게 다쳐 병원신세를 졌던 것이다.
  또한 癸巳세운은 丁癸 沖하여 용신인 水가 손상되어 흉하고, 巳火는 局의 旺火에 다시 火氣를 더하는 흉운이니 火가 나타내는 질병인 뇌혈관계 질환으로 인하여 다시 병원신세를 져야 했다.

◉ 己亥대운은 己土가 기신에 해당되고, 亥水는 亥卯未 삼합목국의 한신운이니 또 한 번 건강문제가 대두될 것이다.

◉ 戊戌대운은 戊癸 합화의 구신운, 戌土는 기신운이니 예기치 않은 사고와 질병으로 인해 생명을 위협하는 흉화가 발생할 것이다.

男命(盜食된 사주)

癸 傷官	庚	壬 食神	戊 偏印
未 正印 冠帶·天殺 幻神	子 傷官 死·劫殺 落井	戌 偏印 衰·月殺 梟神·紅艷 陽錯·寡宿 弔客·吞陷	辰 偏印 養·陽錯 流霞·飛符 空亡

丁 乙 己	壬 ○ 癸	辛 丁 戊	乙 癸 戊

79 庚 午	69 己 巳	59 戊 辰	49 丁 卯	39 丙 寅	29 乙 丑	19 甲 子	9 癸 亥	(대운: 9세)

1. 용신

사주에 印星인 土가 중첩되어 있으니 신강(身强)한데 日主 庚金이 重土에 파묻힐 지경이다. 따라서 壬水로 土를 씻어내기에는 역부족이고, 甲木을 용하여 먼저 소토 (疏土)한 후 水로 씻어내면 사주가 中和를 이룰 수 있는 것이다. 아쉬운 것은 甲木이 투출하지 못했으니 年支 辰宮의 乙木을 용해야 한다. 甲木이 불투(不透)하고 乙木을 용하니 乙木은 가신(假神)이라 크게 귀격(貴格)이 되지는 못한다.

    用神 : 乙木
    喜神 :   水
    忌神 :   金
    閑神 :   火
    仇神 :   土

2. 통변

◉ 局에 印星이 중중하니 다인(多印)은 무인(無印)이라 문서와의 연이 적은 것이다. 되도록 본인 명의의 문서를 소지하지 않는 것이, 문서로 인해 예기치 않게 발생

하는 흉화를 예방할 수 있는 것이다.

◉ 局에 印星이 중첩된 경우는 偏印으로 논한다. 偏印은 흉화와 연관된 문서, 계약 등으로 통변하니, 예기치 않은 사고, 질병, 시비다툼, 관재구설 등이 발생할 수 있는 것이다. 또한 친어머니와의 연이 적은 것이다.

◉ 年支의 空亡은 조상 중 특히 조부모 대에 단명하신 분이 있을 것임을 나타낸다. 아울러 印星의 공망이니 부모와의 연이 적다. 미국으로 유학가 있는 관계로 부모와 오랜 기간 떨어져 지내게 된 것이다.

◉ 月干 壬水 食神은 坐下 戊土 偏印에 도식(盜食)되고 있다. 食神이 도식되니 生財할 수 없는 것이라 재물복이 적다 판단한다. 또한 투출한 食神은 자신의 재능과 기술을 밖으로 표출하려는 의도가 있는 것인데 도식되니 재능과 기술이 유명무실하게 되지 않을까 염려되는 것이다.

◉ 日支와 時干에 傷官이 있으니 잡기(雜技)에 능한 편이고, 남을 업신여기는 교만함도 있어 시기질투 및 음해(陰害)에 자주 시달릴 것이 염려된다.

◉ 日·時支 子未 원진(怨嗔)이 나타내는 상(象)은 첫째는 처자식과의 연이 적을 것임을 암시하고, 둘째는 土가 水를 극하는데 子水는 年支 辰土 수고(水庫)로 도망가는 것이다. 이런 경우는 자식이 없게 되거나 혹은 자식이 태어난 후 손상되는 문제가 발생하게 되고, 셋째는 未土가 正印인데 손상되니 문서로 인한 흉화가 발생할 수 있다.

3. 직업운

◉ 官星은 직업, 직책, 직장을 의미한다. 月支 戌宮의 丁火가 官星인데, 辰戌 沖하여 손상되니 官星을 써먹기가 힘들다. 印星은 있어 좋으나 官星이 손상되니 관인상생(官印相生)의 귀격(貴格)을 이루지 못함이 아쉬운 것이다. 따라서 공직자의 길은 멀고, 남을 가르치는 직업이나, 대학교수직 등의 길을 가면 무난하리라 생각된다.

4. 결혼운

◉ 결혼 시기는 용신이 들어오는 시점에 많이 결혼하게 된다. 따라서 2017년은 丁酉年인데 丁火가 壬水와 간합되어 용신운으로 들어오니 이 해에 결혼 상대자가 들어오

는 것이다. 만약 2017년에 결혼하지 못하면 2022년 35세에 결혼운이 들어온다. 그 전에도 결혼은 할 수 있겠지만 이혼수가 높으니 권장 할 수가 없다. 2022년은 세운이 壬寅으로 용신과 희신의 매우 좋은 운이니 이때 결혼하게 될 것이다.

◉ 결혼운과 처복은 財星과 용신과 희신 및 日支宮의 길흉으로 판단한다. 甲乙木이 財星으로 처에 해당되는데, 辰戌 沖과 子未 원진살(怨嗔殺)이 되어 辰宮의 乙木 財星과 未宮의 乙木 財星은 손상되었다. 財星이 손상되었으니 처복은 많다 판단 할 수 없다.

◉ 처의 나이는 동갑내기 이거나 나이차가 적은 여자와 결혼할 확률이 높다. 이는 지지 辰未宮의 乙木이 正財로 처에 해당하는데, 乙木은 대정수(大定數)가 8로 수 (數)가 높기 때문에 이렇게 판단하는 것이다.

◉ 결혼 후의 가정생활은 처자식과의 다툼은 다소 있을 것이라 판단한다. 어머니와 처와 고부간의 갈등이 있을 것이고, 자식과의 사이도 썩 화기애애하지 못할 것이 라 판단한다. 이것은 日支宮과 時支宮이 子未 원진(怨嗔)되기 때문이다.

5. 재물운

◉ 사주에 財星이 미약하니 재물운은 많지 않다. 따라서 사업쪽이나 장사 등은 권하 지 못한다. 食神, 傷官이 있어 다소의 生財함이 있다 하나 본시 사주가 큰 부자의 명조가 아니니 많은 재물을 기대하지 않음이 좋겠다. 머리를 쓰는 직업을 통해 재물을 얻는 것이 좋겠다.

6. 학업운

◉ 사주에 印星이 중중하다. 印星은 두뇌, 학문, 지혜, 문서 등을 의미하므로 인성 이 많은 것은 좋으나, 너무 많은 것은 오히려 없느니만 못한 것이다. 즉, 多印은 無印이 되는 것이다. 학업은 열심히 하려고 하나 공부의 진척과 성취도는 부족할 것 같아 염려된다.

◉ 본시 사주에 食傷이 중중하고 印星이 역시 많으니, 이공계나 의대 쪽의 길을 택 했으면 좋았을 것이나, 중·고등학교 시절의 운이 亥水대운이다. 중중한 土의 剋 을 많이 받아 水가 손상되니 水가 희신의 역할을 하지 못해 학업성적은 특출나지 는 못했을 것이라 사료되나 印星이 旺하면 가르치는 직업을 택하는 경우가 많으

니 대학교수의 길을 감이 좋겠다. 만약 교수 쪽의 길이 아니고 직장생활을 하게
된다면 길게 하지 못할 것이 염려되는 것이다.

7. 취직운

◉ 취직운은 2017년도 丁酉年이 좋다. 壬水가 食神으로 밥그릇에 해당되는데, 丁火
와 간합목국의 용신운으로 내 밥그릇이 들어오니 이때 취직도 하게 될 것이다.

8. 문서운

◉ 사주에 印星이 많다. 印星은 두뇌, 학문, 지혜를 뜻하는 길성이나, 4개나 있어
너무 많으니 오히려 흉이 되는 것이다. 따라서 평생에 내가 소유하는 문서와는
인연이 없다 판단하는 것이니 본인 명의로 문서를 소지 않는 것이 좋겠다. 이것
은 印星이 많은 사람은 문서로 인해 평생에 걸쳐 시비다툼이나 관재구설이 발생
하기 쉽기 때문이다.

9. 부모운

◉ 印星과 偏財, 月柱의 길흉으로 논한다. 印星은 구신이고 편재는 전무하고 월주는
상하 상극하니, 부모님의 보살핌은 있을지언정 부모와 자식간 화기애애함과 상
호 돈독함은 적을 것이라 판단한다. 고등학교 때 미국으로 유학가서 계속 혼자
생활하고 있는 것이다.

10. 자식운

◉ 자식 대는 時柱가 癸未로 傷官과 正印에 해당되고 상하 상극되고 있다. 자식들은
크게 불효하거나 말썽피우는 것은 적겠으나 이름을 날리거나 명예를 얻거나 하
여 가문을 빛내는 것은 기대하기 힘들 것이다.

11. 건강운

◉ 건강문제는 대체로 건강한 편이나, 어려서 모유를 많이 먹고 크지 못했을 것이라
판단되는데 이로 인해 위장질환과 폐장, 대장질환이 염려된다.

◉ 印星이 중첩되어 있으니 예기치 않은 사고나 질병 등이 평생에 걸쳐 다발할 것이다.

12. 성격

◉ 庚子 日柱로 보는 성격은 대체로 자기과시가 강한 편이며, 일처리가 과단성이 있고 깐깐하나, 상대방을 꺾어 누르려는 기질이 있어 가끔 시비구설이 따른다.
◉ 사주에 印星이 중중하니 의타심이 많은 편이고 매사 수동적인 경향이 짙다. 또한 日·時柱에 傷官이 있으니 자존심이 강한 편이며, 오락을 즐겨하고, 인내와 집중력이 다소 부족한 편이나, 남에게 베풀기를 즐겨하는 성격이다.

13. 신살

◉ 사주에 환신살(幻神殺), 조객살(弔客殺), 효신살(梟神殺), 과숙살(寡宿殺) 등 흉살이 많다. 공덕을 많이 쌓지 못하면 단명수가 들어올 수도 있으니 매우 염려스러운 것이다.
◉ 사주에 印星이 많으니 예기치 않은 질병이나 사고수가 발생한다.
◉ 조상대에 자살한 사람이 있거나, 20세 전후의 젊은 나이에 비명횡사한 사람이 있거나, 정신질환을 앓았거나, 절에 극진히 공을 들였거나, 무속인이었던 사람이 있다. 이로 인해 예기치 않은 사고수가 많이 들어오게 될 것이니 매우 근신하고 조심해야 할 것이다.

14. 대운

◉ 丑土대운(34세~38세)은 丑戌未 삼형살(三刑殺)이 들어오니 예기치 않게 발생하는 사고 수 등을 매우 조심해야 할 것이다.
◉ 丙火대운(39세~43세)은 丙壬 충되어 食神을 沖하니 이 기간 중 직업이나 직장의 변동수가 들어오고, 또한 丙火가 日干인 庚金과 상극되니 사고 수나 질병수가 또 들어온다. 조심하여야 할 것이다.
◉ 寅木대운(44세~48세)은 寅과 戌이 반합화국의 한신운이니 부부간의 불화가 예상된다. 궁합이 맞지 않는 결혼이었다면 이때 이혼수가 높은 것이다.
◉ 丁火대운(49세부~53세)은 丁壬 합목의 용신운이니 좋은 운이다. 발전이 있을 것이

고, 癸水와는 丁癸 상충하니 자식의 사고수가 발생할 수 있으니 조심해야 할 것이다.

◉ 卯木 대운(54세~58세)은 日支 처궁과 子卯 刑殺되니 처의 건강문제가 나오고, 또한 日支는 자신의 자리이니 자신의 직장이나 직업의 변동수가 또 들어오는 것이다.

◉ 戊辰 대운(59세~68세)은 모두 구신에 해당되니 말년 건강에 신경을 많이 써야할 것이다.

◉ 己巳 대운(69세~78세)은 구신과 한신운이니 썩 길한 편은 되지 못한다. 매사근신하고 지내야 할 것이다.

男命(官殺混雜된 사주)

戊	甲	辛	辛
偏財		正官	正官
辰	申	卯	未
偏財	偏官	劫財	正財
衰·攀鞍	絕·劫殺	帝旺·將星	墓·空亡
白虎殺	孤神	羊刃·怨嗔	天乙貴人
金輿·寡宿		鬼門	寡宿·病符
絞神			
乙	己	甲	丁
癸	壬	○	乙
戊	庚	乙	己

73	63	53	43	33	23	13	3	
癸	甲	乙	丙	丁	戊	己	庚	(대운: 3세)
未	申	酉	戌	亥	子	丑	寅	

1. 용신

甲木이 卯月에 생하여 제왕(帝旺)을 得하니 旺한데, 다시 卯未 반합목국을 이루니 신왕(身旺)하다. 또한 官星은 辛金이 二位 투출했고, 日支 申金에 통근하고 財星의 생을 받으니 역시 旺하다. 月干 辛金을 용하여 旺한 木氣를 制剋하면 사주가 中和를 이룰 수 있다. 庚金이 불투(不透)하고 음금(陰金)인 辛金이 투출하여 旺木을

制함에 부족함이 있지만 日支 申金에 통근하니 용신이 태약(太弱)하지는 않다.

用神 : 辛金
喜神 : 土
忌神 : 火
閑神 : 水
仇神 : 木

2. 직업운

◉ 천간에 財官이 투출했으니 사업가의 명조이다. 官星이 혼잡되어 직장운은 길지 못할 것이고, 또한 印星이 암장되어 있으니 공직자의 길도 먼 것이다. 젊은 시절엔 직장생활을 하다 43세 이후 丙火대운은 丙辛 합수의 한신운이니 자영업의 길로 들어서도 무탈하겠다.

3. 결혼운

◉ 결혼 시기는 용신이 들어오는 시점에 많이 결혼하게 된다. 子水대운 한신운도 무난한데, 따라서 2020년 庚子세운과, 2021년 辛丑세운은 세간(歲干) 庚辛이 용신에 해당하니 이때 결혼운이 들어오는 것이다. 특히 庚子세운은 세지(歲支) 子水가 日·時支 처궁과 자식궁의 申辰과 申子辰 삼합수국이 되니 자식을 얻을 운이 들어오는 것이다.

◉ 결혼운과 처복은 財星과 용신과 희신으로 판단한다. 戊辰土가 財星으로 희신에 해당하니 부부연은 吉하다 할 것이다. 다만 財星이 혼잡되었으니 본처와는 연이 적고 재혼한 후에는 잘 살 것이다. 이것은 본처에 해당하는 年支 未土 正財가 십이포태운성(十二胞胎運星)의 묘궁(墓宮)과 空亡에 들었기 때문이다. 처의 나이는 서너살 적은 여자와 결혼할 확률이 높다.

◉ 결혼 후의 가정생활은 초혼은 유지하기 어렵고 재혼은 희신운이니 무난하다. 재성혼잡(財星混雜)의 경우는 正財를 초혼의 배우자로 보고 偏財를 재혼의 배우자로 본다.

4. 재물운

● 日主가 旺하고 財星 역시 旺하니 이를 사주에서는 신왕재왕(身旺財旺)사주라 한다. 따라서 부자의 사주이다. 사업을 하여 부(富)를 얻는 사주인데, 年柱의 財는 묘궁(墓宮)이며 空亡되고 時柱에 偏財가 있으니 나이가 들면서 말년에 점점 재물이 늘어 날 것이라 판단하는 것이다.

5. 학업운

● 印星이 日支에 있으니 본시 두뇌는 뛰어나다 판단한다. 그러나 사주에 財星이 많아 재파인수(財破印綬)하여 印星을 극하니 머리는 좋으나 공부와의 연은 길지 못할 것이라 판단한다.

● 사주에 食傷이 있다면 生財하니 재물을 모을 사주라 하나, 상기는 食傷이 약하니 크게 사업을 일으키지 못하고 단지 부자라는 소리는 듣게 될 것이니 아쉬운 것이다.

6. 취직운

● 취직운은 食神과 용신, 희신이 들어오는 시점에 성사된다. 子水대운은 한신운인데 지지 申辰 官·財와 삼합수국의 한신운이니 이때 취직이 무난하리라 판단한다.

7. 문서운

● 재물복이 많아 돈은 많이 모으게 될 것이나 문서는 주로 처나 자식의 이름으로 해놓는 것이 좋겠다. 이는 문서에 해당하는 印星 水가 기신이기 때문이다.

8. 부모운

● 印星과 초년대운으로 주로 판단하는데 印星이 기신이니 부모와의 연은 많지 않다 판단한다.

● 이러한 경우에는 일찍부터 객지생활을 하게 하거나 결혼 후에도 분가해서 각자 살도록 하는 것이 좋은 것이다.

9. 자식운

● 자식 代는 時柱가 戊辰土로 財星에 해당하니 역시 사업가의 자식이 나올 것이다. 아버지의 뒤를 이어 사업가의 길을 가되 아버지 대보다는 더욱 재물을 많이 모을 것이라 판단한다. 또한 土는 한신이다. 따라서 큰 부침없이 사업을 꾸려나갈 것이라 판단한다.

10. 건강운

● 건강문제는 대체로 건강한 편이나 기신이 火니 혈압이나 심혈관계질환이 염려된다.

● 또한 木이 구신이니 간장질환과 신경계통의 질환에도 많이 신경 써야 할 것이다.

● 日支에 偏官이 있으니 건강문제뿐만 아니라 예기치 않은 사고수도 있다. 申金은 차량과 연관되니 차량 운전시 매우 조심하여야 한다.

11. 성격

● 甲申 日柱의 성격은 대체로 자신의 재주를 믿고 남을 무시하는 경향이 있으며 그로 인해 배신과 실패를 당하는 경우가 많다. 무뚝뚝하고 부드러운 면이 적고, 융통성도 적으며, 간혹 물불 안 가리는 난폭한 기질이 있기도 하다.

● 상기는 관살혼잡(官殺混雜)된 경우로써 官星이 기신에 해당된다. 이런 경우 교묘하게 남을 이용하거나, 이중적인 성격을 갖는 경우가 많고, 한 가지 일에 집중하지 못하는 경향이 많다.

12. 신살

● 비겁인 木이 구신이니 형제자매간 화기애애한 면은 적을 것이고, 상호 상부상조하는 마음도 적을 것이라 판단한다.

● 사주에 고신살(孤神殺), 과숙살(寡宿殺)이 있으니 고독한 사주이다. 따라서 늦게 결혼시킴이 좋을 것이고 종교문제는 불교를 권장하고 싶다.

● 사주에 백호살(白虎殺)과 귀문관살(鬼門關殺)이 있으니 인생에 한두 번 크게 수술하는 문제가 발생할 것이다.

- 사주에 교신살(絞神殺)과 병부살(病符殺)이 있으니 남과 동업하거나 돈과 연관지어 사기당할 염려가 있으니 조심하여야 한다.
- 사주에 官星이 많아 관살혼잡(官殺混雜)되었다. 이런 경우는 직장이나 직업을 자주 바꾸게 되거나, 남의 음해나 질투로 인해 일신상에 흉화가 닥칠 수 있으니 이를 많이 조심해야 한다.
- 局에 백호살(白虎殺), 귀문관살(鬼門關殺), 교신살(絞神殺), 병부살(病符殺) 있으니, 조상대에 자살한 사람이 있거나, 20세 전후의 젊은 나이에 비명횡사한 사람이 있거나, 오랫동안 질병을 앓았던 사람이 있거나, 정신질환을 앓았거나, 부처를 극진히 위했거나, 무속인이었던 사람이 있다. 이로 인해 예기치 않은 사고수가 많이 들어오게 될 것이니 매우 근신하고 조심해야 할 것이다.

13. 대운

- 丑土대운(18세~22세)은 희신운이니 공부운이 있다. 미국에 유학가서 공부하고 있는 것이다.
- 戊土대운(23세~27세)은 희신운이니 길하다.
- 子水대운(28세~32세)은 한신운이니 무애무덕하다. 직장생활을 시작함에 큰 무리수가 없을 것이다.
- 丁亥대운(33세~42세)은 丁火는 기신운, 亥水는 亥卯未 삼합목국의 구신운이니 썩 길하지 못하다. 형제나 동창관계 혹은 동료들로 인해 손재수가 발생할 것이다.
- 丙戌대운(43세~52세)은 丙辛 합수의 한신운과 戌土는 본시 희신운이나 未辰과 刑·破·沖이 되고, 卯戌 반합화국의 기신운이니 썩 길하지 못하다.
- 乙酉대운(53세~62세)은 月柱 辛卯를 공히 沖하니 예기치 않은 사고나 질병 등의 흉화가 예상되니 조심하여야 할 것이다.
- 甲申대운 이후는 甲木이 구신이나 좌하 申金에 절각(截脚)되어 큰 탈은 적겠고, 다시 申金은 용신운이니 반길반흉의 운이다.

女命(群劫爭財된 사주)

甲	己	壬	辛
正官		正財	食神
戊	巳	辰	丑
劫財	正印	劫財	比肩
養·攀鞍	帝旺·地殺	衰·天殺	墓
絞神·寡宿	梟神·破軍	紅艶·幻神	飛刃·斧劈
鬼門·空亡	飛符	寡宿·病符	
辛	戊	乙	癸
丁	庚	癸	辛
戊	丙	戊	己

80	70	60	50	40	30	20	10	
庚	己	戊	丁	丙	乙	甲	癸	(대운: 10세)
子	亥	戌	酉	申	未	午	巳	

1. 용신

己土가 辰月에 생하여 쇠(衰)地이나, 甲己의 간합토국을 이루고, 坐下 巳火의 생을 받고, 다시 지지에 土氣가 중중하니 신강(身强)하다. 따라서 억부법(抑扶法)을 적용하여 日主를 剋制하는 時干 甲木을 용신으로 잡는다. 천간 甲己의 간합은 甲木이 습토(濕土)인 월령(月令) 辰宮의 乙木에 통근하니 비록 甲己의 간합이 不成한다 볼 수는 없으나 甲木이 힘이 있으니 化되기를 꺼려함이 있어 합이불화(合而不化)의 상황이니 化된 土局이 旺하다 판단할 수 없는 것이다.

用神 : 甲木
喜神 :　水
忌神 :　金
閑神 :　火
仇神 :　土

2. 통변

◉ 천간 甲己의 간합은, 甲木 官星이 용신으로 甲己 化土되니, 비록 甲木이 陽干이지만 甲木 역시 묶였다고 판단하는 것이다. 여명의 官星은 남편으로 논하는데

합되어 묶이니 가족을 부양하는 남편의 역할에 문제가 발생하는 것이다. 이리되면 남편은 대체로 무의도식하게 되고 처가 가족을 부양하는 짐을 짊어지게 되는 경우가 많다. 또한 甲木은 十天干字 중 가장 존귀(尊貴)한 존재이다. 따라서 甲己 合의 상(象)은 귀(貴)함과 천(賤)함의 합인 것이며, 己土의 입장에서는 존귀(尊貴)한 者인 甲木을 맞아들이는 것이라, 甲木이 正官이니 남편에 대한 존중이 배어있는 것이고, 자신은 스스로 기쁘게 가족 부양의 책임을 지는 경우가 많다.

◉ 천간에 食財官이 투출하였다. 辛金 食神은 월령(月令)과 비교시 묘궁(墓宮)에 해당하여 生財의 힘이 부족하니 사업상의 財는 아닌 것이고, 壬甲 財官은 월령(月令)에 통근하니 旺하다. 이런 경우는 어떤 직업을 바탕으로 財를 모으는 것인데, 나의 자리인 日支에 巳火 正印이 있으니 가르치는 것과 연관되는 것이다. 유치원을 운영하고 있는 것이다.

◉ 사주에 土氣가 중중하다. 土는 종교나 믿음과 연관되어 있다. 따라서 어떤 종교건 신앙심은 돈독하리라 판단하는 것이다.

◉ 月干 壬水는 坐下 辰土 수고(水庫)를 깔고 있고, 年干 食神의 生을 받으니 비록 태약(太弱)하지는 않으나, 중첩된 土氣의 剋을 받으니 군겁쟁재(群劫爭財)의 상황이라 논할 수 있다. 따라서 여러 형제자매들이 적은 재물을 놓고 뜯어가려 다투는 형국이니 심신은 고달프고 財는 모아지지 않는 명조이다.

◉ 時干 甲木 官星이 간합을 이루니 결혼은 연애결혼일 것이라 판단한다. 간합은 부부지합이기 때문이다.

◉ 年柱 辛丑이 상생되며 食神이 투출했으니 조상들은 벼슬과는 먼 평범한 집안이었을 것이라 판단한다.

◉ 年·月支가 丑辰으로 파살(破殺)이다. 比劫은 동업자나 동료로도 논하는데 破됨은 시비다툼이 종종 발생하는 것이다. 유치원을 운영하면서 교사들과의 사이에 작은 분쟁이 많이 발생하고 있는 것이다.

◉ 局의 比劫은 日主인 나의 또 다른 분신이라 판단한다. 比劫이 중중하니 내가 관여하고 있는 직업이 여럿 있거나, 또는 여러 긴밀하게 연관된 유관업체가 많을 것이라 판단하는 것이다.

◉ 月柱는 壬辰으로 財星과 劫財이고 상하 相剋하니, 부친덕이 적었을 것이라 판단하며, 집안은 넉넉지 못했으며, 또한 부모형제자매간은 화기애애하고 돈독함이

적었을 것이라 판단하고, 형제자매들이 어려서 돈을 벌기 위해 고향을 떠나 객지 생활을 하였을 것이라 판단한다.

◉ 月干에 正財가 있으니 정작 본인은 부지런하고 일찍 사회생활을 시작하여 자립함이 빨랐을 것이라 판단한다.

◉ 月支가 십이포태운성의 쇠(衰)宮이다. 月支는 부모형제자매대로 논하는데 쇠궁이며 구신에 해당되니 부모대는 번창하지는 못했을 것이라 판단한다.

◉ 日支에 印星이 있다. 여명의 日支는 남편궁인데 印星이 있으면 친부모나 시부모를 모시고 사는 경우가 많은 것이다.

◉ 日·時支가 巳戌이며 正印과 劫財로 원진살(怨嗔殺)이 되고 있다. 원진살은로 시기질투하고 미워하고 음해하는 殺인데, 원진되니 巳火 正印이 손상되어 학업의 연이 끊어질 수 있는 것이다. 다행인 것은 巳火가 원진되어 손상을 당하려 하나 年支 丑土의 금고(金庫)地로 피하여 숨어드니 학업의 끈이 모두 손상된 것이 아니다. 따라서 직장생활을 하며 야간대학을 마치고 대학원까지 진학할 수 있었던 것이다.

◉ 時干에 官星이 있다. 여명의 官星은 남편으로 논하는데 時柱에 있으니 결혼은 좀 늦었을 것이라 판단하고, 官星이 甲木인데 대정수(大定數)에서 甲木은 숫자가 九에 해당되어 높으니 남편과는 나이차가 많이 날 것이라 판단하는 것이다. 남편의 나이가 본인보다 11살 많은 것이다.

◉ 時支 戌土 劫財가 空亡이다. 比劫은 형제자매를 나타내는데 공망이니 태어나서 죽은 형제자매가 있을 것이라 판단하는 것이다.
또한 時支 戌土는 자식궁이다. 이것이 공망이니 자식과의 연은 적을 것이라 판단하며 유산(流産)된 자식도 있을 것이다.

◉ 時支 劫財가 십이포태운성의 양(養)을 대동하고 있다. 양은 양육되어짐을 의미하니 이복형제 문제나 양자나 양녀문제가 대두되는 것이다. 時支에 있는 경우는 아들이 없을 경우 양자를 들이는 문제도 대두되는 것이다.

◉ 年支 丑土 比肩이 묘궁(墓宮)이다. 比肩을 형제자매로 논한다면 묘궁에 들었으니 형제자매 중에 죽은 사람이 나오는 것이고, 年支는 조상궁이니 조상대에 단명한 조상이 있다 판단하는 것이다. 또한 比劫이 중중한데, 年支에 比肩이 있으니 조상대에 이복형제가 있다 판단하는 것이다.

3. 신살

● 年支에 비인살(飛刀殺)과 부벽살(斧劈殺)이 있다. 이 두 가지 殺은 가파손재(家破損財)하는 殺로도 논하며, 年支는 조상궁이니 조부(祖父) 代나 증조부(曾祖父) 代에 가업이 破했을 것이라 판단하는 것이다.

● 月支 劫財에 홍염살(紅艶殺)이 있다. 劫財는 財를 빼앗은 殺이고, 홍염살은 주색(酒色)과 연관된 殺이니 부모형제자매 중에 주색(酒色)으로 인해 재물을 손상시킨 사람이 있다 판단하는 것이다.

● 月支 劫財에 과숙살(寡宿殺)이 있다. 이 殺은 독수공방살이다. 부부해로하지 못하는 형제자매가 있을 것이라 판단한다.

● 月支에 병부살(病符殺)이 있다. 병부살은 조상 중에 병을 오래 앓다 죽은 사람이 있는 것이다. 月支에 있으니 형제자매 중에 구병(久病)을 앓다 죽는 사람이 나올 수 있다.

● 日支에 地殺이 있다. 지살은 이동, 여행, 변동의 殺인데 日支에 있으니 자신이 직업상 이동이나 변동이 많은 직업을 택하게 된다. 또한 이런 경우는 분주하게 일생을 보내는 경우가 많다.

● 日支에 효신살(梟神殺)이 있다. 효신살은 부모와 연이 없는 殺이므로 어려서 타향에서 독립하고 자수성가함을 의미한다.

● 日支에 파군살(破軍殺)이 있다. 파군살은 직업과 직장 혹은 부부 본연의 임무와 역할을 손상시키는 殺로 논한다. 따라서 여명의 日支는 남편궁인데 파군살을 대동하면 부부연이 적다 판단하고 또한 부부가 상호 자기 역할을 소홀하게 하여 가정불화를 초래하게 되는 것이다.

● 日支 正印에 비부살(飛符殺)이 있다. 正印은 통변에서 부모, 문서, 계약, 학문, 지혜 등으로 논하는데, 관재구설을 유발하는 비부살이 있으면 문서와 연관된 관재구설이나 시비다툼이 발생할 것이라 판단하는 것이다.

● 時支는 자식궁이다. 과숙살(寡宿殺)이 있으면 자식을 늦게 두거나 혹은 자식을 두지 못하는 경우도 있다.

● 時支에 귀문관살(鬼門關殺)이 있다. 귀문관살은 신기(神氣)나 영적인 능력과 연관된다. 조상 중에서 풍수, 역술학, 침구학 등에 종사했던 조상이 있는 경우가 많

다. 따라서 그 영향으로 본인은 예지적인 능력이 타인보다 뛰어나고 역술학에 관심과 조예가 깊은 경우가 많다.

4. 대운

⦿ 甲木대운(20~24세)은 甲木이 正官이다. 日干 己土와 甲己의 부부지합인 간합을 이루니 결혼운이 들어왔으나 간합토국의 구신운으로 바뀌니 사귀기는 할지언정 결혼까지 성사되기는 힘든 것이다.

⦿ 午火대운(25~29세)은 午火가 印星이다. 늦게 공부하는 운이 들어 온 것이다. 직장을 다니면서 야간대학에 입학한 것이다.

⦿ 乙木대운(30~34세)은 官星運이다. 남편운이 들어왔으니 결혼하게 된 것이다. 또한 甲乙木은 선천수가 9와 8이니 본인 보다 나이차가 많은 남자와 결혼하게 된 것이다.

⦿ 未土대운(35~39세)은 丑戌未 삼형살(三刑殺)을 이루고 있다. 본시 土가 구신이라 상호 刑殺을 이루면 크게 흉함은 적지만, 土가 比劫에 해당되니 동업자나 형제자매, 직장동료들 간의 관계에서 시비다툼이 발생하거나, 土는 도로사(道路事)로 논하기도 하니 차사고 등이 발생할 수 있는 것이다.

⦿ 丙火대운(40~44세)은 年干 辛金과는 丙辛 합수의 희신운이다. 밥그릇이 合을 이루어 희신으로 들어오니 새로운 직업을 갖게 되거나 새 사업을 시작하게 되는 것이다. 유치원을 차린 것이다.

月干 壬水와는 丙壬 沖이다. 壬水 正財는 희신이고 丙火는 한신인데 이 둘이 沖을 이루니 손재수(損財數)가 발생하는 것이다. 유치원의 인수과정에서 계약사항의 미비로 인해 손재수가 발생한 것이다.

⦿ 申金대운(45~49세)은 본시 기신운이나 月支 辰土 구신과는 申辰 반합수국의 희신을 이루니 흉운이 해소되고, 日支 巳火 한신과는 巳申의 육합수국의 희신으로 바뀌니 길운이다. 사업이 번창일로의 시기이다.

⦿ 丁火대운(50~54세)은 丁壬합목의 용신운이다. 길운이다. 사업의 번창이 기대되는 것이다.

⦿ 酉金대운(55~59세)은 辰酉 금국의 구신운, 巳酉丑 삼합금국의 구신운이니 사업이

하향세를 탈 것이다. 전업(轉業)을 생각해야 한다.

◉ 戊戌 대운(60~69세)은 기신운이니 크게 발복을 기대하기 어렵다.

◉ 己亥 대운(70~79세)은 甲己합토의 기신운이고, 다시 巳亥 相沖하여 巳火 印星을 손상시킨다. 통변에서는 印星을 수명이나 건강과도 연관지어 논한다, 따라서 건강문제나 예기치 않은 사고 등으로 인해 병원신세를 져야하는 문제가 발생할 수 있다.

◉ 庚子 대운(80~89세)은 子水가 희신운이니 己亥대운의 흉운을 잘 넘기면 장수할 수 있다.

女命(凶殺이 太重한 사주)

戊	庚	辛	壬
偏印		劫財	食神
寅	申	亥	辰
偏財	比肩	食神	偏印
胞·驛馬	建祿·地殺	病·亡身	養·梟神
官貴·弔客	破軍·飛符	鬼門·孤神	魁罡·陽錯
		幻神	流霞·急脚
戊	己	戊	乙
丙	壬	甲	癸
甲	庚	壬	戊

71	61	51	41	31	21	11	1	
癸	甲	乙	丙	丁	戊	己	庚	(대운: 1세)
卯	辰	巳	午	未	申	酉	戌	

1. 용신

庚金 日主가 亥月에 生하였으니 금수식상격(金水食傷格)이다. 수냉(水冷)하고 금한(金寒)하니 丁火가 아니면 庚金을 하련(煆鍊)하지 못하고, 丙火가 없으면 따뜻하게 하지 못한다. 상기는 庚金이 坐下에 건록(建祿)을 得하고 辛金이 투출하고 戊辰土가 생조하니, 비록 亥月에 생하여 실기(失氣)했다 하나 약하지 않으니 丁火를 용하여

하련(煆鍊)해야 하고 또한 甲木의 부조가 있어야 한다. 그러나 丁火가 불투(不透)하였으니 부득이 가신(假神)인 丙火를 용해야 하는데 時支 寅宮의 丙火를 용하지만 寅申 沖하여 손상되니 사주가 吉하지 못하다.

用神 :　丁火
喜神 :　　木
忌神 :　　水
閑神 :　　土
仇神 :　　金

2. 통변

◉ 丁火가 불투하였으니 부득이 가신(假神)인 時支 寅宮의 丙火 官星을 용해야 하나 寅申 沖이 되니 용신이 손상된 것이다. 여명의 官星은 남편으로 논하고 또한 직업, 직장으로도 논하는데 손상되었으니 남편과의 연이 적게 되고 변변한 직업 또한 갖기도 어려운 것이다.

◉ 月支 亥水에 食神이 있다. 대체로 미식가이며 음식솜씨가 좋은 것이다. 亥水는 지장간에 戊甲壬이 있다. 이 상(象)은 넓은 바다위에 떠있는 배가 무인도로 행하는 것으로 보기도 한다. 따라서 사람의 손길이 닿지 않는 곳이니 온갖 진기한 먹거리를 얻을 수 있는 것이라 미식가의 취향이 많다.

◉ 時支 寅木 正財는 正氣가 甲木인데 비록 불투하였지만 亥月엔 갑목맹아(甲木萌芽)에 비유되니 약하지 않다. 월령(月令) 亥水 食神은 壬水가 사령(司令)하고 천간에 투출하여 旺하니 또한 식신생재(食神生財)格도 이룬 것이라 재복 (財福)이 많은 명조이다. 다만 年支 辰土 偏印에 도식(盜食)되어 食神의 길성이 감쇠되었다 판단하니 大財와는 거리가 먼 것이다.

◉ 천간에 偏印과 劫財가 투출하고 다시 지지에 통근하고 있으니 아버지 대나 할아버지 대에 이복형제 문제나 양자나 양녀문제가 나온다.

◉ 年柱에 食神과 偏印이 있다. 偏印은 통변에서 의약, 침술, 역술학, 신기(神氣) 등과 연관지어 논하기도 한다. 年支 偏印이 年干에 밥그릇인 食神을 짊어지고 있으니 침술이나 역술학, 풍수, 무당 등의 직업을 가진 조상이 있다 판단하는 것이다.

◉ 年·月支는 辰亥로 원진살(怨嗔殺)이 되어 상호 손상되고, 月·日支는 亥申으로

해살(害殺)이 되어 손상되고, 日·時支는 申寅으로 沖殺로 손상되니 지지전체가 손상되어 천간의 오행들이 발붙이고 설 땅이 없다. 특히 時支 寅宮의 丙火는 官星으로 용신인데, 官星은 局에서 자신을 통제하고 제어하고 명령을 내려 어떤 조직에 속하여 규율에 맞게 생활하게 하는 役割을 하는 神이다. 그런데 지지가 모두 손상되어 자신을 통제함이 상실됐으니 사기(邪氣)가 들어오는 것인데, 더욱이 조객살(弔客殺), 망신살(亡身殺), 환신살(幻神殺), 귀문관살(鬼門關殺) 등의 신기(神氣)와 연관된 흉살이 난동을 부리게 되니 결국 神을 받아 무속인이 된 것이다.

- 年·月支가 辰亥 원진(怨嗔)되니 부모 代는 고향을 떠나 타향에서 정착했을 것이라 판단한다.

- 月·日支 亥申은 해살(害殺)이다. 이 상(象)은 申宮의 戊土 偏印이 亥宮의 壬水 食神을 剋하며, 다시 庚金 比肩이 甲木 偏財를 剋하는 것이다. 따라서 도출(導出)되는 상(象)은 食神에 해당하는 자식의 손상이 예견되니 태어나서 죽은 자식이 있는 것이고, 또한 甲木 偏財가 손상되니 부친을 일찍 여의게 된 것이다.

- 時支 寅木 偏財가 역마(驛馬)를 대동하는데 寅申 沖하니 이른바 "주마가편(走馬加鞭)"이라 巳午未 남방화운 용신운에 비약적으로 발복이 있었던 것이다.

3. 신살

- 年支 辰土 偏印에 유하살(流霞殺)과 급각살(急脚殺)이 있다. 유하살은 여명은 난산(難産)을 의미하고 남명은 客死를 의미하는데, 또한 남녀 공히 어려서 어머니의 젖을 충분히 먹지 못하고 컸을 경우가 많다. 유하살이 급각살을 대동하면 이런 흉조가 더욱 강화되는 것이다. 이런 경우 조상들은 대체로 단명한 사람이 많을 것이라 판단하는 것이다.

- 月支에 망신살(亡身殺)이 있다. 日主에서 보면 月柱는 고향이요 본가(本家)요 모태(母胎)이다. 망신살은 자신을 잃어버리는 殺이다. 月柱에 있으니 본가인 부모형제자매와 연이 끊어지는 것이다. 또한 밥그릇인 食神이 망신살에 해당하니 승도의 길을 가거나, 은둔하거나, 神을 받아 무속인의 길을 가는 경우가 많다.

- 月支에 귀문관살(鬼門關殺)이 있다. 귀문관살은 영적인 능력과 연관이 많은 殺이다. 다시 고신살(孤神殺)을 대동하니 세속을 떠나 도를 닦는 길이나 부모형제자매와는 연을 끊고 神을 모시는 길을 택하는 경우가 많다. 특히 명조에 官星이 손상

된 경우라면 그럴 확률이 더욱 높은 것이다.

◉ 月支에 환신살(幻神殺)이 있다. 환신살은 미혼살(迷魂殺)이라고도 하는데 신기(神氣)가 있거나 정신이상을 앓았던 조상이 있었을 것이라 판단한다.

◉ 日支에 지살(地殺)이 있다. 지살은 이동하는 殺로써 日支에 있으니 본인의 신변상 이동이 잦은 일생을 보내는 것이다.

◉ 日支에 파군살(破軍殺)이 있다. 남명은 처를 破하고, 처는 남편을 破하는 것이니 부부사이가 깨지는 것이다.

◉ 日支에 비부살(飛符殺)이 있다. 비부살은 시비다툼, 관재구설을 동반하는 흉살이다. 이것이 日柱에 있으니 내 가족간 혹은 나와 가까운 인척이나 친구 간, 그리고 동업자간 그리고 무속인이라면 가까운 제자와의 사이에 발생할 수 있는 것이다.

◉ 時支 寅木 偏財에 역마살(驛馬殺)이 있다. 역마살은 이동, 변동의 殺인데 길흉간에 공히 작용한다. 위 명조에서 寅木은 본시 희신인데, 寅申 沖되면 寅宮의 丙火 용신은 손상되지만 한편으론 偏財가 장사나 사업에 해당되는 六神으로써 역마를 대동하는 경우에는 이의 비약적인 발전이나 득재(得財)의 運이 열릴 수 있는 것이다.

4. 대운

◉ 초년 戊土대운은 年支 辰土와 辰戌 沖되니 이사, 건강, 사고, 모친과 연관된 흉화가 발생할 수 있다. 이는 亥月의 辰土는 쇠약하니 沖되면 산산히 부서지기 때문이다.

◉ 己土대운(11~15세)은 한신운이다. 무애무덕하다.

◉ 酉金대운(16~20세)은 辰土 偏印과 육합금국의 구신운이니 印星이 손상되는 것이다. 학업의 연이 끊어지는 것이다.

時支 寅木 偏財와는 寅酉 원진살(怨嗔殺)로 들어오는데, 偏財는 통변상 여명에서 결혼 전에는 아버지로 논하고 결혼 후에는 시어머니로 논하기도 한다. 따라서 아버지의 신변에 이상이 발생할 수 있는 것이다.

◉ 戊土대운(21~25세)은 본시 한신운이라 무애무덕하나 壬水 食神을 극하니 밥그릇에 변동이 들어온다. 직장의 이동이 있을 것이라 판단한다.

◉ 申金대운(26~30세)은 본시 구신운인데 辰土와는 申辰 반합수국의 기신운으로 바뀌며 다시 효신살(梟神殺), 괴강살(魁罡殺), 양착살(陽錯殺) 등을 대동하고, 寅木과

는 寅申 沖하여 다시 역마살(驛馬殺)과 조객살(弔客殺)이 태동하니 신기(神氣)가 들어와 神을 받은 것이다.

◉ 丁火 대운(31~35세)은 丁火가 용신인데 壬水 食神과 合하여 희신운으로 들어오니 밥그릇의 역할을 톡톡히 하는 것이다. 신기(神氣)가 용하다고 소문나서 많은 사람이 占을 보러 방문하고 번창하기 시작했다.

◉ 未土 대운(36~40세)운 본시 한신운인데 月支 亥水와 반합목국의 희신운으로 바뀌니 길하다. 더욱 유명해져서 神 제자들을 양성하기 시작했다.

◉ 丙火 대운(41~45세)은 본시 용신운이나 丙壬 沖하고, 丙辛 합수하여 용신 丙火가 온전치 못하니 일희일비했고 시비구설이 분분했다.

◉ 午火 대운(46~50세)은 용신운인데 다시 寅午 반합화국의 용신운으로 바뀌니 인생의 황금기이다. 많은 돈을 벌었고, 명성이 높아졌고 제자들도 많이 양성하기 시작했다.

◉ 乙木 대운(51~55세)은 본시 희신운이나 辛金 劫財와 乙辛 沖하니 동업자나 가까운 지인들과 연관된 시비구설이 분분했고, 다시 乙庚 합금의 구신운이니 건강문제 등 가족과 신변상의 재액(災厄)이 발생하는 것이다.

◉ 巳火 대운(56~60세)은 본시 용신운인데 巳亥 相沖하니 용신이 손상되어 길하지 못하고, 또한 亥水 食神이 손상되니 밥그릇과 연관된 손실이 오게 되고, 食神은 여명에서 자식으로 논하니 자식들로 인한 풍파가 들어오고, 또한 月柱는 부모형제자매궁이니 이와 연관된 흉화가 예상되는 것이다.

또한 巳火 대운은 日支 申金 比肩과 時支 寅木 偏財와 寅巳申 삼형살(三刑殺)을 이룬다. 먼저 寅巳의 희신과 용신이 손상되니 손재수가 발생하고, 申金은 구신이나 日支에 있어 나와 내 가족의 자리이니 이와 연관되어 건강, 예기치 않은 사고 등의 흉화가 발생하는 것이다.

◉ 甲木 대운(61~65세)운 희신운인데 甲庚 沖하여 벽갑(劈甲)하고 인정(引丁)하게되니 길하다. 다시 도약의 기회가 도래한 것이다.

◉ 辰土 대운(66~70세)은 年支와는 辰-辰으로 偏印이 自刑되니 건강문제가 나오고, 月支와는 辰-亥 원진(怨嗔)으로 食神을 손상시키니 밥그릇이 깨지는 문제가 발생하여 직업상 폐업(閉業)이나 전업(轉業)의 문제가 발생하고, 日支 申金과는 辰-申의 반합수국의 기신운이니 나와 내 가족에게 큰 흉화가 예상되는 것이다.

◉ 癸卯대운(71~80세)은 癸水는 戊癸 합화의 용신운, 卯木은 寅卯辰 방합목국의 희신운으로 바뀌니 고진감래(苦盡甘來)요 새옹지마(塞翁之馬)에 비유되는 운이다.

男命(食神이 중첩된 사주)

癸	己	辛	辛
偏財		食神	食神
酉	酉	丑	丑
食神	食神	比肩	比肩
長生·將星	長生·將星	墓·華蓋	墓
文昌·學堂	文昌·學堂	飛刃	飛刃
劍鋒	劍鋒	飛符	飛符·急脚
			斧劈

庚	庚	癸	癸
○	○	辛	辛
辛	辛	己	己

72	62	52	42	32	22	12	2	
癸	甲	乙	丙	丁	戊	己	庚	(대운: 2세)
巳	午	未	申	酉	戌	亥	子	

1. 용신

　己土가 丑月에 生하여 천한지동(天寒地凍)한데 火氣가 일점도 없으니 발생의 情이 없다. 지지는 月·日支가 酉丑의 반합금국을 이루고 천간에 두 개의 辛金이 투출했으니 金인 食傷이 旺하다. 時干 癸水가 丑土에 통근하여 金氣를 설하는데 丑月의 癸水는 얼어붙은 간계수(澗溪水)이니 火氣가 없으면 무용지물이다. 조후(調候)가 급한 것이다. 사주원국에는 일점 火氣가 없고 운로에서 火運이 있으니 부득이 이를 끌어다 용신으로 잡는다. 그러나 局에 火氣가 없어 운로에서 火를 끌어온다 하더라도 인통(引通)시킬 수가 없으니 해동(解凍)함이 태부족이다. 사주가 길하지 못한 것이다. 상기는 日主 己土가 年·月支 丑土에 통근하고 있으니 旺한 세력에 종(從)하려 하지 않는다. 따라서 억부(抑扶)나 조후(調候)를 적용해야 하는데, 丑月이라 천한지동(天寒地凍)하니 조후(調候)가 더 급한 것이다. 行運에서 火를 끌어와 용신으로 잡는다.

用神 : 丙火
喜神 :　木
忌神 :　水
閑神 :　土
仇神 :　金

2. 통변

◉ 천간에 식신과 편재가 투출했다. 이 상(象)은 자신의 기능과 재예를 활용하여 득
재(得財)하려는 의도가 다분히 있는 것이다. 그러나 日主가 신약(身弱)하니 몸과
마음만 분주하고 금전의 입출은 많으나 정작 내손에 쥐어지는 돈은 적은 것이다.

◉ 천간에 辛癸가 투출하였다. 통변에서는 辛金을 펜촉, 癸水를 먹물의 상(象)으로
도 논하므로, 문장가나 작곡가 등으로도 보는데, 상기의 경우는 지지가 酉丑 반
합금국을 이루어 癸水를 생하니 癸水는 약변강이 되어 壬水로 변한 것이다. 壬水
의 상(象)은 대해수(大海水)로 물이 물결을 형성하여 아래로 흘러 내려가는 형국이
니 가수가 노래를 부르는 것과 연관된다. 따라서 가수 겸 작곡가로 활동하고 있
는 것이다.

◉ 천간의 辛癸는 월령(月令) 丑土에 통근하여 투출하였으니 旺하며 식신생재(食神生
財)格을 이루었다. 부격(富格)의 형국이나 안타까운 것은 火氣가 전무하니 金水가
모두 무용지물이니 뜬구름과 같은 것이라, 금전의 입출은 많으나 정작 내손에
쥐어지는 財는 없는 것이다.

◉ 局에 食神이 重重하다. 食神은 밥그릇으로 논하니 통변에서는 여러 직업을 전전
할 것이라 판단한다.

◉ 지지에 酉丑의 반합금국을 이루고 辛金이 투출했으니 金氣인 食傷이 旺하다. 食
傷은 직업상 예체능계통으로 논하는데, 지지의 酉丑이 모두 음탁(陰濁)의 氣이니
매스컴을 통한 명성을 얻지 못하고 재야의 가수로써 활동했던 것이다.

◉ 年·月支 丑土가 묘궁(墓宮)이다. 조상과 부모형제자매궁이 묘궁에 해당하니 조
상의 업을 계승하지 못하고 또한 부모형제자매와의 연도 적은 것이다.
아울러 丑土가 比肩에 해당되는데, 사회적으로는 比劫을 동료나 동업자로 논하

니 이들과의 거래관계에서 상호 상부상조함이 힘들 것이라 판단한다.

⦿ 金이 旺하여 이를 설(洩)하는 時干 癸水가 긴요한데 冬月의 水는 해동(解凍)하지 못하면 무용지물이다. 局에 일점의 火氣가 없으니 발생의 상(象)이 없는 것이다. 따라서 재능은 중인(衆人)을 넘어서나 크게 이름을 날리지는 못했던 것이다.

⦿ 日·時支의 酉金은 수술칼로도 논한다. 검봉살(劍鋒殺)을 대동하니 일생에 예기치 않은 사고나 질병 등으로 큰 수술 건이 여러번 예견되는 것이다.

⦿ 局에 食神이 중중하여 日主의 氣를 설(洩)시킴이 심한데, 年·月支의 丑土는 酉丑의 반합금국으로 化되니 日主를 부조(扶助)하지 못하여 신약하다. 비록 食·財가 旺하나 신약하니 大財를 감당할 수 없는 명조인 것이다.

⦿ 月支 丑土에 화개살(華蓋殺)이 있다. 화개살은 불교 등 종교와 연관이 많은 殺로써 조상 중에 사찰에 극진히 공을 드렸던 조상이 있다 판단하는 것이다. 아울러 사주에 화개살이 있으면 대체로 성격이 혼자 사색에 잠기길 좋아하고 고독하며, 처자와의 연이 적은 편이나, 본인은 머리가 좋고 총명한 편이다.

⦿ 日柱가 己酉이다. 성격을 논하면 대체로 개척심이 있고 끈기가 있으며, 소시민적이고 상냥하며 친절하나 잔소리가 많다. 남과 대화하기를 즐겨하는 편이고, 미식가이며 매사를 순리적으로 처리하려고 노력하는 편이다.

또한 남에게 베푸는 것을 즐겨하나 이것이 지나쳐 자신에게 손해가 초래되는 경우도 많다.

⦿ 日·時支 酉金 食神의 상(象)은 통변에서 침술, 의료관련, 주장(酒醬)과 연관지어 논한다. 상기 명조는 印星이 없어 학업과의 연이 적으니 대체로 주장(酒醬)과 연관지어 판단한다. 따라서 술을 즐기고, 장류(醬類)는 음식과도 연관이 많으니 음식솜씨가 있는 것이다.

3. 대운

⦿ 亥水대운(17~21세)은 기신운이다. 따라서 학업을 게을리 했고, 성우(聲優)의 길을 가고자 상경하여 온갖 궂은일을 하면서 가수로서의 꿈을 키웠던 것이다. 亥水가 원국의 酉丑과 더불어 酉亥丑의 음탁지기(陰濁之氣)를 형성하니 희망과 포부는 있었으나 일이 뜻대로 풀리지 않으니 사회에 대한 불만과 분노가 많이 쌓인 시절이었던 것이다.

◉ 戊戌 대운(22~31세)은 한신운이다. 조금씩 앞날에 대한 희망과 그동안 고생한 결과가 빛을 볼 준비를 하고 있었던 기간이다.

◉ 丁酉대운(32~41세)은 丁火 용신이 지지 酉金 구신을 극하니 개두(蓋頭)된 것이라 구신인 酉金의 흉한 기세가 작동하기 어려워 재야의 가수로써 조금씩 명성을 얻어갔다. 그러나 이 기간 10년 동안은 전반적인 운세는 일희일비(一喜一悲)했던 운이다.

◉ 丙申 대운(42~51세)은 丙火가 申金을 극하니 역시 개두(蓋頭)되었다. 酉金의 흉한 기세가 꺾이고 丙火 용신이 세력을 얻었는데, 천간의 辛金과 간합수국을 이루어 기신운으로 바뀌니 가수로서의 명성을 얻고 재물의 입출도 많았으나 결국 내 수중에 남은 재물은 많지 않았던 일희일비의 운이다.

◉ 乙木대운(52~56세)은 본시 희신운이나 乙辛 沖하여 손상되니 희신의 역할을 하지 못한다. 食神과의 沖이니 변업(變業)을 해야 하는 운이라 불고기 집으로 사업을 변경했던 것이다. 그러나 沖되어 희신인 乙木이 손상되니 기대만큼 번창하지 못했다.

◉ 未土대운(57~61세)은 丑未 沖하니 比肩과의 沖이다. 즉 동업자와의 沖이니 식당업의 지분을 갖고 있는 사람들끼리 시비다툼이 예상된다.

◉ 甲午대운(62~71세)은 용신과 희신운이라 다시 재기할 수 있는 기회가 도래할 것이다.

◉ 癸巳 대운(72~81세)은 癸水가 기신운이고, 巳火는 局과 巳酉丑 삼합금국의 구신운이니 건강과 예기치 않은 사고 등이 예상되니 命을 보존함에 각별히 신경써야 할 것이다.

男命(食傷生財의 신약사주)

辛	戊	丁	庚
傷官		正印	食神
酉	申	亥	子
傷官	食神	偏財	正財
死·桃花	病·地殺	絶·亡身	胎·隔角
絞神·鬼門	孤鸞·陽錯	病符·孤神	飛符
太白·斧劈	暗祿·破軍		

庚	己	戊	壬
○	壬	甲	○
辛	庚	壬	癸

77	67	57	47	37	27	17	7	
乙	甲	癸	壬	辛	庚	己	戊	(대운: 7세)
未	午	巳	辰	卯	寅	丑	子	

1. 용신

戊土 日干이 亥月에 生하여 절(絶)地에 해당하니 실기(失氣)하였다. 사주에 庚辛金의 食傷이 旺하니 설기(洩氣)가 태다하여 신약한데, 다시 지지가 전부 한습지기(寒濕之氣)로 구성되어 있으니 난조지기(暖燥之氣)가 필요하다. 火氣가 긴요한데 丙火가 불투하고 丁火가 투출했으니 부득이 이를 용신으로 잡는다. 용신 丁火는 지지에 통근하지 못하고 생조 받음도 없으니 무력하다.

局이 식신생재(食神生財)되어 본시 재물복은 많은 명조인 것 같으나 日主가 無氣하고 신약하니 財를 감당할 수 없는 것이다. 운로가 寅卯辰巳午未의 희신과 용신운이나, 대운의 干支와 사주원국이 刑沖됨이 많아 용신과 희신이 손상되니 운에서의 부조마저 기대하기 어렵다.

用神 : 丁火
喜神 : 木
忌神 : 水
閑神 : 土
仇神 : 金

2. 통변

⦿ 年·時干에 투출한 庚辛金 食神과 傷官은 지지에 통근하여 旺한데, 이는 자신의 기술과 재능을 활용하여 남을 기쁘게 하고 이롭게 하며 생활의 근본을 삼으라는 뜻이다. 이공계를 졸업한 것은 잘된 일이나, 이후 문서와 계약이 主인 부동산중개업에 뛰어든 것은 흉하다. 이는 月干 丁火 正印이 비록 용신이나 無根이라 태약하기 때문이다.

⦿ 年柱가 식신생재(食神生財)하니 조상대는 재산이 넉넉하고 여유로움이 있었을 것이라 판단하며, 年支에 財星이 있으니 상속받을 재물도 있을 것이라 판단한다.

⦿ 月干 乙木 正印은 용신에 해당하는데 無根이다. 이런 경우는 문서와의 연이 적으니 자신 명의의 문서를 소지하지 않음이 좋겠고, 비록 머리는 좋으나 학업과의 연은 적은 것이다.

⦿ 月柱가 丁亥로 상하 상극이다. 부모형제자매간에 돈독함은 적을 것이라 판단한다. 남명에서 正印은 母로 논하고 偏財는 父로도 논하는데 月柱의 財·印이 상하 상극하니 부모의 사이는 썩 화목하지 못했을 것이라 판단하고, 형제들은 일찍 고향을 떠나 객지생활을 시작했을 것이라 판단한다. 父의 지나친 주벽(酒癖) 때문이다.

그리고 한편으론 月干 丁火가 月支 亥宮의 壬水와 丁壬 합목되어 천합지자(天合地者)의 관계이다. 이런 경우는 본인과 부모형제매자간에 겉으로는 사이가 썩 좋지 못할 것이라 판단되나, 막상 집안에 흉화가 닥쳐오면 부모나 형제자매가 상호 상부상조하려는 의도가 있음을 암시하기도 한다.

⦿ 年·月支의 子亥는 正財와 偏財이다. 재성혼잡(財星混雜)이라 논한다. 財星이 기신에 해당되며 혼잡 된 경우는 항상 주변에 여자들이 많고 또한 여난(女難)이 따르며, 여자 문제로 인해 손재수가 빈번하게 발생한다.

⦿ 日支의 食神은 자신의 밥그릇이다. 남명에서 日支는 妻宮인데 食神이 있어 암암리에 生財하니 처덕으로 인한 재물복이 있는 것이다.

⦿ 지지에 申酉와 亥가 있으니 戌土가 공(拱)되어 암암리에 申酉戌의 방합금국을 형성하고 있다고 본다. 징검다리에서 戌土의 자리가 함몰된 것이니 戌土는 比劫에 해당하니 태어나서 어려서 죽은 형제자매가 있음을 의미하고, 申酉戌의 방합금

국은 食傷에 해당하니 예체능, 토목, 건축, 실내장식 등과 연관된 직업을 가지면 뛰어난 능력을 발휘할 수 있다. 건축과를 나와 부동산매매업을 하고 있다.

⊙ 지지에 申子의 반합수국이 있다. 年支의 子水 正財는 타인의 財나 혹은 상속의 財로 논한다. 日支와 合되니 내가 활용할 수 있는 財가 되는 것인데, 기신에 해당하니 결과는 재물의 손실로 귀결된다. 조부(祖父)에게 상속받은 땅을 팔아 부동산 투기에 활용했는데 부동산 경기 침체로 인해 많은 손실이 발생했다.

⊙ 水가 기신이고 金이 구신이니 신장질환이나 대장질환, 척추질환 등의 건강에 유의해야 한다.

⊙ 日柱가 戊申으로 성격은 대화하기를 좋아하고 친절한 편이며 식성이 좋은 편이다. 곧잘 남을 꺾어 누르려는 경향이 있지만, 느긋하게 일처리를 잘하고 고집이 세며, 마음에 여유가 있는 것 같으면서도 급한 면도 있고, 모임 등에 참가하기를 좋아한다.

3. 신살

⊙ 月支 偏財가 망신살(亡身殺)을 대동하고 있다. 망신살은 자신을 잃어버리는 殺이니 사고나 질병으로 인한 병원신세. 관재구설 등으로 인한 감옥 가는 문제, 신기(神氣)로 인한 정신질환 문제, 지나친 음주로 인한 인사불성 등의 문제가 발생하는 것이다. 偏財는 통변상 父로 논하니 부친의 지나친 음주로 인한 주벽(酒癖)이 있었던 것이다.

⊙ 日支 처궁(妻宮)에 고란살(孤鸞殺)이 있다. 고란살은 고독하고 부부 불화의 殺이니 부부사이는 화기애애하지 못할 것이라 판단하는 것이다.

⊙ 日支에 지살(地殺)이 있다. 지살은 이동과 변동의 殺이니 직업과 직장으로 인해 근무처가 자주 이동하는 문제가 발생하는 것이다. 상기인은 부동산 계통의 직업으로 인해 주거의 변동이 많았던 것이다.

⊙ 日支에 양착살(陽錯殺)이 있다. 조상대에서 20세 전후로 비명횡사한 사람이 있음을 의미한다.

⊙ 時支 酉金에 도화살(桃花殺)이 이다. 酉金은 통변에서 침술, 의료관련, 장류(醬類)나 주류(酒類) 등으로 논하기도 하는데 이것이 도화살을 대동하면 술과 연관된 여자문제로 인하여 시비구설과 손재수가 발생하기 쉽다 판단한다.

- 時支에 귀문관살(鬼門關殺)이 있다. 신기(神氣)나 영적인 능력이 많음을 나타내고, 그 조상대에 극진히 사찰에 공을 드린 분이 계시거나 무속이나 地官과 연관된 조상이 있음을 의미한다. 또한 귀문관살이 있는 사람은 꿈이 잘 들어맞으며, 미래의 일을 예언하는 능력이 뛰어나다. 조부께서 풍수지리관련업에 종사하셨던 것이다.
- 時支에 교신살(絞神殺)이 있다. 이는 조상대에 자살한 사람이 있음을 의미한다.
- 時支에 부벽살(斧劈殺)이 있다. 부벽살은 손괴(損壞)와 손재(損財)의 殺로 時支에 있으니, 나이 들어 이와 연관된 일들이 발생할 수 있는 것이다.

4. 대운

- 己丑대운(17~26세)은 한신운이니 부모의 덕으로 무난히 대학을 마칠 수 있었다.
- 庚金대운(27~31세)은 구신운이니 매사 순탄하게 풀리지가 않았다.
- 寅木대운(32~36세)은 희신운이다. 희신을 통변에서 처로도 논하니 이때 결혼운이 들어오는 것이다. 또한 月支 亥水 偏財와 육합되어 官星이 되니 직장도 얻게 되고, 부동산 경기가 호황이라 재물도 들어오는 것이다.
- 辛金대운(37~41세)은 구신운이다. 지인의 채무보증문제로 인해 재물의 손실이 발생했던 것이다.
- 卯木대운(42~46세)

年支 子水와는 子卯 刑殺이다. 正財는 본처로 논하니 처와의 갈등 요소가 대두되었다.

月支 亥水와는 반합목국의 官星局으로 희신이니 직장에서 승진하여 근무처의 변동이 있었고, 또한 亥水가 偏財라 본처 이외의 여자와의 合이 들어오는 것이니 여난(女難)이 발생한 것이다.

日支는 처궁(妻宮)인데 申金과는 卯申 원진살(怨嗔殺)이 되니 卯木 희신이 손상되어 흉하다. 부동산 일로 인해 처와 떨어져 지방에서 지내게 되었고, 또한 申金이 食神인데 卯木과 원진(怨嗔)되니 밥그릇이 깨지는 것이라 부하직원의 횡령사건으로 인해 사직하고 지인의 부동산 사무실에서 근무하게 되었다.

時支 酉金과는 沖殺이다. 時柱는 자손과 손아래 사람으로 논하는데 沖되어 흉하니 옛 직장과 연관되어 관재구설이 발생하게 된 것이다.

- 壬水대운(47~51세)은 壬水가 본시 기신이나 月干 丁火와 丁壬 간합목국의 희신으로 바뀌니 흉변길이 된다. 丁壬의 합목은 甲木으로 논하는데 亥月은 갑목맹아(甲木萌芽)로 논하므로 木의 세(勢)가 약변강이 되는 것이다. 따라서 正印인 문서가 희신으로 왕하게 들어오니 부동산 사업이 잘되어 다소의 땅을 소유하게 된 것이다.
- 辰土대운(52~56세)은 申子辰 삼합수국의 기신운이니 직원들과 공동으로 매입한 건물로 인해 손재수가 발생했고, 처와의 사이도 다시 갈등이 재발했던 것이다.
- 癸巳, 甲午, 乙未대운은 용신과 희신운이니 말년은 만사가 화평할 것이라 판단한다.

男命(合而不化의 사주)

乙	乙	癸	戊
比肩		偏印	正財
酉	巳	亥	戌
偏官	傷官	正印	正財
胞·六害	沐浴·亡身	死·劫殺	墓
病符·太白	金輿·孤鸞	梟神	飛刃·流霞
飛符·隔角	鬼門	孤神	鬼門
斧劈			

庚	戊	戊	辛
○	庚	甲	丁
辛	丙	壬	戊

75	65	55	45	35	25	15	5	
辛	庚	己	戊	丁	丙	乙	甲	(대운: 5세)
未	午	巳	辰	卯	寅	丑	子	

1. 용신

乙木이 동월(冬月)인 亥月에 생하여 천기가 한(寒)하니 조후(調候)가 급하여 丙火가 존귀(尊貴)하다. 또한 亥月은 壬水가 사령(司令)하여 수세(水勢)가 旺한데 다시 水의 투출함이 있으면 戊土의 극제가 있어야 中和를 이룰 수 있다. 月柱가 癸亥라 水가 旺하나 年柱에 戊戌土가 있어 制水하니 水가 태왕하다 판단하지 않는다. 따라서 조후(調候)를 용하여 日支 巳宮의 丙火를 용신으로 잡는다. 그런데 巳亥 相冲하여 용신 丙火가 손상되니 사주가 길하지 못한 것이다.

　用神 : 丙火
　喜神 : 　木
　忌神 : 　水
　閑神 : 　土
　仇神 : 　金

2. 통변

◉ 年柱 戊戌이 財星이다. 年柱의 財는 타인의 財나 상속의 財로 논하는데 土에 있으니 상속받을 전답이 있을 것이라 판단한다. 그러나 아쉬운 것은 日支 巳火와 巳戌 원진(怨嗔)되고, 月柱 癸亥 印星이 있어 日柱와 격절(隔絶)되었으니 나의 財가 되지 못한다. 상속받은 財가 있더라도 보존하기가 어려울 것이라 판단하는 것이다.

◉ 年支 正財를 처로 논하는데 십이운성의 묘궁(墓宮)이다. 따라서 본래는 처덕이 적다 판단하나, 용신인 丙火가 日支 巳宮에 암장되어 있으니 암암리에 처의 내조는 다소 있을 것이라 판단하는 것이다.

◉ 年支 正財가 묘궁(墓宮)이다. 재물이 무덤에 갇히는 것으로 논하니 조상대는 재물이 넉넉하지 못했고 가문도 미미했을 것이라 판단하는 것이다. 또한 무덤 속에 있으니 내가 끄집어 쓸 수가 없는 것이다. 父子간 불신과 불목으로 딸들에게 대다수의 재산을 상속했으니 정작 내 몫은 없는 것이다.

◉ 年・時支가 戌酉 해살(害殺)이다. 戌土가 正財이니 재산상의 손실이 발생하는 것이고, 正官이 암장되고 酉金 偏官이 있으니 이것으로 직업, 직장, 직책의 길흉을 논하는데 偏官은 시비구설을 대동하는 神이니 명예훼손이나 음해가 발생하는 것이다. 또한 酉金은 차바퀴와 수술칼로도 논하니 차사고나 수술 등의 흉화가 예상되는 것이다.

◉ 月柱가 印星이다. 月干이 偏印이고 月支가 正印이니 이 또한 인성혼잡(印星混雜)이라 논하고 두 어머니나 두 할머니 문제가 나오고 이복형제가 있을 것이라 판단하는 것이다. 할머니가 두 분인 것이다.
　또한 印星이 혼잡되니 본시 두뇌회전은 빠르다 판단하나 학업과는 거리가 먼 것이다. 아울러 月柱에 印星이 중첩된 경우는 자연 日干이 母의 애정을 지나치게 받는 상황이다. 따라서 자립심이 부족하여 남에게 의존하려는 성향이 강하고 매사 일을 개척하고 능동적으로 처리하려는 진취적인 기상이 부족하다. 그리고 印星은 문서, 계약 등으로 논하니 기신에 해당된다면 이와 연관된 흉화가 예상되므로 되도록이면 문서를 자기 명의로 해놓지 않는 것이 흉화를 예방하는 길이다.

● 月柱 상하가 印星인 경우는 외가(外家)가 몰락한 집안일 것이라 판단한다. 또한 문서와의 연이 없는 것이다. 자신 명의의 문서를 소지하려는 노력이 물거품이 되는 경우가 많고, 되도록이면 타인 명으로 해 놓아야 예기치 않게 문서로 발생하는 손재수(損財數)를 막을 수 있을 것이다.

● 月柱가 正·偏印인데, 正印은 모국어요 偏印은 외국어로 논한다. 따라서 印星이 혼잡된 경우는 대체로 언변술이 좋고 어학에 재능이 있으며, 남을 설득하는 능력도 뛰어난 편이며, 모사(謀事)를 잘 꾸미기도 한다.

● 月·日支가 巳亥 相沖이다. 沖殺은 변동의 殺이니 먼저는 父나 祖父가 고향을 떠나 타향에서 생활하게 될 것을 암시하는 것이며, 또 하나는 본인의 가족과 부모나 형제자매와의 사이가 화기애애하지 못할 것임을 암시하는 것이다. 특히 父와의 사이에 불화(不和)가 깊으니 장남이지만 상속을 많이 받지 못했다.

● 日支가 傷官이다. 傷官은 官星을 극하는 六神으로 남명에서의 官星은 직업, 직장, 직책을 의미하는데 이를 극하니 직장생활과는 연이 적다 판단하는 것이다. 또한 日支에 傷官이 있으면 풍류를 즐기고, 자존심이 있으며, 교묘하게 남을 이용하는 재능이 있으나, 남을 업신여기는 성향도 있어 대인관계가 원만치 못한 경우가 많다.

● 日·時支가 巳酉 반합금국을 이루고 있다. 巳宮의 丙火가 용신인데, 통변에서는 용신을 아들로 논하므로 합되어 金인 구신으로 바뀌니 아들과의 연이 박하다 판단하는 것이다.

● 時柱가 乙酉다. 乙木이 坐下에 酉金을 깔고 있어 절각(截脚)된 것이다. 比肩은 형제자매로 논하니 나서 죽은 형제가 나오는 것이다. 또한 比肩은 통변상 동업자로도 논하는데 절각됐으니 동업은 불가하고 동업관계의 사람에게 흉화를 당하는 일이 빈번하게 발생할 것이라 판단한다.

● 時支 酉金이 偏官이다. 正官이 없으니 偏官으로 직업과 직장에서의 길흉을 논한

다. 酉金이 구신이니 직업과 직장생활에서 많은 시비다툼과 관재구설이 예고되는 것이다. 이 시기는 운로(運路)에서 合되어 기신이나 구신으로 바뀌는 운이거나, 沖되어 구신의 흉함이 태동(胎動)하는 시기이다.

◉ 日柱가 乙巳이다. 성격은 자기중심적이고 사치와 허영심이 있고, 허풍과 변덕이 심하다. 또한 재주가 있고 약삭빠르며, 말재간이 능하고, 눈치가 빠르며 어떤 종교를 믿건 신앙심이 돈독한 편이다.

◉ 日支 巳火가 傷官이다. 傷官은 官을 剋하는 것이니 직장생활과는 연이 적은 것이고, 풍류와 오락을 즐기며 교만한 기질도 있는 것이다. 목욕살(沐浴殺)을 대동하니 남을 깔보고 교만한 성격으로 인한 흉화가 예상되는 것이다.

◉ 기신과 구신이 水金이니 신장질환과 폐장질환, 대장계통의 건강에 유의해야한다.

3. 신살

◉ 年支에 유하살(流霞殺)이 있다. 어려서 모유를 적게 먹고 자랐을 것이라 판단하며, 조상 중에는 객사한 사람이 있다 판단한다.

◉ 年支에 귀문관살(鬼門關殺)이 있다. 종교적 信心과 영적인 능력이 있다 판단하는 것이니 조상대는 사찰에 극진히 공을 드렸던 분이나, 무속인이나 풍수, 침술과 연관된 직업을 가진 분이 있었을 것이라 판단한다. 본인은 독실한 기독교인이다.

◉ 月支 正印에 십이운성의 死와 십이신살(十二神殺)의 劫殺이 있다. 死는 죽는다는 것이고 劫殺은 빼앗기는 殺이니 형제자매 중에 나서 죽은 사람이 있는 것이다. 그리고 正印을 문서와 계약으로 보면 문서문제로 인한 손실이 예견되는 것이다. 또한 正印을 母로 보면 母와의 사이가 돈독하지 못하다 판단한다.

◉ 月支 正印에 효신살(梟神殺)이 있다. 이 殺은 태어나서 6세까지 남의 집에서 양육되어야 하는 운명이다. 그렇지 못하다면 예기치 않은 사고, 질병이나 문서, 계약과 연관된 흉화가 예상되는 것이다.

◉ 月支에 고신살(孤神殺)이 있다. 부모형제자매와의 사이에 연이 적다 판단한다.

◉ 日支 傷官이 목욕살(沐浴殺)을 대동하고 있다. 傷官은 官을 剋하는 六神인데 여기에 미끄러지고 실패하는 목욕살이 있으니 어떤 직업을 갖더라도 시비다툼, 관재구설이 떠나지 않는 것이다.

◉ 日支에 망신살(亡身殺)이 있다. 나를 잊는 殺이다. 관재(官災) 건으로 감옥에 가서

꼼짝 못하는 것이냐? 사고 질병으로 병원신세를 지는 관계로 꼼짝 못하는 것이냐? 인사불성의 주벽(酒癖)이 있는 것이냐? 하는 문제가 발생하는 것이다.

- 日支 처궁(妻宮)에 고란살(孤鸞殺)이 있다. 처의 도움은 있다 하더라도 부부 연은 박한 것이고, 정작 본인은 인생이 고독한데 누굴 붙잡고 하소연이라도 할 수 있을 것인가?

- 日支에 귀문관살(鬼門關殺)이 있다. 신기(神氣)나 영적인 능력이 많은 것이다. 기독교 신자로서 신앙심이 깊다.

- 時支 偏官이 절(絶)地이다. 통변에서 偏官을 아들로 논하니 아들과의 연이 적은 것이다. 또한 偏官이 육해살(六害殺)을 대동하니 아들에게 예기치 않은 사고, 질병이 발생할 수 있다.

- 時支에 병부살(病符殺)이 있다. 時柱는 통변상 말년과 유년시절을 논하므로 어려서 진병치레가 유난히 심했던 것이다.

- 時支 偏官이 태백살(太白殺)을 대동하고 있다. 수술건의 흉살이다. 운로에서 合되어 기신운이거나 相沖될시 흉살이 태동하는 것이다.

- 時支 偏官이 비부살(飛符殺)을 대동하고 있다. 비부살은 관재구설의 殺이다. 偏官은 직업, 직장, 직책으로 논하니 이론 인해 관재구설이 태동하는 것이다. 역시 合되어 기신운으로 바뀌거나 相沖될시 발생하는 것이다.

- 時支 偏官이 부벽살(斧劈殺)을 대동하고 있다. 부벽살은 손상되고 파괴되는 殺로써 官星에 있으니 일생에 있어 직업과 직장과 연관된 흉화로 인해 많은 부침이 있을 것임을 예고하는 것이다.

4. 대운

- 子水대운(10~14세)은 기신운이다. 잔병치레가 많아 체격이 왜소했고 학업에 전념하지 못했다.

- 乙木대운(15~19세)은 희신운이니 점차 건강이 호전됐고 무난히 고등학교를 마칠 수 있었다.

- 丑土대운(20~24세)은 巳酉丑 삼합금국의 구신운이라 흉하다. 지방의 전문대학을 졸업하게 된 것이다.

- 丙火대운(25~29세)은 용신운이라 취직을 했고 또한 결혼도 했다.

◉ 寅木대운(30~34세)은 寅亥 합목하여 印星으로 들어오며 희신운이니 부모님의 도움을 받아 집을 마련하게 된 것이다.

日支 巳火와는 寅巳의 刑殺이 되어 몸을 刑하니 내가 움직여야 한다. 직업의 변동이 있었다.

◉ 丁火대운(35~39세)은 용신운이나 丁癸 沖하여 손상되니 일희일비의 운인 것이다.

◉ 卯木대운(40~44세)은 亥卯 반합목국의 희신운으로 문서가 들어오니 땅을 사서 오피스텔을 짓기 시작한 것이다. 그러나 이 대운의 후반기엔 時支 酉金이 연관되어 卯酉 沖殺이 되는데, 酉金이 偏官이라 관재구설이 태동하니 사업의 진행이 잘되지 않아 부도가 나서 감옥을 가게 된 것이다.

◉ 戊土대운(45~49세)은 戊癸 합화의 용신운이며 癸水가 偏印이라 문서, 계약운이 들어오는데 偏印은 관재구설, 시비다툼, 질병, 사고 등의 흉화와 연관된 것이고, 戊土 正財는 재물로 논하니 물상으로 연관시킬 때 금융대부업과 부동산 경매와 연관되는 것이다. 그리고 용신운이니 다소의 재물을 모을 수 있었던 것이다.

◉ 辰土대운(50~54세)은 辰戌 沖하여 正財가 손상되고, 辰亥 원진(怨嗔)되어 正印인 문서, 계약이 손상되고, 辰酉 합금하여 관재구설과 연관되는 비부살이 구신으로 들어오니, 대부업(貸付業)의 돈과 연관된 일로 인해 크고 작은 송사(訟事)에 연루됐으나 구속은 되지 않았다.

◉ 己土대운(55~59세)은 본시 한신운이라 무애무덕하나, 乙未세운에 戌未 刑破하여 年柱 財星을 형극하고, 土剋水하여 亥水 正印을 핍박하니 돈과 문서문제로 관재 (官災) 건이 들어와 구속된 것이다. 이후의 巳火대운은 본시 용신운인데 月支 亥水와 巳亥 相沖하여 용신이 손상되니 관재 건의 조속한 해결은 기대하기 힘들다 판단한다. 또한 月柱인 印星을 공히 극하니 부모님의 건강에 이상이 발생하게 되는 것이다.

◉ 巳火대운(60~64세)은 巳戌 원진(怨嗔)되어 財星이 손상되고, 巳亥 相沖되어 문서가 손상되고, 巳酉 반합금국의 구신운으로 偏財가 태동하니 또 한번의 풍파가 예견되는 것이다.

◉ 庚午, 辛未대운은 반길반흉의 운이라 판단된다.

男命(食傷生財의 사주)

乙	壬	戊	庚
傷官		偏官	偏印
巳	午	寅	寅
偏財	正財	食神	食神
胞·官貴	胎·飛刃	病·地殺	病
陰差·孤神	飛符	文昌·暗祿	文昌·暗祿
太白·病符		破軍·呑陷	破軍·呑陷
湯火·亡身			斷橋·天赦
戊	丙	戊	戊
庚	己	丙	丙
丙	丁	甲	甲

76	66	56	46	36	26	16	6	
丙	乙	甲	癸	壬	辛	庚	己	(대운: 6세)
戌	酉	申	未	午	巳	辰	卯	

1. 용신

壬水가 寅月에 生하여 병(病)地라 쇠(衰)하고 지지 寅午의 반합화국과 巳火가 있어 財星局을 형성하니 재다신약(財多身弱)이다. 印星을 용하여 日主를 생조하면 中和를 이룰 수 있다. 年干 庚金이 용신이다. 용신 庚金은 時支 巳宮의 中氣에 통근하고 있으나 正氣인 丙火의 극을 받아 완금(頑金)이 됐으니 용신이 旺하지 못하여 크게 길하지 못하다. 운로에서 부조(扶助)가 있어야 財를 감당할 수 있는 것이다.

用神 : 庚金
喜神 : 土
忌神 : 火
閑神 : 水
仇神 : 木

2. 통변

◉ 천간에 戊土 偏官과 庚金 偏印이 투출하여 본시 관인상생(官印相生)의 길격이나, 월령(月令) 寅木에 戊土는 長生이고, 庚金은 절(絶)地이다. 관인상생(官印相生)을

이루지 못하고 印星이 쇠(衰)하니 공직의 길을 가지 못하고 지지의 旺한 財星을 바탕으로 단지 명예직을 차지할 수 있는 명조이다.

◉ 천간에 乙庚의 합이 있다. 지지에 金氣가 없으니 化金이 되지 못하고 합이불화(合而不化)의 상황인 것이다. 따라서 庚金 偏印과 乙木 傷官이 묶인 것이다. 乙庚 합의 상(象)은 크고 강한 것과 작고 약한 것의 합인 것이다. 예를 들면 맷돌과 맷돌 손잡이(어처구니)의 합과 같은 경우인데, 비록 맷돌이 크고 강하지만 이를 제어하는 것은 어처구니인 것이다. 乙庚은 간합금국의 印星으로 化하려 하지만 不化되어 묶였으니, 傷官과 印星이 나타내는 상(象)의 저체(沮滯)와 손상(損傷)이 예상되는 것이다. 偏印은 문서 문제이고, 傷官은 時干에 있으니 부하직원이다. 乙木 傷官이 庚金을 제어하는 형국이니 乙木이 主가 된 것이다. 지방의 사료공장 회장으로 재직 시 부하직원의 횡령사건으로 인해 송사(訟事)에 연루되는 곤욕을 겪었던 것이다.

◉ 지지의 寅午 반합화국은 월령(月令)이 寅木이니 合火局이 실기(失氣)한 것이다. 만약 寅과 午가 자리를 바꾸고 천간에 丙丁火가 투출했다면 火局이 成局된 것이니 종재격(從財格)으로 논해야 했을 것이나, 상기는 火局이 실기(失氣)했으니 단지 재다신약(財多身弱)으로 논하는 것이다.

◉ 지지 寅木 食神의 의도는 자신의 재능과 기술을 바탕으로 財를 생하려는 의도가 있는 것이다. 다시 日・時支에 財星이 있으니 식신생재(食神生財)의 상(象)인데, 寅木의 상(象)은 농림업과 목재업과도 연관되고, 다시 이동살인 지살(地殺)을 대동하니 그 상(象)은 목축업과 연관되는 것이다. 전문대 축산과를 나와 한우목장 운영의 길로 들어선 것이다.

◉ 지지에 午巳의 正・偏財가 있으니 재성혼잡(財星混雜)이다. 日主가 약하니 예기치 않은 재물의 손실이 따르게 되고, 처와의 연도 적으며, 여난(女難)이 따르기도 한다.

◉ 寅月의 壬水 日干은 수목식상격(水木食傷格)이라 木旺하여 日主의 설기(洩氣)가 심한데, 만약 지지에 통근하고 比劫과 印星의 부조가 있다면, 旺한 食傷은 암암리에 財를 생하려 하니 부격(富格)을 이룰 수 있는 것이다. 그런데 財旺한데 신왕(身旺)하지 못하면 財를 감당하지 못하여 운로에서의 부조(扶助)가 없으면 결국 부옥빈인(富屋貧人)에 불과한 것이다. 부옥빈인(富屋貧人)은 부자집의 大・小의 가사(家

事)를 관장하는 집사(執事)라는 의미이다.

● 月·時支의 寅巳 刑殺은 寅宮의 丙火 偏財가 巳宮의 庚金 偏印을 극하고, 반면 巳宮의 庚金 偏印은 寅宮의 甲木 食神을 극하니 상호 刑되는 것이다. 따라서 偏印과 食神과 偏財가 손상되니 문서로 인한 손재수가 발생할 것이고, 또한 偏印은 흉액을 동반한 문서나 계약으로 논하기도 하니 예기치 않은 사고, 질병 등이 발생할 것이고, 偏財는 父로도 논하니 부친이 일찍 작고하는 일도 있을 것이고, 또한 偏財는 투기성의 재물이니 투기와 연관된 사업의 실패가 따를 것이며, 偏財는 본처 이외의 여자친구 등으로도 논하니 여자로 인한 시비구설이 발생할 수 있는 것이다. 또한 食神이 손상되었으니 직업과 직장의 변동이 많은 것이다. 그러나 다행인 것은 寅巳의 刑이 구신과 기신의 刑이니 대환(大患)은 없었던 것이다.

● 年支에 암록(暗祿)이 있다. 암록이 있으면 창조력과 아이디어와 꾀가 많은 것으로 논한다. 食神에 있으니 직업과 연관되어 많은 개선방안을 연구해 내는 것이다.

● 月干에 官星이 있다. 장남이 아니더라도 집안의 대소사를 맡아 건사해야 하는 운명적 암시가 있는 것이다.

● 月支 寅木 食神에 地殺이 있다. 지살은 이동과 변동의 殺이다. 月支에 있으니 부모형제자매가 어려서 흩어져서 타향에서 자수성가하는 운명을 예시하는 것이다.

● 日柱가 상하 상극이며 日支가 正財이다. 처의 내조는 있을 것이나 水剋火하니 처의 건강문제가 대두되는 것이다.

● 時干 乙木은 월령(月令)에 통근하여 旺하다. 傷官은 官을 극하는 것이라 旺하면 직장생활을 하기 어렵고, 남의 구속을 덜 받는 예체능이나 자영업을 하게 되는 것이며, 예술에 대한 감각이 뛰어난 면도 있으나 학문적인 성취는 어렵고, 흥이 많으며 풍류를 즐기게 된다.

● 時柱가 상관생재(傷官生財)하니 자손 代에는 부자가 나올 것임을 암시하는 것이다.

● 日柱가 壬午이다. 성격은 남명은 아내를 억누르려는 기질이 있으나, 대체로 가정과 아내를 아낄 줄 알고, 여명은 남편에게 재정적으로 도움을 주는 편이다. 타산적이고 꾀를 잘 부리며, 낙천적인 면도 있고, 사람과 재물을 잘 다룬다. 구두쇠 기질이 있으나, 온화하고 덕성스러운 편이며, 활동적이고 지혜가 많다.

● 기신과 구신이 火木이다. 혈관계질환과 간장질환이 염려되는 것이다.

3. 신살

- 年支에 단교관살(斷橋關殺)이 있다. 年支는 신체에서 발에 해당하는데 단교관살이 있으면 예기치 않은 사고 등으로 발을 다치는 경우가 발생한다.
- 月支에 탄함살(呑陷殺)이 있다. 月支는 부모형제자매궁이니 태어나서 죽은 형제자매가 있게 되는 것이고 부모의 단명수(短命數)도 예상되는 것이다.
- 日支 正財가 비인살(飛刃殺)을 대동하고 있다. 日支宮은 처궁이고 또한 正財를 처로 논하는데 수술과 연관되는 비인살이 있으니 처의 건강문제가 대두되는 것이다.
- 日支 正財가 비부살(飛符殺)을 대동하고 있다. 비부살은 관재구설을 야기하는 殺이니 財와 연관되어 시비다툼이나 송사(訟事)가 발생하는 것이다.
- 時支 巳火 偏財에 망신살(亡身殺)이 있다. 年·月支 寅木과 寅巳 刑殺이 되니 父가 건재할 수가 없다. 아버지가 일찍 돌아가신 것이다.
- 火는 술로도 논하는데 時支 巳火가 망신살(亡身殺)을 대동하고 있다. 이런 경우는 음주를 매우 즐기고 간혹 인사불성 될 정도로 취하는 경우도 많다.
- 時柱는 자식궁이다. 고신살(孤神殺)과 망신살(亡身殺)을 대동하는 경우는, 나서 죽은 자식이 있거나 유산된 자식이 있는 경우가 많고, 또한 자식과의 연이 박한 편이다.

4. 대운

- 卯木대운(11~15세)은 기신운이니 집안이 넉넉하지 못했고, 형제자매들도 타향으로 뿔뿔이 흩어져야 했다.
- 庚金대운(16~20세)은 乙庚 합금의 용신운이다. 乙木 傷官은 官을 극하므로 공직이 아닌 기술이나 기능직과도 연관되니 기술과 연관된 자격증을 따기 위해 축산과 연관된 고등학교와 전문학교를 택한 것이다.
- 辰土대운(21~25세)은 희신운이다. 직장에 취업한 것이다.
- 辛金대운(26~30세)은 용신운이다. 이때 결혼을 하게 된 것이고, 寅木 食神을 극하니 직장의 변동이 있는 것이다.
- 壬午대운(26~35세)은 한신과 기신운이고 壬水가 개두(蓋頭)하여 午火를 극한다.

午火 기신의 흉함을 막으니 축산업을 시작하여 발전이 있었다.

⊙ 癸水대운(46~50세)은 한신운이나 戊土 偏官과 戊癸 간합화국의 기신운으로 바뀌니 길변흉이 되어 직장과 직업의 변동이 발생하게 된 것이다.

⊙ 未土대운(51~55세)은 희신운이나 日·時支와 巳午未 남방화국의 기신운으로 바뀌니 흉하다. 日支는 처궁인데 合되어 기신으로 바뀌니 처에게 흉사가 예고되고 또한 손재수가 발생한 것이다. 이 시기에 처가 암에 걸린 것이다.

⊙ 甲木대운(56~60세)은 구신운이니 길함이 적었다.

⊙ 申金대운(61~65세)은 용신운이다. 寅木 밥그릇을 沖하니 직업의 변동이 들어온다. 몸담고 있던 축산관련 사업은 임대를 주고 지방 사료공장에 회장으로 취임한 것이다. 그런데 時支 巳火와는 巳申의 刑合이다. 통변에서는 선형후합(先刑後合)으로 논하는데 먼저는 刑殺이 태동하고 나중은 合水의 한신운인 것이다. 時支는 손아랫사람이니 데리고 있던 부하직원으로 인해 흉화가 발생하는 것이다. 先刑에 해당되는 건은 부하직원의 횡령사건으로 인해 관재구설이 발생했지만 後는 合되어 한신운으로 바뀌니, 회장에 취임한지 오래되지 않았고 先代 임원들의 임기 내에 이미 내재되었던 사건인 것이 참작되어 비교적 대환(大患)없이 넘어갔다.

⊙ 乙酉대운(66~75세)은 乙庚 간합금국의 용신운, 酉金은 巳酉 반합금국의 용신운이니 발복이 있을 것이다.

⊙ 丙戌대운(76~84세)은 丙壬 沖하여 日主가 손상되고, 戌土는 지지와 寅午戌삼합화국의 기신운이니 命을 보존하기 힘들 것이라 판단한다.

男命(群劫爭財의 사주)

丁	庚	辛	癸
正官		劫財	傷官
丑	申	酉	卯
正印	比肩	劫財	正財
墓·月殺	建祿·劫殺	帝旺·災殺	胎
五鬼·弔客	鬼門·怨嗔	羊刃·太白	飛刃
寡宿		桃花	鬼門
癸	己	庚	甲
辛	壬	○	○
己	庚	辛	乙

72	62	52	42	32	22	12	2	
癸	甲	乙	丙	丁	戊	己	庚	(대운: 2세)
丑	寅	卯	辰	巳	午	未	申	

1. 용신

庚金 日主가 월령(月令)에 양인(羊刃), 日支에 건록(建祿)을 득하니 신강(身強)하다. 억부법(抑扶法)을 적용하여 時干 丁火를 용하여 庚金을 하련(煆鍊)하면 中和를 이룰 수 있다. 丁火는 단지 年支 卯木의 생조를 받으나 지지에 통근하지 못하여 태약(太弱)하니 용신이 旺하지 못하여 크게 길하지는 못하다.

用神 : 丁火
喜神 :　木
忌神 :　水
閑神 :　土
仇神 :　金

2. 통변

◉ 천간에 癸丁이 투출하여 비록 원격(遠隔)되었다 하더라도 상관견관(傷官見官)되고 있다. 丁癸 沖하면 丁火 官星이 태약(太弱)하니 더 많이 손상되어, 직장과 연관지어 승진운은 저체(沮滯)될 것이라 판단하는 것이다.

◉ 局에 比劫이 중중하니 형제자매가 많은 것이며, 比劫이 구신에 해당하니 형제자

매간 우애가 적을 것이라 판단하고, 또한 사회적으로 동업관계는 금물인 것이다.

◉ 年柱 癸卯가 상관생재(傷官生財)이다. 傷官은 재능, 기술 등으로 논하니 중견기업체의 기술직에 근무하고 있는 것이다.

◉ 지지 酉丑이 반합금국을 형성하니 比劫이 태다(太多)하게 되어 年支 正財를 핍박하니 군겁쟁재(群劫爭財)인 것이다. 財星이 겁박(劫迫)당하니 재물이 모아지지 않고, 또한 財星을 처로 논하면 처의 건강문제와 예기치 않은 사고 문제가 대두되는 것이다.

또한 丑土 印星이 슴되어 比劫으로 바뀐 것이니 어머니와의 연도 박하게 되어 소년시절에 어머니가 작고한 것이다.

◉ 천간에 劫財와 傷官이 투출했으니 기술직이고 다시 時干에 官星이 있으니 직장생활을 하게 되는 것이다. 財星이 쇠(衰)하니 자영업의 길을 가기는 힘들 것이라 판단한다.

◉ 年·月支가 卯酉 沖되고 있다. 年支의 財는 타인의 財나 상속의 財로 논하는데, 沖되어 月柱의 旺한 酉金 劫財에 손상당하니 비록 조상들의 땅을 상속받을 소지가 있었으나 형제자매간, 인척간의 시비다툼으로 인해 불란이 생겨 약간의 땅만 상속받게 된 것이다.

또한 年·月支의 沖이니 부모 대에서 고향을 떠나 타향으로 이사했을 것임을 알 수 있다.

◉ 月柱에 劫財가 있다. 이런 명조자는 부모가 일찍 돌아가신 경우가 많으며, 형제자매간의 우애는 돈독하지 못하다 판단하며, 형제자매들이 고향을 떠나 뿔뿔이 흩어져 일찍 타향에서 직장생활을 시작했을 것이라 판단한다.

◉ 月·時支 酉丑 반합금국 比劫의 상(象)은 正印이 슴되어 比劫으로 化되니 이복형제 문제가 나오는 것이다. 月柱에 劫財가 旺하니 아버지에게 이복형제가 있는 것이다.

◉ 月支 酉金은 통변에서 수술칼로도 논한다. 다시 양인살(羊刃殺)과 재살(災殺=囚獄殺)을 대동하니 사고나 질병 등으로 인해 병원신세를 지는 문제가 발생하는 것이다.

◉ 月柱는 부모형제자매궁인데 劫財가 있고 다시 양인살(羊刃殺)과 재살(災殺)을 대동하니 나서 죽은 형제자매가 나오는 것이다.

◉ 時柱가 관인상생(官印相生)하니 공직에 종사할 자손이 있는 것이다.

◉ 時支 正印이 묘궁(墓宮)이다. 무덤에 갇힌 형국이니 무모와의 연이 대체로 적은
편이고, 또한 본인은 학문과도 거리가 멀다 판단한다.
◉ 용신 丁火가 時干에 있으니 말년은 잘 풀려나갈 것이며, 아울러 자식 代에는 발
복이 있을 것이라 판단한다.

3. 신살

◉ 年支와 日支에 귀문관살(鬼門關殺)이 있다. 조상 중에 불심이 깊은 분이 계시거나,
무당, 풍수지관, 침술학, 역술학 등에 깊이 관여한 분이 계시거나, 자살한 분이
있는 경우에 귀문관살이 있는 경우가 많다. 또한 이것은 영적인 능력과 깊은 관
계가 있어 꿈이 잘 들어맞거나, 역술학 등에 타고난 능력이 있는 경우가 많다.
상기인은 풍수지리에 해박한 지식을 갖고 있는 것이다.
◉ 時支에 오귀살(五鬼殺)과 과숙살(寡宿殺)이 있다. 時柱는 자식궁으로 논하니 자식
과의 연도 적은 것이다.
◉ 時支에 월살(月殺)이 있다. 時支는 말년과 유아기로 보는데, 월살이 있으면 유아
기 때 잔병치레가 많았을 것이라 판단한다.
◉ 용신이 時柱에 있으니 자식 代에는 발전이 있을 것이고, 또한 正官이 時干에 있
으니 아들은 늦게 둘 것이다. 또한 時支에 正印이 있으니 자식들은 모두 효순(孝
順)하다 판단하는 것이다.

4. 대운

◉ 未土대운(17~21세)은 한신운이나 時支 丑土 正印과 丑未 沖하여 印星이 손상되니
학업과의 연은 끊어진 것이다. 대학에 진학하지 못했다.
◉ 戊土대운(22~26세)은 年干 癸水 기신과 戊癸 합화의 용신운으로 바뀌니 길하다.
이때 취직이 된 것이다.
◉ 午火대운(27~31세)은 용신운이다. 이때 결혼한 것이다.
◉ 丁火대운(32~36세)은 용신운이나, 丁癸 沖하여 용신인 丁火 官星이 손상되니 직
장이 손상되는 것이다. 직장을 잃게 됐다.
◉ 巳火대운(37~41세)은 본시 용신운이나, 巳酉丑 삼합금국의 구신으로 바뀌니, 丑

土 正印이 흉해지고 月支 酉金인 부모궁이 역시 흉해지니 아버지가 이때 돌아가신 것이다. 다시 日支 申金 比肩과 巳申 刑合되어 水局으로 바뀌니 흉하다. 부모 사후에 형제간에 상속문제로 인하여 義가 상하게 된 것이다.

그리고 丑土 正印은 문서로도 해석되는데, 巳酉丑 合되어 기신으로 바뀌니 농산물재배를 같이하는 동업자간의 불화로 인해 갈라서고 사업을 정리한 것이다.

- 丙火 대운(42~46세)은 용신운이라 대기업의 계열사에 취직했으나, 月干 辛金과는 간합수국의 기신으로 바뀌니 동료사원들과의 갈등이 심했던 것이다.

- 辰土 대운(47~51세)은 본시 한신운이고 印星에 해당되므로 문서, 계약문제가 대두된다. 辰酉 육합금국의 구신과 辰申 반합수국의 기신운이니 문서로 인한 탈이 나는 것이다. 동네 아는 선배와 은행대출을 받아 공동지분의 땅을 산 것인데, 의견 충돌로 인해 선배의 몫마져 자기가 떠안게 되어 과도한 금융부담이 발생하게 되었고, 이자를 감당하지 못하니 결국 땅이 경매로 넘어 가게 된 것이다.

- 乙卯 대운(52~61세)은 희신이며 財星에 해당되는데, 月柱 辛酉와 상하가 공히 相沖된다. 손재수와 처의 예기치 않은 사고나 질병의 흉화가 예상된다. 그리고 月柱와의 相沖은 命主로서는 本家에 해당되니 본인에게 예기치 않게 닥쳐올 흉화도 대비해야 한다. 특히 이 대운 중 戊戌세운은 세지(歲支) 戌土가 局의 申酉와 申酉戌 방합금국의 구신운으로 들어오니 命을 위태롭게 할 대환(大患)이 발생할 염려가 있는 것이다. 참고로 필자의 경험상 대운과 세운이 공히 月柱의 干支를 沖剋할 때는 구제(救濟)의 神이 없는 한 命을 보존하지 못함을 많이 보았다.

- 甲寅 대운(62~71세)은 日主와 상하 상충이 된다. 사고나 질병 등의 예기치 않은 흉화를 조심해야 한다.

- 癸丑 대운(72~81)도 길하지 못하다.

己	庚	辛	己
正印		劫財	正印
卯	申	未	亥
正財	比肩	正印	食神
病·將星	建祿·劫殺	冠帶·華蓋	病
隔角·鬼門	絞神	病符·寡宿	孤神·文昌
飛刃·飛符			幻神
急脚·眞神			

甲	己	丁	戊
○	壬	乙	甲
乙	庚	己	壬

80	70	60	50	40	30	20	10	
癸	甲	乙	丙	丁	戊	己	庚	(대운: 10세)
亥	子	丑	寅	卯	辰	巳	午	

1. 용신

庚金이 未土月에 생하여 관대(冠帶)를 득하고, 印星과 比劫이 있으니 신강(身强)하다. 지지 亥卯未 삼합목국은 未土가 월령(月令)을 차지했으니 삼합국이 실기(失氣)한 것이라 木氣가 旺하다 판단할 수 없는 것이다. 未土月은 삼복(三伏)에 생한(生寒)하는 시점이라 비록 火氣가 퇴기(退氣)하는 시점이나 신강(身强)하니, 丁火를 용하여 旺한 日主를 극제하면 중화(中和)를 이루고 귀기(貴器)를 얻을 수 있다. 未宮의 丁火를 용한다.

用神 : 丁火
喜神 :　木
忌神 :　水
閑神 :　土
仇神 :　金

2. 통변

◉ 局에 있는 比劫은 통변에서 日主의 또 다른 분신이라 논한다. 이런 경우는 본인

의 정식 직업 외에 여러 또 다른 사업체나 일거리 등에 관여하는 경우가 많은 것이다.

◉ 용신 丁火가 월령(月令)에 암장되어 있는 상황이다. 이런 경우에는 운로(運路)에서 火가 들어와 未宮의 丁火를 인통(引通)해주지 못하면 발복이 어려운 것이다. 더욱 염려되는 것은 亥未 반합목국을 이루어 습목화(濕木化) 되니 未宮 丁火의 불꽃을 살리기가 더욱 어려워진 것이다. 이리되면 노력은 많으나 평생반작(平生半作)의 결실밖에 얻지 못하는 것이다.

◉ 천간에 己土 正印이 월령(月令) 未土에 통근하여 투출하고 있다. 正印이 중중하니 偏印으로 논한다. 따라서 머리가 비상하고 두뇌회전이 빠르나 학업과의 연 은 길지 못하여 대학을 간신히 마칠 수 있었던 것이다. 또한 투출한 印星은 자신이 권세를 얻어 밖으로 표출하며 실력행사를 하려는 의도가 있는 것이다. 그러나 아쉽게도 官星이 태약하니 관인상생(官印相生)을 이루지 못하여 권세를 얻으려는 노력은 많이 했으나 성취하지를 못했던 것이다.

◉ 천간에 印星과 比劫이 투출했으니 조상대에 이복형제문제가 나온다.

◉ 年柱가 己亥이다. 亥宮의 甲木이 己土와 암암리에 合되니 천합지자(天合地者)인 데 印星局을 형성하니 조상은 훈장과 한의학을 했던 가문이다. 지지 亥卯未 合의 상(象)은 약초와 탕약과도 연관되기 때문이다.

◉ 年支 亥水에 食神이 있다. 亥水의 상(象)은 지장간에 戊甲壬이 있으니 이것은 남 명의 경우 물과 배와 연관된 항해(航海)의 의미 외에, 넓은 들판에 목조로 건축물 을 짓고 하수구를 내는 것과 연관되기도 한다. 토목과 연관되어 토목학과를 졸업 했지만 이것을 활용하지 못하고, 局에 印星이 중중하니 문서와 연관되어 신문사 의 기자생활을 했던 것이다.

◉ 日支에 比肩이 있다. 日支는 처궁이며 내 가족의 자리인데 형제자매로 논하는 比劫이 있게 되면, 장남이 아니더라도 본가(本家)의 대소사에 깊이 관여하게 되는 역할을 맡게 되는 것이다.

◉ 지지 亥卯未는 월령(月令)이 未土라, 삼합목국이 실기(失氣)한 것이니 財星局에 결격이 있는 것이라, 비록 신왕(身旺)하다 할지라도 大財를 감당하기 어려운 명 조다.

◉ 月干에 劫財가 투출하고 日支에 통근하니 比劫이 旺하다. 이런 경우 형제자매가

많은 것이다. 총 5명 중 1명이 어려서 죽어 3남 1녀다. 태어나 죽은 형제자매가 있음은, 君王인 日主 庚金이 왕위를 노리는 또 다른 형제를 용납하지 않기 때문이다.

- 월령(月令)이 正印이라 日主를 생해주는 근본이 자리잡고 있으니 평생에 고난과 풍파가 닥치더라도 꺾이지 않고 이겨내는 근성이 있다.

- 印星이 重重하니 "다인은 무인(多印은 無印)"이라 논하고 다음과 같은 사항이 주로 발생하게 된다.

  1) 印星은 문서와 계약관계로도 논하는데 多印은 無印이라 했으니 문서나 계약 관련 등의 연이 적은 것이다. 본인 명의의 문서의 소유나 계약 등은 되도록 피함이 좋다.

  2) 印星은 日主인 나를 생해주는 것이니 母가 子에게 말을 가르치는 것도 연관되는 것이다. 따라서 통변에서 언어와도 연관지어 논하는데, 正印은 모국어고 偏印은 외국어로 논하는 것이다. 그러므로 印星이 중중하면 어학 능력이나 작문능력이 뛰어나다 판단하는 것이다. 일신신문 기자의 직업을 가졌던 것이다.

  3) 印星을 母라 하면 印星이 중중하면 母가 많은 것이다. 따라서 조상 중에서 서모(庶母) 문제가 나오고 다시 比劫이 있으면 이복형제가 있을 것이라 판단하는 것이다.

  4) 印星이 중중하면 日主를 생해줌이 지나쳐, 母의 지나친 애정속에 파묻히게 되는 형국이니, 매사 母에 의존하는 성향이 지나쳐 의타성이 많은 것이라, 게으르고, 수동적이며 진취적이지 못하다.

  5) 印星이 중중하면 日主를 생해줌이 지나치어 오히려 흉하게 작동하는 것이다. 매몰되어 죽는 형국에 비유하니 사주에 해신(解神)이 없으면 오히려 단명수도 나오는 것이다.

  6) 印星이 중중하면 偏印으로 논하는데, 偏印은 통변에서 사고나 질병, 관재 구설, 사기 등의 흉액을 동반한 문서나 계약관계로 보는 것이니, 이와 연관되어 평생에 흉액을 동반한 사안(事案)이 자주 발생하게 된다.

- 日支와 時支가 申卯 원진(怨嗔)되니 처자식과의 연이 적은 것이다.

- 용신이 丁火로 火는 후천수(後天數)가 2. 7이다. 용신을 아들로도 통변하므로 아들은 둘인 것이다.

3. 신살

- 年支가 병(病)地이고 고신살(孤神殺)을 대동하니 조상의 단명수가 나온다.
- 月支 正印이 화개살(華蓋殺)을 대동하니 母나 祖母는 독실한 불교신자인 것이며, 본인 또한 사찰에 깊은 관심이 있는 것이라 판단한다.
- 月支에 병부살(病符殺)과 과숙살(寡宿殺)이 있으니 부모형제자매 사이는 소원함이 있을 것이라 판단한다. 큰 형이 사업부도 후 미국으로 이주했고, 동생들은 보증 관계로 빚을 떠안았던 것이다.
- 日支는 처궁인데 劫殺이 있으니 부부사이는 원만치 못할 것이라 판단한다.
- 日支 申金 比肩에 교신살(絞神殺)이 있고 구신에 해당하니 동업은 불가하다. 고교 동창생과 치킨 프렌차이즈점을 개업했으나 실패하여 손실이 컸다. 교신살은 자살한 조상과 연관된 흉살이기 때문이다.
- 時支에 수술을 상징하는 비인살(飛刃殺)이 있다. 時支에 있으니 나이들어 위암수 술을 한 것이다. 丙火대운에 月干 辛金과 丙辛 합수의 기신운이기 때문이다.
- 時支 卯木 正財에 시비다툼과 관재구설을 야기하는 비부살(飛符殺)이 있다. 대학 동창의 사업자금 융자 보증과 연관지어 송사(訟事)가 있었으나, 본인이 빚을 갚은 후 미국으로 이주한 것이다.
- 時支에 급각살(急脚殺)이 있다. 예기치 않은 차 사고를 항상 조심해야 한다.

4. 대운

- 己土대운은 한신운이다. 印星인 土가 중중한데 다시 土氣가 들어오니 공부와의 연이 적다. 지방대학을 다니며 대학신문에 관여하며 사진기자로서의 역할을 했다.
- 巳火대운은 용신운인데 年支와 巳亥 相沖하니 직장의 이동이 있었고, 日支와는 巳申 合水로 刑合되니 대학동창들과 1980년대의 격변기에 반정부 데모에 가담했 다 불이익을 당하기도 했다. 이는 申金 比肩이 동창관계로도 논하는데 용신과 합되어 기신으로 바뀌었기 때문이다. 따라서 巳火대운은 일희일비의 운이라 할 수 있다.
- 戊土대운은 한신운이니 일간신문 기자로서의 직장생활은 무애무덕했다.
- 辰土대운은 印星運이며 한신운인데 年支 亥水와는 辰亥 원진(怨嗔)되니 印星과

食神 밥그릇이 함께 손상되는 것이다. 밥그릇이 깨지니 직장의 이동이 있었고, 日支 申金과는 辰申 반합 수국의 기신운이니 문서와 연관된 흉액이 발생하는데, 申金은 比肩으로 동창관계로도 논하니 동창의 사업에 깊이 관여하다 금전적인 손실이 많았던 것이다.

◉ 丁卯대운은 용신과 희신운이다. 丁火는 日主인 庚金을 극하고, 卯木은 日支 申金과 원진(怨嗔)되어 日柱를 다 흔들어 놓으니 삶의 터전에 변동수가 들어오는 것이다. 미국으로 이주하여 그 곳에서 다시 신문사에 취직했고 가족들과 무탈하게 지낸 것이다. 이는 용신과 희신운이기 때문이다.

◉ 丙火대운은 丙火가 日主 庚金을 극하고, 寅木은 日支 申金과 寅申 沖하여 다시 日柱를 흔들어 놓으니 또다시 삶의 터전에 변동수가 들어오는 것이다. 가족들은 미국에 남고 본인은 한국에 들어와 여러 인맥을 통해 유통관련 사업을 벌였으나, 丙火대운은 丙辛 合水의 기신운이니 뜻대로 풀리지 않았다. 또한 이때 위암 수술을 받은 것이다.

◉ 寅木대운은 寅申 沖되어 寅木 희신이 손상되고 日支 申金 역시 沖되어 손상되니 직업, 직장과 연관되어 분주하기만 하고 이것저것 사업을 벌려 놓았으나 성과는 없었던 것이다. 통변에서 日支는 직업, 직장, 직책으로도 논하기도 하기 때문이다.

◉ 乙丑대운은 흉운이다. 대운의 간지가 사주원국의 月干支를 相沖하면 큰 사고나 질병 혹은 命이 위태로울 수 있는 흉액이 발생하는 경우가 많다. 특히 세운에서도 공히 月柱를 沖하는 경우에는 命을 보존하기 힘들다.

◉ 甲子, 癸亥대운도 썩 길하지 못할 것이라 판단한다.

女命(官殺混雜된 사주)

甲	戊	己	乙
偏官		劫財	正官
寅	辰	丑	卯
偏官	比肩	劫財	正官
長生·亡身	冠帶·攀鞍	養·月殺	沐浴
陽錯·文曲	紅艷·白虎	寡宿·弔客	落井
病符		絞神·太白	
戊	乙	癸	甲
丙	癸	辛	○
甲	戊	己	乙

77	67	57	47	37	27	17	7	(대운: 7세)
丁	丙	乙	甲	癸	壬	辛	庚	
酉	申	未	午	巳	辰	卯	寅	

1. 용신

戊土가 丑月에 生하여 한(寒)하다. 月柱와 日支에 比劫이 있으니 신왕(身旺)한 것 같으나 지지에 寅卯辰 방합목국을 형성하고 甲乙木이 투출했으니 官星이 태강(太强)하여 日主를 핍박함이 심하다. 신약하다 판단한다. 따라서 旺한 木氣를 설(洩)하고 日主를 부조하며 조후(調候)를 득하기 위해서는 丙火가 필요한 바 時支 寅宮의 丙火를 용신으로 잡는다.

用神 : 丙火
喜神 : 木
忌神 : 水
閑神 : 土
仇神 : 金

2. 통변

◉ 천간에 甲己의 간합이 있다. 천간 중 甲木은 수위(首位)를 차지하니 존귀(尊貴)한 者고, 己土는 구름에 비유하니 하천(下賤)하다. 따라서 甲己의 합은 존비(尊卑)의 합인데, 甲木이 官星으로 부성(夫星)이니 남편은 고위직 공무원이다.

● 천간에 乙甲 正·偏官이 투출하여 坐下 지지에 통근하니 관살혼잡(官殺混雜)이다. 乙甲이 나타내는 상(象)은 乙木 正官은 본 남편이고 甲木 偏官은 남자친구나 재혼의 남편이다. 그런데 甲木 偏官이 己土 劫財와 간합을 이루는데, 己土 劫財는 나의 분신이거나 나 이외의 또 다른 여자로 논하므로 合되어 들어온다는 것은 남편과의 연이 없다 판단하고, 또한 본인과 남편 공히 외정(外情)의 문제가 있을 것이라 통변하는 것이다. 그리고 甲己 合되어 印星으로 化되어 한신으로 된 경우는 용신, 희신과 더불어 나를 도와주는 조력자(助力者)로 통변한다. 따라서 상기 여명의 경우는 본남편과 이혼한 후 조력자로 사귀던 남자친구와의 재혼이 암시되는 것이다. 대체로 여명에서 관살혼잡의 상(象)은 부부연이 박한 것이다.

● 천간에 투출한 比劫은 태어나서 죽은 형제자매가 있음을 알 수 있다.

● 지지 寅卯辰은 비록 월령(月令)을 차지하지 못하여 실기(失氣)했으나 방합목국의 官星局을 이루어 日支에 다다르고 있는 것이다. 官星은 남자이고 木은 희신이니 많은 남자들이 내 주변으로 모여들어 나를 도와주는 형국이다. 남자 손님들로 인해 노래방이 잘되었던 것이다.

또한 방합목국을 형성하여 官星이 旺해지니, 한편으론 사람들과 예기치 않은 시비구설과 음해, 사고, 질병 등을 자주 겪게 되고, 어려서는 잔병치레를 많이 앓게 된다.

● 年柱에 官星이 있다. 官星은 남편으로 논하며, 年柱는 사안이 빨리 닥쳐오는 것이니 결혼운이 일찍 들어오는 것이다. 卯木대운에 官星運이 들어오니 이때 결혼한 것이다.

● 年柱가 모두 正官이다. 따라서 偏官으로 논한다. 조상들은 무관직이나 상공계통이나 잡직(雜織)에 종사했을 것이라 판단한다.

● 月柱가 모두 比劫이며 旺하다. 比劫은 형제자매로 논하는데 月柱를 차지하여 旺하니, 부모 대에 이복형제가 있을 것이라 판단한다. 그리고 月柱의 比劫은 대체로 형제자매간 우애가 돈독하지 못하고, 어려서 고향을 떠나 타향생활을 하는 경우가 많으며, 자수성가형이 많다.

● 月·日支가 丑辰 破殺이다. 흉한 면은 부모형제자매들과 소원(疏遠)하게 지낼 것이고, 사회적으로는 동료간 동업자간 의견충돌이 많이 발생할 것이고, 또한 日支 辰土와의 破殺인데 辰土는 도로사(道路事)와 연관되니 예기치 않은 교통사고 등

이 염려된다. 길한 면은 고장지(庫藏地)인 丑辰宮이 破되어 개고(開庫)되니 癸水 正財를 활용할 수 있어 사업적 수완을 발휘하여 득재(得財)할 수 있는 것이다.

- 日支에 比劫이 있다. 여명의 日支는 남편궁인데, 比劫이 있으면 결혼 후에도 친정 쪽의 大小事에 많이 참여하게 되고 또한 도움을 주게 되는 경우가 많다.
- 時柱가 偏官이다. 남녀 공히 時柱에 官星이 있으면 늦둥이를 두는 경우가 많다.
- 사주에 比劫은 중한데 癸水 財星은 丑辰土에 암장되어 있다. 이 또한 군겁쟁재(群 劫爭財)의 상황이라 형제자매가 적은 재물을 놓고 다투는 형국이니 재물이 모아지지 않는 것이며, 운로에서 다시 比劫運이 도래할 때는 암장(暗藏)된 財를 인통(引 通)시키게 되니 대환(大患)의 염려나 命을 보존하기 어려운 경우가 발생한다.

3. 신살

- 年支 正官이 목욕살(沐浴殺)과 낙정관살(落井關殺)을 대동하고 있다. 正官은 夫星이니 본 남편과의 연이 적은 것이다.
- 月·日支에 태백살(太白殺)과 백호살(白虎殺)이 있으니 평생에 한두 번 사고나 질병으로 인해 몸에 칼을 대는 수술 건이 발생한다. 제왕절개로 애를 낳은 것이다.
- 月支 劫財에 月殺과 태백살(太白殺)이 있다. 태어나서 죽은 형제자매가 있는 것이다.
- 月支에 月殺과 조객살(弔客殺), 교신살(絞神殺)이 있다. 자살한 조상이 있는 것이다. 작은아버지가 사업실패를 비관하여 자살했다 한다.
- 日支에 홍염살(紅艷殺)이 있으니 미모가 있다 판단한다. 혹, 홍염살이 財星을 대동하면 예체능이나 연예계통의 사업으로 재물을 모으는 경우가 많다.
- 시지에 망신살(亡身殺)이 있다. 자식궁이니 자식과의 연이 적은 것이다.

4. 대운

- 辰土대운은 比劫運이나 지지의 寅卯와 방합목국의 官星局이니 남자문제가 발생한다. 가정불화로 인하여 이때 이혼한 것이다.
- 癸水대운은 본시 기신운이나 戊癸 합화하여 용신운으로 바뀐다. 여명의 용신은 남편으로 논하니 남편행세를 하려는 남자가 들어오는 것이다. 따라서 동거생활을 시작하게 된 것이다. 사업적으로는 용신운이니 노래방이 잘되어 더 큰 곳으로

확장이전 했던 것이다.

⊙ 巳火대운은 본시 용신운이나 月支와 巳丑 반합금국의 구신운이니 확장이전한 곳의 노래방이 썩 잘되지 못했던 것이다.

時支 寅木은 偏官인데 통변에서는 관재구설이나 시비다툼으로도 논한다. 따라서 寅巳 刑殺이 되니 노래방 운영과 연관되어 관재구설이 들어와 손재수가 있었다.

⊙ 甲午대운 이후는 용신운이니 일희일비(一喜一悲)함이 있겠으나 무난히 잘 풀려 나갈 것이라 판단한다.

男命(盜食된 사주)

戊	庚	己	丙
偏印		正印	偏官
寅	寅	亥	申
偏財	偏財	食神	比肩
胞·驛馬	胞·驛馬	病·亡身	建祿
破軍·劍鋒		文昌·絞神	
		孤神·幻神	

戊	戊	戊	己
丙	丙	甲	壬·戊
甲	甲	壬	庚

76	66	56	46	36	26	16	6	
丁	丙	乙	甲	癸	壬	辛	庚	(대운: 6세)
未	午	巳	辰	卯	寅	丑	子	

1. 용신

庚金이 亥月에 生하여 실기(失氣)했고 지지에 財星이 重하여 신약한 것 같지만, 年支에 건록(建祿)을 득하고 천간의 印星이 지지에 모두 통근하여 생하니 약하지 않은 것이다. 亥月은 동절(冬節)이라 천지가 차니 日主 庚金은 한냉(寒冷)하다. 따라서 온난하게 하는 丙火가 있어야 하고 다음으론 丁火의 제련으로 귀기(貴器)를 만들어야 한다. 따라서 丙丁을 모두 활용해야 하니 관살병용(官殺倂用)인 것이다. 상기는

丁火가 불투하고 年干에 丙火가 투출했으니 이를 부득이 용하는데, 丙火는 진신(眞神)이 되지 못하고 가신(假神)이 되는 것이라 사주가 귀격(貴格)이 되지 못한다.

用神 : 丙火
喜神 :　木
忌神 :　水
閑神 :　土
仇神 :　金

2. 통변

● 천간에 官印이 투출하여 상생을 이루고 있어 귀격(貴格)으로 보인다. 그러나 아쉽게도 丙火 偏官은 亥月에 절(絶)地라 태약하고, 戊己土 印星은 지지 旺木에 극제되어 손상되니 공직으로 나가지 못했고 발복도 적었던 것이다. 또한 印星이 혼잡되었으니 부모덕도 적었던 것이다.

● 천간의 戊己土 印星은 혼잡(混雜)되었으므로 偏印으로 논한다. 따라서 자연 월령(月令) 亥水 食神을 극하니 도식(盜食)된 것이다. 生財의 역할에 결함이 있으니 외화내빈(外華內貧)인 것이다.

● 지지 寅亥가 合되어 財星局이 되고 다시 時支에 寅木이 있어 木氣가 旺하여 年支申金을 핍박함이 심하다. 따라서 日主 庚金이 월령(月令)에 병(病)地이고 年支의 부조를 받음이 부족하니, 비록 財는 旺하나 신왕(身旺)하지 못하여 부격(富格)의 명조가 되지 못하는 것이다.

● 年柱에 偏官과 比肩이 同柱하고 있다. 이런 경우 벼슬한 조상이 있거나 부자의 가문이라 논하기 보다는, 대체로 중인계급의 조상으로 한의학이나, 침구학, 풍수지리에 종사했던 조상이 있을 것이라 판단한다.

● 月柱가 상하 상극하고 있다. 부모형제자매 代에 안정된 생활을 하지 못했을 것이라 판단하고, 또한 부모와 자녀들이 뿔뿔이 흩어져 타향생활을 했을 것이라 판단한다. 이것은 月支 亥水가 食神인데 기신에 해당하기 때문이다.

● 月支에 食神이 있으니 미식가(美食家)의 취향이 있다. 또한 亥水의 상(象)은 앞서 설명한 것처럼 지장간에 戊甲壬이 있어 물위에 떠있는 배로도 논하니, 食神을 대동하는 경우에는 분주하게 활동하고 이동이 많은 직업과 생활을 하게 되며,

풍류와 술을 좋아하는 경우가 많다.

◉ 지지 寅亥 합의 상(象)은, 寅木 偏財가 역마(驛馬)를 대동하여 사업운이 약동하는 기상인데 亥水와 합되어 묶인 것이다. 옴짝달싹 못하는 형국이니 財를 활용할 수가 없는 것이다. 운로에서 刑沖이 들어올 때에야 풀려나가는데, 巳火 대운에 巳亥 相沖하여 寅亥 합을 깨니 역마(驛馬)가 활동하게 되어 조금씩 발전이 있을 것이라 판단한다.

또한 寅亥 합목의 상(象)은 寅宮의 戊土 偏印이 合木의 剋을 받아 손상당하는 것이다. 이것은 문서로 인한 흉액과 예기치 않은 사고, 질병 등이 발생할 것임을 암시하는 것이며, 천간의 戊己土 또한 수극(受剋)되어 허령(虛靈)하게 만들어 학업운을 끊어 놓는 것이다. 고등학교 진학을 하지 못한 것이다.

◉ 月支에 망신살(亡身殺)과 고신살(孤神殺)이 있다. 넓은 의미로는 모두 고독박명의 殺이다. 따라서 부모형제자매 대에 나서 죽은 사람이 있다 판단한다. 또한 亥水 食神의 망신살 대동은 음주(飮酒)와 풍류(風流)를 즐기는 기질이 있다. 이는 亥宮에 甲壬이 있는데, 이 상(象)은 물위에 한적하게 떠있는 배로 논하여 풍류와 연관되기 때문이다.

◉ 日主가 상하 상극하고 있다. 日支는 처의 자리인데, 庚金 日主가 坐下 寅木에 절(絶)地이니 처덕은 없다 판단한다.

◉ 日支 寅木 偏財가 역마살(驛馬殺)을 대동하고 있다. 역마는 이동, 변동의 살이니 財星을 동반한 경우는 대인관계가 빈번한 외판원이나 영업계통의 직업에 종사하거나 투기사업으로 논한다. 보험외판원을 하고 있는 것이다.

◉ 時柱가 戊寅인데 상하 상극되고 있다. 時柱는 자식궁인데 상극되니 자식 대에 가문이 흥왕할 것이라 판단하기는 힘들고, 아울러 戊土 偏印이 坐下 財星의 극을 받으니 문서문제로 인해 예기치 않게 발생할 손재수나 흉액(凶厄)을 조심해야 한다.

◉ 時支에 偏財가 있다. 時柱는 말년을 논하는데 운로(運路)가 다행이 巳午未의 용신운이니 말년엔 다소의 재물복이 있을 것이라 판단한다.

◉ 천간에 正・偏印이 투출되어 인성혼잡(印星混雜)이 되었고, 年支에 比肩이 있으니 조상대에 이복형제가 있을 것이라 판단하는 것이다.

◉ 印星은 통변상 지혜, 학문, 문서, 소식 등으로 논하는데, 지지의 旺한 財星에 극

을 당하니 印星의 길성이 감소되는 것이다.

3. 대운

● 초년 庚子대운은 구신과 기신운이며, 지지에 財星이 중중하여 印星을 破하니, 학업의 끈은 길지 못하였을 것이라 판단하며, 아울러 부모의 극진한 보살핌도 적었을 것이라 판단한다. 또한 초년대운이 흉운이니 집안형편도 넉넉하지 못하였을 것이라 예상된다.

● 辛金대운은 年干 丙火 偏官과 丙辛 합수의 기신운이다. 통변에서 官星은 직업, 직장, 직책으로 논하는데 辛金대운은 학창시기이다. 따라서 학창시기의 운이 기신운이니 본업인 공부를 계속하지 못하였을 것이라 판단하는 것이다. 이는 辛金이 比劫에 해당되어 형제자매로 논하는데, 가업(家業)에 일조(一助)를 하던 큰 형의 가출로 인해, 집안일을 맡아 돌보아야 하기 때문이었다.

● 丑土대운은 亥水 식신 밥그릇을 극하고 있다. 밥그릇에 변동이 들어오니 본인도 가업을 돌보던 일을 그만두고 직장을 찾아 도심지로 이동한 것이다.

● 壬水대운은 기신운이다. 壬水는 食神이며 통변상 밥그릇으로 논하는데 기신으로 들어오니 취직이 여의치 않았던 것이다. 일용직 사원으로 여러 직장을 전전했던 것이다.

● 寅木대운은 희신운이다. 年支 申金과는 寅申 沖되어 희신의 역할을 하지 못한다. 申金 比肩은 동업자, 직장 동료, 친한 친구로도 논하는데 沖되니 직장동료와의 갈등으로 이직하게 된 것이다.
月支 亥水와는 寅亥 合木의 희신이 된다. 寅木은 財星으로 처로 논하니 결혼 상대자가 나타난 것이며, 亥水 食神은 밥그릇인데 合되어 희신으로 바뀌니 다시 직장을 얻게 된 것이고 또한 결혼하게 된 것이다.

● 癸水대운은 본시 기신운인데 時干 戊土와 戊癸 합화의 용신운으로 바뀌어 흉변길이 된다. 戊土 偏印이 문서에 해당되며 길하게 바뀌니 이때 아파트를 분양받아 이사하게 된 것이다.

● 卯木대운은 희신운이다. 年支 申金과 卯申 원진(怨嗔)되어 손상되니 다시 직장동료와의 갈등으로 이직하게 되는 것이다.
亥水와는 亥卯 반합목국의 희신으로 바뀌니 보험계통 직장의 영업사원이 되었고 실적이 좋아 다소의 돈도 모았던 것이다.

日·時支 寅木과는 比化되어 흉하지 않으니 발전이 있었다.

◉ 甲木대운은 본시 희신운이다. 月干 己土와는 甲己 합토의 한신운이니 희신의 길성이 다소 감소한다 판단한다.

日干 庚金과는 甲庚 沖하여 본인의 자리를 흔들어 놓는데, 甲木이 희신이니 타보험회사에 좋은 조건으로 영전되었던 것이다.

◉ 辰土대운은 年支 申金과는 申辰 반합수국의 기신운이니 다시 직장동료들과의 갈등이 많았고, 月支 亥水와는 辰亥 원진(怨嗔)되어 식신 밥그릇을 흔들어 놓으니 직장생활의 계속여부에 갈등과 심각한 위기가 왔던 것이다. 이는 亥水는 食神으로 통변상 부하직원이나 하수인으로도 논하는데, 부하직원의 보험사기 문제로 인한 여파가 자신에게도 닥쳐왔기 때문이다.

◉ 乙木대운은 본시 희신운인데 日干 庚金과 간합금국의 구신운으로 바뀌니 길하지 못하다. 乙木은 財星인데 처로도 논하니 처와의 불화가 발생하고, 財星과 합되어 구신으로 바뀐 것이니 재물의 손실도 예견되는 것이다.

◉ 巳火대운은 본시 용신운이다. 그런데 사주원국과 寅巳申 삼형살(三刑殺)이 되니 길변흉이 예상된다. 日支 寅木 偏財와 연관되어서는 손재수가 예상되며 또한 처의 자리이니 처의 예기치 않은 사고나 건강문제가 대두될 것이고, 年支 申金과 연관되어서는 형제자매나 동료, 동업관계에 있는 사람들과 시비다툼이나 관재구설이 발생할 수 있고, 時支 寅木과 연관되어서는 자식과 관련된 문제로 손재수가 발생할 수 있고, 月支 亥水와는 巳亥 相沖되어 食神 밥그릇이 손상되니 직업, 직장, 직책의 변동이 발생할 것이고, 또한 巳火가 官星으로 통변상 명예로도 논하는데 沖되니 명예손상 등의 문제가 예상되는 것이다.

◉ 丙午대운과 丁未대운은 용신운이니 말년은 안정된 생활을 할 것이라 판단한다.

男命(食神이 有氣한 사주)

壬	壬	甲	癸
比肩		食神	劫財
寅	寅	子	丑
食神	食神	劫財	正官
病·劫殺	病·劫殺	帝旺·六害	衰·病符
文昌·孤神	文昌·孤神	羊刃·紅艶	寡宿
破軍·呑陷	呑陷	病符·囚獄	
		弔客	

戊	戊	壬	癸
丙	丙	○	辛
甲	甲	癸	己

79	69	59	49	39	29	19	9	(대운: 9세)
丙	丁	戊	己	庚	辛	壬	癸	
辰	巳	午	未	申	酉	戌	亥	

1. 용신

壬水가 子月에 생하여 제왕(帝旺)을 득하고, 다시 천간에 壬癸가 투출하여 수세(水勢)가 旺하다. 동월(冬月)은 天地가 한동(寒凍)한데 壬水의 수세(水勢)가 旺하니 戊土의 制水가 있어야 하고 丙火의 해동(解凍)이 있어야 하니 戊丙이 귀중하다. 지지 寅宮에 戊丙이 암장되어 있으니 운로에서 이를 인통(引通)하는 시기가 오면 크게 발복되는 것이다. 水旺한데 月干 甲木이 투출하여 지지 寅宮에 통근(通根)하니 능히 납수(納水)할 수 있다. 즉, 왕신의설(旺神宜洩)이라 했으니 용신은 月干 甲木이다.

用神 : 甲木
喜神 :　水
忌神 :　金
閑神 :　火
仇神 :　土

2. 통변

⦿ 壬癸 比劫이 투출하여 월령(月令)에 통근하여 군겁(群劫)의 상(象)인데, 財가 암장

(暗藏)되어 숨었으니 쟁탈의 바람은 일지 않는다. 다만 이런 상(象)은 재물에 대한 집착이 강하고 남에게 베풀고 사는 情이 적으며 남을 위한 공덕을 쌓으려 하지 않는 성향이 많다.

◉ 局에 印星이 암장되었으나 용신이 투출하고 旺하니 학업운이 좋았다. 명문대를 나와 중견기업의 간부로서 능력을 발휘하고 있는 것이다.

◉ 日主 壬水는 월령(月令)에 건록(建祿)을 득하고 다시 時干에 壬水가 투출하여 부조하니 신왕(身旺)하고, 寅木 食神은 月干에 투출하여 坐下 子水의 生을 받고 다시 日・時支 寅木의 부조를 받으니 역시 旺하다. 고서(古書)에 "식신유기면 승재관(食神有氣면 勝財官)"이라 했는데 상기 명조가 이에 해당된다고 본다. 다만 아쉬운 것은 동월(冬月)인 子月에 丙火가 투출하지 못하여 해동(解凍)의 힘이 부족하여 甲木이 동목(凍木)의 상태이니 뜻과 포부는 있되 용기와 실천력이 부족할 것이 염려된다.

◉ 年柱가 劫財와 正官으로 상하 상극이다. 年柱는 조상을 논하는데 官星이 온전치 못하니 관직이 높지 못했을 것이라 판단하며, 중인계급으로 역관, 한의학, 풍수지관 등의 잡과(雜科)에 등용되었을 것이라 판단한다.

◉ 月柱에 甲木 용신이 있으니 부모형제자매 대에 발복이 있을 것이라 판단한다. 그리고 月支 劫財가 旺하니 어려서 형제자매들이 고향을 떠나 타향에서 정착할 것이라 판단하고, 또한 月干에 용신이 투출하여 旺하니 형제자매들이 자수성가할 운이 강하다 판단한다.

◉ 月干 甲木 食神은 旺한 日主의 생을 받아 역시 旺하고, 子丑 합토와 寅宮의 戊土가 있으니 甲木을 배양할 토양(土壤)은 구비되었다. 甲木 食神이 旺하여 암암리에 寅宮의 丙火 財星을 생하니 부(富)할 명조이고, 용신이 旺하니 사주가 길하다.

◉ 局이 水木이 쌍청(雙淸)하여 길한데, 年支 丑宮의 己土 正官이 壬水를 탁(濁)하게 함이 흠이다. 年支 丑宮에 印星과 官星인 辛・己가 있어 학업운과 직장운은 있으나, 기토탁임(己土濁壬)하니 己土 正官과 연관된 시비구설, 명예손상 등의 문제가 발생할 수 있는 것이다.

◉ 日干은 君王에 비유하기도 하는데 유아독존의 자리이며 남이 이를 탐하는 것을 불허한다. 따라서 천간에 比劫이 투출한 경우는 나서 죽었거나 혹은 자연 유산된 형제자매가 반드시 있을 것이라 판단한다.

◉ 日支에 食神이 있다. 이런 경우는 음식을 잘 먹고, 마음이 너그럽고, 남과 어울리기를 좋아한다.

◉ 時柱는 자식궁인데 時支에 용신이 있으니 자손 代에 발복이 있을 것이라 판단하고, 또한 본인은 말년에 발전이 있을 것이다.

◉ 比劫이 중중한데, 다시 年支 丑宮에 암장된 辛金 印星이 있고 宮의 癸水 比劫을 생하니 이복형제문제가 나오는 것이다.

◉ 日支 食神의 성격은 대체로 낙천적이고, 능동적이며, 박력도 있으나, 온순하고 조용한 성격이다. 그러나 日支 食神이 刑沖되면 때때로 사납고 저돌적으로 바뀌게 된다.

◉ 比劫은 통변에서 동업자로도 논한다. 희신에 해당하니 동업은 可하다 판단한다.

◉ 局에 水가 旺하다. 건강상 손발이 차고, 신장, 방광, 허리 등의 질병을 앓는 경우가 많을 것이라 판단한다. 또한 水는 지혜로도 논하니 사회적으로는 처세에 능하며 두뇌회전이 빠르다.

3. 신살

◉ 月支 子水 劫財가 육해살(六害殺)과 양인살(羊刃殺)을 대동하니 태어나서 죽은 형제자매가 있을 것이라 판단한다.

◉ 月支 劫財에 수옥살(囚獄殺)과 병부살(病符殺)이 있으니 부모형제자매 중에 선천적으로 건강문제가 발생할 사람이 있을 것이라 판단한다.

◉ 日支에 고신살(孤神殺)과 탄함살(呑陷殺)이 있으니 처와의 연은 화목하지 못할 것이라 판단한다.

4. 대운

◉ 초년 癸亥, 壬대운은 희신운이니 가업(家業)이 유여(裕餘)했고, 학업운도 좋아 명문대에 진학했다.

◉ 戊土대운은 구신운이며 正官에 해당된다. 年支부터 적용시키면, 年支 丑土와는 丑戌의 삼형살(三刑殺)이 되니 직업의 변동이 발생하여 대학을 졸업하고 군대에 갔고, 다음에는 月支 子水를 극하는데, 용신을 극하는 것이라 대학원 진학을 포

기했고, 다음에는 日·時支인 寅木 食神과 상극하니 바라던 직장에 취업할 수 없었다. 이것은 식신이 밥그릇으로 직장인데 상극되어 손상되었기 때문이다.

⦿ 辛金대운은 기신운이며 印星에 해당된다. 壬午세운에 壬水는 희신이고 午火는 正財로 처에 해당하며 처궁인 日支 寅木과 반합되니 이때 결혼하게 된 것이다. 아울러 寅午의 合은 식신인 밥그릇과의 合이니 이때 중견기업에 취직하게 된 것이다.

⦿ 酉金대운은 기신운이며 印星에 해당된다. 日支 寅木과는 寅酉 원진(怨嗔)되어 상호 손상되는데 食神에 해당하니 직장의 이동수가 나오는 것이다. 동종업계의 다른 회사로 이직했던 것이다.

⦿ 庚金대운은 기신운인데 月干 甲木과 甲庚 沖하여 역시 상호 손상된다. 통변상 食神은 수하인으로도 보는데 干沖되니 인사관리를 맡으면서 직원들과의 충돌이 잦았던 것이다.

⦿ 申金대운은 기신운인데 月支 子水와 申子 반합수국의 희신운으로 바뀌니 길하다. 다시 승진의 기회가 올 것이나, 日支와는 寅申 沖되니 예기치 않은 차 사고나 질병을 조심해야 한다.

⦿ 己未대운 이후는 구신운이고 官星運이니 직장과 직업의 변동이 발생할 것이다. 예기치 않은 사고, 질병 등을 조심해야 한다.

⦿ 戊午대운 이후는 한신운이니 말년이 평안하고 무애무덕할 것이다.

男命(身旺財弱의 사주)

甲	甲	乙	戊
比肩		劫財	偏財
子	戌	卯	申
正印	偏財	劫財	偏官
沐浴·將星	養·月殺	帝旺·六害	胞·弔客
五鬼·梟神	呑陷·喪門	羊刃·鬼門	空亡
隔角·飛符		桃花	
囚獄·急脚			

壬	辛	甲	己
○	丁	○	壬·戊
癸	戊	乙	庚

70	70	60	50	40	30	20	10	
癸	壬	辛	庚	己	戊	丁	丙	(대운: 10세)
亥	戌	酉	申	未	午	巳	辰	

1. 용신

甲木 日主가 卯月에 생하여 양인(羊刃)을 得하고, 천간에 乙木이 투출하여 月支에 통근하니 신왕(身旺)하다. 木旺하니 庚金을 용하여 전벌(剪伐)을 하면 사주가 中和를 이룰 수 있다. 용신은 年支 申宮의 庚金이다.

用神 : 庚金
喜神 :　土
忌神 :　火
閑神 :　水
仇神 :　木

2. 통변

⦿ 천간에 比劫과 偏財가 투출되었다. 比劫은 월령(月令)에 통근하여 旺한데, 戊土는 통근한 戊土가 卯木과 육합화국으로 化하니 뿌리가 약하다. 즉, 신왕(身旺)한데 財星은 약하니 금전의 입출은 많으나 돈이 모아지지 않는 형국이다.

⦿ 천간에 甲乙木 比劫이 투출했으니 나서 죽은 형제자매가 반드시 있는 것이다.

또한 比劫이 구신에 해당하니 동업은 불가한 것이다.

◉ 局에 比劫이 重하다. 比劫이 많은 상(象)은 日主의 또 다른 분신이 많다는 것으로 命主가 여러 직업이나 사업체와 연관될 일이 발생할 것임을 암시하는 것이다.

◉ 年柱에 偏財와 偏官이 동주하고 있다. 財官이 있어 길하나 偏官이 공망되고 절(絕)地에 해당되니 관직에 오른 조상은 적을 것이라 판단하고, 상공계통의 직업에 종사하며 재물은 유여했을 것이라 판단한다.

◉ 年支 申金 偏官은 통변에서 육친관계로는 아들로 논한다. 공망(空亡)과 절(絕)地에 해당하니 자식과의 돈독한 연이 적다 판단한다. 또한 사회적으로는 직업, 직장, 직책으로 논하는데 공망되고 절(絕)地에 해당되니 직장생활을 길게 하지 못할 것이라 판단한다.

◉ 月柱가 劫財이다. 月柱가 比劫으로 되어있는 경우는 통변에서 대체로 다음과 같은 운명적 요소가 내재되어 있다.

　1) 형제자매수가 대체로 많다는 것이고 印星이 있으면 이복형제가 있는 경우도 많다.

　2) 초년시절 가정형편 등으로 부모형제자매가 고향을 떠나 뿔뿔이 흩어져 일찍부터 타향생활을 시작하는 경우가 많다.

　3) 형제자매 중 태어나서 나이어려 죽은 사람이 있는 경우가 많다.

　4) 부모형제자매 사이가 대체로 돈독하지 못하다.

　5) 대체로 아버지나 처와의 연이 적고, 또한 財星이 있으나 쇠약한 경우에는 단명수가 많다. 특히 운로(運路)에서 比劫運이 들어올 시는 命을 보존하기 힘들다.

　6) 기술계통의 직업이나 청소업, 정비업, 운전계통의 비교적 단순노동직에 근무하는 경우가 많다.

　7) 성격상 고집불통이고 매사 일처리에 융통성이 적은 경우가 많다.

◉ 月·日支가 卯戌 합화의 食傷으로 바뀌고 있다. 남명에서 食傷은 官星과 더불어 자식으로도 논하는데, 月支 본가(本家)와 日支 처궁(妻宮)의 오행이 合되어 食傷으로 바뀌면 자식에 대한 애정이 남다르게 많다 판단한다.

◉ 月·時支 子卯 형살(刑殺)의 상(象)은, 卯木 습목(濕木)이 水를 만나 뿌리가 썩는 것이다. 正印과 劫財에 해당하니 동업관계, 동창, 형제자매와 연관되어 문서나 계약 등으로 인한 시비구설이 발생하는 상(象)이다.

● 日支 戌土 偏財가 月支 卯木과 卯戌의 육합화국을 형성한다. 남명에서 偏財는 통변상 아버지나 처로 논하는데, 偏財가 合이 되어 타 오행으로 바뀌면 길흉을 떠나 대체로 아버지나 처와의 연이 적다. 아울러 상기 명조는 比劫이 월령(月令)을 차지하고 또한 重重하여 旺하니 戊戌土 偏財가 태약하다. 따라서 부친을 어려서 여의고, 처는 교통사고로 사망한 것이다.

● 日支에 偏財가 있다. 이런 경우에는 대체로 성격이 활달하고, 매사 일처리가 능수능란하며, 행동이 민첩하고, 실행력이 뛰어나며, 이재(理財)에 밝은 성향이 많고, 자수성가형이다.

● 日支 戌土에 偏財가 있다. 正財가 없으니 偏財를 정처(正妻)로 논하는데, 戌土는 주역팔괘의 건괘(乾卦)에 속하며 외괘(外卦)에 해당하니 처는 동향 사람이 아니고 타향사람이라 판단하는 것이다.

또한 戌土는 大定數(대정수=선천수)에서 숫자가 5로 낮다. 따라서 처의 나이는 命主와 비교시 나이차가 많이 날 것이라 판단한다.

● 時支 子水가 正印이다. 時柱에 印星이 있으면 그 자식은 효(孝)를 하고 성격이 대체로 유순하다.

● 局에 比劫이 중중하고 時支 子水 正印이 목욕살(沐浴殺)과 오귀살(五鬼殺)을 대동하여 印星에 결함이 있으니 이복형제문제가 나오는데, 月柱에 比劫이 있으니 父나 祖父 代인 것이다.

● 자식의 수(數)는 고서(古書)에는 官星과 時支의 오행을 십이포태운성을 적용한 장생론법(長生論法 - 실전사주비결 이론편 통변술해법 참조)으로 논했는데, 근대에는 용신에 해당되는 오행의 후천수(後天數)로 주로 논한다. 상기는 용신이 金이니 후천수는 4. 9이다. 4는 주로 아들의 숫자이고 9는 아들과 딸을 합한 총 자식의 숫자이다. 그런데 상기는 申金이 목왕지절(木旺之節)에 "死"되고 "空亡"되니, 반감(半減)한 것에 다시 반감(半減)하면 1~2명이 되는 것이다.

● 日柱가 甲戌인 경우의 성격은 대체로 인정이 많고 쾌활한 편이며, 남의 일에 적극적으로 나서는 경향이 있고 희생과 봉사정신이 강한 반면, 허영심도 강하고 욕심도 많은 편이다. 또한 예지력도 있으며 두뇌회전이 빠른 편이다. 또 한편으론 직선적이고 호쾌한 성격이나, 때 지난 일에 잘 손대고, 계획없이 일을 잘 저지른다.

◉ 건강문제는 기신과 구신이 火와 木이다. 혈관계질환 등이 염려되고, 나이 들어서는 간질환예방 등에 힘써야 할 것이다.

3. 신살

◉ 月支에 귀문관살(鬼門關殺)이 있다. 이는 조상 중에 사찰이나 무속, 풍수지관, 역술학 등에 심취한 사람이 있음을 나타내고, 사주에 귀문관살이 있으면 영적인 능력이 뛰어난 경우가 많고, 역술학 등에 심취하는 경우가 많다.

◉ 月支 劫財가 육해살(六害殺)을 대동하고 있다. 육해살은 육친간에 손상을 초래하는 殺이니 형제자매 중에 나서 죽은 사람이 있다 판단하는 것이다.

◉ 時支 正印이 목욕살(沐浴殺)을 대동하고 있다. 목욕살은 실패하고 미끄러지는 殺인 데, 印星에 있으니 학업의 끈은 길지 못하리라 판단한다. 또한 사회적으로는 문서, 계약으로 논하니 이로 인한 시비구설이 발생할 것을 예시하는 殺이기도 하다.

◉ 時支에 효신살(梟神殺)이 있다. 효신살은 배은망덕하고 부모를 극하는 살이니 이런 경우는 자식을 6살 까지는 외가나 남의 손에 키우는 것이 좋다.

◉ 時支 子水 正印에 비부살(飛符殺)과 수옥살(囚獄殺)이 있다. 비부살은 관재구설의 殺이고 수옥살은 송사(訟事)나 사고, 질병 등으로 인해 감옥이나 병원에 갇히는 殺이다. 正印은 문서로도 논하니 문서와 연관지어 이러한 일들이 발생하는 것이다. 時柱에 있으니 사안은 중년 이후에 닥쳐올 것이다. 사주에 比劫이 旺하고 正印은 쇠(衰)하다. 印星을 母라 하고 比劫을 子라 하면 자왕모쇠(子旺母衰)인 것이다. 年支 申金은 원격(遠隔)되고 卯木과 상극하니 印星을 생할 여력이 없다. 따라서 어머니와의 연도 적은 것이다. 초년시절에 어머니가 돌아가셔서 어머니의 정을 듬뿍 받고 자라지 못한 것이다.

◉ 사주에 상문살(喪門殺), 조객살(弔客殺) 등이 있다. 조상 중에 자살한 사람이 있다 판단하며, 이로 인해 매사 저체(沮滯)되고 성사됨이 적고 손재수도 많은 것이다.

4. 대운

◉ 초년 丙火대운은 기신운이다. 가정형편이 어려웠고 형제자매들이 뿔뿔이 흩어졌

던 것이다.

◉ 辰土대운은 年·時支와는 申子辰 삼합수국의 한신운이다. 官과 印이 습되어 한 신으로 바뀌었으니 학교생활을 계속할 수 있었다.

◉ 丁火대운은 기신운이다. 대학 진학을 하지 못했고 직장생활을 시작했다.

◉ 巳火대운은 본시 기신운이다. 생활이 안정되지 못했고, 직장의 이동도 잦았던 것이다.

◉ 戊土대운은 財星이며 희신운이다. 통변에서 財星과 희신은 처로 논하니 이때 결 혼했고, 안정된 직장도 얻었던 것이다.

◉ 午火대운은 기신운이다. 日支 戊土 偏財와 午戌의 반합화국을 이루어 보다 旺해 져 닥쳐오는데, 偏財가 처라 이때 처가 교통사고로 사망한 것이다.

◉ 己土대운은 財星이며 희신운이다. 財星이 들어오니 자금을 모아 용역회사를 차 렸고, 또한 財星은 여자로 논하니 재혼할 여자가 생긴 것이다.

◉ 未土대운은 희신운이다. 먼저 月支 卯木 劫財와는 卯未 반합목국의 구신운이다. 통변에서 比劫은 동업자로도 논하니 이때 동업 관계에 있는 사람의 배신으로 거 래처를 다수 잃었고 손재수도 발생한 것이다.

日支 戊土와는 戊未의 刑殺, 破殺이 된다. 통변에서 日支는 자신의 현위치로 논 하는데, 刑하여 이동수가 발생하니 사업체를 이사한 것이다.

◉ 庚申대운 이후는 용신운과 한신운이니 발전이 있을 것이고, 말년은 평안할 것 이다.

男命(傷官佩印의 사주)

辛 比肩	辛	乙 偏財	己 偏印
卯 偏財 胞·將星 流霞·陰差 急脚·飛符 囚獄·喪門	丑 偏印 養·月殺 五鬼·急脚 喪門	亥 傷官 沐浴·地殺 金輿·破軍 劍鋒·弔客	亥 傷官 沐浴·金輿 弔客
甲 ○ 乙	癸 辛 己	戊 甲 壬	戊 甲 壬

73	63	53	43	33	23	13	3	(대운: 3세)
丁	戊	己	庚	辛	壬	癸	甲	
卯	辰	巳	午	未	申	酉	戌	

1. 용신

辛金이 동월(冬月)인 亥月에 생하여 금수상관격(金水傷官格)이고 천한지동(天寒地凍)의 형국이다. 亥水 傷官이 중하나 乙木이 時支 卯木에 건록(建祿)을 득하여 약하지 않으며 납수(納水)하고, 己土는 지지 亥丑에 통근하여 역시 약하지 않아 制水하니 수세(水勢)가 왕양(汪洋)함은 막은 것이다. 따라서 丙火를 용하여 해동(解凍)함이 급하다. 局에 丙火가 없으니 태원(胎元)을 적용한다. 태월(胎月)이 丙寅이니 丙火를 끌어다 해동(解凍)을 하고, 다시 寅宮에 丙戊가 있으니 年干 己土를 부조(扶助)하여 능히 旺水를 制水할 수 있는 것이다. 酉亥丑은 음탁(陰濁)의 氣인데, 局에 亥丑이 있어 음기(陰氣)가 성(盛)하고 사주를 탁(濁)하게 하니 丙火의 난조지기(暖燥之氣)가 없으면 무용지물의 명조(命造)가 되는 것이다.

　用神 : 丙火
　喜神 : 　木
　忌神 : 　水
　閑神 : 　土
　仇神 : 　金

2. 통변

● 천간에 比肩과 偏印이 투출되어 있다. 偏印은 서모(庶母)로 논하고 比肩은 형제자매에 해당되니 이복형제문제가 나오는 것이다. 年柱에 偏印이 있으니 祖父 代로 판단한다.

● 月·日干의 乙辛 沖은 남명에서 乙木 偏財를 아버지로 논하니 父子間의 불화가 암시되는 것이다.

● 年·月支에 亥亥 자형살(自刑殺)이 있다. 自刑은 두 개가 오행이 합쳐져 하나로 되며 좀 더 세력은 커지나, 弱하고 쇠(衰)한 것이 강(强)하고 旺한 것에 흡수됨을 의미한다. 年支와의 自刑이니 부모 대에 고향을 떠났을 것이고, 月支가 年支 보다 세(勢)가 강하여 年支의 亥水가 월령(月令) 亥水에 흡수되니 조부모 代는 단명 수가 나오는 것이다.

● 月·日支 亥丑 사이에는 子水 食神이 탄함(吞陷)되었다. 食神은 통변에서 하수인이나 후배들, 자식 등으로 논하는데, 탄함되었으니 이들의 도움이나 공덕은 기대하기 힘들다. 자수성가해야 하는 명조인 것이다.

● 年柱에 偏印과 傷官이 있다. 偏印은 통변상 의약, 의술 등으로도 논하고, 傷官은 재능, 기예, 기술 등으로도 논하니 조상 중 침구학과 풍수관련 업에 종사하셨던 분이 있을 것이라 판단하는 것이다.

● 月干에 乙木이 투출하여 월령(月令) 亥宮의 中氣에 통근하니 偏財格으로 논한다. 일견하면 사업가의 명조로 보이나, 亥月의 乙木은 한(寒)하니 火氣가 없으면 발생의 상(象)이 없는 것이다. 따라서 偏財를 활용하지 못하게 되니 봉급자의 길을 가게 된 것이다.

● 月柱가 財星과 傷官으로 상하 상생되고 상관생재(傷官生財)하고 있다. 月柱는 부모 代이고 乙木 희신이 財星에 해당되니 부모 代에 자수성가했을 것이라 판단한다.

● 지지 亥卯 반합목국의 상(象)은 상관생재(傷官生財)의 역할이 묶인 것이다. 지지 亥水 傷官은 자신의 기술과 재능을 바탕으로 財를 생하려는 의도가 강한데, 합되어 木局의 財星局을 형성하나 묶였으니 水가 木으로 化되어 傷官의 역할에 결격이 생기는 것이다. 원예학을 전공하여 대학에서 이를 가르쳤으나 캐나다로 이민

을 가서는 전공을 활용하지 못하고 운송업체에 취직하여 운전직에 종사하고 있는 것이다.

● 日柱가 辛丑이다. 辛丑은 통변상 신고(身苦)와 연관된다. 따라서 일신상에 정신적으로 물질적으로 고달픈 여정이 암시되는 것이다. 길운이 도래하기 전까지는 마음의 안정을 얻기 힘들 것이라 판단한다.

● 日·時支 丑卯 사이에는 寅木이 탄함(呑陷)되어 천을귀인(天乙貴人)에 해당되니 공귀격(拱貴格)을 겸한다. 따라서 평생에 걸쳐 암암리에 귀인(貴人)의 부조(扶助)가 있는 吉格이다.

● 日支에 印星이 있다. 처의 자리에 印星인 부모가 있으니 고부간의 갈등이 예상되는 것이다. 고부간에 떨어져 지내는 것이 좋을 것이다.

● 時柱에 比肩과 偏財가 있어 상하 상극하고 있다. 比肩은 형제자매요 偏財는 재물이니 형제자매간 재산상의 다툼이 있을 것이라 판단하고, 또한 偏財를 통변상 아버지로도 논하는데 상하 상극하니 父子之間의 불목(不睦)이 암시되는 것이다.

● 亥水 傷官이 重하다. 통변에서 食傷은 예체능과 연관하여 논하는데 亥水에 있다. 亥宮엔 戊丙甲이 있으니 햇볕과 나무가 연관된다. 조경이나 원예 등의 직업과 연관하여 판단하는데, 年干에 偏印이 투출되었으며, 印星은 지혜, 학문, 가르침, 문서 등으로 논하니 전문대에서 원예학과 교수를 지낸 것이다.

● 日主가 辛金이다. 辛金은 가공된 金이다. 庚金 철광석이 가공단계를 거치면 부피가 작아지고 결국 귀기(貴器)가 만들어지는 것처럼, 辛金 日主는 대체로 체구가 작다. 다시 印星이 중중하면 통통한 편이고, 比劫이 중중하면 마른편이라 판단한다.

● 日支 偏印이 십이포태운성의 양(養)을 대동하고 있다. 양(養)은 통변에서 남의 손에 양육되어짐도 의미하니, 부모대나 본인대의 형제자매가 남의 집 양자나 양녀로 가는 경우가 발생함을 암시하는 것이다.

● 辛丑 日柱의 성격은 대체로 개척심이 부족하고 깐깐하고 고집이 세며 깔끔하다. 또한 남에게 지기 싫어하고 고집이 세며 자기주장이 강하다. 재능은 많은 편이나, 외유내강의 성격이고, 말수가 적으며, 구두쇠 기질이 있고, 잠이 많은 편이고 다소 게으른 편이다. 局에 印星과 십이포태운성의 양(養)이 있으면 타인의 손에 양육되는 경우가 많고, 부부연은 박한 편이다.

● 건강문제는 水가 기신이고 金이 구신이다. 신장, 방광, 허리, 혈액순환계통의 질병에 걸리기 쉽고, 나이들어 폐와 대장(大腸)에 문제가 발생할 수 있다.

● 자식 중 아들의 水는 현대의 통변에서는 용신의 후천수(後天數)를 활용한다. 용신 丙火는 후천수가 2. 7에 해당하니 아들은 둘을 두는 것이고, 딸들을 다 포함하면 일곱명이 되는 것이다. 상기는 아들 둘을 낳고 단산했다.

● 형제자매간의 덕(德)의 有無는 대체로 比劫의 길흉으로 판단하는데, 구신에 해당하니 형제자매간의 덕은 없다 판단하는 것이다.

● 형제자매의 수(數)를 추산하는 방법은 통변상 첫 번째는 사주원국에 있는 比劫의 수(數)를 총 형제자매의 水로 판단하기도 하는데, 상기는 日主 포함 3位이니 형제자매는 총 3명으로 판단한다. 그리고 두 번째 방법으로는 大定數(대정수)를 활용하기도 하는데, 상기 명조의 比肩은 辛金이다. 辛金은 대정수가 7에 해당되는데 時干 辛金이 坐下 卯木에 절각(截脚)되니 반감하면 3. 5에 해당되니 약 4명으로 판단한다. 상기는 2남 2녀의 형제자매가 있는 것이다. 필자의 경험상 이 둘의 방법을 잘 활용하면 적중률이 높았다.

天干	甲	乙	丙	丁	戊	己	庚	辛	壬	癸
대정수 大定數	9	8	7	6	5	9	8	7	6	5

3. 신살

● 局에 상문살(喪門殺), 조객살(弔客殺), 오귀살(五鬼殺) 등이 있다. 조상과 연관된 殺로써 자살한 조상이 있어 원귀(冤鬼)가 되어 평생에 예기치 않은 흉화가 발생할 수 있는 것이다.

● 月支에 지살(地殺)이 있다. 이동살에 해당하니, 해외유학, 해외여행 등의 신변의 이동이 빈번한 殺이다. 캐나다로 이민을 간 것이다.

● 月支에 목욕살(沐浴殺)이 있다. 목욕살은 통변에서 미끄러지고 실패를 동반하는 殺로 논한다. 月柱에 있으니 형제자매들간 화목함은 기대하기 힘들다 판단한다. 아울러 나서 죽은 형제자매가 있을 것이라 판단한다.

● 日支에 오귀살(五鬼殺)이 있다. 오귀살은 통변상 독수공방살로 논하는데 처궁에

있으니 처와의 연이 돈독하지 못하다 판단하는 것이다.

⊙ 日支 偏印이 급각살(急脚殺)을 대동하고 있다. 사고나 예기치 않은 질병으로 인한 수술 건이 예상되는 것이다. 그 시기는 운로에서 合되어 기신으로 들어 오거나, 刑沖되는 시점이다.

⊙ 時支에 유하살(流霞殺)이 있다. 고서(古書)에는 남명은 객사의 흉액이 있고, 여명은 난산(難産)의 흉액이 있다 했는데, 통변에서는 남녀 공히 유아기 때 어머니 젖을 충분히 먹지 못하고 큰 경우가 많다. 따라서 어려서는 경기(驚氣)를 자주하는 경우가 많고, 나이 들어가면서 부터는 골격이 크지 못하고 잦은 질병에 시달리는 경우가 많다.

⊙ 時支에 偏財가 비부살(飛符殺)을 대동하고 있다. 비부살은 통변에서 시비다툼과 관재구설을 대동하는 흉살이다. 時柱는 유아기와 말년으로 보는데 재물과 연관되어 말년에 관재구설 건이 예고되는 것이다.

4. 대운

⊙ 초년 甲戌대운은 局과 甲己 간합되고 戌土가 있어 한신운이니 가정형편이 유복하지는 못했지만 부모의 보호아래 무애무덕하게 생활했다.

⊙ 癸酉대운은 학창시절인데 기신과 구신운이니 발복이 적었다. 학업과 가사를 도와 농사일을 병행하는 기간이었다.

⊙ 壬申대운은 기신과 구신운이다. 큰 발복은 없었으니 학업을 꾸준히 하여 전문학교의 교수로 재직했고, 丁卯세운인 용신운에 결혼했다.

⊙ 辛未대운은 乙辛 沖과 丑未 沖으로 財星과 日支를 沖하니 신변상의 변동이 있는 운이다. 이때 가산을 모두 정리하고 미국으로 이민을 간 것이다.

⊙ 庚金대운은 乙庚 간합금국의 구신운이니 재물과 연관지어 손재수가 있었다. 같은 동네 교포의 꾐에 빠져 동업한 세탁업이 파산한 것이다.

⊙ 午火대운은 용신운이다. 운수업회사에 취직되어 대형트럭의 운전기사가 되었고, 이 기간 중 日支 丑土 偏印과 午火가 원진살(怨嗔殺)이 되는데, 통변에서 偏印은 흉화를 동반한 문서, 계약 등으로 논한다. 원진되니 운전 부주의로 사고가 발생하여 몇 달간 병원신세를 진 것이다.

● 己土대운은 한신운이니 무애무덕했다.

● 巳火대운은 年·月支와 巳亥 相沖하니 통변상 부모의 예기치 않은 사고나 건강 문제가 발생할 수 있고, 亥水가 대동한 지살(地殺)을 沖하니 일신상의 이동수가 들어오고, 日支 丑土와는 巳丑 반합금국의 구신운이니 예기치 않은 사고 등 흉화를 동반한 문서문제가 발동하는 것이다.

● 戊辰대운은 한신운이니 무애무덕할 것이다.

● 丁卯대운 이후는 용신과 희신운이니 말년은 안락하고 자녀들도 잘 풀려 나갈 것이라 판단한다.

女命(凶殺이 重하여 神氣가 있는 사주)

庚	乙	庚	己
正官		正官	偏財
辰	卯	午	酉
正財	比肩	食神	偏官
冠帶·天殺	建祿·災殺	長生·桃花	胞·囚獄
湯火	眞神·急脚	絞神·幻神	
乙	甲	丙	庚
癸	○	己	○
戊	乙	丁	辛

80	70	60	50	40	30	20	10	
戊	丁	丙	乙	甲	癸	壬	辛	(대운: 10세)
寅	丑	子	亥	戌	酉	申	未	

1. 용신

乙木이 午火節에 生하여 長生을 得했다 하나, 財와 官이 重重하니 신약하고, 또한 염왕지절(炎旺之節)에 乙木이 고사(枯死)할 지경이니 조후(調候)가 급하다. 단비가 시급하니 時地 辰宮의 癸水를 用한다. 局의 重重한 官星이 癸水를 생하니 용신이 태약(太弱)하지는 않아 下格은 면한 것이다.

用神 : 癸水

喜神 :　金
忌神 :　土
閑神 :　木
仇神 :　火

2. 통변

● 천간에 正官이 二位 투출했고 年支에 偏官이 있으니 관살혼잡(官殺混雜)된 상황이
다. 여명의 官星은 부성(夫星)인데 관살혼잡되면 부부연이 적다 판단하는 것이며,
또한 庚金 正官은 年支 酉金에 통근하고 있는데 酉金이 午火節에 병(病)地에 해
당하여 쇠약하고, 염왕지절(炎旺之節)의 庚金은 완금(頑金)이니 심히 무력해진 것
이라 부부해로하기 힘들 것이라 판단한다.

● 日主 乙木과 月·時干의 庚金의 合은 지지에 金氣가 전혀 없으니 합이불화(合而不
化)이며, 또한 쟁합(爭合)의 상황이라 연애결혼일 것이라 판단하며, 化되지 못하
니 正官이 묶인 것이다. 또한 통변에서는 상기의 경우 乙木은 月干 庚金과 合을
이룬다 판단하는 것이다. 正官 부성(夫星)이 묶였으니 무능력한 남편과의 결혼이
라 판단하고, 정작 본인도 正官이 직업, 직장, 직책에 해당되나 묶였으니 직장과
의 연이 없는 것이다.

● 子午卯酉는 도화살(桃花殺)이다. 설혹 사주에 도화(桃花)가 없더라도 子午卯酉 중
二位만 있어도 도화(桃花)라 간주하는데, 상기는 酉午卯 三位가 있으니 도화기(桃
花氣)가 태중(太重)한 것이다. 신기(神氣)나 색난(色亂) 등 흉함이 발동하는 것이다.
그 작용은 酉金에 偏官이 있으니 남편을 극하여 이혼이나 사별수가 들어오고,
午火에 食神이 있으니 밥그릇이 깨지는 것이라 속세를 떠나 산속이나 사찰 등에
서 생활하기를 바라는 것이고, 卯木에 比肩에 있으니 형제간의 연을 끊으려 하는
것이다.

● 卯木 比肩이 한신이고 月柱가 상하 상극하니 형제자매간 돈독한 情은 적다 판단
한다.

● 지지 卯酉 沖은 日支 처궁(妻宮)과 偏官 부성(夫星)의 沖이다. 이런 경우는 부부간
이별수나 사별수가 매우 높은 것이다.

● 지지 午卯 破는 卯木 습목(濕木)이 午火 아궁이의 불씨를 살리지 못하는 것이다.

午火가 밥그릇인 食神에 해당하며 여명이니 자식과의 연이 끊어지는 것이고, 또한 卯木 比肩과의 破殺이니 형제간의 연이 끊어지는 것이고, 또한 밥그릇이 손상된 것이니, 가정과 사회에서 발붙이고 먹고 살 의욕이 없어져 절에 들어가 수행하길 바라는 것이다.

● 官殺이 중중한데 다시 財星이 官殺을 생하니 多官이 된 것이고 多官은 無官이라 논하니 남편궁이 없어지는 것이다. 결국 사별하게 되는 것이다.

● 月支에 食神이 있다. 月柱는 부모형제자매궁인데 食神인 밥그릇이 있으니, 내가 밥을 하여 부모형제를 공양하는 이치다. 따라서 음식 솜씨가 좋아야 하는 것이고, 미식가이어야 하는 것이고, 또한 남에게 많이 베풀어 공덕을 쌓아야 하는 이치이다.

● 乙卯 日柱의 성격은 대체로 매사가 분명하고 세밀하며 성실한 생활을 한다. 외유내강한 면이 많고, 항시 유종의 미를 거두려 하며, 또한 인정이 많은 반면 합리적인 면도 있으나 다소 융통성이 부족한 면도 있다.

● 건강문제는 기신이 金이고 구신이 火다. 심혈관계질환과 대장질환을 조심해야 한다.

● 年支 酉金 偏官이 수옥살(囚獄殺)을 대동하고 있다. 酉金은 한번 가공을 거친 金이니 수술칼로도 논하고, 偏官은 무관직 외에 사고, 질병, 시비다툼, 관재구설과 연관되는 殺인데 수옥살이 있으니, 예기치 않은 사고, 질병 등으로 병원신세를 지는 문제가 발생한다.

● 月支에 교신살(絞神殺)과 환신살(幻神殺)이 있다. 신기(神氣)와 연관된 殺이다. 日主 乙木이 坐下 寅木에 건록(建祿)을 득하여 뿌리가 튼튼하니 사기(邪氣)가 침투하기는 쉽지 않으나 속세를 떠나 부처에 귀의하고자 하는 마음은 깊은 것이다. 상기의 殺들이 있는 경우 만약 日主와 용신이 태약하면 神을 받아 무속인이 되는 경우가 많다.

● 日支에 재살(災殺)과 급각살(急脚殺)이 있다. 예측하지 못한 차 사고나, 다리를 다치는 문제가 발생할 수 있는 殺이다.

3. 운

◉ 초년 辛未, 壬水대운은 희신과 용신운이니 부모의 은덕으로 무탈하게 지냈다.

◉ 申金대운은 지장간에 용신에 해당하는 水가 中氣에 있고, 희신에 해당하는 金이 正氣에 있으니 금수동향(金水同鄕)이며 용신인 水를 생하고 있다. 여명의 용신은 부성(夫星)이니 남편이 들어오는 것이다. 이때 결혼한 것이다.

◉ 癸水대운은 용신운이니 안정된 결혼생활을 하게 되었다.

◉ 酉金대운은 年支 酉金 偏官과는 자형살(自刑殺)이고, 日支 卯木과는 沖이 되는데 남편궁이니 부부간 불화가 시작되는 것이다.

◉ 甲木대운은 己土와는 甲己 간합의 土局으로 용신인 癸水를 극하고, 庚金과는 甲庚 沖하여 正官이 손상되니 남편의 자리가 없어지는 것이다.

  무자세운(戊子歲運)에 탈이 난 것이다. 戊土는 기신이고, 子水는 사주원국과 子午卯酉의 遍野桃花(편야도화)를 형성하여 지지 전체를 흔들어 놓으니 지극히 흉하다. 편야도화는 남명은 때론 귀격(貴格)이 되는 경우가 있으나 역시 색난(色難)을 피하기 어렵고, 여명은 예기치 않은 흉액이 예견되는 것이다. 남편이 불의의 교통사고로 사망한 것이다.

◉ 戊土대운은 午戌 반합화국의 구신운, 卯戌 육합화국의 구신운이다. 食神 밥그릇과 比肩인 형제자매 모두 내가 등지는 것이다. 즉, 月支 本家와 日支인 내 집에서 떠나고자 하는 마음이 생기니 훌훌 털고 산속으로 들어가 살고 싶은 것이다.

◉ 乙木대운은 본시 한신운인데 庚金 正官과 간합되니 사귀자는 남자운이 들어오는 것이다. 그러나 도화살이 강하니 또한 이별수가 있는 것이다.

◉ 亥水대운은 용신운이다. 이후 子, 丑대운 까지는 안정적인 생활을 하게 될 것이다.

男命(從格의 사주)

丁	癸	戊	乙
偏財		正官	食神
巳	卯	寅	未
正財	食神	傷官	偏官
胎·驛馬	長生·將星	沐浴·亡身	墓
陰差·弔客	落井·天轉	流霞·鬼門	飛刃·飛符
喪門·太白	地轉	呑陷·病符	
孤神·湯火			

戊	甲	戊	丁
庚	○	丙	乙
丙	乙	甲	己

73	63	53	43	33	23	13	3	
庚	辛	壬	癸	甲	乙	丙	丁	(대운: 3세)
午	未	申	酉	戌	亥	子	丑	

1. 용신

癸水가 목왕지절(木旺之節)에 生하여 설기(洩氣)되고, 지지 卯巳 사이에 辰土가 탄함(呑陷)되어 암암리에 寅卯辰의 방합목국을 형성하고, 다시 卯未의 반합목국과 乙木이 투출하여 木氣는 태왕(太旺)하고 日主는 극약(極弱)하다. 印星은 오직 巳宮의 庚金이 있으나 同宮의 丙火의 剋을 받으니 완금(頑金=무딘금)이 되고 또한 空亡되니 日主를 생할 여력이 없다. 더욱이 癸水는 戊土와 간합화국의 財星으로 化되어 본분을 망각하니 부득이 旺한 세력을 종(從)하는 종격(從格)으로 논할 수밖에 없다. 태원(胎元)을 살펴보면 태월(胎月)은 己巳라 역시 水氣가 전무하니 어디를 살펴봐도 日主를 부조할 氣가 없는 것이다. 사주에 食傷이 태왕(太旺)하니 日主 癸水는 이를 종(從)하게 되고 "종아격(從兒格)"으로 논하며 용신은 年干에 투출한 乙木으로 잡는다. 乙木은 月·日支 寅卯에 통근하니 약변강(弱變强)이 되어 甲木의 역할을 하는 것이다.

用神 : 乙木
喜神 :　水
忌神 :　金
閑神 :　火
仇神 :　土

2. 통변

● 천간의 財와 官이 지지에 통근하여 투출한 것은 봉급생활자를 의미하면서도 또한 직장과 직업에 충실할 것임을 암시하는 것이고, 천간에 官과 印이 투출하여 지지에 통근한 경우라면 직장과 직업을 바탕으로 한 권력을 밖으로 행사하려는 의도가 강한 것이다. 상기의 경우는 財官이 투출했으니 직업에 충실한 봉급생활자를 의미하는 것이다.

● 年柱와 月柱가 상하 상극하니 조부모 代와 부모 代는 크게 가문이 길하지는 못했을 것이라 판단한다.

● 천간에 투출한 乙·戊·丁은 月令 寅宮의 지장간에 통근하니 旺하며, 食·財·官이 상호 상생하니 귀격(貴格)이다. 月干 正官은 坐下 寅宮에 長生을 득하고, 타 지지에도 통근하니 官星이 旺한 것이다. 다만 아쉬운 것은 印星이 투출하지 못하여 관인상생(官印相生)되지 못하고, 또한 종아격(從兒格)을 형성하여 용신이 乙木인데 官星인 戊土와 상호 상극하니 대귀격(大貴格)을 이루지 못한 점이다.

● 日柱 癸卯의 상(象)은, 癸水는 우로(雨露)에 비유하니 자연상태의 물이고 卯木은 지장간에 甲乙木이 있으니 목초(木草)로 삼림(森林)에 비유된다. 초목이 단비를 기다리는 상(象)이니 명조인은 어떤 직장이나 단체에서 조력자, 참모 및 기획의 역할에 발군(拔群)의 실력이 있는 것이다.

● 日·時支 사이에 辰土 官星이 탄함(吞陷)되었다. 따라서 戊未土와 더불어 관살혼잡(官殺混雜)됨이 염려되는데 다행스러운 것은, 癸卯 日柱는 甲午旬 中이라 辰巳가 空亡이니 탄함된 辰土 正官은 空亡되었고, 年支 未土 偏官은 卯未 반합목국의 食傷으로 바뀌었으니, 月干 戊土 正官 一位만 남게 되어길해진 것이다. 아쉬운 것은 戊土 正官이 癸水와의 합이 통근되지 못하여 합이불화(合而不化)의 상황이라 묶였으니 官運이 대귀(大貴)하지 못했고, 지방 道의 행정부지사를 끝으로 선거직인 국회의원의 길을 간 것이다.

● 時支 巳火 正財가 空亡이다. 따라서 宮의 지장간의 庚金 印星과 丙火 財星이 무력해진 것이다. 印星이 공망(空亡)되니 어머니와의 연이 없는 것이고, 正財가 공망(空亡)되니 재물복과 처의 내조는 크게 기대할 수가 없다.

● 時干 丁火 偏財는 통변에서 부친으로 보는데, 坐下가 空亡地이고 월령(月令)에

통근했다 하나 丁癸 沖으로 상호 손상되니 부친의 자리도 온전치 못한 것이다. 時柱는 유아기와 말년으로 논하는데 時柱가 空亡이니 어려서 부모를 다 여의고 조부모 슬하에서 자랐던 것이다.

- 사주에 比劫이 全無하니 형제자매는 적을 것이라 판단한다.
- 종아격(從兒格)이니 食傷이 용신이고 比劫은 희신이다. 比劫은 사회적으로는 동업자로도 논하고, 선거의 경우에는 나를 지지하는 세력으로도 논하니 이것이 희신이라, 지지 세력의 열성적인 도움으로 국회의원에 당선된 것이다. 대운으로는 壬水대운이다.
- 年支 未土 偏官이 묘궁(墓宮)에 해당되고 비인살(飛刃殺)을 대동하고 있다. 묘궁(墓宮)은 무덤에 갇혀 옴짝달싹 못하는 형국이다. 偏官은 통변에서 시비다툼, 관재구설, 예기치 않은 사고나 질병 등으로도 논하는데, 비인살을 대동하니 예기치 않은 수술 건이나 시비다툼의 발생소지가 있는 것이다. 행운에서 沖 될시 그러한 일들이 발생하는 것이다

  또한 偏官을 아들로 논한다면 묘궁(墓宮)이니 부자지간의 연이 돈독치 못할 것이라 판단하는 것이다.
- 時支의 正財는 말년에 재물복이 있을 것을 암시하는데 아쉽게도 空亡地이니 크게 기대할 바가 없는 것이다.

3. 신살

- 年支 未土 偏官이 비부살(飛符殺)을 대동하고 있다. 시비다툼이나 관재구설이 발생할 수 있는 것이다.
- 年柱가 묘궁(墓宮)과 비인살(飛刃殺)을 대동하니 조상들에게 단명수나 예기치 않은 사고, 질병수가 있었을 것이라 판단한다.
- 月柱에 正官과 傷官이 同柱하고 있다. 月柱의 正官은 본가(本家) 그리고 조업(祖業)을 상징하기도 하는데, 傷官이 있어 剋을 당하니 본가의 역할과 조업(祖業)의 유지에 있어서 손상이 발생하는 것이다. 부모의 단명으로 인해 본가의 역할을 하지 못하게 됐고, 조업도 유지하지 못한 것이다.
- 月支 傷官에 목욕살(沐浴殺)과 망신살(亡身殺)이 있다. 미끄러지고 잊어버리는 殺

이니 부모형제자매가 온전치 못할 것이라 판단하는 것이다. 조실부모한 것이다.

- 月支에 귀문관살(鬼門關殺)이 있다. 귀문관살은 신기(神氣), 풍수, 한의학, 역술학, 불교 등과 연관된 殺로써 이와 연관된 일을 한 조상이 있다 판단하고, 본인은 영감(靈感)이 풍부한 사람이다.

- 日支 食神이 長生과 장성살(將星殺)과 동주하고 있다. 食神은 밥그릇이요 장생과 장성살은 길신이니, 귀인(貴人)의 도움으로 평생 식록(食祿)이 끊어지지 않을 것이라 판단하는 것이다.

- 時支의 正財가 역마살(驛馬殺)을 대동하고 있다. 正財는 본시 봉급을 암시하는 재물인데 역마를 대동하면 偏財로 논하여 사업가의 재물로 논하는 것이다. 그러나 역시 공망지이니 사업가의 길은 요원한 것이다.

- 時支의 음차살(陰差殺)과 조객살(弔客殺)은 흉사로 비명횡사하거나 자살한 조상이 있음을 암시한다.

- 時支에 고신살(孤神殺)이 있다. 時柱는 말년으로 논하니 말년에 고독한 생활을 하게 될 것이다.

- 時支에 탕화살(湯火殺)이 있다. 時柱는 말년이요 자식대의 운으로 논하는데 탕화살이 있으면 자식 대에 한두 번의 실패수가 예상되는 것이다.

- 日·時支 卯辰 사이에 辰土가 탄함(呑陷)되어 있다. 辰宮의 癸水가 印星으로 月干正官과 관인상생(官印相生)으로 공직자의 명조를 이룬 것인데 탄함 되었음이 아쉽다. 그런데 기쁘게도 초년대운이 丑子亥의 水運으로 흘러 辰宮의 癸水 印星을 인통(引通)시키니 印星이 활약하게 된 것이다. 따라서 학업성적이 우수하여 행정고시에 합격하고 공직자의 길로 들어서게 된 것이다.

- 성격은 대체로 조용히 담소하는 것을 좋아하고, 문학과 예술에 소질이 있다. 또한 남을 이익되게 하고, 인정이 많고 봉사정신이 있는 순수한 편이며, 춤과 노래도 좋아한다. 대체로 건강하고 식욕이 왕성한 편이다.

- 나이들어 위장질환이 염려되고, 폐와 대장(大腸)계통의 건강에 유의해야 할 것이다.

4. 대운

- 초년 丁火대운은 한신운으로 丁癸 沖하여 日主를 손상시키니 어려서 잔병치레가 많았다.

- 丑土대운은 구신운이다. 月·日支의 木氣와 相剋되니 조실부모하게 된 것이다.

- 丙火대운은 한신운이다. 조부모 밑에서 학업을 계속할 수 있었다.

- 子水대운은 희신운이다. 학업성적이 좋았고, 子卯 刑하여 日支를 刑하니 타지로 유학을 가게 된 것이다.

- 亥水대운은 본시 희신운인데 局과 亥卯未 삼합목국의 용신운으로 바뀌니 행정고시에 합격하여 공직자의 길을 걷게 된 것이다.

- 甲木대운은 용신운이다. 공직자로써 기획능력이 뛰어나 윗사람의 인정을 받아 官運이 승승장구했다.

- 戊土대운은 본시 구신운이나 寅卯木과 合 火局의 한신운으로 바뀌니 진로가 무탈했다.

- 癸水대운은 본시 용신운이나 戊癸 합화의 한신운으로 바뀌니 길함이 적어지나 공직생활이 무애무덕했다.

- 酉金대운은 기신운이다. 寅卯木과는 상극되고, 酉金과는 반합금국의 기신운으로 바뀌어 지지를 전부 흔들어 놓이니 공직과의 연이 다한 것이다. 퇴직하고 국회의원에 출마했으나 낙마했다.

- 壬水대운은 용신운이다. 국회의원선출에 재도전하여 당선됐다.

- 申金대운은 기신운이다. 그러나 다행인 것은 이 대운 중 壬辰세운은 壬水가 희신운, 辰土는 大運 申金과 辰申 반합수국의 희신운이니 세운이 길하여 재선의 영광을 누린 것이다. 丙申세운도 역시 선거가 있는 해인데, 時支와 巳申의 육합수국의 희신운이니 뜻을 이룰 것이라 판단된다.

- 辛未대운은 기신과 구신운이다. 辛金은 乙木 食神을 극하고, 未土는 月·日支와 상극하여 자리의 변동이 들어오니 정계 은퇴를 고려해야 하는 것이다.

- 庚午대운은 기신과 한신운이다. 庚金은 食神인 乙木과 간합금국의 기신운이니 건강문제가 대두되는 것이다. 午火대운은 한신운이니 무애무덕할 것이다.

男命(食神生財의 사주)

甲	丁	辛	癸
正印		偏財	偏官
辰	未	酉	丑
傷官	食神	偏財	食神
衰·天殺	冠帶·月殺	長生·將星	墓
五鬼·幻神	陰差·紅艶	文昌·囚獄	飛刃·白虎
寡宿·絞神		喪門·隔角	陰差·太白
乙	丁	庚	癸
癸	乙	○	辛
戊	己	辛	己

71	61	51	41	31	21	11	1	(대운: 1세)
癸	甲	乙	丙	丁	戊	己	庚	
丑	寅	卯	辰	巳	午	未	申	

1. 용신

丁火가 酉金月에 長生을 득했지만, 지지에 酉丑 金局의 財星局과 食傷이 중중하여 수(囚)됨과 설기(洩氣)됨이 많으니 신약하다. 印星을 용하여 日主를 생조하면 사주가 중화를 이룰 수 있으니 時干 甲木을 용한다. 용신 甲木은 월령(月令)과 비교시 태(胎)地라 쇠(衰)하지만 坐下 辰土 여기(餘氣)에 통근하고, 습토(濕土)라 甲木이 뿌리를 내릴 수 있으니 태약(太弱)하지는 않은 것이다.

用神 : 甲木
喜神 :　水
忌神 :　金
閑神 :　火
仇神 :　土

2. 통변

◉ 용신 甲木이 時柱에 있으니 말년과 자손 대에 발복이 있을 것이라 판단한다.
◉ 월령(月令) 酉宮의 正氣인 辛金 偏財가 月干에 투출했으니 偏財格이다. 따라서 사업가의 명조로써 행동과 생각이 민첩하고 이재(理財)에 밝고 사리판단이 분명

하리라 판단한다.

- 年·月干에 偏官과 偏財가 투출했으니, 이러한 명조는 대체로 봉급생활자로 이공계(기술직)의 업종에 종사하는 경우가 많다.

- 年柱는 조상의 자리이다. 밥그릇으로 논하는 食神이 土에 있고 우로(雨露)에 해당하는 癸水가 천간에 있으니 이는 통변에서 농업과 연관된다. 따라서 조상들은 관직으로 나가지 못하고 농사업에 종사했을 것이라 판단한다.

- 年支 丑土 食神이 묘궁(墓宮)이다. 조상의 자리인데 밥그릇이 무덤 속에 들어있는 상황이라 사용치 못하니 명(命)과 연관된다. 조상들은 대체로 命이 길지 못했을 것이라 판단하는 것이다.

- 年支 丑土는 통변에서 도로사(途路事)로 논하기도 한다. 백호살(白虎殺)과 태백살(太白殺)을 대동하니 예기치 않은 교통사고가 평생에 걸쳐 빈번하게 발생할 수 있음을 암시하는 것이다.

- 年·日支 丑未는 食神이며 고장지(庫藏地)인데, 丑未 沖의 상(象)은 개고(開庫)되어 곳간 문이 열리는 것이니 갖다 쓸 수 있는 것이다. 日主 丁火가 신약한데 미고(未庫)가 열리어 丁火가 튀어나와 日主를 부조하여 旺財를 감당케 하고, 축고(丑庫)가 열리어 辛金 財星을 갖다 쓸 수 있으니 재물이 모아지는 것이다. 다만 丑未가 食神으로 밥그릇의 沖이니 일거리를 찾아 동분서주하는 바쁜 상(象)이다.

- 月柱가 偏財이다. 月柱에 印星이 없더라도 月柱는 부모궁이니 印星의 本家에 해당되므로 암암리에 印星이 숨어있다 판단하는 것이다. 따라서 上下가 偏財라면 財星이 旺한 것인데 암암리에 숨겨진 印星을 파하니 조실부모하거나 어느 한쪽이 일찍 돌아가시는 문제가 나오는 것이다. 부친이 40세 전에 작고 한 것이다.

- 月柱 偏財는 형제자매간의 연도 적다 판단한다. 따라서 어려서 형제자매들이 本家를 떠나 타향으로 뿔뿔이 흩어져 돈을 벌려고 나갔을 것이라 판단하고, 또한 月柱는 형제자매궁으로도 논하니 月柱의 財星은 형제자매들이 재물을 빼앗으려 다투는 형국이라 보고 형제자매간 우애가 돈독함은 적었을 것이라 판단하는 것이다.

- 月·時支 酉辰 육합금국의 상(象)은 합된 金이 辰宮의 乙木 印星을 손상시키는 것이다. 印星은 학문, 지혜와도 연관 지으니 학업의 끈은 길지 못하게 되는 것이다. 공업고등학교 전기과를 졸업한 것이다.

◉ 偏財는 통변에서 남명의 경우 아버지, 재혼한 여자. 애인. 여자친구 등으로 논한다. 月柱 상하가 偏財이므로 旺한데 正財가 암장되었으니 본처와의 연이 적은 것이다. 재혼하여 살고 있다.

◉ 日柱가 丁未다. 未土는 모래흙, 丁火는 화롯불에 비유되는데, 물상에서는 나무가 타고난 재속에 남아 있는 불이라 논한다. 따라서 성격은 내성적이지만, 화를 내면 물불 안 가리고 폭발적으로 좌충우돌하는 성격이다.

◉ 日支에 食神이 있다. 자기 자리에 밥그릇을 깔고 있으니 평생 식복은 있는 것이다.

◉ 日支에 홍염살(紅艶殺)이 있다. 日支는 처궁인데 홍염살을 대동하니 처는 미모가 있을 것이라 판단한다.

◉ 食神을 자식으로 논하면 자기 자리에 자식이 견고히 버티고 있으니 이런 경우 자식에 대한 애정이 깊다 판단하는 것이다.

◉ 時柱에 正印과 傷官이 있으니 상관패인(傷官佩印)의 형국이다. 傷官은 日主의 氣를 설(洩)하는데 印星이 있어 다시 日主를 생하니 설(洩)과 생이 힘의 균형을 이루고자하는 것이다. 時干에 正印이 있으니 그 자식은 효도를 할 것이라 판단하고, 時支에 傷官이 있으니 다소 교만한 면도 있으며 유흥과 잡기를 즐길 것이라 판단한다.

◉ 時支는 자식궁이다. 오귀살(五鬼殺)과 과숙살(寡宿殺)이 있으니 나서 죽은 자식이 있거나 유산된 자식이 있을 것이라 판단한다.

◉ 年·月支의 丑酉는 반합금국의 財星局으로 바뀌고 다시 月干에 偏財가 투출했으니 財星이 중중하여 재다신약(財多身弱)이다. 이러한 명조는 부모와의 연이 적고, 처가 가권(家權)을 장악하는 경우가 많고, 부부 공히 직장생활을 하게 되고, 부옥빈인(富屋貧人)인 경우가 많다.

◉ 年·時支에 食傷이 있다. 食傷은 日主의 氣를 빼앗는 것이니 통변에서는 남에게 퍼주기를 잘하고, 또한 자신의 재예를 남에게 잘 전수해주기도 한다.

◉ 局에 食傷이 중중하다. 食傷은 日主의 氣를 설(洩)하는 것이니, 응용하면 불순물이 가득한 호수의 물을 빼주는 것에 비유되고, 한편으로는 예뻐지려고 하는 성형수술과도 연관된다. 따라서 남녀 공히 食傷이 있는 사주는 대체로 밉상의 얼굴이 적은 편이다.

- 食傷은 통변에서 자식에 비유되니 생식능력과도 연관된다. 日主가 有氣하고 食傷이 重重하면 생식능력이 왕성한 편이다.
- 건강문제는 위장과 폐와 대장(大腸)의 질환이 염려된다.
- 日柱 丁未로 보는 성격은 대체로 고독하며, 주위가 산란하고 복잡한 것을 싫어한다. 또한 줏대가 강하고, 언변이 뛰어난 반면, 조용한 성격도 있으므로 남 앞에 잘 나서기를 꺼린다. 한편으론 주색을 좋아하고, 대인관계는 비교적 좋은 편이며, 토론을 즐기며 비밀이 없다.

3. 대운

- 초년 庚申대운은 기신운이니 家運이 썩 길하지 못했을 것이라 판단하다.
- 己未대운은 구신운이다. 가정형편이 여전히 나아지지 못했을 것이고 따라서 학업성적이 뛰어나지 못했을 것이라 판단한다.
- 戊土대운은 구신운이다. 대학진학이 어려운 것이다.
- 午火대운은 日支 未土와 午未의 支合이 되는데, 본시 午未 합은 합되어 타 오행으로 바뀌지는 않는다고 고서(古書)에서 주장하지만 대체로 火의 성격을 띤다고 보는 것이 옳다. 따라서 日支는 처궁이니 결혼운이 들어온 것인데, 합되니 결국(結局)된 것이라 지체되는 상황이 되는 것이고, 한신운으로 바뀌는 것이니 양쪽다 결혼의사가 강하지 못하다. 여자 쪽에서 결혼을 몇 달 앞두고 파혼을 선언하여 결혼이 깨진 것이다.
- 丁火대운은 丁癸 沖하여 火水가 상호 손상되는 것이다. 火는 比劫으로 동업자나 동료관계이고 水는 偏官이니 이들과의 사이에 시비구설이 들어오는 것이다. 따라서 직장을 옮기게 된 것이다.
- 巳火대운은 巳酉丑 삼합금국의 기신운이다. 직장생활에서 여러 갈등요소가 발생하고 매사 잘 풀리지 않아 심적, 물적 고통이 많았다.
- 丙火대운은 丙辛 합수의 희신운이다. 辛金 偏財 합되어 희신으로 작동하니 직장생활을 그만두고 전기관련 개인사업을 시작한 것이다.
- 辰土대운은 辰酉 합금의 기신운이니 금전적인 손실이 예상되는 기간이다.
- 乙卯대운은 月柱 辛酉와 상호 상충하니 예기치 않은 사고, 질병, 관재구설이 발

생할 수 있는 해이다. 조심해야 할 것이다.

⊙ 甲寅대운은 용신운이니 다소 안정되고 편안함을 기대할 수 있을 것이다.

⊙ 癸丑대운은 丁癸 沖이 있어 희신이 손상되고 酉丑 반합금국의 기신운이니 건강에 특히 신경을 써야 할 것이다.

男命(傷官見官된 사주)

庚	庚	丙	壬
比肩		偏官	食神
辰	辰	午	子
偏印	偏印	正官	傷官
養·華蓋	養·華蓋	沐浴·災殺	死
梟神·陽錯	梟神·陽錯	五鬼·喪門	落井
流霞·飛符	飛符	隔角	
呑陷·劍鋒			
乙	乙	丙	壬
癸	癸	己	○
戊	戊	丁	癸

77	67	57	47	37	27	17	7	
甲	癸	壬	辛	庚	己	戊	丁	(대운: 7세)
寅	丑	子	亥	戌	酉	申	未	

1. 용신

庚金 日主가 지지에 습토(濕土)인 辰의 생을 받고 다시 時干에 庚金이 투출했으니 旺한 것 같으나, 月·日支 사이에 巳火가 탄함(呑陷)되어 암암리에 月柱 丙午火를 부조하니 火氣가 태왕(太旺)한 것이다. 日主 庚金이 旺火에 지나치게 하련(煆錬)되어 손상되니 水를 용하여 旺火를 극제하여 庚金을 살리면 中和를 이룰 수 있다. 따라서 용신은 年干 壬水다.

用神 : 壬水
喜神 : 金
忌神 : 土

閑神 :　木
仇神 :　火

2. 통변

◉ 사주팔자가 모두 陽神으로 구성되어 있다. 음양이 부조화되니 사주구성의 조화
(調和)와 진퇴(進退)에 결함이 있는 것이라 매사 성패와 부침이 복잡다단(複雜多端)
한 명조인 것이다.

◉ 천간에 比肩, 偏官, 食神이 투출했으니 기술직이나 자영업의 명조이다. 月支 午
宮의 여기(餘氣)인 丙火가 月干에 투출했으니 偏官格이다. 이런 경우 사주가 관인
상생(官印相生)되면 무관직의 길을 가나, 관살혼잡(官殺混雜)되거나, 官印이 손상
되면 기술, 정비, 운전, 이공계 등의 길을 가는 경우가 많은 것이다. 子午 沖과
辰辰 自刑으로 官과 印이 손상되었으니 건축업에 종사하고 있는 것이다.

◉ 지지 전체가 沖殺과 自刑殺이 있어 손상되고 있다. 지지의 손상은 나무의 뿌리가
끊어진 것과 같으니 이런 경우 대체적으로 사주가 길하지 못하고, 인생에 크고
작은 풍파가 많다 판단하는 것이다.

◉ 천간에 比肩이 투출했으니 반드시 형제지매 중 나서 죽은 사람이 있는 것이다.
이는 통변에서 日干은 군왕의 자리인데, 比劫은 왕좌를 탐하는 형제들로 논하니
두 명의 君王이 있을 수 없는 것이라 손상된 형제자매가 있을 것이라 판단하는
것이다.

◉ 지지 午辰 사이에 巳火가 탄함(吞陷)되었다 판단하니, 月柱의 官星과 더불어 관살
혼잡의 형국이다. 이런 경우는 봉급생활자의 경우가 적고, 평생 직업의 변동이
많으며, 교묘한 꾀로 남을 이용하는 경우가 많고, 예기치 않은 명예훼손이나 사
고 질병 등의 일이 다반사로 발생한다.

◉ 年柱에 食傷이 있다. 食傷은 日主의 氣를 설(洩)하는 것이니 기술이나 재예도
이에 해당된다. 따라서 조상은 기술직이나 상업, 농사에 종사했을 것이라 판단
한다.

◉ 年·月支가 子午 沖이다. 조상의 자리와 부모형제매궁인 본가(本家)의 자리가 沖
이 되니 고향을 떠나야 하는 문제가 발생한다. 부모 代에 일찍 고향을 떠난 것
이다.

◉ 月柱가 官星인데 구신이다. 이런 경우는 가정형편상 부모형제자매가 한집안에서 돈독하게 지내지 못했을 것이라 판단한다. 각자 어려서 뿔뿔이 흩어져 객지생활을 하며 자수성가의 길을 걸어갔을 것이고, 직업은 대체로 기술계통의 직업을 택했을 것이라 판단한다.

◉ 月支에 正官이 있다. 正官은 통변에서 맡은바 소명으로도 논한다. 따라서 본가(本家)인 月支에 正官이 있으니, 장남이 아니더라도 집안의 대소사를 관장하는 장남의 역할을 해야 하는 것이다.

◉ 月支 正官에 목욕살(沐浴殺)과 재살(災殺)이 있다. 둘 다 명예를 손상하는 殺이다. 正官은 직업, 직장, 직책으로도 논하는데 이것이 손상되었으니 평생에 걸쳐 시비 다툼이나 관재구설이 빈번하게 발생할 것이라 판단하는 것이다.

◉ 月支는 局에서 작용력이 가장 크다. 午火는 구신에 해당되고, 다시 재살(災殺), 오귀살(五鬼殺), 상문살(喪門殺) 등을 대동하니 묘자리의 흉함과도 연관지어 논한다. 육친법을 적용하면 日主 庚金의 偏財인 甲木은 父이고, 다시 甲木의 偏財인 戊土는 조부(祖父), 다시 戊土의 偏財인 壬水는 증조부(曾祖父)이며 壬水와 合을 이루는 丁火는 증조모(曾祖母)이다. 따라서 月支 午火는 천간으로는 丁火이니 증조모의 묘소에 흉함이 있다 판단하는 것이다.

月支의 흉살과 연관지어 묘(墓)의 길흉을 논하는 것은 필자의 경험상 적중률이 매우 높았으니 독자들도 잘 궁구하여 활용해보기 바란다.

◉ 日支는 妻宮이다. 偏印인 어머니가 처의 자리에 있으니 고부간의 갈등이 있을 것이라 판단한다.

◉ 日支 辰宮의 乙木은 財星이다. 한신에 해당되어 처덕은 크게 기대할 수 없으나, 日干 庚金과 암암리에 合을 이루어 천합지자(天合地者)가 되며 희신으로 바뀌니, 갈등의 소지는 있겠지만 이별수는 적다 판단한다.

◉ 日支 辰土가 偏印과 양(養)을 대동하고 있다. 양은 양육되어지는 것인데, 偏印은 서모라, 이런 명조자는 유아기에 외가(外家) 등의 남의 집에서 양육되는 경우가 많은 것이다. 특히 日支에 효신살(梟神殺)이 있으니 유아기에 남의 손에 양육되어야 효신살의 흉액이 해소된다 판단하는 것이다.

◉ 日支 偏印이 비부살(飛符殺)을 대동하고 있다. 偏印은 통변에서 대체로 흉액을 동반한 문서나 계약 등으로 판단하며, 비부살은 관재구설의 殺이다. 따라서 사고나

질병, 손재 등의 흉액과 연관한 시비다툼이나 사송(詞訟)이 있게 될 것이라 판단하는 것이다.

● 日支 偏印이 화개살(華蓋殺)을 대동하고 있다. 화개살은 불교, 무속, 풍수, 역술 등과 연관된 殺이다. 偏印에 있으니 조상 중에 여자 쪽으로 이와 연관된 일을 한 조상이 있을 것이라 판단하는 것이다. 또한 화개살이 印星에 있으니 위 명조자는 총명함은 타고났으나, 화개살은 속세를 등진 것이니 권세와 명예와는 연관이 적은 총명함이라 판단하는 것이다.

● 時干 庚金에 比肩이 있다. 比肩은 통변에서 동업자로도 논하는데, 金은 희신에 해당하니 동업은 可하다 판단한다. 아울러 형제자매간의 관계를 논하면 비견이 희신이니 우애는 있을 것이라 판단하는 것이다.

● 時柱에 偏印과 比肩이 있다. 偏印은 통변에서 서모(庶母)라 논하고 比肩은 형제자매니 이복형제 문제가 나오는 것이다. 따라서 본인에게는 어머니나 혹은 할머니가 두 분일 것이라 판단하는 것이다.

● 時支에 偏印이 있다. 본시 자식은 효를 하고 부모의 말을 잘 따를 것이나, 아쉽게도 日支와는 辰辰으로 自刑되니 태어나서 일찍 죽은 자식이 있을 수 있으며, 부모와 자식간에 화기애애한 情은 적을 것이라 판단한다.

● 時支 偏印이 유하살(流霞殺)을 대동하고 있다. 유하살은 고서(古書)에서 남명은 객사(客死)의 殺이고 여명은 난산(難産)의 殺로 논하고 있다. 현대적 의미로는 유하살이 時柱에 있으면 어려서 어머니 젖을 풍족하게 먹지 못하고 자란 경우가 많고, 또한 잔병치레가 많았을 것이라 판단하는 것이다.

● 庚辰 日柱의 성격은 매사 부정적인 시각이 많으나, 의협심이 강하고, 일처리가 속전속결이고, 다소 한량 기질이 있다. 또한 月柱 官星의 영향으로, 억지로 일을 관철하려는 특성이 있고, 남 앞에 나서기를 좋아하는 성격도 있으며, 신경질적인 반응도 자주 나타내나, 매사 일의 추진력은 강하다.

● 고혈압 등 혈관계질환과 폐질환과 대장질환이 염려된다.

3. 대운

● 초년 丁未대운은 火土의 구신과 기신운이다. 청소년기에 해당되는데 가정형편이 넉넉하지 못했을 것이라 판단하고, 가족들은 생계를 위해 뿔뿔이 흩어져 타향에

서 정책했을 것이라 판단한다.

- 戊土대운은 학창시기인데 기신운이니 학업을 계속하기 힘들었을 것이다.
- 申金대운은 본시 희신운이나 局의 子辰과 삼합수국의 용신운으로 바뀌어서 길하다. 처궁인 日支 辰土와도 合이 되니 결혼운이 들어오는 것이고, 자식인 子水 傷官과도 合되니 자식을 얻게 되는 것이고, 辰土 印星과 合되어 旺하게 용신운으로 들어오는 것이니 취직되고 보다 큰 집으로 이사하게 된 것이다.
- 己土대운은 기신운이다. 직장생활에서의 갈등 요소가 많이 발생하여 회사를 더 이상 다닐 수가 없게 된 것이다.
- 酉金대운은 辰土와 辰酉 육합금국의 희신운이니 길하다. 酉金은 比肩으로 통변에서 동업자로 논하니, 가깝게 지냈던 지인과 동업관계로서 건축관련 회사를 차린 것이다.
- 庚金대운은 희신운이라 대체로 길하다. 月干 丙火 偏官과는 상극되니 偏官이 태동하여 거래처와 대금 문제로 시비다툼, 관재구설이 발생한 것이고, 또한 月柱인 本家와의 상극이니 동업관계를 청산하고 독립하게 된 것이다.
- 戊土대운은 본시 기신운이나 午戌 반합화국의 구신운으로 바뀌니 회사운영과 관련하여 명예훼손 등의 구설이 따르고, 辰土와는 沖이 되는데 기신의 相沖으로 흉살이 완화되니 오히려 흉변길이 되는 것이다. 구설수가 진정되고 새로운 계약건이 성사된 것이다.
- 辛金대운은 본시 희신운인데 丙火와 丙辛 합수의 용신운이니 길하다. 회사의 큰 발전이 기대된다.
- 亥水대운은 본시 용신운이나 日·時支 辰土 偏印과 辰亥 원진살(怨嗔殺)이 된다. 亥水 용신의 길함이 손상되었고, 偏印은 흉액을 동반한 사고, 질병 등으로 논하니 예기치 않은 흉화가 발생할 수 있다. 또한 문서, 계약 등으로 인한 손재수가 발생하기도 하고, 日·時支는 처와 자식궁이니 처자식에게 흉화가 닥칠 수 있는 것이다.
- 壬子대운은 본시 용신운이나, 月柱 丙午와 相沖하니 예기치 않은 큰 화액이 예상된다. 혹 세운에서도 공히 月柱를 沖剋하게 되면 命을 보존하기 힘든 경우가 많다. 官星을 沖하는 것이니, 관재구설이나, 파직, 사고, 질병, 손재수도 겸해서 발생할 것이다.

- 癸丑대운은 무애무덕하다.
- 甲寅대운은 甲庚 沖하여 日主가 손상되고, 다시 寅午 반합화국의 구신운이니 또 한번 흉액이 예상되는데 命을 보존하기 힘들 것이다.

女命(從財格의 사주)

癸	戊	丙	辛
正財		偏印	傷官
亥	子	申	亥
偏財	正財	食神	偏財
胞·地殺	胎·桃花	病·劫殺	胞
破軍·劍鋒	飛刃	孤鸞·陽錯	病符
病符		暗祿·絞神	
戊	壬	己	戊
甲	○	壬	甲
壬	癸	庚	壬

73	63	53	43	33	23	13	3	(대운: 3세)
甲	癸	壬	辛	庚	己	戊	丁	
辰	卯	寅	丑	子	亥	戌	酉	

1. 통변

戊土가 申月에 생하여 토금식상격(土金食傷格)이다. 사주에 水 財星이 중첩되어 日主가 신약하고, 秋月은 천지가 한(寒)하니 火의 따뜻함이 필요하다. 따라서 印星이 요긴하여 月干 丙火를 용해야 하지만, 丙火는 오히려 辛金을 탐(貪)하여 합하려 하고 年·月支에 水가 있으니 간합수국의 진화격(眞化格)이 되어 丙火를 용할 수 없다. 戊癸의 경우는 간합되어 火로 바뀌려 하나 日·時支에 火氣가 全無하니 간합화국이 형성되지 못한다. 즉, 합이불화(合而不化)의 상황이다. 따라서 局이 전부 水로 되어 있는 형국이니 日主는 부득이 水 財星을 종(從)할 수밖에 없다. 종재격(從財格)으로 논한다. 용신은 時干 癸水이다.

用神 : 癸水

喜神 :　金
忌神 :　土
閑神 :　木
仇神 :　火

2. 통변

● 戊土 日主가 局의 대다수인 水에 둘러쌓여 있으니 이 상(象)은 바다에 홀로 우뚝 솟은 섬으로 비유된다. 해산물의 채취가 용이하여 재물복은 많으나, 고립되어 있으니 돈을 쓸 곳이 없는 격이라 재물을 탐함이 많고, 타인과의 교류가 적어 고독함이 몸에 배어있으니 가정을 꾸리기가 용이치 않은 것이다. 또한 재물을 모으면 모을수록 일신상의 신고(身苦)가 따르는 형국이라, 남에게 많이 베풀며 적덕을 쌓지 못하면 단명수(短命數)가 염려되는 것이다.

● 月干 丙火 偏印은 辛金과 간합수국의 財星局으로 바뀌니 무력해졌다. 본시 두뇌는 총명하나 학업운이 길하지 못하다 판단하고, 印星은 부모로 논하는데 化되어 타 오행으로 바뀌니 부모와의 연도 돈독하지는 못할 것이라 판단한다.

● 천간에 傷官과 正財가 투출하여 지지에 통근하고 있으니 상관생재(傷官生財)의 부격(富格)을 이루었다. 傷官은 예체능과 연관지으니 미용업으로 수십억의 재산을 모은 것이다.

● 年干 辛金 傷官은 월령(月令)에 통근하니 旺하다. 따라서 암암리에 官星을 극하게 되는데 여명의 官星은 남편으로 논하니 남편과의 연은 적을 것이라 판단하는 것이다. 亥宮의 甲木은 偏官으로 남편인데 水를 담뿍 담은 나무라 사주에 火가 있어 건조시키지 못하면 무용지물이 되는 것이다. 이렇게 되면 대체로 결혼을 늦게 하거나, 결혼하더라도 이혼수가 높고, 남편과의 화기애애한 情은 기대하기 어려운 것이다.

● 官星은 남녀 공히 직업, 직장, 직책을 의미하는데, 傷官이 투출한 경우라면 암암리에 官을 극하게 되니 설혹 지지에 官星이 암장된 경우라도 손상을 입게 되는 것이다. 따라서 고용된 봉급생활자의 길을 가지 못하고 자영업의 길을 택하게 되는 것이다.

● 年柱에 傷官과 偏財가 同柱하니 조상들은 관직과는 연이 적고 상업계통의 직업

- 을 택했을 것이라 판단한다.

- 月柱가 상하 상극이다. 부모형제자매간 화목함은 적었을 것이라 판단한다. 또한 比劫은 형제자매로써 기신에 해당하고, 지지 亥宮의 戊土는 진흙토가 됐으니 써 먹을 수 없다. 따라서 형제간의 情도 적을 것이라 판단하는 것이다.

- 月支 食神이 암록(暗祿)을 대동하니 번득이는 아이디어가 많은 것이다. 여러 개의 미용실을 운영하면서 다양한 아이디어로 손님들을 끌어 모으는데 탁월한 재능이 있는 것이다.

- 月干 丙火 印星은 어머니로 논하는데 辛金과 간합되어 財星으로 바뀌니 어머니 와의 연이 적을 것이라 판단한다. 戊土대운 기신운에 작고한 것이다.

- 月柱는 통변에서 命主가 태어나고 자란 本家라 판단하여 육신에서는 正印의 자 리로 보는 것이다. 실제 사주에서 月柱에 印星이 전혀 없더라도 통변에서는 正印 이 은복되어 있다 판단하는 것이다. 그런데 月干에 偏印인 서모가 투출했으니 두 어머니 두 할머니 문제가 나오고 또한 이복형제 문제가 암암리에 나타나 있는 것이다. 그리고 친부모와의 연이 적을 것이라 판단하는 것이다.

- 日·時干 戊癸 합은 지지에 火氣가 전무하니 합이불화(合而不化)의 상황이다. 陰 干인 癸水 正財가 묶였으니 봉급생활과는 거리가 먼 것이다. 또한 印星으로 化되 지 못한 것이니 오히려 매사 문서, 계약관계에서 조심하여야 한다.

- 사주의 食傷은 日主의 氣를 설(洩)하는 것이니, 日主의 불순물이 밖으로 배출되 는 것에 비유하고, 현대적 의미로는 성형수술과도 연관 지으니, 食傷이 투출된 경우엔 남녀 공히 미남과 미녀의 경우가 많은데, 특히 日支에 도화살(桃花殺)을 대동하니 상당한 미모와 재능을 갖춘 것이다.

- 日支에 子水 正財가 있다. 日柱에 있는 財는 내 몸에 가까이 있는 財가 되는 것이 며 용신이니 평생 재물복이 몸에서 떠나지 않는 것이다.

- 時柱에 財星이 있으며 용신이다. 時柱는 말년을 의미하니 말년에도 재물은 풍족 할 것이라 판단한다.

- 局에 水氣가 만국(滿局)을 이루고 있다. 여명에서의 水多는 색정(色情)과도 연관되 는데 다시 도화살(桃花殺)을 대동하니 남자와 연관된 일로 인해 예기치 않은 흉화 가 염려되는 것이다.

- 구신이 火니 혈관계질환이 발생할 수 있고, 기신이 土니 소화기계통의 질환이

염려된다.

3. 대운

⊙ 초년 丁酉대운은 부모의 보살핌 속에 무애무덕하게 보냈을 것이다.

⊙ 戊戌대운은 기신운이다. 가정형편상 곤란이 닥쳐왔을 것이고, 학업을 지속하기
가 어려웠을 것이다. 전문대를 졸업하고 미용업에 뛰어든 것이다.

⊙ 己土대운은 기신운이다. 매사 저체됨이 많았고, 장녀로써 가정을 돌봄에 일조를
해야 했기 때문에 정신적으로 물질적으로 신고(身苦)가 많았다.

⊙ 亥水대운은 용신운이다. 매사 순탄했고 발전이 거듭된 것이다.

⊙ 庚金대운은 희신운이다. 丙火 偏印과 상극되니 추가로 미용실을 인수하는 과정
에서 문서와 연관되어 다소의 손재수가 발생했으나, 인수한 미용실의 사업상 호
황으로 인해 발전이 거듭됐다. 이 대운 중 丁亥세운에 丁火는 坐下 亥水의 극을
받으니 무력해져 작용함이 적어 무탈했고, 亥水는 용신이니 이해에 결혼했다.

⊙ 子水대운은 본시 용신운인데 다시 月支 申金과 申子 반합수국의 용신운이 되어
미용실을 몇 개 더 인수하고 발전이 거듭됐으나, 이 대운 초기 戊子세운은 戊土
가 용신인 水를 극하니 결혼생활은 1년만에 파경을 맞은 것이다. 이는 亥宮의
甲木 官星이 남편인데 사주에 水가 태왕(太旺)하여 부목(浮木)의 상황이 되어 남편
을 건사하지 못했던 것이다.

⊙ 辛金대운은 본시 희신운이나 丙火와 간합수국의 용신운이 되어 길하다. 丙火 印
星인 문서가 合되어 용신으로 들어오는 것이니 땅이나 건물 등의 부동산을 매입
하게 될 것이다.

⊙ 丑土대운은 본시 기신이나 亥子丑 방합수국의 용신운으로 바뀌니 크게 길하다.
비약적인 발전이 있을 것이다.

⊙ 壬寅대운 이후도 용신과 한신운이니 발전이 거듭될 것이나, 寅木대운에서는 月
支 申金과는 寅申 沖되니 예기치 않은 사고와 질병, 명예훼손 등을 조심해야 할
것이다.

女命(부부연이 박한 사주)

甲	己	庚	戊
正官		傷官	劫財
子	未	申	戌
偏財	比肩	傷官	劫財
胞·災殺	冠帶·攀鞍	沐浴·驛馬	養
天乙·喪門	暗祿·寡宿	金輿祿	幻神·急脚
隔角·桃花	絞神	弔客·孤神	
空亡			

壬	丁	己	辛
○	乙	壬	丁
癸	己	庚	戊

71	61	51	41	31	21	11	1	
壬	癸	甲	乙	丙	丁	戊	己	(대운: 1세)
子	丑	寅	卯	辰	巳	午	未	

1. 용신

己土가 申月에 생하여 목욕(沐浴)地이니 실기(失氣)했다. 己土는 전답(田畓)의 土인데 申月은 곡식이 영글어 가며 추수를 기다리는 시점이라, 水가 꼭 필요한 것은 아니나 火가 없으면 곡식이 實해지지 못하는 것이다. 비록 比劫이 있다하나 月柱 傷官의 세(勢)가 왕하고, 時柱에 財官이 있어 日主의 氣를 쇠(衰)하게 하며, 年, 月支 戌申은 月干 庚金을 끌어와 암암리에 申酉戌의 방합금국을 형성하니 설기(洩氣)가 태다(太多)해져 신약한 것이다. 따라서 印星을 용하여 日主를 부조하면 중화를 이룰 수 있다. 丙火가 요긴한데 全無하고 丁火가 암장되어 있으나 火가 긴급하니 부득이 이를 용해야 한다. 日支 未宮의 丁火를 용한다. 丙火 진신(眞神)이 없고 丁火 가신(假神)을 용해야 하니 사주가 귀격(貴格)이 되지 못한다.

用神 : 丁火
喜神 :   木
忌神 :   水
閑神 :   土
仇神 :   金

2. 통변

● 여명의 용신은 통변에서 남편으로 논하는데, 용신 丁火는 투출하지 못하고 또한 생조받음이 적으니 旺하지 못하다. 따라서 남편복은 적을 것이라 판단하고, 일찍 사별수(死別數)도 나오는 것이다.

● 사주에서 천간에 투출한 오행은 명조자의 인생에서 타고난 숙명에 대해 강하게 의사표현을 하려는 것이다. 劫財, 傷官, 正官이 투출했다. 상관견관(傷官見官)의 상황이다. 正官은 여명에서 남편으로도 논하는데 傷官의 극을 받으니 남편과의 연이 적은 것이다. 다시 正官을 직업, 직장, 직책으로 논하면 역시 傷官의 극을 받으니 봉급생활자의 직업과는 거리가 먼 것이다.

● 比劫이 三位 있어 중중한데, 時支 偏財는 日柱 己未土의 剋을 받고 時干 甲木에 설기(洩氣)되니 쇠(衰)하다. 月柱 庚申金의 생조를 바라나 원격(遠隔)되어 있으니 기대하기 어렵다. 따라서 군겁쟁재(群劫爭財)의 상황이라 논한다. 이런 경우엔 금전의 출납은 많으나 지출이 많아 금고에 남는 돈이 적어지는 것이고, 적은 財를 여러 형제들이 갖고자 다투는 형국이니 형제간의 우애를 기대하기 어렵다. 사회적으로는 예기치 않은 음해와 질투와 시비구설에 자주 휘말리게 된다. 특히 운로에서 比劫運이 들어올 시는 그 흉액이 더욱 심한데, 고서(古書)에서는 대운과 세운에서 공히 比劫運이 도래할 시는 命을 보존하기 어렵다 했다.

● 사주에 比劫이 중중하니 형제자매가 많은 것이다. 7명을 두어 둘이 죽고 다섯이 남은 것이다. 또한 戌未宮에 암장된 丁火 印星이 있어 암암리에 比劫을 생하니 이복형제 문제가 나온다. 年柱에 劫財가 있으니 祖父 代로 논하는 것이다.

● 천간에 甲己의 간합이 있다. 甲木 正官이 합되어 比劫으로 化된 것인데, 여명에선 官星이 합되어 타 오행으로 바뀌면 대체로 부부연이 좋지 못한 것이다.

● 年干에 劫財가 투출했다. 명조자의 가족사와 인생에서 형제자매와 연관된 길흉의 문제가 나옴을 암시하는 것이고, 또한 양자, 양녀 문제로 인한 길흉의 문제역시 발생할 것임을 암시하는 것이다.

● 年柱 상하가 모두 劫財이다. 조상들은 관직과는 거리가 멀고 기술과 연관된 직업을 가졌을 것이라 판단하고, 또한 劫財는 財를 탈취하는 것이니 조상들이 재물은 많이 모으지 못했을 것이라 판단하는 것이다. 또한 偏財를 아버지로 논한다면

어느 기둥이건 상하가 모두 劫財의 경우에는 자연 탈재(奪財)하게 되니 부친과의 연이 적은 것이다.

◉ 年支 劫財가 십이포태운성의 양(養)을 대동하고 있다. 조상 중에 이복형제 및 양녀, 양자 문제가 나오고, 다시 환신살(幻神殺)을 대동하니 정신질환을 앓은 조상이 있을 것이라 판단한다. 年支의 급각살(急脚殺)은 단명살(短命殺)로 본다. 따라서 조상 중 단명으로 죽은 조상이 있을 것이라 판단한다.

◉ 年·月支의 戌未는 刑破된다. 比劫에 해당하니 형제자매간 불목함이 있을 것이고, 사회생활에 있어서 동업자, 수하인들과의 사이에 갈등이 발생할 것임을 암시하는 것이다.

◉ 月柱가 傷官이다. 月柱를 통변에서는 본가(本家)의 직책으로도 보는데, 傷官이 있으면 직책을 剋하는 것이라 부모형제자매가 뿔뿔이 흩어져 타행생활을 했을 것이라 판단하는 것이다. 또한 傷官은 예체능과 연관 지으면 어떤 기술이나 재능과 연관된 직업을 갖게 될 것이라 판단하는 것이다. 그리고 형제 덕이 없고 부부 이별수가 있다.

月柱가 傷官이니 旺하다. 따라서 예체능의 한 일면인 음식솜씨가 좋고 또한 행동과 생각이 민첩하고 실행력이 뛰어나며, 남을 무시하고 독단적인 면도 있으나 남에게 많이 베풀려는 자애심도 있다.

◉ 年·月支의 戌申이 月干 庚金을 끌어와 암암리에 申酉戌의 방합금국을 형성하니 傷官이 태왕(太旺)하여 時干 甲木을 극한다. 官星은 여명에서 남편궁인데 傷官의 剋을 받아 손상되니 부부가 해로하기 힘들 것이며 일찍 사별수가 있을 것이라 판단한다.

◉ 月支에 역마살(驛馬殺)이 있다. 月柱는 본가(本家)에 해당되는데 역마살이 있으니 부모 대에 고향을 떠나 타향으로 이사했음을 알 수 있다.

◉ 月支는 부모형제자매궁인데 독수공방의 고신살(孤神殺)을 대동하니 형제자매 중 단명한 사람이 있다 판단한다.

◉ 月支에 조객살(弔客殺)이 있다. 月支에 있는 상문살(喪門殺), 조객살(弔客殺), 환신살(幻神殺), 교신살(絞神殺), 귀문관살(鬼門關殺), 병부살(病符殺) 등은 신기(神氣)와 연관된 殺이다. 따라서 조상 중에 무속, 사찰, 풍수지리, 역술학 등과 깊이 연관된 조상이 있을 것이고, 또한 자살한 조상이 있을 것이라 판단한다.

- 月支에 금여록(金輿祿)이 있다. 금여는 왕족들이 타는 수레를 의미하는데 길신에 해당된다. 官星에 있으면 높은 관직에 오른 조상이 있다 판단하고, 財星에 있으면 재물을 많이 모은 조상이 있는 것이고, 印星에 있으면 학덕이 높아 제자들에게 존경받았던 조상이 있는 것이고, 食傷에 있으면 기술이나 재능으로 명예를 얻은 조상이 있을 것이라 판단하는 것이다.

- 日支에 比肩이 있다. 남편의 자리에 친가(親家)의 형제자매가 와있는 것이니 장녀가 아니더라도 친가(親家)의 대소사에 관여할 일이 많을 것이라 판단한다. 또한 남편과의 연은 적을 것이라 판단한다.

- 日支에 관대(冠帶)가 있다. 십이포태운성 중 관대는 사회에 막 진출을 준비하는 사회초년생에 해당된다. 그리고 여명의 日柱는 본인과 남편의 자리인데 관대가 있다는 것은 본인이 일찍 사회생활을 시작하여 생활전선에 뛰어 들었음을 의미하는 것이다.

- 日支에 암록(暗祿)이 있다. 암록은 아이디어와 발병의 재간이 있는 길신이다. 따라서 命主는 매사에 창조적인 적극성을 지녔다고 판단할 수 있다.

- 여명의 日支는 남편궁인데 과숙살(寡宿殺)이 있다. 독수공방살이니 남편과의 연이 적은 것이다. 남편이 단명한 것이다.

- 日支에 교신살(絞神殺)이 있다. 교신살은 목매달아 자살한 조상이 있는 것인데, 日支에 있는 경우엔 평생에 걸쳐 일신상에 예기치 않은 사고나 질병 등이 자주 발생하는 흉살이다.

- 時柱에 財官이 있고 상하 상생되고 있다. 말년은 재물복이 있을 것이라 판단하고, 자식운은 財生官하니 재물을 바탕으로 명예를 얻을 자식이 있을 것이라 판단한다.

- 時支 子水 偏財가 재살(災殺)을 대동하고 있다. 재살은 일명 수옥살이라고도 하는데, 財星에 있는 경우엔 예기치 않은 일로 손재수가 발생하고 관재구설을 초래하는 흉살이다. 또한 財星은 여명의 경우에도 부친으로 논하는데, 時支 偏財가 재살을 대동한 경우에는 부친의 단명수가 예상되는 것이다.

- 時支 子水 偏財가 空亡이다. 時柱는 자식궁인데 공망되니 자식과의 연은 적을 것이라 판단하고, 財星은 여명에서도 부친으로 논하니 역시 부친과의 연이 적을 것이라 판단한다. 아울러 時支의 空亡은 필자의 간명상 유아기 때 죽을 고비를

넘기게 되는 경우가 종종 있음을 알 수 있었다.

그리고 통변에서는 여명의 財星은 결혼 전에는 친정(親庭)의 부모로 논하기도 하고, 결혼 후에는 시어머니로 논하기도 하는데, 상기처럼 공망된 경우에는 친정 아버님이나 시어머니가 일찍 돌아가시는 경우가 있거나, 혹은 편부나 편모를 모시고 있는 남자에게 시집가는 경우도 있다. 또한 時支는 자식궁이니 자식들과의 연도 많지 않을 것이라 판단한다.

- 時支는 유아기(1세~6세)로도 논하는데 재살(災殺)이 있는 경우에는 이 시기에 경기나 잔병치레가 많았을 것이라 판단한다.
- 時支 偏財가 도화살(桃花殺)을 대동하고 있다. 도화살은 주색(酒色)의 殺인데, 여명의 경우에는 술장사 혹은 요식업으로 재물을 모을 수 있음을 암시하는 殺이며, 손님들에게 인기가 많은 殺이다.
- 時支에 격각살(隔角殺)이 있다. 격각살은 징검다리 중 하나가 빠진 것으로 탄함살(呑陷殺)과 의미가 대동소이하다. 따라서 자식궁에 있으니 나서 죽은 자식이 있거나 유산된 자식이 있을 것이라 판단하는 것이다.
- 日柱가 己未인 경우의 성격은 대체로 야무지고 빈틈이 적으며 이유내강하다. 겉으로는 나약해 보여도 일에 임하면 억척스럽고 양보하지 않으며, 끈질기며 어려움을 잘 극복해 내고 인내로 버텨낸다. 그러나 내심의 성격은 온순하며 매사 꼼꼼히 처리하나 다소 소심한 것이 결점이다.
- 건강문제는 기신이 水고 구신이 金이다. 이런 경우는 대체로 金과 연관된 질병으로 발병하여 水에 해당하는 질병으로 사망하게 되는데, 水가 기신이니 신장, 방광, 혈액, 허리 등과 연관된 질환을 잘 예방하고 대비하여야 한다.

3. 대운

- 초년 己未대운은 한신운이고 比劫에 해당된다. 原局에 比劫이 중중한데 다시 比劫運이 들어오는 것이니 가정형편의 어려움으로 형제자매들이 돈을 벌러 타향으로 뿔뿔이 흩어졌던 것이다.
- 戊土대운은 한신운이라 무애무덕한데 농사짓는 부모를 돕고 틈틈이 가사일도 거들었던 것이다.

⦿ 午火대운은 용신운이다. 집안 형편이 다소 나아져 고등학교를 마칠 수 있었다.

⦿ 丁火대운은 용신운이다. 취직을 하였고, 여명의 용신은 남편으로 논하니 이때 결혼한 것이다.

⦿ 巳火대운은 본시 용신운이다. 年支 戌土와는 巳戌 원진(怨嗔)되니 어려운 형제들을 돕느라 재산의 손실이 다소 있었고 동료직원들과의 갈등도 있었던 것이다. 月支 申金과는 巳申 육합수국의 기신운이다. 月柱는 부모형제자매의 자리이니 흉액이 예고된다. 이때 부친이 예기치 않은 사고로 사망한 것이다.

⦿ 丙火대운은 용신운이다. 집 근처의 직장에 취업하여 살림에 도움을 주고자했던 것이다.

⦿ 辰土대운은 본시 한신운이나 局의 申子와 삼합수국의 기신운으로 바뀌니 흉하다. 형제와 직장동료의 보증문제로 손재수가 발생한 것이고, 남편의 사업부진으로 인한 금전의 손실이 많았고, 직장도 퇴직하게 된 것이다.

⦿ 乙木대운은 본시 희신운이나 庚金과 간합금국의 구신운으로 바뀌니 한식집의 주방장으로 취직했으나 오래가지 못했고, 이때 남편이 예기치 않은 교통사고로 사망한 것이다.

⦿ 卯木대운은 본시 희신운이다. 年支 戌土와는 卯戌 육합화국, 月支 申金과는 卯申 원진살, 未土와는 卯未 반합목국의 희신운으로 되니, 일희일비하는 면도 있으나 이 기간은 대체로 길하다. 불고기 집을 인수한 것이다. 제법 번창했다.

⦿ 甲木대운은 본시 희신운이나 日主 己土와 간합토국의 比劫으로 化되어 한신 운으로 바뀌는데, 比劫이 重重한 사주에 다시 比劫運이 도래하니 흉액이 예상된다. 음식점에 딸린 공터를 사들여 주차장으로 확장하려고 지인에게 돈을 빌린 것이 화근이 된 것이다.

⦿ 寅木대운은 본시 희신운이다. 그러나 月支 申金과 沖되어 희신이 손상되니 흉하다. 장사가 부진하여 음식점 수입이 점차 줄어드는 중 앞서 甲木대운에 차용한 돈이 화근이 되어 송사(訟事) 건이 발생하여 손해를 감내해서라도 음식점을 처분해야 했던 것이다. 많은 손재가 발생했다.

⦿ 癸水대운은 본시 기신운이나 戊土와 간합화국의 용신운으로 바뀌니 만사가 점차 안정될 것이다.

⦿ 丑土대운은 局과 丑戌未 삼형살(三刑殺)이 되니 예기치 않은 질병과 사고를 조심

해야 할 것이다.

◉ 壬子대운은 기신운이니 흉하다.

男命(偏枯된 사주)

癸	戊	甲	己
正財		偏官	劫財
丑	寅	戌	亥
劫財	偏官	比肩	偏財
養·月殺	長生·亡身	墓·天殺	胞
喪門·寡宿	陽錯·孤神	病符·寡宿	官貴·絞神
病符·斧癖	文曲·學堂		
	幻神·呑陷		
	急脚		
癸	戊	辛	戊
辛	丙	丁	甲
己	甲	戊	壬

75	65	55	45	35	25	15	5	(대운: 5세)
丙	丁	戊	己	庚	辛	壬	癸	
寅	卯	辰	巳	午	未	申	酉	

1. 용신

천간의 甲己의 간합토국은 年·月支의 亥戌에 통근하여 合은 되나, 甲木의 입장은 역시 年·日支 亥寅에 통근하니 化하려 하지 않는다. 합이불화(合而不化)의 상황이다. 局에 土氣가 旺하니 먼저는 重土를 소토(疏土)시킴이 급하고, 나중은 戌月은 금왕지절(金旺之節)이라 한(寒)하니 丙火가 필요하다. 月干 甲木을 용신으로 잡는다. 용신 甲木은 월령(月令)이 양(養)地라 실령(失令)했고, 年支 亥宮에 통근했다 하나 丙火가 불투하여 한습(寒濕)한 木이라 쓰임이 적고, 日支 寅木은 月支 戌土와 반합화국을 이루니 부조(扶助)를 기대할 수 없어 용신이 旺하지 못하여 귀격(貴格)이 되지 못한다.

　用神 ： 甲木

喜神 : 水
忌神 : 金
閑神 : 火
仇神 : 土

2. 통변

● 남명의 용신은 통변에서 아들로 논한다. 용신 甲木은 月干에 투출했으나 年干 己土와 간합되어 합이불화(合而不化)의 상황으로 변하여 용신의 역할을 하지 못하고, 戌月은 금왕지절(金旺之節)이라 木氣가 쇠(衰)하는 계절이니 자식대의 발전은 크게 기대할 바가 없는 것이다.

● 局에 比劫과 官星이 중중하니 청소, 운전, 정비 등의 단순노동직인 편업에 종사하게 되는 것이다.

● 천간의 甲己는 간합되나 不化되니 묶인 것이라 甲木 偏官을 써먹을 수 없고, 戊癸는 간합화국을 이루려 하나 癸水가 坐下 丑土에 관대(冠帶)地라 약하지 않아 化하려 하지 않으므로 오히려 癸水 正財는 묶이게 되어 역시 써먹을 수 없다. 寅宮의 丙火 印星은 주변이 모두 比劫이라 甲木이 손상당하니 지장간의 丙火 역시 손상당하여 써먹을 수 없다. 이처럼 局에 財官印을 모두 써 먹을 수 없으니 직업은 단순노동직으로 갈 수밖에 없다. 개인택시업을 하고 있는 것이다.

● 천간에 戊癸의 합이 있다. 癸水 正財가 간합을 이루어 印星局을 형성하려 하는데, 日·時支에 火氣가 없으니 합이불화(合而不化)의 상황이다. 따라서 癸水 正財가 묶였으니, 재물과의 연이 적은 것이고, 또한 처의 내조를 기대하기가 힘들 것이라 판단하는 것이다.

● 年支 亥水 偏財는 통변에서 타인이나 상속의 財로 논한다. 日支 寅木과 支合을 이루니 내가 취할 수 있는 財가 되어 조부(祖父)의 땅이 일부 상속된 것이다.

● 局에 比劫이 중중하니 형제자매는 많을 것이라 판단하고, 比劫이 구신에 해당하니 형제자매간 화기애애한 정은 적을 것이라 판단한다. 태어나서 한명이 손상되고 넷이 남은 것이다.

● 局에 土인 比劫이 중첩되니 성품이 온후정대할 것이며, 남을 잘 비난하지 않고, 맡은바 임무는 충실히 수행하며, 신심이 두터워 불교 등 종교적 성향이 강할 것

이라 판단한다.

● 年柱가 조상의 자리인데 土水로 劫財와 財星으로 되어 있다. 따라서 관직과는 거리가 멀고, 오행이 흙과 땅에 해당하니 농업에 종사했던 것이다.

● 年干에 己土 劫財가 투출되었다. 日主 戊土도 比劫에 해당되는데 年干 己土는 대정수(大定數)가 九라 수(數)가 높으니, 누이가 없이 남녀형제 포함하여 장남일 것이라 유추하는 것이다.

● 남명에서 官星은 통변상 직업과 자식으로 보는데, 月干 甲木 偏官이 合되나 化되지 못하고 묶인 것이다. 偏官이 묶이어 사용할 수 없으니 단순노동직의 직업을 택하게 되는 것이고, 또한 偏官이 묶인 것이니 자식과의 연이 적으며, 자식 또한 크게 발복됨을 기대하기 힘든 것이다.

● 月支 比肩이 병부살(病符殺)과 과숙살(寡宿殺)을 대동하고 있다. 병부살은 질병과 연관된 殺이고 과숙살은 독수공방살이니 연관 지으면 손상된 형제자매가 있을 것이라 판단하는 것이다.

● 月支 比肩이 천살(天殺)을 대동하고 있다. 천살은 선천적인 질병과 연관되어지는 殺이다. 月支에 있으며 구신에 해당되니 선천적인 질병을 갖고 태어난 형제자매가 있는 것이다.

● 月支 比肩이 묘(墓)를 대동하고 있다. 比肩은 사회적으로는 동업자나 동료직원, 동창생, 동호회원 등으로 논하는데, 묘(墓)에 있어 무덤 속에 있는 격이라 활동의 제약이 있다 판단하는 것이니 이들과의 연관 관계에서 길함을 기대할 수 없는 것이다.

● 日支에 망신살(亡身殺)과 고신살(孤神殺)이 있다. 망신살은 잠시 나를 잊는 殺이다. 사고, 질병 등으로 장기 입원하거나, 관재구설 등으로 감옥에 가게 되거나, 알코올중독 등으로 인사불성 되거나, 접신되어 神을 받거나, 종교에 심취하여 속세를 떠나거나 등의 일들을 예시하는 殺이고, 고신살은 독수공방 살이다. 日支는 처궁인데 망신살과 고신살이 있으니 처와의 연은 길하지 못하다 판단한다.

● 日支에 문곡귀인(文曲貴人)과 학당귀인(學堂貴人)이 있다. 문곡귀인은 무관직의 길성이고, 학당귀인은 교직(敎職)에 해당하는 길성인데, 아쉽게도 사주에 官印을 써먹을 수 없으니 그쪽 길로 가지 못한 것이다.

● 時柱는 자식궁인데 正財와 劫財가 있다. 상하 상극하고 財星이 쟁탈당하니 길하

지 못하다. 자손 대에 크게 길함을 기대하기 힘들다.

- 時支에 상문살(喪門殺)과 병부살(病符殺)이 있다. 상문살과 병부살은 예기치 않은 흉액이나 자살 등의 원귀로 죽은 조상이 있는 것이다. 이 殺들이 자식궁에 있으니 자식들의 앞길을 방해하고 장애 요소를 유발시켜 자식들의 발전됨을 막고 있는 것이다.

- 財星은 水에 해당되며 희신이다. 그러므로 재물복은 있다 판단할 수 있으나, 時干 癸水는 戊土와 간합은 이루나 化되지 못하여 묶인 것이라 재물복은 크지 못하고, 年支 亥水 偏財는 己戊土의 극을 받아 무력해지며, 食傷이 없어 生財하지 못하니 역시 무력해진 것이며, 戊月의 水는 한(寒)해서 丙火가 투출하지 못하면 사람이 용키 어려우니, 역시 財를 기대하기 힘든 명조다.

- 戊寅 日柱의 성격은 내적으로 유순하고 남을 말을 잘 경청하며 근검절약하는 성향이 있으나 좌절과 포기가 많다. 또한 허황됨을 좇는 경향이 많고 매사 추진력이 부족하여 남의 참고인 역할을 함이 좋다. 그러나 한편으로 자기가 옳다고 생각하는 면에 있어서는 집착이 강하다.

- 구신이 土니 위장계통의 질환이 염려되고, 기신이 金이니 폐와 대장질환이 염려되는 것이다.

3. 대운

- 초년 癸酉대운은 희신과 구신운이다. 길흉이 엇갈리는 운이나 부모의 극진한 보살핌 속에 무애무덕하게 자랐던 것이다.

- 壬水대운은 희신운이다. 무난히 학창시절을 보낼 수 있었다.

- 申金대운은 기신운이다. 이 대운 중 戊午세운은 戊癸 합화와 寅午戌 삼합화국의 한신운이니 어렵게 지방대학에 진학할 수 있었다. 이후의 세운은 기신운이니 학업성적이 썩 뛰어나지는 못했던 것이다.

- 辛金대운은 기신운이다. 군 제대 후에도 특별한 직업을 갖지 못하고 소일했다.

- 未土대운은 본시 구신운인데 局과 丑戌未 삼형살(三刑殺)이 되고 있다. 比劫에 해당하니 동창과 같이 시작한 유통사업이 잘 풀리지 못했던 것이다.

- 庚金대운은 기신운이다. 흉운인데 이 대운 중 세운의 흐름은 다음과 같다.

癸酉세운은 癸水 正財가 들어와 日主 戊土와 干合되니 배우자가 들어오는 것이라 이때 결혼 한 것이다.

甲戌세운은 甲己 합토와 戌土의 구신운인데 식품 유통업을 시작했다.

乙亥세운은 乙木이 용신운이고 亥水는 日支 寅木과 육합되어 官星으로 들어오니 이해에 득남한 것이다.

丙子세운은 丙火 한신운과 子水는 局과 子丑 합토의 구신운이니 사업의 발전이 없었다.

丁丑세운은 丁癸 沖하여 財星이 손상되고, 丑土는 局과 丑戌의 형살(刑殺)이 되니 유통업을 청산하게 되었고 수천만원의 손재수(損財數)가 발생했던 것이다.

- 午火대운은 局과 寅午戌 삼합화국의 한신운이다. 무애무덕하니 회사택시업을 시작한 것이다.

- 己土대운은 甲己 합토의 구신운이다. 택시 운전 중 자질구레한 사고가 많이 발생했다.

- 巳火대운은 본시 한신운이다. 年支 亥水 偏財와 巳亥 相沖한다. 偏財는 통변에서 부친으로 논하니 부친이 작고한 것이다. 日支 寅木 偏官과는 寅巳刑殺이 된다. 日支는 자신의 자리이고, 偏官은 직업, 직책이니 이의 변동수가 들어오는 것이다. 택시운전 중 인사사고로 인하여 개인택시 불하 받기가 어려워지자 퇴직하고 개인택시 면허를 사서 개인택시 사업을 시작한 것이다.

- 戊土대운은 본시 구신운이나 癸水와 간합되어 한신운으로 바뀌니 무애무덕한 운이라 큰 탈없이 개인택시업을 할 수 있었다.

- 辰土대운은 구신운이다. 年支 亥水 偏財를 剋하니 손재수가 발생할 것이고, 또한 戊土 比肩과는 沖되니 동료들과의 사이에 불협화음이 발생할 수 있고, 아울러 月支를 沖하는 것이니 모친과 형제자매들에게 예기치 않은 흉액이 닥칠 수 있는 것이다. 그리고 日支 寅木 偏官과는 상극되니 처에게 예기치 않은 흉사가 예고되고, 官星은 직업, 직장, 직책과 연관되니 상극될 경우 이와 연관된 변동수가 발생하게 되는 것이다.

- 丁火대운은 한신운이다. 時干 癸水와 沖되어 正財가 손상되니 손재수가 발생하는데 時柱는 자식궁이라 자식과 연관된 사안이 발생하는 것이다.

- 卯木대운은 局의 寅亥와 合되어 용신운이고 戊土와는 合火의 한신운이니 말년은

평안함을 얻을 것이다.

◉ 丙寅대운은 한신과 용신운이니 역시 평안한 운을 기대할 수 있다.

男命(財多身弱의 사주)

戊	乙	庚	辛
正財		正官	偏官
寅	未	子	丑
劫財	偏財	偏印	偏財
帝旺·劫殺	養·月殺	病·六害	衰
孤神·呑陷	白虎	文曲·落井	五鬼·太白
鬼門·湯火		五鬼·病符	急脚
天赦		桃花	
戊	丁	壬	癸
丙	乙	○	辛
甲	己	癸	己

77	67	57	47	37	27	17	7	(대운: 7세)
壬	癸	甲	乙	丙	丁	戊	己	
辰	巳	午	未	申	酉	戌	亥	

1. 용신

乙木이 子月에 생하여 병(病)地이니 실령(失令)했다. 월령(月令) 子水는 천간 庚辛金의 생을 받아 旺하지만, 時干 戊土가 지지 寅未에 통근하고 투출하여 制水하니 水의 태왕(太旺)함은 막은 것이다. 子月은 동월(冬月)이라 천지가 한동(寒凍)하니 乙木은 火氣가 없으면 소생(蘇生)할 수 없는 것이다. 따라서 丙火가 존귀(尊貴)하니 丙火로 해동(解凍)하여 乙木을 소생(蘇生)시키고, 다시 戊土로 制水하고 乙木의 뿌리를 배양(培養)하게 하면 사주가 중화(中和)를 이룰 수 있는 것이다. 용신은 時支 寅宮의 丙火이다.

用神 : 丙火
喜神 : 木
忌神 : 水

閑神 : 土
仇神 : 金

2. 통변

● 천간에 正官과 偏官이 투출되었다. 辛金 偏官은 丑宮의 中氣에 뿌리를 두고 庚金 正官은 통근하지 못하니 辛金의 세(勢)에 귀속된다는 것이 통론이지만, 천간에 正·偏官이 투출한 경우엔 물론 왕쇠(旺衰)의 차이는 있지만 보편적으로 통상 관살혼잡(官殺混雜)이라 보고 통변하면 오류가 적었다. 상기 명조자의 경우는 평생에 직장과 직업의 변동이 많았고, 주색잡기 및 교묘한 잔꾀가 많았고, 매사에 책임질 일을 잘하지 않는 편이며, 시비다툼과 관재구설이 잦았으니 전형적인 관살혼잡의 경우라 보면 틀림없다.

● 동월(冬月)의 乙木은 丙火가 존귀(尊貴)한데 암장되어 있으니 귀격(貴格)의 사주는 되지 못하는 것이다.

● 財星이 중첩되어 있다. 신왕(身旺)한 경우면 大財를 감당할 수 있지만 신약(身弱)의 경우는 부옥빈인(富屋貧人)에 불과한 것이다. 日主 乙木이 월령(月令) 子水의 생을 받지만, 財官이 중중하여 정신기(精神氣) 中 神이 태중(太重)하니 신강(身强)하다 볼 수 없는 것이다. 따라서 금전의 입출은 많았지만 모아지는 돈은 적었던 것이다.

● 局에 正財와 偏財가 혼재되어 있으면 재성혼잡(財星混雜)이라 논함이 可한 것이다. 正財가 있는 경우엔 正財가 본처가 되고 偏財는 재혼한 경우의 처 혹은 애인으로 논하지만, 正財가 없고 偏財만 있으면 偏財를 본처로 논한다. 상기의 경우처럼 재성혼잡되어 있으면 대체로 본처와의 연이 적고, 日主의 왕쇠(旺衰)와는 별도로 여난(女難)이 발생하는 경우가 빈번하다. 아울러 財星이 기신이나 구신에 해당되면 여자문제로 인해 손재수가 발생하는 것이다.

● 比劫이 희신이다. 남명의 比劫은 사회적으로는 동업자나 동료, 동창관계로 논하는데 희신이니 이들과의 관계는 길하다 보고, 따라서 대인관계는 원만할 것이고 陰으로 陽으로 인과관계가 있는 사람들로 부터 도움을 받을 수 있는 명조인 것이다.

● 年柱에 偏官과 偏財가 있다. 이런 경우는 조상대에 무관직이나 한의학 혹은 중인

계열이 주로 업을 삼았던 통관업, 상공업, 무역상 등에 종사한 조상이 있다 판단한다.

◉ 남명에서 偏財는 부친으로 논한다. 年支 偏財가 오귀살(五鬼殺)과 급각살(急脚殺)을 대동하니 부친의 단명수가 나오는 것이다. 아울러 年柱를 조상의 자리로 본다면 태백살(太白殺)을 대동하니 예기치 않은 질병이나 사고 등으로 인한 조상대에 단명수가 나오는 것이고, 土는 도로사(道路事)와 연관지으니 교통사고와 연관되는 경우가 많다.

◉ 月柱가 관인상생(官印相生)되고 있다. 官印이 길격이면 공직자의 길이지만, 구신과 기신에 해당되고, 官星은 혼잡되고 印星은 중첩된 財星에 파극(破剋)되니 공직과의 연은 적은 것이다.

◉ 月支에 偏印이 있다. 본시 月柱는 局에 正印이 없더라도 正印의 본래 자리라 논한다. 따라서 正印의 자리에 偏印이 침범하고 있으니 서모(庶母)문제가 나오는 것이고 또한 劫財가 있으니 이복형제 문제가 나오는 것이다. 두 어머니를 모시게 되는 명조인 것이다.

◉ 月支는 日主의 본가(本家)라 논하는데 日主를 생하는 印星이 있다. 이런 경우에는 인생사 흉액과 난관이 빈번하게 닥쳐오더라도 오뚜기처럼 굴하지 않고 일어서는 끈질김이 있다 판단하는 것이다.

◉ 月支 偏印이 병부살(病符殺)을 대동하고 있다. 偏印은 질병이나 사고, 계약파기 등의 흉화를 동반한 계약관계로 본다. 병부살을 동반하니 예기치 않은 질병문제가 발생하는 것이다.

◉ 月支에 십이포태운성의 病과 육해살(六害殺)이 있다. 月支는 부모 형제자매궁이니 이와 연관되어 단명수가 나오는 것이다. 또한 부모로 인해 근심걱정이 생기고, 부부간 연도 박하고, 중년 이후에 풍파가 많이 발생하게 된다.

◉ 月支에 낙정관살(落井關殺)이 있다. 우물 등의 물에 빠지는 殺이다. 물조심을 하여야 하는 것이다. 현대적 의미로는 자동차사고를 뜻하기도 한다.

◉ 月支 偏印에 오귀살(五鬼殺)과 도화살(桃花殺)이 있다. 오귀살이 있으니 문서와 연관지어 흉액이 염려되는데 다시 또한 도화살이 있으니 주색(酒色)과 연관되어 손재수로 들어오는 것이다.

◉ 月·時支가 子未 원진(怨嗔)되고 있다. 未宮의 己土 偏財가 子宮의 癸水 偏印을

손상시키는 것이다. 이는 財와 연관하여 문서, 계약관계상 흉화(凶禍)가 있을 것임을 암시하는 것이다. 또한 偏印이 動하는 것이니 예기치 않은 사고, 질병이 발생하게 되는 것이다.

- 日柱 乙未는 甲午旬 中에 해당되며 辰巳가 空亡이다. 辰土는 戊土와 같으니 時干 戊土는 천간공(天干空)이다. 正財가 空亡이니 재성혼잡된 경우와 같이 본처와의 연이 적은 것이고, 時柱는 사회적으로는 후배나 부하직원으로도 논하니 이들과의 사업상 연관됨은 기피하는 것이 좋다.

- 日柱 乙未는 통변에서 사막에 있는 풀에 비유한다. 따라서 모진 역경을 견디고 살아남아야 하니 평생에 걸쳐 신고(身苦)가 많은 것이다. 또한 살아남기 위해서는 기회 포착을 잘해야 하고 줄을 잘 대야 하는 것처럼, 끊임없는 변신의 재주가 있어야 하고 처세에 능해야 하는 것이다.

- 日支에 偏財가 있으니 행동이 민첩하고 사업가의 수완이 있는 것이다. 그런데 양(養)을 대동하니 양은 남에게 양육되어지는 것이라 이런 경우엔 남의 財와 지혜를 얻어 그 기반으로 내가 일어서는 것이다.

- 日支는 처궁(妻宮)인데 월살(月殺)이 있다. 월살은 인척간의 연이 박해지는 殺이니 처와의 연은 돈독하지 못한 것이다.

- 日支 偏財가 백호살(白虎殺)을 대동하고 있다. 偏財는 지출되는 財로도 논하니 백호살을 대동하는 경우에는 흉화(凶禍)로 인한 손재수가 있을 것이라 판단하는 것이다.

- 時柱는 正財와 劫財가 있다. 상하 상극하니 탈재(奪財)되는 상황이다. 時柱는 말년으로 논하니 말년에 財는 모을 것이나 比劫이 있으니 형제간, 동업자간, 동료간의 재물 다툼과 연관지어 시비구설이 발생할 것이다.

- 時支 寅宮의 丙火가 용신이다. 時柱는 자식궁인데 용신이 있는 경우엔 자식 代에 발전이 있다 판단하는 것이다. 時干이 正財라 재물복이 있는 자식은 두겠으나 時支가 劫財에 해당되고 다시 劫殺을 대동하니 재물로 인한 크고 작은 다툼은 있을 것이라 판단한다.

- 時支에 고신살(孤神殺)과 탄함살(呑陷殺)이 있다. 자식궁이니 자연유산 등으로 인한 손상이 암시되는 것이다.

- 時支에 귀문관살(鬼門關殺)과 탕화살(湯火殺)이 있다. 귀문관살은 신기(神氣)와 연

관되고 탕화살은 화액(禍厄)을 당하는 殺이다. 이런 경우엔 예기치 않게 남의 음해에 시달리거나, 시비다툼과 관재구설이 발생하게 되는 것이다.

◉ 용신 丙火가 時支 寅宮에 있으니 자식 代에서는 발복되어 가문을 일으킬 것이라 판단한다.

◉ 日主 乙木은 본시 가화(稼花)에 해당되어 부피가 작은 나무인데, 더욱이 財官이 중첩되어 정신기(精神氣) 中 神이 重하며 水와 剋됨이 심하니 명조자의 키는 크지 않을 것이라 판단한다.

◉ 戊土 正財는 본처이다. 戊土는 지지로는 辰土에 해당되며 주역의 팔괘(八卦)에서 內卦(坎·艮·震·巽)에 해당되는 고로 처는 명조자와 동향사람일 것이라 판단한다.

◉ 乙未 日柱의 성격은 대체로 단정하고 다소 조심스러운 성품이다. 치밀하고 섬세한 일에는 유능하나 다소 타산적인 면도 있다. 온건하고 합리적인 면을 중시하는 점이 강하나 일처리에 박력이 부족한 단점도 있다.

◉ 구신이 金이니 폐와 대장(大腸)질환이 염려되고, 기신이 水니 신장과 방광, 허리 등의 질환에 시달릴 수 있다.

3. 대운

◉ 초년 己亥대운은 己土는 한신운, 亥水는 지지 未寅과 목국을 형성하여 희신운으로 바뀌니 부모의 보살핌 속에 유복하게 지냈던 것이다.

◉ 戊土대운은 한신운이다. 학창시절인데 학업에 열중함은 적었다.

◉ 戊土대운은 局과 丑戊未 삼형살(三刑殺)을 이루고 있다. 日支를 刑하니 자신의 위치가 안정되지 않아 방황함이 많았고, 또한 매사 잘 풀리지 않았다. 전문대를 졸업하고 소일거리로 세월을 보냈다.

◉ 丁火대운은 용신운이다. 정부의 대기업 지방분산 정책에 따라 지방으로 이전해온 대기업 계열사에 입사하여 직장생활을 시작했다. 그리고 이때 결혼한 것이다.

◉ 酉金대운은 구신운이다. 전반적으로 직장생활에 갈등요소가 많았으나 세운이 흉하지 않으니 무애무덕하게 지낼 수 있었다.

◉ 丙火대운은 본시 용신운인데, 年干 辛金과 丙辛 합수의 기신운으로 바뀌고 있다. 운이 흉하니 회사의 매출부진과 누적된 적자로 인하여 직장이 문을 닫아 실직자가 된 것이다.

◉ 申金대운은 月支 子水와 申子의 반합수국의 기신운이다. 月支는 부모궁인데 合되어 기신으로 바뀌니 부모 중 한분을 잃게 되는 것이다. 부친이 작고하신 것이다. 또한 이 시기에 이것저것 작은 사업거리에 손을 댔으나 모두 잘 풀리지 못했다. 아울러 子水가 도화살을 대동하는데 合되어 기신운으로 바뀌니 이 시기에 여난(女難)도 발생했던 것이다.

◉ 乙木대운은 局의 庚辛과 乙庚 간합금국의 구신운과 乙辛 沖되어 손상되니 官星이 흉하게 바뀐 것이다. 官星은 남명에서 직업, 직장, 직책을 의미하는데, 흉하게 되니 이들과 연관된 시비다툼이나 관재구설이 들어오는 것이다. 자금을 댄 동업자와 청소대행업을 시작했는데, 사업성은 좋았으나 자금관리와 운영계획 등에 이견이 커서 다툼이 잦았고, 소송으로까지 비화됐으나 종국엔 중재인의 도움으로 잘 마무리 되었다.

◉ 未土대운은 한신운이다. 局에 財星이 중중한데 다시 財星運이 들어오니 여난(女難)으로 인한 손재수가 발생하는 것이다.

◉ 甲木대운은 본시 희신운인데, 甲庚 沖하여 희신의 역할이 손상되어 길함이 반감되는 것이다. 또한 庚金 正官과의 沖이니 직업의 변동이 발생하는 것이다.

◉ 午火대운은 본시 용신운이나, 丑土와는 원진(怨嗔)되니 또한 손재수의 염려가 있고, 子水와는 相沖되어 용신이 손상되니 길함이 반감되는 것이다. 子水 偏印과의 沖이니 문서로 인한 손실 건이나, 건강문제가 대두될 것이다. 日支 未土와는 午未 合되는데 火의 성향을 많이 띄어 용신운으로 바뀌는 것이니 득재(得財)함이 있을 것이다. 그리고 日支와의 合으로써 용신운이니 자신의 자리가 안정될 것이라 판단한다. 時支 寅木과는 반합화국의 용신운이니 길하다. 寅木이 劫財에 해당하니 동업관계나 동료관계에서 이로움이 발생할 것이라 예측하는 것이다.

◉ 癸巳대운은 戊癸 합화와 巳火의 용신운이니 말년을 길할 것이다.

◉ 壬辰대운은 壬水는 기신운이고, 辰子 또한 반합수국의 기신운이다. 이때 종명(終命)할 것이라 예측한다.

女命(沖이 있는 사주)

甲	己	丁	癸
正官		偏印	偏財
戊	酉	巳	卯
劫財	食神	正印	偏官
養·天殺	長生·災殺	帝旺·驛馬	病·文曲
呑陷	文昌·學堂	落井·梟神	空亡
		孤神·喪門	
		太白	

辛	庚	戊	甲
丁	○	庚	○
戊	辛	丙	乙

80	70	60	50	40	30	20	10	
乙	甲	癸	壬	辛	庚	己	戊	(대운: 10세)
丑	子	亥	戌	酉	申	未	午	

1. 용신

己土 日主가 巳火節에 생하였다. 己土는 전답과 정원의 土인데, 月柱에 火가 있고 다시 甲卯木이 생하니 火氣가 태왕(太旺)하여, 전답에 가뭄이 든 형국이라 땅이 말라 쩍쩍 갈리지는 것이니 물이 없으면 己土가 생존할 수 없다. 따라서 水가 존귀(尊貴)하니 年干 癸水를 용해야 한다. 癸水는 지지에 水가 없어 통근하지 못하는 것처럼 보이나, 태원(胎元)이 戊申이라 申宮의 壬水가 있으니 癸水를 부조할 수 있고, 다시 日支 酉金이 있어 수원(水源)을 만드니 용신이 태약(太弱)하다 판단해서는 안된다. 지지 巳酉의 경우는 월령(月令)이 火旺節이니 金局이 형성되지 못하고 실기(失氣)했다 판단하면, 상기 사주의 오행의 왕쇠(旺衰)를 논함에 오류가 적을 것이다.

　用神 : 癸水
　喜神 :　金
　忌神 :　土
　閑神 :　木
　仇神 :　火

2. 통변

- 천간에 財官印이 투출했다. 丁火 偏印이 월령(月令)의 正氣에 통근하니 偏印格이다. 時干 甲木 正官은 己酉 日柱가 甲辰旬 中에 해당하니 寅卯가 空亡이라, 甲木역시 天干空에 해당되어 正官을 써먹을 수 없는 것이다. 그렇지 않았다면 官印이투출했으니 공직자의 길을 갔을 것이다. 偏印格이니 임기응변이 뛰어나고 두뇌회전이 빠르나 印星이 구신에 해당하니 학업과의 연은 길지 못한 것으로 판단하는 것이다.

- 천간 甲己의 합은, 甲木이 천간자 중 으뜸이니 존귀(尊貴)와 비천(卑賤)의 합이다.여명 日主 己土와 甲木의 합은 甲木이 존귀(尊貴)한 것이니 그 남편은 반드시 사회적으로 명망이 있는 사람이며, 또한 간합은 부부지합이니 간합이 있는 경우는연애결혼 하는 경우가 많다.

- 甲己의 합은 時支에 戌土가 있어 통근하니 化土局이 성립된 것이다. 甲木이 土의성질로 化되니 正官의 역할에 결함이 있는 것이라, 여명의 正官은 남편성(男便星)이니 남편과의 화기애애한 情은 기대하기 힘들다. 남편이 대기업 건설회사의 중역으로 있으면서 오랫동안 해외근무를 해왔던 것이다.

- 日支 酉金 食神의 의향은 巳火를 끌여들여 金局을 형성하여 年干 偏財를 생하려하고 있다. 酉金은 물상에서 가공한 금속, 수술칼, 차바퀴, 호미, 낫 등으로 비유되는데 한편으론 간장, 된장 등의 장류(醬類)와도 연관되어 음식솜씨가 있는 것이다. 癸水 偏財는 조리하는 것과도 연관 지으니 음식점을 운영하여 돈을 번 것이다. 다만 月干 偏印이 酉金 食神을 극하니 이른바 도식(盜食)되어 밥그릇이 깨지니 大財와는 거리가 먼 것이다.

- 月·日支 巳酉 반합금국의 상(象)은 化金되니 巳宮의 丙火 正印이 손상되는 것이다. 따라서 친정의 어머니가 일찍 돌아가시는 문제가 발생할 수 있고, 본인에게는 예기치 않은 문서나 계약으로 인한 손재수가 발생할 수 있으니 항시 조심해야한다.

- 年柱가 偏財와 偏官으로 되어있다. 상공계통의 직업을 가졌던 조상이 있을 것이라 판단한다. 혹은 한의학이나 역술계통과도 연관이 깊다. 또한 年支 卯木 偏官이 무관(武官)에 해당하는 문곡성(文曲星)을 대동하니 무관직에 종사한 조상이 있

을 것이라 판단한다. 또한 年支 卯木이 空亡地이니 조상들은 단명수가 있을 것이라 판단하는 것이다.

● 年干 癸水는 巳火節에 실령(失令)하여 태약할 것 같지만, 태원(胎元)이 戊申이라 申宮의 壬水가 암암리에 부조하고 다시 日支 酉金의 생조가 있으니 癸水 偏財가 태약하지는 않다. 편재가 투출하여 행세를 하려고 하니 여명으로써 사업계통의 수완이 있을 것이라 판단한다. 의류유통, 부동산개발, 요식업 등의 직업을 가졌던 것이다.

● 年干 癸水가 태약하지는 않으나, 坐下 卯木에 설기(洩氣)되고 月柱의 旺火에 水가 핍박을 당하니 무력해진 것이다. 이런 경우 偏財는 여명에서 아버지로 논하니 부친의 단명수가 나오는 것이다.

● 年支 卯木 偏官이 空亡이니 천간의 甲木은 天干空이라 한다. 官星은 여명에서 남편으로 논하는데 공망되니 부부연은 적은 것이고, 또한 남편을 대신하여 가사를 꾸려나가는데 부인의 역할이 클 것이며, 부부간 장기간 떨어져 사는 경우가 많다. 상기는 남편의 잦은 해외출장 및 장기 해외근무로 인해 떨어져 지내는 경우가 많았던 것이다.

● 月柱가 모두 印星이다. 이런 경우는 대체로 외가(外家)가 몰락한 집안이었을 가능성이 많은 것이다. 그리고 印星이 旺한 것이니 이런 경우 부모와의 연은 박하고 따라서 부모덕은 기대하기 힘든 것이다. 그리고 月柱가 印星인 경우엔 평생에 걸쳐 문서난이 다발할 수 있으니 문서, 계약 등에 유의하고 만전을 기함이 좋다. 月柱가 印星이고 時支에 겁재가 있으니 이런 경우에는 서모(庶母)나 서조모(庶祖母)가 있는 경우가 많고, 이복형제가 있거나 양자나 양녀문제가 나오는 것이다.

● 日支 酉金 食神의 상(象)은 수술칼, 차바퀴, 장류(醬類)와도 연관된다. 年干癸水 偏財를 생하는데, 癸水는 雨露에 비유하고 탕약(湯藥)과 연관되고 음식의 국물과도 연관되니 추어탕 가게를 운영하고 있는 것이다.

● 日・時支 酉戌 害殺의 상(象)은 戌宮의 丁火가 酉宮의 庚辛을 극하는 것이다. 庚辛은 傷官과 食神으로 여명에선 자식으로 논하는데 害殺이 되면 자식들이 무위도식(無爲徒食)으로 생활하는 경우가 많다.

● 月支 正印에 역마살(驛馬殺)이 있다 正印은 문서, 계약, 소식, 인장 등으로 통변하는데, 이동살인 역마살을 대동하면 일신상에 집이나 직업과 연관지어 변동수가

많은 것이다.

◉ 月支 正印에 낙정관살(落井關殺)과 고신살(孤神殺)이 있다. 부모형제자매간 태어나서 단명한 사람이 있다 판단한다.

◉ 月支 正印이 태백살(太白殺)을 대동하고 있다. 사고나 질병 등으로 인해 수술건이 들어오는 것이다.

◉ 月支 正印에 효신살(梟神殺)이 있다. 月支는 부모궁인데 효신살이 있는 경우는 부모와의 연이 적다 판단하니 어려서 外家 등 남의 손에 커야 하는 문제가 나오는 것이다.

◉ 月支 正印에 상문살(喪門殺)이 있다 月支는 통변에서 수명과도 연관 지어서 논한다. 따라서 상문살이 있는 경우는 아버지대나 할아버지 대에 자살한 조상 문제가 나오는 것이다.

◉ 日支 酉金이 갇히는 것을 의미하는 재살(災殺=囚獄殺)을 대동하는데, 酉金은 수술칼로 보고 食神은 여명에서 자식으로 논하니, 자식 중 예기치 않은 사고나 질병 등으로 인해 수술을 하게 되며 병원에 입원해야 문제가 발생하는 것이다.

◉ 時干 甲木은 正官이다. 여명의 官星은 남편성(男便星)으로 논하는데 간합되어 土局으로 바뀌었으니 남편과의 연은 적은 것이다. 또한 여명의 官星도 직업, 직장, 직책으로 논하는데 化되어 타 오행으로 바뀌니 직장과의 연도 적은 것이라 결국 자영업을 길을 택하게 되는 것이다.

◉ 時支 劫財가 십이포태운성의 양(養)을 대동하고 있다. 양은 남의 손에 양육되는 것을 의미하기도 하니 부모 대에 양자, 양녀 문제가 있었거나, 본인이 어려서 外家 등의 남의 손에 양육되었거나 하는 경우가 발생하는 것이다.

◉ 時柱는 유아기로 논하기도 하는데 時支에 천살(天殺)을 대동하고 있다. 천살은 선천적인 질병을 나타내는 殺인데 時支에 있으니 어려서 잔병치레가 많았을 것이라 판단하는 것이다.

◉ 時支는 자식궁이다. 탄함살(呑陷殺)을 대동하니 유산되거나 나서 죽은 자식이 있다 판단하는 것이다. 또한 時支는 자식 이외에 수하인이나 후배 등으로 논하기도 한다. 탄함살을 대동하고 있으니 이들과의 동업관계는 금물인 것이다.

◉ 기신이 土로 比劫에 해당하니 형제자매간 우애가 돈독치 못할 것이고, 사회에서의 동업관계는 금물인 것이다.

◉ 日柱 己酉로 보는 성격은, 끈기가 있고 개척심이 있으며, 소시민적이고 상냥하며 친절하나 잔소리가 다소 많은 편이다.

대화를 즐기고 음식을 잘 먹는 편이며, 일을 추진함에 너무 치밀하고 세심한 것이 흠이다. 대체로 대인관계가 좋은 편이고, 매사를 순리적을 처리하며 건강한 편이다.

◉ 구신이 火니 혈관계질환이 염려되고, 기신이 土니 소화가 잘 안되고 위장질환을 앓는 경우가 많다.

3. 대운

◉ 초년 戊午대운은 戊癸합화와 午火의 구신운이다. 따라서 초년은 가정형편이 어려워 유복하게 지내지 못했고 일찍 부모와 함께 고향을 떠나 타향에서 정착했던 것이다.

◉ 己未대운은 기신운이다. 학업을 지속하기가 어려워 고등학교를 마치고 직장생활을 시작한 것이다.

◉ 庚金대운은 희신운이다. 따라서 이때 결혼한 것이고, 또한 局과 甲庚 沖하여 時干 正官을 沖하니, 正官을 남편으로 보면 남편의 이동수가 발생하여 건설업체에 근무하던 남편이 해외근무를 떠난 것이다. 그리고 正官을 직장으로 보면 변동수가 들어오니 퇴직하고 이모와 함께 식당을 차린 것이다. 또한 庚金은 傷官이라 여명에서 자식을 의미하니 아들도 얻은 것이다.

◉ 申金대운은 局과 申酉戌 방합금국의 희신운이다. 비약적이 발전이 있어 식당의 호황으로 다소의 재물을 모았고, 巳火 正印과 육합수국의 용신운이 되니 보다 큰 집으로 이사하게 된 것이다.

◉ 辛金대운은 희신운이다. 매사 순조롭게 풀리고 발전이 있었으며 상가건물을 매입하게 된 것이다.

◉ 酉金대운은 본시 희신운인데, 卯酉 沖하니 손상되고 偏官을 沖한 것이니 직장의 이동수가 나온다. 동업하던 식당을 그만두고 부동산 사무실을 차린 것이다. 그리고 日支 酉金과는 酉酉 자형살(自刑殺)이 되니 밥그릇의 손상이 오는 것이다. 덩치 큰 땅의 급매건을 여러 지인과 매입한 것이 사기에 연루되어 소송에 휩싸이게 되고 많은 손재수가 발생했던 것이다.

- 壬水대운은 丁壬합목의 한신운이다. 한식집을 차렸으나 큰 이득은 없었다.
- 戊土대운은 본시 기신운이다. 卯戌합화의 구신운으로 바뀌니 시비다툼 건이 발생하거나 예기치 않은 사고나 질병 등이 방생할 수 있다.
  巳火와는 巳戌 원진(怨嗔)되니 문서와 연관지어 흉화가 예상되고, 역마(驛馬)를 충동질하니 신변상의 이동수가 나오는 것이다.
- 말년인 亥子丑 대운은 용신운이니 무탈하고 안녕된 말년을 기대할 수 있을 것이다.

男命(印星이 空亡된 사주)

癸	丙	甲	戊
正官		偏印	食神
巳	午	寅	申
比肩	劫財	偏印	偏財
建祿·劫殺	帝旺·災殺	長生·劫殺	病·落井
絞神·呑陷	羊刃·陽錯	文曲·學堂	孤神·喪門
太白·病符	弔客	梟神·紅艶	湯火
斧劈		破軍·呑陷	
		空亡	
戊	丙	戊	己
庚	己	丙	壬·戊
丙	丁	甲	庚

80	70	60	50	40	30	20	10	
壬	辛	庚	己	戊	丁	丙	乙	(대운: 10세)
戌	酉	申	未	午	巳	辰	卯	

1. 용신

丙火가 寅月에 생하여 長生을 득하고 다시 지지에 火氣가 旺하니 신강(身强)하다. 月干 甲木이 坐下에 녹성(祿星)을 득하고 日主 丙火를 생하니, 丙火는 비록 하절(夏節)에 생하지는 않았지만 염염(炎炎)한 세(勢)를 지니고 있다 판단한다. 時干 癸水 官星은 월령(月令) 寅木에 목욕(沐浴)地라 실기(失氣)하였고 坐下 巳火에 상극되며 역시 실기(失氣)하여 태약(太弱)한 것 같으나, 年支 申宮의 壬水에 통근하니 旺한 日主

를 견제할 수 있다 판단하는 것이다. 그렇지 않다면 日主가 旺하니 왕신의설(旺神宜洩)이라 戊土를 용해야 하는데, 이리되면 食神이 용신이 되어 生財하니 직장을 다니지 못하고 일찍 사업가의 길을 갔을 것이나, 명조자의 인생이 그러하지 못하니 억부법(抑扶法)을 적용하여 時干 癸水를 용신으로 잡음이 가하다 판단하는 것이다. 旺火에 본시 壬水를 써야 하나 癸水가 투출하여 이를 용하니, 癸水는 진신(眞神)이 되지 못하고 가신(假神)에 해당하는 것이라 사주가 귀격은 되지 못한다.

用神 : 癸水
喜神 : 金
忌神 : 土
閑神 : 木
仇神 : 火

2. 통변

◉ 천간에 官·印·食神이 투출했다. 官印이 투출했으니 본시 공직자의 명조이나, 癸水 正官은 旺火에 고갈되어 무력하고, 甲木 偏印은 坐下 寅木이 空亡地이니 印星 역시 무력하여 官印을 쓸 수 없는 것이다. 時干 癸水는 무력하지만 年支 申宮에 통근하여 태약하지는 않으므로 旺火를 대적함에 부득이 용해야 하는 것이라, 공직자의 길 대신 직장생활을 하게 된 것이다.

◉ 천간에 戊癸의 간합이 있다. 간합되어 火局의 比劫으로 바뀌니 戊土 食神과 癸水 正官의 역할이 묶인 것이다. 食神이 결(缺)되었으니 生財하지 못하여 부자가 못되고, 正官이 결(缺)되었으니 직장과의 연이 적고, 시비다툼이나 음해나 명예훼손에 자주 휘말리게 되는 것이다.

◉ 용신인 水가 時柱에 있으니 말년에 발복할 것이라 판단한다.

◉ 지지에 寅巳申 삼형살(三刑殺)이 있다. 寅이 巳를 刑하니 寅宮의 丙甲이 巳宮의 庚戊를 刑하는 것으로 印星과 財星에 손상이 있고, 巳가 申을 刑하니 巳宮의 戊丙이 申宮의 壬庚을 刑하는 것으로 官星과 財星이 손상되고, 申이 寅을 刑하니 申宮의 壬庚이 寅宮의 丙甲을 刑하여 比肩과 印星이 손상되는 것이다. 따라서 命主는 평생에 걸쳐 刑에 해당하는 六神의 손상으로 인한 사안(事案)을 겪게 되는 것이다.

● 年·時支 申巳의 合이 있다. 이 象(象)의 통변은, 年支 申金의 偏財는 타인의 財나 상속의 財인데 時支 자식궁의 巳火와 合되어 용신이 되니 이득이 있는 것이다. 장인에게 2남3녀의 자식이 있었는데 아들 둘이 불의의 교통사고로 사망하게 되어 꽤 많은 전답의 상속이 딸들 3명에게 분배되어 돌아가게 된 것이다. 명조자의 처는 상속받을 전답을 자신의 자녀 둘과 함께 공동명의로 해 놓은 것이다.

● 월령(月令) 寅宮의 正氣인 甲木이 투출했으니 偏印格이다. 편인격은 매사 일처리가 능수능란하고, 여러 가지 지모와 꾀가 많으며, 사리판단이 빠른 편이나, 문서관계로 인한 실패수가 종종 따르는 경우가 있다.

● 지지에 比劫인 火氣가 중중하니 형제자매는 많은 것이다. 여섯명인 것이다.

● 年柱가 식신생재(食神生財)하니 조상대는 부격(富格)의 가문이었을 것이라 판단한다.

● 月柱가 모두 偏印이다. 이런 경우는 대체로 외가(外家)가 몰락했을 경우가 많은 것이다. 아울러 局에 比劫이 있으니 대체로 母나 祖母가 두 분일 경우가 많고 이복형제가 있는 경우가 많다.

● 日支에 劫財가 있다. 日支는 처궁인데 처는 財星으로 논한다. 따라서 劫財가 있으면 탈재(奪財)로 논하니 처와의 연은 박할 것이라 판단하는데, 혹, 주말부부처럼 떨어져 지내는 경우가 많으면 부부이별까지는 가지 않는다. 또한 남명에서 日支의 比劫은, 처의 자리에 형제자매가 있는 것이니 처가보다는 친가(親家)의 대소사에 관여하는 일이 많을 것이라 판단한다.

● 時干 癸水 正官이 용신이다. 용신에 해당하는 오행이 時柱에 있으니 말년은 길할 것이라 판단하고, 아울러 時柱는 자식궁이니 자식 代는 발복이 있을 것이라 판단하는 것이다.

● 용신의 오행으로 자식의 수(數)를 논하는데 수(數)는 후천수(後天數)가 1·6이다. 따라서 아들은 한명을 두는 것이고 딸 포함 6명을 둘 것이라 예상하는데, 요즈음은 자녀를 적게 낳는 추세임을 감안해야 하며, 주로 아들 위주로 논하는 것이다. 局에 比劫인 火가 중중한데 火는 구신에 해당되니 형제자매간 돈독함은 적을 것이라 판단한다.

● 年支 申金에 偏財가 있다. 正財가 없으니 偏財를 正妻로 논하는데, 희신에 해당하니 처의 내조는 있겠으나, 寅月에 申金은 왕상휴수사(旺相休囚死)의 死에 해당

되고 낙정관살(落井關殺)과 고신살(孤神殺) 등 흉살이 있으니 크게 기대할 바는 없다. 아울러 偏財는 남명에서 아버지로 논하는데 寅月의 申金은 死에 해당되니 命이 길지 못할까 염려스럽다.

◉ 年支 조상궁에 상문살(喪門殺)과 탕화살(湯火殺)이 있다. 조상대에 자살 등의 흉액이 있을 것이고, 또한 화재(火災)와 연관되어 흉화를 겪은 조상이 있다 판단한다.

◉ 月支 寅木 偏印이 空亡이다. 이런 경우는 문서가 공망된 것이니 문서와의 연이 없는 것이다. 문서의 소유는 처나 타인의 명의로 함이 좋다.

◉ 正印이 없으니 偏印을 본 어머니로 논한다. 空亡되었으니 어머니와의 연도 적은 것이고, 또한 印星을 수명과 연관하여 판단하면 공망되었으니 장수(長壽)하는 것과는 거리가 멀다 판단한다.

◉ 月支 偏印이 劫殺을 대동하고 있다. 문서문제로 인해 한두 차례의 실패수가 예견되는 것이다.

◉ 月支는 형제자매궁으로도 논한다. 효신살(梟神殺)과 파군살(破軍殺)이 있으니, 外家 등 남의 손에 키워져야 하는 문제가 나오고, 月支 본가(本家)에 파군살이 있으면 본가(本家)를 破하게 되는 것이니 형제자매가 뿔뿔이 흩어지는 문제가 나오는 것이다. 또한 탄함살이 있으니 나서 죽은 형제자매 문제도 나오는 것이다.

◉ 日支는 처궁인데 偏印과 양인살(羊刃殺)과 재살(災殺)이 있으니 처의 건강문제가 나오는 것이다. 偏印은 통변에서 사고나 질병 등의 흉화를 동반한 문서나 계약으로 보기 때문이다.

◉ 日支의 양착살(陽錯殺)은 단명한 조상과 연관된 흉살인데 처궁에 있으니 통변에서 처와 연관지어 판단한다. 처남 둘이 모두 50세 전에 차사고로 죽은 것이다. 이는 처가 쪽 조상 묘의 흉함과 연관이 깊다.

◉ 時支는 자식궁이다. 劫殺이 있으니 유산 등의 손상된 자식이 있을 것이라 판단하고, 수하인들로 논하면 이들과 연관되어 시비다툼이나 관재구설 등 흉함이 발생할 소지가 있는 것이다.

◉ 時支에 태백살(太白殺)과 병부살(病符殺)이 있다. 예기치 않은 사고와 질병 등의 문제를 암시한다. 時支는 말년으로 논하니 나이들어 이러한 문제가 발생할 소지가 있는 것이다.

◉ 時支 比肩이 부벽살(斧劈殺)을 대동하고 있다. 형제자매나 동업관계, 사회에서 만

난 동료들과의 사이에 의견충돌과 갈등문제가 발생할 것임을 예견하는 것이다.

3. 대운

● 초년 乙卯대운은 한신운이다. 부모의 보살핌 속에 무난히 학창시절을 보낼 수 있었다.

● 丙火대운은 구신운이다. 학업운이 좋지 못하다. 전문대학에 입학한 것이다.

● 辰土대운은 기신운이다. 이 대운 중 壬申세운은 壬水가 용신운이니 자동차 부품 관련 회사에 취직하여 무역업무를 시작했다.

● 丁火대운은 구신운이다. 丁癸 沖하여 용신인 官星을 沖하니 이동수가 들어온다. 동종업계로 이직한 것이다.
  丁丑세운은 丑土가 자식궁의 巳火와 반합금국의 희신운이니 처가 나타나는 것이다. 이때 결혼한 것이다.

● 巳火대운은 구신운으로 局과 寅巳申 삼형살(三刑殺)을 이루고 있다. 寅木 偏印과 삼형(三刑)되니 어머니가 작고한 것이고, 문서가 刑된 것이니 형제들이 같이 투자하여 매입한 부동산으로 인해 손재수가 발생했다.
  申金이 刑되니 용신 癸水의 뿌리인 申宮의 壬水 역시 손상된다. 申金 偏財는 투기성인데 刑되니 주식투자건의 손실이 있었다.
  巳火 比劫이 刑되니 동료들간의 불화와 음해로 인해 결국 퇴직하게 된 것이다.

● 戊土대운은 기신운인데 癸水와 合되어 구신운으로 바뀐다. 正官과의 合이니 자동차부품관련 오퍼상을 차린 것이고, 구신운이니 발복은 적었다.

● 午火대운은 본시 구신운인네, 월령(月令) 寅木과 반합화국의 구신운이니 매우 흉하다. 처가 상속받은 땅에 사무실 신축공사를 하는 과정에서 공사지연 등의 물적, 심적 신고(身苦)가 많았고 손재수가 많이 발생했던 것이다.

● 己土대운은 기신운이다. 예기치 않은 사고와 질병이 염려된다.

● 未土대운은 본시 기신운인데 局과 巳午未 남방화국의 구신운이다. 合되어 구신운이니 대흉한 것이다. 日·時支와의 合이니 처자와 연관된 흉화가 예상되고, 比劫에 해당되니 본가와 처가가 연관된 문제로 인해서 발생할 것이다.

● 庚申대운 이후는 희신과 용신운이니 말년은 안락함을 기대할 수 있겠다.

男命(印星이 중첩된 사주)

甲	丁	壬	丁
正印		正官	比肩
辰	卯	寅	亥
傷官	偏印	正印	正官
衰·攀鞍	病·將星	死·亡身	胎
五鬼·天轉	梟神·飛符	病符·呑陷	福星·破軍
鬼門·地轉	隔角	孤神·幻神	急脚·空亡
乙	甲	戊	戊
癸	○	丙	甲
戊	乙	甲	壬

80	70	60	50	40	30	20	10	
甲	乙	丙	丁	戊	己	庚	辛	(대운: 4세)
午	未	申	酉	戌	亥	子	丑	

1. 용신

지지 寅亥 합목과 寅卯辰 방합목국이 있으며, 年·月干의 丁壬 합목도 지지 寅亥 합목으로 뿌리가 있으니 化格을 형성하여 만국(滿局)이 모두 木氣인 것이다. 따라서 日主는 왕한 木의 세(勢)를 좇아야 하는데 印星에 해당하니 종강격(從强格)으로 논한다. 용신은 甲木이다.

用神 : 甲木
喜神 : 火
忌神 : 水
閑神 : 土
仇神 : 金

상기의 경우는 종강격(從强格)으로써 용신이 旺하고 유여(裕餘)하니 이를 설(洩)하는 오행을 희신으로 잡아야 한다. 통상적으로 억부(抑扶)를 용하여 용신을 잡은 경우에는 용신을 생하는 것을 희신으로 잡는데 반해 용신이 유여(裕餘)한 경우는 설기(洩氣)하는 것을 희신으로 잡는 것이다. 印星을 종(從)하여 종강격(從强格)을 이루면 官星運과 財星運은 흉하고 印星運과 比劫運은 길하고, 食傷의 경우는 比劫이 중하여 종강격을 이루면 食傷이 이를 설(洩)하니 흉하지 않으나, 印星이 重하여 종강격

(從强格)을 이룬 경우에는 食傷과 상호 상극되니 길하지 못한 것이다.

용신(用神)인 甲木이 旺하고 유여(裕餘)하니 旺한 木氣를 설(洩)하는 火가 희신(喜神)이 되는 것이고, 용신(用神)인 旺한 木을 생하는 水 官星은 기신(忌神)이 되고, 기신(忌神)을 生하는 金 財星은 구신(仇神)이 된다. 희신(喜神)인 火를 설(洩)하는 土는 한신(閑神)이 되는 것이다.

2. 통변

◉ 천간에 正官과 正印이 투출했으니 본시 공직자의 명조이나, 壬水 正官은 만국(滿局)이 木氣라 태왕(太旺)한 木이 납수(納水)하여 水가 무력해지니 아쉽게도 官을 써 먹을 수 없게 된 것이다.

◉ 局에 印星이 중중하고 혼잡되었다. 이런 경우엔 부모와의 연이 적은 것이고, 문서와도 연이 적으니 문서문제로 인한 흉액이 닥칠 수 있고, 多印은 無印과 같으니 본인 소유의 문서를 갖는 것과는 연이 적다. 또한 印星은 수명과도 연관되는데 印星이 重하면 예기치 않은 사고, 질병, 손재수 등이 따르게 된다.
그리고 두뇌는 총명하나 학업과의 연은 적은 편이고 평생에 걸쳐 남의 음해나 시비구설에 잘 휘말리게 되는 경향이 있다.

◉ 용신이 甲木 正印으로 時柱에 있다. 자손 代에 발복이 있으리라 판단한다. 1남 2녀 모두 공직생활을 하고 있다.

◉ 年干에 比肩이 투출하였고 印星이 태중(太重)하다. 이런 경우는 母나 祖母가 두 분인 경우가 많고 또한 이복형제가 있는 경우가 많다.

◉ 年柱가 丁亥로 比肩과 正官이다. 丁火는 亥宮의 壬水와 간합되니 천합지자(天合地者)라 하는데, 합되어 印星을 띠니 상하가 암암리에 관인상생(官印相生)을 이룬 것이라, 조상대에 문관 벼슬을 한 가문있는 집안이다.

◉ 年支 正官은 직업, 직장, 직책으로 논하는데, 파군살(破軍殺)을 대동하는 경우엔 통변에서 시비다툼이나 음해구설로 인한 파직이나 좌천 등의 흉액이 있는 것이다. 年柱는 조상궁으로 논하니 조상대에도 그러한 문제의 발생소지가 큰 것이다.

◉ 年·月干이 丁壬 합되어 印星局으로 바뀌었다. 이것이 도출하는 상(象)은, 丁火 比肩은 日主인 나의 또 다른 분신이고 壬水 正官은 직장이다. 이 둘이 합되어

印星인 문서로 바뀐 것이니 내가 본업 외에 또 다른 직업을 갖는 것을 암시하는 것이다. 낮에는 차량매매관련 사업을 하고 저녁때는 부인과 식당을 공동 운영하고 있는 것이다.

⦿ 年支에 급각살(急脚殺)과 공망살(空亡殺)이 있다. 조상궁에 있는 것이니 조상대에 단명수가 나오는 것이고, 또한 正官에 있으니 명예훼손 등의 문제도 발생했던 것이다.

⦿ 月柱는 부모형제자매궁이다. 月支 정인에 십이포태운성의 死와 망신살(亡身殺)이 있으니 母의 단명수가 있고 또한 형제자매 중에서 태어나서 일찍 죽은 형제자매가 있다 판단하는 것이다. 어느 기둥이건 망신살이 있으면 남명은 대체로 술을 즐기는 사람이 많고 또한 술을 폭음하는 경향이 있다.

⦿ 月支에 병부살(病符殺)이 있다. 부모형제자매 중에 질병에 걸려 오래 앓게 되는 흉화가 예상되고, 조상대에서는 구병(久病)을 앓다 돌아가신 조상이 있는 것이다.

⦿ 月支에 고신살(孤神殺)이 있다. 독수공방살이니 형제자매들이 대체로 부부연이 박할 것이라 판단하는 것이다.

⦿ 月支에 환신살(幻神殺)이 있다. 통변에서는 정신질환과 연관지어 판단한다. 형제자매나 조상대에 그런 사람이 있을 것이라 판단한다.

⦿ 日支 처궁에 偏印인 어머니가 자리를 차지하고 있으니 고부간의 갈등이 예상된다. 또한 결혼운은 대체로 길하지 못하고, 예기치 않은 재액(災厄)을 당하는 경우가 많다.

⦿ 日支 偏印에 효신살(梟神殺)이 있다. 이런 경우는 어려서 남의 손에 양육되는 경우가 많고 또한 고서(古書)에서는 그렇게 해야만 효신살의 흉화가 소멸된다고 논하고 있다.

⦿ 日支 偏印에 관재구설과 연관되는 비부살(飛符殺)이 있으니 문서, 계약 건 등으로 인해 송사에 휘말릴 수 있는 흉함이 예상되는 것이다.

⦿ 日支는 처궁인데 통변에서는 가장 친한 친구나 동업자로도 논하는데 격각살(隔角殺)을 대동하고 있다. 격각살은 징검다리가 하나 빠진 것을 의미하는데, 연관지으면 가장 친한 친구나 동업자로부터 배신당할 수 있다는 것을 의미하는 것이다.

⦿ 時柱에 正印이 있으면 자식이 어머니를 업고 있는 형국이니 자식이 착하고 효를 한다 판단하는 것이다. 그런데 傷官과 동주하면 상하 상극하니 부모와 자식간의

연이 돈독하지 못하다 판단한다.

- 時支는 자식궁이고 傷官은 官星을 극하는 것이다. 자식의 입장에서 보는 官星은 조업을 의미하기도 하고 본가(本家)의 대소사를 책임지는 입장이기도 하고, 효도를 해야 하는 입장이기도 한다. 따라서 時支에 傷官이 있게 되면 正官을 극하여 正官의 역할을 손상시키니 조업을 파하게 되고 부모와 자식 간의 불목(不睦)과 불화가 발생할 수 있다 판단하는 것이다.

- 時支에 오귀살(五鬼殺)이 있다. 오귀살은 독수공방과 고독을 동반한 殺이다. 時支는 말년이니 나이들어 처자와 연관된 문제에서 그러한 일이 발생할 수 있는 것이다.

- 時支에 귀문관살(鬼門關殺)이 있다. 귀문관살은 신기(神氣) 및 영적인 능력과 연관된 殺이다. 조상대에 불교와 관련 신심이 두터운 분이 계셨거나 무속, 풍수지리 등과 연관된 조상이 있다 판단한다.

- 時支에 천전살(天轉殺)과 지전살(地轉殺)이 있다. 일이 뒤틀리고 꼬이고 매사 저체(沮滯)되고, 예기치 않은 사고나 질병, 시비구설 등을 동반하는 殺이다.

- 日柱 丁卯로 보는 성격은 대체로 이성적인 성격의 소유자가 많고, 온화하고 조용하며 깨끗한 것을 좋아하고, 금전적인 면에서는 구두쇠 기질이 있으나, 명랑하면서도 한편으론 근심이 많고 강하면서도 약한 면도 보인다.
  체격은 다소 왜소하고 건강치 못하게 보이는 면도 있다.

- 기신이 水고 구신이 金이니, 폐에 질환이 발생할 수 있고, 신장, 방광, 허리 등에 질환이 발생하는 경우가 많다.

3. 대운

- 초년 辛丑대운은 구신과 한신운이다. 가정형편이 넉넉지 못했다.

- 庚金대운은 財星으로 구신운이다. 재파인수(財破印綬)하니 대학에 진학하지 못했고, 일정한 직업을 갖지 못했다.

- 子水대운은 기신운인데 子卯 刑하여 방합국을 깨뜨리니 용신이 손상되고, 偏印을 刑하니 문서로 인한 흉액이 발생한다. 친구들과 동업하여 인쇄소를 차렸으나 잘 풀리지 않았고 많은 부채를 떠안게 된 것이다.

◉ 己土대운은 甲己 합토되어 한신으로 食傷運이다. 밥그릇이 들어오니 자동차 부품생산 공장에 취직하게 되었고 이때 결혼하게 된 것이다.

◉ 亥水대운은 寅亥, 亥卯의 반합목국 용신운이다. 다니던 직장을 그만두고 자동차 판매업을 시작하였고, 용신운이니 발전이 있었다.

◉ 戊土대운은 한신운이니 무애무덕했다.

◉ 戊土대운은 寅戊의 반합화국, 卯戊의 육합화국으로 희신운이니 발전이 있었다. 특히 月支 卯木은 처궁인데 戊土와 合되어 희신운이니 처가 음식점을 차려 제법 번창했다.

◉ 丁火대운은 壬水 正官과 간합목국의 용신운이다. 正官이 용신으로 바뀌니 길하다. 세명의 지인들과 주식회사로 자동차 중고매매상을 차렸고, 용신운이니 제법 번창했던 것이다.

◉ 酉金대운은 구신운이다. 月支 寅木 正印과 寅酉 원진(怨嗔)되니 용신이 손상되고 또한 문서관련 흉화가 발생했다. 동남아시장의 중고자동차 수출 건이 잘못되어 많은 손실을 보았다.
  卯木과는 卯酉 沖되어 처궁을 손상시키니 처가 음식점 운영으로 인한 건강문제로 인해 장기간 병원신세를 진 것이다.

◉ 丙火대운은 본시 희신운인데 丙壬 沖되니 壬水 正官 역시 손상된다. 正官이 손상되니 직업과 직장, 직책의 변동이 들어오는데, 형제들 건으로 목돈이 필요하여 자동차 중고매매상의 지분을 처분하고 평직원으로 남게 된 것이다.

◉ 申金대운은 구신운이다. 경기불황과 연관되어 발전이 없었던 운이다.

◉ 乙未대운 이후는 용신과 희신운이니 말년은 평안하게 보낼 수 있을 것이다.

男命(天干이 전부 印星인 사주)

庚	壬	辛	辛
偏印		正印	正印
戌	戌	卯	丑
偏官	偏官	傷官	正官
冠帶·攀鞍	冠帶·攀鞍	死·災殺	衰
落井·白虎	落井, 白虎	喪門·隔角	金輿祿
寡宿·絞神	寡宿·絞神	桃花	幻神·太白
劍鋒			空亡
辛	辛	甲	癸
丁	丁	○	辛
戊	戊	乙	己

78	68	58	48	38	28	18	8	(대운: 8세)
癸	甲	乙	丙	丁	戊	己	庚	
未	申	酉	戌	亥	子	丑	寅	

1. 용신

壬水 日主가 卯月에 생하여 설기(洩氣)당하고, 卯戌 合火의 財星局이 되고 官星이 중중하여 日主를 극하니 신약(身弱)한 것이다. 年·月干의 辛金 正印은 年支 丑宮과 日支 戌宮에 통근하나, 丑土가 空亡에 해당하니 辛金 역시 空亡되었고 다시 丑戌 刑되어 正印이 무력해진 것이다. 時干 庚金은 坐下 戌土가 건토(乾土)라 生金받지 못하여 역시 무력하나 印星이 요긴하니 부득이 이를 용신으로 잡는다.

用神 : 庚金
喜神 : 土
忌神 : 火
閑神 : 水
仇神 : 木

상기 명조는 干支가 대부분 印星과 官星으로 구성되어 있어 관인상생(官印相生)되어 귀격(貴格)으로 보이지만, 월령(月令)이 卯月이라 金과 土가 사수(死囚)되어 무력하고, 日主 壬水가 무근(無根)이라 역시 무력하니 官과 印을 활용할 수 없는 명조(命造)인 것이다. 단지 포부만 클 뿐이고 매사 무리수만 두어 실패가 많았던 것이다.

2. 통변

- 천간에 正·偏印이 투출하여 인성혼잡(印星混雜)을 이루고 있다. 어머니와의 연이 적을 것이고, 多印은 無印이라 했으니 자기 명의의 문서를 소유하는 것과도 연이 없어, 부동산 등은 타인 名으로 해야 평생에 걸쳐 발생할 문서로 인한 흉액을 예방할 수 있는 것이다.

- 지지에 丑戌 官星의 형살(刑殺)이 있다. 예기치 않은 시비다툼이나 관재구설 등을 조심해야 한다.

- 지지에 卯戌의 合이 있다. 傷官과 偏官의 合이 財星으로 바뀐 것이다. 傷官인 자신의 교묘한 재능과 기술을 偏官인 조력자와 결탁하여, 남이 생각하지 못하는 독특한 아이디어로 財를 창출시켜 내 것으로 만드는 능력이 있는 것이다. 그러나 日主가 旺하지 못하고 財星이 기신에 해당하니 관재구설과 시비다툼이 많았던 것이다.

- 正·偏印이 혼잡되었다. 正印은 모국어요 偏印은 외국어로 논하니 언어에 소질이 있는 것이고, 따라서 외국유학의 연은 있는 것이다. 미국에서 대학을 나온 것이다.

- 사주에 正·偏官이 중중하니 관살혼잡(官殺混雜)된 것이다. 따라서 직업의 변동이 많았고, 잔꾀가 많았으며, 교묘한 재주로 남을 편취하는 경향이 있는 것이다.

- 印星을 수명(壽命)으로 논하는데 印星이 중중하여 투출하였으니 오히려 命이 짧을까 염려스러운 것이다.

- 印星이 重重한 것은 분에 넘치게 생조를 받는 것이다. 따라서 이런 경우는 남에게 의지하려는 성향이 많고, 매사 수동적이고, 게으른 면도 있는 단점이 있는 것이다.

- 지지에 土가 중중하다. 土는 종교와 연관되는데 환신살(幻神殺), 교신살(絞神殺), 낙정관살(落井關殺), 백호살(白虎殺) 등을 대동하고 있는 경우, 통변에서는 불심, 신기(神氣), 무속과도 연관지어 논하기도 한다. 상기인은 무속에 관심이 많았다.

- 지지 卯戌 육합화국은, 기신인 財星局으로 火되어 다음과 같이 통변된다. 卯木 傷官은 본인의 재능, 기술과 연관되고, 戌土 偏官은 직업, 직장, 조력자와 연관된다. 이 둘이 合되어 財星으로 바뀌는데 기신에 해당되니 손재수가 발생하는 것이다.

印星이 重重하여 외국어에 소질이 있는데, 영어를 잘하니 미국거주 한인 교포들을 상대로 한국방문을 추진하는 여행사를 지인들과 자금을 모아 한국에 차렸는데, 여행 테마 및 아이템 부족으로 여행희망자들이 점차 줄어들어 결국 문을 닫게 된 것이다.

다음에는 미국의 "노니 쥬스액"을 한국에서 다단계를 이용하여 유통판매하는 회사를 차렸는데 임원들간의 지분 다툼으로 결국 문을 닫게 된 것이다.

다음에는 한국식 국수를 미국에 유통시키고져, 자동국수기계 생산공장을 미국 LA 지인들의 도움을 받아 한국에 생산공장을 세웠지만, 홍보부족과 자금부족으로 문을 닫은 것이다.

이처럼 아이디어는 풍부하지만, 사주에 印星이 중중한 경우에는 일을 추진함에 끈기가 부족하니 매사 용두사미인 경우가 많았고, 財星이 기신이니 자금과 연관되어 여러 문제가 많이 발생하여 실패를 거듭했던 것이다.

◉ 年柱가 관인상생(官印相生)하니 조상대는 문관 벼슬한 집안이었음을 알 수 있다.

◉ 年支 正官이 空亡이다. 정작 본인은 공직과는 거리가 멀고 직장생활과도 연이 적으니 자영업을 해야 하는 것이다.

◉ 年支에 환신살(幻神殺)과 태백살(太白殺)이 있으니 조상대에 정신질환이나 사고 등으로 단명한 조상이 있다 판단한다.

◉ 月支에 卯木 傷官이 있으니 수목상관격(水木傷官格)이고, 月干에 正印이 투출했으니 상관패인격(傷官佩印格)도 겸한다. 月支 傷官이 있으니 가정문제로 인해 형제자매가 어려서 뿔뿔이 흩어졌음을 알 수 있고, 다시 패인(佩印)하니 두 어머니를 모시게 됨을 알 수 있다. 아버지의 전처가 죽고 자신의 어머니가 후처로 들어간 것이다.

◉ 月支 傷官이 있으니 다소 교만하고 자기주장이 강한 면도 있으나, 재예가 있으며, 다방면에 소질이 있고 일처리에 능수능란함이 있다. 아울러 도화살(桃花殺)을 대동하니 주위의 사람들에게 인기가 있었고 대인관계가 좋았던 것이다. 다만 局에 印星이 중중하니 교묘한 꾀가 많았고 타인을 이용해 자신의 이득을 취하려는 면도 있는 것이다. 음악에 재능이 있었고 특히 성악에 소질이 있었다.

◉ 月支는 부모형제자매궁인데 死와 재살(災殺)이 있다. 따라서 아버지가 단명했고, 이복형제 포함하여 태어나서 죽은 형제도 둘이 있는 것이다.

◉ 日支에 偏官이 있다. 이런 경우는 본시 일처리에 추진력과 명쾌함이 있고, 책임감도 있으나, 사주가 관살혼잡(官殺混雜)되었으니 이러한 길함이 손상되었던 것이다.

◉ 日支 偏官이 백호살(白虎殺)을 대동하고 있다. 偏官은 통변에서 사고, 질병, 관재 구설과도 연관 짓는데, 일명 혈광살(血光殺)로 부르는 백호살과 동주하니 평생에 한두 번 흉액을 면키 어려운 것이다.

◉ 日支에 과숙살(寡宿殺)이 있으니 부부연은 길하지 못할 것이라 판단한다.

◉ 日支에 교신살(絞神殺)이 있다. 교신살은 신기(神氣)와도 연관되고, 조상대에 자살 등의 흉액과 연관된 조상이 있는 것이다.

◉ 時支 偏官이 관대(冠帶)를 대동하고 있다. 통변에서 偏官은 무관직이나 이공계 계통의 직업으로 논하고, 사고, 질병, 시비다툼, 관재구설 등과도 연과지어 논한다. 십이포태운성의 관대는 소년기를 지나 사회에 막 진출하려는 사회 초년생의 시기를 의미하기도 한다. 따라서 偏官이 관대를 대동한다는 것은 어려서부터 일찍 직업전선에 뛰어들었음을 알 수 있는 것이다.

◉ 時支 戌土 偏官이 낙정관살(落井關殺)과 백호살(白虎殺)을 대동하고 있다. 예기치 않은 사고 질병과 연관된 것이다. 時柱는 유아기 때나 말년으로 논하는데 명조자 는 어려서 허약하여 죽을 고비를 여러번 넘겼던 것이다. 그리고 세운과 대운에서 沖하거나 合되어 기신으로 바뀌는 경우에도 흉액이 예상되는데, 戌土는 도로와 연관지으니 교통사고 등이 염려되는 것이다.

◉ 時支는 자식궁인데 과숙살(寡宿殺)이 있으니 자식과는 돈독한 연은 기대하기 힘 들다.

◉ 時支에 교신살(絞神殺)이 있다. 흉액으로 죽은 조상이 있음을 알 수 있는 것이다.

◉ 時支 偏官이 검봉살(劍鋒殺)을 대동하고 있다. 검봉살은 수술과도 연관되는데 偏官이니 예기치 않은 사고나 질병 등으로 수술 건이 들어오는 것이다.

◉ 日柱 壬戌로 보는 성격은, 활발한 성격에 활동적이고 꾀가 많으며, 겉으로는 큰 소리를 잘 치나 좌절이 따르고, 강약이 교차되며 노력보다 공과가 적다. 또한 자기주장이 강하며 모임이나 단체에서 두각을 나타나게 되나, 파란이 많으며 고 집이 세다. 자존심이 강한 반면 사교적이나, 자신과 코드가 맞는 사람들을 편애 한다. 신약(身弱)의 경우에는 다소 침울하고 개방적이지 못한 면도 있다.

◉ 比劫이 한신이니 형제자매간 우애는 적은편이다.

● 구신이 木이니 간장질환이 염려되고, 기신이 火니 고혈압 등 혈관계질환을 조심
   해야 할 것이다.

3. 대운

● 초년 庚金대운은 용신운이다. 가정형편이 넉넉하여 유복하게 지냈다.
● 寅木대운은 戊土와 寅戌 반합화국의 기신운이다. 아버님의 비명횡사로 인해 가
   세가 급격히 기울고, 어머니는 미국 LA에서 식당을 운영하는 큰 언니의 요청으
   로 미국에 건너가 식당운영에 동참하게 되어 외할머니 댁에서 자랐던 것이다.
● 己土대운은 희신운이니 어머니의 초청으로 미국에 건너가 대학을 진학하게 되었
   고, 어머니 형제들이 운영하는 음식점이 번창하여 형편이 나아지게 되었다.
● 丑土대운은 희신운인데 日支 戌土를 刑하니 이동수가 들어온다. 대학을 마치고
   한국에 들어온 것이고, 외국계 회사에 취직하게 된 것이다.
● 戊土대운은 희신운이다. 지인의 소개로 결혼 상대자를 만나 이때 결혼한 것이다.
● 子水대운은 한신운인데 年支 丑土와 子丑 육합토국을 형성하니 탈공망(脫空亡)하
   게 되어 희신의 역할이 강해진다. 子水는 劫財니 동업문제가 발생하는데 지인들
   과 여행사를 차리게 된 것이다. 처음에는 운영에 어려움이 없었으나 卯木 傷官과
   는 子卯 刑殺이 된다. 傷官은 통변에서 후배로도 논하는데 刑되니 다툼이 생겨
   후배의 퇴직으로 인해 자금의 압박이 발생하게 되고 결국 문을 닫게 된 것이다.
● 丁火대운은 기신운인데, 壬水와 丁壬 간합목국의 구신운으로 바뀌니 길하지 못
   하다. 미국에서 건강보조식품을 수입하여 판매하는 다단계사업을 시작했으나 여
   의치 못했다.
● 亥水대운은 한신운인데, 月支 卯木과 亥卯 반합목국의 구신운으로 바꾸니 길하
   지 못하다. 사회에서 만난 후배 지인들과 자금을 모아 자동국수기계 생산공장을
   세워, 기계를 미국에 수출하려 했지만 자금부족과 홍보부족으로 역시 문을 닫고
   만 것이다.
● 丙火대운은 천간의 辛金과 반합수국의 한신운이다. 무애무덕한 운이니 그동안
   계속된 실패에서 약간이나마 숨통이 트이는 운이다. 미국 지인의 도움으로 한국
   에 있는 지인 소유의 빌딩 관리인이 되어 봉급생활을 시작한 것이다.
● 戊土대운은 본시 희신운이나 月支와 卯戌 육합화국의 기신운으로 바뀌니 세입자

와의 다툼이 있어 직장을 퇴직하게 되고 이후 매사 썩 길함은 적었다.

- 乙木대운은 구신운인데, 年·月干 辛金과는 沖되니 건강문제나 문서와 연관된 흉화가 예상되고, 時干 庚金과는 乙庚 간합금국의 용신운이니 새로운 사업에 도전하게 될 것인데 다소의 발전이 기대된다.
- 酉金대운은 본시 용신운이나, 年支 丑土와는 酉丑 반합금국의 용신운, 卯木과는 相沖되어 용신이 손상되고, 戌土와는 害殺이 되어 손상되니 일희일비운이다. 卯木 傷官과 沖되어 손상되니 직업, 직장과 연관되어 명예훼손 문제가 염려되고, 戌土 偏官과의 害殺은 시비구설이나 사고, 질병 등이 염려되는 것이다.
- 申金과 未土대운 이후는 말년으로 흉함은 적어지고 점차 안정된 말년을 지내게 될 것이라 예상된다.

女命(財多身弱의 사주)

癸	甲	庚	丁
正印		偏官	傷官
酉	戌	戌	未
正官	偏財	偏財	正財
胎·災殺	養·天殺	養·天殺	墓
飛刃·流霞	幻神·湯火	幻神·劍鋒	寡宿·絞神
病符·天轉	急脚		
地轉·空亡			

庚	辛	辛	丁
○	丁	丁	乙
辛	戊	戊	己

71	61	51	41	31	21	11	1	
戊	丁	丙	乙	甲	癸	壬	辛	(대운: 1세)
午	巳	辰	卯	寅	丑	子	亥	

1. 통변

戌月은 금왕지절(金旺之節)이고 戌土는 건토(乾土)인데, 지지에 土氣가 중중하고 官星이 있으니 日主 甲木은 신약(身弱)하다. 재다신약(財多身弱)하니 日主를 생조하는 印星이 요긴하여 時干 癸水를 용신으로 잡는다. 용신 癸水는 지지에 무근이나 태원(胎元)이 辛丑이라 丑宮의 癸水에 통근하고 庚酉金의 생을 받으니 태약(太弱)하지는 않다.

用神 : 癸水
喜神 :　金
忌神 :　土
閑神 :　木
仇神 :　火

2. 통변

◉ 천간에 傷官, 偏官, 正印이 투출하였다. 官印이 투출하여 이를 써먹어야 하나, 年干 丁火는 지지 戌未에 통근하니 비록 戌月이라 하더라도 태약하지 않아 庚金을 상하게 하니 상관견관(傷官見官)된 것이라 庚金 官星이 손상되니 공직의 길을 가지 못한 것이다.

◉ 癸水 正印이 용신이니 본시 두뇌는 비상하다. 그러나 용신인 癸水가 旺하지 못하니 학업으로 성공하기는 힘들다 판단하는 것이다.

◉ 局에 庚酉의 偏官과 正官이 있으니 본시 관살혼잡된 것이다. 그러나 時支 酉金 正官은 空亡됐으니 庚金 偏官 一位만 남은 것이다. 본 남편인 正官은 空亡되고, 재혼한 남편으로 보는 偏官만 남으니 이혼수가 발생하는 것이다.

庚金은 지지로는 申金이다. 年支 未土를 기준하여 殺을 부과하면 고신살(孤神殺)이 있다. 따라서 두 번째 남자의 경우도 본처와 이혼한 남자이고, 결혼 운이 박하다 판단하니 두 번째 남자와는 정식 결혼하지 않고 동거생활하게 될 것이라 판단하는 것이다.

◉ 월령(月令) 戌宮의 丁火 傷官이 투출했으니 傷官格이다. 따라서 직업으로는 이공계, 예체능과 연관이 깊다. 부동산매매업과 건축설계업을 겸하고 있는 것이다.

◉ 지지에 財星이 중중하고 日主가 약하니 재다신약(財多身弱)의 명조이다. 이런 경우 多財는 無財라 했으니 금전의 입출은 빈번하나 정작 내손에 쥐어지는 돈은 적은 것이라, 고서(古書)에서는 부옥빈인(富屋貧人)이라 칭했던 것이다. 그리고 재다신약의 경우는 부모와의 연이 대체로 적고, 부부 공히 직장생활을 하는 경우가

많고, 여명의 財星은 통변에서 시어머니로도 논하니 財星이 많다는 것은 곧 시어머니가 많다는 것이라, 어찌 부부해로를 기대할 수 있겠는가? 남편과의 연이 없는 것이다.

● 年柱가 상관생재(傷官生財)하고 있다. 조상대에 재물복이 많았다 판단하고, 傷官은 기능직으로도 논하니 조상의 직업은 상공업에 종사했을 것이라 판단한다.

● 年支 未土 正財에 십이포태운성의 묘(墓)가 있다. 이는 조상대에 재물이 있어 상속건이 발생하나 무덤속에 파묻힌 격이라 정작 내 몫으로 돌아오지는 못할 것이라 판단한다.

● 年·月支가 未戌로 刑破殺이 되니 부모 대에 고향을 떠나 타향에서 정착했을 것이다.

● 月柱의 상하가 偏官과 偏財이니 아버지와의 연은 적었을 것이라 판단한다. 그리고 본인은 성격과 행동이 민첩하고 일찍 사회생활을 시작했을 것이라 판단한다.

● 月支의 偏財가 양(養)을 대동하니 고향을 떠나 타향에서 자수성가하는 命이고, 또한 십이신살의 천살(天殺)을 대동하니 두통이나 심장병, 간질병의 위험이 높고, 부모형제자매간 덕이 없는 경우가 많으며, 평생 예기치 않은 흉한 일들이 다반사로 발생한다. 또한 月支의 양(養)은 어려서 친가가 아닌 외가에서 양육되어지는 경우도 있다.

또한 月支의 偏財는 사업가의 소질이 다분히 있다. 매사 일처리가 명쾌하고, 행동과 사고가 민첩하고, 이재(理財)에 밝으며, 폭 넓은 대인관계를 유지하려 애쓰는 성향이 있다. 또한 일찍 사회생활을 시작하는 경우가 많다. 이는 月柱宮은 命主의 本家로써 암암리에 印星의 역할을 하는데, 偏財가 있어 재파인성(財破印星)하니 내가 本家에 오랫동안 머무를 수가 없는 까닭이다.

● 日·時支 戌酉는 해살(害殺)이다. 戌宮의 丁火가 酉宮의 辛金 正官을 극하니, 먼저는 남편과의 불화가 발생하여 이혼수가 들어오고, 나중은 사회생활에서의 명예훼손과 연관되어 시비다툼이니 관재구설 건이 들어오는 것이다. 日·時支는 나와 가까운 사람들로 비유하니 이들과의 사이에서 갈등이 발생하는 것이다.

● 日支에 偏財가 있으니 행동이 민첩하고, 이해득실이 빠르며, 이재(理財)에 밝으나 종종 이성문제로 곤란을 겪는 경우가 있는 것이다. 또한 통변에서는 여명의 偏財를 시어머니로도 논하는데 남편궁에 있다는 것은, 남편이 편부나 편모슬하에서

컸거나, 결혼 후 시아버지나 시어머니를 모시게 되는 경우가 많은 것이다.

● 日支 偏財가 양(養)을 대동하고 있다. 양은 양육되어진다는 뜻인데, 사업을 의미하는 偏財에 있다는 것은, 사업을 하더라도 자신이 주도권을 쥐지 못하고 남의 그늘에서 사업을 하게 됨을 의미하는 것이다.

● 時柱에 용신이 있으니 말년에 발전이 있을 것이고 안락한 여생을 보내게 될 것이라 판단한다.

● 時柱가 관인상생(官印相生)을 이루니 자식 代에 반드시 가문을 일으키고 또한 발복이 있을 것이다.

● 年支에 과숙살(寡宿殺)이 있다. 이런 경우는 조상대에 단명수(短命數)가 나오는 것이다.

● 年支에 교신살(絞神殺)이 있다. 조상대에 목매달아 자살한 사람이 있는 것으로, 본인에게는 예기치 않은 흉화가 자주 발생하게 된다.

● 月支에 환신살(幻神殺)이 있으니 조상대나 부모형제자매 대에 정신질환이나 신기(神氣)와 연관된 조상이 있을 것이라 판단한다.

● 月支의 검봉살(劍鋒殺)은 수술칼과 연관지으니 단명수가 나오는 것이고, 예기치 않은 사고나 질병 등으로 장기간 병원신세를 지는 문제도 나오는 것이다. 또한 제왕절개로 애를 낳는 경우가 많다.

● 日支는 남편궁인데 천살(天殺)이 있는 경우는 부부 이별수나 사별수가 높은 것이다.

● 日支 偏財에 탕화살(湯火殺)이 있다. 탕화살은 불타 없어지는 손재수를 의미하는데 日支에 있다는 것은 사업상 본인에게 혹은 남편으로 인한 사업상 부침이 많을 것임을 예고하는 것이다.

● 日支는 자신의 자리이다. 급각살(急脚殺)이 있으니 차 사고나 수술 등과 연관되고, 또한 여명에서는 남편궁이기도 하니 남편에게도 이러한 일들이 발생할 소지가 많다 판단하는 것이다.

● 時支 正官에 재살(災殺)이 있다. 일명 수옥살(囚獄殺)이라고도 하는데 사고나 질병, 관재구설 등으로 인해 병원이나 감옥에 갇히거나 옴짝달싹 못하게 되는 상황이 발생하는 殺이다. 여명의 正官을 남편으로 논하면 남편에게 이런 일이 발생할 것이고, 正官을 직업, 직장, 직책으로 논하면 본인에게 이와 연관되어 관재구설이 따르는 것이다. 그리고 時支는 유아기로도 논하는데, 특히 時支 酉金이 正官

을 대동한 경우에는 경기나 잔병치레가 많았을 것이라 판단한다.

◉ 時支 酉金 正官이 비인살(飛刃殺)을 대동하고 있다. 이것은 직업과 연관지어 명예 훼손 등이 발생할 것임을 예시하는 것이다.

◉ 時支에 유하살(流霞殺)이 있다. 남명은 객사(客死)의 殺이고 여명은 난산(難産)의 殺인데, 남녀 공히 어려서 어머니 젖을 부족하게 먹고 자란 경우가 많다.

◉ 時支에 병부살(病符殺)이 있다. 질병과 연관된 殺인데, 조상대에 구병(久病)을 앓다 죽은 조상이 있음을 알 수 있고, 본인은 살아가는 동안 여러 질병에 시달리는 경우가 많음을 예시한다.

◉ 時支에 천·지전살(天·地轉殺)이 있다. 천전살(天轉殺)은 직업의 변동이 많고 금전의 허비가 많은 殺이며, 지전살(地轉殺)은 예기치 않은 사건이나 사고, 질병 등으로 단명수나 시비구설이 발생하는 殺이다. 正官에 있으니 직업과 연관되어 그러한 일들이 발생하는 것이다. 대체로 천, 지전살은 어느 기둥에 있건 매사 번복되고, 저체되고, 음해가 따르고, 시비구설이 발생되며, 제대로 추진되던 일도 뒤엎어지는 일이 종종 발생하는 殺이다.

◉ 時支 正官이 공망살(空亡殺)을 대동하고 있다. 正官을 남편으로 보면 남편과의 연이 없는 것이다. 또한 正官은 나를 지시하고 통제하는 역할이라 사람이 숙명대로 자신의 길을 살아가게 하는 六神인데, 이것이 공망되면 이제는 신기(神氣)가 들어오는 것이다. 몸이 아프거나 예기치 않은 사고, 질병이 자주 발생하게 되는 것이다. 상기인은 잦은 두통에 시달리고 있는 것이다.

◉ 時柱는 자식궁인데, 時支에 공망살(空亡殺)이 있으니 자식과의 연이 없다. 이혼후 자식은 전 남편 쪽에서 키우고 있는 것이다.

◉ 年支 未土와 時支 酉金 사이에는 申金 偏官이 탄함(呑陷)되었다 판단한다. 여명의 경우 偏官은 재혼한 남편이나 애인으로 논하니 길흉간 남자문제가 대두되는 것이다.

◉ 형제자매 관계는 여명이니 比肩은 여형제요, 劫財는 남형제이다. 여형제의 경우는 比肩인 甲木에 해당되고 지지로는 寅木이다. 年支 未土를 기준하여 寅木에 殺을 부기하면, 귀문관살(鬼門關殺)과 탄함살(呑陷殺)이 있고, 日支 戌土를 기준하면 파군살(破軍殺), 탄함살(呑陷殺), 비부살(飛符殺)이 있다. 귀문관살과 탄함살 있으니 언니가 神을 받아 무속인인 것이고, 비부살이 있으니 형제자매간 시비다툼

이 많은 것이다.

- 甲戌 日柱로 보는 성격은 다음과 같다. 대체로 일에 적극적이고 책임감이 많은 반면, 허영심이 강하고 욕심이 낳고, 예지력이 있으며, 두뇌회전이 빠르다. 직선적이고 호쾌한 면도 있으나, 때 지난 일에 잘 손대고, 계획없이 일을 잘 저지른다.
- 甲戌 日柱로 보는 직업은 대체로 투기업, 무역업, 흥행사업 등에 종사하는 경우가 많은데, 상기는 土氣가 중중하니 부동산을 개발하여 상가나 주택 등으로 분양하는 업에 종사하고 있는 것이다.
- 구신이 火니 고혈압 등 혈관계질환이 염려되고, 기신이 土니 위장계통의 질환을 조심해야 할 것이다.

3. 대운

- 辛亥대운은 초년운으로 金水가 용신과 희신운이니 부모의 보살핌 속에 무탈하게 지낸 것이다.
- 壬子대운은 용신운이니 발전이 있었고, 水가 印星에 해당하니 학업성적이 좋았다.
- 癸水대운은 용신운이다. 丁癸 沖하나 丁火가 戌月에 실기(失氣)했으니 癸水가 크게 손상되지 않아 무난히 대학을 마칠 수 있었던 것이다.
- 丑土대운은 기신운이다. 財星이 丑戌未 삼형살(三刑殺)이 되는데 여명의 偏財는 아버지로도 논하니 어버지가 돌아가시는 것이다. 그리고 時支 酉金 正官과는 酉丑 반합금국의 희신운이니 결혼상대자가 들어오는 운이라 이때 결혼하게 된 것이다.
- 甲木대운은 한신운이니 무애무덕했다.
- 寅木대운은 본시 한신운인데 寅戌 반합화국의 구신운이니 부동산 투자에 실패하여 손재수가 발생한 것이다. 時支 酉金 正官과는 寅酉 원진살(怨嗔殺)이 되니 직장을 그만두게 되었고, 지인의 소개로 부동산개발회사에 취직한 것이다. 또한 남편성인 酉金 正官과의 원진(怨嗔)이니 부부간 사소한 일로 다툼이 많았다.
- 乙木대운은 본시 한신운인데 乙庚 간합금국의 희신운으로 바뀌고 있다. 偏官이 合되어 희신으로 바뀌어 다니던 직장을 그만두었고, 먼저 다녔던 직장의 지인들과 부동산개발회사를 차린 것이다.
- 卯木대운은 한신운이나 戌土 偏財와 卯戌 합화의 구신운이니 투자물건의 선택 잘못으로 손재수가 발생한 것이고, 時支 酉金과는 卯酉 沖되니 남편과는 이혼하

게 된 것이고, 또한 자식궁의 沖이니 자식들의 양육권을 모두 남편이 가져간 것이다. 썩 잘 풀리지 못했던 것이다.

◉ 丙火대운은 구신운인데 庚金 偏官 희신과 상극되니 희신이 손상된다. 예기치 않은 사고, 질병 등이 발생할 수 있고, 직업과 연관지어 시비다툼이나 관재구설을 조심해야 할 것이다.

◉ 辰土대운은 戌土와 沖되니 직장이나 직업의 변동이 예상되고, 財星과의 沖이니 손재수가 발생할 것이다.

◉ 丁火대운은 구신운이다. 용신인 癸水 正印과 沖되니, 문서로 인한 흉화가 발생하거나, 正印이 沖되면 偏印으로 변화되는 것이니 사고, 질병 등으로 인한 수술건이 발생할 수 있다.

◉ 巳火대운은 구신운이다. 전반은 巳戌 원진살(怨嗔殺)이 되니 손재수가 있고, 후반은 巳酉 반합금국의 희신운이니 무탈하다.

◉ 戊午대운은 기신과 구신운이니 흉하다. 세운(歲運)도 공히 흉신운으로 들어올 때에는 命을 보존하지 못할까 염려된다.

男命(官印相生의 사주)

丙	戊	辛	乙
偏印		傷官	正官
辰	子	巳	未
比肩	正財	偏印	劫財
冠帶·攀鞍	胎·桃花	建祿·驛馬	衰
紅艶·白虎	飛刃	流霞·弔客	金輿祿
寡宿·絞神		太白	空亡
飛符			

乙	壬	戊	丁
癸	○	庚	乙
戊	癸	丙	己

77	67	57	47	37	27	17	7	
癸	甲	乙	丙	丁	戊	己	庚	(대운: 7세)
酉	戌	亥	子	丑	寅	卯	辰	

1. 용신

　戊土 日主가 巳火節에 생하여 건록(建祿)을 得하고 丙火가 투출하여 생하니 신강(身强)하다 판단한다. 年·月支 未巳는 時干 丙火를 끌어와 암암리에 巳午未 남방화국을 형성하려 해도 未土가 空亡되고 丙火가 원격되었으므로 방합국이 不成했다 판단하므로 印星이 태왕(太旺)하다 판단해서는 안된다. 따라서 억부법(抑扶法)을 적용하여 旺한 日主를 극하는 官星으로 용신을 잡아야 하는데, 甲木이 불투(不透)하고 乙木이 투출하였으니 이를 용신으로 잡는다. 용신 乙木과 日支 子水는 월령(月令) 巳火에 실기(失氣)하여 가신(假神)에 해당되는데, 지지 子辰이 반합수국을 이루니 가신득국(假神得局)이 된 것이고, 다시 乙木 용신을 생조하니, 비록 乙木이 坐下 未土 쇠(衰)地에 거(居)하고 실령(失令)했다 하더라도 태약(太弱)하지는 않으니 길한 사주가 된 것이다.

　　用神 : 乙木
　　喜神 :　水
　　忌神 :　金
　　閑神 :　火
　　仇神 :　土

2. 통변

● 천간에 正官, 傷官, 偏印이 투출하였다. 官印을 用하여 공직의 길을 가야 하는데 月干 傷官이 見官하여 저해 요소가 된 것이다. 다행인 것은 日主 戊土의 氣를 설(洩)하는 辛金이 있지만 좌하에 巳火 印星이 있으니 상관패인(傷官佩印)이 되어 설생(洩生)이 균형을 이루고, 지지 子辰 반합수국이 乙木 正官을 생하여, 丙火 偏印과 관인상생(官印相生)을 이루니 사주가 길해진 것이다.

● 관인상생(官印相生)하니 공직자의 명조인데 乙木 正官은 巳火節에 실기(失氣)했지만 丙火 偏印은 건록(建祿)을 득하니 印星이 正官보다 왕하여 교육자의 길을 간 것이다.

● 乙辛 沖의 통변은, 辛金은 巳火節에 死에 해당되고 乙木은 목욕(沐浴)地에 해당되니 모두 실령(失令)한 것이라 가신(假神)에 해당된다. 그러나 辛金은 퇴기(退氣)하는 氣이고 乙木은 진기(進氣)하는 氣이며, 辛金은 未土가 沙土이고 空亡되어 生을

받지 못하며, 辰土는 子水와 水局을 이루게 되어 역시 生金하지 못하니 辛金은 심히 무력한 반면, 乙木은 子辰 반합수국의 생을 받아 약변강이 되니 乙辛 沖의 경우에 辛金이 더욱 손상되고 乙木 正官은 손상됨이 미약하니 正官을 활용할 수 있는 것이다.

- 年柱의 正官과 劫財는 상하 상극하고 있으니 무관직이나 기능직으로 국가의 녹(祿)을 받은 조상이 있을 것이라 판단한다.

- 年支 劫財가 空亡되니 劫財는 형제자매로 비유하니 이들 중에 태어나서 죽은 사람이 있음을 알 수 있고, 또한 年支는 조상의 자리인데 공망이니 단명한 조상이 있음을 알 수 있는 것이다.

- 年·月支 未巳 사이에는 時干 丙火를 끌어와 암암리에 巳午未 남방화국을 형성하려는 의도가 있다. 午火는 正印으로 학업, 두뇌, 문서와 연관되는데 日支 子水와 沖되고 있다. 이런 경우는 예기치 않은 문서문제로 인해 손재수가 발생하는 것이다. 남동생의 대입 입시학원 개업과 연관된 보증 건으로 인해 손재수가 발생한 것이다.

- 月支에 偏印이 있으니 어머니나 할머니가 두 분임을 알 수 있는데, 年支에 劫財가 있으니 祖母가 두 분인 것이고 또한 이복형제가 있었음을 알 수 있는 것이다.

- 日·時支 子辰 合의 상(象)은 다음과 같이 통변된다. 辰土 比肩은 구신으로 형제자매, 동창, 동업자 등과 비유되고, 子水는 나와 처의 자리이다. 子辰 합수의 財星局이 되어 희신으로 바뀐다는 것은, 辰土 구신이 吉하게 변한다는 의미이다. 일찍 부친께서 형제자매들에게 전답을 골고루 상속을 했는데, 남동생 소유의 전답이 사업부진으로 경매로 넘어가게 된 것이다. 이것을 처가의 도움으로 낙찰받았는데, 몇 년 후 개발경기에 힘입어 땅 가격이 많이 올라 매매차익이 많이 발생한 것이다. 이렇게 얻은 이득을 일부는 남동생에게 손실(損失)을 보전(補塡)해 주니 형제자매간 상부상조함과 돈독한 우애가 있었던 것이다.

- 月支 偏印이 역마(驛馬)를 대동하니 이동수가 나온다. 부모 代는 고향을 떠나 타향에서 자리 잡았음을 알 수 있는 것이다.

- 月支 偏印이 유하살(流霞殺)을 대동하니 어려서 모유를 풍족히 먹지 못했음을 알 수 있다. 따라서 나이 들어 건강문제가 대두되는 것이다.

- 月支 偏印이 태백살(太白殺)을 대동하고 있다. 偏印은 흉화를 동반한 문서로 논하

는데 태백살이 있으니 평생에 한두 번 수술해야 하는 일이 발생하는 것이다.

● 月支에 조객살(弔客殺)이 있다. 조상대에 자살 등 흉액과 연관된 사람이 있음을 알 수 있고, 상가집 출입을 자제하라는 암시가 있는 것이다.

● 日支에 正財가 있으니 처복이 있음을 알 수 있고, 正財가 희신에 해당하니 재물 복도 있는 것이다.

● 日支 正財가 도화살(桃花殺)을 대동하니 예기치 않은 시비구설이 발생할 수 있다. 또한 日支는 처궁인데 도화살을 대동하면 처가 미인인 것이며, 처가 이재(理財)에 밝고, 일처리가 능수능란할 것이라 판단한다.

● 日支는 자신의 가택(家宅)를 의미하는데 비인살(飛刃殺)이 있으니 본인과 처에게 예기치 않은 사고나, 질병 등으로 인한 수술 건이 들어오는 것이다.

● 日支와 時支가 子辰 반합수국의 희신으로 바뀌고 있다. 正財와 比肩의 合이니 처가(妻家)의 도움이 있는 것이고, 본인 형제자매들의 덕도 있을 것이라 판단한다.

● 時干에 偏印이 있으니 본시 자식들은 효를 할 것이라 판단하나, 좌하 辰土에 회화(晦火)되니 큰 기대는 할 수 없다.

● 時支에 과숙살(寡宿殺)이 있으니 자식과의 연은 다소 소원함이 있다 판단하고, 또한 時支는 말년으로 논하니 말년은 고독함이 있을 것이라 판단한다.

● 時支에 백호살(白虎殺)이 있으니 유아기 (1세~6세)때는 진병치레가 많았을 것이라 판단한다.

● 時支 교신살(絞神殺)과 더불어 月支에 조객살(弔客殺)이 있으니 조상대는 무속과 연관된 사람이 있거나, 불심이 두터운 사람이 있었을 것이라 판단하는 것이다.

● 戊子 日柱의 성격은 아내를 억누르려 하는 기질도 다소 있으나, 대체로 가정적이며 부지런하다. 매사를 순리대로 처리하려고 하고, 재산관리를 잘하며, 중개역할에도 능하다. 한편으론 인색한 성향도 있으나, 한 가지 생각에 집착이 많고 고집이 센 편이다.

● 구신이 土니 위장질환이 염려되고 기신이 金이니 폐와 대장질환을 조심해야할 것이다.

3. 대운

● 초년 庚辰 대운은 기신과 구신운이니 가산(家産)이 넉넉하지 못했던 것이다. 농사

를 짓는 관계로 주경야독(晝耕夜讀)의 생활을 했다.
- 己土대운은 본시 구신운이라 썩 길하지 못하지만, 20세의 甲寅세운은 간지가 모두 용신운이니 교육대학에 입학한 것이다.
- 卯木대운은 용신운이다. 교육대학교를 졸업하고 초등학교 선생으로 발령받은 것이다.
- 戊土대운은 기신운이라 큰 발전은 없었지만, 癸亥세운은 癸水가 正財로 처에 해당되는데 日主 戊土와 간합을 이루니 결혼운이 들어오는 것이다. 癸亥水는 모두 희신에 속하는데, 용신을 아들로 보면 이를 생하는 희신은 처가되는 것이다. 따라서 세운(歲運)의 간지가 모두 희신에 해당하니 이때 결혼한 것이다.
- 寅木대운은 용신운인데, 月令 巳火와 寅巳 刑하여 巳火 偏印과 偏印宮이 동반한 태백살(太白殺)을 태동시키니, 휴일에 농사일을 돌보다 농기구에 다치는 사고는 있었지만 대흉하지는 않았다.
  또한 寅木은 용신에 해당되며 남명에서 용신을 아들로 논하니 이때 득남한 것이다.
- 丁火대운은 한신운이니 무애무덕하게 지냈다.
- 丑土대운은 구신운이다. 丑土는 물기가 많은 진흙토로 보니 水로 논하여 크게 흉하지 않은데, 年支 未土와 丑未 沖하니 未土 劫財가 손상되는 것이다. 이때 동생이 교통사고로 사망한 것이다.
- 丙火대운은 본시 한신운인데 기신인 辛金과 간합수국의 희신운으로 바뀌니 흉변길이 되었다. 교감선생으로 승진한 것이다.
- 子水대운은 본시 희신운인데 먼저는 월령(月令) 巳火와 상극되어 偏印이 태동하니 사고, 질병 건이 들어온다. 허리수술을 하게 된 것이다. 나중은 時支 辰土와 반합수국의 희신운으로 바뀌니 희신이 왕해져 크게 길하다. 이때 교장선생으로 승진한 것이다.
- 乙木대운은 용신운이다. 乙辛 沖하나 巳火節에 辛金이 무력하니 충돌은 미약한 것이라 무탈했다.
- 亥水대운은 희신운이라 무탈할 것이나 巳亥 相沖하니 다시 예기치 않은 사고수나 건강문제가 대두될 것이다.
- 甲木대운은 용신운이니 매사 여의할 것이다.
- 戊土대운은 본시 구신운이나 戊未 刑破殺, 辰戊 沖殺로 구신을 沖하여 오히려

흉함이 다소 완화되니 무탈하게 넘어갈 것이다.

◉ 癸水대운은 희신운인데 戊土와 간합화국의 한신운이니 역시 무탈할 것이다.

◉ 酉金대운은 기신운인데 월령(月令) 巳火와 巳酉 반합금국의 기신운으로 바뀌어 기신이 旺해지니 命을 보존할 수 없을까 염려스럽다.

女命(土가 중첩된 사주)

壬	辛	辛	己
傷官		比肩	偏印
辰	丑	未	亥
正印	偏印	偏印	傷官
墓·攀鞍	養·月殺	衰·華蓋	沐浴
飛刃·鬼門	五鬼·喪門	梟神	孤鸞·弔客
幻神·空亡	斧劈		
乙	癸	丁	戊
癸	辛	乙	甲
戊	己	己	壬

77	67	57	47	37	27	17	7	
己	戊	丁	丙	乙	甲	癸	壬	(대운: 7세)
卯	寅	丑	子	亥	戌	酉	申	

1. 용신

未土月은 삼복(三伏)에 생한(生寒)하는 시점이나, 巳午의 화왕절(火旺節)을 거쳐 오면서 아직은 염염(炎炎)한 火氣가 모두 소멸됐다 판단해서는 안된다. 또한 局에 印星인 土가 중첩되어 日主를 생하니 토다금매(土多金埋)의 상황으로 생각되어 甲木이 요긴할 것 같으나, 月干 辛金이 丑宮에 통근하고, 印星의 旺氣를 나누어 설기(洩氣)시키니 辛金이 重土에 파묻힘은 면한 것이다. 따라서 甲木을 용하여 소토(疏土)함이 우선이 아니고, 壬水를 용하여 重土를 물에 세도(洗淘)하면 자연 辛金의 귀기(貴器)를 드러낼 수 있는 것이다.

用神 : 壬水
喜神 :　 金

忌神 : 土

閑神 : 木

仇神 : 火

2. 통변

◉ 여명의 간명(看命)은 官星의 길흉을 위주로 판단하는데, 월령(月令) 未宮의 일점 丁火 偏官이 있으나 亥未 반합목국이 되어 다시 未土를 극하니 未宮의 財官印이 손상된 것이다. 아울러 용신은 時干 壬水 傷官으로 역시 官을 극하니 부부연이 없는 것이고, 土氣인 印星이 중첩되어 종교적 믿음이 강해 승도(僧徒)의 길을 가게 된 것이다.

◉ 年干 己土는 월령(月令) 未宮의 正氣가 투출한 것이니 偏印格이다. 사리판단과 두뇌회전이 빠르나, 반면 친어머니와의 연이 적고, 예기치 않은 사고와 질병이 많이 따르고, 문서나 계약 등과의 연이 적다 판단한다.

◉ 年·月支 亥未는 암암리에 卯木을 끌어와 亥卯未 삼합목국의 財星局을 형성하려 하고 있다. 卯木은 偏財인데 年·月支 사이에 있으니 타인의 財나 상속의 財가 있다고 보고, 또한 亥水 食神이 生財하니 재물복도 있는 것이다. 그러나 局에 官星이 없으니 내가 운영할 수 있는 사업상의 財는 아닌 것이다. 또한 亥未 사이에 卯木 偏財가 결(缺)되었다. 卯木은 偏財로 여명에서는 시어머니로 논하는데 결(缺)된 것이니 결혼연이 없다 판단한다.

◉ 月·日支 丑未는 상호 沖殺이다. 未土는 사우방(四隅方) 중 하나를 차지하여 잡기 (雜氣)의 상태인데, 沖하여 개고(開庫)되어 丁乙己가 튀어나올 수 있어 財官印을 활용할 수 있는 여건이 되나, 아쉽게도 己土 偏印만 투출하였으니 財官을 활용할 수 없게 된 것이다.

◉ 사주에 印星이 태다(太多)하다. 이런 경우에는 남녀 공히 다음과 같은 운명적 요소가 암시되어 있는 것이다.

　1) 자신이나 부모 대 혹은 조부모 대에 이복형제 문제가 나오는데 局에 比劫이 있는 경우에는 특히 그러하다.

　2) 부모와의 연이 적은 것이다. 부모의 이혼수나 사별수가 있거나, 부모 둘 다 혹은 어느 한쪽이 일찍 돌아가시는 경우가 있다.

3) 평생에 걸쳐 자신 명의의 문서와는 연이 적은 것이다. 따라서 부동산 등은 타인 명의로 해놓아야 예기치 않게 발생할 수 있는 문서로 인한 손재수를 미연에 방지할 수 있는 것이다.

4) 多印은 無印이라 하여 두뇌와 지혜는 있으나 학업성취와는 연이 적은 편이다.

5) 印星 中 正印은 모국어요 偏印은 외국어로도 논하므로 어학에 소질이 있는 경우가 많다.

6) 印星이 중첩되면 偏印으로 논하는데 偏印은 사고나 질병 등의 흉화를 동반한 문서와 연관되므로 평생에 걸쳐 예기치 않은 질병, 사고 등이 빈번하게 발생하고 또한 대체로 잔병치레가 많은 것이다.

7) 인성은 수명(壽命)과도 연관되는데 印星이 중첩되면 多印은 無印이라 하여 오히려 단명의 흉액이 있을 수 있는데, 혹 불문(佛門)에 귀의하면 모면할 수도 있다.

8) 여명의 印星은 결혼하기 전에는 친부모요 결혼 후에는 시부모로 논한다. 따라서 印星이 중첩된 경우는 시부모와의 연이 적다 판단하는 것이니 이혼수나 사별수가 따르는 것이다.

9) 印星이 중첩된 경우에는 남녀 공히 외가(外家)가 몰락한 경우가 많다.

10) 印星이 중첩된 것은 日主를 생해줌이 많다는 것이다. 따라서 분에 넘치는 도움을 받으니, 매사 수동적이고, 적극적이지 못하며, 남에게 의지하려는 성향이 많고, 또한 잔꾀가 많다.

11) 印星이 중첩된 경우에는 자연 食傷을 극하게 되어 있다. 여명의 食傷은 자식으로도 논하므로 자식과의 연이 적거나 자식이 없는 경우도 있다.

12) 印星이 土이며 중첩된 경우에는 태어나면서부터 위장질환이 있는 경우가 많다.

● 年柱가 己亥로 상하 상극하고 年干에 偏印이 있으니 벼슬한 조상의 집안은 아닌 것이다.

● 年支에 고란살(孤鸞殺)과 조객살(弔客殺)을 대동하니 단명한 조상이나 자살 등의 흉액과 연관된 조상이 있다 판단하는 것이다.

● 月干 辛金 比肩은 형제자매인데 土가 중첩되어 매몰될 상황이니 형제자매 중 태어나서 죽은 사람이 있을 것이라 판단하는 것이다.

● 月支 偏印에 화개살(華蓋殺)이 있다. 무속이나 승도와 연관된 조상이 있다 판단하

는 것이다. 또한 화개살이 있으면 총명하나 종교에 심취하는 경향이 있다.

⦿ 月支 偏印에 효신살(梟神殺)이 있다. 어려서 남의 손에 양육되어지는 운명적 암시가 있다. 부모의 이혼으로 인해 어려서부터 고모댁에서 자랐던 것이다.

⦿ 日柱 辛丑의 상(象)은 신고(身苦)의 상(象)이다. 남녀 공히 대체로 고달픈 인생을 살아가는데 흉살을 대동하는 경우는 정도가 심하다.

⦿ 日支宮은 남편궁이다. 오귀살(五鬼殺)과 부벽살(斧劈殺)이 있으니 남편과의 연이 없다 판단한다.

⦿ 日支에 월살(月殺)과 상문살(喪門殺)이 있다. 영적이 능력이 뛰어나거나 신기(神氣)가 많다 판단하는 것이다.

⦿ 時柱는 자식궁이다. 時干 壬水 傷官은 여명에서 자식을 의미하는데 土가 중첩되고 旺하여 壬水를 심히 핍박하니 傷官이 살아남을 수 없는 것이고, 時支 역시 묘궁(墓宮)이고 空亡되니 자식이 없는 것이다.

⦿ 時支 正印에 비인살(飛刃殺)이 있다. 수술과 연관된 殺이니 예기치 않은 질병이나 사고로 인해 수술 건이 들어오는 것이다.

⦿ 時支 正印에 귀문관살(鬼門官殺)과 환신살(幻神殺)이 있으니 영적인 능력과 신기(神氣)가 많은 것이다.

⦿ 통변에서 남편과의 길흉을 보는 방법은 다음과 같다.

　1) 여명의 용신을 남편으로 본다. 상기는 亥宮의 甲木이 용신인데 월령(月令) 未土와 비교하면 묘궁(墓宮)에 떨어진다. 남편이 무덤속에 있으니 어찌 부부연이 있을 것인가?

　2) 여명의 官星을 남편으로 본다. 未宮의 丁火 偏官이 남편인데 日支와 丑未 沖하여 손상되니 역시 남편과의 연이 없다 판단한다.

　3) 日支宮이 남편궁이다. 독수공방살인 오귀살(五鬼殺)이 있고, 남편궁을 부수는 부벽살(斧劈殺)이 있으니 남편의 자리가 온전하겠는가?

　4) 時支는 자식궁인데 묘궁(墓宮)이고 空亡되었다. 자식이 있을 수 없는 것이다. 자식이 없는 부부연이 장구함을 기대할 수 있겠는가?

상기 사항을 종합할 시 위 명조자는 결혼하지 못하였고, 局에 상문살(喪門殺), 화개살(華蓋殺), 조객살(弔客殺), 오귀살(五鬼殺), 귀문관살(鬼門官殺) 등의 신기(神氣)와 연관된 殺이 重重하며, 신심(信心)을 의미하는 土가 태다(太多)하니 승도(僧徒)의 길을 갔음을 예상할 수 있는 것이다.

3. 대운

- 초년 壬水대운은 용신운이다. 무애무덕하게 보냈던 것이다.
- 申金대운은 희신운이다. 부모의 이혼으로 인해 고모댁에서 자라게 됐다.
- 癸水대운은 용신운이다. 고모의 돌봐줌으로 고등학교를 마칠 수 있었다.
- 酉金대운은 日支 丑土와 반합금국의 희신운이니 고모댁을 나와야 했고, 중소기업에 취직하여 객지생활을 시작했다.
- 甲木대운은 한신운이니 결혼상대자가 들어오는 것이다. 그런데 己土 偏印과 合되니 약혼까지 했으나 기신운으로 바뀌니 약혼자의 변심으로 파혼하게 된 것이다.
- 戊土대운은 局과 丑戌未 삼형살(三刑殺)이다. 印星이 刑맞으니 문서문제가 발생하는데, 부동산개발 사업을 하던 친척에게 빌려준 돈이 잘못되어 한 푼도 받지 못하게 된 것이다.
- 乙木대운은 한신운인데 日主 辛金과 沖되니 몸이 이동해야 되는 것이다. 만사 잘 풀리지 않고 신고(身苦)가 많아 머리 깎고 여승이 된 것이다.
- 亥水대운은 용신운이라 길하다. 명망있는 선사(禪師)를 스승으로 모시게 되었고 구도(求道)에 정진했던 것이다.
- 丙火대운은 日主 辛金과 간합수국의 용신운이니 길하다, 불경 강연을 들으려하는 제자들이 많이 모이게 된 것이다.
- 子水대운은 용신운이라 길하다. 사찰 건립을 추진하였는데 희신운이니 독지가들도 많이 나타났고, 순탄하게 진행된 것이다.
- 丁火대운은 壬水와 간합의 한신운이니 무탈하다. 명성이 더욱 높아질 것이다.
- 丑土대운은 기신운으로 未土와 沖되니 사고, 건강문제가 대두되니 조심해야 할 것이다.
- 戊土대운은 戊土가 본시 기신운이나 좌하 寅木의 극을 받아 반감되니 흉하지 않다.
- 寅木대운은 寅亥 합목의 한신운이니 무탈하다.
- 己土대운은 기신운인데 己土가 좌하 卯木의 剋을 받으니 흉함이 반감되고,
- 卯木대운은 局과 亥卯未 삼합목국의 한신운이니 무탈하다.

男命(神氣가 많은 사주)

癸 偏官	丁	辛 偏財	丙 劫財
卯 偏印 病·六害 五鬼·鬼門 囚獄·喪門	丑 食神 墓·攀鞍 飛刃·陰差 白虎	卯 偏印 病·六害 梟神·鬼門 囚獄·喪門	申 正財 沐浴 金興·空亡
甲 ○ 乙	癸 辛 己	甲 ○ 乙	己 壬·戊 庚

79	69	59	49	39	29	19	9	
己 亥	戊 戌	丁 酉	丙 申	乙 未	甲 午	癸 巳	壬 辰	(대운: 9세)

1. 용신

日支 丑土와 月·時支 사이에는 각각 寅木이 탄함(呑陷)되었다. 日主 丁火는 월령(月令)과 時支 卯木의 생을 받고, 다시 탄함(呑陷)된 寅木의 생을 암암리에 받으며, 年干에 丙火가 투출하여 부조(扶助)하니 신강(身强)한 것이다. 따라서 旺하게 日主를 생하는 印星의 뿌리를 制하면 사주가 중화를 이룰 수 있으니 月干 辛金으로 용신을 잡는다.

用神 : 辛金
喜神 :　土
忌神 :　火
閑神 :　水
仇神 :　木

2. 통변

◉ 천간에 丙火 劫財, 辛金 偏財, 癸水 偏官이 투출하였다. 천간에 투출한 오행과 六神은 각자 맡은바 임무를 행세하려고 나온 것이다. 천간은 통변에서 나무의 열매로 논하는데, 과실이 열리기 전까지는 먼 곳에서는 나무의 종류를 분별하기

힘드나, 과실이 열려 사과가 매달리면 사과나무라고 판단할 수 있고, 감이 열리면 감나무라 판단할 수 있는 것이다. 이처럼 천간에 투출한 六神은 명조자의 인생을 단적으로 대변함과 동시에 그 육신에 해당하는 사안이 평생 짊어지고 가야 할 짐꾸러미인 것이다. 또한 통변에서는 투출한 六神의 坐下 지지 통근여부를 중요하게 살펴야 하며, 용신의 해당여부와 왕쇠(旺衰)도 역시 명확하게 분별해야 하는 것이다.

年干 丙火에 劫財가 있으니 형제자매, 동업관계, 지지세력 등과 연관된 문제가 평생 따라다니는 것인데, 기신이고 無根이니 도움이 되지 않는 것이고, 月干은 辛金 偏財가 용신이나 無根이다. 아버지, 사업, 처, 재물과 연관된 문제가 평생 따라다니는 것인데 역시 절각(截脚)되니 길하지 못한 것이다. 時干 癸水 偏官은 坐下 卯木에 長生을 득하고 있다. 偏官은 한신이며 무관직, 이공계, 편업된 직업, 사고, 질병, 시비다툼, 관재구설 등과 연관되어 이들 문제가 평생 따라다니는 것인데, 日主 丁火가 坐下 丑土에 묘궁(墓宮)이라 심히 무력하여 偏官의 흉성을 제압하지 못하니 흉한 사안이 평생 다발하게 되는 것이다.

- 용신은 陰干인 月干 辛金인데 年干 丙火와 간합수국이 되었다. 간합하여 化된 오행이 한신인 水에 해당되니 용신인 辛金은 기반(羈絆)이 되어 묶인 것이다. 따라서 辛金은 偏財로써 남명에서는 부친으로 논하는데 기반(羈絆)되어 무력하게 된 것이니 부친이 출가하여 승(僧)이 되었던 것이다.

- 용신 辛金은 월령(月令) 卯木에 절(絶)地이고, 年支 申金에 통근됐다 하나 申金이 空亡되니 용신이 무력한 것이다. 남명의 용신은 자식으로 논하니 자식과의 연이 적고, 또한 자식의 운세 역시 강하다 판단하지 못한다. 正, 偏財가 있으니 財星이 혼잡된 것이다. 正財인 본처는 空亡되고 재혼한 처인 偏財는 좌하 卯木에 절(絶)되니 財星은 사용할 수 없는 것이다. 따라서 부부연과 재물운은 허사가 되는 것이다.

- 時干 癸水 偏官은 월령(月令)에 長生을 득하고 申金과 丑土에 통근하니 약하지 않으나, 財星이 空亡되어 생해주지 못하니 官星의 역할이 장구하지 못한 것이다. 직장생활을 오래하지 못한 것이다.

- 年柱의 財는 타인의 財나 상속의 財가 있는 것이다. 아버지의 사찰을 물려받았으나 年干 겁재가 탈재(奪財)하니 형제자매간에 소유권 분쟁이 예고되는 것이다.

● 年支는 조상의 자리인데 목욕살(沐浴殺)을 대동하니 실패하고 미끄러져 넘어지는 殺이다. 따라서 조상의 단명수로도 논하는 것인데, 부친은 승도(僧徒)의 길을 갔으니 단명은 면한 것이다.

● 月·日支 卯丑 사이에 寅木 正印이 탄함(呑陷)되었으니 본 어머니와의 연이 적다. 또한 月支가 偏印이고 年柱 조상자리에 劫財가 투출했으니 아버지 대에 이복형제들 문제가 나오는 것이다. 할머니가 두 분이었던 것이다. 또한 寅木 正印이 탄함(呑陷)되었으니 학업과의 연은 적을 것이라 판단한다. 탄함된 寅木 正印의 해석은 본래는 돌다리가 있었으나 징검다리 중 하나가 빠졌다 생각하는 것이다. 따라서 寅卯木 印星이 중첩된 것이라, 오히려 문서와의 연이 없는 것이다. 운로에서 印星運이나 印星을 생하는 官星運이 들어올 시는 예기치 않은 흉화가 발생하게 되는 것이다.

● 月柱가 財印으로 상하 상극하니 부모와 형제자매간 연이 적다 판단한다.

● 日支 丑土 食神은 자기 자리에 밥그릇이 있는 것이라 길한데 月支 卯木 偏印에 도식(盜食)되었으니 길변흉이 된 것이다. 또한 食神이 묘궁(墓宮)에 있어 生財하지 못하니 재물복도 적은 것이다.

● 日支는 처궁이다. 십이포태운성의 묘궁(墓宮)에 해당되니 처와의 연은 없는 것이다. 본처와는 이혼하고 재혼하였으나 부부연은 역시 길하지 못했다.

● 局에서의 食神은 밥그릇으로 통변에서 직업과 연관된다. 日支 丑土는 지장간(支藏干)에 癸·辛·己가 있다. 辛金은 펜과 주사기, 붓 등의 상(象)이 있고, 癸水는 잉크, 먹물, 주사액 등의 상(象)이 있다. 따라서 食神이 丑土에 있으면 문장가, 침술가, 의사, 간호사, 의료계통 등의 직업과 연관되는 것이다. 상기인은 법사로써 침술에도 조예가 있었던 것이다.

● 時柱가 偏官과 偏印으로 관인상생(官印相生)되니 자식 代에는 무관직이나 기술직으로 가문을 일으킬 자손이 있다 판단하는 것이다.

● 時支에 印星이 있다. 이 상(象)은 할머니가 손자를 등에 업고 돌봐주고 있는 상(象)이니, 자식들은 효순(孝順)할 것이며 부모 공양에 게을리 하지 않을 것이다.

● 月支 偏印이 효신살(梟神殺)을 대동하고 있다. 효신살은 어려서 남의 손에 키워지는 운명을 암시하는 것인데, 부친이 승(僧)이 되어 모친이 사찰의 일을 돌봐주게 되니 작은 아버지 댁에서 키워졌던 것이다. 효신살은 유아기(1세~6세)까지 남의

손에 키워져야 하는 운명을 타고난 殺인데, 그렇지 못하면 평생에 크고 작은 흉화가 빈번하게 닥쳐오는 것이다.

◉ 月支 偏印이 귀문관살(鬼門關殺), 수옥살(囚獄殺), 상문살(喪門殺)을 대동하고 있어 모두 신기(神氣)와 연관된 殺인데, 다시 財星이 空亡되니 처와의 연이 없고, 日支가 묘궁(墓宮)이니 자기 자신이 무덤에 갇혀 옴짝달싹 못하는 형국이고, 자식궁인 時支 역시 귀문관살, 수옥살, 상문살을 대동하니 자식과의 연도 없는 것이다. 그러니 만사 여의치 않아 神을 받아 법사(法師)의 길을 간 것이다. 이는 印星이 구신이고, 癸水 偏官이 丁癸 冲하여 무력해지고, 財星이 空亡되어 財·官·印을 모두 쓰지 못하게 된 것인데, 특히 직업, 직장, 직책을 의미하는 官星이 무력하여 일체 내세울 것이 없으니 승도(僧徒)의 길을 가지 못하고 神을 받고 법사의 길을 가게 된 것이다. 만약 癸水 偏官이 손상되지 않았다면 부친의 뒤를 이어 승도(僧徒)의 길을 갔을 것이다.

◉ 日支 丑土에 백호살(白虎殺)이 있다. 丑土는 도로사(道路事)인데 백호살을 대동하니 예기치 않은 교통사고를 조심해야 한다.

◉ 時支와 月支의 귀문관살(鬼門關殺)과 상문살(喪門殺)은 조상대에 자살한 사람이 있음을 알 수 있는 것이다.

◉ 日柱가 丁丑인 경우는 대체로 부드러운 성격의 소유자가 많으며, 외유내강하고 생활력이 강하다. 부지런하나 일처리에 즉흥적인 면도 많고, 이해타산이 얽힌 부분에서는 오히려 침착하고 냉정한 편이다. 박력은 다소 부족한 편이나 원만한 성격으로 대인관계가 좋다.
대체로 식성이 좋고 건강한 편이며 지식과 두뇌를 필요로 하는 직업에 종사하는 경우가 많다.

◉ 구신이 木이니 간장질환이 염려되고, 기신이 火니 고혈압 등 혈관계질환을 조심해야 한다.

3. 대운

◉ 壬水대운은 한신운이나 日主 丁火와 간합목국의 구신운으로 바뀐다. 길하지 못한데, 부친의 출가로 인하여 작은아버지 댁에서 양육되었다.

◉ 辰土대운은 희신운이다. 무애무덕했다.

◉ 癸水대운은 한신운인데 日主 癸水와 沖되니 몸의 이동수가 들어온다. 고등학교를 마치고 서울로 상경하여 산업공단에 근로자로 취직한 것이다.

◉ 巳火대운은 年支 申金 正財와 巳申의 육합수국, 日支 丑土와는 巳丑 반합금국이 된다. 正財나 日支宮은 모두 배우자와 연관되니 결혼운이 들어와 이때 결혼한 것이다.

◉ 甲木대운은 구신운이다. 직장생활에 크고 작은 불협화음이 많았으나 대화(大禍) 없이 잘 넘어갔다.

◉ 午火대운은 기신운인데, 年支 申金 正財를 극하고, 日支 丑土와는 원진살(怨嗔殺)이 되니 처와의 사이에 문제가 발생하는 것이다. 처가쪽과 불화가 계속되어 이혼하게 된 것이다.

◉ 乙木대운은 본시 구신운인데 卯月에 旺하니 月干 辛金과 沖되어 辛金이 손상된다. 偏財는 남명에서 아버지로 논하니 부친이 이때 작고한 것이다.

◉ 未土대운은 희신운이나, 月支 卯木과는 반합목국의 구신운, 日支와는 丑未 沖되니 본가와 자신의 거처 모두 본인을 받아들이지 않으니 神을 받고 법사의 길을 택한 것이다. 이것은 사주에 신기(神氣)와 연관된 귀문관살, 상문살, 수옥살이 있기 때문이다.

◉ 丙火대운은 본시 기신운이나 月干 辛金 偏財와 간합수국의 한신운으로 바뀐다. 偏財는 재혼한 처로도 논하니, 동거녀가 생긴 것이다.

◉ 申金대운은 본시 용신운이나, 월령(月令) 卯木과 상극되어 손상되니 용신의 역할에 손상이 오는 것이다. 이 대운 중 壬辰세운은 壬水가 日主 丁火와 丁壬의 간합목국의 구신운으로 바뀌고, 辰土는 지지 卯丑 사이에 탄함된 寅木을 인통(引通)시켜 암암리에 寅卯辰 방합목국을 형성하며 구신운으로 바뀌어, 간지가 모두 旺하게 흉운으로 들어오니, 이해 여름 火旺節 기신운에 급성심장병으로 사망한 것이다. 사찰을 인수하기 위한 과정에서 받은 스트레스가 원인이 되었던 것이다. 이처럼 인간의 生과 死는 사주 天命의 정한 이치대로 진행되며 한 치의 오차도 없는 것이다.

男命(傷官生財의 사주)

乙	癸	甲	丙
食神		傷官	正財
卯	酉	午	申
食神	偏印	偏財	正印
長生·六害	病·桃花	胞·災殺	死
落井·鬼門	梟神·太白	弔客·絞神	紅艶
囚獄·眞神			天赦
急脚			
甲	庚	丙	己
○	○	己	壬·戊
乙	辛	丁	庚

71	61	51	41	31	21	11	1	(대운: 1세)
壬	辛	庚	己	戊	丁	丙	乙	
寅	丑	子	亥	戌	酉	申	未	

1. 용신

癸水가 午火節에 생하여 절(絶)地이고, 丙火가 투출하여 水火 상극되고 다시 甲乙木이 투출하여 日主의 氣를 설(洩)하니 신약(身弱)하여 癸水가 고갈될 지경이다. 癸水의 수원(水源)을 마련함이 시급하니 印星이 요긴하여 年支 申宮의 庚金을 용한다. 용신 庚金은 투출하지 못하고 암장(暗藏)되었으며 다시 丙午火의 剋을 받아 쇠약하니 크게 길한 사주는 못되는 것이다.

用神 : 庚金
喜神 :   土
忌神 :   火
閑神 :   水
仇神 :   木

2. 통변

● 庚金이 용신으로 印星에 해당하니 두뇌회전이 빠르며 지혜는 있는데, 丙午火의 극을 받고 辰丑土가 없어 생조받음이 없으니 용신이 왕강하지 못한 것이다. 다행인 것은 年·月支 申午 사이에 未土가 탄함(呑陷)되었다. 未土는 官星으로 申金

제3장 실전 통변 691

正印과 관인상생(官印相生)을 이루니 공직자의 길로 들어선 것이다. 다만 탄함(吞陷)되어 쇠(衰)한 官星과 또한 극제받아 역시 쇠약한 印星을 용하는 것이니 관록(官祿)이 높지 못했던 것이다.

- 천간에 食傷과 正財가 투출했다. 식상생재(食傷生財)의 의도이다. 甲乙木은 토목, 건축과도 연관되니 부동산 관련 이재(理財)에 밝았다.
- 年支 正印이 홍염살(紅艶殺)을 대동하고 있다. 正印은 학문, 문서 등을 대변하고 홍염살은 미색을 의미하니, 결합하면 문장능력이 있는 것이라 지방 시인협회의 시인으로 활동 중이다.
- 年·月柱의 丙午火는 正·偏財로 재성혼잡(財星混雜)이다. 이런 경우는 대체로 처와의 연이 박하고, 주변의 여자문제로 인해 여난(女難)이 발생하는 경우가 많다. 또한 火가 기신이니 여자와 연관된 문제로 인해 손재수가 발생하는 경우가 많다.
- 月支에 偏財가 있으니 행동과 생각이 기민하고, 이재(理財)에 밝으며, 처복이 있는 것이다. 그리고 丙火가 투출하여 月支에 통근하니 재물복도 적은 것은 아니지만 기신에 해당하니 大財를 모으기는 어려운 것이다.
- 月·時支 午卯 破는 午火인 아궁이의 불이 卯木 습목(濕木)이 있어 불꽃을 일으키지 못함이다. 식신생재(食神生財)하지 못하더라도 火가 기신에 해당하니 흉하지는 않은 것이다.
- 月柱가 부모궁이고 午火 偏財는 父星인데 십이포태운성의 절(絶)地에 해당하니 부친이 일찍 작고하신 것이다.
- 年干 丙火는 월령(月令)에 통근하니 正財格이다. 따라서 사업가의 명조와는 거리가 있으나 다시 甲乙木이 투출하여 生財하니 소유한 부동산의 가격 상승으로 어느 정도의 부(富)는 이룬 것이다. 다만 午火節의 木 食傷이 실기(失氣)하여 生財함이 부족하니 사업가의 길로 가지 못한 것이고 大財를 획득하지 못한 것이다. 또한 日支 酉金 偏印이 가까이에 있어 도식(盜食)하니 食神이 손상되었던 것이다.
- 지지에 子午卯酉가 모두 있으면 편야도화(遍夜桃花)라 하여 주색(酒色)을 즐기고 여난(女難)이 있다 했는데, 子가 결여되어 편야도화는 아니지만 午酉卯三者가 있으니 도화살이 강한 것이다. 따라서 여성들에게 인기가 많고 대인관계가 원활하며 적극적인 사회활동을 하고 있는 것이다. 시창작과 수필의 동호회 활동을 하고, 동양란의 품평회 간부이며, 서예활동도 하고 있으며, 레져스포츠도 즐기는

등 다방면의 동호회 활동을 하고 있는 것이다.

● 지지에 正·偏印이 있다. 인성혼잡(印星混雜)이라 한다. 두 어머니나 두 할머니 문제가 나오고, 申宮의 壬水 劫財가 있으니 이복형제 문제도 나오는 것이다. 아울러 인성혼잡의 경우에는 두뇌회전은 빠르나 학업과의 연은 적다 판단한다.

● 月柱에 傷官과 偏財가 있는데, 午火 偏財는 월령(月令)을 차지하고 甲木 傷官의 생을 받으니 旺하다. 자연 財星이 旺하여 印星을 破하니 학업의 끈은 길지 못했을 것이라 판단하고, 偏財는 사업, 투기, 무역 등과 연관된 재물이니 본인이 항시 발 빠르게 움직이고 기민하게 생각하며 이재(理財)에 밝으니, 일찍 사회 진출을 하여 생활전선에 뛰어들었음을 알 수 있는 것이다.

● 日·時支에 卯酉 沖이 있으니 처자식을 극하게 되고 연이 없는 것이다. 아울러 도식(盜食)된 것이니 生財의 힘이 적어 大財와는 거리가 멀다.

● 日柱가 癸酉이다. 日支에 酉金 偏印이 있는 경우에는 사주가 귀격(貴格)이면 지혜가 있고 명민하여 이름을 날리나, 파격(破格)이면 역술계통, 의료계통, 단순노동직 등의 업무에 종사하는 경우가 많다.

● 日主를 사회와 연관하여 현재의 나의 위치로 본다면, 月柱는 나의 위치에서 직급이나 직책이 한 단계 더 높은 상사 및 귀인(貴人)의 위치로 보는 것이다. 月干 甲木이 月支 午火를 생하여 午火에 힘이 실리는데, 火는 기신에 해당된다. 따라서 상사나 귀인의 도움이나 지원을 받기 어려울 것이라 판단하는 것이다.

● 日支 酉金에 偏印이 있다. 日支는 처궁인데 偏印인 어머니가 와 있으니 고부간의 갈등이 예상된다. 따로 분가하여 생활하면 갈등요소는 많이 해소되리라 본다.

● 日支 酉金 偏印이 도화살(桃花殺)을 대동하고 있다. 酉金의 상(象)은 펜촉과도 연관되는데 偏印을 대동하니 글, 문장, 서예로도 논하며 예쁘게 포장하는 것과 연관된 도화살을 대동하니 글 쓰는 솜씨가 있는 것이다. 또한 日支 처궁에 도화살이 있으니 그 처는 미모가 있을 것이라 판단한다.

● 日支 酉金 偏印이 태백살(太白殺)을 대동하고 있다. 酉金은 가공한 금속이니 수술 칼로도 보는데 다시 수술을 동반하는 태백살이 있으니 일생에 한두 번 예기치 않은 사고나 질병 등으로 큰 수술을 겪게 될 것이다.

● 癸酉 日柱의 성격은 대체로 음주를 즐기는 편이고, 혼자 조용히 어떤 일에 몰두하거나, 공상을 잘하며, 남을 잘 의심하기도 한다. 이중적인 성격도 있는 편이며,

끈기가 부족한 면도 있으며, 싫증도 잘 내고, 시기심이 많고 호색하는 면도 있다.

3. 대운

- 초년 乙未대운 중 乙木대운은 구신운이고, 未土대운은 月支 午火와 육합화국의 사실상 火로 바뀌어 기신운이니, 가정형편이 썩 좋지 못했고 잔병치레가 많았다.
- 丙火대운은 기신운이다. 가정형편상 일찍부터 취업을 위해 형제자매들이 도심지로 뿔뿔이 흩어졌던 것이다.
- 申金대운은 용신운이다. 형제자매 중 막내로써 부모님의 보살핌 덕분에 고등학교를 마칠 수 있었다.
- 丁火대운은 기신운이다. 군 생활로 무애무덕하게 보낼 수 있었다.
- 酉金대운은 용신운이다. 공무원시험에 합격하여 공직생활을 시작했다. 日支처궁과는 酉酉 自刑殺이 되니 결혼운은 없었다.
- 戊土대운은 희신운인데 日主와 戊癸 합화되니 배우자가 들어오는 것이다. 이때 결혼했으나, 합화하여 기신운이니 부부연은 돈독하지 못했다.
- 戊土대운은 본시 희신운이나 지지 午戌과 반합과 卯戌 육합화국의 기신운이다. 공직생활 중 민원과 연관되어 시비구설 및 음해가 다발(多發)했다.
- 己土대운은 희신운인데 月干 甲木과 간합토국되어, 土 희신이 旺해지니 주임으로 승진한 것이다.
- 亥水대운은 한신운이다. 대체로 무애무덕했으나 공직생활만은 다사다난했다.
- 庚子대운은 용신과 한신운이다. 그러나 月柱 본가(本家)와는 甲庚 沖과 子午沖되어 月柱를 다 흔들어 놓으니 공직생활에 위기가 온 것이다. 지방단체장 선거와 연관되어 상급자의 미움을 사서 승진에 대한 희망을 접고 동호회활동에 적극적으로 나서게 된 것이다. 통변에서 만약 대운과 月柱가 공히 相沖하는데, 다시 세운 또한 月柱를 충극하는 운이 도래할 시는 命을 보존하기 힘든 경우가 많은 것이다.
- 辛金대운은 본시 용신운인데 年干 丙火 正財와 간합수국의 한신운으로 바뀌니 퇴직을 준비해야 하고 예기치 않은 손재수를 염려해야 한다.
- 丑土대운은 본시 희신운이다. 午火와는 원진(怨嗔)되어 손재수가 발생하고, 酉金과는 반합금국의 용신운인데, 偏印과의 반합이니 문서운이 도래하는 것이다. 형

제자매들과 연관되어 공동명의의 부동산 매입이 예상되는 것이다.

◉ 壬水대운은 丙壬 沖되니 한신의 역할이 손상되는데 처와 연관되어 근심거리가 발생할 수 있고, 寅木대운은 寅午 반합화국의 기신운이니 건강문제가 크게 대두되니 조심해야 할 것이다.

男命(食傷이 중첩된 사주)

庚	甲	壬	辛
偏官		偏印	正官
午	午	辰	巳
傷官	傷官	偏財	食神
死·桃花	死·桃花	衰·天殺	病
紅艶·劍鋒	紅艶·眞神	金輿·白虎	落井·文昌
湯火·眞神	湯火·天赦	寡宿·病符	太白·病符
天赦		弔客·空亡	空亡
丙	丙	乙	戊
己	己	癸	庚
丁	丁	戊	丙

74	64	54	44	34	24	14	4	
甲	乙	丙	丁	戊	己	庚	辛	(대운: 4세)
申	酉	戌	亥	子	丑	寅	卯	

1. 용신

甲木이 辰月에 생하여 실기(失氣)했다. 辰月은 火로 진기(進氣)하는 계절이며 다시 지지에 巳午의 火氣가 중첩되어 있어 日主의 氣를 설(洩)하고, 천간에 官星이 투출하여 日主를 훼(剋)하니 신약(身弱)한 것이다. 印星을 용하여 日主를 생조하면 중화(中和)를 이룰 수 있다. 月干 壬水를 용한다. 壬水는 辰月에 묘궁(墓宮)에 들어 쇠약하나 坐下 辰土가 수고(水庫)地이니 태약(太弱)하지는 않고, 투출된 庚辛金의 생조를 받으니 무력하지는 않아 능히 용할 수 있는 것이다.

用神 : 壬水
喜神 : 金

忌神 : 土
閑神 : 木
仇神 : 火

2. 통변

◉ 천간에 官印이 투출했으니 공직자의 길이 분명하나, 正·偏官이 투출하여 관살
혼잡(官殺混雜)되었고, 壬水 偏印이 旺火에 무력해지니 관록이 길지 못했을 것이
라 판단한다. 다행인 것은 時干 偏官은 日·時支의 午火에 去殺되니 年干의 正官
一位만 남게 되어 공직자의 길을 갈 수 있었던 것이다.
사주에 火金이 성(盛)하니 무관직으로도 볼 수 있으나, 용신이 水로 印星에 해당
하니 기술계통의 공직으로 철도청공무원의 길을 간 것이다.

◉ 학업운의 길흉은 통변에서 印星과 용신을 위주로 논하는데, 월령(月令) 辰土 財星
은 食傷의 생을 받아 旺하고, 旺한 財星은 자연 印星을 破하게 되므로 학업의
끈은 길지 못했을 것이라 판단한다.

◉ 日主 甲木이 時干 庚金과 沖되고 있다. 甲木은 월령(月令)에 쇠(衰)地이고, 庚金은
월령(月令)에 양(養)地이다. 沖되어 甲木이 더 많이 손상되는 것이다. 시비다툼과
사고, 관재구설이 따르는 것이다. 다행인 것은 庚金 坐下에 午火가 있어 庚金
七殺의 기세를 제압하니 크고 작은 흉화(凶禍)는 있었으나 대환(大患)은 없었던 것
이다.

◉ 局이 식신생재(食神生財)하여 부격(富格)을 이루는 것 같으나, 日主 甲木이 辰月에
비록 뿌리는 내릴 수 있다 하나 쇠(衰)地라 약하고, 比劫의 부조가 미약하니 신왕
(身旺)하지 못한 것이고, 아울러 財星이 空亡되니 부자(富者)의 명조는 못되는 것
이다.

◉ 年柱는 正官과 食神인데 상하 상극되어 正官의 길성이 손상되었고, 年支 巳火는
空亡되었다. 그러나 다행인 것은 巳宮의 丙火가 年干 辛金과 암암리에 간합수국
의 印星局을 이루니 이른바 천합지자(天合地者)인 것이고 이로써 印星을 인통(引
通)시키니 상하가 관인상생(官印相生)이 된 것이다. 따라서 조상대는 벼슬은 높지
않았으나 학덕이 있었던 유학자의 가문이었던 것이다.

◉ 年支 空亡은 통변에서는 대체로 단명한 조상이 많을 것이라 논하며, 그리고 食神의

공망이니 자손의 수(數)는 적었을 것이라 판단하며, 또한 본인 代에서는 자식의 손상이 오거나 연이 끊어지는 것인데 전처(前妻)의 자식과는 연이 끊어진 상태다.

- 年支 食神이 낙정관살(落井關殺)과 태백살(太白殺)을 대동하니 어려서 죽은 자식이 있을 것이라 판단한다.

- 月柱가 상하 상극되고 月支가 공망이니, 부모형제자매간 어려서 고향을 떠나 뿔뿔이 흩어졌을 것이라 판단하고, 또한 일찍 죽은 사람이 있을 것이고, 화기애애하고 돈독함은 적었을 것이라 판단한다. 또한 月支의 空亡은 본가(本家)의 空亡이니 부모 대에 가운(家運)이 침체되었음을 알 수 있는 것이다.

- 月干 壬水 偏印은 월령(月令) 辰土의 中氣에 통근하고 있는데, 辰土가 空亡地이니 壬水 역시 空亡된 것이다. 따라서 어머니와의 연이 적거나 어머니의 단명수가 나오는 것이다.

- 月支에 偏財가 있으니 본인은 일찍 사회에 진출하여 직업을 갖게 됐을 것이고, 행동과 생각이 기민하며, 이재(理財)에 밝았을 것이라 판단한다.

- 局에 正財가 없고 偏財만 있는 경우에는 부득이 偏財를 처로 논하나, 통변에서는 局에 正財가 없는 경우 본처와의 연이 없는 것으로 판단하니 부부연은 대체로 좋지 못한 경우가 많다.

- 月支 偏財는 사업가의 명조인데, 천살(天殺)이나 백호살(白虎殺)을 대동하면 사업의 부침이 심하다 판단하고, 예기치 않은 손재수가 발생하는 것이다. 또한 남명에서는 偏財를 父星으로 논하는데 空亡地이고, 백호살(白虎殺)과 병부살(病符殺)을 대동하니 부친이 예기치 않은 사고나 질병 등으로 단명했을 것이라 판단하는 것이다.

- 月支 辰土는 도로사(道路事)와 연관된다. 백호살(白虎殺)을 대동하니 예기치 않은 차 사고를 조심하여야 한다.

- 月支 조객살(弔客殺)과 병부살(病符殺)은 신기(神氣)와 연관된 殺이다. 조상代에 사찰에 극진히 공양을 올렸던 분이 계셨거나, 무속과 연관된 조상이 있었을 것이라 판단하고, 본인도 이와 연관이 깊어 중년의 용신운에 사찰의 신도회장을 맡았던 것이다. 그리고 병부살은 구병(久病)을 앓던 조상과 연관된 殺로써 月柱에 있으면 부모형제자매 代에 질병으로 고생하는 사람이 있을 것임을 암시하는 殺이다.

- 日支는 처궁인데 傷官이 있어 남편인 官을 극하니 부부 사이의 이혼수가 발생하

는 것이다.

- 日支 午火에 도화살(桃花殺)과 홍염살(紅艷殺)이 있으니 처는 미모일 것이나, 구신에 해당하니 내조를 기대하기는 힘든 것이다.

- 日支 傷官이 탕화살(湯火殺)을 대동하고 있다. 남명의 官星은 직업, 직장, 직책으로 논하는데 傷官은 이를 극하여 손상시키는 것이고, 탕화살은 불타 없어지고 소모되는 殺이니, 직장의 변동이 많았을 것이고, 인생의 부침 또한 심했을 것이라 판단한다.

- 日·時支의 午午는 자형살(自刑殺)이다. 처자식과의 연이 적은 것이다. 본처와는 이혼하고 다른 여자와 재혼하여 살고 있는 것이다.

- 용신이 壬水로 偏印에 해당하니 두뇌회전이 빠르고 매사 사리판단이 정확하나, 끈기가 다소 부족하고, 학업과의 연은 길지 못한 것이다.

- 용신 壬水가 月柱에 있으니 부모형제자매 大에 집안이 발복되고 가정형편이 풀려나갔을 것이라 판단한다.

- 기신이 土로 財星에 해당된다. 우선 처와의 사이가 화목치 못했을 것이고, 또한 재물운도 금전의 입출만 빈번하고 정작 돈은 모으지 못했을 것이라 판단한다.

- 구신이 火다. 食傷에 해당하니 사회적으로는 수하인들이나 후배들의 협력을 얻기는 힘들었을 것이라 판단한다.

- 日柱 甲午의 성격은 재주가 많으며, 약삭빠르고 수완이 좋다. 그리고 다소 오만함이 있고, 남을 비평하기를 좋아하고, 멋 내고 꾸미는 일에 능숙하다. 대인관계에서 자기표현 능력이 좋고, 상대방을 무시하는 성격이 있으며, 언변이 좋고 행동이 민첩하고 경쾌하다. 일지에 상관을 깔고 있으니 예기치 않은 사고나 시비다툼, 질병 등을 조심해야 한다.

- 구신이 火니 고혈압 등 혈관계질환이 염려되고, 기신이 土니 위장 등 소화계통의 질환 등에 각별히 유의해야 한다.

3. 대운

- 초년 辛卯대운은 희신과 한신운이라 무애무덕했고 막내로써 부모의 보살핌 속에 무탈하고 편안하게 보냈던 것이다.

- 庚金대운은 희신운이라 길하다. 도시로 나와 무난히 중·고등학교를 마칠 수 있었다.

◉ 寅木대운은 본시 한신운이나, 壬寅세운에 壬水가 용신운이니 철도공무원시험에
합격했던 것이다.

◉ 己土대운은 본시 기신운이나, 戊申세운에 지지와 巳申의 육합수국, 財星인 辰土
와 辰申의 반합수국의 용신운이니 이때 결혼한 것이다.

◉ 丑土대운은 물기를 담뿍 담은 土라, 통변에서는 水로 논하니 용신운이라 무탈했다.

◉ 戊土대운은 기신운인데 財星이니 여자문제가 들어오는 것이다. 본처와 성격차이
로 별거에 들어가고, 다른 여자를 사귀게 된 것이다.

◉ 子水대운은 용신운인데 日支와 子午 沖되니 자리의 변동수가 들어오는 것이다.
전처와의 이혼과정에서 송사(訟事)에 연루되어 퇴직하게 됐고, 양계장과 가금류
(家禽類)유통업을 시작했던 것이다. 이 대운 중 전처와의 이혼건에 대한 송사(訟事)
가 마무리되고 재혼한 것이다.

◉ 丁火대운은 壬水와 간합목국의 한신운으로 바뀌니 사업은 무탈하고 발전이 있
었다.

◉ 亥水대운은 용신운이다. 巳亥 상충하니 밥그릇의 변동이 들어온다. 가금류(家禽
類)유통업에서 육가공유통업으로 직업 전환을 했고, 용신운이니 사업이 번창했
고, 인근 사찰의 신도회장직도 맡았던 것이다.

◉ 丙火대운은 본시 구신운이나 年干 辛金과는 간합수국의 용신운이니 사세(社勢)는
확장됐으나 月干 壬水 偏印과는 丙壬 沖되어 용신인 壬水를 손상시키니 흉하다.
조류독감으로 인해 닭고기 유통이 제한되어 막대한 손실을 입었던 것이다. 또한
냉동창고를 증축하기 위한 부지매입 과정에서 사기를 당해 손재수가 발생했는데
이는 偏印이 沖을 맞았기 때문이다.

◉ 戊土대운은 기신운이다. 年支 巳火와는 巳戌 원진(怨嗔)되니 밥그릇이 손상되고,
辰土 財星과는 沖되니 손재수가 발생하고, 日·時支 午火와는 午戌 반합화국의
구신운이니 대흉하다. 대형 교통사고로 인해 6개월간 병원신세를 지게 되어 모
든 사업을 정리하고 은퇴했던 것이다.

◉ 乙木대운은 한신운이다. 辛金과는 沖되어 흉하고 庚金과는 合되어 희신운으로
바뀌니 일희일비의 운이다. 친하게 지냈던 후배의 도움으로 기계부품가공공장의
창고관리 일을 맡게 된 것이다.

◉ 酉金대운은 희신운이니 무탈하다.

◉ 甲申대운은 대체로 한신과 희신운이니 무탈하나, 申金대운은 年支 巳火와 巳申의 육합수국인데 刑合이 되니 선형후합(先刑後合)으로 통변한다. 먼저는 刑殺을 맞으니 건강문제가 대두될 것이나 後合은 水로 변하여 용신운이니 무탈하게 넘어갈 것이다.

男命(盜食된 사주)

戊	癸	辛	辛
正官		偏印	偏印
午	酉	卯	巳
偏財	偏印	食神	正財
胞·桃花	病·將星	長生·災殺	胎·陰差
絞神	梟神·隔角	落井·弔客	破軍·太白
	太白·飛符		斧劈
丙	庚	甲	戊
己	○	○	庚
丁	辛	乙	丙

72	62	52	42	32	22	12	2	
癸	甲	乙	丙	丁	戊	己	庚	(대운: 2세)
未	申	酉	戌	亥	子	丑	寅	

1. 용신

癸水는 하늘로는 우로(雨露)에 비유되고 땅에서는 간계수(澗溪水), 전답의 물, 도랑물 등에 비유된다. 日主 癸水가 卯月에 생하여 長生을 득했지만, 巳午의 財星이 있고 戊土 官星이 투출했으며, 다시 卯辰 사이에 辰土가 탄함(呑陷)되어 日主를 극하니 日主는 신약(身弱)한 것이다. 천간의 戊癸 합화는 時支에 火氣가 있는 반면에 水氣는 전무하니 화화격(化火格)의 진격(眞格)이 된 것이다.

日主 癸水는 局에 比劫이 전무하다. 태원(胎元)이 壬午라, 壬水의 부조가 있다하나, 坐下 午火의 화세(火勢)에 무력해지니 어느 한 곳 水를 끌어다 日主를 부조함을 기대할 수 없는 것이다. 따라서 日主는 심히 태약(太弱)한 것이다. 만약 태원(胎

元)의 壬水조차 없었다면 단명으로 생을 마감했을 것이다. 月干 辛金을 용하여 日主를 생하려 하나 정·신·기(精·神·氣) 중 氣가 이미 극진(極盡)한 상태이니 印星이 들어온들 소생(蘇生)할 수 있는 여건은 못되는 것이다. 따라서 신기(神氣)가 이미 몸과 정신을 지배하고 들어와 미친 사람처럼 횡설수설하고 집 안팎을 배회하는 경우가 자주 있는 것이다.

用神 : 辛金
喜神 :　土
忌神 :　火
閑神 :　水
仇神 :　木

2. 통변

◉ 印星이 중중하나 卯酉 沖되어 손상되고, 다시 午火의 극을 받으니 日支 酉金의 뿌리가 끊어진 것이라, 천간의 두 개 辛金 印星 역시 손상되어 유명무실해진 것이다. 또한 日主 癸水는 본분을 망각하고 戊土를 탐(貪)하여 火로 化되니 癸水의 氣는 소산(消散)된 것이라, 日主의 氣가 극진한 상태이니 사기(邪氣)가 침범 하여 정신질환이 들어온 것이다.

◉ 局에 子午卯酉가 모두 있으면 일명 "편야도화(遍夜桃花)"라 하는데, 성격(成格)이 되었을 경우에는 부귀격(富貴格)을 이루나 그래도 주색과 방탕한 기질이 많다. 상기의 경우에는 子가 결여되어 편야도화(遍夜桃花)에 해당되지는 않지만 卯酉午 三者가 있으니 편야도화(遍夜桃花)에 준하여 판단하나, 日主가 태약하니 설혹 운로(運路)에서 子水가 들어온다 해도 편야도화(遍夜桃花)가 성격(成格)을 이루었다 판단할 수 없는 것이다. 이런 경우에는 오히려 도화살(桃花殺)의 흉한 기운이 더욱 심해지니 정신질환이 가일층 심해질 것이 염려되는 것이다.

◉ 정신기(精·神·氣) 중 氣는 日主와 오행이 같은 것으로 日主를 부조하고 버팀목이 되어 외풍에 견딜 수 있도록 견고히 해주는 역할을 하는 것이다. 따라서 局에 比劫이 없으면 氣가 쇠약해지니 명조가 허령(虛靈)해지고 부운(浮雲)과 같은 상태가 되는 것이다. 이런 상태에서 局에 다시 흉살의 氣가 태다(太多)하고 動하게 되면 神을 받아야 하는 상태가 되는 것이다.

◉ 월령(月令) 卯木에 수옥살(囚獄殺), 조객살(弔客殺)이 있고, 日支에는 태백살(太白

殺), 효신살(梟神殺)이 있고, 時支에는 도화살(桃花殺)과 교신살(絞神殺)이 있다. 전부 신기(神氣)와 연관된 흉살이다.

- 사주학에서의 정신질환관련 통변은 선천적인 요인과 후천적인 요인으로 나뉜다. 선천적인 요인은 태원사주(胎元四柱)를 적용하여 복중일수(腹中日數)가 부족하여 건강치 못하게 태어났거나, 입태시점(入胎始點)의 天氣가 심히 편고되었거나, 오행이 부조화를 이루어 정신과 육체에 이상 징후가 발생하는 경우이다. 후천적인 요인은 묘(墓) 자리를 흉지에 썼거나, 합장(合葬)이 잘못됐거나, 매장시 이기법(理氣法)에 불합치하거나, 묘(墓)의 이장(移葬)과 연관 지어 흉화발생의 빌미가 된 경우인데, 상기 명조의 경우는 태어나기 삼년 전에 가족묘를 조성하는 과정에서 조상들의 묘자리 이장과 연관지어 흉화가 빌미가 되어 정신질환이 발생한 경우이다.
  이의 통변으로는 월령(月令)과 日支에 있는 정신질환과 연관된 흉살 들을 살펴보는데, 대표적으로 상문살(喪門殺), 조객살(弔客殺), 환신살(幻神殺), 교신살(絞神殺), 귀문관살(鬼門關殺), 병부살(病符殺), 도화살(桃花殺), 수옥살(囚獄殺) 등이 있다. 상기는 월령(月令)의 수옥살(囚獄殺), 조객살(弔客殺), 日支의 태백살(太白殺), 효신살(梟神殺) 등의 영향을 받아 발생한 것인데, 육친법으로 日干 癸水를 기준 偏財를 적용하여 조상대를 소급해 올라가면 다음과 같이 요약된다.

		(偏財)		(偏財)		(偏財)
癸水(日主)	→	丁火(父)	→	辛金(祖父)	→	乙木(曾祖父)
		壬水(母)		丙火(祖母)		庚金(曾祖母)

월령(月令) 卯木은 천간으로는 乙木이니 증조부에 해당되고, 日支 酉金은 천간으로는 辛金이라 조부에 해당된다. 따라서 이 두 분 조상묘의 이장과 연관지어 묘탈이 난 것이다. 필자의 경험상 묘탈 문제는 사주명리학이나 기문둔갑을 활용하여 상기와 같이 흉살을 적용하여 풀어본 후, 현장에 가서 적용해 보면 상당수 일치되는 징험함이 있었다.

3. 대운

- 寅木대운(7세~11세)에 寅木이 들어오며 年·月支 巳卯 사이에 탄함(呑陷)된 辰土를

인통(引通)시켜 寅卯辰의 방합목국을 형성하여 日主의 氣를 더욱 설(洩)시키며, 또한 합되어 월령(月令)의 수옥살과 조객살을 태동시키고, 酉金과는 寅酉 원진살(怨嗔殺)이 되어 印星의 뿌리를 손상시키며 역시 日支에 있는 태백살과 효신살을 태동시키고, 時支 午火와는 寅午 반합화국을 형성하여 癸水의 氣를 소산(消散)시키며, 또한 합되어 역시 교신살과 도화살을 태동시키니 이 기간 중 이미 사기(邪氣)가 침투한 상태인 것이다.

⊙ 己土대운(12세~16세)은 희신운이나, 己土가 지지로는 丑未土에 해당되고 年支 巳火 기준하여 未土는 상문살(喪門殺)에 해당되는데 역시 신기(神氣)와 연관된 殺로써 흉기(凶氣)가 더욱 가세하니 횡설수설 미친 사람 행세를 하고 있는 것이다. 병원에서는 병명을 모른다 하는데 이는 신기(神氣)와 연관된 정신질환이기 때문이다.

⊙ 丑土대운(17세~21세)은 희신운이니 신기(神氣)가 다소 잠복된 상태가 될 것이다.

⊙ 戊土대운(22세~26세)은 본시 희신운이나 日主 癸水와 合火되어 日主의 氣를 더욱 쇠잔하게 하니 정신질환이 더욱 심해질 것이다.

男命(食傷이 중첩된 사주)

己	甲	甲	辛
正財	比肩		正官
巳	午	午	巳
食神	傷官	傷官	食神

丙	丁	戊	己	庚	辛	壬	癸
戌	亥	子	丑	寅	卯	辰	巳

1. 용신

甲木이 午火節에 생하여 실기(失氣)했다. 지지는 전부 火 일색이라 日主의 氣를 설(洩)함이 심하고, 印星이 없으며, 月干 甲木 比肩은 무근(無根)이니 무력하여 日主를 부조하기 힘들다. 따라서 日主 甲木은 왕한 세(勢)에 의존할 수밖에 없으나, 다행인 것은 時干에 己土가 투출하여 甲己의 化土格을 이루고 지지에 통근하여 약하지 않으며 왕한 화세(火勢)를 설(洩)하니 이른바 왕신의설(旺神宜洩)이라 이를 용신으로 잡는다.

用神 : 己土
喜神 :　火
忌神 :　木
閑神 :　金
仇神 :　水

2. 통변

- 局에 木火의 氣가 쌍청(雙淸)하며 다시 목화통명격(木火通明格)을 이루니 귀격인데, 아쉬운 것은 중년 이후의 운이 용신인 土와 상극되는 水로 흐르니, 비록 두뇌가 총명하고 아이디어가 많았으나 크게 발전하지 못했다.

- 학업운은 통변에서 印星의 길흉과 초년운의 길흉 여부, 용신의 왕쇠(旺衰)로 판단하는데 상기는 印星이 全無하여 학업운이 없을 것으로 생각된다. 그러나 용신인 己土가 旺하고, 고등학교 시기인 辰土대운이 용신에 해당하니 명문고등학교를 졸업하고 명문대학에 입학한 것이다.

- 年干 辛金 正官은 旺한 화세(火勢)에 무력해지고 印星이 없어 관인상생(官印相生)되지 못하니 공직과는 거리가 멀었다.

- 局에 食傷이 旺하니 기술과 재예에 소질이 있는 것인데, 독특한 디자인을 활용한 핸드백과 가방을 만들어 수출하는 사업을 한 것이다.

- 食傷이 旺하고 生財하나 신왕(身旺)하지 못하니 大財를 감당하기 힘들다. 따라서 재물복이 적었던 것이다.

- 比劫이 기신이니 형제자매간의 화기애애하고 돈독함은 적었다.

- 日柱가 甲午인데 성격은 재주가 많은 편이나, 다소 오만하고 상대방을 무시하는 면이 있으며 자기표현 능력이 좋은 편이다. 그리고 사교술은 좋으나 남과 깊게 사귀기가 어려운 성격이다.

- 時干 己土가 正財로 용신이다. 正財는 처로 논하는데 용신에 해당하니 처의 내조가 많았던 것이다.

- 시주는 자식궁인데 식신생재(食神生財)하니 길하다. 자녀들 셋이 모두 잘 풀려나갔다.

3. 대운

◉ 辰土대운은 용신운이니 학업성적이 우수하여 명문대에 입학했다.

◉ 辛金대운은 한신운이니 무애무덕했고, 국영기업체에 입사하여 직장생활을 시작했다.

◉ 卯木대운은 기신운이니 등산하다 낙상하여 몇 개월간 병원신세를 져야했던 것이다. 그리고 직장내 동료들과의 불화로 인하여 퇴사한 것이다.

◉ 庚金대운은 한신운이니 무탈했고, 가내수공업식의 가방제조공장을 차려 수출을 시작한 것이다.

◉ 寅木대운은 寅午 반합화국의 희신운이니 사업의 발전이 있었다.

◉ 己土, 丑土, 戊土대운은 용신운이니 사업의 발전은 있었으나, 신왕(身旺)하지 못하니 大財를 모으지는 못했고, 크고 작은 풍파와 건강상 신고(身苦)가 있었다. 이는 통변에서 財가 旺하면 일종의 殺로도 보는데, 신왕(身旺)하지 못하니 재물이 들어올수록 신고(身苦)가 같이 겸해서 도래했기 때문이다.

◉ 子水대운은 구신운이다. 子午 沖하니 月·日支를 흔들어 놓아 건강상 이상이 발생했고, 傷官을 沖하여 손상시키니 生財하지 못하게 되어, 결국 사업이 하향세로 들고 사업을 접어야 했다.

◉ 丁亥대운에 丁火가 한신인 辛金 官星을 극거하고, 亥水가 용신인 土와 상극되고 다시 局의 巳火 食神과 相沖되어 밥그릇을 깨니 이때 사망한 것이다.

男命(得比理財의 사주)

癸	壬	丙	壬
劫財		偏財	比肩
卯	子	午	辰
傷官	劫財	正財	偏官

甲	癸	壬	辛	庚	己	戊	丁
寅	丑	子	亥	戌	酉	申	未

1. 용신

壬水가 午火節에 생하여 실기(失氣)했다. 月柱가 丙午로 財星이고, 年·月支 辰午 사이에 巳火가 탄함(呑陷)되어 암암리에 月柱 丙午에 힘을 보태니 火 財星은 旺한 것이다. 壬水 日主는 천간에 壬癸가 투출하여 부조(扶助)하고, 다시 日支에 제왕(帝旺)을 득하여 旺한 것 같으나 庚金이 없어 장구(長久)하게 생해줌이 없으니 일점 결함이 있는 것이다. 따라서 화세(火勢)가 旺하여 日主 壬水를 핍박함이 심한데 印星이 없으니 부득이 年干 壬水로 용신을 잡는다. 아쉬운 것은 용신 壬水를 생조해주는 金이 결(缺)되니 용신이 旺하지 못한 것이다.

用神 : 壬水
喜神 :　金
忌神 :　土
閑神 :　木
仇神 :　火

2. 통변

◉ 간명에서 남명은 먼저 財官의 길흉을 보고, 여명은 官星의 길흉을 보는데, 상기는 年支에 偏官은 있으나 印星이 없어 길하지 못한 것처럼 보이나, 辰과 午 사이에 巳火가 탄함(呑陷)되어 巳宮의 庚金 印星이 암암리에 日主를 생하며 관인상생(官印相生)을 이루었고, 時支 卯木 傷官은 空亡되니 辰土 偏官을 극하지 못하여, 官星이 손상되지 않으니 공직자의 명조로 길한 사주가 된 것이다.

◉ 年·月支 辰午 사이에 탄함(呑陷)된 巳火는 生時가 卯時라 주천을귀인(晝天乙貴人)에는 해당되지 않고 야천을귀인(夜天乙貴人)에 해당되니 이를 "염막귀인(簾幕貴人)"이라 한다. 탄함(呑陷)된 오행이 염막귀인을 대동하게 되면 보이지 않게 도와주는 귀인이 있는 것으로 분에 넘치는 복을 받게 되는 것이다. 巳宮의 戊庚丙은 偏官, 偏印, 偏財가 되니 보이지 않는 귀인으로부터 財官印에 대한 도움을 암암리에 받게 되는 것이니 官運이 많았던 것이다.

◉ 年·月支 辰午 사이에 巳火 財星이 탄함되어 지지는 암암리에 財旺한 것이다. 따라서 형제자매인 比劫을 용해 재산을 분배해주면 쟁재(爭財)의 탈이 적어지는 것이다. 이를 득비이재(得比理財)라 한다. 年干 比肩 壬水를 용하는데 子辰 반합

수국을 이루어 용신이 왕강해지니 귀격(貴格)의 명조가 된 것이다.

◉ 比劫이 용신이다. 통변에서는 직장이나 사회에서 만난 동료들, 정치인에게는 핵심 참모들과 지지하는 유권자들로도 논한다. 용신에 해당하니 이들로부터 암암리에 도움을 받을 수 있는 명조인 것이다. 따라서 공직을 사퇴한 후 지방자치단체장에 출마하여 당선된 것이다.

◉ 月柱의 正·偏財는 偏財로 논한다. 이런 경우는 행동과 생각이 기민하고, 이재(理財)에 밝으며 일찍부터 자수성가(自手成家)의 길을 가게 된다. 또한 형제자매들 간의 우애(友愛)는 그리 돈독하지 못하다 판단하는 것이다.

◉ 月支에 正財가 있으니 처복이 있는 것이다. 다만 時支 卯木 傷官이 空亡되어 상관생재(傷官生財)함이 부족하고 財星이 기신에 해당되니 재물복은 적었던 것이다.

◉ 月·日支 午子가 相沖이다. 正財와 劫財와의 沖이니 처와 시댁식구들 간의 불목이 예상되고, 또한 본인은 일찍 부모형제자매 곁을 떠나 타향에서 생활했음을 알 수 있는 것이다.

◉ 日·時支는 子卯 刑殺이다. 時柱의 傷官은 수하직원들로도 논하는데 刑되니, 앞서 두 번의 지방자치단체장 선거 낙선으로 인한 휴유증으로 수하직원들과의 갈등이 많았던 것이다.

◉ 용신인 水가 年·時干에 있으며 日支 子水에 통근하니 조상대에 가업의 기틀은 이미 마련된 것이고, 또한 자식 代에 발복할 것임을 의심할 바 없다. 그리고 본인代에 양명(揚名)하게 되는 것이다.

◉ 日支에 劫財가 있다. 나와 처의 자리에 형제자매가 있는 것이니 본가의 대소사에 관여하고 도움을 주어야 하는 명조인 것이다.

◉ 辰午 사이에 탄함(吞陷)된 巳火가 염막귀인(簾幕貴人)에 해당되니 巳宮의 庚金 印星 역시 길하다. 따라서 두뇌가 총명하여 학업성적이 좋았고 행정고시에 합격하여 관직의 길로 들어섰던 것이다.

◉ 기신이 土니 위장질환을 항시 조심해야 한다.

3. 대운

◉ 초년 丁未대운은 火土運이니 길하지 못하나 부모의 보살핌 속에 무탈하게 지냈

던 것이다.

◉ 戊土대운은 戊癸 합화의 구신운이니 가정에 부침은 있었으나 학업을 이어갈 수 있었다.

◉ 申金대운은 局과 申子辰 삼합수국의 용신운이니 매우 길하다. 학업성적이 뛰어나 명문대학에 입학했던 것이다.

◉ 己土대운은 기신운이다. 고시운이 적었고, 군복무를 마쳤다.

◉ 酉金대운은 年支 辰土 官星과 육합금국의 희신운이니 행정고시에 합격한 것이다.

◉ 庚金대운은 희신운이니 官運이 순탄했고 이때 결혼한 것이다

◉ 戊土대운은 辰戌 沖과, 午戌 반합화국의 구신운, 子水의 상극, 卯戌의 육합화국의 구신운이니 썩 길하지 못했고 승진운도 저체됐다.

◉ 辛金대운은 구신인 丙火와 간합수국의 용신운으로 바뀌니 매우 길하여 관복이 많았다.

◉ 亥水대운은 용신운인데, 官星인 辰土와 원진(怨嗔)되어 용신과 직장이 모두 손상되니 퇴직했고 지방자치단체장에 출마했으나 낙마했다. 용신이 旺하지 못하고 官星의 손상이 있었기 때문이다.

◉ 壬水대운은 본시 용신운이나 丙壬 沖되어 旺한 火氣에 용신이 손상되니 뜻을 이루지 못했다.

◉ 子水대운은 본시 용신운이나, 子午 沖되어 용신 水가 손상되고, 子卯 刑하여 卯木 空亡을 탈공(脫空)시키니 용신인 水氣를 설(洩)시켜 쇠약하게 하니 크게 길하지 못하여 또다시 낙마했다.

◉ 癸水대운은 용신운이다. 甲午세운에 月支 午火와 午午 자형살(自刑殺)이 되어 왕한 화세(火勢)가 누그러지니 흉변길이 되었고, 전임 단체장의 실정(失政)에 대한 불만과 계속된 낙마에 대한 동정심이 표로 이어져 당선되었던 것이다.

男命(滾浪桃花가 있는 사주)

壬	丁	辛	丙
正官		偏財	劫財
子	卯	卯	辰
偏官	偏印	偏印	傷官
胞·將星	病·六害	病·六害	衰
桃花·絞神	梟神·五鬼	梟神·五鬼	五鬼
	病符·天轉	病符·劍鋒	
	地轉		

子	甲	甲	乙
○	○	○	癸
癸	乙	乙	戊

77	67	57	47	37	27	17	7	
己	戊	丁	丙	乙	甲	癸	壬	(대운: 7세)
亥	戌	酉	申	未	午	巳	辰	

1. 용신

丁火가 申月에 생하여 병(病)地이다. 春月의 木은 지란호초(芝蘭蒿草)에 해당되고 습목(濕木)이라 丁火의 불꽃을 살리기가 어려운데, 丙火가 투출하였으니 건초(乾草)로 바뀌어 日主를 생하게 되니 日主는 약변강이 되는 것이다. 夜子時에 생하였으니 時柱는 壬子인데, 時干 壬水가 坐下에 제왕(帝旺)을 득했으나 年支 辰土는 여기(餘氣)에 木氣를 품고 있으니 木의 유신(類神)이 되어 年·月·日支가 다분히 木局을 형성하고 있다고 보아야 한다. 따라서 지지의 旺木이 水를 납수(納水)하니 時支 子水가 무력해지므로 천간의 丁壬 합목은 정히 化木된다 판단하는 것이다. 다만 혐의가 되는 것은 月干 辛金이 왕세(旺勢)를 거역하고 木과 상극되니 일점 병(病)이 되는 것이다. 따라서 강하고 무리를 이룬 비겁 木이, 무근이고 무력한 辛金을 대적하려는 것이니 이른바 "강중적과(强衆敵寡)"의 형국이다. 年干 丙火를 용하여 辛金을 제압하면 사주가 길해지는 것이다. 또한 같은 맥락으로 왕신의설(旺神宜洩)이라, 木이 旺하니 이를 설(洩)하는 火가 있어야 사주가 중화를 이룰 수 있는 것이다.

丙火를 용할 시에 辛金이 투출한 경우라면 丙辛의 化格 여부를 살펴보아야 하는데, 상기의 경우는 年·月支에 수기(秀氣)가 미약하니 능히 丙火가 합은 되나 化되지 않으니 이를 용할 수 있는 것이다. 통변에서는 丙火가 合되어 묶이니 제 역할을 하지 못한다 생각하나, 卯月은 화왕지절(火旺之節)로 진기(進氣)하는 계절이니 화세 (火勢)가 힘을 얻고 있음을 간과해서는 안된다. 운로가 未午巳 火地로 흘러 용신 丙 火를 부조하니 발전이 있었던 것이다.

用神 : 丙火
喜神 :　木
忌神 :　水
閑神 :　土
仇神 :　金

2. 통변

● 천간의 丙辛은 간합은 되나 坐下에 水가 없으니 化되지는 못한다. 따라서 辛金이 合되어 묶이게 되고 또한 뿌리가 없으니 偏財의 역할이 유명무실하게 되는 것이 다. 통변에서는 偏財를 아버지로 논하고, 처첩으로도 논하는데 偏財의 역할을 못하게 되니 아버지가 일찍 돌아가시는 것이다. 또한 正財가 불투하고 偏財가 투출했으나 태약(太弱)하니 결혼운이 적거나 독신으로 살게 되는 것이다. 偏財를 사업과 연관된 재물로 본다면 合되어 묶이고 통근되지 못했으니 부금(浮金)이 되 는 것이라, 금전의 입출은 많으나 정작 내손에 쥐어지는 돈은 적을 것이라 판단 하는 것이다.

● 천간에 투출한 丁丙의 상(象)은 밝음의 강약과 火氣의 우열로 인해 어느 하나가 손상됨을 나타낸다. 丙火가 丁火의 빛을 가린다 하나 丙火는 좌하 辰土에 회화(晦 火)되니 오히려 丙火가 빛과 열의 우열에서 丁火에 밀리는 것이다. 따라서 丙火 가 더 손상되니 형제자매 중 태어나서 죽은 사람이 있는 것이다. 만약 반대의 경우라면 명조자의 단명수가 나오는 것으로 통변한다.

● 年·月支 辰卯는 해살(害殺)이다. 辰卯 害의 상(象)은, 辰土 傷官과 卯木 正印이 상호 상해(傷害)를 입는 것인데, 辰土 傷官은 기술자격이 있는 수하인으로 보고 卯木 正印은 문서, 계약으로 논한다. 따라서 부하직원의 전기공사 계약과 연관되 어 손재수나 사고수가 발생할 것임을 암시하는 것이다.

● 日·時干이 丁壬 合을 이루고, 日·時支는 子卯 刑殺이 되니 이를 "곤랑도화(滾浪 桃花)"라 한다. 주색잡기에 빠지지 쉽고 여난(女難)이 염려되며, 예기치 않은 사고

와 질병이 따르게 된다.

◉ 天干의 丁壬은 간합목국으로 바뀐다. 正官이 습되어 印星으로 바뀌니 正官이 유명무실해지는 것이다. 따라서 직장생활과는 연이 없는 것이고 전기관련 개인 사업을 하고 있는 것이다.

◉ 年柱가 劫財와 傷官이다. 벼슬한 가문은 아니고 대대로 농사를 지었던 집안이다.

◉ 月柱에 財印이 있어 상하 상극하고 偏財가 月干에 투출했으니 부모형제자매와의 연은 적은 것이다. 어려서 형제자매들이 도심지로 흩어져 직장생활을 했던 것이다.

◉ 月支 卯木 偏印에 육해살(六害殺)과 오귀살(五鬼殺)이 있으니 부모의 단명수가 나오고, 본인에게는 예기치 않은 사고와 질병이 다발할 것임이 암시되는 것이다.

◉ 지지에 印星이 重하고, 다시 丁壬 간합목국의 印星이 있으니 印星이 중첩된 것이다. 학업과의 연이 적을 것이고, 문서와 관련지어 손재수가 발생하는 경우가 많다.

◉ 日支는 처궁인데 오귀살(五鬼殺)과 육해살(六害殺)이 있으니, 결혼연이 박하거나 이혼수가 있거나 결혼을 하지 못하는 경우가 많다. 아직 미혼이다.

◉ 時柱에 正官과 偏官이 있다. 壬水 正官은 간합되어 印星으로 化되니 偏官一位만 남게 되었다. 이른바 합관유살(合官留殺)인 것이다. 印星이 태다(太多)하지 않으면 관인상생(官印相生)되어 공직자의 길을 갔겠지만 多印은 無印이라 했으니 학업과의 연이 적어 기술직을 택한 것이다.

3. 대운

◉ 초년 壬辰대운은 壬水는 본래 기신이나 丁壬 합목의 희신으로 바뀌고, 辰子 반합 수국은 기신운이니, 반길반흉(半吉半凶)의 운이지만 가정형편이 넉넉하지 못하여 신고(身苦)가 많았다.

◉ 癸水대운은 日主와 丁癸 沖하니 자리의 이동수가 나온다. 가족들이 직장을 찾아 도심지로 이사했던 것이다.

◉ 巳火대운은 용신운이다. 고등학교를 졸업하고 전기관련 업체에 견습공으로 근무하면서 야간전문대학교 전기과를 졸업한 것이다.

◉ 甲木대운은 희신운이다. 남명의 희신은 처로도 논하는데 사귀는 여자는 있었으나 결혼하지는 못했다.

◉ 午火대운은 용신운이다. 독립하여 전기관련 사업을 시작한 것이다.

- 乙未대운은 局의 卯木과 卯未 반합목국의 희신운이다. 무탈하고 사업상 발전이 지속될 것이다.
- 申酉戌대운은 구신운이니 다소 사업상 침체가 이어질 것이니 대비책을 잘 세워야 할 것이다.

男命(偏印이 중첩된 사주)

丁 正財	壬	戊 偏官	壬 比肩
未 正官	申 偏印	申 偏印	申 偏印

丙 辰	乙 卯	甲 寅	癸 丑	壬 子	辛 亥	庚 戌	己 酉

1. 용신

壬水는 대해수(大海水)로 논하는데 추월(秋月)에 生하여 수원(水源)이 되니 추수통원(秋水通源)이 된 것이라 그 기세가 왕양(汪洋)하다. 따라서 戊土를 용하여 제방을 쌓아 범람함을 막아야 하고 丁火를 용하여 申金이 日主를 생하는 물줄기를 끊어야 中和를 이룰 수 있다. 戊土는 申宮의 己戊에 통근하고 未宮의 己土에 통근하니 태약(太弱)하지는 않은데, 丁火는 비록 坐下 未土에 관대(冠帶)를 득하여 통근하고 있다 하나, 생해주는 木이 없으니 화세(火勢)가 장구(長久)하지 못하여 태왕(太旺)한 금세(金勢)를 대적함에 역부족인 것이다. 만약에 월령(月令) 申金 一位만 있다면 戊土를 용하여 壬水를 극제하여 中和를 이룰 수 있으나, 지지에 印星이 중중하니 申金의 물줄기를 끊는 火를 용함이 급한 것이라 時干 丁火를 용신으로 잡아야 한다.

用神 : 丁火
喜神 :　木
忌神 :　水
閑神 :　土
仇神 :　金

2. 통변

● 日主가 壬水이고 이를 생하는 申金이 중첩(重疊)하니 이른바 금다수탁(金多水濁)의 형국이다. 壬水가 혼탁하니 길하게 쓰임이 부족한 것이다. 꾀가 많고 여러 재능이 있으나, 매사 용두사미인 경우가 많고, 교묘하게 남을 이용하여 이득을 취하려는 성향이 있고, 쓸데없는 고집이 많아 일을 그르침이 많은 것이다.

● 印星이 重重하니 본시 두뇌는 총명하다 할 수 있으나, 다인(多印)은 무인(無印)이라 했으니 오히려 학업과의 연은 적다 판단하는 것이다.

● 천간의 丁壬은 간합은 되나 化되지 못하니 기반(羈絆)된 것이다. 용신인 丁火 正財가 기반(羈絆)되었으니 처와의 연이 적다 판단하는 것이고, 재물복도 많다 판단할 수 없는 것이다.

● 용신 丁火 正財는 申月에 목욕(沐浴)地에 해당된다. 財星이 목욕지에 있으니 재물의 入出만 빈번하고 요란할 뿐이지 정작 내손에 주어지는 재물은 적다 판단한다. 아울러 용신을 통변에서는 아들로 논하는데 목욕지에 있으면 아들의 역할을 하지 못하는 것이다. 또한 평생에 걸쳐 매사 실패수가 높고, 맡은바 책임의식이 적고, 이혼수가 높으며, 뜻밖의 일로 재물의 손실이 빈번하게 발생하는 것이다.

● 偏印은 통변에서 흉액을 동반한 문서, 계약관계로 논한다. 따라서 局에 偏印이 重重하면 예기치 않은 사고, 질병 등이 다발하는 것이다. 그리고 부모와의 연도 박하다 판단하는 것이다.

● 戊未가 官星으로 관살혼잡(官殺混雜)된 것이다. 이런 경우는 직업의 변동이 많고, 교묘한 꾀로 남을 이용하기를 잘하고, 이중성격자의 성향이 많으며, 자식과의 연이 적은 경우가 많다.

● 천간의 丁火 正財는 기반(羈絆)되어 사용할 수 없고, 戊土 偏官과 壬水 比肩이 있으니 기술직이나 단순노동직의 직업을 택하게 될 것이다. 印星이 있으나 중첩되어 태중(太重)하니 오히려 흉하게 되어 관인상생(官印相生)의 길격을 이루지 못하기 때문이다.

3. 대운

● 초년 己土대운은 한신운이니 무애무덕하다. 부모의 극진한 보살핌으로 무탈하게 보냈던 것이다.

● 酉金대운은 구신운이다. 부모가 맞벌이 직업을 갖게 되어 학업을 돌보지 못하니 컴퓨터 오락게임에 빠져 공부를 게을리 한 것이다.

● 庚金대운은 구신운이다. 중·고등학교 시절도 학업에 열중하지 못하고, 컴퓨터 오락에 빠져 결국 대학 진학을 하지 못한 것이다.

● 戊土대운은 본시 한신운이나 戊未 刑破되어 손상되니 길하지 못했다. 직업도 없이 아르바이트로 용돈을 벌어 컴퓨터게임과 연관된 것에 모두 탕진한 것이다. 이 대운 중 癸巳세운은 丁癸 沖하여 용신 丁火가 손상되고, 日支 申金과 巳申 刑合되어 水局의 기신운으로 바뀌니 매우 흉하다. 대형마트 주차장 아르바이트를 하다 손님차에 치어 병원신세를 져야 했던 것이다.

● 辛亥, 壬子, 癸丑대운은 구신과 기신운이니 흉하다. 매사 저체되고 불통되고 매사 뜻대로 되지 않고 신고(身苦)가 많을 것이니 안타까운 것이다.

● 甲寅대운 이후 말년에서야 희신운이니 다소 숨통이 트일 것이라 판단한다. 따라서 적천수(滴天髓)에서 언급한 것처럼 "명호불여운호(命乎不如運乎)"임을 깨닫게 하는 것이다.

男命(比肩이 중중한 사주)

辛	辛	辛	癸
比肩		比肩	食神
卯	未	酉	巳
偏財	偏印	比肩	正官
胞·災殺	衰·月殺	建祿·將星	死
陰差·流霞	梟神·喪門	紅艶·陰差	弔客
弔客		隔角·太白	
		飛符	

甲	丁	庚	戊
○	乙	○	庚
乙	己	辛	丙

73	63	53	43	33	23	13	3	
癸	甲	乙	丙	丁	戊	己	庚	(대운: 3세)
丑	寅	卯	辰	巳	午	未	申	

1. 용신

辛金이 酉金月에 생하여 건록(建祿)을 得하니 신왕(身旺)하다. 지지 巳酉는 반합 금국을 이루어 日主를 부조하고, 酉와 未 사이에 申이 탄함(呑陷)되어 암암리에 日主에 힘을 보태니 日主는 신왕(身旺)해진 것인데, 申金은 劫財가 되니 반면에 氣는 탁(濁)해진 것이다. 辛金은 이미 火의 하련(煆鍊)을 한번 거쳐 가공한 금속에 비유되니 局에 金氣가 태왕하지 않는 한 火를 용하는 경우가 적다. 세도(洗淘)하여 귀기(貴器)를 드러내게 하기 위해서는 壬水가 필요한데 진신(眞神)인 壬水가 불투(不透)하고 가신(假神)인 癸水가 투출했으니 왕한 金氣를 설기(洩氣)하는 힘이 태부족하나 부득이 이를 용신으로 잡는다. 가신(假神)을 용하니 格에 일점 부족함이 있는 것이다.

用神 : 癸水
喜神 : 金
忌神 : 土
閑神 : 木
仇神 : 火

2. 통변

◉ 천간에 食神이 투출되었다. 食神은 日主의 氣를 설(洩)하는 것이니, 통변에서는 자신이 지니고 있는 기술과 재능을 남에게 선보이는 것으로 논한다. 따라서 기술직의 직업을 택하는 경우가 많은데 局에 金이 旺하고 희신이니 공업고등학교 기계과를 나온 것이다.

◉ 천간에 二位의 比肩이 투출했다. 투출한 比肩은 통변에서 日主의 또 다른 분신으로 본다. 따라서 命主가 관여하고 있는 직업과 직책이 여럿일 경우가 많고, 또한 분주하게 활동하는 사람이라 판단한다.

◉ 남명의 간명시에는 財와 官을 위주로 논한다는 것이 고서(古書)의 이론이고 또한 통설이다. 年支 巳火 正官은 酉金과 支合되어 比劫으로 바뀌어 正官이 무력해지고. 日支 未土 偏印은 卯木과 반합목국의 財星으로 바뀌니 偏印 역시 무력해진 것이다. 따라서 官과 印을 써먹음에 결격됨이 있으니 공직의 길을 가지 못한 것이다. 간명시에 官星은 직업, 직장, 직책, 명예로 논하는데 官星이 合되어 타 오행으로 바뀌면 命主는 오히려 官星을 되찾으려 부단히 애쓰게 되는 격이니 명예

를 추구하려 함이 지나친 경우가 많은 것이다.

◉ 간명에서 印星이 습되어 財星으로 바뀌면 학업과의 연은 적은 것인데, 상기처럼 바뀐 오행이 財星이 되고 길신(용신·희신)이나 혹은 한신인 경우에는 재물복은 많다 판단한다. 상기는 신왕(身旺)하고 식신생재(食神生財)되니 부격(富格)의 명조인 것이다.

◉ 月柱가 辛酉로 모두 比肩이다. 형제자매가 많은 것인데 金이 희신에 해당하니 형제자매간 우애는 돈독하다 판단한다. 그러나 比劫이 중중하면 자연 財를 다투게 되니 부모 代는 가정형편이 넉넉지 못할 것이라 판단하는 것이며, 따라서 형제자매들이 돈을 벌기위해 각자 일찍 도심지로 나가 직장생활을 시작했을 것이라 판단한다.
  또한 比劫이 중중하며 희신인 경우라면 형제자매나 사회에서 만난 동료들, 혹은 후배들을 잘 돌보기도 하고, 또한 이들로부터 도움을 잘 받기도 한다.

◉ 日支에 印星이 있으면 고부간의 갈등이 잠재되어 있는 것인데, 습되어 財星으로 바뀐 경우에는 오히려 처덕이 있게 되는 것이다. 처가 명망 높은 요리사로써 금전적인 내조가 많은 것이다.

◉ 印星은 통변에서 부모로 논하기도 한다. 日支에 印星이 있다는 것은 내가 부모와 동거하며 또한 봉양해야한다는 암시도 있는 것이다. 그러나 고부간의 갈등은 내재되어 있는 것이다.

◉ 지지에 巳酉의 반합이 있으니 比劫이 중중한 것인데, 비록 財星의 습이 있다 하더라도 金月에 木이 실기(失氣)했으니 財는 旺하다 판단할 수 없다. 따라서 군겁쟁재(群劫爭財)라 논할 수 있다. 결국 금전의 입출이 많으나 남는 돈은 적은 것이다. 장남으로 형제자매의 大小事에 관여하고, 지방자치단체장 선거에 출마하여 연이은 낙마로 인해 금전의 지출이 많았던 것이다. 다행인 것은 卯未 반합목국의 財星局을 이루어 財를 보태니 쟁탈의 바람이 심하게 불지는 않았던 것이다.

◉ 局에 比肩이 重하고 다시 巳酉 반합금국이 있어 比劫이 중첩된 상황이며, 日支에 偏印이 있으니 이복형제문제나 양자, 양녀문제가 나오는 것이다. 할머니가 두 분이었던 것이다.

◉ 辛未日柱의 성격은 대체로 외유내강의 성격이며, 남에게 드러내길 싫어하며 예술적 재능도 있는 편이다. 한편으론 까다롭고 자존심이 강한 편이며 재주는 많으

나 남의 인정을 받지 못하는 경우가 많다. 상기처럼 比劫이 중중한 경우라면 단순하고 이기적이며 이해심이 부족하고 자기주장을 굽히기를 싫어한다.

◉ 자식운은 통변에서는 주로 官星과 時柱의 길흉으로 논하는데, 時柱가 상하상극하고 官星이 구신에 해당하니 자식 대는 큰 발전을 기대하기 어렵다 판단한다. 또한 용신이 時柱에 있으면 자식대의 발복을 기대할 수 있으나, 상기는 年柱에 있으니 조상 代는 비교적 가운이 창달했을 것임을 짐작할 수 있는 것이다.

3. 대운

◉ 초년 庚申대운은 희신운이다. 가정형편은 넉넉지 못했지만 장남으로써 부모의 극진한 보살핌이 있었던 것이다.

◉ 己未대운은 기신운이다. 가정형편이 어려워져 형제들이 직장을 잡기위해 도심지로 진출했고, 본인은 장남으로 부모의 농사일을 돌보며 고등학교를 졸업했던 것이다.

◉ 戊午대운은 戊癸합화와 午火의 구신운이다. 신고(身苦)는 많았으나 직장생활은 무탈했던 것이다. 午火대운은 日支 未土와 合이 되는데 처궁과의 합이니 이때 결혼한 것이다.

◉ 丁火대운은 구신운으로 丁癸 沖하여 밥그릇인 食神을 沖하여 깨뜨리니 직장을 그만두게 된 것이고, 전기관련 자격증 공부를 하여 전기기사 자격증을 획득하여 전기관련 사업의 동업을 시작한 것이다.

◉ 巳火대운은 본시 구신운이나 巳酉 반합금국의 희신운으로 바뀌니 사업이 번창했고 꽤 많은 돈을 번 것이다.

◉ 丙辰대운은 丙辛 합수의 용신운, 辰酉 합금의 희신운이니 사회적으로는 불황의 한파가 있으나 본인은 사업상 비약적이 발전이 있었던 것이다. 이 시기에 시의원에 당선된 것이다.

◉ 乙卯대운은 한신운이다. 운이 강하지 못하니 지방자치단체장 선거에 출마했으나 공천을 받지 못해 실패를 거듭한 것이다.

◉ 甲寅대운도 한신운이니 선출직 출마는 크게 기대할 바가 없는 것이다.

男命(群劫爭財의 사주)

丁	丙	丙	壬
劫財		比肩	偏官
酉	寅	午	子
正財	偏印	劫財	正官
死·桃花	長生·驛馬	帝旺·災殺	災殺
天乙·太白	紅艶·梟神	羊刃·陽錯	飛刃·陽錯
鬼門·絞神	孤神·喪門	隔角·飛符	弔客
庚	戊	丙	壬
○	丙	己	○
辛	甲	丁	癸

76	66	56	46	36	26	16	6	
甲	癸	壬	辛	庚	己	戊	丁	(대운: 6세)
寅	丑	子	亥	戌	酉	申	未	

1. 통변

日主 丙火가 午火節에 생하여 제왕(帝旺)을 得하고 다시 寅午 반합화국의 부조(扶助)가 있고, 천간에 丙丁이 투출하여 日主를 부조(扶助)하니 신왕(身旺)하다. 왕한 화세(火勢)를 제압하면 中和를 이룰 수 있는 것이다. 억부법(抑扶法)을 적용하여 水를 용해야 하는데, 年干 壬水는 坐下 子水에 제왕(帝旺)을 득하고 時支 酉金의 생조를 받고 다시 태원(胎元)이 丁酉이므로 酉金의 생조를 받으니 능히 旺火를 대적할 수 있는 것이다.

用神 : 壬水
喜神 :　金
忌神 :　土
閑神 :　木
仇神 :　火

2. 통변

● 천간에 丙丁火가 투출했다. 투출한 比劫은 日主의 또 다른 분신이라 논한다. 따라서 직업이 여럿 있거나, 혹은 여러 사업체에 관여하고 있다고 판단한다.

◉ 時支에 일점 財星이 있고 比劫이 중중하여 군겁쟁재(群劫爭財)의 상황인데 상기인
은 어찌하여 부(富)를 얻을 수 있었는가? 상기의 명조는 酉金 正財를 생하는 食傷
이 없으니 분명 군겁쟁재(群劫爭財)의 상황이라 부옥빈인(富屋貧人)의 명조인데 부
(富)가 있었던 것은 태원(胎元)이 丁酉라 酉金이 암암리에 時支 正財를 부조하고
있기 때문이다.

◉ 여성편력이 많았던 것은 무엇 때문인가?
時支 酉金 財星이 도화살(桃花殺)을 대동하고 또한 日支 寅木에 홍염살(紅艶殺)을
대동했으며, 다시 편야도화(遍夜桃花)에 해당하는 子午卯酉 中지지에 子午酉 三位
가 있어 편야도화에 준하여 작동하기 때문이다.

◉ 신기(神氣)가 많았던 것은 무엇 때문인가?
귀문관살(鬼門關殺), 상문살(喪門殺), 조객살(弔客殺), 교신살(絞神殺), 도화살(桃花殺)
등의 신기(神氣)와 연관된 흉살이 많기 때문이다. 또한 丙火의 상(象)은 밝고 따뜻
하게 하여 만물을 생육하게 하는 역할을 하므로 日主가 丙火인 경우는 자신의
재능과 기예를 활용하여 남을 즐겁고 이롭게 하는 능력이 뛰어난 것이다. 특히
局에 火氣가 중중하고 신기(神氣)가 많은 사주는 종교나 무속과 연관되어 많은
추종세력을 거느릴 수 있는 능력자이기도 하다.

◉ 比劫이 중중하고 日支에 印星이 있으니 이복형제문제가 있는 것이다.

◉ 月柱의 比劫은 어려서 형제자매들이 뿔뿔이 흩어져 객지로 나와 생활하며 생활
전선에 뛰어들었음을 알 수 있다.

◉ 日支 偏印이 長生과 역마살(驛馬殺)을 대동하고 있다. 이런 경우는 공부와의 연은
적지만 두뇌회전이 빠르고, 기획력이 있으며, 남을 교묘하게 이용하여 자신의
이득을 취하는 성향이 많다.

◉ 時柱 丁酉의 상(象)은, 酉金은 본시 陰金이라 유약한데 時干에 있는 丁火의 극을
받으니 사자(死者) 또는 환자(患者)에 비유되는 것이다. 그리고 酉金이 財를 대동
하니 영적인 치료 혹은 한의학적 치료를 통해 이들의 財를 취할 수 있는 상(象)인
것이다.

◉ 사망시기를 논해보자.
운로가 申酉戌亥子丑의 희신과 용신운이니 건강하고 장수(長壽)하는 命이다. 그
러나 寅木대운(81~85세)은 본시 한신운이나 月支 午火와 寅午 반합화국의 구신으

로 바뀌니 命이 위태롭다. 이 대운 중 甲戌세운은 세지(歲支) 戌土가 대운 寅木과 月支 午火와 삼합화국의 구신운으로 바뀌어 강하게 침범하니 命을 보존할 수 없는 것이다.

男命(干合과 支合이 있는 사주)

丙 食神	甲	丁 傷官	己 正財
寅 比肩	辰 偏財	卯 劫財	亥 偏印

己 未	庚 申	辛 酉	壬 戌	癸 亥	甲 子	乙 丑	丙 寅

1. 통변

甲木 日主가 지지에 寅卯辰의 방합목국과 亥卯의 반합목국이 있으며 日主를 剋하는 金이 전혀 없으니 일행득기격(一行得氣格) 中 곡직인수격(曲直仁壽格)에 속하는 것이다. 木氣가 태왕(太旺)한데 천간에 丙丁火가 투출하여 旺한 日主의 氣를 설(洩)하니 이를 용신으로 잡는다. 食傷과 比劫運은 길하고 財星과 官星運은 흉하다. 印星運은 水에 속하고 기신에 해당되는데 木이 태왕(太旺)하여 납수(納水)할 수 있으니 흉함이 적다 판단한다.

用神 : 丙火
喜神 : 木
忌神 : 水
閑神 : 土
仇神 : 金

2. 통변

● 丙丁火 食傷이 용신이니 기술직이라 판단하며, 또한 木이 태왕(太旺)하여 용신을 생조하니 木과 연관된 건축 및 설계관련 사업을 하고 있는 것이다.

◉ 천간의 甲己 合의 상(象)은, 타인의 財인 年干 己土 正財가 日主와 합되니 내가 운용할 수 있는 財가 되는 것이다. 사업을 시작하는 과정에서 자신의 사업자금은 全無했으나, 주변의 조력자들의 도움으로 자금을 융통받아 사업을 시작했던 것이다.

◉ 月干 傷官은 지지의 중중한 木의 생을 받아 旺하여 자연 官星을 극하게 된다. 통변에서는 局에 官星이 전무하더라도 官星의 역할에 손상이 발생하는 것으로 논한다. 따라서 상기인은 회사를 운영하며 여러 가지 시비다툼과 관재구설에 연루됐던 것이다. 또한 局에 官星이 전무한 경우에는 오히려 官을 차지하기 위해 배가(倍加)의 노력과 관심을 쏟는 경우가 많은 것이다.

◉ 천간의 甲己는 간합은 되지만 甲木의 뿌리가 깊으니 化土되지 않는 것이다. 따라서 합이불화(合而不化)의 상황이며 己土 正財가 묶이어 제구실을 하지 못하는 것이다. 평생에 걸쳐 금전의 입출은 많았으나 수중에 남아있는 돈은 적은 것이다. 또한 財星을 처로 보면 年干 正財는 합되어 묶이고 日支 辰土偏財는 寅卯辰 방합 목국으로 바뀌니 財星의 역할이 손상되어 부부연은 박(薄)하다 판단하는 것이다.

◉ 日柱가 甲辰으로 甲辰旬 中의 순수(旬首)가 된다. 따라서 月·時支의 卯寅이 空亡인데, 年支 亥水가 卯를 끌어내 반합을 이끌고, 다시 寅을 끌어내 역시 寅亥의 반합을 이끄니 空亡은 해공(解空)이 된 것이다.

◉ 年支 亥水 偏印은 亥卯 반합목국의 比劫으로 바뀌니 印星의 역할이 손상되는 것이다. 따라서 두뇌는 총명하나 학업과의 연은 적은 것이라 전문대 건축과를 졸업한 것이다.

◉ 日支의 偏財는 대체로 행동과 생각이 민첩하고 이재(理財)에 밝은 경향이 있다. 따라서 사업가의 명조인데, 財星이 합되어 타 오행으로 바뀌지 않고 길신에 해당된다면 大財를 감당할 수 있는 명조가 되는 것이다. 상기는 합되어 比劫으로 바뀌고 한신에 해당되니 부격(富格)과는 거리가 먼 것이다.

◉ 甲辰 日柱의 성격은 대체로 좌충우돌하고 다소 격한 기질이 있으나, 신앙심이 두텁고, 남에게 지기 싫어하며, 호탕하고 명쾌한 성격이어서, 풍류를 좋아하며 대범하고 통솔력과 유통성이 있다. 또한 행동이 민첩하고 사리판단이 빠르며, 성격이 강인한 면이 있고 고집이 있는 편이다.

3. 대운

⊙ 초년 丙寅대운은 용신과 희신운이니 가정형편이 넉넉했고 무탈했다.

⊙ 乙木대운은 희신운이니 길하다.

⊙ 丑土대운은 水를 동반한 土로 기신에 해당된다. 학업에 매진하지 못하여 전문대를 졸업한 것이다.

⊙ 甲木대운은 甲己 합토의 財星으로 한신운이다. 무애무덕했고 건설회사에 취업한 것이다. 또한 합되어 財星으로 바뀌니 결혼상대자가 들어오는 것이다. 이때 결혼한 것이다.

⊙ 子水대운은 기신운이다. 日支 辰土와 반합수국으로 기신에 해당된다. 日支는 처궁이니 처와의 갈등이 고조되어 별거(別居)에 들어간 것이다.

⊙ 癸水대운은 기신운이다. 매사 저체되고 잘 풀리지 않았다. 직장을 퇴직하게 된 것이다.

⊙ 亥水대운은 卯木과 반합목국의 희신운이니 길하다. 지인들과 아파트분양 전문회사를 차렸고 사업이 순탄했다.

⊙ 壬戌대운은 丁壬합목의 희신운, 卯戌 합화의 용신운이니 비약적이 발전이 있었다. 중소규모의 건설회사를 인수했고 마침 붐이 불고 있던 원룸 건설경기의 호조에 힘입어 사업이 승승장구했던 것이다.

⊙ 辛酉대운 이후는 구신운이다. 사업을 정리정돈해야 하는 운이며, 노후를 대비해야 하는 운이다.

女命(群劫爭財의 사주)

戊	戊	乙	癸
比肩		正官	正財
午	辰	丑	丑
正印	比肩	劫財	劫財

壬	辛	庚	己	戊	丁	丙
申	未	午	巳	辰	卯	寅

1. 용신

戊土가 冬月에 생하여 天地가 한동(寒凍)하니 동토(凍土)가 되었다. 丙火의 해동(解凍)함도 급하고 또한 土가 중첩(重疊)되어 있으니 甲木의 소토(疏土)도 필요하다. 丑月에 조후(調候)가 급하여 丙火를 용해야 하나, 時支 午火는 戊辰土에 둘러 쌓여 火氣가 회화(晦火)되니 용할 수 없고, 月干 乙木을 용하여 重土를 소토(疏土)하고 화세(火勢)를 더하여 해동(解凍)하면 日主가 살아남을 수 있는 여건이 되는 것이다. 만약 조후(調候)만 생각하여 火를 용한다면 상기의 경우처럼 土가 중첩된 경우에는 火生土하여 土를 더욱 왕하게 하니 中和를 이룰 수 없는 것이다.

用神 : 乙木
喜神 : 水
忌神 : 金
閑神 : 火
仇神 : 土

2. 통변

- 천간에 戊癸의 간합이 있다. 지지에 火氣가 쇠(衰)하니 合은 있되 化되지 못한 것으로 판단하여 합이불화(合而不化)의 상황이다. 따라서 陰干인 癸水 正財가 무력해진 것이다. 이런 경우는 금전의 입출은 많으나 수중에 쥐어지는 돈은 적은 것이고, 化되어 印星으로 바뀌지 못한 것이니 癸水 財星은 묶인 것이고, 印星이 한신에 해당하니 재물과 연관된 문서 문제로 인해 시비구설이 발생할 수 있는 것이다. 또한 年柱의 財는 타인이나 상속의 財인데 日主와 合되니 내 것으로 만들 수 있는 것이다. 부모에게 일부 전답을 상속받은 것이 있다.
- 月・日支의 丑辰 破殺이 있다. 丑宮의 辛己가 辰宮의 乙木 正官과 癸水 正財를 破하는 것이다. 正官이 破되니 부부연이 적고 또한 명예훼손을 겪게 되고, 正財가 破되니 손재수가 발생하는 것인데, 日支는 나와 가까운 자리이니 내 주변사람들과 연관된 일이 결국 나에게 귀착(歸着)되는 것이다.
- 月・時支가 丑午 원진(怨嗔)되고 있다. 丑土는 진흙토로 비유하니 午火 正印이 손상되어 문서나 계약관계와 연관되어 음해(陰害)에 시달리게 되거나 손재수(損財數)가 발생하게 될 것을 암시하는 것이다.

● 丑月의 癸水는 꽁꽁 언 물이니 丙火가 없으면 녹여서 끌어다 쓸 수 없다. 火가 암장되어 있어 해동(解凍)할 수 없으니 癸水 財星은 손상된 것이라, 따라서 나의 재물로 만들 수 없는 것이다. 그리고 比劫은 중중한데 財는 적은 상황이니, 이른바 군겁쟁재(群劫爭財)의 상황으로 여러 형제가 여자 하나를 놓고 서로 결혼하려고 다투는 형국이다. 이런 경우는 쟁탈과 분쟁의 소지가 많은 것이니 평생에 걸쳐 남의 음해와 시기질투 및 쟁송(爭訟) 건이 다반사로 발생하는 것이다. 특히 운로에서 比劫運이 도래할 시는 그 흉함이 극에 달하는데, 자칫 잘못하면 命을 보존하기가 힘들기도 하다.

● 年干 계수는 해동(解凍)되지 못하니 손상되었고, 乙木 正官과 時支 午火 印星을 용해야 하는데 午火 역시 重土에 회화(晦火)되니 印星의 역할에 부족함이 많다. 더군다나 比劫이 중중하여 사주가 탁(濁)해졌으니 전문대를 나와 모교(母校)의 강사직을 하고 있는 것이다.

● 여명의 용신은 남편으로 논하는데, 용신 乙木은 比劫이 중중하여 쇠(衰)하고, 또한 火가 태약(太弱)하여 發生의 상(象)이 없으니 부부연은 적은 것이다. 독신이다.

● 日·時支 辰午 사이에 巳火 偏印이 공(拱)되었는데, 祿星에 해당하니 拱祿格인 것이다. 따라서 두뇌회전이 빠르고 사리판단이 명확하여 윗사람들의 총애를 많이 받으나, 時支 午火 正印이 인접하여 인성혼잡(印星混雜)이 된 것이 흠이다. 동료들의 시기질투와 음해성 투서가 다발했고, 대학교의 연구자료 외주(外注) 건과 연관되어 예기치 않은 문서, 계약관계로 인한 흉액이 많이 발생한 것이다.

● 局에 土가 중중하여 종교에 심취하는 명조인데, 月支에 화개살(華蓋殺)이 있고, 日支에 홍염살(紅艶殺)과 환신살(幻神殺)이 있고, 時支에 도화살(桃花殺)과 귀문관살(鬼門關殺)이 있으니 신기(神氣)가 많다. 이런 경우 꿈이 잘 맞고, 앞날을 예지하는 능력이 남들보다 뛰어나다. 반면 예기치 않은 이상한 곤액이 따르고, 남의 음해를 많이 받게 되고, 시비구설에 잘 휘말리게 되는 것이다.

● 局에 土가 중중한데 土는 통변에서 도로사(道路事)로 논한다. 따라서 예기치 않은 교통사고 등을 조심해야 하는 것이다. 아울러 土氣가 중첩되면 종교적인 성향을 강하게 띠게 되는데 명조인은 불교에 심취되어 있는 것이다.

● 局에 比劫이 重重하니 형제자매와 연관된 大小事에 깊이 관여하게 되며 또한 이러한 일들이 평생 몸 주변을 떠나지 않을 것임을 암시하는 것이다.

- 土가 比劫에 해당되며 구신이니 형제자매간 우애는 그다지 돈독하지 못할 것이라 판단한다.
- 기신이 金이니 건강상 대장질환을 특히 조심해야 한다.

3. 대운
- 丙寅, 丁卯대운은 용신과 희신운이니 무탈했고 전문대를 마칠 수 있었다.
- 戊辰대운은 한신운이다. 무애무덕했고 학업을 계속하여 대학 강사의 길을 택한 것이다.
- 己土대운은 한신운이니 큰 탈이 없었다.
- 巳火대운은 局의 丑土와 巳丑 반합금국의 구신운으로 바뀌니 흉하다. 壬辰세운에 壬水가 기신운으로 들어오니 연구자료와 연관하여 대학교 동료 강사들의 음해와 시비구설에 휘말리게 되었고, 결국 대학을 옮기게 되었다.
- 庚午대운 이후는 金水의 구신과 기신운이니 길하지 못한 것이다. 건강문제와 예기치 않은 사고를 조심하여야 하겠다.

男命(食傷이 중첩된 사주)

戊	丙	乙	癸
食神		正印	正官
子	辰	丑	丑
正官	食神	傷官	傷官

戊	己	庚	辛	壬	癸	甲
午	未	申	酉	戌	亥	子

1. 통변
丑月은 二陽이 진기(進氣)하므로 천지는 한동(寒凍)하나 땅속에서는 이미 火氣가 돌아 씨앗의 발아(發芽)를 준비하고 있다. 따라서 丙火는 약변강(弱變强)의 세(勢)를 갖는 것이니, 壬水가 있음을 기뻐하는 것이다. 상기는 戊己土가 重重하니 甲木이 요긴한데 乙木이 투출했으니 부득이 이를 용해야 한다. 壬水와 甲木이 투출하면 국가고시에 합격하고 관록이 충만하겠지만 癸水와 乙木이 투출했으니 힘이 부족하여 약간의 명리(名利)만 있을 뿐이다.

用神 : 乙木
喜神 : 水
忌神 : 金
閑神 : 火
仇神 : 土

2. 통변

● 투출된 月干 乙木 正印이 용신이니 두뇌회전이 빠르고 지혜가 뛰어나다. 아쉬운 것은 丑月의 乙木이 한목(寒木)이니 丙火가 없으면 무용지물인데, 局에 火氣가 全無하니 출중한 능력을 남이 알아주지 못할까 염려스러운 것이다.

● 천간에 戊癸의 간합이 있지만 지지에 火氣가 전무하니 합이불화(合而不化)의 상황이다. 따라서 癸水 正官이 묶여 제 역할을 못하게 되니 정치에 뜻은 있었으나 그 길로 나아가지를 못했던 것이다.

● 천간에 官과 印이 투출하였으니 본시 공직자의 명조이나, 局에 火氣가 부족하니 水와 木은 동수(凍水)와 동목(凍木)의 상태인 것이다. 해동(解凍)하는 힘이 부족하니 官과 印이 무력해졌고 傷官이 重하여 癸水 正官을 극하니 국록(國祿)을 얻기가 어려워진 것이다. 잠시 야당 도당사무실의 정책실장을 담당하였으나 사직하고 모교의 강사를 하고 있는 것이다.

● 財星을 처로 논하는데 丑宮의 辛金이 처다. 丑月의 金은 한금냉금(寒金冷金)이니 따뜻함이 없으면 사용하기가 불편한 것이라 처와의 연은 적다 판단하는 것이다. 더군다나 日支가 처궁인데 日支 辰土가 子水와 반합수국의 官星局으로 바뀌니 본연의 처궁의 역할이 손상된 것이다. 부부연은 박한 것이다. 아울러 日支에 오귀살(五鬼殺)이 있으니 독수공방살이라 처와의 연은 이별수가 나오는 것이다.

● 癸水 正官이 투출했는데 지지에 子辰 반합수국의 官星이 부조하니 官星이 旺해진 것이다. 時支 子水는 본시 空亡인데 合되니 해공(解空)된 것이다. 이런 경우는 재물보다 명예를 탐(貪)하는 성향이 강하다 판단하는 것이다.

◉ 金이 財星인데 丑月이라 한금냉금(寒金冷金)의 상태이고 空亡地이며, 또한 화세(火勢)가 약해 해동(解凍)함이 부족하며, 용신 乙木 또한 旺하지 못하니 재물복은 적다 판단한다.

◉ 年干 正官부터 時干 食神까지 상생되고 있어 길하다. 時干 食神으로 귀결되는데 局에 부조(扶助)의 氣인 土가 중중하여 약하지 않고, 또한 食傷은 日主의 氣를 설(洩)하는 것이라, 자신이 쌓아온 학문이나 재능을 남에게 가르치는 것이 능하므로 교수직의 길을 간 것이다.

◉ 局에 食傷이 중중하니 본시 예체능의 길도 可하나, 丑土 傷官이 空亡이니 예체능이나 이공계의 길을 가지 못하고, 통변에서 乙木 正印은 문서로 연관되며 癸水의 正官은 변론(辯論)과도 연관되어 법학도의 길을 택한 것이다.

◉ 지지 丑·辰·子 중 日柱 丙辰이 甲寅旬 中이므로 子丑이 空亡이다. 日支 辰土 하나만 空亡에 해당되지 않는다. 이런 경우는 日支 처궁에 대한 애착이 오히려 크게 되는 것이다. 따라서 본시 부부연은 박하나 처에 대한 집착이 큰 것이라 부부싸움은 잦으나 이혼까지는 가지 않는 경우가 많다.

3. 대운

◉ 초년 甲子, 癸亥대운은 용신과 희신운이니 부모의 보살핌 속에 무탈하게 지냈던 것이다.

◉ 壬水대운은 희신운이니 대학원과 박사과정의 공부를 할 수 있었다.

◉ 戊土대운은 구신운으로 年, 月, 日의 丑辰土와 刑沖되니 구신의 沖이라 큰 탈은 적었지만, 지지를 흔들어 놓으니 졸업 후 강사 자리도 여의치 않았고 심신이 고달팠고 뜻대로 잘 풀리지는 못했다.

◉ 辛金대운은 日主 丙火와 간합수국의 희신운이니 야당국회의원 선거사무실의 정책 담당을 맡았으며, 행정법 강사의 자리를 얻었던 것이다.

◉ 酉金대운은 기신운이다. 酉金 財星이 酉丑 반합금국의 기신운으로 다시 바뀌니 처와의 갈등요소가 발생한 것이다. 처가 작은 카페를 운영하고 있었으나 집안 살림을 소홀히 하게 되는 것이 빌미가 되어 다툼이 잦았고 결국 별거를 하게 된 것이다.

● 庚金대운은 乙庚 간합금국의 기신운이다. 문서와의 合이니 문서, 계약과 연관, 혹은 예기치 않은 질병이나 사고와 연관지어 흉액이 발생할 소지가 있으니 조심해야 할 것이다.

● 申金대운은 局의 子辰과 삼합수국의 희신운이니 발전이 있을 것이다.

● 未午대운은 남방의 한신운이니 무애무덕할 것이다.

男命(偏財가 중첩된 사주)

戊	庚	甲	戊
偏印		偏財	偏印
寅	寅	子	寅
偏財	偏財	傷官	偏財

壬	辛	庚	己	戊	丁	丙	乙
申	未	午	巳	辰	卯	寅	丑

1. 용신

庚金이 子月에 생하여 한금냉금(寒金冷金)이며 금수상관격(金水傷官格)이다. 한금(寒金)을 따뜻하게 하는 丙火와 하련(煆鍊)하여 귀기(貴器)를 만들려면 丁火가 모두 필요하니 관살병용(官殺併用)인 것이다. 상기는 寅木 財星이 태중(太重)한데, 지지 子와 寅 사이에 丑土가 탄함(呑陷)되었으니 이의 부조(扶助)를 받는 천간의 戊土 印星 역시 약하지 않다. 財星과 印星이 상호 旺하며 대립각을 세우고 있으니 사주상 財印이 불통(不通)되고 있는 것이다. 이런 경우 火를 용하여 甲木의 旺氣를 설(洩)시키고 印星인 戊土를 생하면 사주는 자연 중화를 이룰 수 있는 것이다. 용신은 日支 寅宮의 丙火이다.

월령(月令) 子水가 寅木을 생하고, 寅木은 지장간의 丙火를 생하고, 丙火는 戊土를 생하고, 戊土는 庚金을 생하니, 사주가 암암리에 생생불식(生生不息)을 이루어 귀격(貴格)인 것이다. 다만 혐의가 되는 것은 丁火가 없어 庚金을 하련(煆鍊)하여 귀기(貴器)를 만듦이 부족하니 귀(貴)한 중 결함이 있는 것이다. 丙火 七殺이 용신인데

戊土 偏印과 살인상생(殺印相生)을 이루니 무관(武官)으로서 성공한 명조이다.

상기는 직업군인으로 낮은 계급으로 군 생활을 시작하여 장군의 위치까지 오른 입지전적(立志傳的)인 인물이나, 丁火가 없어 庚金을 제련(製鍊)하여 귀기(貴器)를 만듦이 부족하니 대귀(大貴)하지는 못했던 것이다.

用神 : 丙火
喜神 : 木
忌神 : 水
閑神 : 土
仇神 : 金

2. 통변

◉ 寅木이 중중하여 寅宮의 丙火 七殺이 용신으로 旺한데, 천간의 戊土 印星이 月·日支 子寅 사이에 탄함(呑陷)된 丑土의 부조(扶助)를 암암리에 받아 日主 庚金을 생하니 火金이 모두 성(盛)한 형국이라 전형적인 무관(武官)의 명조인 것이다.

◉ 지지 子寅 사이에 丑土가 탄함되었다. 천을귀인(天乙貴人) 적용시 寅時는 야시(夜時)이므로 야천을귀인(夜天乙貴人)을 적용해야 하나, 丑土의 경우는 庚金 日主의 주천을귀인(晝天乙貴人)에 속한다. 이를 염막귀인(簾幕貴人)이라고 하는데 주렴(珠簾) 뒤에서 암암리에 도와주므로 분에 넘치는 도움을 받을 수 있는 것이다. 丑土가 正印에 속하니 총명하고 두뇌회전이 빠르며, 또한 日主를 생하는 六神이라 윗사람들의 끌어줌과 조력이 있어 발복이 있었던 것이다.

◉ 중첩된 寅木 財가 용신 丙火 偏官을 생하여 용신이 旺하고, 戊土 印星이 투출하여 살인상생(殺印相生)되고, 日主 역시 약하지 않으니 귀격(貴格)의 명조이다.

◉ 寅木 財와 戊土 印이 왕하여 대립의 상태인데, 寅宮의 丙火가 財와 印을 소통시키니 재인불애(財印不碍)인 것이다.

◉ 남명에서 偏財를 부친으로 논한다. 局에 偏財가 중중하니 부친의 단명수가 나오는 것이다.

◉ 月干에 투출한 偏財가 지지에 통근하고 있으니 旺하다. 행동과 사고가 민첩하고, 사리판단이 빠르고 정확하며, 이재(理財)에 밝은 면이 있다.

◉ 월령(月令) 子水 傷官에 수옥살(囚獄殺)과 조객살(弔客殺)이 있다. 傷官은 官을 손상

시키는 六神인데 수옥살과 조객살을 대동하니 직업, 직장, 직책과 연관하여 크고 작은 풍파가 있을 것임을 예고하는 것이다.

- 時柱는 자식궁이다. 상하가 印과 財로 상극하니 길하지 못하다. 용신을 자식으로도 논하는데, 용신 丙火가 비록 旺하다 하더라도 時柱가 상하 상극하여 有情하지 못하니 자식대의 발복은 크게 기대할 바가 없는 것이다.

- 局이 전부 陽의 오행으로 구성되었다. 이런 경우는 음양의 배합이 부조화를 이룬 것이라 길흉이 극단으로 치닫는 경우가 많고 예기치 않은 사고나 질병의 발생이 빈번한 것이다. 또한 고집불통이라 자기가 옳다고 생각하는 사안에 대해서는 물불 안 가리는 성격이니, 타인과 충돌이 잦은 편이나, 군대와 같이 명령에 따라 움직이는 조직체계에서는 발군의 실력을 발휘하는 경우도 많다.

- 庚寅 日柱의 성격은 대체로 강하고 급하며 신경질적인 면이 많이 있다. 매사속전 속결이고 한량 기질도 있는 편이다. 또한 억지를 부려 일을 관철하려는 특성이 있고, 다소 튀는 천성이며 신경질적인 반응을 잘 보이나 추진력이 강한 장점도 있다.

- 대체로 건강한 편이나 水가 기신이니 나이들어 신장, 방광, 허리 등에 질환이 자주발생하고 金이 구신이니 폐와 대장질환이 염려되는데, 이는 오랜군 생활 중 담배를 자주 애용했기 때문이다.

3. 대운

- 초년 乙丑대운은 乙庚의 간합금국, 子丑의 육합토국으로 구신과 한신운이니 가정 형편이 썩 넉넉하지 못하여, 초등학교를 마치고 학업을 더 계속할 수가 없었다.

- 丙寅, 丁卯대운은 용신과 희신운이다. 청소년기에 병(兵)으로 군에 입대하여 군 생활을 시작하였고 매사 순탄하게 풀려 승승장구했다.

- 戊辰대운은 한신운이니 무탈했다.

- 巳午未대운은 남방화지의 용신운이니 운세가 길하다. 낮은 계급으로 군생활을 시작하여 장군의 위치에 까지 오른 것이다.

- 辛未, 壬申대운은 구신과 기신운이니 말년이 썩 길하지는 못하다. 건강문제가 자주 발생하고, 자식운도 썩 길하지 못한 것이다.

男命(辰未戌丑이 전부 있는 사주)

辛	壬	乙	丙
正印		傷官	偏財
丑	戌	未	辰
正官	偏官	正官	偏官

癸	壬	辛	庚	己	戊	丁	丙
卯	寅	丑	子	亥	戌	酉	申

1. 용신

壬水 日主가 未土月에 실기(失氣)했고, 지지가 전부 辰未戌丑의 가색(稼穡)을 이루고 있으니 기관팔방(氣貫八方)이라 한다. 그러나 日主가 土가 아니니 가색(稼穡)이 成格을 이루지는 못했고, 土가 중첩되어 日主를 핍박함이 심한데 月干 乙木은 소토(疏土)의 힘이 약하다. 따라서 時干 辛金 印星을 용하여 重土를 설기(洩氣)하면 관인상생(官印相生)을 이루게 되고 日主를 생조하게 되니 자연 사주가 中和를 이룰 수 있는 것이다.

用神 : 辛金
喜神 : 土
忌神 : 火
閑神 : 水
仇神 : 木

2. 통변

⦿ 지지가 전부 土라 가색(稼穡)을 이루었으나, 壬水 日主가 辰丑에 미근(微根)이 있고 辛金 印星의 생조가 있으니 종(從)할 수 없다. 日主가 태약(太弱)하니 印星을 용해야 중화를 이룰 수 있다.

⦿ 천간의 丙乙은 월령(月令)에 통근하여 약하지 않고 또한 상관생재(傷官生財)하니 득재(得財)할 수 있는 명조다. 乙木이 丙火를 생하고, 丙火가 지지 土를 생하고, 土가 辛金을 생하고, 辛金이 日主 壬水를 생하니 局이 생생불식(生生不息)하고 주

류무체(周流無滯)를 이룬 것이라 길하다.

◉ 局에 官星인 土가 태왕(太旺)하다. 이리되면 자연 財星을 끌어오게 되고 또한 印星을 생하게 되는 것이니, 결국 財官印이 모두 動한 것이라, 재물을 바탕으로 명예를 얻을 수 있는 것이다.

◉ 지지에 丑戌未 삼형살(三刑殺)이 있다. 官星에 해당하니 시비다툼이나 명예훼손 등이 발생할 수 있고, 日·時支에 있으니 처자식과의 연도 적을 것이고, 土는 도로사(道路事)와 연관되니 크고 작은 교통사고도 염려된다.

◉ 용신이 辛金인데, 日支 戌宮과 時干에 있다. 용신이 있는 기둥에서 발복이 시작되니 나의 代에서 터를 닦고 자식 代에서 꽃을 피울 것이다.

◉ 용신이 辛金이고 희신이 土다. 직업을 이와 연관 지으면 辛金은 귀금속이나 금속류에 해당되고, 土는 건물, 도로 등과 연관되니 건축에 사용되는 전기재료상을 하고 있는 것이다.

◉ 상기 사주는 딸만 둘 있고 아들이 없다. 이것은 "실전사주비결 이론편"의 "자식론"에서 언급한 것처럼 "日主가 약하고, 日主의 기운을 빼앗거나 극하는 食傷과 官殺이 태왕한 경우"에 해당되는 것이다. 상기 명조는 딸 둘을 낳은 후 단산하려고 한 것이 아니라 잉태가 더 이상 되지 않는 경우이다.

◉ 壬戌 日柱의 성격은 대체로 활발한 성품에 활동적이고 꾀가 많으며, 겉으로는 큰소리치나 좌절이 많이 따르고, 노력보다 공과가 적은 편이다. 또한 자기주장이 강하며 모임이나 단체에서 두각을 나타나게 되나, 파란이 많으며 고집이 세다. 자존심이 강한 반면 사교적이기도 하나, 자신과 코드가 맞는 사람들을 편애하는 성향이 있다. 상기 명조는 신약하니 침울하고 개방적이지 못한 면이 있다.

◉ 局에 土氣인 官殺이 태왕(太旺)하니 선천적으로 위장이 약하게 태어났을 것이고, 旺한 土氣가 水를 핍박하니 또한 신장, 방광, 허리 등에 질환이 발생할 염려가 많은 것이다.

◉ 比劫인 水가 쇠(衰)하니 형제자매의 수(數)는 적을 것이라 판단하나, 한신에 해당하니 형제자매간의 情은 무애무덕하다 판단한다.

◉ 正財가 불투하니 年干 丙火 偏財를 처로 논한다. 기신에 해당하니 부부연은 박하다 판단하고, 丙火 偏財가 기신이고 食傷이 약하니 大財와는 거리가 멀다.

3. 대운

◉ 丙申, 丁酉대운은 길운이니 가정형편도 유복했고 학업운도 무난했다.

◉ 戊戌대운은 官星으로 희신운이다. 전기재료상을 시작하여 발복이 있었다.

◉ 己土대운 乙未세운에 건물을 짓는 것을 상담한 것인데, 세운(歲運)과 局의 時柱가 相沖되어 용신과 희신인 金土가 손상되니 길하지 못한 것이다. 후일로 미루는 것이 좋겠다.

◉ 亥水대운 이후는 용신과 한신운이니 길하다.

男命(財星이 중중한 사주)

乙	甲	己	乙
劫財		正財	劫財
丑	戌	卯	丑
正財	偏財	劫財	正財

辛	壬	癸	甲	乙	丙	丁	戊
未	申	酉	戌	亥	子	丑	寅

1. 용신

甲木이 卯月에 생하여 제왕(帝旺)을 得하고, 다시 劫財가 천간에 투출했으니 신왕(身旺)하다. 또한 甲乙이 등라계갑(藤蘿繫甲)을 이루어 日主가 더욱 旺해지니 金을 용하여 벽갑(劈甲)하면 동량지재(棟樑之材)를 이룰 수 있는 것이다. 벽갑(劈甲)하는 庚金이 불투(不透)했으니 부득이 日支 戌宮의 辛金을 용해야 하는데 이는 가신(假神)에 해당되는 것이라 사주가 크게 귀격(貴格)이 되지 못하는 것이다.

用神 : 辛金
喜神 : 土
忌神 : 火
閑神 : 水
仇神 : 木

2. 통변

● 천간의 甲己는 化土格이 성립되지 못한다. 甲木은 월령(月令)에 제왕(帝旺)을 得하니 세력이 있어 化하려 하지 않고, 日支 戌土는 卯戌 合火가 되어 火의 성질을 띠기 때문에 土를 받아들이지 못하기 때문이다. 따라서 己土 正財는 기반(羈絆)이 된 것이다. 正財가 기반이 되었으니 처와의 연은 박할 것이라 판단하는 것이고, 또한 봉급생활자의 財에 해당되는 正財가 기반되어 묶이었으니 봉급생활과도 연이 적은 것이다.

● 천간의 乙木 劫財는 日主 甲木과 등라계갑(藤蘿繫甲)을 이루고 있다. 比劫은 형제자매요 사회에서는 동업자나 동창생, 친한 친구 등으로 논하는데, 등라계갑이 되어 단단히 결속되니 위 명조자는 주변에 친구들이 많이 모이게 되는 것이다. 그러나 木이 구신에 해당하니 이들과의 관계에서 得이 되는 것은 적을 것이라 판단하는 것이다.

● 乙木 劫財가 투출하여 월령(月令)에 통근하니 旺하다. 이복형제문제가 나오는 것이다. 어느 代인가는 본인이 서자(庶子) 계열이니 偏印으로 추론하는 것이다. 남명에서는 偏財를 父로 논하니 이를 소급해보면, 甲木이 극하는 戌土 偏財는 아버지가 되고, 戌土와 合되는 癸水는 어머니가 되는데 癸水는 正印이니 해당되지 않고, 戌土가 극하는 壬水는 偏財로서 본인에게는 祖父가 되는 것이다. 壬水는 본인의 명조와 비교해보면 偏印이니 할아버지 대에서 조모(庶祖母)가 계셨던 것이다.

● 日主 甲木이 월령(月令)에 제왕(帝旺)을 得하니 신왕(身旺)한 것이고, 己土 正財가 투출했고 財星이 중중하니 財旺한 것이라 신왕재왕(身旺財旺)하니 부격(富格)의 명조이다. 다만 혐의가 되는 것은 운로가 丁丑, 丙子, 乙亥로 흘러 용신인 金을 부조해주지 못하고 말년에서야 金運으로 흐르니 이때 발복이 있을 것이라 아쉬운 것이다.

● 丑宮의 癸水 印星이 어머니이다. 丑戌이 刑殺이 되어 癸水가 손상되니 어머니와의 연은 적은 것이다.

● 局에 財星이 혼잡되고 重重하니 여색(女色)과 여난(女難)이 따르는 것이다. 그러나 신왕(身旺)하니 대체로 무탈하게 넘어갈 것이고 희신에 해당되니 사업자의 경우

라면 여성의 도움으로 사업상 발전을 이룰 수 있는 것이다.

◉ 月柱는 부모형제자매궁으로 논하는데 月支는 주로 어머니 궁으로 논한다. 月支 卯木 劫財가 日支 戌土와 合火되어 食傷으로 바뀌니 모친의 자식에 대한 깊은 애정이 지나쳤을 것이라 판단한다. 또한 어머니의 자리가 合되어 타 오행으로 바뀌니 어머니의 수명에 문제가 있을 것임을 예시하는 것이다. 수명이 60세를 넘기지 못했던 것이다.

◉ 日支에 偏財가 있다. 사업가의 명조로써 행동과 생각이 민첩하고 이재(理財)에 밝은 성향이다. 다만 正 · 偏財가 혼재되어 있으니 금전의 입출은 많을 것이나 예상외의 재물의 손실도 다반사로 일어날 것임을 암시하는 것이다.

◉ 局에 財星이 중중한데 土氣에 있다. 이런 경우에는 토목건축이나 부동산관련 사업을 하면 길함이 있는 것이다.

◉ 甲木이 월령(月令)에 제왕(帝旺)을 득하고 乙木이 있어 등라계갑을 이루었으니 신왕(身旺)하다. 기고만장한 상(象)이다. 庚金이 불투하여 동량지재를 만듦이 부족하고, 火가 없어 日主의 旺氣를 설(洩)함이 부족하니 매사 일처리가 독불장군식이고 사회활동을 하면서 화합과 조화를 이룸이 부족할 것이라, 시비다툼과 음해와 관재구설이 자주 발생할까 염려스러운 것이다.

3. 대운

◉ 초년 戊土대운은 희신운이니 부모님의 극진한 보살핌 속에 무탈하게 지낼 수 있었다.

◉ 寅木대운은 比劫에 해당되며 구신운이다. 比劫을 동창관계로 보면 친구들이 주변에 모여드는 형국이다. 그런데 日支 戌土와 반합화국의 기신운으로 바뀌니 흉하다. 중학교시절 놀기 좋아하는 친구들과의 어울림으로 공부를 소홀히 하게 되는 것이다. 庚辰세운은 간지가 모두 日柱와 沖이 되고 있다. 따라서 내 몸이 이동해야 하는 것이다. 학교 친구들과 어울리기를 좋아하여 공부를 소홀히 하니 부모가 딸이 공부하고 있는 캐나다로 유학 보낸 것이다.

◉ 丁火대운은 기신운이다. 유학기간 중 학업의 성취가 적었다.

◉ 丑土대운은 희신운이나 日支와 丑戌의 刑殺이 되니 또 한번 이동수가 들어온다.

부모가 호텔요리기술을 배우게 하기 위해 캐나다에서 다시 독일로 유학을 보낸 것이다.

⊙ 丙火 대운은 기신운이다. 대체로 길하지 못한 운이나, 丙申세운은 申金이 용신에 해당하니 이때 결혼한 것이다.

⊙ 子水대운은 한신운이다. 월령(月令) 卯木 劫財와는 子卯의 무례지형(無禮之刑)이니 卯宮의 양인살(羊刃殺)과 재살(災殺)이 動하는 것이다. 직장동료나 동창들과의 사이에 시비구설로 인한 흉함이 발생할 것이다.

⊙ 乙亥, 甲戌대운은 구신과 기신운이니 썩 길함이 적을 것이다.

⊙ 癸酉, 壬申대운은 한신과 용신운이니 말년에는 평안하고 여유로움을 얻을 수 있을 것이다.

男命(食傷이 중첩된 사주)

辛	戊	辛	庚
傷官		傷官	食神
酉	申	巳	申
傷官	食神	偏印	食神

己	戊	丁	丙	乙	甲	癸	壬
丑	子	亥	戌	酉	申	未	午

1. 용신

局에 金인 食傷이 태중(太重)하여 신약하나, 망종절(亡種節) 1일 전에 생하여 火의 염염(炎炎)한 세(勢)가 旺하고, 월령(月令) 巳宮의 丙火가 사령(司令)하여 日主 戊土를 생하니 日主는 종(從)할 의사가 없는 것이다. 巳申의 합은 비록 합할 의사는 있으나 巳火가 월령(月令)을 차지하여 旺하니 化되어 水의 성질을 띠려하지 않는 것이라 육합수국은 성립되지 않는 것이다. 만약 巳와 申의 자리가 바뀌었다면 육합수국은 성립된다 판단한다. 상기는 억부법(抑扶法)을 적용하여 日主가 신약(身弱)하니 생조하는 印星을 용해야 하는데, 월령(月令) 巳宮의 丙火를 용신으로 잡아 旺한 金氣를 대적하고 戊土를 생하면 사주가 中和를 이룰 수 있는 것이다.

用神 : 丙火
喜神 : 木
忌神 : 水
閑神 : 土
仇神 : 金

2. 통변

● 月柱가 상관패인(傷官佩印)이라 설생(洩生)이 공존하나, 혐의가 되는 것은 金이 重하여 日主의 氣를 설(洩)함이 더 심하니, 월령(月令) 巳火로는 생조의 기가 부족하여 日主가 신왕(身旺)치 못한 점이다.

● 局에 金이 태중(太重)하고 火 또한 월령(月令)을 차지하여 약하지 않으니, 火金이 성(盛)하여 전형적인 무관(武官)의 명조로서 군인이다. 이는 火金이 화약과 총을 상징하기 때문이다.

● 지지 巳申 合은 水로 바뀌니 巳宮의 丙火 印星이 손상되는 것이다. 월령(月令)의 印星은 끊임없이 日主를 생하려는 의향이 있어 日主가 외풍에 흔들리지 않고 무너지지 않도록 부조의 역할을 하는데, 손상되니 日主의 버팀목이 없어지는 것이다. 이런 경우에는 직업 직장과 연관되어 크고 작은 사고나 사건에 휘말리는 경우가 많은 것이다.

● 용신인 丙火가 투출하지 못하고 월령(月令) 巳宮에 암장되어 있는데, 좌우의 申金이 巳火를 탐(貪)하여 합하려 하나, 巳火는 월령(月令)에 자리하여 자기자리를 굳건히 지키고 日主를 생하는 본연의 임무를 다하려 하는 형국이다. 이런 경우는 申金을 외부세력의 침탈로도 논하니, 命主는 주변세력의 음해와 시비다툼에 자주 휘말리게 되며 예기치 않은 흉화를 겪는 경우가 많다. 특히 물상에서 申金은 금속류이고 巳火는 폭발성물체로도 논하니, 이 둘의 합은 水 즉, 흐르는 것이라 탈것에도 비유되니, 엔진을 이용하여 움직이는 자동차나 배에 비유되는 것이며 이로 인한 예기치 않은 차사고가 염려되는 것이다.

● 食傷인 金이 구신이다. 軍과 같은 조직체계에서는 食傷을 부하직원으로 논하는데 기신이나 구신에 해당되면, 부하직원으로 인한 흉액이 빈번하게 발생할 것이

라 판단하는 것이다.

◉ 日柱 戊申은 甲辰旬 중이며 寅卯가 空亡이다. 寅卯는 官星인데 空亡되고, 다시 局에 食傷이 旺하여 官星을 핍박함이 심하니, 관인상생(官印相生)을 이루지 못한 것이며 따라서 무관직으로 귀격(貴格)의 명조가 되지 못하는 것이다. 운로에서 食傷運이 도래할 시는 직업을 유지하기 힘들 것이라 판단한다.

◉ 日支 申宮에 壬水 偏財와 庚金 食神이 있다. 日支는 처궁인데 偏財가 있으니 처덕이 있다 판단하고 다시 食神이 있어 生財하니 재물복도 있는 것이다. 처가는 부농(富農)인데 딸들만 있으니 어느 정도의 재산 상속이 예상되는 것이다.

3. 대운

◉ 유아기에 해당되는 壬水대운은 기신운이다. 잔병치레가 많았던 것이다.

◉ 午火대운은 용신운이고 癸水는 戊癸 합화의 용신운, 未土는 한신운이니 길하다. 학업성적이 좋았다.

◉ 甲木대운은 희신운이다. 甲木이 年干 庚金과 沖하여 손상되니 흉할 것 같으나, 용신이 火인 경우에는 오히려 庚金이 벽목(劈木)하여 火를 살리니 흉하지 않다. 학군단 출신으로 직업군인의 길을 간 것이다.

◉ 申金대운의 운세를 간명한 것인데, 월령(月令) 巳火와 巳申 육합수국의 기신운이니 매우 흉하다. 申金이 들어오니 食神에 해당되어 부하직원과 연루된 일인데 巳火 용신과 合되어 水인 기신으로 바뀌니 탈 것과 연관지어 흉사가 예고되는 것이다. 부하군인들이 경비임무를 마치고 차량으로 귀대하던 중 차량 사고로 인해 여러 명이 다친 사고가 발생한 것이다.

◉ 乙酉대운 중 乙木대운은 본시 희신운인데 年干 庚金과 간합금국의 구신운으로 바뀌고, 酉金대운은 용신인 巳火와 巳酉 반합금국의 구신운으로 바뀌니 매우 흉하다. 역시 부하직원들과 연관된 흉사로 인해 직업과 직책을 유지하기 힘들 것이라 예상되는 것이다.

女命(正官의 合이 있는 사주)

甲	癸	辛	戊
傷官		偏印	正官
寅	卯	酉	午
傷官	食神	偏印	偏財

癸	甲	乙	丙	丁	戊	己	庚
丑	寅	卯	辰	巳	午	未	申

1. 용신

월령(月令) 酉宮의 辛金이 사령(司令)하고 다시 月干에 투출하여 日主를 생하니 日主는 신강(身强)한 것 같으나, 日·時에 食傷이 중중하여 日主의 氣를 설(洩)하고, 다시 年干 戊土가 坐下 午火의 생을 받아 旺하며 日主 癸水와 간합화국을 이루니 오히려 신약(身弱)하다 판단한다. 이는 日主 癸水의 元神이 없어 뿌리가 없으니 化火하려는 성질을 용납하기 때문이다. 따라서 사주가 中和를 이루기 위해서는 신약한 日主를 생조하는 印星을 요하므로 용신은 月干 辛金이다.

用神 : 辛金
喜神 : 土
忌神 : 火
閑神 : 水
仇神 : 木

2. 통변

◉ 천간에 戊癸의 合이 있다. 여명의 경우 正官이 合되어 타 오행으로 바뀌면 남편과이 연이 적은 것이다. 상기는 正官 부성(夫星)이 合되어 財星으로 바뀌니 부성(夫星)에 흉화의 조짐이 보이는데, 合되어 기신인 火로 바뀌니 손상의 염려가 있는 것이다.

◉ 年·月干이 관인상생(官印相生)을 이루고, 천간이 생생불식(生生不息)하니 길함이 있다. 다만 日主 癸水가 元神이 없어 통근하지 못하니 신약하여 官星을 활용하지

못하는 것이라 공직과의 연은 적고, 또한 日主가 뿌리가 없어 오히려 印星을 받아들이지 못하니 학업과의 연도 적은 것이다.

◉ 月柱가 모두 偏印이다. 이런 경우는 친정집의 가세가 몰락했을 것이라 판단하는 것이다. 이는 月柱가 암암리에 印星을 대변하는데 다시 印星이 중첩되니 탈이 나는 것이다. 여명의 印星은 친정집으로도 논하기 때문이다.

◉ 여명에서 食傷은 日主의 氣를 설(洩)하므로 자식으로 논하는데, 한편으론 日主의 氣를 설(洩)한다 함은 日主의 불순물을 빼주는 것과 같은 맥락이니 성형수술과도 연관된다. 따라서 命主가 성형수술을 하지 않았다 하더라도 食傷이 있으면 대체로 미모인 경우가 많은 것이다.

◉ 日·月支의 卯酉 沖은 偏印과 食神의 沖으로 도식(盜食)에 해당된다. 지지가 식신생재(食神生財)의 형태이나 도식되어 食神이 손상되니 生財할 수 없는 것이다. 따라서 재물복은 많다 할 수 없고, 또한 食神은 여명에서 자식으로 논하니 자식의 손상이 발생할 수 있는 것이다.

◉ 日支 卯木에 食神이 있다. 卯木 밥그릇의 상(象)은 卯木 지장간에 甲乙木이 있으니 큰 나무와 작은 나무의 결합이다. 따라서 과수원, 원예, 조경 등의 상(象)이 있으나, 月支 酉金과 相沖하니 이제는 잘려지고 가공을 거친 상(象)으로 바뀐다. 따라서 문서, 목재, 의류 등과 연관되는데, 食神이 午火偏財를 생하니 午火는 따듯함이라 의류판매업을 하고 있는 것이다.

◉ 지지에 午酉卯가 있다. 도화살(桃花殺)은 子午卯酉인 四中神에만 있는데 局에 전부 다 있는 것을 "편야도화(遍夜桃花)"라 하며, 남명의 경우라면 성질이 급하고, 교묘한 재능과 예술적, 문학적 소질이 많으나 여난(女難)을 면키 어렵고, 여명의 경우라면 박복하고 남편을 극하고, 예기치 않은 곤액이 많이 따른다. 상기의 경우에는 子水가 결여되어 있으니 "편야도화(遍夜桃花)"가 成格되지는 않지만 이에 준하여 판단하는데, 운로(運路)에서 子運이 도래할 시는 흉액을 면키 어려운 것이다.

◉ 酉金은 수술칼로도 논한다. 偏印은 흉액을 동반한 문서, 계약 등으로 논하는데, 酉金이 寅酉 원진(怨嗔)하여 時支 寅木 자식궁을 극하니 자식을 낳을 때 제왕절개 문제가 나오거나, 사고 질병 등으로 인해 수술 건이 발생할 것임을 암시하는 것이다.

◉ 月支 酉金 偏印이 육해살(六害殺)과 수옥살(囚獄殺)을 대동하니 예기치 않은 질병

과 사고가 발생할 것임을 예시하는 것이다.

◉ 여명에서 남편은 日支宮과 官星과 용신을 위주로 판단하는데, 卯酉 沖하여 日支宮이 손상되니 남편과의 연은 적은 것이다.

3. 대운

◉ 초년 庚申대운은 용신운이다. 月柱에 印星이 있어 가세는 기울었으리라 판단하지만 부모의 극진한 보살핌 속에 무탈하게 지냈을 것이라 판단한다.

◉ 己土대운은 희신운이니 직장생활을 한 것이다.

◉ 未土대운은 남편궁인 日支宮 卯木과 반합국을 형성하니 남편이 들어오는 것이다. 이때 결혼했다.

◉ 戊午대운은 戊癸합화와 午火의 기신운으로 용신인 辛金을 극하니 남편의 자리가 위태로운데, 다시 乙未세운은 乙木이 구신으로 乙辛 沖하여 용신 辛金을 손상시키고, 未土는 日支 卯木과 반합목국의 구신운이니, 대운과 세운에서 모두 남편궁을 극하게 되며, 구제의 神이 없으니 이 해에 남편이 사망한 것이다.

◉ 丁巳대운 이후는 구신과 기신운으로 흐르니 길하지 못하다. 매사 신중하고 꼼꼼히 챙기며 흉운에 대비해야 할 것이다.

男命(印星이 중중한 사주)

庚	庚	己	戊
比肩		正印	偏印
辰	午	未	辰
偏印	正官	正印	偏印

丁	丙	乙	甲	癸	壬	辛	庚
卯	寅	丑	子	亥	戌	酉	申

1. 용신

局에 戊己土 印星이 중첩되어 日主를 生함이 지나치다. 時干에 庚金이 투출하여

日主와 더불어 旺한 土氣를 설(洩)시키니 비록 모왕자고(母旺子孤)의 상황은 아니더라도 중첩된 土氣를 소토(疏土)함이 급한 것이다. "인성다에 요견재성(印星多에 要見財星)"이라 했으니 辰宮의 乙木을 용하여 소토(疏土)하면 중화(中和)를 이룰 수 있다.

用神 : 乙木
喜神 :　水
忌神 :　金
閑神 :　火
仇神 :　土

2. 통변

◉ 局에 印星이 중중하다. 多印은 無印이라 했으니 문서와의 연은 없는 것이다. 자신의 명의로 된 문서나 계약, 부동산 등은 소유하지 않음이 좋은 것이다.

◉ 局에 土가 중중하다. 매사 中正을 지키려는 성향이 강하고, 종교적으로 신심이 두터운 반면 겉으로는 화려하고 명랑하나 내심은 고독함이 많은 것이다.

◉ 印星이 중중하니 부모와의 연도 적은 것이며 조업을 파하기도 한다. 따라서 사업체를 물려주는 것 등은 고려해야 하는 것이다.

◉ 局에 印星이 중첩되고 比肩이 투출했으니 직업은 기술계통의 직업인데, 土가 중중하니 토목, 건축 계통의 직업을 갖게 될 것이다. 건축학과를 졸업한 것이다.

◉ 印星이 중중하니 남에게 의타심이 많으며 매사 일처리가 능동적이지 못하고 개척심과 추진력이 적은 편이다. 正·偏印이 혼잡되면 偏印으로 논하는데 이런 경우는 두뇌회전은 빠른 편이나, 남을 이용하여 자신의 이득을 취하려는 성향이 짙다.

◉ 局에 印星은 重重한데 財星은 辰宮의 乙木이 있을 뿐이다. 未土月의 乙木은 쇠(衰)하고 또한 印星인 土와 상극되니 처와의 연은 적다 판단하고, 재물복 또한 적을 것이라 판단하는 것이다.

◉ 천간에 印星과 比肩이 투출했으니 서모(庶母)나 서조모(庶祖母) 문제가 나오는 것이며, 또한 庚金 比肩이 辰土에 통근하여 약하지 않으니 반드시 이복형제가 있을 것이라 판단하는 것이다.

◉ 印星은 학업과 지혜, 두뇌로 논하는데 많은 경우에는 오히려 장애요소가 되는

것이라 오히려 학업의 성취도가 낮을 것이라 통변한다.

◉ 지지에 午未의 合이 있다. 正官과 正印의 合인데 合되어 타 오행으로 바뀌지 않으니 결속(結束)된 것이라, 官과 印을 활용함에 장애요소가 있다 판단한다. 운로에서 沖하여 결속됨을 깨뜨릴 경우에 비로써 이를 활용할 수 있는 것이다.

◉ 日支에 正官이 있으니 매사 일처리에 성실함이 있으며 맡은바 책임을 다하는 모범생일 것이라 판단한다.

◉ 庚午 日柱의 성격은 대체로 허풍과 과장이 많아 장담을 잘하고, 일을 벌이기를 잘하나 뒷감당을 못하고 포기하거나 좌절하는 경우가 많다. 온화한 성품으로 인정이 많은 편이나 실행력이 끈기가 부족하다. 또한 공명정대한 면이 부족하고 이중적인 성격의 소유자가 많다.

◉ 辛酉대운 중 癸巳세운에 어떤 일이 발생했을 것인가?

먼저 大運을 살펴보면 辛金은 劫財에 해당되니 동료나 동창생들과 연관된 것이다. 酉金은 局의 辰土와 육합금국으로 기신으로 바뀌니 흉화가 예상되는데, 辰土는 偏印으로 흉액을 동반한 문서나 계약관계로 논하므로 이와 연관된 일이 발생하는 것이다. 우선 辰土는 도로사(道路事)와 연관되고 酉金은 차바퀴와 연관되니 이 둘을 연계하면 물상은 차량이 되는 것이며, 기신에 해당하니 차량의 사고가 도출되는 것이다. 日主를 主로 보면 年柱는 客이 되는 것이니 내가 운전하다 상대방을 치는 것인데 食傷이 없어 辰酉합금의 旺한 기신운을 설(洩)시키지 못하니 상대방은 죽는 것이다. 그리고 年支에 있으니 나이가 많은 사람이다.

다음은 세운(歲運)을 살펴보면 세지(歲支) 巳火는 본시 七殺인데 대운과는 巳酉 반합금국의 기신운이고 다시 원국의 月·日支와는 巳午未 남방화국의 官星局으로 바뀌어 七殺의 성격을 강하게 띠므로 관재구설(官災口舌)이 들어오는 것이다. 종합하여 局과 대운과 세운을 연계하여 상(象)을 살펴보면 상기인은 癸巳年 가을에 동창생들과 술을 마시고 차를 몰고 귀가하던 중 횡단보도를 건너는 70대 노인을 차로 치어서 사망케 한 것이다.

男命(財星混雜된 사주)

辛 正印	壬	癸 劫財	丙 偏財
丑 正官	午 正財	巳 偏財	辰 偏官

辛	庚	己	戊	丁	丙	乙	甲
丑	子	亥	戌	酉	申	未	午

1. 용신

壬水가 巳火節에 생하여 실기(失氣)했다. 壬水가 지지 旺火에 고갈될 지경이니 우선 壬癸水 比劫을 생각해야 하나, 月干 癸水는 뿌리가 미약하고 주변 火土의 극제를 받으니 용신으로 쓸 수 없다. 따라서 日主 壬水의 수원(水源)을 만들어주는 時干 辛金 印星을 용신으로 잡는다.

用神 : 辛金
喜神 :　土
忌神 :　火
閑神 :　水
仇神 :　木

2. 통변

◉ 年干 丁火 正財는 타인의 財나 상속의 財로 논하는데, 日支 午火에 뿌리를 두고 있으니 내가 활용할 수 있는 財가 되는 것이다. 祖父 때부터 물려받은 전답이 도심지로 유입되어 주변의 개발붐이 불면서 부동산 가격이 폭등하여, 아버지와 장손인 자신에게도 많은 財가 상속되었던 것이다.

◉ 年·月干의 丁癸 沖은 丁火보다 癸水가 쇠약하니 더 많이 손상된다. 형제자매의 손상이 있거나, 동업자나 동료관계의 일로 인해 손재수(損財數)의 발생이 예상되는 것이다.

◉ 日主 壬水가 지지에 단지 미근(微根)만 있을 뿐이라 신약하니 旺財를 감당하기

힘든 것이며, 財星이 중중하니 금전의 입출은 빈번할 것이나 내손에 쥐어지는 돈은 적은 것이다.

◉ 財가 왕하고 日主가 약하니 재다신약격(財多身弱格)이다. 이런 경우는 오히려 財를 모으기가 힘들고, 처(妻)가 가권(家權)을 장악하고, 부부가 공히 직장생활을 하게 되는 경우가 많고, 부부간 불화가 잦은 편이다. 이것은 財가 旺하여 病이 되었는데 결혼하게 되면 다시 처인 財가 더 들어오는 것이기 때문에 감당이 되지 않아 충돌이 발생 때문이다. 이것은 통변에서 財와 처(妻)를 같이 논하기 때문이다. 따라서 주말부부가 되거나 부부가 함께 붙어있는 시간이 적을수록 부부간 不和를 줄이는 방편이 되는 것이다.

◉ 용신 時干 辛金 正印은 좌하 丑宮의 辛金에 통근하고 있으나 丑午 원진(怨嗔)됨이 문제이다. 丑宮의 癸水가 처궁인 日支 午宮의 丁火를 극하니 처가 달아나게 되는 것이며, 첩(妾)에 해당하는 월령(月令) 巳宮의 丙火 偏財가 正財의 자리를 대신하고 들어오는 것이다. 즉, 이혼수가 들어오는 것이다.
또한 午宮의 丁火는 丑宮의 辛金 용신을 극하여 時干 辛金의 뿌리를 손상 시킨다. 남명의 용신과 時柱는 자식으로 논하는데 뿌리가 손상되니 자식이 손상될까 염려되는 것이다.

◉ 印星과 용신은 통변에서 학업운을 논할 때 주로 활용한다. 時干 辛金 正印이 용신인데 丑午 원진(怨嗔)되어 뿌리가 손상되니 본시 두뇌는 있으나 학업과의 연은 적다 판단하는 것이다. 또 한편으론 財星이 중중하니 암암리에 印星을 파(破)하여 역시 학업운이 없다 판단하는 것이다.

◉ 局에 火氣가 중중한데 癸水가 투출되었다. 癸水는 우로(雨露)와 안개에 비유하니 丙丁火의 火光을 가리고 혼탁하게 만드니 이런 명조는 평생 잔질(殘疾)의 발생이 많은 것이다.

◉ 日支에 正財가 있으니 본시 현처(賢妻)를 얻을 연이 있으나, 財星이 혼잡되었으니 그 복록이 많이 감소될 것이라 판단한다.

◉ 時柱가 관인상생(官印相生)을 이루니 자식 代에서는 명예를 얻을 것이라 판단한다.

◉ 남명의 官星과 용신은 직업을 논할 때도 주로 활용한다. 辰丑의 偏·正官이 있어 관살혼잡(官殺混雜)되었다. 이런 경우는 직업의 변동이 많을 것이라 판단하는 것이다.

3. 대운

⦿ 초년 甲午대운은 구신과 기신운이니 길하지 못하나 장남으로 부모의 극진한 보
살핌 속에 무탈하게 보냈던 것이다.

⦿ 乙木대운은 구신운으로 乙辛 沖하여 용신을 손상시키니 길하지 못하다. 컴퓨터
게임에 빠져 학업을 소홀히 했던 것이다.

⦿ 未土대운은 巳午未 남방화국의 기신운으로 매우 흉하다. 컴퓨터게임에 빠져 공
부를 소홀히 했고, 간신히 전문대학 컴퓨터학과에 입학한 것이다.

⦿ 丙火대운은 용신 辛金과 합되어 한신운으로 바뀌니 무애무덕했다.

⦿ 申金대운은 본시 용신운이나 月支와 巳申 육합수국의 한신운으로 바뀌어 용신의
길성이 반감된다. 취직이 여의치 않아, 동창들과 컴퓨터관련 프로그램 제작 회사
를 차려 동업을 시작했으나 발전이 적었다.

⦿ 丁火대운은 丁癸 沖하여 癸水 劫財와 相沖하니 동업관계가 깨지는 것이다. 투자
금의 손실이 있었다. 이후 부모님의 도움으로 제과점을 차린 것이다.
丁火運은 正財에 해당하니 이때 결혼상대자가 들어오는 것이라 지인의 소개로
결혼하게 된 것이다.

⦿ 酉金대운은 局의 巳丑과 巳酉丑 삼합금국의 용신운이라 길하다. 먼저 丑土 正官
과의 합으로 용신으로 바뀌니 득남하게 된 것이고, 月支 巳火는 正財인데 巳酉
반합금국의 용신운으로 바뀌니 재물운이 들어오는 것이다. 丁火대운에 제과점을
했던 곳의 가격 상승으로, 상가를 매도하여 다소의 시세차익을 얻었던 것이다.

⦿ 戊土대운은 戊癸 합화의 기신운이다. 다시 동창이나 동업관계로 인해 손재수가
발생하는 것이다.

⦿ 戊土대운은 진술 沖과, 축술 삼형(三刑)으로 희신의 역할이 손상되니 흉한 것이
다. 年支 辰土와는 辰戌 沖이다. 偏官과의 상충이니 예기치 않은 사고, 질병 등이
예상된다. 月支 巳火 偏財와는 원진살(怨嗔殺)이 되니 부모의 건강과 연관된 흉화
(凶禍)가 예상된다. 時支 丑土와는 丑戌의 三刑殺이 되니 자식과의 연관문제, 직
장, 직업과 연관되어 흉화가 예상되는 것이다.

⦿ 己亥대운 이후는 한신운이니 무애무덕할 것이다.

女命(丁壬 合이 있는 사주)

庚	壬	丁	丙
偏印		正財	偏財
子	申	酉	寅
劫財	偏印	正印	食神

己	庚	辛	壬	癸	甲	乙	丙
丑	寅	卯	辰	巳	午	未	申

1. 용신

壬水가 酉金月에 생하여 酉宮의 辛金이 사령(司令)하니 정히 금백수청(金白水淸)
이라 사주가 청(淸)하나, 庚金이 투출하고 日支 申金이 있어 金이 重重하니 생조가
태다(太多)한 것이다. 이른바 금다수탁(金多水濁)이 된 것이다. 日主 壬水가 탁수(濁
水)가 되었으니 食傷을 용하여 불순물을 걸러내야 사주가 길해지는 것이다. 年支
寅宮의 甲木을 용한다.

用神 : 甲木
喜神 :　水
忌神 :　金
閑神 :　火
仇神 :　土

2. 통변

⦿ 천간에 丙丁火가 투출하고 있어 丁火가 빛을 잃으나, 日主 壬水와 合되어 食傷으
로 바뀌어 生財하니 부격(富格)의 명조이다. 丁壬의 합은 합이불화(合而不化)의 상
(象)이라 丁火 正財가 묶인 것이다. 正財가 역할을 못하게 되니 偏財가 이를 대행
하게 되어 사업가의 길을 가게 될 것이다.

⦿ 천간 丁壬의 합은 유정지합(有情之合)이라 감성이 풍부하고, 사물에 대한 표현력
이 뛰어나니 예능인의 소질이 있는 것이다.

⦿ 局에 印星인 金이 중중하여 旺하니 자연 食傷을 공격하게 된다. 年支 寅木 食神
은 月支 酉金과 원진(怨嗔)되고, 日支 申金과 沖되니 寅木의 일부는 손상되지만

손상되지 않은 부분은 자리를 피하게 되는 것이다. 다행스럽게 천간에 丙丁火가 투출했으니 이를 生하는 쪽으로 이동하게 되는데, 局에서 食神이 沖되어 쫓겨났으니 日主는 食神을 애타게 찾게 되고 또한 그 자리를 메우려고 애쓰는 것이다. 따라서 직업은 日主가 갈구하는 食神에 해당하는 직업을 갖게 되는데, 食神은 기술과 재능으로 논하니 예체능 계통도 이와 같이 연관되는 것이다.

이번에는 沖되어 쫓기는 寅宮의 甲木이 丙丁火를 생하는데 전력을 기울이고 있는 것이다. 왜냐하면 丙丁火가 없으면 더 이상 도망갈 곳이 없으니 생존할 수가 없게 되기 때문이다. 따라서 丙丁火는 물상에서 따뜻한 난로나 조명으로도 논하고 이를 生하는 甲木은 나무로 만든 소품으로 논하기도 하므로, 이 둘이 연계되는 상(象)은 영화나 연극의 무대가 떠올려지는 것이다. 命主는 연극영화과를 졸업한 것이다.

- 日支 申金과 時支 子水 반합의 통변은, 月支 酉金 正印은 正母이므로 日支 申金 偏印은 正母의 분신이라 생각하면 된다. 이것이 子水 劫財와 반합수국의 比劫運으로 바뀌니, 正母의 분신이 이제 동료나 형제자매의 역할을 하려하는 것이다. 따라서 命主의 어머니는 딸의 연예계 성공을 바라며 매니저 역할을 자처하고 있는 것이다.

- 月干 丁火와 日主 壬水의 통변은 간합은 되었으나 坐下에 木氣가 全無하니 化되지 못한 상황이다. 즉, 합이불화(合而不化)로 논하니 음간(陰干)인 丁火는 기반(羈絆)되어 유명무실하게 된 것이다. 月干은 부친의 자리이니 부친은 命主의 인생에 큰 비중을 차지하지 못하고 있다. 건설업체에 근무하며 인생의 절반을 외국에 나가 근무하고 있는 것이다.

다른 한편으론 正財가 기반(羈絆)되었으니 財를 얻는 과정이 봉급생활자와는 거리가 먼 것이고 年干 偏財를 써먹어야 하니 투기성이나 개인사업가의 財를 획득해야 하는 것이다.

- 時干 庚金 偏印이 투출하였다. 천간에 투출한 것은 학급의 반장선거에서 자신이 반장을 해보겠다고 나선 것에 비유된다. 더욱이 지지에 통근하고 있다면 강하게 의사를 보이는 것이니 통변에선 이를 다각적으로 분석해야 보다 정확한 운명의 추이를 판단할 수 있는 것이다. 먼저 偏印은 사고, 질병 등 흉화를 동반한 문서나 계약관계로 논한다. 따라서 庚金에 있으니 물상으로는 차로도 논하므로 차사고

문제가 대두되는 것이고, 또한 庚金의 元神은 酉申에 있는데 酉金은 수술칼로도 논하니 수술문제도 나온다. 그것이 時柱에 있으니 자식은 제왕절개로 낳을 것이라는 운명적 암시가 있는 것이다. 또한 偏印은 서모(庶母)로 논하는데 좌하에 子水 劫財가 있다. 조상대에 이복형제문제가 나오는 것이다.

그리고 庚金과 지지 申酉金은 모두 印星이다. 모두 日主를 생해주는 것인데 印星은 육친에서 母에 비유하는 것뿐만 아니라, 나를 생한다는 것은 나에게 언어와 문자를 가르쳐주기도 하는 것이다. 따라서 正印은 모국어로 논하고 偏印은 외국어로 논하니 命主는 어학에 소질이 있고, 표현능력이 풍부한 것이라 배우로서의 자격을 갖춘 것이다.

◉ 결함된 오행의 통변을 살펴보자. 官星인 戊己土가 결격(缺格)되었다. 局에 결격된 오행은 오히려 命主가 운명에서 평생 얻고자 하는 문제와 결부되는 것이다. 여명의 官星은 남편인데 결함되었으니 오히려 남편감을 찾기 위한 노력이 많을 것이며 결혼 시기는 좀 늦어질 것이라 판단한다. 또한 官星을 직업, 직장, 직책으로 논한다면 결격되었으니 정규직의 직업과는 거리가 먼 것이다. 즉, 연예계의 길이라면 전속계약과는 거리가 멀다 판단하는 것이다.

◉ 지지 子酉에 홍염살(紅艷殺)과 도화살(桃花殺)이 있으니 미모가 있을 것이라 판단한다. 아울러 미모의 판단은 食傷으로도 논한다. 食傷은 日主의 氣를 설(洩)하는 것인데, 日主에 포함된 불순물을 설시키는 것과 의미가 같으니, 이것은 신체에서 못 생기고 불필요한 부분을 수술칼로 도려내는 것과 같은 것이라, 局에 食傷이 있으면 남녀 공히 미남과 미녀인 경우가 많다 판단하는 것이다.

3. 대운

◉ 초년 丙申 대운은 한신과 기신운이나 부모의 극진한 보살핌 속에 무탈하게 보냈던 것이다.

◉ 乙木대운은 용신운인데 傷官에 해당되니 내재돼 있던 재예(才藝)의 끼가 발동하는 것이다. 그러나 時干 庚金과 간합되어 기신운으로 바뀌니 학업성적이 우수하지는 못했다. 연극영화과에 입학한 것이다.

◉ 未土대운은 구신운이다. 썩 길하지 못했다. 未土가 局의 중첩된 印星인 金을 생하니 자연 印星인 母가 발동하는 것이다. 어머니로써 딸을 공중파 방송의 드라마

에 단역이라도 참여시키고 팔방으로 동분서주하고 노력함이 컸던 것이다.

丁亥세운은 丁壬합목과 寅亥합목의 용신운이니 드라마의 단역을 따내어 연예인 활동을 시작한 것이다.

◉ 甲木대운은 용신운이다. 공중파방송 드라마의 주인공이 되었고, 대중적인 인기가 높았다.

◉ 午火대운 이후는 한신과 용신운이니 유명연예인으로서의 입지를 탄탄히 구축할 것이라 판단한다.

男命(寅巳申 三刑殺이 있는 사주)

庚	戊	己	甲
食神		劫財	偏官
申	寅	巳	辰
食神	偏官	偏印	比肩

丁	丙	乙	甲	癸	壬	辛	庚
丑	子	亥	戌	酉	申	未	午

1. 용신

戊土가 巳火節에 생하여 득기(得氣)했으니 신강(身强)하다. 천간 甲己의 간합은 年·月支에 土氣가 있어 化土가 될 것 같으나, 甲木은 辰土와 寅木에 통근하고, 己土는 지지 寅巳申 삼형살(三刑殺) 중 寅木이 巳火를 刑하니 巳宮의 戊土가 손상되니 巳火에 뿌리를 둔 月干 己土 역시 손상된 것이라 化土되었다 할 수 없다. 즉, 합이불화(合而不化)인 것이다. 따라서 己土 劫財는 기반(羈絆)된 것이다. 局에 比劫과 印星이 있어 日主 戊土가 신강(身强)하니 이를 소토(疏土)하는 年干 甲木을 용해야 한다.

用神 : 甲木
喜神 : 水
忌神 : 金
閑神 : 火
仇神 : 土

2. 통변

◉ 主客의 논리를 적용하면 日柱와 時柱는 主로 논하고 月柱와 年柱는 客으로 논한다. 癸酉대운에 발생하는 사안들은, 癸水 財星과 日主 戊土와 戊癸합화의 한신운인데 日主와의 合이니 主에 해당되고 또한 財星과의 合이니 금전의 손실이 예견되는 것이며, 酉金은 月支 巳火와 반합금국의 기신운으로 바뀌는데 時干에 庚金이 투출한 것과 연계되니 역시 主에 해당하는 사안이 발생하는 것이다.

酉金은 가공한 금속이니 통변에서 수술칼, 차바퀴, 귀금속 등으로 논하며 이에 연관된 사안들이 발생하는 것이고, 月支 巳火는 偏印으로 흉액을 동반한 문서, 계약 등으로 논한다. 또한 火는 심장, 시력, 소장등과 연관되어진다. 따라서 巳酉의 반합금국이 도출하는 사안은, 기신운으로 바뀌니 흉액이 발생함은 불문가지이고, 질병과 연관된 문제이고, 또한 主에게 발생하는 문제인 것이다.

◉ 癸酉대운 중 丁丑세운의 통변은 다음과 같다. 우선 丁火는 印星으로 문서와 연관되는 문제가 발생한 것이다. 丑은 대운 酉와 月支 巳火와 巳酉丑 삼합금국의 기신운으로 바뀌는데, 巳火가 偏印을 대동하니 흉액을 동반한 계약관계이며, 巳火자체는 물상에서 시력(視力)과 연관된다. 酉金은 물상에서 수술칼이고, 三合된 金이 왕해져 巳火를 생하는 日支 寅木을 손상시키니 巳火 시력이 회복불능이 된 것이며 命主는 이때 장님이 된 것이다. 명리진보에서 거론된 명조이다.

男命(자폐증의 사주)

庚	癸	戊	乙
正印		正官	食神
申	未	寅	酉
正印	偏官	傷官	偏印

庚 辛 壬 癸 甲 乙 丙 丁 (대운: 8세)
午 未 申 酉 戌 亥 子 丑

1. 용신

癸水가 寅月에 생하여 실기(失氣)했고 食傷과 官星이 중중하니 신약(身弱)하다. 寅

月은 아직 前月의 한기(寒氣)가 남아있는 계절이라 丙火도 요긴하나, 癸水가 고갈될 지경이라 수원(水源)을 마련해줌이 급하니 印星을 용해야 한다. 癸水는 산간계(山澗溪)에 비유되어 부피가 적은 물이라 辛金을 용해야 하나, 辛金이 불투하고 庚金이 투출했으니 부득이 이를 용하는 것이다.

用神 :　木
喜神 :　水
忌神 :　金
閑神 :　火
仇神 :　土

2. 통변

● 日柱 癸未는 甲戌旬 中에 해당되니 申酉가 空亡이다. 따라서 時干에 투출한 庚金은 空亡地인 申酉에 뿌리를 두고 있으니 대단히 무력한 것이라 印星의 역할을 하지 못하는 것이다. 그리고 日主 癸水는 戊土와 간합화국을 형성하고 있다. 본시 癸水는 수원(水源)인 時支 申金의 생조를 받아야 하나, 申金이 공망이니 癸水를 생하지 못하고, 또한 日支 寅宮에 丙火가 있으니 癸水는 戊土와 짝을 이루어 化火가 되는 것이라 日主가 본분을 망각하고 火로 변한 것이다.

● 印星은 육친으로 논하면 나를 생해주는 母에 비유되는데, 母가 나를 생해준다는 것은 양육뿐만이 아니라 언어학습, 대인관계, 재능 등을 더불어 가르쳐주는 것이다. 이런 印星이 공망되어 日主를 생하고 가르쳐주지 못하게 되고, 또한 日主 癸水는 戊癸합화로 바뀌니 日主가 본분을 망각한 것이니, 결국 "자폐증(自閉症)"이라는 질병으로 나타나는 것이다.

● 초년 丁火 대운은 기신운이니 자폐증의 증세가 심해지는 것이다. 乙未세운은 乙木이 乙庚 합금하여 空亡을 해공(解空)시키고, 未土 역시 申酉金을 생하여 해공망(解空亡)되니 증세가 심하지는 않았으나, 丙申세운은 丙庚殺이 되어 용신 庚金을 손상시키고, 申金은 庚金을 인통(引通)시키려 들어오나 月支 寅木과 寅申 沖하여 손상되니 庚金을 인통시키지 못하게 되어 자폐증의 증세가 심하게 나타나는 것이다.

● 어느 시기에 증세가 호전되겠는가?

庚金이 용신이나 공망지에 뿌리를 두고 있어 무력해진 것이 탈인 된 것인데, 戊土대운은 年·時支의 酉申과 더불어 申酉戌 방합금국이 되어 해공망(解空亡)되어 용신 庚金이 역할을 하게 되니 이때부터 자폐증의 증세가 호전되리라 판단하는 것이다.

女命(印星이 중중한 사주)

丙	庚	癸	壬
偏官		傷官	食神
戊	寅	丑	辰
偏印	偏財	正印	偏印

乙	丙	丁	戊	己	庚	辛	壬
巳	午	未	申	酉	戌	亥	子

1. 용신

庚金이 동월(冬月)인 丑月에 생하여 천지가 차니 따뜻한 온기인 丙火가 필요하고, 또한 庚金은 가공하지 않은 철광석인데 지지에 土가 많아 생조 받음이 많으니 신강(身强)하다. 따라서 丁火를 용하여 철광석을 제련해야 귀기(貴器)를 만들 수 있는 것이다. 따라서 丁火도 필요하다. 官殺이 모두 필요하니 관살병용(官殺倂用)인데, 丁火가 불투하고 時干에 丙火가 투출했으니 부득이 이를 용신으로 잡는다. 丙火는 日支 寅木에 통근하고 있으니 약하지 않다.

用神 : 丙火
喜神 :   木
忌神 :   水
閑神 :   土
仇神 :   金

2. 통변

◉ 천간의 壬癸 食傷은 자신의 재능을 밖으로 표출하려는 의도가 있는 것이다. 그리

고 坐下 辰丑에 통근하니 약하지 않다. 時干 偏官은 기술인데 丙火는 만물을 비추므로 대인관계가 많은 업종과 연관된 기술이다. 年·月支 偏·正印은 偏印의 성질을 띠게 되며 偏印은 흉화와 연관된 문서, 계약 등이다. 따라서 食傷과 기술과 偏印을 연계하면 의사, 간호사 의료계통의 상(象)이 도출되는 것이다. 이와 연관된 직업을 갖게 될 것이다.

◉ 질병에 대한 간명(看命)이다. 庚金이 丑月에 생하여 時干 丙火가 용신인데 투출한 壬癸水가 辰丑에 통근하여 약하지 않으며 丙火를 극하니 용신이 손상된 것이다. 丑月의 寅木은 동목(凍木)이라 해동(解凍)함이 없으면 丙火를 생하기 어려우니 寅木이 病이 된 것인데, 寅木은 인체(人體)의 질병관계에서 목 부위에 해당되니 이곳에 질병이 발생한 것이다.

◉ 乙未세운의 상태

세간(歲干) 乙木은 희신이나 庚金과 간합금국을 이루어 坐下 寅木을 沖剋하니 寅木이 손상되는데, 세지(歲支) 未土는 局의 丑戌과 丑戌未 삼형살(三刑殺)을 이루고 있다. 丑戌未가 印星으로 인성혼잡(印星混雜)이니 偏印으로 바뀌게 되어 흉액을 동반한 문서나 계약 건이 들어오는 것이다. 그리고 木星은 인체(人體)에서 목 부위에 해당되어 이 부위에 큰 수술을 하게 된 것이다.

◉ 丙申세운의 상태

세간(歲干) 丙火가 용신이나 年干 壬水와 沖하여 손상되니 용신의 역할을 하지 못하고 또한 寅木을 해동(解凍)하지도 못한다.

세지(歲支) 申金은 寅木을 沖하는데 寅木은 寅午戌 삼합화국의 화고(火庫)인 戌土로 숨어드는 것이다. 寅木이 몸을 숨겼으니 용신은 寅木을 애타게 찾게 되므로 재차 목 부위에 수술을 하게 된 것이다.

◉ 운로가 子亥戌酉申으로 기신과 구신운이니 항상 건강에 유의하고 살아야 할 것이다.

男命(官印이 태왕한 사주)

癸	丙	乙	甲
正官		正印	偏印
巳	寅	亥	子
比肩	偏印	偏官	正官

癸	壬	辛	庚	己	戊	丁	丙	(대운: 3세)
未	午	巳	辰	卯	寅	丑	子	

1. 용신

丙火가 亥月인 절지(絕)地에 생하여 신약(身弱)하다. 年·月支 子亥와 日支 寅 사이에는 丑土가 탄함되었으니 지지는 亥子丑의 방합수국을 암암리에 형성하고 있다. 따라서 官星이 旺하여 丙火가 水의 핍박을 많이 받으니, 印星인 甲木을 용하여 亥子丑의 旺한 水氣를 납수(納水)하고, 또한 日主 丙火를 생하면 사주가 자연 中和를 이룰 수 있는 것이다. 年干 甲木을 용신으로 잡는다.

用神 : 甲木
喜神 : 水
忌神 : 金
閑神 : 火
仇神 : 土

2. 통변

◉ 지지 子寅 사이에 丑土가 탄함(呑陷)되었다 판단하니 지지는 암암리에 亥子丑 방합수국의 官星局을 형성하여 官星이 태왕한 것이다. 이리되면 오히려 흉하게 작용하여 한곳에서 오랫동안 직장생활을 하기 힘들고, 또한 직장의 변동이 많으며, 하려는 일마다 매사 잘 안 풀리는 경향이 많은 것이다.

◉ 亥月의 甲木은 갑목맹아(甲木萌芽)라 하여 木이 약변강의 세(勢)를 지니고 있는 것이다. 따라서 年·月干의 甲乙은 정히 등라계갑(藤蘿繫甲)을 이루어 印星이 태왕(太旺)해져 病이 된 것이다. 이런 경우에는 매사 적극적이지 못하고, 문서와의 연

이 막혔으니 취직이 이루어지지 않는 것이고, 설혹 취직이 됐다 하더라도 직장생활을 길게 하지 못하는 것이며, 예기치 않게 남의 시기질투와 음해(陰害)에 자주 시달리게 되는 것이다.

◉ 사주에 印星 또한 重重하다. 이런 경우에는 자신의 명으로 문서나 계약 등을 하거나, 혹은 그러한 문서 등을 지녀서도 되지 않는다. 자신 명의의 문서 등은 나중에 어떠한 연유로든지 다툼의 소지가 발생할 수 있으니, 설혹 자신 소유의 땅이나 건물이라도 처나 타인 등의 명으로 해 놓는 것이 좋은 것이다. 또한 印星이 重하면 偏印으로 논하니 예기치 않은 사고, 수술 등의 흉화와 연관된 사안이 자주 발생하게 되는 것이다.

◉ 局에 官과 印이 모두 旺한데 日主 丙火는 월령(月令)에 절(絶)地라 신약하다. 따라서 官印을 제어하지 못하니 오히려 흉하게 작용하여 예기치 않은 흉액이 많이 발생하게 된다. 이런 경우 풍수지리, 역술학 등을 공부하거나 불교에 심취하면 다소 흉액을 줄일 수 있는 것이다.

◉ 年·日支 子寅 사이에 丑土가 탄함(呑陷)되었다. 丑土는 묘신(墓神)으로 傷官에 해당된다. 이런 경우에는 취미로 풍수지리나 역술학 등에 관한 공부를 해두면 많은 도움이 될 것이라 판단한다.

◉ 日·時支에 寅巳 刑殺이 있다. 寅宮의 丙甲이 巳宮의 庚金 偏財와 戊土 食神을 刑하고 있으니 손상이 따른다. 식신생재(食神生財)하지 못하니 재물복과 처복이 없게 되고, 食神을 刑하니 자식이 없거나, 설혹 있더라도 자식과의 연은 박하다 판단한다.

◉ 財星은 재물을 상징하는데 단지 巳宮의 庚金이 있을 뿐이다. 庚金은 同宮의 丙火의 剋을 받으니 완금(頑金)이 됐고 따라서 병재(病財)가 된 것이라 크게 쓸모가 적은 것이다. 이런 경우는 개인사업이나 장사와는 거리가 먼 사주이다. 따라서 봉급생활을 하는 직장을 갖는 것이 바람직한 것이다.

◉ 사주에 양착살(陽錯殺), 수옥살(囚獄殺), 조객살(弔客殺), 병부살(病符殺), 교신살(絞神殺), 효신살(梟神殺), 홍염살(紅艷殺), 상문살(喪門殺), 태백살(太白殺), 환신살(幻神殺) 등의 흉살이 많다. 전부 나의 인생에 앞으로 피해를 주려고 작동을 준비하고 있는 흉살들이다. 따라서 매사 재삼재사 심사숙고한 후 행동에 옮기며, 남과의 동업 등을 금하고, 남과의 시비다툼에 휘말리지 않도록 하여야 하고, 남이 나를

음해하더라도 참고 견뎌내서 흉살들로 인해 나에게 흉액이 발생할 수 있는 소지를 미연에 방지하도록 각고의 노력이 필요하다. 즉, 참고 인내하고 겸손하고 겸허하게 인생을 살도록 함이 좋겠다.

◉ 財星이 미약하니 결혼운이 길하지 못하다. 결혼은 늦게 함이 좋을 것인데, 혹 일찍한다면 이혼수가 높은 것이다. 그리고 설혹 결혼한 경우라도 친어머니와 처와의 갈등인 고부간의 갈등이 예상되니 조심하여 할 것이다.

◉ 본시 머리는 총명하나 운의 흐름이 중년 이후 卯木대운 부터 길하게 들어오니 수신(修身)하며 때를 기다려야 할 것이다.

3. 대운

◉ 2016년 丙申年은 33세로 己土대운이다. 甲己합토의 구신운으로 바뀌니 길하지 못하다. 하고자 하는 일마다 내 뜻대로 풀리지 않을까 염려되는 것이다. 흔들리지 말고 직장생활을 하도록 함이 좋겠다.

◉ 卯木대운은 38세부터 42세까지이다. 亥卯 반합목국의 용신운이니 매우 길하다. 다서 안정되고 일이 순탄하게 풀릴 것이다. 이 5년 동안을 잘 활용하여 내 인생에 탄탄한 발판을 다지도록 해야 한다. 그렇게 하지 못하면 말년에 고생이 따를 것이다.

◉ 43세 이후 庚金대운 부터는 일희일비(一喜一悲)하는 운이다. 좋은 일과 흉한일이 번갈아 닥쳐올 것이다. 매사 조심하고 수양을 하며 인생을 살아가도록 해야 한다.

男命(從格의 사주)

壬	丁	丁	甲
正官		比肩	正印
寅	卯	卯	辰
正印	偏印	偏印	傷官

乙	甲	癸	壬	辛	庚	己	戊
亥	戌	酉	申	未	午	巳	辰

1. 용신

지지에 寅卯辰 방합목국을 형성하고 甲木이 투출했으며, 壬水 正官이 日主와 간합되어 木으로 化되니 만국(滿局)이 木이다. 印星이 태중(太重)하여 日主가 부득이 旺한 세력을 종(從)해야 하니 "종강격(從強格)"으로 논하고 용신은 年干 甲木이다.

用神 : 甲木
喜神 :　水
忌神 :　金
閑神 :　火
仇神 :　土

2. 통변

⦿ 용신이 甲木 正印인 명조자는 두뇌를 활용하는 직업과 연관이 많고, 木의 印星은 문서로도 논하니 또한 많은 문서와도 깊이 연계되는 것이다.

⦿ 천간에 官印이 투출했으니 공직자의 명조인 것 같으나, 印星이 태중(太重)한 것이 오히려 결함이 되었다. 時干 壬水 正官은 日主와 간합되어 다시 印星으로 化되니 正官의 역할에 결격이 생긴 것이다. 官星은 직업, 직장, 직책 등으로 논하며, 드러내 놓고 사람들에게 명령을 내리고 이행을 촉구하는 힘을 지닌 것인데, 化되어 印星으로 바뀌니 正官의 역할은 陽地에서 陰地로 숨어들며 印星인 문서, 계약에 자리를 양보하는 것이다. 따라서 공직자의 명조는 아닌 것이다.

⦿ 正印과 偏印이 重重하니 인성혼잡(印星混雜)된 것이다. 正印은 모국어로 논하고 偏印은 외국어로 논하니 어학이나 어휘구사의 능력이 있을 것이고, 또한 正印은

길한 사안과 연관된 문서로 보고, 偏印은 흉액과 연관된 문서로도 논하니 이 둘을 모두 아우르는 것은 법이나 소송관련 문서로 보는 것이다.

◉ 천간에 투출한 것은 학급의 반장이 되겠다고 나선 것이다. 특히 투출된 용신은 他 神과의 상호 관계를 면밀히 분석해야 한다. 壬水 正官은 丁火와 간합되어 印星으로 化되니 본분을 망각한 것이고, 그 뿌리는 年支 辰土에 있는 것이다. 辰宮의 癸水는 壬水의 뿌리이나 壬水가 타 오행으로 化되었으니 이제는 음지(陰地)에서의 역할밖에 할 수 없다. 官을 드러내 놓고 활용할 수 없는 것이다. 그리고 局에 甲木 正印이 있으니 이제 癸水 官은 甲木을 생하여 암암리에 관인상생(官印相生)을 이루고 음지(陰地)의 官을 활용하려 하는 것이다.

◉ 正·偏印이 혼잡 되었으니 偏印으로 논하며, 법이나 소송관련 문서를 다루게 될 것이며, 또한 어휘구사 능력이 뛰어날 것이고, 음지(陰地)의 官을 활용하게 되는 것이니 그 직책은 변호사인 것이다.

◉ 財星이 전무하니 재물이나 사업과는 거리가 멀고, 또한 財星인 金이 기신이니 처와의 연도 적을 것이다. 한편으론 처의 자리가 없으니 배우자를 찾기 위한 노력으로 여성편력이 있을 것이라 판단한다.

◉ 운로가 巳午未壬癸甲乙로 흘러 길하니 유명한 변호사인 것이다.

男命(比劫이 중첩된 사주)

甲	壬	癸	壬
食神		劫財	比肩
辰	子	卯	子
偏官	劫財	傷官	劫財

辛	庚	己	戊	丁	丙	乙	甲
亥	戌	酉	申	未	午	巳	辰

1. 용신

壬水가 卯月에 생하여 死地라 신약(身弱)한 것 같으나, 지지 子辰 반합수국을 이루고, 천간에 두 개의 壬水가 투출하여 年·月支에 통근하여 부조(扶助)하니 日主는 신왕(身旺)하다 판단한다. 따라서 왕신의설(旺神宜洩)이라 했으니 日主의 氣를 설(洩)하는 時干 甲木으로 용신으로 잡는다.

    用神 : 甲木
    喜神 :   水
    忌神 :   金
    閑神 :   火
    仇神 :   土

2. 통변

◉ 局에 財印이 없고, 官星이 타 오행으로 바뀌고, 천간에 중중(重重)한 比劫과 食神이 투출했으니 단순노동직인 운전, 정비, 청소 등 편업된 직업과 연관이 많다.

◉ 局에 財星이 全無하고 또한 처궁인 日支宮이 자식궁인 時支宮과 子辰 반합을 이루어 比劫으로 바뀌니 결혼이 늦거나 결혼운이 박하다 판단한다.

◉ 왜 결혼이 늦을 것이라 판단하는가?

　1) 상기 명조는 財星이 원국에 없다. 따라서 처와의 연은 적다 판단하는 것인데, 다행스럽게도 태원(胎元)이 甲午라 午火 財星을 쓸 수 있으니 결혼은 하게 될 것이라 판단한다. 다만 멀리 태원(胎元)에서 財를 끌어오는 것이니 결혼은 늦을 것이라 판단하는 것이다.

　2) 局에 壬子水가 重하니 군겁(群劫)의 상황이다. 이런 경우 財가 들어오면 군겁쟁재(群劫爭財)의 상황이 되니 결혼연이 박하게 되어 늦어질 것이라 판단하는 것이다.

◉ 결혼 시점은 언제인가?

　丁火대운은 財星運인데, 丁火가 태원(胎元)인 甲午의 午火 財星을 인통(引通)하고 다시 日主인 壬水와 간합되니 이때 틀림없이 결혼하게 된다.

◉ 처(妻)의 정황(情況)은 어떠한가?

　1) 財星의 길흉으로 논한다. 태원(胎元)인 甲午의 午火 財星은 지장간에 丙丁이 있다. 먼저 여기(餘氣)인 丙火는 壬子의 剋을 받는데, 壬水는 午火의 官星이니 첫번째 남편과는 이혼하게 된 것이고, 나중은 正氣인 丁火가 日主 壬水와 간

합국을 이루니 여자가 부인의 자리를 차지하고 들어오는 것이라, 日主의 입장에서는 丁火가 이미 財星으로 年干 壬水와의 합을 먼저 거친 후이니 이혼한 여자와 연이 닿는 것이다.

2) 財星인 火는 한신에 해당되니 본시 부부사이는 무애무덕할 것이라 판단한다. 또한 日支 子水가 처궁인데 月支 卯木과는 刑되니 부모형제자매와는 사이가 소원(疏遠)할 것이라 판단한다. 時支 辰土와는 반합수국의 희신으로 化되니 반드시 자식은 두게 될 것이라 판단하고, 희신으로 바뀌니 자식을 애지중지하게 여길 것이라 판단하는 것이다.

女命(寅巳 刑殺이 있는 사주)

庚	辛	丙	甲
劫財		正官	正財
寅	巳	子	子
正財	正官	食神	食神

戊	己	庚	辛	壬	癸	甲	乙
辰	巳	午	未	申	酉	戌	亥

1. 용신

辛金이 동월(冬月)인 子月에 생하여 천지는 한(寒)하고 辛金이 한금냉금(寒金冷金)이니 따뜻한 기운이 없으면 무용지물이다. 辛金은 한번 하련(煆鍊)을 거친 金이니 귀금속에 비유되는데 용광로의 火인 丁火가 있으면 수극(受剋)되어 손상되나, 丙火가 있어 온기를 더하면 사람들이 애지중지하는 귀물(貴物)이 되는 것이다. 따라서 月干 丙火가 용신이다.

用神 : 丙火
喜神 :　木
忌神 :　水
閑神 :　土
仇神 :　金

2. 통변

◉ 천간에 正財, 正官, 劫財가 투출하였다. 천간에 투출한 육신은 命主에게 평생에
  걸쳐 길흉간에 깊이 작용하게 되고 또한 불가분의 관계로써 동반자적인 역할을
  하게 될 것이라는 암시인 것이다.

◉ 용신 丙火는 지지 寅巳에 통근하나, 寅巳가 刑殺이 되니 丙火의 손상됨이 있고,
  다시 子水의 剋을 받으며, 또한 日主 辛金과 간합되어 水로 化되니 용신의 역할
  에 결격이 생긴 것이다. 여명의 官星은 남편과 직장 및 명예로 논하니 이에 탈이
  나는 것이다.

  1) 丙火 正官이 日主와 간합되어 水局의 기신운으로 바뀌니 남편과의 연이 적은
     것이다. 결혼이 늦어지거나, 결혼 후 이혼수가 나오거나, 寅巳 刑殺이 되어
     巳火가 손상되니 巳宮의 병화 역시 손상되어 月干 丙火의 뿌리가 끊어지는 것
     이다. 또한 남편궁인 日支와의 刑이니 혹, 남편과의 사별수가 나올 수도 있는
     것이다.

  2) 正官을 직장으로 논하면 寅巳 刑되니, 직장에서 동료들과의 불화나 음해에
     연루되거나, 직책과 연관되어 시비구설이 발생할 수 있는 것이다.

  3) 時支 寅木은 자식궁이다. 寅巳 刑되니 자식과의 연이 적은 것이라, 늦게 자식
     을 두게 되거나 자식이 없는 경우도 발생할 수 있다. 그리고 寅木은 正財인데
     刑되어 손상되니 손재수도 발생하는 것이다.

◉ 月干에 正官이 있다. 이런 경우는 장남이나 장녀가 아니더라도 집안의 가장역할
  을 하게 되는 경우가 많다. 상기인은 막내딸로서 대기업에 근무하고 있으며 부모
  를 모시고 살며 집 안의 대소사에 관여하고 있는 것이다.

◉ 年 · 月支에 食神이 있다. 食神은 日主가 생하는 六神이니, 日主가 지니고 있는
  재예, 학식, 자선심, 자식 등의 元神이 되기도 하고, 財를 생하니 밥그릇이라고도
  논한다. 천간의 食神은 이러한 명리에서의 역할들이 밖으로 표출하는 역할을 주
  로 하게 되는 것이며, 지지의 食神은 땅에 밥그릇이 있는 것이니 生財하는 쪽으
  로 주 역할을 하는 것이다. 상기의 경우는 지지에 있으니 生財하는 역할을 주로
  하게 되나, 水가 기신이며, 甲木의 뿌리인 時支 寅木이 寅巳 刑殺로 손상되었고,
  日主가 신왕(身旺)하지 못하니 큰 財는 얻기 힘든 것이다.

● 時干 庚金 劫財는 형제자매를 나타낸다. 坐下 寅木에 절각(截脚)되니 이런 경우는 태어나서 일찍 죽은 형제자매가 있는 것이다. 또한 천간의 比劫은 직장동료, 동업자로도 논하는데 구신에 해당하니 이들과의 연도 적다 판단한다.

● 지지에 子·寅이 있으니 丑土가 암암리에 탄함(呑陷)되었다 판단한다. 偏印에 해당하니 두뇌회전이 빠른 것이고, 또한 正財가 투출했으니 이재(利財)에 밝은 것이다. 여자상업고등학교를 나와 대기업의 회계부서에 근무하고 있는 것이다.

● 丑土 偏印이 탄함되었고 月干 丙火 正官이 丙辛 간합되어 기신으로 바뀌니, 官과 印을 써먹지 못하게 되어 공직자의 길을 가지 못한 것이다.

● 水가 기신이니 손발이 차고, 신장, 방광, 허리부위에 질병 발생 확률이 높은 것이다.

● 日主가 辛金이니 성격은 자존심이 강하고 내성적인 편이나 食神이 있으니 남을 도울 줄도 아는 성격이다.

● 月支에 食神이 있으니 미식가의 취향이고 요리에 취미가 많은 편이다.

3. 대운

● 戊土대운은 印星運이라 고등학교성적이 우수했으나, 日支 巳火와는 원진(怨嗔)되어 巳宮의 戊土 印星과 丙火 官星을 손상시키니 학업운에 변동이 생긴것이고, 時支 寅木과는 반합화국의 官星運이며 용신으로 바뀌니 직장을 얻게 된 것이다.

● 癸酉대운은 본시 기신과 구신운이나 세운이 흉하지 않으니 직장에서의 시비구설은 있었으나 무탈하게 넘어갔던 것이다.

● 壬水대운은 坐下 申金의 생을 받아 旺해지며 기신운으로 들어오고 丙火 正官을 沖하니 직장의 변동수가 강하게 들어오는 것이다. 이 대운 중 丙申세운은 이제 피할 방법이 없는 것이다. 세간(歲干) 丙火가 비록 용신이나 대운 壬水와 沖되니 손상되어 용신의 역할을 하지 못하는 것이고, 세지(歲支) 申金은 局의 寅巳와 寅巳辛 삼형살(三刑殺)이 되는 것이다. 먼저 巳申의 육합수국의 기신으로 바뀌니 巳火 正官인 직장생활이 위태로워진 것이다. 타 부서로 이동되었으나 업무가 익숙치 못하고 동료들간의 불화로 인해 퇴직을 고려하게 된 것이다. 寅木과는 沖되어 손재수가 따르는데, 질병론에서 寅木은 순환기계질환으로도 논하니 예기치 않은 갑상선 수술을 하게 된 것이다. 申金 자체는 劫財로서 구신에 해당되며 회사동료

로도 논하는데 삼형살(三刑殺)이 되어 태동하니 이들과의 사이에 불화가 누적되어 돌이킬 수 없이 된 것이다.

◉ 申金대운(37~41세)은 매우 흉하다. 局의 寅巳와 寅巳申 삼형살(三刑殺)을 이루고 있다. 火木이 용신과 희신인 경우에 삼형살(三刑殺)이 있으면 길함이 손상되는 것이다. 寅巳의 財官과 申宮의 戊己土 印星이 모두 손상되니 이에 따른 흉화가 닥쳐오게 될 것이니 근신과 수양으로 예방에 힘써야 할 것이다.

男命(得比理財의 사주)

乙	丁	丁	丙
偏印		比肩	劫財
巳	酉	酉	子
劫財	偏財	偏財	偏官

乙	甲	癸	壬	辛	庚	己	戊
巳	辰	卯	寅	丑	子	亥	戌

1. 용신

丁火가 酉金月에 생하여 비록 長生을 得했으나, 지지에 巳酉 반합금국을 이루어 財星이 旺하니 신약(身弱)한 것이다. 印星을 용하여 日主를 생조하여 중화를 이루어야 하나 일점 時干의 乙木 偏印은 무근(無根)이라 日主를 생함에 무력한 것이다. 따라서 比劫을 용하여 旺財를 골고루 분배시키면 다툼이 적을 것이니 年干 丙火 劫財를 용신으로 잡는다.

用神 : 丙火
喜神 :　木
忌神 :　水
閑神 :　土
仇神 :　金

2. 통변

◉ 천간의 丙丁火는 時支 巳火에 통근하고 있는데, 巳火가 酉金 財를 탐(貪)하여 金局으로 化되니 巳火는 탐재망겁(貪財忘劫)이 된 것이다. 印星을 용할 수 없는 상황에서, 지지에 財가 旺하여 比劫이 요긴한데 巳火가 본분을 망각하여 財로 化되었으니, 천간의 丙丁火는 氣가 허령(虛靈)하게 되어 財를 다스릴 수 없다. 즉, 득비이재(得比理財)가 불가한 것이다. 이런 경우에는 印星이 들어와 比劫을 생하거나, 巳酉의 반합국을 깨는 오행이 들어올시 巳火가 본연의 역할로 돌아가니 득비이재(得比理財)로서 財를 다스리고 또한 발재(發財)할 수 있는 것이다.

◉ 日支의 酉金 偏財는 나와 연관된 財이고, 月支 酉金 偏財는 타인의 財인데, 천간의 丙丁火가 月支의 財를 쟁재(爭財)하니 타인의 財를 얻으려 하는 형국이다. 時支 巳火 劫財는 타인이나 경쟁관계의 사람이다. 日支 酉金이 合하여 끌어옴은 투기성의 財를 끌어와 내 것으로 만들려는 의도가 있는 것이고, 한편으론 財星의 입장에서는 巳火 劫財가 남편 이외의 다른 남자인데 이를 끌어들여 財旺해지는 것은 이혼이 목전에 다가온 상황을 뜻함이다.

3. 대운

◉ 초·중년 亥子丑대운은 기신운이고 比劫인 丙丁火를 살리지 못하니 득비이재(得比理財)가 못되어 財를 얻을 수 없었다.

◉ 壬水대운은 壬水가 丁壬합목의 印星인 희신운으로 바뀌며 比劫을 생하니 比劫이 태동하게 되어 財를 다스릴 준비를 한 기간이다.

◉ 寅木대운은 寅巳 刑하여 巳酉 반합국을 깨고 丙丁火의 뿌리인 巳火가 본연의 역할을 충실하게 하여 신왕(身旺)하고 이재(理財)하게 되니 財를 얻을 준비를 마친 것이다. 이 대운 중 壬申年과 癸酉年은 財星인 金運이니 신왕재왕(身旺財旺)하게 되어 大財를 획득하였던 것이다. 그러나 比劫을 용하여 得財함은 주로 타인의 財를 취하는 것이니 투기성의 재물인 것이다.

女命(牆外桃花가 있는 사주)

壬	辛	辛	乙
傷官		比肩	偏財
辰	酉	巳	卯
正印	比肩	正官	偏財

己	戊	丁	丙	乙	甲	癸	壬
丑	子	亥	戌	酉	申	未	午

1. 용신

辛金이 巳火節에 생하여 쇠(衰)하나 지지에 巳酉 반합과 辰酉 육합금국이 있어 日主를 부조(扶助)하니 신왕(身旺)하다. 比劫이 태왕(太旺)한 경우이므로 왕신의설(旺神宜洩)이라 했으니 설기(洩氣)시키는 食傷을 용해야 한다. 壬水 傷官이 투출했으니 이를 용신으로 잡는다.

用神 : 壬水
喜神 : 金
忌神 : 土
閑神 : 木
仇神 : 火

2. 통변

● 도화살(桃花殺)은 子午卯酉에 있게 된다. 年·日支 기준하여 도화살에 해당되지 않더라도 子午卯酉 중 두 개 이상이 局에 존재하면 도화살(桃花殺)로 간주한다. 상기는 日支 酉金이 건록(建祿)에 해당되는데, 年·日支에 卯酉가 있어 도화살로 간주되니 酉金도 도화살로 통변한다. 時支 辰土와 六合을 이루니 장외도화(牆外桃花)라 하여 남자들이 꽃을 꺾으려는 의도가 많은 것이고, 다시 酉金 건록(建祿)과의 합이니 녹반도화(祿絆桃花)라 하며, 색정(色情)과 음란의 끼가 많은 것이다.
● 月支 巳宮의 丙火가 月干 辛金과 암합(暗合)하고, 日支 酉宮의 辛金과도 암합하니, 남편을 탐하는 여자들이 많아 결국 남편을 빼앗긴 형국이다. 따라서 또 다른 남편을 찾아 여러 남자들을 탐(貪)하는 결과로 나타나니 음탐(淫貪)이 많다 판단하

는 것이다.

◉ 천간의 食傷은 기능과 재예를 상징하는 것으로 生財의 기능보다는 자신의 장기(長技)를 밖으로 선보이는 재능 표출로 비유하는 것이다. 그리고 壬水는 강하를 흐르는 물에 비유되는바, 재예(才藝)인 傷官과 연관지어 나타나는 상(象)은 노래 부르는 가수에 비유되는 것이다. 巳火 官星이 合되어 壬水 傷官을 생하는 것이니 남자들을 상대하는 직업이고, 子午卯酉 중 지지에 두 개의 卯酉가 있으니 도화살로 간주하며, 장외도화(牆外桃花)와 녹반도화(祿絆桃花)가 있으니 음탐이 심하다 할 것이다.

◉ 巳火 正官은 남편에 해당되는데 年柱의 財星이 생하니 결혼은 했을 것이나, 正官이 合되어 타 오행으로 바뀌니 남편과의 情은 박(薄)할 것이라 판단하는 것이다.

女命(滾浪桃花가 있는 사주)

辛	丙	甲	辛
正財		偏印	正財
卯	子	午	丑
正印	正官	劫財	傷官

壬	辛	庚	己	戊	丁	丙	乙
寅	丑	子	亥	戌	酉	申	未

1. 용신

丙火가 午火節에 양인(羊刃)을 得하니 火氣가 염염(炎炎)한데 다시 甲卯木 印星의 생조가 있으니 신강(身强)하다. 억부법(抑扶法)을 적용하여 水를 용하여 日主 丙火를 극제하면 中和를 이룰 수 있다. 壬水가 불투했으니 日支 子宮의 癸水를 용한다. 癸水는 年支 丑宮 癸水의 부조(扶助)가 있고 또한 투출한 辛金 財星의 생을 받으니 능히 旺火를 대적할 수 있다 판단하는 것이다.

用神 : 癸水
喜神 : 金

忌神 : 土
閑神 : 木
仇神 : 火

2. 통변

◉ 천간에 辛金 正財가 二位 투출했으니 偏財로 논하여 사업가의 명조이고, 年支
丑土 傷官이 생조하니 부격(富格)을 이룬 것 같으나, 辛金은 午火節에 死되어 쇠
(衰)하고 年支 丑土 역시 午火와 원진(怨嗔)되어 손상되니 生財의 역할이 크지 못
하다. 금전의 입출은 많으나 정작 내 손에 주어지는 재물은 많지 않은 것이다.

◉ 천간에 丙辛의 간합이 있고 지지에 子卯 刑殺이 있으니 이를 곤랑도화(滾浪桃花)
라 한다. 男命은 주색방탕과 관재구설이 자주 발생하고, 女命은 음해에 연루됨이
많고 시비질투 건이 자주 발생하게 된다.

◉ 천간에 丙辛의 간합이 있으니 연애결혼을 하게 된 것이고, 간합수국의 官星으로
바뀌니 재물을 바탕으로 명예를 탐하는 명조가 된 것이다.

◉ 年干 辛金 正財는 坐下 丑土 傷官에 통근하고 있다. 傷官은 재예, 기술과 연관되
며, 다소 오만하고 제멋대로이고, 남을 이용하여 자신의 이득을 취하려는 성향이
짙다. 그리고 천간의 傷官은 재예를 남에게 펼쳐 보이고 전수해주려는 역할이
큰 반면, 지지의 傷官은 재예를 활용하여 生財하려는 성향이 더 많은 것이다.
年支 傷官은 生財하려는 성향이 짙으나, 時干 辛金 正財는 坐下 乙木에 절각(截
脚)되어 손상되고, 年干 辛金 正財는 坐下 丑土가 月支 午火와 원진(怨嗔)되어 손
상되니, 年支 傷官이 生財해주려는 대상인 財星이 傷官의 도움을 받아들이지 못
하는 것이다. 이런 경우는 제조업의 경우처럼 노력을 통해 얻으려는 財와 다른
것이니, 손쉽게 얻어 활용하여 득재(得財)할 수 있는 폐기물재활용이나, 고물상
등과 연관된 사업으로 財를 얻는 것이다.

◉ 日支 子水가 月支 午火와 沖되니 부모형제자매와는 연이 적은 것이고, 時支 卯木
과는 刑되니 자식과의 연도 적은 것이다. 時支에 卯木 正印이 있어 자식은 온순
하다 판단하나, 子卯 刑되니 자식은 무기력하고 매사 부모에 의지하려는 성격이
짙다.

◉ 2016년 丙申세운의 간명(看命)

세간(歲干) 丙火는 比劫에 해당되는데 辛金 正財와 간합수국의 官星인 용신운으로 들어온다. 正財와의 합은 사업자금이 動한 것이고, 官星으로 바뀜은 또 다른 사업의 대표직을 생각하고 있는 것이며, 용신운으로 들어옴은 앞으로 사업의 발전이 있을 것임을 예시하는 것이다.

세지(歲支) 申金은 財星으로 日支 子水와 반합수국을 이룬다. 財星과의 합이며 日支宮은 남편궁이니, 日支와의 합의 의미는 남편 이외의 남자가 새로운 사업 건을 제안한 것이다. 반합수국의 용신운이니 길할 것이라 판단하는 것이고, 대운 亥水와 局의 子·丑과는 亥子丑 방합수국의 용신운이니 이득(利得)되게 진행될 것이라 판단하는 것이다.

女命(巳申의 刑合이 있는 사주)

己	甲	癸	丁
正財		正印	傷官
巳	申	卯	未
食神	偏官	劫財	正財

辛	庚	己	戊	丁	丙	乙	甲
亥	戌	酉	申	未	午	巳	辰

1. 용신

甲木 日主가 卯月에 생하여 양인(羊刃)을 得하고, 다시 月干 癸水가 坐下 月令 卯木에 長生을 得하여 日主를 생하니 日主는 신강(身强)하다. 年干 丁火는 월령(月令)에 병(病)地이고 丁癸 沖하여 손상되니 日主 甲木의 旺한 氣를 설(洩)시킴이 부족한 것이다. 따라서 억부법(抑扶法)을 적용하여 日支 申宮의 庚金을 용하여 日主 甲木을 극제하면 中和를 이룰 수 있는 것이다.

用神 : 庚金
喜神 :   土
忌神 :   火

閑神 :   水
仇神 :   木

2. 통변

- 지지에 官星이 있고 천간에 印星이 있는 상(象)은, 지지의 官을 바탕으로 어떤 권력, 명예를 남들에게 선보이고 행사하려는 의도가 있는 것이다. 그러나 丁癸 沖되어 癸水 印星이 손상되니 목적을 달성하기 힘든 것이고, 또한 학업과의 연이나 부모와의 연이 박하다 판단하는 것이다.

- 천간의 甲己는 坐下 지지가 巳申 刑合을 이루어 水局으로 바뀌니 간합토국을 이루지 못한다. 따라서 己土는 묶인 것이다. 지지의 食傷은 땅에 있는 것이라 재능의 표출보다는 財를 생하는 쪽으로 작동하는데 合되어 水局을 이루니 己土의 元神이 달아난 것이고, 年支 未土는 空亡이나 卯未 合되어 탈공망(脫空亡)되긴 하나, 역시 반합목국으로 묶이니 木剋土하여 己土의 뿌리가 끊어진 것이다. 또한 年干 傷官은 丁癸 沖하여 손상되니 己土를 생하려 하나 마음뿐이고 역량이 부족하다. 따라서 己土 財는 食傷이 무기력하니 지속적인 사업상의 財가 아니고 부동산 등 투기 및 단기성의 財가 되는 것이다.

- 甲己 합토의 경우는 己土 財가 日主와 合되어 묶인 것이니, 日主의 의향은 己土 부동산의 財를 매입하여 자신의 곁에 두려는 욕구가 있는 것이다.

- 年·月支 未卯 반합목국의 상(象)은 合된 比劫이 未土 正財를 剋하니 쟁재(爭財)의 상황이 된 것이라, 형제자매간 친인척간의 일로 손재수(損財數)가 발생하는 것이다.

- 日·時支 巳申 刑合의 상(象)은 水局으로 바뀌니 巳宮의 丙火 食神이 손상되는 것이라 자식과의 연이 적을 것이라 판단하고, 日支 申宮의 庚金은 官星인데 合되어 水인 印星으로 바뀌니 고부간의 갈등이 발생할 것이고 남편과의 연도 박할 것이라 판단하는 것이다.

- 日主 甲木이 좌하 申金에 수극(受剋)되어 무력하니, 남편궁인 申金 偏官의 의향은 日主 甲木을 제압하여 손에 쥐려하나, 월령(月令) 卯木 양인(羊刃)이 申金을 대적하여 日主를 보호하니 日主는 부성(夫星)의 통제를 떠나 독자적으로 부동산 매입에 대한 의사결정을 행사하는 것이다.

- 日支에 偏官이 있으면 매사 행동과 생각이 민첩하고 적극적이며, 매사 일처리에

책임감도 강하며 솔선수범하는 성향이 짙다.

◉ 月干 癸水 正印은 한신이고, 중·고등학교 시기인 乙巳대운은 구신과 기신에 해당하니 두뇌회전은 비상하나 학업의 연은 적었던 것이다. 印星이 水를 대동하는 경우는 약삭빠르고 두뇌회전이 빠르다 판단하는 것이다. 여자상업고등학교를 나와 은행원으로 근무했던 것이다.

◉ 2016년 丙申세운의 간명(看命)

세간(歲干) 丙火가 傷官으로 時干 己土 財를 생하니 부동산을 매입하려는 의사가 있는 것이다.

세지(歲支) 申金은 월령(月令) 卯木과 원진(怨嗔)되어 卯木을 剋去하니 부동산 매입과 관련하여 劫財인 경쟁자가 사라지는 것이고, 申金은 偏官으로 또다른 부성(夫星)에 해당되어 巳인 食神과 합되어 印星으로 들어오니 좋은 부동산 물건을 연결시켜주려는 부동산 업자가 나타난 것이다. 申金이 용신에 해당하니 부동산을 매입하면 이득이 있는 것이다.

女命(刃頭財에 해당하는 사주)

乙	庚	己	庚
正財		正印	比肩
酉	子	卯	戌
劫財	傷官	正財	偏印

辛	壬	癸	甲	乙	丙	丁	戊
未	申	酉	戌	亥	子	丑	寅

1. 용신

日干 庚金이 卯月에 생하여 실기(失氣)했지만, 월령(月令) 卯月의 지장간(支藏干)에 乙木이 있으니 당령(當令)한 乙木이 庚金을 보면 庚金은 반드시 乙木에게 情을 주게 된다. 따라서 乙庚이 암암리에 합을 이루게 되니, 日干 庚金은 암강(暗剛)의 세(勢)가 있게 되는 것이며, 약변강(弱變強)으로 변하게 되어 추월(秋月)의 金과 같아지는

것이다. 그러므로 丁火를 용하여 庚金을 하련(煆鍊)시키고 甲木을 빌어 丁火를 인도해야 한다. 年支 戌宮의 丁火를 용한다.

用神 : 丁火
喜神 : 木
忌神 : 水
閑神 : 土
仇神 : 金

2. 통변

◉ 천간에 比肩과 正印과 正財가 투출했다. 투출한 오행은 어떤 행세를 하려고 나선 것이니, 日主는 반드시 그들의 의향에 영향을 받게 되는 것이다. 庚金 比肩이 투출했으니 형제자매와 연관되어 있거나 동업문제가 발생할 것이고, 己土 正印이 투출했으니 부모와 연계된 문제나, 문서 계약문제가 발생할 것이고, 乙木 正財가 투출했으니 사업상의 財가 태동하는 것이다.

◉ 時干 乙木 正財는 좌하에 酉金 양인(羊刃)이 있으니 이를 인두재(刃頭財)라 한다. 인두재의 경우는 大財와 연관지며, 다시 日支 子水 傷官이 乙木을 생하니 사업상의 財인 것이다. 乙木은 월령(月令) 卯木에 통근하고 있으나, 卯戌 合을 이루어 卯木이 乙木 財의 뿌리가 됨을 망각하고 官星으로 化한 것이다. 이런 경우는 財를 바탕으로 명예를 쟁취하려는 명예욕이 강한 것이다.

◉ 己土 正印은 坐下 卯木의 剋을 받으므로 비록 두뇌는 총명하나 학업과의 연은 박한 것이다.

◉ 지지의 子午卯酉는 편야도화(遍夜桃花)라 한다. 남명의 경우 흉격이면 주색방탕과 여난(女難)과 예기치 않은 흉액이 따르고, 여명의 경우는 박복하고 남편과의 연이 없고 기방(妓房)이나 요정 등 남자를 상대하는 직업에 종사하는 경우가 많으며, 예기치 않은 흉화가 자주 발생하는 것이다. 상기의 경우는 午火가 결(缺)되어 있으나 편야도화에 준하여 판단하는 것이다. 어려서부터 유흥업 등 남자를 상대하는 직업을 전전하며 돈을 모아 사업상 財를 축적했던 것이다.

◉ 日柱가 庚子로 금수상관(金水傷官)을 이루니, 여명의 경우는 다소 오만함과 남을 얕보는 성향이 있으나. 행동과 생각이 민첩하고, 재예(才藝)가 있으며, 유흥을 즐

기는 편이며, 천간에 財星이 투출했으니 이재(理財)에 밝은 편이다.

◉ 丑土 대운의 길흉은 어떠한가?

월령(月令) 卯木은 時干 乙木의 뿌리이다. 그러나 卯戌 合되어 乙木 財가 묶이게 되어 財가 태동하지 못했으나, 丑運이 도래하며 丑戌 刑하여 卯戌의 合을 깨뜨리니 卯木은 이제 乙木 財의 단단한 버팀목이 된 것이라 이때 득재(得財)하게 된 것이다.

女命(子卯 刑殺이 있는 사주)

辛	丁	甲	癸
偏財		正印	偏官
丑	未	子	卯
食神	食神	偏官	偏印

壬	辛	庚	己	戊	丁	丙	乙
申	未	午	巳	辰	卯	寅	丑

1. 용신

丁火가 子月에 생하여 천지가 한(寒)한데 절(絶)地에 해당하니 실기(失氣)한 것이다. 食神과 官星이 中하여 日主가 신약(身弱)하니 부조(扶助)의 氣가 없으면 중화를 이룰 수 없다. 月干 甲木 印星을 용해야 한다. 벽갑인정(劈甲引丁)하여 丁火를 살려야 하는데, 甲木은 투출했으나 庚金이 불투하고 時干 辛金으론 벽갑(劈甲)의 역량이 부족하니 사주에 일점 결격(缺格)이 있는 것이다.

用神 : 甲木
喜神 :　水
忌神 :　金
閑神 :　火
仇神 :　土

2. 통변

● 용신 甲木은 日主가 중화를 이루기 위해 꼭 필요하며 또한 대표로 삼아 밖으로 내세워야 하는 오행인 것이다. 따라서 여명에서는 남편으로도 논하며, 선천직업으로 논하기도 하고, 성격을 대변하기도 하며, 운세의 길흉을 논하기도 한다. 따라서 남녀를 막론하고 용신이 손상됨이 없이 왕강하고 운로에서의 부조(扶助)가 있으면 길격이 되며, 평생 복록을 누릴 수 있는 명조가 되는 것이다. 상기 명조의 용신 甲木은 年支 卯木과 日支 未土에 통근하고 있으나, 子未 원진(怨嗔)되니 未宮의 乙木이 손상되고, 子卯 刑되니 卯宮의 甲乙木 역시 손상되어 용신에 결함이 많은 것이라 귀격(貴格)의 명조가 되지 못한다.

● 여명의 官星은 남편으로도 논하는데, 癸水 偏官은 丁癸 沖하여 손상되고, 子水 偏官은 子未 원진(怨嗔)되고, 子卯 刑되어 손상되니 남편과의 연은 적다 판단하는 것이다.

● 年支 卯木 偏印은 空亡地이다. 비록 子卯 刑되고 卯未 빈합목국이 있더라도 해공(解空)이 다 된 것은 아니다. 따라서 학업과의 연이 적은 것인데, 두뇌는 총명하나 배우자 운이 일찍 들어와 학업을 계속하지 못했던 것이다.

● 壬水 正官은 월령(月令) 子에 암장되었고 年干 癸水 偏官이 투출했다. 癸水 偏官은 본 남편외의 애인이나 남자친구, 남자 동창생 등으로 논하는데, 희신에 해당하며 투출했으니 이들로부터 사업적인 도움을 받을 수 있는 것이다. 상기인은 보험업에 종사하며 높은 실적을 올리고 있다.

● 지지의 食神은 재능이나 재예(才藝)의 표출보다는 生財하는 쪽에 무게를 두고 간명해야 한다. 日支 未土 食神이 고장지(庫藏地)에 해당되는데, 丑未 沖하고 子未 원진(怨嗔)되어 개고(開庫)시키니, 時干 辛金 偏財를 생하는 역할에 치중하는 것이라 이재(理財)에 수완이 있는 것이다.

● 局에 홍염살(紅艶殺)과 도화살(桃花殺)이 있고 食神이 重하니 미모이고 음식솜씨가 좋은 것이다. 이는 食神이 日主의 氣를 설(洩)하는 것으로 논하여 불순물을 제거하는 것으로 비유하니 성형수술과 같은 맥락으로 논하여 미모일 것이라 판단하는 것이고, 또한 食神은 밥그릇으로 논하며 財를 생하는 것이니, 맛있는 음식과 밥을 남에게 대접하는 것으로 비유하여 음식솜씨가 좋을 것이라 유추하는 것이다.

- 時干에 一位 偏財가 있다. 이런 경우 食傷의 부조가 있으면 남녀 공히 사업상의 수완이 있으나, 부모 및 배우자와의 연은 적은 편이다. 부친이 일찍 작고하시고 모친 슬하에서 자랐던 것이다.
- 年·月支에 子卯의 刑殺이 있다. 卯木은 습목(濕木)인데 子水가 가까이 있으면 뿌리가 썩는 것이다. 卯木이 偏印이니 예기치 않은 수술 건과 사고 건이 들어오거나, 문서, 계약 관계로 인한 시비다툼이나 관재구설 건이 발생하는 것이다.
- 時·日支가 丑未 沖하니 남편과 자식과의 연이 적은 것이다.
- 月支 子水 偏官이 부성(夫星)인데 도화살(桃花殺)을 대동하니 그 남편은 한량이며 주색잡기에 능할 것이라 판단한다.

男命(官星이 중첩된 경우)

庚	庚	甲	丙
比肩		偏財	偏官
辰	子	午	午
偏印	傷官	正官	正官

壬	辛	庚	己	戊	丁	丙	乙
寅	丑	子	亥	戌	酉	申	未

1. 용신

庚金 日主가 午火節에 생하여 실기(失氣)했고, 官星인 火氣가 중중하여 극제를 받음이 심하니 신약하다. 官星인 火가 태왕(太旺)하니 印星인 土를 용하여 관인상생(官印相生)을 이루면 좋겠지만, 時支 辰土는 子水와 반합수국으로 化되니 용할 수 없다. 火氣가 염염(炎炎)하니 조후(調候)가 급하다. 水를 용하여 火를 제압하고 庚金으로 부조(扶助)하면 中和를 이룰 수 있다.

用神 : 癸水
喜神 : 金
忌神 : 土

閑神 :   木
仇神 :   火

2. 통변

◉ 局이 전부 陽의 오행으로 구성되었다. 陰陽의 배합(配合)이 이루어지지 않았으니 매사 어긋나고, 부부연도 적고, 자식과의 연도 적으며, 충동적인 사고와 행동을 일삼는 것이다.

◉ 火氣가 重重하고 관살혼잡(官殺混雜)되었다. 직장과의 연이 적은 것이다. 또한 官星이 중첩되면 偏官으로 논하니 평생에 시비다툼이나 예기치 않은 사고나 질병, 관재구설 건이 빈번하게 발생하게 된다.

◉ 月干 甲木 偏財는 坐下 午火節에 사(死)地라 태약(太弱)하고, 日支 子水는 子午 沖하여 손상되니 甲木을 생할 겨를이 없다. 따라서 甲木 偏財가 심히 무력하고 태약하니 부친이 일찍 작고한 것이다.

◉ 正財가 불투하고 偏財가 투출했으니 偏財를 처로 논한다. 日主 庚金과 甲庚 沖하여 손상되니 처와의 연은 박한 것이다.

◉ 年・月支의 午午 自刑은 촛불 두 개가 하나로 합쳐지는 형국이다. 밝기는 좀 더 밝아지겠지만 결국 하나가 손상되는 것이다. 正官은 자식이니 자식의 손상됨이 있을 것이라 판단되고, 官星은 또한 직장이나 명예로도 논하니 직장과의 연이 없는 것이고, 명예 손상이나 관재구설 등의 흉화가 예상되는 것이다. 또한 年・月支의 自刑이니 부모 代에서 고향을 떠나 타향에서 살아야 하는 命인 것이다.

◉ 日・月支의 子午 沖은 부모 및 형제자매와의 연이 박할 것임을 예시하는 것이다. 아울러 처와 시댁식구간의 갈등도 예상되는 것이다.

◉ 日支 子水는 처궁인데 子午 沖하여 旺火에 손상되니, 子水는 달아나 숨어야 한다. 時支 辰土가 수고(水庫)이니 辰土로 숨는 것이다. 따라서 상기 명조자는 처궁이 없어졌으니 처와의 연이 박하고, 또한 없어진 처를 찾아 빈자리를 채우려 하므로, 여러 여자를 만나게 되고 결국 여난(女難)이 발생하게 되는 것이다.

◉ 日支 子水 傷官은 生財하려는 역할을 맡고 있다. 그러나 甲木 偏財가 투출했으나 심히 무력하니 生財하려는 의도만 있지 결과물은 없는 것이다. 이런 경우는 재물을 쉽게 획득하려는 성향이 짙으므로, 투기성 사업이나 유흥업, 도박 등에 쉽게

빠져 재산을 탕진하게 되는 것이다. 傷官이 日柱에 있으니 남의 돈을 갖고 투기업에 빠지는 것은 아니고 내 재산을 탕진하는 것이다. 또한 時支 辰土 偏印은 두뇌회전이 빠르고 각종 술수에 능한 것으로 통변하는데 子水와 반합수국의 食傷으로 바뀌니 生財를 하려고 하되 교묘하게 머리를 써서 남의 財를 편취하려는 성향이 오히려 많은 것이다.

◉ 時支에 偏印이 있으니 자식들은 효순하고 부모를 공경할 줄 아는 것이다.

◉ 日·時支의 子辰 반합수국은, 日支 배우자궁과 辰土 偏印 시어머니와의 합이다. 용신으로 바뀌니 처와 시어머니의 사이는 돈독했을 것이라 판단하는 것이다.

◉ 申金대운(24~28세)은 日主 庚金의 또 다른 나의 분신이 들어오는 것이다. 처궁인 子水와 문서인 辰土 偏印과 申子辰 방합수국의 용신운으로 들어오니 결혼운이 들어오는 것이다.

◉ 己土대운(49~53세)의 간명(看命)이다.

己土가 正印으로 문서, 계약과 연관되는데, 月干 甲木 偏財와 간합토국의 기신운으로 바뀌니 흉액이 도래하는 것이다. 偏財는 처로 논하니 이와 연관 지으면, 처와의 결혼 생활이 파경을 맞는 것이다. 甲己 간합토국은 偏印으로 바뀌는 것이니 문서, 계약 등이 흉하게 작동하는 것으로 판단하여 법원의 판결을 받아 이혼에 합의하는 문제가 들어오는 것이다. 이 대운 중 甲午세운이 응기(應期)이다. 日柱 庚子와 甲庚 沖과 子午 沖하여 日柱가 모두 손상되니 나와 내 처의 자리가 무너지는 것이다. 이후 자녀의 친권문제로 인해 소송이 이어지다, 丙申세운에 丙火 官星인 공권력이 들어오고, 申金은 태약한 甲木 偏財 처성(妻星)을 剋去하니 부부가 이혼에 완벽하게 합의 하면서 갈라서게 된 것이다.

女命(夫星入墓의 사주)

己	乙	戊	丙
偏財		正財	傷官
卯	卯	戌	午
比肩	比肩	正財	食神

庚	辛	壬	癸	甲	乙	丙	丁
寅	卯	辰	巳	午	未	申	酉

1. 용신

乙木이 戌月에 생하여 한(寒)하고 건(乾)하며 묘궁(墓宮)이라 실기(失氣)했다. 다시 食傷과 財星이 重하니 신약(身弱)하여 印星을 용해야 하는데, 印星이 전무하니 부득이 旺한 세(勢)를 설기(洩氣)하는 것으로 용신을 잡는다. 지지는 午戌 반합화국과 卯戌 육합화국이 있어 火氣가 旺하니 月干 戊土를 용하여 화세(火勢)를 설(洩)하면 中和를 얻을 수 있다. 食傷이 旺하여 財를 용하는 경우에는 日主가 旺한 경우라야 귀격(貴格)을 이루는데, 상기는 乙木 日主가 日·時支에 녹성(祿星)을 득하니 태약(太弱)한 것은 아니니 능히 戊土를 용할 수 있는 것이다. 다만 卯木이 화세(火勢)를 좇아 卯戌 合火를 이루어 木氣가 설(洩)되니 日主가 旺하지 못한 점이 아쉬운 것이며 그러므로 귀격(貴格)을 이루지 못한 것이다.

2. 통변

◉ 여명의 간명(看命)은 官을 위주로 논하는데, 이는 官으로 남편과의 연을 보는 것이고 또한 직업을 살펴보는 것이다. 여명에서 官이 습되어 타 오행으로 바뀌거나 沖되어 손상되는 경우에는 남편과의 연이 적다 판단하는 것이다. 상기는 일점 月支 戌宮의 辛金 偏官이 남편에 해당되는데, 戊土는 십이포태운성(十二胞胎運星)의 묘궁(墓宮)이고, 부성(夫星)인 辛金은 부성입묘(夫星入墓)가 된 것이라 남편과의 연이 없는 것이다. 아울러 午戌과 卯戌의 合火를 이루어 戌宮의 辛金을 극하니 남편과의 연은 더욱 박한 것이다. 또한 日支宮은 배우자궁인데 月支와 습되어 바뀌니 배우자궁이 비어지게 되는 것이라 역시 남편과의 연은 없는 것이다. 그리고

戌宮의 辛金이 부성(夫星)인데, 戌土가 局의 午·卯와 合火되어 辛金을 극하는 경우에는, 한번 하련(煆鍊)을 거친 辛金에 다시 火氣를 더하니 辛金이 녹아 없어지는 것이라, 이때는 이혼으로 그치지 않고 남편과의 사별 문제가 나오는 것이다.

◉ 지지의 食傷은 生財하려는 의향이 많고, 천간의 食傷은 재예와 기능을 남에게 표출하려는 성향이 많다. 따라서 年支 午火 食神은 戌土와 合되어 다시 食傷으로 바뀌니 축재(蓄財)에 대한 의향이 많을 것이라 판단하는 것이고, 투출된 丙火는 傷官으로 재예(才藝)를 남에게 표출하려는 의향이 많은데, 年支 午火에 통근하여 약하지 않으니 자신의 기술을 바탕으로 財를 생하는 쪽으로 가게 되는 것이다. 局에 印星이 全無하니 공직이나 봉급생활, 남을 가르치는 직업과는 연이 없지만, 역설적으로 印星이 전무한 사람은 오히려 이를 갖추려고 노력하는 성향이 많다. 印星은 남을 가르치는 직업, 活人하는 직업과 연관이 많은데, 丙火와 연관 지으면 대인관계가 많은 것이다. 官이 태약(太弱)하니 가르치는 직업은 아니고, 대인관계가 많은 活人하는 직업은 간호사와도 연관되는 것이다. 그리고 역시 官이 태약(太弱)하니 종합병원이 아닌 개인병원의 간호사로 출발하여, 食傷이 生財하니 현재는 규모가 제법 큰 약국을 운영하고 있는 것이다.

◉ 年·日支의 午卯 破는 卯木이 습목(濕木)이라 午火 아궁이불이 꺼지는 것이다. 午火 食神은 여명에서 자식이니 자식의 손상이 나오는 것인데, 午火는 대정수(大定數)의 九에 해당하여 숫자가 높으니 장남이나 장녀로 논하며 이는 유산된 아이도 함께 포함시켜 논하는 것이다.

◉ 局에 財星이 重하고 旺하니 자연 印星을 破하여 학업과의 연은 적을 것이라 판단한다.

◉ 月柱 상하 正財는 偏財로 논한다. 따라서 사업가의 소질이 있는 것이고, 月柱는 명주(命主)의 본가(本家)로써 암암리에 印星의 성향을 띄고 있다 판단하는데 재파인수(財破印綬)하니 부모와의 연은 적은 것이다.

◉ 申金대운은 官星運이다. 日支는 배우자궁인데 卯申 원진(怨嗔)되어 卯木 日支를 剋去하고 들어오니 결혼운이 들어오는 것이고, 時支는 자식궁인데 역시 卯申 원진(怨嗔)되어 卯木을 剋去하니 바로 자식의 잉태로 나타나는 것이다.

◉ 未土대운은 月支 戌土와 형파(刑破)되고 있어, 이미 合되어 태약(太弱)하고 손상된 戌宮의 부성(夫星) 辛金이 더욱 손상되니 이제는 존재할 수가 없는 것이다. 생사

의 기로에 선 것이다. 이 대운 중 丁丑세운에 丑戌未 삼형살(三刑殺)로 치고 들어오니 辛金이 완전히 파괴되는 것이라, 남편이 젊은 나이에 사업의 부도로 인해 자살로 생을 마감한 것이다.

◉ 甲木대운은 甲木이 劫財에 해당되며 통변에서는 日干인 나의 분신으로 생각한다. 나의 분신인 甲木이 時干 己土 偏財와 合되어 財星으로 바뀌니 분신의 의도는 돈을 벌려하는 것이다. 따라서 이때 간호사로 취업한 것이다.

男命(財官印이 투출한 사주)

甲	戊	丙	癸
偏官		偏印	正財
寅	申	辰	卯
偏官	食神	比肩	正官

戊	己	庚	辛	壬	癸	甲	乙
申	酉	戌	亥	子	丑	寅	卯

1. 용신

지지 寅卯辰은 방합목국이나 월령(月令)이 辰土라 방합목국이 실기(失氣)한 것이고, 寅申 沖하여 방합국을 깨뜨리니 成局이 되지 못한 것이다. 따라서 억부법(抑扶法)을 적용하여 日主 戊土가 月柱의 印星과 比肩의 부조를 받아 旺하니 이를 소토(疏土)하는 時干 甲木으로 용신을 잡는다. 용신 甲木은 坐下 寅木에 녹(祿)을 得하고, 월령(月令) 辰土에 뿌리를 내리고 있으니 약하지 않아 길하다.

用神 : 甲木
喜神 :　 水
忌神 :　 金
閑神 :　 火
仇神 :　 土

2. 통변

◉ 천간의 甲癸는 월령(月令) 辰土에 통근했으니 財官이 旺한 것이고, 辰月은 火旺節로 진기(進氣)하는 계절이니 火氣도 약하지 않아 月干 丙火 印星 역시 旺하다. 財官印이 투출하여 모두 지지에 통근하고 旺하니 사주가 길한 것이다.

◉ 천간의 癸水는 日主 戊土와 합하려는 의향이 있다. 年柱는 타인의 宮이고 조상의 宮이니 상속과 연관된 財나 혹은 나와 연관이 있는 연장자의 財가 희신으로 들어 오는 것이니 나에게 이익되거나 사업자금의 財가 되는 것인데, 합되어 印星으로 바뀌고 한신이 되니, 투자금에 대한 문서화(文書化)가 발생하는 것이고 또한 한신 이니 경영에 참여하려는 財는 아닌 것으로 판단한다.

◉ 癸水 正財가 투출하여 戊土와 간합을 이루어 印星으로 바뀌니 처와의 연은 적을 것이라 판단한다.

◉ 지지 申辰 사이에 子水가 탄함(呑陷)되었다. 子水는 正財로서 처(妻)와 財의 두 가지 의향이 함축되어 있다. 처로 논하면 탄함되었으니 처와의 연은 없는 것이 며, 암암리에 申子辰 삼합수국을 이루어 財星局을 형성하려 하니, 반대로 여자들 을 찾아 나서는 것이다. 따라서 주변에 연모(戀慕)하는 정인(情人)들이 많다 판단 한다. 그리고 財로 논하면 탄함되었으니 투기성의 財인 것이다. 그것이 합되어 財星으로 들어오며 희신에 해당하니 투기성의 財가 이제는 실질적인 득재(得財) 로 이어지는 것이다. 이 과정에 辰土 比肩이 있으니 동업관계의 사람도 있는 것 이고, 申金 食神 밥그릇이 있으니 새로운 사업거리로 논하는 것이며, 子水 正財 가 연관되니 여자들의 도움도 있을 것이라 판단하는 것이다.

◉ 局에 木星의 正·偏官이 있어 관살혼잡(官殺混雜)되었다. 직업의 변동이 잦고 교 묘하게 남을 이용하는 술수나, 관재구설이 따르는데, 다행인 것은 日支 申金이 월령(月令) 辰土의 생을 받아 寅申 沖과 卯申 원진(怨嗔)으로 寅卯木을 극하고, 月 干 丙火가 官星의 氣를 설(洩)하여 관인상생(官印相生)을 이루니 흉중 길함이 있는 것이다.

◉ 월령(月令) 辰土 比肩이 구신이다. 형제자매, 동창, 동업관계 등으로 통변하는데, 年·時支의 卯寅木의 剋을 받고 있다. 먼저는 형제자매와의 화기애애함은 없을 것이라 판단하고, 또한 직업과 연관 지어서는 동업관계는 썩 길하다 할 수 없는 것이다.

◉ 日支 申金 食神의 의향은 生財하는데 있다. 寅申 沖하니 바쁘게 움직여야 하는
   것이고, 沖되어 이동하는 것이니 원격(遠隔)된 癸水 正財 쪽으로 이동하여 가까이에
   서 生財하는 것이니 큰 財가 움직이는 것이며, 年柱는 타인의 財이니 사업성의
   財인데 水에 있으니 유통과 연관된 것이다. 아이스크림 등의 식품에 첨가하는
   견과류 생산 공장을 운영하고 있으며 또한 유통업관련 회사도 운영하고 있는 것이다.
◉ 寅木대운은 寅木이 처궁인 申金을 沖剋하고 들어오니 이때 결혼하게 되는 것이다.
◉ 癸水대운은 局의 年支 癸水를 動하게 한다. 癸水가 財星으로 年干에 있으니 타인
   의 재물인데, 日主인 戊土와 간합화국의 印星局을 이루니 내가 운용할수 있는
   재물이 되는 것이고, 印星으로 化한 것은 공장 등의 임대와 연관지어 문서화된
   계약관계가 이루어진 것이다.
◉ 丑土대운은 본시 구신운이나 丑土가 수분을 잔뜩 머금은 土라 희신인 水의 역할
   을 하니 흉하지 않다.
◉ 壬子대운은 財星運으로 희신에 해당하니 사업상 발전이 많았던 기간이다.
◉ 辛亥대운은 丙火 偏印과 辛金 傷官과 간합수국의 財星局이니 새로운 사업을 시
   작하려는 길운이고, 亥대운은 亥水가 卯寅과 合을 이루어 용신운이니 발전이 있
   을 것이다.

女命(食傷이 중첩된 사주)

庚	己	癸	辛
傷官		偏財	食神
午	丑	巳	酉
偏印	比肩	正印	食神

辛	庚	己	戊	丁	丙	乙	甲
丑	子	亥	戌	酉	申	未	午

1. 용신

己土 日主가 巳火節에 녹성(祿星)을 得하여 旺하지만, 지지가 巳酉丑 삼합금국을

이루고 천간에 庚辛金이 투출했으니 旺한 金의 세(勢)를 종(從)할 수밖에 없다. 食傷이 태중(太重)하니 "종아격(從兒格)"으로 논하는데, 時支 午火 印星이 日主를 생하니 가종격(假從格)으로 풀이한다. 食傷이 主를 이루니 이를 종(從)하는 食傷과 食傷運은 길하고, 食傷이 생하는 財星이나 財星運 역시 길하다. 또한 食傷을 생하는 比劫運도 길한데, 食傷과 相剋되는 印星運이나 官殺運은 흉한 것이다.

用神 : 庚金
喜神 : 土
忌神 : 火
閑神 : 水
仇神 : 木

2. 통변

● 局에 金의 세(勢)가 태중(太重)한데, 日主 己土는 지지 巳丑午에 통근하고 있으니 日主가 태약(太弱)한 것은 아니다. 고서(古書)에 "식신유기면 승재관(食神有氣면 勝財官)"이라 했는데 食傷이 旺한 것은 좋으나, 時支에 午火 印星이 있어 진종(眞從)이 되지 못하고 가종(假從)이 된 것이 아쉬운 것이다. 만약 월령(月令)이 金이고 午火 印星의 자리에 比劫이 있었다면 진종아격(眞從兒格)이 되어 귀격(貴格)의 명조가 되었을 것이다.

● 종아격(從兒格)에 癸水 偏財가 투출했으니 식상생재(食傷生財)하여 사업가의 명조로써 재물복이 많을 것이라 판단하는 것이다.

● 천간의 庚辛金은 傷官과 食神으로 용신에 해당하며 투출했으니 재예(才藝)를 밖으로 표출하고 남을 기쁘게 하는 것과 연관된 직업을 갖게 되는데, 지지 巳酉丑 삼합금국에 통근하고 있으니 이와 관련이 있다. 물상에서 巳火는 밝음이며 화려함이며 남에게 보여주는 것이고, 酉金은 예술가의 조각칼과 연관되고, 丑은 진흙토라 도료(塗料)와 연관된다. 이 三者를 종합하면 무언가를 예쁘게 치장하고 바르는 물상이 떠올려지고 이는 곧 직업상 손톱과 관련있는 네일샵과도 연관되어지는 것이다.

● 局에 官星이 全無하니 남편과의 연은 박하다 판단하는데, 혹, 결혼 후라도 주말부부로 지낸다면 부부의 연은 이어지리라 판단한다.

- 日支宮 남편자리에 比肩인 형제자매가 있다. 이것은 결혼 후에도 친정의 大小事에 관여하는 일이 많이 생길 것임을 암시하는 것이다.
- 月支 巳火 正印은 合되어 타 오행으로 바뀌었고 또한 기신에 해당된다. 이런 경우는 부모형제자매와의 연은 적을 것이라 판단한다.
- 時支에 印星이 있으니 자식은 효순(孝順)할 것이라 판단하나, 日支와 丑午 원진(怨嗔)되니 자식과의 연은 적을 것이라 판단한다.

3. 대운

- 丙火 대운은 丙火가 印星으로 본시 기신이나 年干 辛金 食神과 간합수국의 한신운이니 길하게 바뀌었다. 食神과의 合이니 새로운 직업을 갖게 되는 것이고, 丙火 印星과의 合이니 문서계약을 하는 것이다. 이때 네일샵을 창업한 것이다.
- 申金 대운은 용신운이니 발복되어 재물을 축적하여 전세로 있던 가게를 매입하게 된 것이다.
- 丁火 대운은 기신운으로 月干 癸水와 干沖이 되니 偏財가 손상되는 것이다. 月柱와의 沖이니 부모나 시부모 혹은 가족간 존장자에게 흉액이 예상된다.
- 酉金 대운은 年支 酉金과의 복음(伏吟)이며 자형살(自刑殺)이 된다. 食神 밥그릇의 복음이니 또 다른 사업을 창업하게 되는 것이고, 자형살이니 자식이나 손아랫사람과 연관된 흉화가 예상된다.
- 戊土 대운은 戊癸 합화되어 기신운이다. 戊土는 比劫이니 투자자 혹은 동업자이고 癸水는 偏財로 사업성의 財인데 合火되어 기신으로 化되니, 사업상 운영자금 문제로 인해 불화나 흉액이 예상된다.
- 戊土 대운은 희신운이다. 年支 酉金과는 해살(害殺)이 되니 사업의 변동 건이 들어오고, 月支 巳火와는 巳戌 원진(怨嗔)되니 문서로 인한 흉화가 들어오고, 日支 丑土와는 삼형살(三刑殺)이 되니 신변의 변동수가 들어오고, 時支 午火 偏印과는 午戌의 반합화국의 기신운이니 건강문제나 예기치 않은 사고수가 들어오는 것이다.

男命(傷官生財의 사주)

丙	乙	乙	戊
傷官		比肩	正財
戊	酉	卯	戊
正財	偏官	比肩	正財

癸	壬	辛	庚	己	戊	丁	丙
亥	戌	酉	申	未	午	巳	辰

1. 용신

乙木 日主가 卯月에 생하여 녹성(祿星)을 득(得)하고 다시 乙木이 투출했으니 乙木이 수기(秀氣)를 띈 것이고 旺한 것이다. 춘절(春節)의 乙木은 지란호초(芝蘭蒿草)에 비유하는 바 火水를 떠나서는 용신을 잡을 수 없다. 따라서 旺한 木氣를 설(洩)하는 時干 丙火로 용신을 잡으면 中和를 이룰 수 있는 것이다.

用神 : 丙火
喜神 :　木
忌神 :　水
閑神 :　土
仇神 :　金

2. 통변

⦿ 丙火 傷官이 투출하고 용신에 해당되니 직업은 예체능, 기능직, 이공계와 연관된다. 日支 酉金은 물상에서 의(醫)와 연관되는데 偏官이나 偏印을 대동할 시는 의료계통과 연관된 직업을 갖는 경우가 많다. 따라서 丙火 傷官과 酉金 偏官을 연관 지으면 의사라는 직업이 도출되는 것이다.

⦿ 局에 財星이 重하니 多財는 無財라 오히려 財星이 없다고 판단하는 것이다. 正財는 처로도 논하니 이혼수가 나오는 것이다.

⦿ 財星이 重하고 日支에 偏官이 있으니 개업의로 볼 수 있으나, 印星이 전무하여 문서를 차지하지 못했으니 봉급의(俸給醫)라 판단한다.

- 부부연은 財의 길흉으로 논하기도 하는데 財가 重하니 오히려 無財에 가깝고, 또한 日支는 처궁인데 卯酉 沖과 酉戌 해(害)로 처궁이 손상되니 부부연은 박하다 판단한다.
- 年支의 財는 조상의 財요 타인의 財로 논하는데, 年, 月支의 卯戌 합이 있으니 이와 연관된 물상은 상속받은 재산이 형제자매들의 공동명의로 되어 있는 것이다. 그러나 이것이 化火되어 용신으로 바뀌니 재산상의 다툼은 적을 것이라 판단하고 나에게 이롭게 작동하는 財인 것이다.
- 月・日支의 卯酉 沖은 卯木이 월령(月令)을 차지하여 旺하니 酉金이 많이 손상된다. 酉金은 처궁인데 沖되었고 숨을 곳이 없으니 처의 건강문제나 예기치 않은 사고 질병 등의 문제가 발생하는 것이다.
- 月柱가 比肩이니 부모형제자매는 어려서 각자 뿔뿔이 흩어져 타향살이를 했을 것이라 판단하는데, 乙卯木 比肩이 희신에 해당하니 형제자매간의 情은 나쁘지 않았을 것이라 판단한다. 다만, 印星이 전무하니 부모와의 연, 그리고 사회생활을 하면서 각종 문서와의 연은 박할 것이라 판단하는 것이다. 자신의 명으로 계약이나 문서는 소지하지 않는 것이 좋을 것이라 판단한다.
- 月干 乙木 比肩이 투출했으니 태어나서 죽은 형제자매가 있는 것이고, 희신에 해당하니 동업(同業)은 可하다 판단한다.
- 日支 偏官은 행동과 생각이 민첩하고 책임감이 있는 성격이라 판단한다.
- 용신이 時柱에 있으니 말년에 발복이 있을 것이고, 또한 자식 대에서는 잘 풀려 나갈 것이라 판단한다.
- 丙火 傷官이 용신이니 성격은 다소 남을 얕잡아 보는 성향이 있고, 풍류감각도 있으며, 대인관계는 무난한 편이다.

3. 대운

- 巳火대운은 용신운이니 이때 결혼한 것이다.
- 戊午. 己未대운은 한신과 용신운이니 봉급의(俸給醫)로써 직장생활은 무난했을 것이다.
- 庚申대운은 日主 乙木과 乙庚 간합금국의 구신운, 지지 酉戌과는 申酉戌 방합금

국의 구신운이니 신변에 화액(禍厄)이 따르고, 직장생활도 여러 음해와 시비구설이 따르고, 부부연도 위기가 오는 것이다.

◉ 辛酉대운은 日主 乙木과 干沖되고, 처궁의 酉金은 酉酉 자형(自刑)되니 처에게 예기치 않은 흉액이 닥치거나 이혼수가 들어오는 것이다.

◉ 壬水대운은 기신운으로 용신 丙火를 沖去하니 흉하다. 사고와 건강문제가 들어오는 것이다. 아울러 자식들에게도 예기치 않은 흉화가 닥칠 수 있다.

男命(群劫爭財의 사주)

丁	甲	乙	丙
傷官		劫財	食神
卯	寅	未	子
劫財	比肩	正財	正印

癸	壬	辛	庚	己	戊	丁	丙
卯	寅	丑	子	亥	戌	酉	申

1. 용신

甲木 日主가 未土月에 생하여 묘궁(墓宮)이니 실기(失氣)했으나, 坐下 寅木에 녹성(祿星)을 득하고 다시 卯未 반합목국을 이루어 부조(扶助)하고, 乙木이 투출했으니 신왕(身旺)한 것이다. 왕신의설(旺神宜洩)이라 했으니 旺한 木氣를 설(洩)하는 食傷을 용해야 하는데, 벽갑(劈甲)하여 丁火를 살리면 中和를 이룰 수 있으니 時干 丁火를 용신으로 잡는다.

2. 통변

◉ 年支 子水 印星은 空亡되고 官星은 全無하니 官印을 써먹을 수 없어 공직이나 봉급생활과는 연이 없는 것이다.

◉ 월령(月令) 未土 財星은 卯木과 반합을 이루어 比劫으로 바뀌니, 比劫은 중중하고 旺한데 財星은 미약하니 군겁쟁재(群劫爭財)의 상황이다. 따라서 재물복은 없는

것이고, 또한 未土 財星이 合되어 타 오행으로 바뀐 것이니 처와의 연도 박한 것이다.

⊙ 천간의 食傷은 재예(才藝)와 기술의 성향인데, 월령(月令) 未土 財星이 타 오행으로 바뀌어 財星을 생하지 못하게 되니 食傷이 활로를 잃은 것이다. 재예와 기술을 써먹지 못하게 되었고, 운로(運路) 역시 亥子丑庚辛壬癸의 기신과 구신운이니 매사 풀리지 않아 막노동과 무위도식으로 일상을 보내게 된 것이다.

⊙ 상기 명조는 월령(月令) 未土 財星이 卯未 반합목국으로 火되니 木火가 쌍청(雙淸)해지고 상생되어 귀격(貴格)인 것처럼 보이나, 子水 印星이 病이 된 것이다. 未土가 化되어 타 오행으로 바뀌지 않았다면 土剋水로 제거지병(除去之病)하여 길해졌을 텐데, 合되어 본분을 망각하게 된 것이고, 운로에서도 戊己土대운 이후는 水運이 도래하여 용신과 상극되니 매사 폐색(閉塞)되고 저체(沮滯)되었던 것이다.

男命(丑午 怨嗔이 있는 사주)

辛	壬	辛	丙
正印		正印	偏財
丑	午	丑	寅
正官	正財	正官	食神

己	戊	丁	丙	乙	甲	癸	壬
酉	申	未	午	巳	辰	卯	寅

1. 용신

壬水가 동월(冬月)인 丑月에 생하여 천지가 한동(寒凍)하니 火氣가 없으면 무용지물이다. 조후(調候)가 급한데 年干 丙火가 투출하여 坐下 寅木에 장생(長生)을 득(得)하고 日支 午火에 제왕(帝旺)을 득(得)하니 해동(解凍)의 능력이 충분하여 길하다. 財星이 용신이고 食神의 부조(扶助)가 있으니 부격(富格)의 명조이다.

用神 : 丙火
喜神 :　木

忌神 :　水
閑神 :　土
仇神 :　金

2. 통변

◉ 천간의 丙辛 간합의 경우는 지지에 水氣가 부족하니 合하려는 의도는 있되 化되
지 못하는 합이불화(合而不化)의 상황이다. 따라서 陰干인 辛金 正印은 기반(羈絆)
된 것으로, 즉 묶인 것이라 활동에 제약을 받고 있는 것이다. 이런 경우는 부모와
의 연이 적으니, 부모의 이혼수가 있거나 부모 중 어느 한분이 일찍 돌아가시는
경우가 많다. 또한 문서와의 연도 없으니 자신 명의의 문서를 되도록 소지하지
않는 것이 좋다. 학업운은 印星으로 주로 논하는데 기반(羈絆)된 경우에는 역시
학업과의 연도 적은 것이다. 부모는 이혼했고 본인은 전문대를 졸업하고 미국으
로 건너가 직장생활을 하고 있는 것이다.

◉ 日支 午火 正財는 좌우의 丑土와 원진(怨嗔)되니 협공당하고 있는 것이다. 부부연
이 적다 판단한다. 日支는 처궁인데 달아나 숨을 곳이 있으면 처는 온전할 것이
나 숨을 곳이 없으면 손상당하는 것이다. 이런 경우 이별, 혹은 사별수가 들어오
는 것이고 손재수가 발생하기도 한다.

상기는 午火가 丑午 원진(怨嗔)되어 午火가 손상당하는데 화고(火庫)가 없어 숨을
곳이 없으나 年支 寅木을 끌여들여 반합화국으로 세(勢)를 불려 丑土를 대적하려
하는 것이다. 정식 결혼을 하지 못하고 동거하고 있는 사실혼관계인 것이며, 또
한 正財가 食神인 밥그릇을 끌여 들였으니 처는 직장생활을 하고 있는 것이다.

◉ 年支 寅木 食神은 生財의 의도가 있다. 그러나 年干 丙火 正財가 丙辛 간합되어
묶이니 食神은 生財의 출구를 찾지 못하고 있는 것이다. 이런 경우는 오히려 財
를 획득하지 못하게 되고, 쉽게 돈을 벌려하는 성향이 많아지니 도박의 유혹에
빠지기 쉬운 것이다.

◉ 辰土 대운(26~30세)의 간명(看命)

　• 辰土는 年支 寅木과 암암리에 寅卯辰의 방합목국을 형성하려 하고 있다. 그런데 卯
木이 탄함(呑陷)되었으니 징검다리 중 돌 하나가 빠진 형국이라 상(象)으로는 이를
찾아 끼워 넣으려는 의도가 다분히 있다. 卯木은 傷官이니 직장인 官을 극하여, 직

장의 이동수가 나오고, 寅卯辰의 食傷局이 되니 더 보수가 좋은 직장을 찾아다니는 형국이다.

- 月·日支 丑土와는 丑辰 파살(破殺)이다. 丑土 正官을 破하니 퇴직문제가 나오는 것이며, 또한 辰宮의 지장간 乙癸戊도 손상된다. 癸水는 比劫이니 동료와의 갈등이 발단이 된 것이고, 戊土는 偏官이니 시비구설이 작동되는 것이다.

- 午火와는 午宮의 丁火 財星과 辰宮의 癸水 比劫이 沖이 되고 있다. 沖은 이동, 이사의 개념도 있다. 따라서 처도 같이 타 지역으로 이사한 것이다.

- 甲午세운의 간명(看命)

  세간(歲干) 甲木이 희신이며 食傷으로 局에 入되니 취직 건이 성사되는 것이다. 세지(歲支) 午火는 日支 午火와 복음(伏吟)이며 자형살(自刑殺)이다. 복음은 해당궁의 육신이 또 다른 분신으로 들어오는 것이다. 日支 처궁과 午午 自刑殺이 된다. 처궁을 刑하여 부부간의 불화가 발생하는 것이고, 나의 분신이 본래의 내 몸체를 刑하여 쫓아내니 정신줄을 놓게 되는 것인데, 午火가 自刑되어 손상되고, 年干 偏財는 合되어 묶이니 生財하지 못하여 허공에 뜬 격이라 실체가 없는 財에 비유되니 도박에 손을 댄 것이다.

- 乙未세운의 간명(看命)

  乙未 沖하고. 丑未 沖하여 세운이 月柱를 상하 沖하니 官印이 손상되어 직장의 이동수가 또 발생한 것이다.

  日支 午火와는 午未 合되어 처궁이 묶이니 부부간 불화는 다소 적어졌고, 正財와의 合이 용신으로 들어오니 연봉이 다소 높은 회사로 이직한 것이다. 도박은 아직 손을 떼지 못한 상황이다.

- 丙申세운의 간명(看命)

  세간(歲干) 丙火가 月干 辛金 印星과 合되어 기신으로 化되니 문서의 변동이 들어온다. 집의 이사문제가 발생한 것이다.

  세지(歲支) 申金은 年支 寅木 食神과 刑沖되니 밥그릇이 깨지는 것이다. 직장을 또 이동하게 된 것이다.

◉ 어느 시점에 도박에서 손을 뗄 수 있을 것인가?

乙巳대운 중 戊戌세운이다. 戊戌土는 官星이라 나를 통제하고 규율에 맞게 조정하는 역할을 하는데, 세지(歲支) 戊土는 지지와 寅午戌 삼합화국의 용신운으로 들어와, 丑午 원진(怨嗔)을 해소시키니 日支 午火가 더 이상 손상되지 않는 것이고, 또한 戊土는 官星이라 지배하는 역할을 하는데, 정신줄을 놓아 도박에 빠진 상태에서 이제 자신을 통제하는 운이 들어오니 정신차리고 직장생활에 전념하게 만드는 것이며, 寅木은 食神으로 밥그릇인데 合되어 용신으로 바뀌니 다시 직장과의 연이 연결되는 것이다.

男命(財多身弱의 調候가 급한 사주)

戊	乙	癸	丁
正財		偏印	食神
寅	未	丑	未
劫財	偏財	偏財	偏財

乙	丙	丁	戊	己	庚	辛	壬
巳	午	未	申	酉	戌	亥	子

1. 용신

乙木이 동월(冬月)인 丑月에 생하여 천지가 한(寒)하다. 한목향양(寒木向陽)이니 火氣가 없으면 乙木이 소생(蘇生)할 수 없으니 조후(調候)가 급하여 丙火가 존귀(尊貴)하다. 財星이 중첩되어 日主가 쇠(衰)하니 재다신약(財多身弱)의 상황이라, 印星인 水의 부조(扶助)가 필요하나 상기는 동절(冬節)이라 해동(解凍)이 없이는 水를 용할 수 없는 것이다. 丙火가 불투하고 丁火가 투출했으니 부득이 丁火를 용해야 하나, 丁火는 해동(解凍)의 역량이 부족하니 사주에 일점 결(缺)이 있는 것이고, 丁火 가신(假神)이 투출했으니 매사 생각과 계획은 많으나 결실이 부족함이 아쉬운 것이다.

用神 : 丁火
喜神 :　木
忌神 :　水
閑神 :　土
仇神 :　金

2. 통변

◉ 천간에 丁癸 沖하여 丁火 食神이 도식(盜食)되었다. 癸水 偏印에 丁火 食神이 손

상되어 生財의 여력이 없는 것이다. 득재(得財)를 위한 노력은 많으나 실질적 성과는 적은 것이다.

◉ 局이 조후(調候)가 급하여 丙火가 요긴한데 年干 丁火가 투출했으니 가신(假神)에 해당하며 丁癸 沖과 丑未 沖하여 丁火가 손상된다. 癸水는 丑月에 旺한 반면 丁火는 지지 未寅에 통근하나, 未宮의 丁火는 丑未 沖하여 손상되고, 寅宮의 丙火는 원격(遠隔)되었고 또한 庚金이 없어 벽갑인정(劈甲引丁)하지 못하니 아쉬움이 많다. 결국 生財의 元神인 食神이 손상되었으니 사업에 대한 구상과 계획은 많으나 득재(得財)로 이어지지는 못하는 것이다.

◉ 천간에 투출한 偏印은 권력을 행사하려는 의도가 있는 것이다. 직업과 직장으로 논하는 官星을 끌어다 관인상생(官印相生)의 길을 열려 하는 것인데, 丑未 沖하여 좌하 丑土가 개고(開庫)되어 辛金 偏官이 튀어나오기는 하였으나, 丑月의 辛金은 한금냉금(寒金冷金)이고 해동(解凍)의 힘이 부족하니 辛金 官星은 무력한 것이다. 따라서 사법고시를 여러 해 준비했으나 뜻을 이루지는 못했던 것이다.

◉ 재다신약(財多身弱)이다. 부모와의 연이 적고, 부옥빈인(富屋貧人)이라 논하며, 부부연도 적은 편이며, 어려서 잔병치레가 많고, 財가 중중하니 주변에 여자들이 많으나 정작 도움이 되는 여자는 없는 것이다.

◉ 지지 丑未 沖은 도로사(道路事)와 연관된다. 예기치 않은 교통사고나 상해(傷害)를 조심해야 한다.

◉ 丑宮의 辛金 官星이 자식인데, 한금냉금(寒金冷金)이고 沖되어 손상되니 무력하다. 아들이 없고 딸만 둘이 있는 것이다.

◉ 時支 寅木 劫財는 형제자매로 논한다. 重土에 寅木이 囚되니 손상되는 것이다. 나서 죽은 형제자매가 있는 것인데, 남동생이 죽은 것이다.

◉ 水가 기신이니 신장, 방광, 허리 부위의 질병발생률이 높은 것이다.

◉ 戊土대운의 정황은 어떠한가?

　◆戊土는 正財인데 時干 戊土와는 복음(伏吟)이다. 土에 財星이 있으니 부동산과 연관되는 문제인데, 戊土가 복음(伏吟)되어 들어오니 기존의 戊土 財星이 이동하게 되는 것이다. 이런 경우의 물상은 기존의 부동산을 팔고 그돈으로 더 이득이 많이 남을 것 같은 부동산을 매입하려는 정황이다.

　◆戊土 財星이 月干 癸水와 간합화국의 食傷으로 바뀌어 용신운으로 들어온다. 따라서

부동산 매입은 이득이 날 것이고, 食傷으로 바뀐 것은 生財의 출구를 찾으려 하는
것이니, 전원주택 등을 지어 안착하려는 의도가 아니고 투기의 목적이 있는 것이다.

◆ 언제 팔릴 것인가?

문서가 動하는 시점이니, 印星인 癸水를 沖하여 戊癸의 合을 깨는 丁火대운이다.

男命(官印相生의 사주)

丙	庚	辛	癸
偏官		劫財	傷官
戌	子	酉	亥
偏印	傷官	劫財	食神

癸	甲	乙	丙	丁	戊	己	庚
丑	寅	卯	辰	巳	午	未	申

1. 용신

庚金이 酉金月에 생하여 양인(羊刃)을 得하고 月干에 辛金이 투출했으니 日主가
신강(身强)하다. 金이 태왕(太旺)하니 癸水의 설기(洩氣)로는 부족하고 귀기(貴器)를
만들기 위해서는 용금(鎔金)하는 丁火가 필요한 바, 丁火가 불투하고 丙火가 투출하
여 부득이 이를 用해야 하나, 丙火는 가신(假神)에 불과하니 귀격(貴格)이 되지 못한
다. 그리고 丙火 七殺이 坐下 戊土가 묘궁(墓宮)이요 화고(火庫)니 관살입묘(官殺入墓)
가 된 것이라 官運은 크게 기대할 수 없다.

用神 : 丙火
喜神 : 木
忌神 : 水
閑神 : 土
仇神 : 金

2. 통변

● 年柱가 食傷인데 局에 財星이 全無하니 食傷이 출구를 찾지 못하고 있는 형국이

다. 이런 경우는 모험과 투기성향이 강하고, 運이 막혔을 경우에는 도박에 빠지는 경우도 종종 있다.

◉ 日主 庚金의 의향은 癸水 傷官을 생하려는데 있다. 亥子에 통근하고 金의 생조를 받으니 傷官이 왕강한데, 천간에 투출했으니 자신의 재능과 기예를 밖으로 내보이려고 하는 성향이 많은 것이다. 용신 丙火가 時柱에 있어 관인상생(官印相生)이 되어 관직과의 연은 많은데, 傷官이 水에 해당하여 旺하고, 水는 흘러 내려가는 것이라 물상으로는 노래, 연설, 가르치는 것 등과 연관된다. 따라서 천간에 투출한 丙癸와 연관지으면 관직보다는 정치쪽으로 기우는 것이다.

◉ 月柱의 比劫은 육친으로는 형제자매로 논하고, 사회적으로는 동료, 동업자, 동창생, 자신을 지지하는 유권자 등으로 논한다. 局의 比劫이 길신이라면 이들의 도움과 지지가 많을 것이라 판단하지만, 흉신인 경우에는 이들로 인해 예기치 않은 화액(禍厄)이 닥칠 수 있는 것이다.

◉ 傷官이 旺하며 기신이다. 이런 경우는 위인이 독선적이고 교만방자하며 남을 업신여기고 얕보는 성향이 있다. 풍류와 유흥을 즐기는 성향도 많은데, 대인관계가 빈번한 직업의 경우에는 남들과의 갈등요소가 발생하지 않도록 노력하여야 한다.

◉ 丁火대운의 정치입문에 대한 간명(看命)이다.

　• 丁火는 본시 용신운이나 旺한 癸水와 丁癸 沖되니 용신이 손상된다. 정치계 쪽의 입당권유는 많다 하나 길하지 못하다. 상관견관(傷官見官)된 것이니 명예손상이 발생하는 것이다.

　• 癸巳세운
　　癸水는 기신이고, 巳火는 용신이나 巳亥 相沖하여 손상되니 정치입문이 불가하다.

　• 甲午세운
　　甲木은 희신이나 甲庚 沖하여 손상되고, 午火는 용신이나 자오 沖하여 손상되니 정치입문이 불가하다.

　• 乙未세운
　　乙木이 희신이나 乙辛 沖하여 손상되고, 未土는 한신인데 子未 원진(怨嗔)과 戌未 형파(刑破)되어 손상되니 불가하다.

　• 丙申세운
　　丙火가 용신이나 丙辛 합수의 기신으로 化되니 불가하고, 申金은 지지의 酉戌과 申酉戌 방합금국의 구신운이니 불가하다.

•丁酉세운

　　　丁火가 용신이나 丁癸 冲하여 손상되고, 酉金은 구신이니 불가하다.

◉ 巳火대운의 길흉은 어떠한가?

　　巳火는 본시 용신운이다. 年支 亥水와는 巳亥 相冲하니 밥그릇의 변동이 들어오므로 직장과 직업의 이동이 발생하는 것이다.

　　月支 酉金 劫財와는 巳酉 반합금국의 구신운이니 동료나 동업관계의 사람과 불화나 명예손상이 예상된다.

　　日支 子水와는 상극되니 처와의 갈등요소가 발생할 소지가 많다.

　　時支 戌土 偏印과는 巳戌 원진(怨嗔)되어 손상되니 문서나 계약관계에서 흉액이 발생할 소지가 많은데, 時柱는 자식, 수하인, 후배, 부하직원들로 논하니 이들과의 연계관계에서 발생할 것이다.

男命(財多身弱의 사주)

丙	乙	甲	甲
傷官		劫財	劫財
戌	未	戌	子
正財	偏財	正財	偏印

壬	辛	庚	己	戊	丁	丙	乙
午	巳	辰	卯	寅	丑	子	亥

1. 용신

　　乙木이 戌月에 생하여 묘궁(墓宮)이며 실기(失氣)했는데 다시 土 財星이 중첩되니 신약(身弱)하다. 戌月은 천지가 한(寒)하니 乙木은 향양(向陽)함을 기뻐하게 되어 丙火가 필요하고 또한 日主가 쇠약하니 印星의 생조도 필요하다. 時干에 丙火가 투출했으니 조후(調候)는 得한 것이고 신약하니 年支 子中의 癸水를 용신으로 잡아 日主를 부조하면 中和를 이룰 수 있는 것이다.

2. 통변

- 土 財星이 중중한데 日主가 신약하다. 年·月干의 甲木은 지지에 無根이라 무력하고 허령(虛靈)하니 日主 乙木의 의향은 甲木과 등라계갑(藤蘿繫甲)을 이루어 財를 대적하려 하지만 이룰 수 없다. 따라서 신왕재왕(身旺財旺)이 되지 못하고 재다신약(財多身弱)이 되는 것이니 大財와는 거리가 먼 것이다.

  그러나 年·月干 甲木의 의향은 乙木을 지탱하여 부조(扶助)하려 하고 있다. 甲木이 희신이니 물상에서는 조력자가 陰으로 陽으로 나타나 도움을 주려하는 것이다.

- 재다신약(財多身弱)이니 부모와의 연이 적고, 처자와의 연도 적으며, 금전의 입출은 많으나 정작 손에 쥐어지는 재물은 많지 않은 것이다.

- 日主 乙木의 의향은 丙火 傷官을 생하는데 있다. 천간에 투출한 傷官은 자신의 재예와 기술을 남에게 표출하려는 성향이 많은데, 乙木이 무근(無根)이라 傷官을 생하는 힘이 부족하니 재능의 표출보다는 방향을 틀어 대인관계가 빈번한 직종의 써비스업에 종사하게 되는 것이다.

- 局에 官星이 미약하니 공직이나 봉급생활과는 연이 적고 개인사업자의 길을 갈 것이다.

- 지지 戌未 刑破의 정황(情況)은, 먼저는 도로사(道路事)와 연관지으니 교통사고의 흉액이 예상되고, 처궁인 日支宮을 刑하니 부부연이 손상되고, 財星이 刑破되니 손재수가 발생하지만, 土가 기신이라 刑破되어 흉함이 다소 완화되니 큰 손실은 없을 것이다.

- 창업의 시점을 문의한 것이다.
  - 용신운과 印星運에 창업하는 경우가 많다.
  - 丑土대운은 年支 子水 印星과 子丑 합토의 기신운이며, 丑戌未 三刑하여 財星이 손상되니 창업할 수 없다.
  - 戊土대운 중 庚子세운에 庚金이 희신이며 正官인데 日主와 合되어 旺해져 다시 正官으로 바뀌니 직장을 갖게 되는 것이다. 子水는 용신이며 印星運으로 들어오니 이때 창업하게 될 것이다.

男命(大富格의 사주)

戊	丁	甲	甲
傷官		正印	正印
申	酉	戌	辰
正財	偏財	傷官	傷官

壬	辛	庚	己	戊	丁	丙	乙
午	巳	辰	卯	寅	丑	子	亥

1. 용신

지지 申酉戌 방합금국을 형성하여 金氣가 旺하나. 日主가 월령(月令)에 통근하고 印星의 부조가 있으니 종재(從財)하지 않는다. 財가 旺하여 신약(身弱)하니 日主를 부조하는 印星을 용하면 사주가 중화를 이룰 수 있다. 月干 甲木이 용신이다.

用神 : 甲木
喜神 : 水
忌神 : 金
閑神 : 火
仇神 : 土

2. 통변

- 時干 戊土 傷官이 지지 辰戌에 통근하니 傷官이 旺하다. 年·月干의 甲木이 旺한 傷官을 제어하니 본시 재예와 기능을 밖으로 표출하려는 傷官이 이제는 지지 방합금국을 형성한 財를 생하는데 전력하게 된 것이다. 상관생재격(傷官生財格)이다. 日主가 월령(月令)에 통근하고 印星의 생조가 있으니 능히 大財를 감당할만하여 대부격(大富格)을 이루었다.

- 지지 辰戌 沖하니 辰土 수고지(水庫地)의 癸水 官星이 드러나며 年干 甲木 正印과 관인상생(官印相生)하니 공직자의 운도 있는데 印星이 旺하니 잠시동안 교직에 몸담고 있었던 것이다.

- 운로가 寅卯辰의 용신운이니 크게 발복한 것이다. 중국 최대의 전자상거래 업체인 알리바바의 마윈회장의 명조이다.

男命(예술가의 사주)

壬	丙	庚	庚
偏官		偏財	偏財
辰	子	辰	寅
食神	正官	食神	偏印

戊	丁	丙	乙	甲	癸	壬	辛
子	亥	戌	酉	申	未	午	巳

1. 용신

丙火가 辰月에 생하여 관대(冠帶)를 득했고, 辰月은 화왕지절(火旺之節)로 진기(進氣)하는 계절이니 화세(火勢)가 약하지 않다. 年·月支 寅辰은 암암리에 寅卯辰의 방합목국을 형성하여 日主를 생하니 日主는 신왕(身旺)한 것이라 억부법(抑扶法)을 적용하여 日主를 극제하는 時干 壬水를 용한다. 용신 壬水는 坐下 수고(水庫)인 辰土를 깔고 있고 다시 日·時支 子辰은 반합수국을 이루어 용신 壬水를 부조하니 용신이 왕강하여 귀격(貴格)이다.

用神 : 壬水
喜神 :　金
忌神 :　土
閑神 :　木
仇神 :　火

2. 통변

● 丙火는 물상으로는 태양화에 비유된다. 태양이 햇볕을 만물에 비추어 성장케 하듯 日主 丙火의 성향은 자신의 재능, 재예, 기술 등을 남에게 선보이고 또한 기쁘게 하는 직업에 많이 종사하는 것이다. 時干 壬水는 丙火가 旺할 땐 먹구름의 역할로 광휘(光輝)를 가려주고, 丙火가 약할 땐 빛을 반사시켜 광휘(光輝)를 보태 줌이니 물상으로는 조명의 역할을 하는 것이다. 年·月支 寅辰 사이에는 卯木이 탄함되었다. 이의 물상으로는 나무사다리, 징검다리, 교량, 공간이 있는 구조물이나 가옥 등으로 묘사되는데 丙火, 壬水와 연관 지으면 영화나 연극의 무대가

되는 것이다. 영화감독인 것이다.

◉ 年·月支 寅辰 사이에 卯木이 탄함(呑陷)되었다. 물상으로는 본래 징검다리에 돌이 있던 자리인데 돌이 빠진 것으로 묘사된다. 따라서 징검다리의 입장에서는 빠진 돌을 끼워 넣기 위해 卯木을 애타게 찾는 것이다. 卯木은 印星으로 두뇌, 학문, 지식, 문서, 계약, 도장 등으로 논한다. 그런데 지지 卯木은 천간으로 乙木에 해당되어 본연의 임무를 망각하고 천간의 庚金을 탐(貪)하여 財로 化되려 하고 있는 것이다. 따라서 時干 偏官과 관인상생(官印相生)을 이루지 못하니, 순수예술이 아니고 상업예술의 길을 가게 된 것이다.

◉ 지지 辰土 食神의 의도는 예술적 재능의 표출보다는 生財하려는데 있다. 습토(濕土)인 辰土의 생을 받아 財星이 旺하니 부격(富格)인데, 다시 壬水 偏官을 생하니 재력을 바탕으로 명예를 차지하려는 의도가 많은 것이다.

◉ 申金대운은 財星運이며 여자가 들어오는 것이다. 申子辰 삼합수국의 용신으로 火되니 발복이 되고 또한 여자문제가 발생하는 것이며, 官星局으로 化된 것이니 명예를 얻게 되는 것이다.

◉ 局에 正財가 全無하고 偏財가 투출했다. 본처가 없고 첩이나 여자 친구만이 있는 것이니 결혼운은 박한 것이고 여자문제가 많이 발생하는 것이다.

◉ 乙酉대운 이후는 희신과 용신운이니 발복이 이어질 것이다.

男命(官印相生의 사주)

丙	戊	甲	癸
偏印		偏官	正財
辰	子	寅	巳
比肩	正財	偏官	偏印

丙	丁	戊	己	庚	辛	壬	癸
午	未	申	酉	戌	亥	子	丑

1. 용신

月柱에 官星이 旺하고 財星이 重하니 日主는 신약(身弱)하다 판단한다. 또한 寅月

은 前月인 丑月의 한기(寒氣)가 아직 남아있으니 따뜻한 火氣가 없으면 대자연의
土인 戊土는 만물을 성장시킬 수 없는 것이다. 따라서 丙火가 존귀(尊貴)하므로 時
干 丙火를 용한다.

用神 : 丙火
喜神 :　木
忌神 :　水
閑神 :　土
仇神 :　金

2. 통변

◉ 月柱 偏官이 旺한데, 時干 印星인 丙火는 지지 寅巳에 長生과 건록(建祿)을 得했으
나, 좌하 辰土에 회화(晦火)되고 子水의 剋을 받으니 旺하지 못하다. 또한 辰子가
반합수국을 이루어 丙火를 극하니, 관인상생(官印相生)되지 못하여 공직의 길은
아닌 것이다. 年·月干에 財官이 있으니 처음은 봉급생활자의 길을 걷다, 나중은
日·時支에 子辰 반합수국의 財星局이 되니 사업가의 길을 갈 것이라 판단한다.
◉ 戊癸의 간합이 있다. 年柱는 통변에서 타인으로 본다. 따라서 年干 癸水 正財는
상속재산 혹은 투자목적의 財라 할 수 있으며, 日主 戊土와 간합되니 日主의 의
향은 사업 등의 투자와 연관지어 타인의 財를 활용하려는 의도가 있는 것이다.
그리고 戊癸의 합이 印星으로 化되니 문서, 계약과 연관되며 투자금에 대해 문서
(文書)로 명문화 하려는 의도가 있는 것이다.
◉ 지지 寅巳는 刑殺이다. 겉으로는 寅木이 巳火를 생하지만 내면은 寅宮의 丙火가
巳宮의 庚金을 극하는 것이니 印星이 손상되어 부모와의 연이 적을 것이라 판단
한다.
◉ 지지 辰子는 반합수국으로 財星局이며 기신이다. 辰土는 比劫이니 통변에서 동
업자로 보는데 합되어 기신으로 化되는 것은 동업자의 자금이 사업상 이득이 되
게 변환되지 못함을 암시하는 것이다.
◉ 戊土대운(36~40세)의 정황을 살펴보자.
지지 중 월령(月令)의 세(勢)가 크니 월령(月令) 寅木과 비교하면 寅戌 반합화국의
용신운이다. 午火가 탄함되었으나 암암리에 合火局을 형성하려하고 있는 것이다.

탄합된 午火는 印星으로 時干 丙火에 힘을 보태니 문서를 받는 것이고, 月柱의 旺한 官星과는 관인상생(官印相生)되니 직장에서 관리자의 위치에 오른 것이다.

- ◆ 丁卯세운(36세)

  세간(歲干)은 丁癸 沖하고, 세지(歲支)는 卯木이 들어와 寅卯辰 방합목국의 희신운이니 이때 승진한 것이다. 지지 寅辰에 卯木이 탄합되었으나 세운에서 卯木 官星이 들어와 희신으로 바뀌니 승진한 것이다.

- ◆ 戊辰세운(37세)

  세간(歲干) 戊土는 戊癸 합화의 용신운이나, 세지(歲支) 辰土는 子辰 합수의 기신운이니 무애무덕했다.

- ◆ 己巳세운(38세)

  세간(歲干) 己土는 갑기 합토의 한신운, 세지(歲支) 巳火는 본시 용신운이나 대운 戊土와는 원진(怨嗔)되고, 日支 子水와는 상극되니 용신이 손상된다. 길함이 적었다.

- ◆ 庚午세운(39세)

  세간(歲干)은 甲庚 沖으로 벽갑(劈甲)하여 용신 火를 살리고, 세지(歲支)는 寅午 반합화국의 용신으로 바뀌니 干支가 모두 길하여 공장의 공장장으로 승진한 것이다.

- ◆ 辛未세운(40세)

  세간(歲干) 辛金은 丙辛 합수의 기신운, 세지(歲支) 未土는 한신운이니 길하지 못했다.

◉ 己土대운(41~45세)의 정황을 살펴보자.

대운 己土가 月干 甲木 희신과 甲己 간합토국의 한신운으로 바뀌니 대운 5년간은 대체로 무애무덕하다.

- ◆ 癸酉세운(42세)

  세간(歲干) 癸水는 戊癸 합화의 용신운과 癸水가 時干 丙火 용신을 극하니 일희일비했으나, 세지(歲支) 酉金은 巳酉 반합금국의 구신운, 寅酉 원진(怨嗔)되어 희신 寅宮의 甲木이 손상되고, 日支 子水와는 기신인 子水를 생하고, 時支 辰土와는 辰酉 육합금국의 구신운이라 모두 흉하니 이때 회사를 퇴직하게 된 것이다.

◉ 酉金대운(46~50세)의 정황을 살펴보자.

酉金은 傷官으로 구신이나 生財의 출구를 찾으니 사업가의 길을 가게 되는 것이다. 酉金이 年支 巳火와 巳酉 반합금국되니 寅巳 刑을 해소시켜 寅木이 희신의 역할에 전념하게 만드니 흉변길이 되었다. 또한 時支 辰土와는 辰酉 합금으로 바뀌어 辰子 반합수국의 기신으로 바뀜을 해소시키니 역시 흉변길이 된 것이다.

◆ 戊寅세운(47세)

戊癸 합화의 용신운, 寅木 희신운이니 길하여 득재(得財)한 것이다.

◆ 己卯세운(48세)

세간(歲干) 己土는 甲己 합토의 한신운, 세지(歲支) 卯木은 寅卯辰 방합목국의 희신
운이니 길하여 득재(得財)한 것이다.

◆ 庚辰세운(49세)

전반기는 세간(歲干) 庚金이 甲庚 沖하여 벽갑(劈甲)하여 용신인 火를 생하니 길했
고, 후반기는 세지(歲支) 辰土가 子辰 반합수국의 기신운으로 바뀌니 흉했다.

◆ 辛巳세운(50세)

세간(歲干) 辛金은 丙辛 합수의 기신운, 세지(歲支) 巳火는 본시 용신운이나 月支
寅木과 寅巳 刑하여 손상되니 세운이 모두 길하지 못하여 사업이 잘 돌아가지 않은
것이다.

男命(比劫이 태왕한 사주)

己 偏印	辛	己 偏印	壬 傷官
丑 偏印	酉 比肩	酉 比肩	子 食神

			癸 壬 辛 庚
			丑 子 亥 戌

1. 용신

辛金이 月·日支에 건록(建祿)을 득하고 印星이 重重하니 신강(身强)하다. 辛金은
사금(砂金)이며 주옥(珠玉)의 金으로, 庚金과 달리 한번 하련(煆鍊)을 거친 金이므로
더 이상 火氣가 필요치 않다. 따라서 세도(洗淘)하여 귀(貴)함을 드러내게 해야 하므
로 年干 壬水가 용신이다. 또한 왕신의설(旺神宜洩)에 해당되는 것이다.

用神 : 壬水
喜神 :　金

忌神 : 土
閑神 : 木
仇神 : 火

2. 통변

⊙ 月·日支의 酉金은 녹성(祿星)이다. 녹성은 局이 추구하는 바에 따라 명예, 관직, 재물로 다양하게 통변된다. 상기는 食傷이 있고 財星이 없으니, 局의 食傷은 암암리에 生財의 역할을 하게 되므로, 食傷을 생하는 比劫은 財를 추구하는데 일조를 하려는 것이다. 따라서 日主의 녹성(祿星)의 의향은 生財하려는데 있는 것이다.

⊙ 時支 丑土는 금고(金庫)이다. 局에서 子酉 破하여 酉金을 흔들어 놓으니, 酉金 녹성(祿星)은 고장지(庫藏地)인 丑土로 숨어드는 것이다. 지지의 酉亥丑은 음탁지기(陰濁之氣)로 드러내 놓고 활동하지 못하니 지하세계의 자금(資金)과 연관되는 것이다.

⊙ 지지 酉丑은 반합금국이다. 局에 陽氣인 火氣가 전무하니 酉丑의 의도는 巳火를 끌어들여 巳酉丑 삼합금국을 형성하며 巳火의 덕을 보려는 것이다. 巳火는 官星으로 직장과 직책, 직업인데, 암암리에 巳酉丑 삼합금국을 형성하려 하고, 다시 己土 印星이 투출했으니 이제는 官과 印이 권력을 행사하려고 하는 의도가 있는 것이다. 그러나 局이 음탁(陰濁)하니 밝은 세상에 드러내지는 못하고 암흑가와 연관된 권세로 통변되는 것이다. 상기인은 맹파명리에 기재된 대만 흑사회 두목의 명조이다.

⊙ 局의 比劫은 통변에서 日主의 분신으로 논한다. 따라서 상기와 같이 지지에 比劫이 중중하면 日主가 거느리는 사업체가 많을 것이라 논하며, 또한 바쁘고 분주하게 활동하는 사람이라 판단한다.
또한 局의 比劫은 동업자, 동호회 회원, 지지세력 등으로 논하는데, 月·日支 酉金 比肩이 時支 丑土와 반합금국을 형성하여 금고(金庫)인 축고(丑庫)로 숨어드니 숨어서 활동하는 지지 세력이 결당하여 세력을 키우려는 의도도 내재되어 있는 것이다.

⊙ 亥대운은 용신운이나 局의 子丑과 亥子丑 방합수국을 형성하니 水가 태왕(太旺)하여 오히려 흉하다. 陰金인 辛金은 水旺하면 가라앉게 되니 이른바 수저금침(水

底金沈)의 상황이다. 이런 경우는 감옥에 가거나 병원에 입원하게 되거나, 신기(神氣)가 들어오거나 하는 경우가 발생하는 것이다. 감옥에 간 것이다.

◉ 壬水대운은 용신운이다. 局에 財가 없으니 食傷이 財의 역할을 하는 것이라 이때 큰 돈을 벌었으나 이는 지하조직의 재물인 것이다.

◉ 子水대운은 본시 용신운이나 月·日支 酉金과 子酉 破하여 녹(祿)이 손상되어 丑土로 숨는데, 녹(祿)이 破된 것이니 재물이 압수되는 것이고, 다시 子丑 합토의 진흙토로 바뀌니 수렁에 빠져 헤어날 길이 없는 것이라 죄를 지어 무기징역을 선고 받은 것이다.

男命(財官이 旺한 사주)

壬	戊	丙	甲
偏財		偏印	偏官
子	子	寅	辰
正財	正財	偏官	比肩

甲	癸	壬	辛	庚	己	戊	丁
戌	酉	申	未	午	巳	辰	卯

1. 용신

戊土가 寅月에 생하여 비록 長生을 得했으나, 年·月支 辰寅은 年干 寅木을 끌어와 암암리에 寅卯辰 방합목국의 官星局을 형성하려 하고, 또한 壬子의 財星이 중첩되어 있으니 日主는 신약(身弱)한 것이다. 雨水 前에 생하여 절기(節氣)가 아직 초춘(初春)이라 한기(寒氣)가 남아있으니 따듯함을 더하는 火가 요긴하고, 신약하니 印星의 생조가 필요하므로 용신은 月干 丙火이다.

用神 : 丙火
喜神 :　木
忌神 :　水
閑神 :　土
仇神 :　金

2. 통변

◉ 천간의 甲木 偏官과 丙火 偏印이 월령(月令) 寅木에 뿌리를 두고 투출하였으니 공직자의 명조가 분명하나, 지지 辰寅이 암암리에 寅卯辰의 방합목국의 官星局을 형성하여 官星이 태왕(太旺)한 것이 흠이다. 그리고 초춘(初春)의 局의 旺한 壬子水가 아직 한기가 남아있는 寅木의 뿌리를 상하게 하니, 투출한 丙甲은 寅宮에 뿌리를 둔 것이라 甲木 偏官과 丙火 偏印이 손상되는 것이다. 月干 丙火 偏印은 官星의 생조를 받으며 투출했으니 직업을 바탕으로 권세를 밖으로 행세하려는 의도가 있는 것이다. 그러나 아쉽게도 寅宮의 뿌리가 손상되니 천간의 甲丙 官과 印이 모두 손상되어 陰地에서 활동해야하는 官이 된 것이다. 官星이 태왕(太旺)한데 印星이 있으니 무관직이나, 局에 火金이 성(盛)하지 못하니 군인은 아니고, 경찰직의 형사 업무를 맡고 있는 것이다.

◉ 천간에 丙壬 沖이 있다. 局의 丙壬은 세력이 비등하니 沖되면 양쪽 다 절반의 손상이 있는 것이다. 따라서 偏財를 父로 논하면 父의 단명수가 나오는 것이고, 결혼 전의 여자친구로 논하면 헤어지는 문제가 나오는데, 子水 正財가 지지에 있고 偏財가 행세하겠다고 투출한 것은 결혼을 전제로 한 사귐이었을 것이라 판단하는 것이다.

◉ 日・時支의 子子는 자형살(自刑殺)은 아니지만 통변에서는 이에 준하여 판단해야 한다. 먼저 재물로 논하면 기신에 해당하니 예기치 않은 손재수가 발생하는 것이고, 日支인 처궁에 있으니 처와의 화기애애한 면은 적을 것이라 판단하며, 時柱와 비교하여 손상됨이니 자식과의 연도 돈독하지 못하다 판단하는 것이다.

◉ 지지 辰寅이 암암리에 寅卯辰의 방합목국을 형성하는데 卯木은 正官이다. 年干에 偏官이 투출했으니 관살혼잡(官殺混雜)된 것이라 위인이, 잔꾀가 많고 남을 교묘히 이용하려는 술수에 능한 것이다.

◉ 지지 寅辰 사이에 卯木 正官이 탄함되었고 日・時支의 子水 正財와 子卯 刑되고 있다. 이런 경우는 正官이 탄함되고 偏官이 투출했으니 처음부터 경찰직에 종사 했던 것이 아니고 경찰직에 입문하기 전에 봉급생활을 하는 타 직업에 종사했던 일이 있을 것이라 판단하는 것이다. 또한 子卯 刑의 상(象)은 卯木은 습목(濕木)이라 水가 담뿍 담겨있는 가화(稼花)인데 子水가 있어 水를 더하니 뿌리가 썩는 것이다. 따라서 자의 건 타의 건 직책과 연관된 음해에 시달리고 이로 인해 명예훼

손 문제가 발생하게 되는 것이다.

아울러 寅-(卯)-辰의 상(象)은 암암리에 방합목국의 官星局을 형성하니 공직자라면 단계적으로 올라가는 승진의 상(象)이기도 하다. 그런데 왕한 子水에 子卯 刑되니 승진의 상(象)이 손상되는 것이다. 승진의 단계마다 예기치 않은 일이 흉사가 발생하여 좌절이 많이 따를 것이라 판단하는 것이다.

◉ 지지 寅子 사이에 丑土 劫財가 탄함되었다. 劫財는 육친관계로는 형제자매, 사회적으로는 동업자, 지인, 동창생 등으로 논하는데, 財를 탈(奪)하는 흉화를 동반하는 경우가 많다. 子-(丑)-寅으로 이어지는 상(象)은 財가 官을 생하러 가는데 그 사이에 직업과 연관된 知人이 개입되어 있는 것이다. 따라서 나타나는 상(象)은 知人에게 직업과 연관된 청탁과 관련하여 재물이 動한 것인데 丑土가 한신이니 큰 힘이 되지 못한 것이다.

◉ 局에 壬子水 財星이 중중하여 재성혼잡(財星混雜)이 되었으니 부부연은 길하지 못하다.

◉ 日主 戊土는 지지 辰寅에 통근했으나, 辰寅이 암암리에 寅卯辰 방합목국으로 化하여 오히려 土를 극하니, 日主가 태약(太弱)해져 중중한 財官을 감당하기 힘든 것이다. 따라서 財가 重하니 처와의 연이 박한 것이고, 또한 官이 重하니 오히려 흉한데, 예기치 않은 사고, 질병, 시비구설이 자주 발생하게 되는 것이다.

◉ 時柱는 말년과 자식운을 보는 것이다. 旺水가 丙火 偏印을 극하니 偏印은 재액(災厄)을 동반한 문서나 계약관계로 논하므로, 말년은 예기치 않은 질병과 사고가 다발할 것이고 자식운도 썩 길하지 못한 것이다.

◉ 지지 辰子의 의향은 반합수국의 기신으로 흉화(凶禍)를 대동한다. 辰土는 比肩이므로 동료나 친구, 형제자매 등을 의미하는데, 財星인 子水와의 合이니 재물과 연관되어 손재수가 예시되는 것이다. 또한 日支는 나의 자리이니 나의 직업과 연관된 흉화도 예상되는 것이다. 그리고 旺하게 변한 水가 偏印인 丙火를 극하니 흉액과 연관된 문서를 動하게 만드는 것이며, 운로에서 申金이 들어올 시는 申子辰 삼합 수국으로 기신인 水가 태왕(太旺)해지니 흉액의 예상은 불문가지(不問可知)다.

◉ 丙火 偏印이 투출했고 坐下 寅木에 長生을 득했으니 두뇌회전이 빠르다. 正印이라면 학업과의 연도 있었을 것이라 판단하나, 偏印이고 또한 旺水의 극을 받아 손상되었으니 다만 순간적으로 생각이 기민하고 일에 재치 있고 판단력이 빠르

다고 논하는 것이다.

3. 대운

◉ 卯木대운은 辰寅과 寅卯辰 삼합목국의 官星局으로 化된다. 官星이 태왕(太旺)해
지니 偏官으로 바뀌게 되는 것이라 예기치 않은 사고와 질병이 따르는 것이다.

◉ 戊土대운은 日干 복음(伏吟)이다. 日干 복음이란 日主의 또 다른 분신이 들어오는
것이니, 이동수가 생기거나, 현재의 직업 외에 새로운 직업을 갖게 되는 것이다.

◉ 辰土대운은 본시 한신운이나, 子水 正財와 반합수국을 이루고 있다. 日支宮 子水
와의 습이니 결혼운이 들어오는 것이고, 기신으로 化되어 용신인 丙火 印星을
극하니 학업의 연은 끊어지는 것이다.

辰土는 나에 해당하는 日主 戊土의 분신이다. 따라서 나의 분신이 들어오는 것이
니 또 다른 직업과 연계되는 것이다. 경찰직공무원 시험에 합격한 것이다. 그러
나 局의 子水와 辰子 습水의 기신운으로 바뀌니 공직에 입문한 이후 자질구레한
풍파를 많이 겪은 것이다.

◉ 己土대운은 본시 한신운이다. 그러나 甲己합토로 化되어 희신인 甲木 偏官이 한
신으로 바뀌게 되니 길하지 못하다. 한직(閑職)으로 밀려난 것이다.

◉ 巳火대운은 본시 용신운이다. 月支 寅木과 寅巳 刑되니 문서와 직책이 손상되는
것이다. 이것은 예상치 않은 흉액으로 직책상 징계가 유발되는 것과 연관되는
것이다.

◉ 庚金대운은 구신으로 희신인 甲木 偏官과 沖하니 직책과 부서의 이동수가 발생
하는 것이다.

◉ 午火대운은 용신운이다. 다시 月支 寅木과 반합화국의 용신운으로 바뀌니 길하
다. 이때 승진한 것이다.

◉ 辛金대운은 구신운이다. 丙火 偏印과 간합수국의 기신운으로 바뀌니 흉하다. 偏
印은 질병, 사고 등의 흉액을 동반한 문서, 계약관계이고, 辛金은 수술칼로도 논
하니 이때 위암수술을 하게 된 것이다.

◉ 未土대운은 한신운이다. 日支 子水를 극하니 일신상의 변동수가 들어오며 또한
正財를 剋하는 것이니 손재수가 발생하는 것이다. 통변에서 辰未戌丑은 도로사
(道路事)와 연관지으니 교통사고가 발생할 수 있는 것이다.

丙申세운에 申金이 局의 子辰과 申子辰 방합수국의 기신운으로 바뀌니 교통사고
가 발생하여 장기간 통원치료를 받고 있는 것이다. 또한 자신의 자리인 日支와의
合이니 본인의 과실로 인해 교통사고가 발생하여 타인에게 보상 등의 손재수가
발생한 것이다.

⊙ 壬申대운 이후는 흉운이다. 건강과 사고 등 예기치 않은 흉액에 각별히 신경써야
할 것이다.

男命(印星混雜된 경우)

乙	乙	癸	壬
比肩		偏印	正印
酉	丑	卯	辰
偏官	偏財	比肩	正財

辛	庚	己	戊	丁	丙	乙	甲
亥	戌	酉	申	未	午	巳	辰

1. 용신

乙木이 卯月에 생하여 건록(建祿)을 得하고 印星이 투출하여 생조하니 신강(身强)
하다. 卯月의 乙木은 지란호초(芝蘭蒿草)에 비유되니 유약하여 癸水의 생조와 丙火
의 따듯함이 필요한 것이다. 金을 쓰는 경우에는 乙木의 뿌리가 손상되니 용하기
어렵고, 火水를 떠나서는 용신을 잡을 수 없는 것이다. 상기는 지지 酉丑이 반합금
국의 官星局을 이루어 천간의 印星 壬癸水와 관인상생(官印相生)을 이루니 길하나,
火氣가 없으면 잎이 무성해지지 못하고 꽃을 피우기 어려우니 丙火가 요긴한 것이
다. 그러나 局에 火가 없으니 태원(胎元)에서 용신 여부를 찾아보는 것이다. 다행인
것은 태원(胎元)이 甲午라 午宮의 丙火를 끌어와 用해야 하나, 여기(餘氣)인 丙火를
쓰는 것이니 쇠(衰)한 것이며 또한 멀리서 끌어오는 것이니 용신이 旺하지 못하여
사주가 크게 길하지 못한 것이다.

用神 : 丙火

喜神 : 木
忌神 : 水
閑神 : 土
仇神 : 金

2. 통변

◉ 천간에 比肩과 印星이 투출했으니 어머니나 할머니가 두 분이고 이복형제 문제가 나오는 것이다.

◉ 지지에 酉丑 반합금국의 官星局이 있고 印星이 투출했으니 印星의 의도는 官星을 바탕으로 권세를 행세하려는 것이다. 이런 경우는 명예를 얻기 위한 욕구가 강하고 권력을 추구하려는 성향이 강하다.

◉ 천간의 壬癸 印星은 지지 辰丑酉에 통근하고, 다시 酉丑 반합금국의 생조가 있으니 태왕(太旺)하다. 多印은 無印과 같으니 오히려 학업, 문서, 계약 등과 연이 적은 것이다. 본인 명의의 문서는 손재수(損財數)가 따르게 되니 기피함이 좋다. 지인과 연계된 부동산의 매매과정에서 사기 건에 연루돼 손재(損財)가 발생했고, 주식투자의 실패로 또한 많은 손재(損財)가 발생한 것이다.

◉ 年支의 財星은 타인의 財요, 상속의 財로 논한다. 양인살(羊刃殺)을 대동하니 쟁재(爭財)의 탈이 발생하는 것이다. 상속받은 건물로 형제자매들의 채무보증을 해준 건으로 인해 손재수가 발생한 것이다.

◉ 日支는 처궁인데 丑土 偏財가 酉丑의 반합금국의 官星局으로 化되었다. 財星이 合되어 타 오행으로 바뀌면 처와의 연이 적은 것이다. 한편으론 財를 바탕으로 명예를 얻으려는 성향이 강하다.

◉ 지지 丑卯 사이에 寅木 劫財가 탄함되었다. 태어나서 죽은 형제자매가 있는 것이다. 또한 암암리에 寅卯辰의 방합목국을 형성하여 比劫이 태왕(太旺)해 지니 군겁쟁재(群劫爭財)의 상황이다. 財인 처성(妻星)이 불안해지는 것이라 처가 단명의 위험이 예고되는 것이다. 그리고 比劫이 중중하니 氣의 소통이 부족하여 고집이 세고 독불장군식이다.

3. 대운

◉ 丙火 대운은 용신운이다. 남명의 용신은 아들로 논하니 이때 결혼하게 된 것이다.

◉ 午火 대운은 용신운이다. 조업으로 물려받은 인쇄업이 순탄하게 풀려나간 것 이다.

◉ 丁火 대운은 용신운이다. 壬水 印星과 丁壬합목의 희신운이니 길하다. 印星과의 合이니 새로운 사업의 계약 건이 성립되는 것이다. 사무기기 유통업을 시작한 것이다.

◉ 未土 대운은 본시 한신운이나, 卯未 반합목국의 희신운으로 바뀌니 길하고, 다시 丑未 沖하여 酉丑의 반합국을 깨고 丑土를 개고(開庫)시키니, 丑宮의 正氣 己土 偏財를 쓸 수 있는 것이라 사업의 비약적 발전이 있었다.

◉ 戊土 대운은 한신운인데, 戊癸의 간합화국을 이루려 하나 지지에 火氣가 전무하니 합이불화(合而不化)의 상황이라 癸水 偏印이 묶이는 것이다. 따라서 주식투자를 시작했으나 IMF의 여파로 큰 손실을 보았다.

◉ 申金 대운은 기신운이다. 金剋木하니 건강상 간질환이 발생하여 모든 사업체를 정리했다. 木은 오행상 인체에서 간(肝)에 해당되기 때문이다.
丙戌세운은 丙火와 戊土가 본시 용신과 한신에 해당하나, 局과 丙壬 沖, 辰戌 沖, 丑戌의 刑殺이 되어 길변흉이 되었다. 지자체 시의원 선거에 출마했으나 낙마했다.

◉ 己土 대운은 본시 한신운이다. 辛卯세운에 辛金이 희신인 木을 극하고, 또한 局이 군겁(群劫)의 상황인데 다시 比劫이 도래하니 쟁재(爭財)의 탈이 생기는 것이다. 희신도 처로 논하고 財星도 처로 논하니 처에게 흉액이 예견되는 것이라 이때 처와 사별한 것이다.

◉ 酉金 대운은 본시 구신운이다. 卯酉 沖으로 偏印을 沖하니 흉화와 연관된 문서나 계약관계가 動하는 것이고, 酉酉 自刑으로 偏官이 動하니 시비구설, 사고, 질병이 역시 動하는 것이다. 乙未세운은 乙木이 도래하여 군겁쟁재(群劫爭財)가 되니 財의 손실이 발생하고, 丑未 沖하여 日支宮을 動하게 하여 신변의 이동이 예견되는데, 丑未는 모두 土로 도로사(道路事)와 연관 지으니 차량 교통사고로 인해 입원했고 재산상의 손실이 발생한 것이다.

◉ 庚戌 대운 이후는 구신과 한신운이니 썩 길하지는 못하다.

男命(官殺混雜된 사주)

丙	庚	癸	丁
偏官		傷官	正官
子	午	卯	未
傷官	正官	正財	正印

乙	丙	丁	戊	己	庚	辛	壬
未	申	酉	戌	亥	子	丑	寅

1. 용신

庚金이 卯月에 생하여 신약(身弱)한 것 같지만, 월령(月令) 卯宮의 당령(當令)한 乙木이 庚金을 보면 庚金 日干은 반드시 乙木에게 情을 주어 습하려는 의사를 표시하는 것이다. 이는 경금이 암강(暗剛)의 세(勢)가 있기 때문이며 추월(秋月)의 金과 같은 성질을 띠는 것이므로 丁火로 庚金을 하련(煆鍊)시키고, 甲木이 있어 벽갑(劈甲)하여 丁火를 인도(引導)하면 上格의 명조가 되는 것이다. 만약 화세(火勢)가 태왕(太旺)한 경우라면 丁火를 용하기 어려우나, 상기는 丙丁火가 투출하고 日支에 午火가 있어 화세(火勢)가 旺한 것 같으나, 卯木은 습목(濕木)이라 丁火를 살리지 못하고, 子午 沖과 午卯 破로 午火가 무력해지니 천간의 丙丁火도 실세(失勢)하여 화세(火勢)가 旺하지 못한 것이라 능히 丁火로 용신을 잡을 수 있는 것이다.

用神 : 丁火
喜神 :　木
忌神 :　水
閑神 :　土
仇神 :　金

2. 통변

◉ 남명은 당연히 먼저 官과 印의 의향을 살펴보아야 하는데, 천간에 丙丁火 官星이 투출하여 日支 午火에 통근하였으니 관살혼잡(官殺混雜)된 것이며 偏官으로 논한다. 未土 印星은 卯未 반합목국의 剋을 받으니 손상되어 印星을 활용할 수 없는 것이다. 따라서 官星의 의향은 본래 印星을 용하여 권세를 밖으로 행사하려는

욕구가 강한 것이지만 파인(破印)되었으니 관인상생(官印相生)을 이루지 못하여 공직의 길을 가지 못하고, 旺木인 財를 활용해야 하니 봉급생활자의 길을 간 것이다. 財官이 용신과 희신이니 대기업의 중견간부이며, 또한 月干 癸水 傷官이 투출하고 관살혼잡(官殺混雜)되었으니 이공계통의 기술직인 것이다.

⊙ 子午 沖과 午卯 破로 日·時支가 손상되니 처자식과의 연이 박한 것이다.

⊙ 月柱가 상관생재(傷官生財)를 이루어 득재(得財)의 格은 이루었으나 日主 庚金이 지지에 뿌리를 내리지 못하니 傷官을 생해줌이 약하여 부격(富格)의 명조는 되지 못한다.

⊙ 日支에 正官이 있으니 장남이 아니더라도 집안의 대소사를 도맡아 관장하여야 하고, 또한 맡은 바 임무를 충실히 하는 성격인 것이다.

⊙ 時柱가 상관견관(傷官見官)되었으니 자식 代는 크게 기대할 바가 없는 것이다.

⊙ 지지에 子午卯酉가 모두 있는 것을 편야도화(遍夜桃花)라 하는데, 局에 酉가 결(缺)되어 있다. 운로에서 酉金이 들어올 시는 편야도화가 성격(成格)되니 불측재화(不測災禍)와, 색정(色情) 등으로 인한 여난(女難)을 피하기 어려울 것이다.

3. 대운

⊙ 戊土대운 중 戊子세운은 戊土가 한신운이라 무애무덕 하나, 子水는 子卯 刑과 子午 沖으로 妻星인 月支 正財와 처궁인 日支宮을 손상시키니 이때 이혼한 것이다.

⊙ 戊土대운 중 丙申세운은 대운 戊과 세운 申 사이에 酉가 공(拱)되어 있다. 따라서 암암리에 酉金이 入局하는 것이니 子午卯酉가 全有하여 편야도화(遍夜桃花)가 성격(成格)되는 것이다. 예기치 않은 사고나 질병, 여난(女難) 등을 조심하여야 할 것이다.

⊙ 酉金대운은 酉金이 局의 子午卯와 역시 편야도화(遍夜桃花)가 성격(成格)되니 불측재화(不測災禍)가 예견되는 것이다.

⊙ 2016년 丙申세운의 승진운을 간명(看命)한 것이다. 세간(歲干) 丙火는 본시 용신운이나 癸水, 庚金과 상극되어 손상되고, 세지(歲支) 申金은 卯申 원진(怨嗔)으로 희신 卯木을 손상시키고, 申子 반합수국으로 용신인 日支 午火를 극하니 승진을 기대하기 어렵다.

◉ 2017년 丁酉세운은 月柱와 丁癸 沖과 卯酉 沖으로 木火가 모두 손상되고, 다시 酉金이 入格하여 子午卯酉의 편야도화(遍夜桃花)가 성격(成格)되니 불측(不測)의 재화(災禍)가 예상된다.

◉ 2018년 戊戌세운은 戊癸 합화와 卯戌, 午戌의 합을 이루어 용신운으로 化되니 2017년에 예상되는 재액(災厄)을 넘긴다면 승진은 틀림없는 것이다.

男命(食神生財의 사주)

丁	丙	丙	丙
劫財		比肩	比肩
酉	辰	申	申
正財	食神	偏財	偏財

甲	癸	壬	辛	庚	己	戊	丁
辰	卯	寅	丑	子	亥	戌	酉

1. 용신

丙火가 추월(秋月)에 생하니 신약하고 스러져가는 빛이라 일락서산(日落西山)에 비유된다. 年·月干에 丙火가 투출했지만 지지에 통근하지 못했으니 火光은 이미 꺾인 것이고, 추월(秋月)의 지는 해에 광휘(光輝)를 더하기 위해서는 강해(江海)의 물로 반사시켜야 하니 월령(月令) 申宮의 壬水를 용해야 한다.

用神 : 壬水
喜神 : 金
忌神 : 土
閑神 : 木
仇神 : 火

2. 통변

◉ 日主를 君으로 보면 투출한 比劫은 君의 형제자매에 비유된다. 따라서 한 나라에

君이 둘이 있을 수 없으니 반드시 죽은 형제자매가 있다 판단하는 것이다. 時干 丁火는 등촉불이요 아궁이불에 비유되니 丙火와 같이 있으면 태양에 가려 빛을 잃게 된다. 따라서 이 또한 죽은 형제자매가 있음을 의미히고, 時柱에 있으니 자식 중에도 그러한 자식이 있음을 의미하기도 한다.

- 지지 申辰 사이에 子水 官星이 공(拱)되었다. 이런 경우는 공직과는 연이 적은 반면에 사회적 명예를 얻으려는 의욕은 강하다. 그런데 이런 경우라도 印星이 투출하고 통근되었다면, 印星이 官星을 끌어당기니 관인상생(官印相生)으로 보아 공직으로 진출이 可한데, 상기는 印星 乙木이 日支 辰宮에 암장되었고, 다시 時 支 酉金과 합금되어 乙木의 뿌리가 손상되니 공직과는 연이 먼 것이다.

- 지지에 辰酉의 반합금국과 두 개의 申金이 있어 財星이 旺하나 日主가 신약하니 大財를 얻기는 힘든 명조이다.

- 丁火는 天文으로는 샛별에 비유한다. 따라서 천간에 丁火가 투출한 명조는 신비 주의나 영적인 세계, 그리고 현학(玄學)에 심취하는 경향이 많다.

- 食神은 밥그릇이다. 따라서 食神은 명조자가 평생의 삶을 영위함과 재물을 취하게 되는 근간이 되는 것이다. 食神이 日支에 있으니 나의 재능과 기술로써 재물을 취하게 되는 것이고, 습토(濕土)인 辰土에 있으니 辰宮의 乙木과 癸水가 연관되는 것이다. 乙木은 지란호초(芝蘭蒿草)에 비유되고 癸水는 우로(雨露)에 비유되니, 화원, 과수원, 조경목, 약초 등의 물상이 연관되나, 辰土가 酉金과 合되어 財星으로 化되니 酉金의 역할이 가미되는 것이다. 酉金은 가공한 금속으로 수술 칼 등에 비유되므로 乙木과 癸水와 연관 지으면 약초(藥草)가 되고 탕약(湯藥)이 되는 것으로 한의원과 연관 지어 재물이 붙어있다 판단하는 것이다.

- 時柱 丁酉의 상(象)은, 財星인 酉金이 수술칼과 연관되니 환자나 의사가 관련되는 것이고, 丁火는 日主 丙火와 비교시 타인에 해당되고, 坐下에 酉金 財星이 있으니 타인의 財인 것이다. 그런데 丁火는 丙火에 가리어 빛을 잃으니 쇠(衰)하게 되는 것이라 즉, 환자의 財라 판단하며, 日支 辰土와 合되니 한의(漢醫)와 연관 지어 나에게 치료받으러 오는 환자라 판단하는 것이다.

- 천간의 比劫은 통변에서는 형제자매, 동업자, 동료 등으로 논하기도 하고, 日干의 또 다른 분신이니 내가 있는 곳 즉, 나의 직업과 직장도 되는 것이다. 따라서 천간의 比劫이 여럿 있음은 사업체가 여럿 있음을 의미하기도 한다.

3. 대운

- 己亥대운은 己土가 개두(蓋頭)되어 용신인 亥水를 극하니 크게 길하지 못했다.
- 庚子대운은 상하 상생되어 용신인 子水를 생하나, 庚金이 局의 丙火와 상극되어 손상되니 역시 길함이 부족했다.
- 辛丑대운은 局과 丙申합수의 용신운, 酉丑 반합금국의 희신운이니 발전이 있었다.
- 壬水대운은 용신운이니 발전이 있을 것이다.

女命(食傷이 투출한 사주)

戊	庚	癸	壬
偏印		傷官	食神
寅	辰	丑	辰
偏財	偏印	正印	偏印

己　庚　辛　壬
酉　戌　亥　子

1. 용신

庚金이 동월(冬月)인 丑月에 생하여 한금냉금(寒金冷金)이다. 먼저는 따뜻하게 하는 丙火를 필요로 하고 나중은 제련(製鍊)하여 귀기(貴器)를 만드는 丁火가 요긴하니 관살병용(官殺倂用)인 것이다. 丙丁이 불투(不透)하였으니 사주에 일점 결함이 있는 것이다. 부득이 時支 寅宮의 丙火를 용하나 庚金을 하련(煆鍊)하는 丁火가 없으니 부(富)는 있되 귀(貴)는 없는 것이다.

用神 : 丙火
喜神 :　木
忌神 :　水
閑神 :　土
仇神 :　金

◉ 천간에 壬癸 食傷이 투출하여 지지 辰丑에 통근하니 약하지 않다. 천간에 투출한 食傷은 자신의 재능과 기술을 밖으로 표출하려는 의사가 강한 것이다. 따라서 예체능계통이라 판단하고, 水는 물결과 파동을 형성하여 낮은 곳으로 흘러내리는 성질이 있으니 사람이 말하는 것과 노래에 비유된다. 따라서 상기 명조인은 직업이 가수인 대만출신 등려군의 명조이다.

局에서의 合과 沖은 명조자가 평생에 걸쳐 겪어야 하는 事案의 함축된 의사표시인 것이므로, 이를 잘 분석하고 궁구하는 것이야말로 미래에 전개될 운명적 요소를 파악하는 지름길인 것이다. 천간에 戊癸의 간합이 있다. 이의 상(象)을 天文에 비유하면 다음과 같다.

天干	甲	乙	丙	丁	戊	己	庚	辛	壬	癸
天文	雷 우뢰	風 바람	太陽 태양	星 샛별	霞 노을	雲 구름	月 달	霜 서리	秋露 가을이슬	春雨 봄 비

戊癸의 合은 戊土 노을과 癸水 우로(雨露)의 합인 것이다. 이것이 나타내는 상(象)은 저녁노을에 안개가 조합되어 아름다운 장관을 만드니 무지개에 비유되는 것이다. 또한 이것은 빛과 공간이 어우러져 화사하면서도 은은하게 조명을 비추는 것과 같으니 곧 무대장치가 연관되는 것이라 인기 있는 직업가수인 것이다.

◉ 戊癸의 合은 寅宮의 丙火에 뿌리가 있는 것이니 化火되어 官星局으로 바뀌므로 남자들과 연관되고, 지지 辰寅이 卯木을 공(拱)하여 암암리에 寅卯辰 방합목국의 財星局을 형성하여 火를 생하니 이것이 표출하는 상(象)은 남자들이 돈을 지참하고 공연을 보러오며 문전성시를 이루는 것이다.

◉ 지지 辰寅에 공(拱된) 卯木은 암재(暗財)이다. 드러나지 않은 財와 연관되니 밤무대 활동의 수입이 많을 것이라 판단하는 것이다.

◉ 여명의 官星은 부성(夫星)이다. 官星이 합되어 타 오행으로 바뀌면 부부 연이 박한 것이다. 時支 寅宮의 丙火 偏官이 남편성인데, 암암리에 寅卯辰 방합목국의 財星局으로 化되니 남편과의 연이 없어 평생 결혼하지 못한 것이다.

◉ 印星은 日主를 생하니 통변에서 수명(壽命)을 판단한다. 局에 印星이 중첩되어

있으니 "다인은 무인(多印은 無印)"이라 오히려 印星이 없는 것과 같으니 命이 짧은 것이다.

- 壬水가 年干에 투출하여 길한데, 坐下에 辰土와 時干 戊土 偏印이 있으니 도식 (盜食)되어 食神의 길성이 손상된 것이다. 따라서 生財의 힘이 부족하니 大財를 얻지 못했고, 또한 자식과의 연이 없는 것이다.
- 月柱 癸丑은 傷官과 正印으로 상관패인(傷官佩印)인 경우이다. 傷官이 日主의 氣를 설(洩)하는데 印星이 있어 日主를 생조하니 傷官은 日主의 왕쇠(旺衰)에 구애받지 않고 그 역량을 마음껏 발휘하게 되니 예능적 능력이 뛰어났던 것이다.
- 局에 印星이 重重하다. 印星이 중첩되면 偏印으로 논하는데 이런 경우에는 문서나 계약관계와 연관지어 흉화가 예상된다. 위조여권 문제로 한 때 국제적으로 시비구설에 휘말렸던 것이다.
- 印星이 중첩된 경우에는 官星의 왕쇠(旺衰)와 길흉을 판단해야 한다. 印星이 투출되었고 官星이 있어 旺하며 타 오행에 극제받지 않았다면, 이때의 印星은 직업과 직장, 직책을 등에 업고 권세를 밖으로 행사하려는 의도가 강한 것이고, 官星이 없거나 있더라도 쇠약한 경우에는 단지 문서나 소식, 직인(職人)의 역할을 하며 인기를 대변할 뿐이다. 상기의 경우는 時支 寅宮에 丙火 偏官이 암장되어 있으니 권세와는 거리가 멀고 단지 인기 있는 가수일 뿐인 것이다.

3. 대운

- 壬子. 辛金대운은 기신과 구신운이니 만사 저체됨이 많았다. 학업과의 연도 적었고, 부모와의 연도 길하지 못했던 것이다.
- 亥水대운은 時支 寅木과 寅亥 합목의 희신운이니 가수로써 명성을 얻기 시작한 것이다.
- 庚金대운은 구신운이니 인생에 길흉간의 부침이 많았다.
- 戊土대운은 본시 한신운이나, 사고(四庫)에 해당하는 月·日支 丑辰과 刑沖하니 명예손상 등 일신상의 신고(身苦)가 많았다.
- 己土대운은 한신운이니 무애무덕했다.
- 酉金대운은 구신운인데, 時支 寅木과 寅酉 원진(怨嗔)되어 寅木이 손상되니 寅宮의 丙火 용신 역시 손상된 것이다. 또한 局과 운로(運路)에서 酉丑 반합 금국과

辰酉 합금의 구신으로 金이 왕해지는데, 乙亥세운에 旺金이 기신인 亥水를 생하여 亥水가 용신인 丙火를 극거하니 이때 사망한 것이다.

女命(印星이 太重한 사주)

己	辛	壬	戊
偏印		傷官	正印
丑	未	戌	申
偏印	偏印	正印	劫財

甲	乙	丙	丁	戊	己	庚	辛
寅	卯	辰	巳	午	未	申	酉

1. 통변

辛金이 戌月에 생하고 局에 戊己土가 重重하니 토다금매(土多金埋)의 상황이다. 먼저는 甲木의 소토(疏土)함이 필요하고 나중은 壬水의 세도(洗淘)가 필요한 것이다. 甲木이 없으니 月干 壬水를 용하여 세도(洗淘)하여 辛金의 귀기(貴器)를 드러내게 해야 한다. 그러나 甲木이 없어 용하지 못하니 사주에 일점 결함이 있는 것이다.

　用神 : 壬水
　喜神 : 　金
　忌神 : 　土
　閑神 : 　木
　仇神 : 　火

2. 통변

◉ 月柱 壬戌은 상관패인(傷官佩印)의 형국인데 土氣가 태중(太重)하니 生이 지나쳐, 설(洩)시키는 壬水가 무력해진 것이라 균형을 이루지 못하여 사주가 결(缺)된 것이다.

◉ 丑戌未 삼형살(三刑殺)이 있다. 日支宮은 남편궁이고 戌未宮의 火는 남편성인데 丑戌未하여 손상되니 남편과의 연은 없는 것이다. 다만 주말부부이니 결혼

연은 이어지고 있는 것이나 부부간 돈독한 情은 없는 것이다.

- 月支에 正印이 있고 다시 局에 印星이 중중하니 외가(外家)가 몰락했을 것이라 판단하고, 그리고 年支 比肩이 있으니 이복형제문제가 나오는 것이다. 또한 年柱는 존장자로도 논하는데 日主의 분신인 比劫이 있게 되면 命主는 장남이나 장녀의 경우가 많은 것이다.

- 印星이 태중(太重)하다. 多印은 無印이라 했으니 오히려 印星의 길함이 감퇴하는 것이다. 자신 명의의 문서나 계약 등은 소지하지 않음이 좋은 것이다. 부동산 매입과 관련하여 많은 손재수가 있었던 것이다.

  또한 印星이 중하면 偏印으로 논하니 예기치 않은 사고, 질병 등이 자주 발생하게 되니 조심하여야 한다.

- 印星이 태중(太重)하니 매사 적극적이지 못하고, 의타적이고 적극적인 개척정신이 부족하며, 또한 인내심이 부족한 성향이 많다.

- 印星이 태중(太重)하고 고신살(孤神殺), 과숙살(寡宿殺), 상문살(喪門殺), 환신살(幻神殺), 오귀살(五鬼殺) 등이 있으니 신기(神氣)와 영적이 능력이 많다고 판단한다. 꿈을 꾸면 잘 맞거나 앞날에 대한 예지력이 높은 것이다.

- 丙申年의 운세와 창업을 간명한 것이다.

  丙火가 日主 辛金과 간합수국의 용신운이고, 申金은 희신운이니 길하다. 그리고 다음해인 丁酉年은 丁火가 丁壬 합목의 한신운, 酉金은 局과 申酉戌 방합금국의 희신운이니 길하나, 그 다음해인 戊戌年은 간지가 모두 기신운이다. 따라서 단기간에 성취를 볼 사업이 아니라면 창업은 불가하다 판단하는 것이다.

男命(연예인 지망 사주)

丁	丙	己	壬
劫財		傷官	偏官
酉	辰	酉	申
正財	食神	正財	偏財

丁	丙	乙	甲	癸	壬	辛	庚
巳	辰	卯	寅	丑	子	亥	戌

1. 용신

丙火가 추월(秋月)에 생하여 일락서산(日落西山)이다. 서산에 지는 해에 광휘(光輝)를 더해주기 위해서는 강해(江海)의 물로 반사시켜 丙火를 돕고, 지지가 전부 金局을 형성하니 金이 태왕(太旺)하므로 年干 壬水를 용하여 旺한 金氣를 설기(洩氣)시키면 사주가 중화(中和)를 이룰 수 있다. 용신 壬水는 좌하 申宮의 壬水에 통근하니 약하지 않아 길하다.

用神 : 壬水
喜神 :   金
忌神 :   土
閑神 :   木
仇神 :   火

2. 통변

⊙ 局에 金氣인 財星이 旺하며 日主 丙火와 時干 丁火는 무근(無根)이니 신약하다 판단하여 재다신약(財多身弱)이며 부옥빈인(富屋貧人)의 명조이다. 금전의 입출은 빈번할 것이나 정작 내손에 주어지는 금전은 많지 않은 것이다.

⊙ 年·月干의 壬己는 상관견관(傷官見官)된 것이다. 따라서 직장생활과는 연이 적은 것이고, 己土 傷官이 坐下 酉金에 長生을 득하고 出干하였으니 傷官이 행세를 하려고 나선 것이다. 傷官은 기술, 재능과 연관되니 이를 활용하려는 것이다.

⊙ 연예인 지망 건으로 간명(看命)한 것이다.

  • 연예인 지망의 명조는 몇 가지 특성의 합당 유무를 판단해보아야 한다.

1) 食傷의 왕쇠(旺衰)와 길흉을 판단해 보아야 한다. 특히 투출한 食傷 위주로 판단한다.

2) 도화살(桃花殺)과 홍염살(紅艷殺) 등 소위 끼를 내포한 殺들이 길신에 승했는가? 여부를 판단해보아야 한다.

3) 局이 나타내는 상(象)이 연예인 혹은 그와 연관된 직업과 연관이 있는지를 판단해보아야 한다.

4) 운로(運路)가 용신, 희신운인가?를 판단해보아야 한다.

5) 日主가 나타내는 상(象)을 살펴본다.

• 상기 명조의 천간에 투출한 상(象)을 논하면, 丁火는 조명(照明)이라 보고, 丁壬 합목의 상(象)은 무대의 장치라 판단하면 局은 연극, 영화의 세트장이 연상되는 것이다.

• 己土 傷官이 기신이라 장애요소가 있으나, 酉金 財星이 도화살(桃花殺)을 대동하니 여성들에게 인기가 있을 것이라 판단하고, 또한 局이 나타내는 상(象)이 무대장치와 연관되고, 초년 亥子丑대운이 용신운이니 연예인의 길은 可하다 판단한다.

• 日主 丙火의 상(象)은 만물을 따뜻하게 비추어 생육케 하는 상(象)이다. 따라서 日主가 丙火인 경우는 남녀 공히 자신의 재능을 남에게 보여주거나 대인관계가 빈번한 직업을 택하는 경우가 많다. 음악, 미용실, 인테리어, 보험업, 연예인 등의 직업 종사자가 많다.

◉ 子水대운(26~30세)의 통변은, 局의 申辰과 申子辰 삼합수국의 용신운이라 길하다. 먼저 申金은 年支에 있으니 타인의 財인데 日支와 합되어 용신으로 들어오니 나에게 이롭게 작동하는 것이다. 이런 경우 나를 재정적으로 도와주는 "스폰서"가 나타나는 것으로 판단하고, 대운 子水는 正官에 해당하니 정식으로 내가 몸담고 활동할 수 있는 직장이 나타나는 것이다. 또한 日支 辰土 偏印은 계약관계를 의미하니 명조자가 활동할 수 있는 계약이 성사된다 판단하는 것이다.

참고문헌

『淵海子平』

『命理正宗』

『三命通會』

『窮通寶鑑』

『子平眞詮』

『命理約言』

『滴天髓』

『命理新論』

『造化元鑰』

『命理探原』

『子平粹言』

『盲派命理』

『四柱捷徑』

『命理實觀』

저자 **김갑진**

- 단국대학교 졸업
- 역술학 강의 이력

  단국대학교 천안 평생교육원 2007년~2018년

  - 기문둔갑
  - 육임
  - 주역
  - 사주초급
  - 사주고급
  - 실전사주
  - 사주통변술
  - 관상학

  중앙대학교 안성 평생교육원 2017년~2019년

  - 사주(초급·중급)
  - 풍수지리

  나사렛대학교 평생교육원 2018년~현재

  - 명리학
  - 기문둔갑
  - 생활풍수인테리어
  - 육임

- (현)구궁연구회 회장
- (현)구궁연구회 상담실 운영(1991년 ~)
- 홈페이지 : www.gugung.kr
- 연락처 041-552-8777 / 010-5015-9156

실전사주비결 [통변편]

2017년 3월 6일 초판 1쇄 펴냄
2024년 4월 30일 초판 2쇄 펴냄

지은이 김갑진
펴낸이 김흥국
펴낸곳 도서출판 보고사

등록 1990년 12월 13일 제6-0429호
주소 경기도 파주시 회동길 337-15
전화 031-955-9797(대표), 02-922-2246(영업)
팩스 02-922-6990
메일 kanapub3@naver.com
http://www.bogosabooks.co.kr

ISBN 979-11-5516-638-3 94180
      978-89-8433-551-6 세트
ⓒ 김갑진, 2017

정가 45,000원